邏輯與計算機設計

Introduction to Logic Design, 3E

Alan B. Marcovitz
著

周仁祥　許志明
譯

國家圖書館出版品預行編目(CIP)資料

邏輯與計算機設計／Alan B. Marcovitz 著；周仁祥，許志明
譯. - 三版. -- 臺北市：麥格羅希爾, 臺灣東華, 2016.01
　　面；　公分
　　譯自：Introduction to logic design, 3rd ed
　　ISBN 978-986-341-234-2（平裝）.

1. 電腦結構　2.電路

471.54　　　　　　　　　　　　　　　　104027449

邏輯與計算機設計

繁體中文版© 2016 年，美商麥格羅希爾國際股份有限公司台灣分公司版權所有。本書所有內容，未經本公司事前書面授權，不得以任何方式（包括儲存於資料庫或任何存取系統內）作全部或局部之翻印、仿製或轉載。

Traditional Chinese translation copyright ©2016 by McGraw-Hill International Enterprises, LLC., Taiwan Branch
Original title: Introduction to Logic Design, 3E　(ISBN: 978-0-07-319164-5)
Original title copyright © 2009 by McGraw-Hill Education
All rights reserved.

作　　　者	Alan B. Marcovitz
譯　　　者	周仁祥　許志明
合作出版暨發行所	美商麥格羅希爾國際股份有限公司台灣分公司 台北市 10044 中正區博愛路 53 號 7 樓 TEL: (02) 2383-6000　　FAX: (02) 2388-8822
	臺灣東華書局股份有限公司 10045 台北市重慶南路一段 147 號 3 樓 TEL: (02) 2311-4027　　FAX: (02) 2311-6615 郵撥帳號：00064813 門市：10045 台北市重慶南路一段 147 號 1 樓 TEL: (02) 2382-1762
總 經 銷	臺灣東華書局股份有限公司
出版日期	西元 2016 年 1 月 三版一刷

ISBN：978-986-341-234-2

譯者序 PREFACE

　　數位邏輯相關的知識及理論之應用早已遍及於電子、通訊及資訊各領域，也可以說是大專院校電機、電子及資訊科系的入門核心課程。

　　東華書局儲方經理致力於提升國內教科書品質，不遺餘力。經其鼓勵，遂起編譯一本適合國內大專院校電機、電子及資訊相關科系使用之高品質數位邏輯中文教科書的動機。本書以 Alan B. Marcovitz 博士所著 *Introduction to Logic Design* 西文教材為基礎，該書在數位邏輯的基礎知識的內容可謂鉅細靡遺，是一本不可多得的入門教材。另外為了讓讀者有更多的實務認知，本書亦擷取 Stephen Brown 博士所著 *Fundamentals of Digital Logic with Verilog Design* 書中的實例編為本書範例，期結合兩書的精華以達提升品質之效。

　　本書共分九章，其中第一到第八章為數位邏輯的基礎知識，第九章為應用實例。就基礎邏輯課程而言，第九章省去不讀亦不失其完整性。編譯的方式採不失原意的方式下融入編譯者的潤飾，希望改善逐字翻譯艱深難懂的缺點。本書亦特邀國立臺北科技大學機械系助理教授許志明博士參與編譯工作，希望藉由許博士不同領域的專業見解交互編譯驗證，以期錯誤率降至最低。然筆者才疏學淺，誤謬之處在所難免，尚乞各方先進不吝指正是幸。

周仁祥 博士
許志明 博士
2014 年 8 月謹誌於國立台北科技大學

目錄 CONTENTS

chapter 1 時序系統設計 1

1.1　邏輯設計　1
　　1.1.1　實驗　4
1.2　數字系統的回顧　5
　　1.2.1　十六進位　9
　　1.2.2　二進位加法　10
　　1.2.3　符號數　13
　　1.2.4　二進位減法　16
　　1.2.5　二進碼十進制　18
　　1.2.6　其它編碼　20
1.3　習題　21
1.4　第 1 章測驗　24

chapter 2 組合邏輯系統 27

2.1　組合系統的設計程序　27
　　2.1.1　隨意項　31
　　2.1.2　真值表的發展　32
2.2　開關代數　35
　　2.2.1　開關代數的定義　36
　　2.2.2　開關代數的基本性質　40
　　2.2.3　操作代數函數　42
2.3　使用 AND、OR 和 NOT 閘的函數實現　47
2.4　補數　52
2.5　為代數表示式建構真值表　54
2.6　NAND、NOR、互斥 OR 閘　59
2.7　代數表示式的簡化　66

2.8 代數函數的操作和與 NAND 閘的實現　72
2.9 更多一般化的布爾代數　80
2.10 習題　82
2.11 第 2 章測驗　91

chapter 3　卡諾圖　95

3.1 卡諾圖介紹　96
3.2 用卡諾圖表示最簡積之和　105
3.3 隨意項　121
3.4 和之積　126
3.5 五變數與六變數卡諾圖　130
3.6 多輸出問題　137
3.7 習題　150
3.8 第 3 章測驗　154

chapter 4　函數最小化演算法　159

4.1 單輸出的 Quine-McCluskey 方法　159
4.2 單輸出迭代一致性　163
4.3 單輸出的質隱項表　166
4.4 Quine-McCluskey 多種輸出問題　175
4.5 多重輸出迭代一致性問題　178
4.6 多輸出的問題質隱項表　181
4.7 習題　186
4.8 第 4 章測驗　187

chapter 5　設計組合系統　189

5.1 迭代系統　190
　5.1.1 組合邏輯電路的延遲　190
　5.1.2 加法器　192

   5.1.3 減法器以及加/減法器 196

   5.1.4 比較器 197

 5.2 二進位解碼器 198

 5.3 編碼器與優先編碼器 209

 5.4 多工器與解多工器 210

 5.5 三態閘 214

 5.6 閘陣列——ROM、PLA 及 PAL 217

   5.6.1 利用唯讀記憶體設計 221

   5.6.2 利用可程式邏輯陣列設計 222

   5.6.3 利用可程式陣列邏輯設計 225

 5.7 組合系統的測試與模擬 229

   5.7.1 Verilog 介紹 230

 5.8 大型範例 233

   5.8.1 單位元十進位加法器 233

   5.8.2 七段顯示器驅動器 234

   5.8.3 錯誤編碼系統 243

 5.9 習題 247

 5.10 第 5 章測驗 259

chapter 6　循序系統的分析　263

 6.1 狀態表及狀態圖 264

 6.2 閂 268

 6.3 正反器 269

 6.4 循序系統的分析 277

 6.5 習題 286

 6.6 第 6 章測驗 294

chapter 7　時序系統設計　297

 7.1 正反器設計技巧 302

7.2 同步計數器設計　320

7.3 非同步計數器設計　331

7.4 狀態表以及狀態圖的推導　335

7.5 習題　349

7.6 第 7 章測驗　357

chapter 8　解決較大型的循序問題　359

8.1 移位暫存器　359

8.2 計數器　364

8.3 可程式邏輯裝置 (PLDs)　371

8.4 採用演算法狀態機 (ASM) 框圖設計　375

8.5 ONE-HOT 編碼　379

8.6 使用 Verilog 在循序系統　380

8.7 非常簡單電腦的設計　381

8.8 其它複雜的例子　385

8.9 習題　390

8.10 第 8 章測驗　394

chapter 9　Verilog 簡介　397

9.1 邏輯電路的結構規則　399

9.2 邏輯電路的行為規則　401

9.3 階層式 Verilog 程式　404

9.4 撰寫 Verilog 程式應該注意之處　407

附錄 A　Relating the Algebra to the Karnaugh Map　421

附錄 B　習題解答　427

附錄 C　各章測驗題解答　449

附錄 D　LABORATORY EXPERIMENTS　463

索引　489

1 時序系統設計

本書內容是關於**數位系統**（digital systems）的設計，也就是在系統中，所有的信號是以離散數值來表示。在數位系統內部中通常是二進制的，亦即，以二值信號來進行操作，在此我們將以標記 0 和 1 來表示。（儘管多值系統早已建置，但以二值系統運作，將更加可靠與穩定，因此幾乎所有的數位系統都是採用二值信號來運作。）

在大多數的電子系統中都包含了大量的數位邏輯，其中最明顯的例子就是電腦和計算機。另外，像我們所聽的 CD 或 iPod 播放器的音樂，或是電腦螢幕上的各個點，亦或是大多數的手機信號，這些都會被編碼成一連串二進制數字以進行後續的運作。

1.1 邏輯設計

如圖 1.1 所示，一般數位系統中，可包括具有任意數輸入訊號（$A, B, ...$）和任意數輸出訊號（$W, X, ...$）。另外，除了我們所輸入的資料外，在某些電路中需要一計時的信號，稱為 clock（它是另一種以 0 和 1 之間有規律作交替變換之輸入訊號）。有關於 clock 的內容，我們將在第 6 章作更詳細的討論。

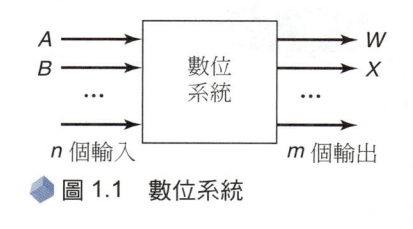

例題 1.1 為一簡易的數位系統。

◆ 圖 1.1 數位系統

例題 1.1

有一系統包含 3 個輸入訊號 A、B、C，1 個輸出訊號 Z，使得 $Z=1$ 若且唯若具有 2 個輸入訊號為 1。

數位系統的輸入訊號和輸出訊號，代表著實際的數量。如例題 1.1 中，有時候，輸入訊號和輸出訊號都是二進制的，也就是說，它們的值必定是兩個值中的一個。在其他時候，它們可能是多值的訊號系統。例如，輸入可以是一個十進制數字而輸出可能是代表課程成績等級的字母，每一筆資料都必須以一組二進制的數字來呈現。這個過程被稱為將輸入和輸出訊號編碼成二進位數字。（相關細節我們將在後面討論。）

這些二進制數的物理表現形式可以是兩種電壓中的一種，例如，可以 0 伏（V）或接地表示邏輯 0 以及以 5 V 表示邏輯 1。它也可以是磁場（如在磁盤上）在正方向或反方向的表示方式，或是開關（用於輸入）在向上或向下的位置的表示，或是燈光（作為輸出）開或關的表示方式。除了將口語描述解譯成更正式之外，這些物理表示形式並不是本書的要點；本書中我們將只考慮 0 和 1 兩種訊號的運作。

我們可以用表 1.1 的方式來描述例題 1.1 這樣的數位系統行為。既然有八個可能的輸入組合，我們可以列出所有的可能輸入的組合和每一個對應的輸出。這樣的表格〔稱為**真值表**（truth table）〕如表 1.1 所示。有關真值表的建置（與此表類似的表格），我們將留至下一章節討論。

其他的 4 個例子為例題 1.2 至例題 1.5。

表 1.1 例題 1.1 的真值表

A	B	C	Z
0	0	0	0
0	0	1	0
0	1	0	0
0	1	1	1
1	0	0	0
1	0	1	1
1	1	0	1
1	1	1	1

例題 1.2

有一系統，以 8 個輸入表示兩個 4 位元的二進位數，以一個 5 位元的二進位數輸出表示兩數相加之和（每一輸入數的範圍由 0 至 15，輸出數的範圍由 0 至 30）。

例題 1.3

有一系統具有一個輸入訊號 A 和一個時脈訊號，以及一個輸出訊號 Z，輸出訊號為 1，若且唯若在最後 3 個相連續的時脈訊號內之輸入訊號為 1。

例題 1.4

一個可顯示小時和分鐘的數位時鐘，它能顯示 4 個十進位和 AM 或 FM 的指示器（第 1 個數字只需顯示 1 或空白）。此時鐘需要一個時脈訊號以前進計數每一分鐘。它也需一種設定時間的方法。在大多數的時鐘中也有鬧鈴的功能，但這需要額外的記憶體和電路裝置。

例題 1.5

交通訊號控制器是個更複雜的例子。假如在最簡單的情況下，每條街道在某一段時間中顯示綠燈，然後在另一時間中顯示黃燈，最後顯示紅燈。此控制器除了時脈訊號外，無其他輸入訊號，共有 6 個輸出訊號，每 1 個分別對應每一方向上的燈號顏色（每一個輸出訊號可以控制多個燈泡）。交通訊號控制器也可以有更多的輸出訊號，例如左轉號誌燈訊號、另外，也可以用多個輸入訊號來表示車輛正在等紅燈或是正在通行的綠燈訊號。

前兩個例子是屬於**組合系統**（combinational system），亦即，輸出訊號只跟輸入的訊號值有關。如例題 1.1 中，假如我們知道 A、B、C 的數值，那我們可立即得知 Z 值的結果。而例題 1.3、1.4、1.5 是屬於**循序系統**（sequential system），亦即，我們需知道較早時間的輸入訊號之資訊（先前的時脈訊號），因此，它需要有記憶裝置以記錄相關資訊。

在本書的前半部我們將著重組合系統的討論，有關循序系統的部分，將留待後半部討論。之後我們將看到，循序系統是由記憶元件與組合邏輯元件所組成的，因此，在開始設計循序系統之前，我們必須具備設計組合系統的能力。

一般來說，有關自然語言的字語敘述，應注意其順序關係，尤其是英文這個語言，因此它並不是一個非常精確的語言，先前的例子保留了一些解釋的空間。如例題 1.1 中，假如三個輸入都是 1，輸出是否為 1 呢？或是恰巧在有兩個輸入為 1 時，輸出為 1 呢？此兩種解釋都是可行的。但當我們寫真值表時，我們必須決定上述兩種中的一種，是以兩個輸入 1 或兩個以上輸入 1 來決定當三個輸入全都是 1 時，使最後輸出為 1。（在本書中，這樣的問題，我們將盡可能地解釋清楚，儘管如此，不同的人也可能會有不同的解讀問題的方式呈現。）

上述的重點在於我們需要更精確的方式來描述邏輯系統，我們將在第 2 章和第 6 章分別討論描述組合系統和循序系統的方法。

1.1.1　實驗

雖然我們不需任何實際系統的例子就可研讀本書，但實作一些實際系統的實驗將對我們的學習過程有極大的幫助。傳統的方法主要包含寫出邏輯方塊圖，連接電源或開關至輸入端，或用儀器量測輸出訊號，或用燈號來顯示輸入輸出訊號。此外，也有很多電腦工具提供使用者來模擬一個邏輯系統的運作。

不管使用哪一種有用的平台實現，學生們應建置所設計的電路，並藉由檢驗其不同的輸入可能，驗證其輸出結果是否正確來檢測電路。當輸入數少時，盡可能嘗試所有的輸入組合（完整的真值表）。當輸入數很多時，例如 4 位元加法器，只要選擇一種可檢測所有電路的輸入組合為樣本，則這樣的檢測便已足夠。（例如，將許多對小數目相加的方式當檢測是不夠的，因為它無法檢測加法器較高位元的部分。）

在附錄 D 中，我們介紹了三種檢測平台──一種為了傳統硬體實驗方法和兩種簡易的軟體模擬方法。另外，我們也在這些平台提供了許多可測試的實驗例子，以及在本書或實驗中所有積體電路元件的接腳資訊。

在附錄 D.1 中，我們將介紹 IDL-800 Digital Lab 的功能。它可提供一組包含開關、脈波產生器、時脈訊號的輸入裝置，和一包含一組燈號以及兩個七段顯示器的輸出裝置。此系統也包括了一塊麵包板，以使多個積體電路元件插入板中使用。同時，電源供應器以及量測儀器也是內建在系統內。我們未必得使用此系統來進行實驗，但這套系統確實提供了我們作實驗中所需的一切裝置。

在附錄 D.2 中，我們將介紹一個麵包板模擬器（MacBread-board and WinBreadboard）。此系統包括了開關、脈波產生器、時脈訊號和燈號組，和傳統硬體實驗方式相似。積體電路元件可以插入板中，並可以用線路來"連接"完成電路功能。

更複雜的套裝軟體，像是 LogicWorks 和 Altera，可以讓我們在電腦上進行電路的模擬與測試。該電路可以被描述成一組邏輯或是積體電器元件和連接線的組合。在某些系統中，部分或全部的電路可以用 VHDL 的語言描述，亦或是使用其他類似的設計語言描述。在附錄 D.3 中，我們將介紹 LogicWorks 的基本功能，它足以使我們建置並測試本書中所有不同的電路。在 Brown & Vranesic, *Fundamentals of Logic with VHDL Design*, 3rd Ed. McGraw-Hill, 2009 書中，有利用 Altera 軟體功能集來進行電路的描述內容。

附錄 D.4 中，包含了 26 個能在每一個開發平台執行的實驗。

最後附錄 D.5 中，包含了書中所有討論過的積體電路接腳資訊。

1.2 數字系統的回顧

本節將介紹數字系統中一些重要的主題，主要是針對其他章節會使用到的主題進行說明。讀者若已熟悉此節內容時，則可直接跳至第 2 章。

整數通常可以用一個按位計數系統來表示，在系統中的每一個數字即代表冪級數中的一個係數。

$$N = a_{n-1}r^{n-1} + a_{n-2}r^{n-2} + \cdots + a_2r^2 + a_1r + a_0$$

式中，n 代表數字的個數，r 代表根或基底，a_i 為下式範圍中的整數係數。

$$0 \leq a_i < r$$

對十進制而言，$r=10$，且 a 的範圍在 0 至 9 之間。對二進制而言，$r=2$，且 a 的範圍不是 0 就是 1。其它在電腦文件中常用的標記符號為十六進制，$r=16$。在二進制中，每個數字被稱為**位元**（bits, binary bits 的縮寫）。

十進位數字 7642（有時寫成 7642_{10}，以強調它是以 10 為基底的數）可表示為

$$7642_{10} = 7 \times 10^3 + 6 \times 10^2 + 4 \times 10 + 2$$

二進位數字

$$101111_2 = 1 \times 2^5 + 0 \times 2^4 + 1 \times 2^3 + 1 \times 2^2 + 1 \times 2 + 1$$
$$= 32 + 8 + 4 + 2 + 1 = 47_{10}$$

由此例子，只要算出其冪級數的結果，我們可以很清楚的知道如何從二進位數字轉換成十進位數字。為簡易轉換的運算，我們可以先算出 2 的冪級數值，以免當需要用到它時，還得再算一次。（如果能記住前 10 項 2 的冪級數值，那將可節省許多的時間和精力。表 1.2 為前 20 項 2 的冪級數值。）

我們將常用到前 16 項二進位正整數值，有時會用到前 32 項的值，如表 1.3 所示。（在十進位數中，最左邊的 0 通常會省略，但在 4 位元的前 16 項數值中，將顯示 0 在最左邊。）當限定了儲存一個二進位正整數值的空間大小時，我們將加上最左邊的 0，而得以獲得正確的位元個數。

值得留意的是，一個比 2^n 數目少 1 的數是由 n 個 1 所組合而成（例如 $2^4 - 1 = 1111 = 15$ 以及 $2^5 - 1 = 11111 = 31$）。

◆ 表 1.2　2 的冪級數值

n	2^n	n	2^n
1	2	11	2,048
2	4	12	4,096
3	8	13	8,192
4	16	14	16,384
5	32	15	32,768
6	64	16	65,536
7	128	17	131,072
8	256	18	262,144
9	512	19	524,288
10	1,024	20	1,048,576

◆ 表 1.3　前 32 個二進位整數

十進位	二進位	4 位元	十進位	二進位
0	0	0000	16	10000
1	1	0001	17	10001
2	10	0010	18	10010
3	11	0011	19	10011
4	100	0100	20	10100
5	101	0101	21	10101
6	110	0110	22	10110
7	111	0111	23	10111
8	1000	1000	24	11000
9	1001	1001	25	11001
10	1010	1010	26	11010
11	1011	1011	27	11011
12	1100	1100	28	11100
13	1101	1101	29	11101
14	1110	1110	30	11110
15	1111	1111	31	11111

一個 n 位元數可由 0 至 2^n-1 範圍的正整數來表示。例如，4 位元數的範圍為 0 至 15，8 位元數的範圍為 0 至 255，以及 16 位元數的範圍為 0 至 65535。

為了將十進位數轉換成二進位數，我們可將每一數字化為二進位數來計算出其十進位的冪級數值。

$$746 = 111 \times (1010)^{10} + 0100 \times 1010 + 0110$$

但是此種算法需要二進位的乘法，而這種算法是相當耗時的。

使用十進位算術運算有二種方法。第一種方法就是將此數減去小於此數之最大的 2 的次方數，同時在和 2 進位值等價之相對應位置上記上 1。然後針對餘數重複前面的步驟。假如 2 的次方數大於餘數時，則在其相對應的位置上記上 0。

例題 1.6

對 746 而言，$2^9=512$ 是不大於 746 的最大 2 的次方數，因此在 2^9 (512) 對應的位置上記上 1。

$$746 = 1_____$$

之後計算 746−512 = 234，次一個較小的 2 的次方數是 $2^8=256$，但 256 大於 234，因此，在 2^8 的對應位置上記上 0。

$$746 = 1\ 0_____$$

接下來計算 234−128 = 106，且在 2^7 的位置上記上 1。

$$746 = 1\ 0\ 1_____$$

繼續計算 106−64 = 42，且在 2^6 的位置上記上 1。

$$746 = 1\ 0\ 1\ 1_____$$

因 42 是大於 32，所以在 2^5 位置上記上 1，

$$746 = 1\ 0\ 1\ 1\ 1\_\_\_\_\_$$

且計算 42−32 = 10。這時，10 並沒有大於 $2^4=16$，我們可以繼續進行減法（下一個減 8），或者我們可以算出餘數 10 的二進位數 1010，使得

$$\begin{aligned}746_{10} &= 1\times 2^9+0\times 2^8+1\times 2^7+1\times 2^6+1\times 2^5+0\times 2^4+1\\&\quad \times 2^3+0\times 2^2+1\times 2+0\\&= 1011101010_2\end{aligned}$$

另外一種方法是反覆地將十進位數除以 2，從最小的有效位元（a_0）開始，從每次的餘數獲得一個二進位數的答案。然後將餘數捨去後再反覆進行上述的除法。

例題 1.7

將 746 從十進位數轉成二進位數，我們可算出

746/2 = 373 餘數 0	0
373/2 = 186 餘數 1	10
186/2 = 93 餘數 0	010
93/2 = 46 餘數 1	1010
46/2 = 23 餘數 0	01010
23/2 = 11 餘數 1	101010
11/2 = 5 餘數 1	1101010
5/2 = 2 餘數 1	11101010
2/2 = 1 餘數 0	011101010
1/2 = 0 餘數 1	1011101010

不要忘記最後一個除法運算（1/2），它將得到最大有效位元 1。我們可以持續除以 2 以得到其前方位元數，因此，此題答案和之前的例子一樣為 1011101010。在此方法中，當我們能識別出所剩餘的二進位數時，我們可以停止除法的運算，並立即寫出它的二進位值。因此，當我們識別出 23 為 10111（從表 1.3 得知）時，我們可以將它放在計算值 01010 之前而得 10111 01010 之結果。

例題 1.8

轉換十進位數 105 至二進位數

105/2 = 52, 餘 1	得	1
52/2 = 26, 餘 0		01
26/2 = 13, 餘 0		001
而 13 = 1101		1101 001

此種方法是可行的，在冪級數中除了最後一項外，每一項皆能被 2 整除，因此，

$$746 = 1 \times 2^9 + 0 \times 2^8 + 1 \times 2^7 + 1 \times 2^6 + 1 \times 2^5 + 0 \times 2^4$$
$$+ 1 \times 2^3 + 0 \times 2^2 + 1 \times 2 + 0$$

$746/2 = 373$ 且餘數為 0
$$= 1 \times 2^8 + 0 \times 2^7 + 1 \times 2^6 + 1 \times 2^5 + 1 \times 2^4$$
$$+ 0 \times 2^3 + 1 \times 2^2 + 0 \times 2 + 1 + \text{餘 } 0$$

其最後一個位元即是餘數值，若我們重複進行除法運算，使得

$373/2 = 186$ 且餘數為 1
$$= 1 \times 2^7 + 0 \times 2^6 + 1 \times 2^5 + 1 \times 2^4 + 1 \times 2^3 + 0 \times 2^2$$
$$+ 1 \times 2 + 0 + \text{餘 } 1$$

此餘數 1 就是從右邊數來第二個位元的數值，在下一個除法運算中，我們將得到餘數 0，就是從右邊數來第三個位元值，此運算程序將持續至找到最大有效位元為止。

1.2.1　十六進位

十六進位（hexadecimal）是另一個在電腦文件中常使用的基數，通常被稱為 hex（$r=16$），它只是二進位的速記表示，在十六進位中，二進位數字以四個為一組（從最低有效位數開始），舉例來說，一個八位元數字，

$$N = (b_7 2^7 + b_6 2^6 + b_5 2^5 + b_4 2^4) + (b_3 2^3 + b_2 2^2 + b_1 2^1 + b_0)$$
$$= 2^4 (b_7 2^3 + b_6 2^2 + b_5 2^1 + b_4) + (b_3 2^3 + b_2 2^2 + b_1 2^1 + b_0)$$
$$= 16 h_1 + h_0$$

其中 h_1 代表一定會落在 0 到 15 這個範圍的十六進位數字，在括弧中的每一項都只是表示十進位，如果這個二進位數字並不是四個位元的倍數，前面會補上 0。大於 9 的數字由前六個（大寫）英文字母表示。

10　A
11　B
12　C
13　D
14　E
15　F

例題 1.9（從例題 1.6 和 1.7 而來）

$$1011101010_2 = 0010\ 1110\ 1010_2$$
$$= 2EA_{16}$$

要從十六進位換成十進位，我們利用冪級數（power series）來評估。

例題 1.10

$$2EA_{16} = 2 \times 16^2 + 14 \times 16 + 10$$
$$= 512 + 224 + 10 = 746_{10}$$

最後，要從十進位換成十六進位，我們重複地除以 16，而產生十六進位餘數（或者轉換成二進位，然後再如同例題 1.9 中將位元分組）。

例題 1.11

746/16 = 46	餘數 10	產生	A
46/16 = 2	餘數 14		EA
2/16 = 0	餘數 2		2EA

1.2.2　二進位加法

在電腦以及其他數位系統常會需要用到的運算包含了兩個數字的加法，在這小節中，我們會描述將兩個二進位數字相加的過程。

要計算兩個二進位數字的和，例如

```
0 1 1 0      6
0 1 1 1     +7
```

我們一次加一個位元（如同我們在十進位的加法），而產生和以及下一個位元的進位。就如同我們在十進位有加法表，二進位也需要一個（但當然這比較短）（表 1.4）。在例題 1.12 中列出了將 6（0110）和 7（0111）相加的詳細步驟。

▶ 表 1.4　二進位加法

0 + 0 = 0
0 + 1 = 1
1 + 0 = 1
1 + 1 = 10（2，或者和是 0 以及下一個位元的進位 1）

例題 1.12

　　首先，兩個最低有效位元（最右邊的兩個）被相加，而產生和為 1 與進位 0，如同**藍色**字所示。

```
     0
  0 1 1 0
  0 1 1 1
  ───────
        1
```

接著，我們必須從右邊相加第二個位元，

　　0 + 1 + 1 = 0 + (1 + 1) = 0 + 10 = 10

　　（和為 0 且進位為 1）

　　或 (0 + 1) + 1 = 1 + 1 = 10

　　（相加的順序並不重要）

這個加法用**藍色**標記。

```
    1 0
  0 1 1 0
  0 1 1 1
  ───────
      0 1
```

最後，兩個加法就變成是

```
    1 1              0 1
  0 1 1 0          0 1 1 0
  0 1 1 1          0 1 1 1
  ───────          ───────
    1 0 1          1 1 0 1
```

注意到在第三個位元的加法，我們有三個 1（輸入進位加上原有的兩個位元），這樣產生了和為 3（二進位的 11），也就是和位元是 1 而進位也是 1。這個答案，想當然爾，會是 13（十進位）。在這個情況下，最後一個加法產生的進位為 0，而因此答案有四個位元長，如果加數大一些（假如是 13+5），那麼答案就會需要五個位元，如同以下加法所示，其中最後一個進位寫成和的一部分。（這個當然與十進位加法無異，也就是四位數的加法可能產生四位數或五位數的結果。）

```
    1 0 1
  1 1 0 1          1 3
  0 1 0 1            5
─────────         ────
1 0 0 1 0          1 8
```

在 n 位元字組（word）的電腦中，數學運算產生的結果超出範圍〔舉例而言，n 位元正整數的加法產生了 (n+1) 位元的結果〕，這會被稱作**溢位**（overflow）。在四位數正整數加法中，溢位會在和大於等於 16（也就是 2^4）的時候發生。在前一個範例就有發生溢位，因為答案 18 大於最大的四位數正整數 15。

在最低有效位數的加法〔其中只有兩個**運算子**（operand）〕後，剩下的每個加法都是三運算子問題，我們會把加進來的進位寫成 c_{in}，而由加法產生的進位寫成 c_{out}，這樣的加法問題就變成

$$\begin{array}{r} c_{in} \\ a \\ b \\ \hline c_{out}\ s \end{array}$$

表 1.5 列出加法過程的真值表。

一個完成如此單位元運算的裝置會被稱作**全加器**（full adder）。要加兩個四位元數字，我們可以建置四個這樣的裝置，然後如圖 1.2 的方式連接起來。注意到位元 1 加法器的輸入進位上有一個 0，這是因為這個位元並沒有任何輸入進位。有時候在這個位元我們會使用較為簡單的電路〔稱作**半加器**（half adder）〕。我們會在第 2 章當我們準備好要設計全加器時，回頭來討論這個問題。

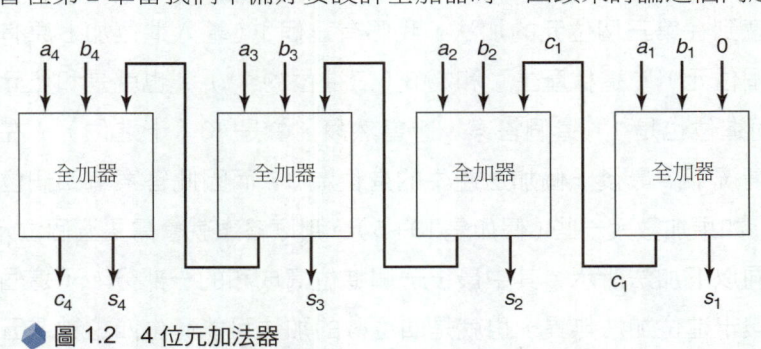

◆ 表 1.5 單位元加法器

a	b	c_{in}	c_{out}	s
0	0	0	0	0
0	0	1	0	1
0	1	0	0	1
0	1	1	1	0
1	0	0	0	1
1	0	1	1	0
1	1	0	1	0
1	1	1	1	1

◆ 圖 1.2　4 位元加法器

1.2.3 符號數

直至現在，我們只考慮了正整數，或者有時候被稱為**無符號數**（unsigned number）。而電腦必須要能夠處理符號數，也就是有正有負的數字，比較平易近人的符號表示被寫成**符號－數量**（signed-magnitude）（以十進位為例，如 +5 或 −3），這可以利用數字的第一個位元作為符號指示（通常 0 代表正，1 代表負）而剩下的位元作為數字大小，來被電腦所採納。因此在 4 位元系統中，我們會表示

$+5 \rightarrow 0101 \quad -5 \rightarrow 1101 \quad -3 \rightarrow 1011$

其代表數量有三個位元，可選範圍會從 −7 到 +7。（當然大多數的電腦使用更多位元來儲存數字，因此有更廣的範圍。）注意到這樣的表示法會有正零（0000）與負零（1000），雖然這樣可能會造成混淆（或至少會讓電腦的內部邏輯變複雜），但利用符號－數量表示的主要問題是在計算的複雜度。考慮以下的加法問題：

```
  +5    −5    +5    −5    −3    +3
  +3    −3    −3    +3    +5    −5
  ──    ──    ──    ──    ──    ──
  +8    −8    +2    −2    +2    −2
```

在前兩個問題中，兩個運算子的符號相同，我們只需要把數量相加而保留符號，因而這兩個的運算是 5+3。在剩下的每一個範例，我們一定要先決定哪一個的數量比較大（有可能是第一個或第二個運算子），然後我們一定將較大的減去較小的，而最後將較大數量的符號加上去，以這四個範例，運算是 5−3。雖然說這都可以被達成，但是硬體包含的複雜度（一個加法器、一個減法器和一個比較器）卻引導我們到另一個方法。

二進位符號數幾乎總是以 **2 的補數**（two's complement）格式儲存，最前面的位元仍然是符號位元（0 代表正），正數（以及零）仍然以正常的二進位方式儲存，因此最大可能儲存的數字是 $2^{n-1}-1$（對 $n=4$ 來說的話是 7），因此對 4 位元系統，+5 會儲存成 0101。

而負數 $-a$，在 n 位元系統中的儲存會二進位的 2^n-a。因此，舉例而言，−3 就會被儲存成二進位的 16−3=13，也就是 1101。

可以儲存的最大負數是 -2^{n-1}（在 4 位元系統中就是 −8），在 2 的補數中可用的最大數字大約是同樣位元數之無符號數的一半，

因為有 2^n 的一半會用來表示負數。這個方法可以擴展到二進位以外的其他基數，而被稱作**基數補數**（radix complement），負數 $-a$ 在 n 位元裡面會儲存成 r^n-a。舉十進位的例子而言，這就會被稱作 10 的補數，在兩位數十進位系統中，-16 會被儲存成 $100-16=84$。（從 0 到 49 的數字會被視為正數，而 50 到 99 會被視為負數。）

要找到在 2 的補數中負數儲存的格式，有一個簡單的三步驟：

1. 找到等效的二進位數量。
2. 互補每一個位元（也就是把 0 換成 1 而把 1 換成 0）。
3. 加 1。

例題 1.13

```
              −5              −1              −0
1.    5:  0 1 0 1    1:  0 0 0 1    0:  0 0 0 0
2.        1 0 1 0        1 1 1 0        1 1 1 1
3.              1              1              1
         ─────────      ─────────      ─────────
    −5:  1 0 1 1   −1:  1 1 1 1        0 0 0 0
          (a)              (b)             (c)
```

注意到其中並沒有負零；在取 +0 的互補時產生的答案還是 0000。在 2 的補數加法中，最高有效位數的輸出進位會被忽略。

表 1.6 列出了所有 4 位元數字在正（非符號）數與 2 的補數所代表的意思。

要找到以 2 的補數（也就是開頭是 1 的一個）儲存的負數大小，我們照做負向程序（negation process）的第二與第三步。

例題 1.14

```
                        −5:  1 0 1 1    −1:  1 1 1 1
2. 每個位元取補數            0 1 0 0         0 0 0 0
3. 加 1                            1                1
                             ─────────        ─────────
                         5:  0 1 0 1     1:  0 0 0 1
```

（我們也可以改成減 1 再取其互補；這也會得到一樣的答案。）

表 1.6　符號數與無符號數的 4 位元數字

位元組	正數	符號數（2 的補數）
0000	0	0
0001	1	+1
0010	2	+2
0011	3	+3
0100	4	+4
0101	5	+5
0110	6	+6
0111	7	+7
1000	8	−8
1001	9	−7
1010	10	−6
1011	11	−5
1100	12	−4
1101	13	−3
1110	14	−2
1111	15	−1

2 的補數會如此熱門的原因是因為其加法的簡潔，要將任何兩個數字相加，不管每一個帶有什麼符號，我們只要將它們的表示直接做二進位加法即可。例題 1.15 列出三個範例計算，在每一個情況下，最高有效位數的輸出進位都會被忽略。

例題 1.15

```
 −5      1 0 1 1    −5      1 0 1 1    −5      1 0 1 1
 +7      0 1 1 1    +5      0 1 0 1    +3      0 0 1 1
 +2  (1) 0 0 1 0     0  (1) 0 0 0 0    −2  (0) 1 1 1 0
```

在第一題，和為 2。第二題和為 0。第三題和為 −2，而也確實產生了 −2 的表示法。

溢位（overflow）會在和超出範圍時發生。對 4 位元數字而言，這個範圍是 −8 ≤ 和 ≤ +7。

例題 1.16

```
 +5      0 1 0 1
 +4      0 1 0 0
     (0) 1 0 0 1    （看起來像 −7）
```

產生出來的答案很明顯是錯的，因為正確答案（+9）超出了範圍。

事實上，當我們在加兩個正數（每個的開頭都是 0）而得到結果看起來像是負的（開頭是 1），就代表有溢位發生。同樣的，將兩個負數相加而得到比 −8 還要小的和，也會產生溢位。〔我們也可以判別最高有效位數的輸入進位（在這個例子中為 1）是否與輸出進位不同，來偵測溢位。〕

例題 1.17

```
   −5       1011
   −4       1100
        (1) 0111    (看起來像 +7)
```

這次，兩個負數產生的和看起來像正的。

兩個不同符號的數字相加永遠不會產生溢位，因為和的數量一定會在兩個運算子的數量之間。（雖然在 4 位元範例中，溢位好像很常發生，但是這在多數的電腦應用中不太常見，因為每個數字都會是 16 或 32 位元以上。）

1.2.4　二進位減法

減法（不管是處理符號數或無符號數）達成的方式通常是先取第二個運算子之 2 的補數，再將兩個相加，因此 $a-b$ 就會由 $a+(-b)$ 來計算。

例題 1.18

考慮 7−5 的運算。

```
 5:  0101
     1010           7:      0111
   +    1          −5:    +1011
−5:  1011           2:  (1)0010
```

5 會先被運算，不管是處理符號數還是無符號數，都會經過同樣的過程，接著 −5 的表示法與 7 相加，產生答案為 2。

對符號數而言，最高位數的輸出進位會被忽略，而溢位會在加法的過程有兩個同樣符號的數字卻產生不同符號的答案時才發生。對無符號數而言，最高位數的輸出進位就是溢位的指示，就像在加法中一樣，然而在減法中，0 是代表溢位。在例題 1.18 中對符號數或無符號數都沒有產生溢位，因為答案 2 落在範圍內。對符號數來說，正數與負數的加法永遠不會產生溢位。

在多數電腦的應用中，兩種加法（一種用補數運算，一種是兩個運算子直接運算）都是由一個步驟完成，加數之最低有效位數（位元 1）的進位輸入為零，而在減法的互補步驟中加 1 便可以是輸入進位。因此要計算 7−5，我們取 5 的每個位元互補（0101 變成 1010）再相加。

例題 1.19

```
7 − 5
              1
          0 1 1 1
          1 0 1 0
        (1) 0 0 1 0
```

當然我們也可以設計一個減法器（除了加法器之外），但是這對多數電腦而言是不需要的額外硬體。

注意到這樣的過程對無符號數也適用，即使運算子會大於 2 的補數所能表示的範圍，如同例題 1.20 計算 14−10 的差所示。

例題 1.20

```
              1
           1 1 1 0
          +0 1 0 1
        (1) 0 1 0 0 = 4
```

我們在例題 1.21a 中會看到無符號數的溢位，並在例題 1.21b 看到符號數的溢位。

例題 1.21

```
   5 − 7          7 − (−5)
     1                1
   0 1 0 1        0 1 1 1
   1 0 0 0        0 1 0 0
   ───────        ───────
   1 1 1 0        1 1 0 0
    (a)            (b)
```

對無符號數而言，溢位是由進位 0 來表示，(a) 小題的結果應該是負的（−2），但是在無符號數系統中無法被表示。對符號數而言，這樣的結果是正確的。對符號數而言，溢位有可能會在從正數減去一個負數或者是從負數減去一個正數，如同例題 1.21b 所示，這是因為加法的過程包含了兩個正數而結果卻像是負的，代表著溢位。（事實上，答案應該是 12，但是這比 4 位元符號數能代表的最大數字 7 還要大。）

1.2.5　二進碼十進制（Binary Coded Decimal, BCD）

大多數電腦的內部都是做二進位數字的運算，然而當與人互動時，溝通的模式通常都是十進位，因此我們必須在輸入的時候將十進位轉成二進位，而在輸出的時候將二進位轉成十進位。（寫一個軟體來做這件事情是十分直覺的反應。）然而即使我們要將十進位的輸出和輸入一個個編碼成二進位，如果我們使用前 10 個二進位數字來表示 10 個十進位數字（如同表 1.7 的第一個二進位行），那麼舉例來說，739 就會儲存成

　　0111　0011　1001

每個十進位數字都要由 4 個位元來表示，因此 3 位數的十進位數字會需要 12 個位元（而如果要將其轉成二進位，卻只需要 10 個位元，因為沒有超過 1023 的數字都可以由 10 個位元來表示）。除了儲存

▶ 表 1.7　二進碼十進制編碼

十進位數	8421碼	5421碼	2421碼	加三碼	五選二碼
0	0000	0000	0000	0011	11000
1	0001	0001	0001	0100	10100
2	0010	0010	0010	0101	10010
3	0011	0011	0011	0110	10001
4	0100	0100	0100	0111	01100
5	0101	1000	1011	1000	01010
6	0110	1001	1100	1001	01001
7	0111	1010	1101	1010	00110
8	1000	1011	1110	1011	00101
9	1001	1100	1111	1100	00011
未使用	1010	0101	0101	0000	其餘採用
	1011	0110	0110	0001	0、1、3、
	1100	0111	0111	0010	4、5個1
	1101	1101	1000	1101	的22個數
	1110	1110	1001	1110	
	1111	1111	1010	1111	

的沒效率之外，BCD 數字的運算比二進位的要複雜許多，而因此 BCD 只有在僅需要有限計算的小系統內部使用。

我們已經討論了最簡單的編碼，利用前 10 個二進位數字來代表 10 個數字，而剩下的四位元二進位數字（1010, 1011, 1100, 1101, 1110, 1111）並沒有使用。這個編碼以及在表 1.7 中接下來的兩行都被稱作**加權碼**（weighted code），因為其表示的數值是由計算每個數字乘上其權重的和。第一個編碼被稱作 8421 碼，因為那些就是每個位元的權重，每個十進位數字的表示是由

$$8 \times a_3 + 4 \times a_2 + 2 \times a_1 + 1 \times a_0$$

這也被稱作直覺二進位（straight binary），另外兩個不常用的加權碼（5421 和 2421）後面會介紹。

另外兩個沒有加權的編法方式也列在表 1.7 中。第一個是**加三碼**（excess 3, XS3），其中十進位數字的表示是該數字加 3 的二進位，舉例來說，0 會由二進位的 3（0011）來儲存，而 6 會是 6+3=9 的二進位（1001）。表中的最後一行列出了五選二碼（2 of 5 code），其每個數字都是由一個 5 位元數字來表示，其中有兩個是 1（而剩下三個位元都是 0），這個提供了一些錯誤偵測的能力，因為如果錯誤只在其中一個位元發生（可能是儲存或傳輸的時候），產生的

結果會包含一個或三個 1，而代表偵測到錯誤。

注意到在 5421 和 2421 這兩個編碼中，其他組合有可以用來表示某些數字（比如說用 0101 代表 5），然而表中列出的是標準的表示；其他則被包含在沒有使用的分類中。

每一種表示法在不同應用都有其優點，舉例而言，如果要儲存符號數（10 的補數），該負數的第一個數字會落在 5 到 9 這個範圍，在 5421、2421 以及加三碼都會對應到第一個位元為 1。（我們只需要檢查一個位元就知道該數為正還是負。）然而在 8421 碼中，我們需要更複雜的邏輯，因為負數的第一個位元可能會是 0 或者是 1。在 5421 和加三碼中，運算 10 的補數是藉由將每個位元互補然後再加 1（與 2 的補數相同），這樣的過程在其他編碼中會變得更複雜。我們會在之後的範例中使用部分的這些編碼。

1.2.6 其它編碼

在數位世界也會看到其他編碼方式出現，英數字（alphanumeric）的資訊會使用美國資訊交換標準代碼（American Standard Code for Information Interchange, ASCII），而我們會用七個數字來表示標準鍵盤上的不同符號，以及許多控制信號〔例如歸位鍵（carriage return）〕。表 1.8 列出可列印的代碼。（開頭為 00 的代碼為控制用信號。）

這讓我們能夠將標準鍵盤上可印出的任何東西編碼。舉例來說，邏輯（Logic）這個字就會編碼成

 1001100 1101111 1100111 1101001 1100011
  L   o   g   i   c

在**格雷碼**（Gray code）中，連續的數字只在一個位元有差別。表 1.9 列出了 4 位元格雷碼序列。

格雷碼在將連續裝置的位置編碼時特別好用，當裝置由一個區域移動至另一個時，代碼中只有 1 個位元會改變，如果對於確切位置有不確定性，只有 1 個位元會有疑慮。如果使用正常的二進位編碼，那麼在從 7 移動到 8 時，4 個位元全部都會改變。

表 1.8　ASCII 碼

$a_3a_2a_1a_0$	$a_6a_5a_4$					
	010	011	100	101	110	111
0000	空格	0	@	P	`	p
0001	!	1	A	Q	a	q
0010	"	2	B	R	b	r
0011	#	3	C	S	c	s
0100	$	4	D	T	d	t
0101	%	5	E	U	e	u
0110	&	6	F	V	f	v
0111	'	7	G	W	g	w
1000	(	8	H	X	h	x
1001	)	9	I	Y	i	y
1010	*	:	J	Z	j	z
1011	+	;	K	[	k	{
1100	,	<	L	\	l	|
1101	-	=	M	]	m	}
1110	.	>	N	^	n	~
1111	/	?	O	_	o	刪除

表 1.9　格雷碼

數字	格雷碼	數字	格雷碼
0	0000	8	1100
1	0001	9	1101
2	0011	10	1111
3	0010	11	1110
4	0110	12	1010
5	0111	13	1011
6	0101	14	1001
7	0100	15	1000

1.3　習題

有★記號題目的解答附加在附錄 B。

1. 將下列無符號二進位整數轉成十進位。
   - ★a.　11111
   - b.　1000000
   - c.　1001101101
   - ★d.　101111
   - e.　10101010
   - f.　000011110000
   - g.　110011001100
   - ★h.　000000000000

2. 將以下十進位整數轉成二進位，假設所有數字都是無符號（正的）且由 12 個位元表示。

*a.	73	c.	402	*e.	1000	*g.	4200
b.	127	d.	512	f.	17	h.	1365

3. 將下列轉成十六進位。

   *a. 100101101011_2
   b. 10110100000101_2
   *c. 791_{10}
   d. 1600_{10}

4. 將下列十六進位數字轉成十進位。

   a. 1000
   b. ABCD
   *c. 3FF

5. 計算以下 6 位元無符號整數對的和，如果答案要儲存在 6 位元位置，指出哪些和會產生溢位，同時列出運算子以及結果的十進位版本。

   *a. 000011 + 001100   *e. 001011 + 100111
   b. 010100 + 101101   f. 000101 + 000111
   c. 011100 + 011010   g. 101100 + 100100
   *d. 110011 + 001110

6. 下列十進位整數要以 6 位元 2 的補數形式儲存，列出它們會被如何儲存。

   *a. +25   *c. +32   *e. −15   g. −1
   b. 0   d. +15   f. −45   h. −16

7. 我們在一台電腦中找到下列 6 位元 2 的補數整數，它們的十進位表示為何？

   a. 000101   *c. 010101   e. 011111   g. 101010
   b. 111111   *d. 100100   f. 111001   *h. 100000

8. 我們有一台能夠把二進位符號整數儲存成 2 的補數形式，所有數字都是 8 個位元長。

   a. 01101011 代表哪個十進位數字？
   b. 10101110 代表哪個十進位數字？
   *c. 數字 −113 會被如何儲存？
   *d. 數字 +143 會被如何儲存？

e. 數字 +43 會被如何儲存？

f. 數字 −43 會被如何儲存？

9. 下列每一對符號整數（2 的補數）都被儲存在電腦的字符中（6 個位元），計算以 6 位元儲存的和，列出運算子以及和的十進位表示，並指出是否發生溢位。

    *a. 110101   c. 001100   e. 011010
         001111   110100   001100
     b. 111010   *d. 101010   *f. 111101
         000111   100110   110000

10. 對下列每一對整數，從第一個減去第二個，在假設以下條件的情況下，列出運算子和解答的十進位表示：

i. 數字為非符號數。

ii. 數字為符號數（2 的補數）。

在合適的地方指出溢位。

     a. 010101   *c. 111010   e. 110010
         001100   000111   110111
   *b. 010001   *d. 100100   f. 111010
         011000   011000   101101

11. 我們有一台能夠儲存 3 個十進位數字的電腦，下列五種編碼會以何種方式儲存以下數字？

    i. 8421   iv. 加三碼

    ii. 5421   v. 五選二碼

    iii.2421

   *a. 103   b. 999   c. 1   d. 0

12. 我們在電腦中儲存有下列數字，如果數字用下列方式儲存，其十進位表示為何？

    i. BCD 8421   iv. BCD 加三碼

    ii. BCD 5421   v. 二進位無符號數

    iii.BCD 2421   vi. 二進位符號數

     a. 1111 1010   *d. 1001 0101
   *b. 0001 1011   e. 1110 1101
     c. 1000 0011   f. 0100 1000

13. a. 將下列編碼成 ASCII：

　　i. Problem 5　　　iii. 2 + 1 = 3

　*ii. "OK"　　　　　iv. ABM

　b. 將下列翻譯成英文：

　　i. 1000001　1101100　1100001　1101110

　　ii. 0100100　0110111　0101110　0111001　0110101

　*iii. 0111001　0101111　0110011　0111101　0110011

　　iv. 1010100　1101000　1100101　0100000　1100101
　　　　1101110　1100100

1.4 第 1 章測驗（30 分鐘）

測驗假設學生能夠攜帶一張 A4 大小、兩面的筆記，上面可以註記有任何他們想要寫的內容。章節測驗的解答附加在附錄 C。

1. 將十進位數字 347 轉成

　a. 二進位

　b. 十六進位

列出計算過程。

2. 將下列兩個無符號二進位數字相加；將運算子和結果的十進位與二進位列出。（請確認在計算過程中列出進位。）並指出是否有溢位。

```
 0 1 0 1 1            1 0 1 0 1 1
 0 1 1 1 0            0 1 1 0 0 1
```

3. 如果下列兩個數字分別使用以下編碼，列出其十進位表示（六個答案）。

1 0 0 1 0 1 0 1 　　0 1 1 1 0 0 1 1

　a. 無符號二進位數

　b. 符號二進位數

　c. BCD（8421 碼）

4. 將下列三對符號（2 的補數）數相加，請確認在計算過程中列出進位，將加法的運算子和結果的十進位與二進位列出，並指出是否有溢位。

```
 1 1 0 0      1 0 1 0      0 1 0 1
 1 1 0 1      0 1 1 1      0 0 1 1
```

5. 計算以下兩對數字的差，列出運算子和解答的十進位和二進位表示。

 a. 假設其為無符號數。

 b. 假設其為符號數。

 1 1 0 1 − 1 1 0 0   1 0 1 0 − 0 1 1 0

並指出是否有溢位。

2 組合邏輯系統

在本章我們將發展一套可以詳細說明組合邏輯系統的工具。首先，我們將發展一個代數的方法來描述、簡化並實現這些系統。接著，我們將專注於較小的系統來解釋，有這樣的想法是想讓讀者們能夠有效地理解整個系統的發展過程。我們於第 5 章時再來致力於討論較大型系統的問題。

2.1 組合系統的設計程序

在本節中，我們將概要說明設計組合邏輯系統的過程。（類似的過程將用來發展第 7 章的循序邏輯系統。）在設計過程中通常開始於一位工程師想要討論問題的文字陳述。我們的目標是利用現有的元件和滿足設計目標及限制來開發出系統的方塊圖。

我們將用下面的五個例子來說明在設計過程中的步驟。確實，相同的步驟也適用於循序邏輯系統的發展，我們乃就此發展一套邏輯設計的必要工具。

連續型範例（CE）

CE 1. 系統中有四個輸入，A、B、C 和 D，和一個輸出，Z，若且為若當三個輸入為 1 使得 Z=1。

CE 2. 一個可以是 " 開 " 或 " 關 " 的燈，並由三個開關的任何一個來控制。其中一個開關是 ON / OFF 主開關。如果是關閉則指示燈不亮。當主開關打開後，其餘開關（從上往下或從下到上）位置的變化將引起燈改變狀態。

CE 3. 一個系統作為 1 位元二進制加法。它具有三個輸入端（2 個可相加位元，1 個從較低階位進位），並產生兩個輸出：一個總和位元及一個可進位到下一個較高位元。

CE 4. 顯示驅動器，一個可作為輸入十進制數字的系統，並作為其輸出的信號用來驅動七段顯示顯示器，例如使用在大多數數位式手錶和數目字顯示器上的元件（更多應用稍後介紹）。

CE 5. 一種系統具有 9 個輸入端，用來表示兩個 4 位元的二進制數和一個進位位元的輸入；以及 5 位元的輸出端用來代表的總和。（每個輸入數字的範圍可以從 0 到 15，輸出範圍可從 0 到 31。）

除了這些連續型例子，小型系統設計過程包括以下各步驟（雖然某些步驟在一些問題中可能沒有必要）。

> **步驟 1：** 每個輸入及輸出的二進制表示式。

有時如在 CE1、3 和 5 中，輸入和輸出方面問題陳述已經以二進制表示。其他時候，它是由設計者來決定的。在 CE2，我們需要為每個輸入和輸出建構出數位的等值式。我們可能會以 1 表示燈亮，0 表燈滅了。（我們也可以同樣使用相反的定義，只要工程設計師相互協調好即可。）同樣地，我們將定義一個開關開啟時為 1，反之為 0。對於 CE4 而言，輸入的是十進制數字。我們必須確定使用哪一個 BCD 碼來表示這十進數字。這不管是何種輸入，我們必須有能力以最簡單的系統來描述它。我們還必須編寫輸出碼。我們需要知道顯示的細節，以及是 1 或 0 來定義燈亮。（我們將在 2.1.1 節討論這些細節。）一般情況下，不同的輸入和輸出可能會導致邏輯需求上的顯著差異。

CHAPTER 2　組合邏輯系統　29

> **步驟 1.5：** 如果有必要，把問題分解成更小的子問題。

這一步驟放在此處是因為有時可能建構真值表之後需要做到這一點。

我們不可能將這些設計技術用來處理大型系統。即使有九個輸入的 CE5 4 位加法器，它就需要 $2^9 = 512$ 個列及 9 個輸入與 5 個輸出欄的真值表。雖然我們可以很容易地產生真值表中的任何行元素的內容，但該表將分佈在多個頁面並非常繁瑣。此外，本章和第 3 章的最小化技術是有所侷限的。舉例而言：如果我們用一台 32 位元的電腦去一個現實一個加法器，問題將變得難以完全的處理。（這個例子的輸入真值表將有 2^{64} 行這麼大的長度，即使沒有進位也要花上 584 年來處理整個表格。）

但顯然地，我們已經能夠解決這樣的問題。在加法器的情況下，我們可以模仿我們如何以手來做計算，即一次加一個位元，產生一位元的和以及進位到下一位的位元。以在 CE3 提出的問題而言，它僅需要一個八行的真值表。我們可以建立 32 個這樣的系統，最後把它們連接在一起即可處理此問題。

此外，利用已經實現的子系統通常是最為經濟的。例如，我們可以買到在 CE5 中所描述的 4 位元加法器（在一個單一積體電路的晶片上）。我們利用它作為我們設計的一個部分。我們將進一步在第 5 章研究這部分的設計過程中。

> **步驟 2：** 以真值表或代數表示式來正規化的設計規格。

在這裡我們將專注於真值表的想法而把代數表示式留在後面的章節中討論。真值表形式的設計是步驟 2 過程中最常見的結果。我們可以在一個數位系統中這樣做，是因為每個輸入只有 0 或 1 來表示。因此，如果我們有 n 個輸入，那麼將有 2^n 個輸入的組合，真值表有 2^n 個列。這些列通常以二進制順序來輸入。真值表有兩欄（columns）集合：其一集合為 n 個輸入欄及 m 個輸出欄，另一集合則為 m 個輸出。

表 2.1 一個兩輸入的真值表

A	B	Y
0	0	0
0	1	1
1	0	1
1	1	1

如表 2.1 為具有兩個輸入，A 和 B，以及一個輸出，Y 的真值表例子。此處有兩個輸入欄，一個輸出欄，$2^2=4$ 列（不包括標題列）。在說明了其他步驟的設計過程之後，我們將著眼於真值表的一些連續型範例。

步驟 3：簡化描述。

真值表於某些技術中可直接用於實現（例如，在第 5 章中的 ROM）。更多的時候，我們必須將真值表轉換為一個代數形式來實現它。但是，我們從真值表得到代數形式往往導致相當複雜的系統。因此，我們將在本章及未來的章節中發展一些技巧用於降低代數表示式的複雜性。

步驟 4：現有的組件來實現系統，並受設計的目標和限制條件管制。

閘（gate）是一個具有輸出的網路。本章和爾後章節將大部分地使用閘作為實現的組件。步驟 2 所述的真值表描述了一個二輸入或閘的行為。此結果為了便利起見，最終將以圖 2.1 的符號來表示 OR 閘。我們在實驗室中可能會使用包含數個閘的積體電路或使用電腦模擬這兩種方式來建構系統。

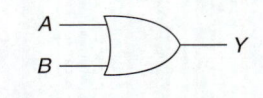

圖 2.1 OR 閘符號

除了"閘"以符號表示以外，像先前所提及比較複雜的如加法器解碼器等等都將以方塊圖表之。當然，當我們提及序向邏輯時，會再加入一些記憶元件的方塊圖，或另一些較大的系統方塊圖。

建立一個最便宜的電路往往是設計者目標。這樣的目標通常對應於最簡單的代數表示式，但並非全然如此。因為邏輯閘通常封裝在積體電路（IC）中，所以成本之計算均以積體電路數量衡之。因此，我們需要一個或四個邏輯閘來設計電路，其成本往往是相同的，因為它們是在同一個封裝中的。但有時候速度是設計目標之一，也就是說，要盡可能建立速度快的電路。正如我們將在爾後所見，每一個信號通過一個邏輯閘的時候，都會有一個小小延遲，它會拖慢系統。因此，如果系統速度是一個考量因素，我們必須對於信號通過邏輯閘的數目要有所限制。

2.1.1 隨意項

在我們使用真值表發展顯示驅動器的實例（CE4）之前，我們必須了解**隨意項**（Don't Care Condition）的概念。在一些系統中，輸出的值僅與某些輸入條件有關。其他的輸入條件不影響輸出。換言之，我們並不在乎其他的輸入條件是什麼，因為不影響輸出。所以在真值表中以「X」符號表示。表 2.2 即為此類的真值表。

此表說明當 a 與 b 均為 0 時，f 必定為 0。當 $a=0$、$b=1$ 或 $a=1$、$b=0$ 時，f 必定為 1。當 a、b 均為 1 時，無關乎 f 的值。換言之，在表 2.3 中的 f_1 或 f_2 都是可以被接受的。

當我們設計一個有隨意項的系統時，我們可以讓隨意項的輸入組合的輸出設定為 0 或 1。在表 2.3 的例子中，f_1 或 f_2 均可。但這兩種實現或許其中之一比較節約成本。如果系統有許多隨意項時，可接受條件的數目將會大量增加。因此，每一個隨意項可以獨立地設定為 1 或 0。我們在第 3 章所發展隨意項的技巧將會非常容易，它們不需要解決個別的問題。

在個別的系統中，隨意項會以很多不同方式產生。第一，有些輸入的組合根本用不到。在 CE4 的例子中，它是十進制數字，所以有十種可能的輸入。一旦使用 4 位元的數碼，那麼有六種輸入組合將永遠不會用到。當我們建置系統時，我們可以設定這些永遠用不到的輸入的輸出值為 1 或 0，這些即所謂的隨意項。

第二，如果隨意項發生在一個系統驅動另一系統的情況。考慮圖 2.2 的方塊圖。我們考慮系統一在某種條件下驅動系統二。讓我們看一下此例：考慮有 A、B、C 三輸入的系統一，當 J 不論是 0 或 1 時，系統二會有相同的輸出。在這樣的情況，系統一的輸出 J 就是系統二的隨意項輸入組合。我們將在第 7 章當系統二是正反器（二進制存儲設備）時看到這種情況發生。

我們會在 CE4 中看到第三類隨意項，我們可能真的不需在乎輸出一的結果是什麼。

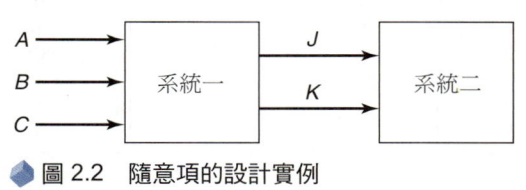

表 2.2 具隨意項的真值表

a	b	f
0	0	0
0	1	1
1	0	1
1	1	X

表 2.3 可接受的真值表

a	b	f_1	f_2
0	0	0	0
0	1	1	1
1	0	1	1
1	1	0	1

◆ 圖 2.2 隨意項的設計實例

2.1.2 真值表的發展

看一個字組的問題,第一個步驟是決定如何將輸入編碼。然後,真值表的發展通常是相當簡單的。輸入的數量確定的列數,主要問題通常圍繞關於英語的模糊性。

對 CE1 而言,需要 16 列真值表。此例中有四個輸入欄和一個輸出欄。對於真值表的前 15 列,有些系統的行為值得討論。如果輸入端少於三個 1 的情況時,輸出為 0。如果有 3 個輸入是 1,其他的是 0 時,則輸出為 1。在完成真值表的唯一的問題是涉及到最後一列。請問「三個輸入 1」的意思正好是三個還是意味著至少有三個?如果是前者,那麼真值表的最後一行是 0,如 Z_1 所示。如果是後者的話,那麼表中的最後一行是 1,如 Z_2 所示。如 Z_3 所示的其它兩個選項,我們知道所有四個輸入不會同時為 1,但我們不會在乎當所有的輸入全為 1 時的輸出為何。在這些例子中,最後的一項輸入就是隨意項,X。

在 CE2 例子之中,即使經過編碼的輸入和輸出,問題不具有唯一的解答。我們標示了 a、b 和 c 三個開關(其中 a 是主開關),並使用一個 1 代表了「開」(且 0 代表「關」)。燈泡輸出被標為 f(其中,$f=1$ 表示燈泡亮)。當 $a=0$ 時,不管 b 和 c 的值為多少,指示燈均熄滅(0)。當 $a=1$ 時,問題描述不指定輸出,在其它輸入變

表 2.4　CE1 的真值表

A	B	C	D	Z_1	Z_2	Z_3
0	0	0	0	0	0	0
0	0	0	1	0	0	0
0	0	1	0	0	0	0
0	0	1	1	0	0	0
0	1	0	0	0	0	0
0	1	0	1	0	0	0
0	1	1	0	0	0	0
0	1	1	1	1	1	1
1	0	0	0	0	0	0
1	0	0	1	0	0	0
1	0	1	0	0	0	0
1	0	1	1	1	1	1
1	1	0	0	0	0	0
1	1	0	1	1	1	1
1	1	1	0	1	1	1
1	1	1	1	0	1	X

表 2.5　CE2 的真值表

a	b	c	f
0	0	0	0
0	0	1	0
0	1	0	0
0	1	1	0
1	0	0	0
1	0	1	1
1	1	0	1
1	1	1	0

(a)

a	b	c	f
0	0	0	0
0	0	1	0
0	1	0	0
0	1	1	0
1	0	0	1
1	0	1	0
1	1	0	0
1	1	1	1

(b)

動情況下輸出會有什麼樣的影響。我們仍然有兩種可能的解決這一問題。如果我們假設切換 b 和 c 在向下位置，將使得燈泡被關閉，則表中的第五列（100）將會有 0 的輸出，如表 2.5a 所示。當這些開關中的一個是打開的（101, 110），那麼燈泡必須是亮的。從這些陳述的其中一項來看，改變 b 或 c 將使系統返回到 100 輸入狀態，或將其轉移到狀態 111，對於這一點，輸出將為 0。

我們可以從其他一些的固定值開始，如開關 b 和 c 開啟，表示該指示燈亮起；或切換 b 和 c 關閉，意味著該指示燈已亮起。無論是哪一個，都會產生表 2.5b。

在第 1.2.2 節中，我們已經開發了 1 位二進制全加器的真值表 CE3，如表 1.5（雖然我們沒有在那個時候把它作為一個真值表）。

在 CE5 中雖然我們可以輕鬆地構建一個 4 位元加法器的真值表，但我們也需要用到 512 列。此外，一旦我們做到了這一點，我們仍然會發現它幾乎不可能用手工方式來簡化（亦即，沒有電腦的幫助之下）。我們將延後此一問題到第 5 章再進一步討論。

現在，我們將研究 CE4 的顯示驅動程序。系統框圖如圖 2.3a。輸入被標記為 W、X、Y 和 Z 並且為十進制數碼。顯示驅動器必須提供七個輸入到顯示器中，a、b、c、d、e、f 和 g。顯示器的佈局如圖 2.3b。如何顯示每一個數字表示在圖 2.3c 中，其中實線表示該段被點亮，而虛線表示它不亮。注意，有些設備使用替代顯示數字於 6、7 和 9。例如，在 6 這個數字而言，a 這一個段有時會點亮，有時候就不會點亮。

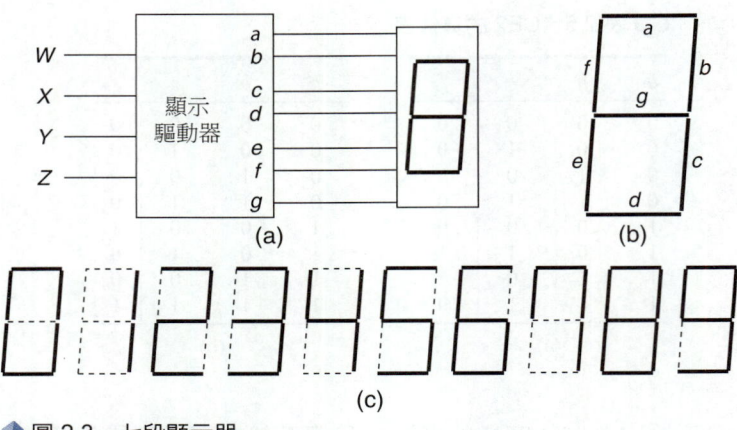

◆ 圖 2.3　七段顯示器

我們必須做的第一件事就是選擇十進制數字代碼。此舉將（明顯）影響真值表，在實做的成本方面也可能發生顯著差異。對此我們舉一個例子，我們將假定數字將以 8421 碼儲存。（我們將在第 4 章中看到這一點。）我們需要知道的下一件事是每一段的 0 或 1 值來決定是否點亮該段。這兩種類型的顯示器均存在。設計規格還必須指出哪些使用 6、7 和 9 的替代顯示器，或是兩者均可。最後再決定哪些數碼沒有對應到十進制數字（1010、1011、⋯、1111）。如果我們確實知道，這些數碼永遠不會發生，那麼我們將不在乎這些輸入組合。另一方面，規格可能說明該顯示器是設置為空白（無段亮）或用這些碼顯示一個錯誤訊息。

◆ 表 2.6　七段顯示裝置的真值表

數字	W	X	Y	Z	a	b	c	d	e	f	g
0	0	0	0	0	1	1	1	1	1	1	0
1	0	0	0	1	0	1	1	0	0	0	0
2	0	0	1	0	1	1	0	1	1	0	1
3	0	0	1	1	1	1	1	1	0	0	1
4	0	1	0	0	0	1	1	0	0	1	1
5	0	1	0	1	1	0	1	1	0	1	1
6	0	1	1	0	X	0	1	1	1	1	1
7	0	1	1	1	1	1	1	0	0	X	0
8	1	0	0	0	1	1	1	1	1	1	1
9	1	0	0	1	1	1	1	X	0	1	1
–	1	0	1	0	X	X	X	X	X	X	X
–	1	0	1	1	X	X	X	X	X	X	X
–	1	1	0	0	X	X	X	X	X	X	X
–	1	1	0	1	X	X	X	X	X	X	X
–	1	1	1	0	X	X	X	X	X	X	X
–	1	1	1	1	X	X	X	X	X	X	X

CHAPTER 2　組合邏輯系統　35

表 2.6 的真值表假設 8241 碼，1 表示點亮一個段，6、7 和 9 的版本沒有關係，那不表示一個十進制數字的輸入永遠不會發生。

例題 2.1

我們要發展一個系統的真值表，其中有三個輸入 a、b 和 c；和 4 個輸出 w、x、y 及 z。實際輸出是一個二進制數等於最大的整數並滿足下列輸入條件：

a=0：奇數　　　a=1：偶數
b=0：質數　　　b=1：非質數
c=0：小於 8　　c=1：大於等於 8

有一些輸入可能永遠不會發生；而輸出永遠不會全是 0。
（質數是一個數字，只能整除本身和 1。）以下是本系統的真值表。

a	b	c	w	x	y	z
0	0	0	0	1	1	1
0	0	1	1	1	0	1
0	1	0	X	X	X	X
0	1	1	1	1	1	1
1	0	0	0	0	1	0
1	0	1	X	X	X	X
1	1	0	0	1	1	0
1	1	1	1	1	1	0

對於最先四列，我們尋找奇數。奇質數是 1、3、5、7、11 和 13。因此，第一列是二進制為 7（最大奇質數小於 8）和第二列是二進制為 13。接下來的兩列包含非質數。所有小於 8 的奇數都是質數，因此，輸入不會有 010，而輸出則是隨意項。最後，9 和 15 是非質數的奇數；15 較大。對於表格下半部，唯一的偶質數是 2，因此，101 這個數永遠不會發生，最大的非質數的偶數是 6 和 14。

2.2 開關代數

在最後一節中，我們從文字描述系統到一個更正式詳細描述的組合數位系統真值表。雖然此真值表足以用來實現使用唯讀記憶體

（ROM）（詳見第 5 章）的系統，但我們需要另一個代數描述法來分析與設計系統的其他組件。在本節中，我們將開發開關代數的性質。

我們需要代數來分析設計有幾個原因。也許最明顯的是，如果我們需要用邏輯網路來表示系統時，我們根據輸入來表示輸出的規範。因為每個邏輯閘由一個代數表示式來定義，所以我們經常需要能夠處理此類代數式。（我們可以嘗試每個可能的輸入組合，並按照信號通過的每個閘，直到我們到達的輸出。然而，如此創建一個整體真值表閘的系統是一種非常緩慢的方法。）

其次，在設計過程中，對應於閘的一個複雜網路代數表示式是絕對有必要的。代數使我們能夠簡化該表示式，甚至可以使實現系統所需的邏輯閘的數量最小化。當我們進入到第 3 章中，我們將看到有其他非代數方式的演算法來實現系統最小化。然而，了解它們背後的代數基礎仍然是很重要的事。

第三，代數在實現邏輯閘的網路系統的過程中往往是不可或缺的。但在本章或爾後所提的技術所導出的最簡單代數表示式，並不總能夠充分應於問題的要求。因此，我們可能需要代數能夠滿足問題的約束條件。

在先前的版本中，我們引入了卡諾圖在本章之中，用以理解代數的計算過程。不失其關聯性，我們可以在不研讀第 2.7 節的情況下研讀第 3.1 節。

我們可以從一般布爾代數的假設與公理開始來發展開關代數。在布爾代數中，每個變數——包括輸入變數、輸出變數和內部訊號，都可能具有兩個以上的值——可以取 k 值的其中之一（當 $k≥2$）。在這樣的假設之下，我們可以定義一個代數，甚至可以決定運算符號的意義。到時我們亦可限制這些開關代數式到 $k=2$ 的情況之下。在第 2.9 節中我們將會有不同的討論。此外，我們將會以運算子及其性質來定義開關代數。

2.2.1 開關代數的定義

開關代數是二進制的，也就是所有的變數和常數具有兩個值之一：0 和 1。如果量不是二進制則必須編碼成二進制格式。實際上，它們可能代表了燈的關閉或開啟、開關的向上或向下、低電壓或高電壓、或磁場在一個方向或另一個方向。從代數的角度來看，實際應用上表示什麼並不重要。當我們實現一個系統，我們將選擇物理表現來表示每個值之一。

我們將首先定義三大開關代數的運算子，然後制定了一些開關代數性質：

OR (written as $+$)
$\quad a + b$ (read a OR b) is 1 if and only if $a = 1$ **or** $b = 1$ or both
AND (written as $\cdot$ or simply two variables catenated)
$\quad a \cdot b = ab$ (read a AND b) is 1 if and only if $a = 1$ **and** $b = 1$.
NOT (written $'$)
$\quad a'$ (read NOT a) is 1 if and only if $a = 0$.

"complement" 有時被用來代替 NOT。該操作也被稱為反相，並且該設備實現後也被稱為反相器。

因為 OR 符號與加法在一般代數中是相同的，AND 符號與乘法在一般代數中也是相同的，而「和」（sum）與「積」（product）也是常用的術語。因此，AB 是通常被稱為一個乘積項且 $a+b$ 被稱為和。許多本章中討論的性質應用於一般代數以及開關代數，但是，正如我們將看到的，也有一些明顯的例外。

三個運算子的真值表示於表 2.7。

表 2.7　OR、AND 及 NOT 的真值表

a	b	$a+b$	a	b	ab	a	a'
0	0	0	0	0	0	0	1
0	1	1	0	1	0	1	0
1	0	1	1	0	0		
1	1	1	1	1	1		

現在，我們將開始制定一套開關代數性質。（這些有時被稱為定理。）完整的性質列表可在封面內頁找到。第一組的特性將直接從定義（或真值表）而來。

P1a.　$a+b=b+a$　　　　　　**P1b.**　$ab=ba$　　　　　　交換律

請注意，對於 OR 和 AND 真值表的第二行和第三行的輸出值是相同的。這就是所謂的**交換律**（commutative）。這似乎是顯而易見的，因為它對加法和乘法都成立，因為 OR 與 AND 與加法和乘法使用了相同的表示法。然而，這是需要被明確說明的，因為在所有代數中的運算子而言，它不是全然正確的。（舉例來說，$a-b \neq b-a$，開關代數中沒有減法運算。）

結合律　　**P2a.**　$a+(b+c)=(a+b)+c$　　**P2b.**　$a(bc)=(ab)c$

這個屬性被稱為**結合律**（associative），也就是做 OR 或 AND 運算時順序並不重要，所以我們可以寫成 $a+b+c$ 和 abc（不用帶括號）。這也使我們能夠談 OR 或 AND 的幾件事情。因此，我們可以擴展 OR 的定義為：

$a+b+c+d+\ldots$ 是 1 如果任何運算元（$a, b, c, d, \ldots$）是 1；
$a+b+c+d+\ldots$ 是 0 如果所有運算元都是 0。

我們可以擴展 AND 的定義為：

$abcd\ldots$ 是 1 如果所有運算元都是 1；
$abcd\ldots$ 是 0 如果任何運算元是 0。

最基本的電路元件是邏輯閘。**邏輯閘**（gate）是實現如 OR 和 AND 基本功能的電路。（我們將在後面定義其它類型的邏輯閘。）市售邏輯閘提供二、三、四以及八支接腳的輸入型式。（當然也有其它不同的輸入接腳的形式，但也都是標準的市售規格。）最常用的符號如圖 2.4 所示（我們將在整個課本所使用的）。（請注意圖 2.4 中 OR 的輸入邊是橢圓形，AND 的輸入邊的是平的；OR 的輸出是點狀，AND 的輸出是橢圓形。）

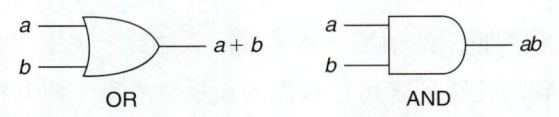

● 圖 2.4　OR 和 AND 邏輯閘的符號圖

性質 2b 指出，圖 2.5 中的三個電路產生相同的輸出。

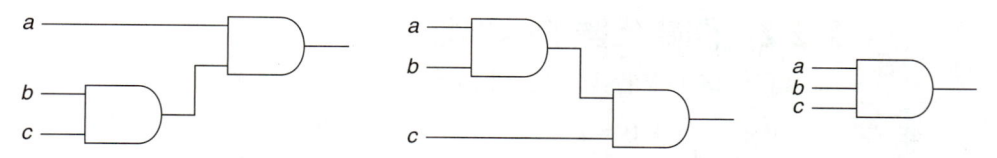

◆ 圖 2.5　AND 閘性質 2b 的實現結果

◆ 圖 2.6　NOT 閘

第三個邏輯閘，我們將介紹 NOT 閘，符號如圖 2.6 所示。三角形表示一個放大器（從電子學觀點）的符號。圓圈（有時被稱為一個泡泡）上的輸出為反相（NOT）的符號。我們將在爾後看到此符號並連接到其它邏輯閘的輸入和輸出，以指示該接腳反相的功能。

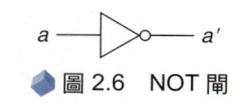

在數學中，**括號**（parentheses）表示最優先運算。當運算式中沒有括號，優先順序是：

NOT

AND

OR

舉例而言，

$$ab' + c'd = [a(b')] + [(c')d]$$

即使沒有括號，輸入 b 先反相，然後再與 a 做 AND 的動作。輸入 c 先反相再與 d 做 AND 的動作，最後這兩個相乘項再進行 OR 的動作。如果意圖是 ab 做 AND，然後對其結果反相，它必須是 $(ab)'$，而不是 ab'，換言之，如果意圖是先做 OR 再做 AND 時，它必須寫成 $a(b'+c')d$。

在每個性質中，我們使用單個字母，如 a、b、c、…代表任何表示式，而不僅僅只是一個單一的變量。因此，例如，1a 性質還可以以下式描述：

$$xy'z + w' = w' + xy'z$$

另外有一點要注意的是，以上性質總是以**對偶**（dual）形式出現。取得對偶性的做法是，交換 OR 和 AND 和常數 0 和 1。第一個交換是顯而易見的 P1 和 P2；其他的將在未來三個性質中使用。可以看出，每當兩個表示式相等，這些表示式的對偶也是相等的。以後這性質可以節省一些工作，因為我們並不需要證明一對性質的兩個部分。

2.2.2 開關代數的基本性質

我們接下來看與常數 0 和 1 相關聯的三個性質。

相等	**P3a.** $a + 0 = a$	**P3b.** $a \cdot 1 = a$
零	**P4a.** $a + 1 = 1$	**P4b.** $a \cdot 0 = 0$
互補	**P5a.** $a + a' = 1$	**P5b.** $a \cdot a' = 0$

性質 P3a 及 P4b 直接從真值表第一及第三行得來；性質 P3b 及 P4a 則從真值表第二及第四行得來。性質 5 由 NOT 的定義得知，也就是 a 及 a' 永遠互斥。因此 P5a 必須是 0+1 或 1+0 其中之一的形式，而兩者的結果必然是 1。那 P5b 也必須是 0·1 或 1·0 其中之一的形式，此兩者的結果都是 0。再次重申，每一種性質都是對偶的形式。

請注意，交換律（P1A）與性質 3、4、5 結合，我們也有以下的結果

	P3aa. $0 + a = a$	**P3bb.** $1 \cdot a = a$
	P4aa. $1 + a = 1$	**P4bb.** $0 \cdot a = 0$
	P5aa. $a' + a = 1$	**P5bb.** $a' \cdot a = 0$

通常當我們處理這些表示式時，我們將會使用這些版本的其中之一，而不是先使用交換律（P1）來交換運算元。

另一直接來自於 OR 和 AND 的真值表的第一行和最後一行（見表 2.7）的另一個性質是

冪等性	**P6a.** $a + a = a$	**P6b.** $a \cdot a = a$

由性質 6a 的反覆使用，我們可以得到：

$a + a + a + a = a$

在操作的邏輯功能的過程中，應當理解的是，這些等式的是雙向的。例如，$xyz+xyz$ 可以表式成 xyz，但是有時 xyz 也可以表示成 $xyz+xyz$ 比較有用。

最後一個放於清單上性質是自偶性；這個性質我們將直接從運算子的真值表中得到。

迴旋	**P7.** $(a')' = a$

若 $a=0$ 時，則 $a'=1$。然而，當再次補充，也就是說，$(0')'=1'=0=a$。同樣地，如果 $a=1$ 時，$a'=0$ 時，$(1')'=1$。

由於沒有 AND、OR、0′ 或 1，所以對偶後是相同的性質。

下一個性質被稱為**分配律**（distributive），是最有用的代數運算。

P8a. $a(b + c) = ab + ac$　　**P8b.** $a + bc = (a + b)(a + c)$　　分配律

P8a 看起來很熟悉；我們通常在加法和乘法運算中用它。在從右到左的順序，它被稱為提公因數。但另一方面，P8b 不是正規代數的性質。（我們以 1、2、3 數字來替代 a、b、c 字符後並且計算左式 1+6=7 和右式 4×3=12。）證明開關代數這些特性的最簡單的方法是，產生真值表並說明此式等號兩邊相等。我們以表 2.8 來證明 P8b。左邊的三列是輸入列。平衡左手邊（LHS）時，首先計算 bc 值。在 b 和 c 同時為 1 時該列結果會為 1，其他地方則為 0。LHS 是 1 時，無論這些列中包含 1 個或兩個是 1，當它們都為 0 則結果就是 0。同樣地，右側（RHS）也是一樣的道理。對於 $a+c$ 的列的結構是類似的方式，最後 RHS=$(a+b)(a+c)$。

表 2.8　性質 P8b 證明的真值表

a	b	c	bc	LHS	$a + b$	$a + c$	RHS
0	0	0	0	0	0	0	0
0	0	1	0	0	0	1	0
0	1	0	0	0	1	0	0
0	1	1	1	1	1	1	1
1	0	0	0	1	1	1	1
1	0	1	0	1	1	1	1
1	1	0	0	1	1	1	1
1	1	1	1	1	1	1	1

該表可以建構及評估每個每一列（輸入組合）的表示式。對於第一列，

$a + bc = 0 + (0 \cdot 0) = 0 + 0 = 0$
$(a + b)(a + c) = (0 + 0)(0 + 0) = 0 + 0 = 0$

和第六列（101）

$a + bc = 1 + (0 \cdot 1) = 1 + 0 = 1$
$(a + b)(a + c) = (1 + 0)(1 + 1) = 1 \cdot 1 = 1$

我們需要對所有的八個列（rows）做這件事。如果我們需要完整的表格，第一種方法的工作是比較少。

這個方法也可以用來決定函數是否相同。若為相同，函數必須對於所有的輸入組合有相同的值。如果真值表有任何列不同，那它們就不相等。

例題 2.2

構建一個真值表，並證明以下的三個等式是相等的。

$f = y'z' + x'y + x'yz'$
$g = xy' + x'z' + x'y$
$h = (x' + y')(x + y + z')$

x y z	y'z'	x'y	x'yz'	f	xy'	x'z'	x'y	g	x'+y'	x+y+z'	h
0 0 0	1	0	0	1	0	1	0	1	1	1	1
0 0 1	0	0	0	0	0	0	0	0	1	0	0
0 1 0	0	1	1	1	0	1	1	1	1	1	1
0 1 1	0	1	0	1	0	0	1	1	1	1	1
1 0 0	1	0	0	1	1	0	0	1	1	1	1
1 0 1	0	0	0	0	1	0	0	1	1	1	1
1 1 0	0	0	0	0	0	0	0	0	0	1	0
1 1 1	0	0	0	0	0	0	0	0	0	1	0

建構此三等式的真值表（使用相同的技術，就如同我們在發展表 2.8 一樣）。對於輸入組合 1 0 1，f=0，但 g=h=1，因此，f 不等於其它兩式。對於 g 和 h 行而言是相同的；因此，g=h。

2.2.3 操作代數函數

在增加一些簡化代數表示式有用的性質之前，先介紹有助於往後討論及簡化本課題的一些術語。

字符（literal）是一個變量或它的補數的形式。舉例而言就是 a 和 b'。在確定一個表示式的複雜性，措施之一是文字的數量。一個變量的**每個外觀**進行計數。因此，例如，表示式

$ab' + bc'd + a'd + e'$

就包含八個字符。

一個**乘積項**（product term）是 AND 連接的一個或多個字符。在前面的例子中，有四個乘積項，ab'、$bc'd$、$a'd$ 和 e'。請注意，一個單一的字符是一個乘積項。

一個**標準的乘積項**（standard product term），也稱為**小項**（minterm），包括問題的每個變量的乘積項，無論是補數或非補數。因此，對於四個變量的函數，w、x、y 和 z 的函數，乘積項 $w'xyz'$ 和 $wxyz$ 是標準乘積項，但 $wy'z$ 不是。

積之和（sum of product, SOP）是一個或多個乘積項由 OR 運算符連接。前面的表示式符合這個定義如下列各項：

$w'xyz' + wx'y'z' + wx'yz + wxyz$　　（4 個乘積項）
$x + w'y + wxy'z$　　　　　　　　　　（3 個乘積項）
$x' + y + z$　　　　　　　　　　　　　（3 個乘積項）
wy'　　　　　　　　　　　　　　　　（1 個乘積項）
z　　　　　　　　　　　　　　　　　（1 個乘積項）

相同的函數通常可以編寫成幾種不同的 SOP 表示式。

一個**正則總和**（canonical sum），或**標準乘積和**（sum of standard product terms），只是乘積的表示式，所有的表示式都是標準乘積項。第一個例子只不過是正則總和（如果存在 4 個變量在所有的問題當中）。通常情況下，代數運算都是從正則總和開始的。

最小乘積和（minimum sum of products）表示式是具有最少數量的乘積項的 SOP 表示式之一。如果有一個以上的最少數量乘積的表示式，則最小項就被定義為一個具有最少字符數量的那些表示式。根據以上描述這意味著，同一問題可能會有一個以上的最小乘積和表示式。下列各表示式是相等的。注意，第一個就是所謂標準的乘積項的和。

(1) $x'yz' + x'yz + xy'z' + xy'z + xyz$　　5 項，15 個字符
(2) $x'y + xy' + xyz$　　　　　　　　　　3 項，7 個字符
(3) $x'y + xy' + xz$　　　　　　　　　　　3 項，6 個字符
(4) $x'y + xy' + yz$　　　　　　　　　　　3 項，6 個字符

上列表示式 (3) 和 (4) 是最小乘積和表示式。

事實上，在這一點上我們有足夠的代數能夠從第一個表示式化減至最後兩個型式。首先，我們將把第一表示式轉變成到第二表示式：

$x'yz' + x'yz + xy'z' + xy'z + xyz$
　　$= (x'yz' + x'yz) + (xy'z' + xy'z) + xyz$　　　　結合律
　　$= x'y(z' + z) + xy'(z' + z) + xyz$　　　　　　分配律
　　$= x'y \cdot 1 + xy' \cdot 1 + xyz$　　　　　　　　互補
　　$= x'y + xy' + xyz$　　　　　　　　　　　　　相等

第一步驟需要 P2a，這使我們能夠依據需要來分組。然後，我們利用 P8a 從前面兩項提 $x'y$ 出來。接下來，我們使用 P5aa 由 1 來代替 $z'+z$。在最後的步驟中，我們使用 P3b 的減少表示式。

最後三個步驟可以合併成單一步驟。我們可以添加一個性質

鄰接　　**P9a.**　$ab + ab' = a$　　　　**P9b.**　$(a + b)(a + b') = a$

在第一例中 $a=x'y$ 而且 $b=z'$。因此，如果有兩個乘積項在和之中是相同的，不同之處在於其中一個變數在一式中是補數型式而在另一式中卻不是，它們可以使用使用 P9a 來組合。（這個性質的證明如下，我們在之前使用的三個步驟相同。）對偶性質可以使用對偶步驟由 P8b、P5b 和 P3a 來證明。

得到第 (3) 式，也就是說，六個字符的形式的最簡單的方式是使用 P6a，並且複製一個 $xy'z$ 如下式所示

$xy'z = xy'z + xy'z$

這表示式將變為

$x'yz' + x'yz + xy'z' + xy'z + xyz + xy'z$
$= (x'yz' + x'yz) + (xy'z' + xy'z) + (xyz + xy'z)$
$= x'y(z' + z) + xy'(z' + z) + xz(y + y')$
$= x'y \cdot 1 + xy' \cdot 1 + xz \cdot 1$
$= x'y + xy' + xz$

我們增加 $xy'z$ 的第二個副本在式子的最後並且和最後一項（xyz）相結合。而隨後的操作之進行和以前的方式相同。另一個表示式可以以類似 P6a 的方式使用在 $x'yz$ 和第二副本 xyz 的組合來獲得。請注意，當我們使用 P6a 來插入其中一項的第二個副本時，我們自由地重新排序第一個積之和的表示式。

一般而言，在一個表示式中我們可以使用其它更多項來結合其中一項。如果有需要我們可以複製多次。

另一種性質使我們能夠降低系統的六個字符而不需要額外副本，它們是

簡化　　**P10a.**　$a + a'b = a + b$　　　　**P10b.**　$a(a' + b) = ab$

我們亦可使用 P8b、P5a 及 P3bb 來顯示 P10a 的有效性，如下所示：

$$a + a'b = (a + a')(a + b)$$
$$= 1 \cdot (a + b) \quad\quad \text{互補}$$
$$= a + b \quad\quad \text{相等}$$

分配律

P10b 也可以表示如下：

$$a(a' + b) = aa' + ab = 0 + ab = ab$$

我們可以以此性質為例從最後兩項提出 x：

$$x'y + xy' + xyz$$
$$= x'y + x(y' + yz) \quad\quad \text{分配律}$$
$$= x'y + x(y' + z) \quad\quad \text{簡化}$$
$$= x'y + xy' + xz \quad\quad \text{分配律}$$

我們使用 P10a 中的 $a=y'$ 及 $b=z$ 應用於第二、三行。取而代之，我們可以從第一及最一項提出 y，來得到下列式子：

$$y(x' + xz) + xy'$$
$$= y(x' + z) + xy'$$
$$= x'y + yz + xy'$$

這就是其它六個字符的等效式。

考慮下面的例子中，在正則形式的表示式。

例題 2.3

$$a'b'c' + a'bc' + a'bc + ab'c'$$

前兩項可以使用 P9a 結合，而產生

$$a'c' + a'bc + ab'c'$$

現在，我們可以從前兩項提出 a' 這個因數，並使用 P10a 來簡化成下式

$$a'c' + a'b + ab'c'$$

並使用 c' 來重複以上程序於第一及最後一項，將可得以下結果

$$a'c' + a'b + b'c'$$

儘管這種表示式是比任何以往的簡單，但它不是最小項。隨著我們發展至今的性質，我們已經走進了死胡同，我們也沒有辦法知道這是不是最小項。回到原來的表示式，我們可以將第一項和最後一項結合，

中間兩項再結合，然後，當我們應用 P9A，我們得到了只有兩項和四個字符的表示式：

$a'b'c' + a'bc' + a'bc + ab'c'$
$= b'c' + a'b$

稍後，我們將看到一個屬性，可以讓我們從三項表示式簡化到兩項表示式。

前面定義的每個術語具有對偶性，也將被證明是有用的。

和項（sum term）是 OR 運算符連接一個或多個文字。例如 $a+b'+c$ 和 b'（此處只是一個字元的例子）。

標準和項（standard sum terms）也稱為**最大項**（maxterm），包含所提問題當中的補數及非補數的所有變數。因此，對於四個變數，w、x、y 和 z 而言，$w'+x+y+z'$ 和 $w+x+y+z$ 是標準和項，但 $w+y'+z$ 則不是。

和之積（product of sums expression, POS）是一個或多個和項由 AND 運算符連接。例如：

$(w + x)(w + y)$	2 項
$w(x + y)$	2 項
w	1 項
$w + x$	1 項
$(w + x' + y' + z')(w' + x + y + z')$	2 項

正則積（canonical product）或稱**標準和之積**（product of standard sum terms），僅僅是一個 POS 表示式，所有的項都是標準和項。上述最後一個例子中僅是一個標準和（如果所有問題都是四個變量）。

POS 和 SOP **最小項**（minimum）定義的方式相同，即，具有最少數量的項（terms），並且，在那些具有相同的數而言，那些具有最少數目的文字的表達。對一個函數而言（或表示式）可以減少到最小積之和的形式。它們可能都具有相同項和文字數或任何具有比其它較少的項數。（當我們進一步發展最小化技術之後將看到實例。）

一個表示式可以是積之和的形式或和之積的形式，或兩者都不是。例子是：

$$積之和：x'y + xy' + xyz$$
$$和之積：(x + y')(x' + y)(x' + z')$$
$$兩者之一：x' + y + z \quad 或 \quad xyz'$$
$$兩者都不是：x(w' + yz) \quad 或 \quad z' + wx'y + v(xz + w')$$

現在，我們將看的是最大項形式的簡化例子。（稍後，我們將著眼於從積之和到和之積或從和之積到積之和方法。）

$$g = (w' + x' + y + z')(w' + x' + y + z)(w + x' + y + z')$$

前兩項可以用 P9b 結合，此處

$a = w' + x' + y$ 和 $b = z'$

相乘起來

$$g = (w' + x' + y)(w + x' + y + z')$$

這可以很容易地使用 P6b 來簡化，建立第一項的第二個副本，並與最後一項結合後得

$a = w' + x' + y$ 和 $b = z'$

相乘後得最後答案

$$g = (w' + x' + y)(x' + y + z')$$

我們還可以做以下操作（類似我們在 SOP 表示式所做的）

$$g = (w' + x' + y)(w + x' + y + z')$$
$$= x' + y + w'(w + z') \qquad \text{[P8b]}$$
$$= x' + y + w'z' \qquad \text{[P10b]}$$
$$= (x' + y + w')(x' + y + z') \qquad \text{[P8b]}$$

在第一組括號重新排序文字後，表示式將和以前一樣。

2.3 使用 AND、OR 和 NOT 閘的函數實現

我們首先看一下使用 AND、OR 和 NOT 閘網路在切換函數功能的實現。（畢竟，我們設計的目標是產生一個電路的方塊圖，以實現給定的開關函數。）當我們定義最小 SOP 表示式，此處引入一

個例子該函數：

$$f = x'yz' + x'yz + xy'z' + xy'z + xyz$$

實現這種電路的方塊圖如圖 2.7 所示。每個乘積項是由一個 AND 閘所構成。在這個例子中，所有的 AND 閘具有三個輸入。AND 閘的輸出被用來作為輸入到一個 OR 閘（在此情況下，OR 閘是五輸入）。本實現假設所有的輸入是可用的，包含補數和反補數（即，例如，x 和 x' 是可作為輸入）。如果輸入到來自一個正反器組合邏輯電路，或在連續系統中的存儲裝置，這是很平常的情況。但是，如果輸入的是一個系統的輸入，此種情況就不會發生。

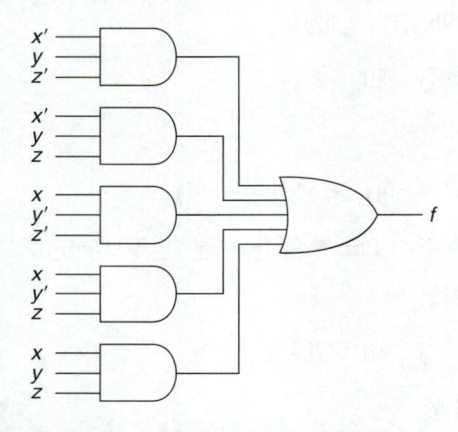

◆ 圖 2.7　在標準積之和的 f 方塊圖

這是一個二級電路的一個例子。"級"的數量算法是信號從輸入到輸出必須通過閘的最大數目。在這個例子中，所有的信號將進入一個 AND 閘，然後通過一個 OR 閘。當輸入可用補數和非補數輸入時，SOP 和 POS 表示式的實現將導致二級電路。

我們看到這個同樣的功能可以被處理成最小 SOP 表示式，其中一個版本是

$$f = x'y + xy' + xz$$

這當然，導致了較不複雜的電路，如圖 2.8 所示。

我們已經降低了電路的複雜性，從 6 個邏輯閘 20 個閘輸入端（5 個三輸入的 AND 閘及 5 個 OR 閘）到 4 個邏輯閘 9 個閘輸入端。最小邏輯網路之最簡單的定義是閘的最小數量，閘輸入的

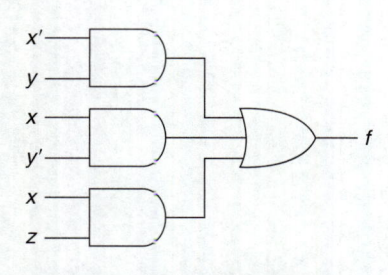

◆ 圖 2.8　f 最小積之和的實現

最小數目。對於雙級電路而言，這總是對應於到最小的積之和或和之積函式。

如果無法應用補數輸入，那麼反相器（NOT 閘）就需要被加到所需的每個輸入端（如本例中的 x 和 y）。圖 2.9 的電路顯示出了必須加入 NOT 閘到圖 2.8 的電路來實現 f。注意，在這個版本中，我們顯示每一次輸入與該輸入線連接至任何需要閘。那肯定是當我們真正構建電路會發生的。然而，為了清楚起見，我們將繪製出更像前一個的電路。（這是一個三級電路，因為某些路徑通過三個閘：一個 NOT，一個 AND，然後一個 OR。）

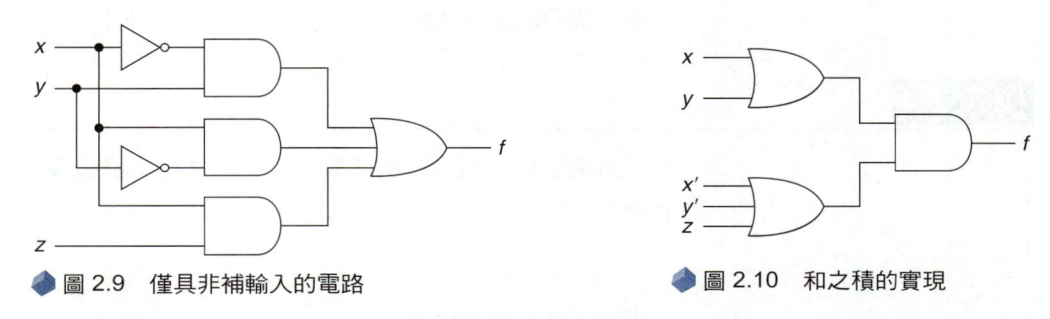

◆ 圖 2.9　僅具非補輸入的電路

◆ 圖 2.10　和之積的實現

在 POS 表示式（假設所有輸入在補數與非補數兩種不同情況下均可），相當於二級的或 - 和（OR-AND）網路。對於此相同的例子中，最小 POS（雖然基於我們開發這一點的代數觀念是不明顯）

$$f = (x + y)(x' + y' + z)$$

在圖 2.10 中實現。

當我們實現的功能是在既非 SOP 也不是 POS 形式時，則其所得到的電路將是二級以上的電路。舉一個例子說明，考慮下面這個函數：

$$h = z' + wx'y + v(xz + w')$$

我們從括號內開始，並建立一個輸入為 x 和 z 的 AND 閘。該輸出為一個 OR 閘，而它的另一個輸入為 w'。此項結果與 v 作 AND，同時與輸入 z' 和 wx'y 同時作 OR，這導致如圖 2.11 的電路。

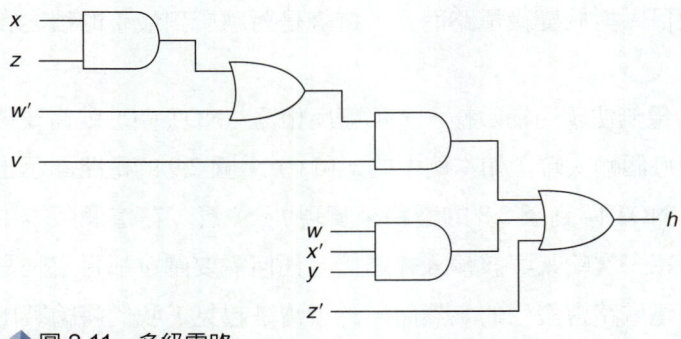

◆ 圖 2.11　多級電路

這是一個四級電路，茲因信號 x 和 z 首先通過一個 AND 閘，然後是一個 OR 閘及 AND 閘，最後通過一個 OR 閘——共四閘。

例題 2.4

如果我們以圖 2.8 的函數 f 為例，並且從最後兩項乘上 x，可得下式：

$f = x'y + x(y' + z)$

如此將會產生三級電路。

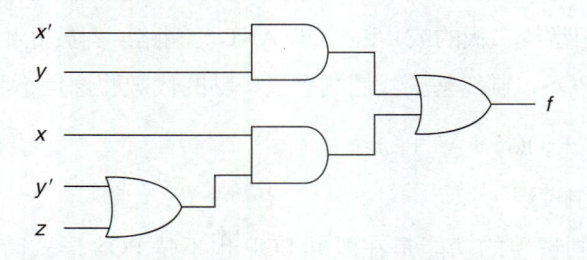

這個三級電路使用四個二輸入閘完成。

閘（gates）是典型的 14 連接器引腳雙列直插式引腳封裝（DIP 封裝）提供。這些包通常被稱為**芯片**（chips）。（較大包裝包括 16、18、22 支引腳，而更多的引腳用於更複雜的邏輯電路）這些包裝包含**集成電路**（integrated circuits, ICs）。當積體電路僅包含幾個閘時，它們就被分類為**小型積體電路**（small-scale integration, SSI）時。那些將是我們這一章會討論的範圍。**中型積體電路**（medium-scale integration, MSI）包含多達 100 閘；我們將在後面看到這些實

例。**大型積體電路**（large-scale integration, LSI）、**超大型積體電路**（very large scale integration, VLSI）和**千兆規模積體電路**（giga-scale integration, GSI）術語用於更複雜的封裝，包括完整的計算機。

2 支邏輯引腳被用來提供電源給晶片。這使得 12 支引腳作邏輯連接（在一個 14 支引腳的晶片上）。因此，我們可以容納在一個晶片上擁有 4 個兩輸入閘極。（每閘有兩個輸入連接和一個輸出連接。有足夠的引腳提供四個這樣的閘極。）同樣地，也有足夠的引腳提供給 6 個一輸入的閘（NOTs）、3 個三輸入閘及 2 個四輸入閘（有兩支引腳未使用）。在引用特定的積體電路實例中，我們將討論**電晶體 - 電晶體邏輯**（transistor-transistor logic, TTL）並且特別是在 7400 系列的晶片方面。對於這些晶片，電源電壓為 5 V 和接地為 0 V。

在實驗室中可能遇到一般的 AND、OR 和 NOT 積體電路如下：

7404　6 個反閘
7408　4 個 2 輸入及閘
7411　3 個三輸入及閘
7421　2 四輸入及閘
7432　4 兩輸入或閘

如果需要一個 3 輸入的 OR（或 AND）閘，而且只有兩個輸入端的 OR 是可以使用時，它可以如下改接：

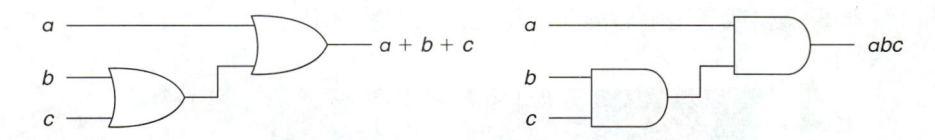

這個想法可以擴展到較多輸入端的邏輯閘。

此外，如果我們需要一個雙輸入閘極但只剩下三輸入端的邏輯閘，那就可以將相同的信號連接到同一輸入如下圖所示：

此外還有一種方法，就是以邏輯 1（+5 V）連接到的及閘的其中一腳或邏輯 0（接地）至一個 OR 的其中一個輸入端：

$$1 \cdot ab = ab \qquad 0 + a + b = a + b$$

在實驗室中，邏輯 0 和邏輯 1 由兩種不同準位的電壓表示：經常是 0 和 5 V。最常見地，較高的電壓是用來表示 1，而較低的電壓用來代表 0。這被稱之為正邏輯。相反的選擇也是有可能的，較高的電壓是用來表示 0，而較低的電壓來代表 1。此即稱之為負邏輯。當處理 1 和 0 的補數時，這個概念並沒有真正出現。然而，相同的電子電路具有根據我們所做的選擇而有不同的邏輯意義。

考慮表 2.9a 的真值表，其中邏輯閘的行為正如高（H）和低（L）的術語所描述。表 2.9b 是用正邏輯解釋 OR 閘的真值表。表 2.9c 是用負邏輯解釋 AND 閘的真值表。

表 2.9

a. 高／低

a	b	f
L	L	L
L	H	H
H	L	H
H	H	H

b. 正邏輯

a	b	f
0	0	0
0	1	1
1	0	1
1	1	1

c. 負邏輯

a	b	f
1	1	1
1	0	0
0	1	0
0	0	0

在大多數實現中使用正邏輯；而本書將使用正邏輯說明電路。但負邏輯或者是兩者混和邏輯也會偶爾被使用。

2.4 補數

在我們更深入討論之前，我們需要發展一個更多的性質。此性質是唯一對應一個名詞，稱為狄摩根定理（DeMorgan's theorem）。

狄摩根　　**P11a.**　$(a + b)' = a'b'$ 　　　　**P11b.**　$(ab)' = a' + b'$

此性質的最簡證明就是利用表 2.10 的真值表。在表 2.10 中，我們為每個在該性質的表示式以欄的方式表示。注意，用於 $(a+b)'$ 及 $a'b'$ 之欄（標記為 11a）是相同的，則 $(ab)'$ 和 $a'+b'$（標記為 11b）是相同的。

表 2.10 狄摩根定理的證明

a	b	$a+b$	$(a+b)'$	a'	b'	$a'b'$	ab	$(ab)'$	$a'+b'$
0	0	0	1	1	1	1	0	1	1
0	1	1	0	1	0	0	0	1	1
1	0	1	0	0	1	0	0	1	1
1	1	1	0	0	0	0	1	0	0
			11a			11a		11b	11b

該性質可以被容易地擴展到多於兩個以上的運算子。

P11aa. $(a + b + c \ldots)' = a'b'c' \ldots$

P11bb. $(abc \ldots)' = a' + b' + c' \ldots$

對於 P11aa，有三個變量，證明如下：

$(a + b + c)' = [(a + b) + c]' = (a + b)'c' = a'b'c'$

常見的錯誤：

NOT 不可以分配到括號

$(ab)' \neq a'b'$ and $(a + b)' \neq a' + b'$

例如

$ab + a'b' \neq 1$

只看該真值表的 $(ab)'$ 和 $a'b'$ 的欄並且比較 $a=0$ 及 $b=1$ 時表示式為（或 $a=1$ 及 $b=0$）：

$(0 \cdot 1)' = 0' = 1 \quad 0' \cdot 1' = 1 \cdot 0 = 0$

有時候我們需要了解一個給定函數的補數，即，給定的 $f(w, x, y, z)$，我們需要計算 $f'(w, x, y, z)$。最直接的方法就是重複使用狄摩根定理。

例題 2.5

$f = wx'y + xy' + wxz$

那麼

$f' = (wx'y + xy' + wxz)'$
$\quad = (wx'y)'(xy')'(wxz)'$ [P11a]
$\quad = (w' + x + y')(x' + y)(w' + x' + z')$ [P11b]

需要注意的是，如果該函數是 SOP 的形式，則補數是 POS 形式。

為了找到更多的一般表示形式的補數，我們可以重複應用狄摩根定理，或者我們可以按照這套規則：

1. 取每個變量的補數（即，a 變 a' 或 a' 變 a）。
2. 0 變 1；1 變 0。
3. AND 變 OR 及 OR 變 AND，並且確認一定要保持操作的順序。有時需要額外的括號。

例題 2.6

$$f = ab'(c + d'e) + a'bc'$$
$$f' = [a' + b + c'(d + e')][a + b' + c]$$

注意在 f 中，最後一個運算是第一個複雜項和乘積項的 OR 運算。為了維持這個順序，需在 f' 中使用括號；使 AND 運算成為最後一個運算。

使用 P11a 和 P11b 一遍又一遍會產生相同的結果：

$$f' = [ab'(c + d'e) + a'bc']'$$
$$= [ab'(c + d'e)]'[a'bc']'$$
$$= [a' + b + (c + d'e)'][a + b' + c]$$
$$= [a' + b + c'(d'e)'][a + b' + c]$$
$$= [a' + b + c'(d + e')][a + b' + c]$$

2.5 為代數表示式建構真值表

通常，一個設計問題是從輸入描述輸出的真值表開始。有些時候，系統描述語言最容易被翻譯成真值表。因此，我們需要具有從真值表到代數表示式的能力。要了解這樣的程序，可以考慮表 2.11 的兩變數真值表。

因為這是一個兩變數的問題，該真值表有 4 列，也就是說有 4 種可能的輸入組合。這表格代表的是：

表 2.11　兩變數真值表

a	b	f
0	0	0
0	1	1
1	0	1
1	1	1

f 為 1　if $a = 0$　AND　$b = 1$　OR
　　　　if $a = 1$　AND　$b = 0$　OR
　　　　if $a = 1$　AND　$b = 1$

然而，這是相同的結果

f 為 1　if $a' = 1$　AND　$b = 1$　OR
　　　　if $a = 1$　AND　$b' = 1$　OR
　　　　if $a = 1$　AND　$b = 1$

但是 $a'=1$ AND $b=1$ 與 $a'b=1$ 相同，因此

f 為 1　if $a'b = 1$　OR　if $ab' = 1$　OR　if $ab = 1$

最終將產生以下結果

$f = a'b + ab' + ab$

　　真值表中的每一行對應於一個乘積項。而 SOP 表示式是指由 OR 執行真值表中每一列函數為 1 的動作，每一乘積項包含一個變數，當每一欄的第一個變數值是 0 時，就取其補數；如果是 1 就不用了。因此舉例而言，10 表示 ab'。這些乘積項包括所有的變數；它們是最小項。最小項通常由是轉換的真值表的輸入列中的二進制數至十進制數的編號表示。下列是常見的表示法：

$f(a, b) = m_1 + m_2 + m_3$
$f(a, b) = \Sigma m(1, 2, 3)$

注意：如果我們使用最小項的數字，就必須涵括在函數中的變數，如 $f(a, b)$ 所示。如果我們寫一個代數表示式如：$f=a'b+ab'+ab$，我們可以僅用 f 表示，因為變數相當明顯。

　　在表 2.12 中，我們顯示三個變數 A、B 和 C 的全部函數的最小項和最小項數。

　　對於一個特定的函數而言，那些函數數值為 1 的項是用 f 的 SOP 表示式來形成，是 0 的項，則是用 f' 的表示式來形成。然後，我們可以用 f' 的補數來形成 f 的 POS 表示式。

表 2.12　最小項

ABC	最小項	數
0 0 0	$A'B'C'$	0
0 0 1	$A'B'C$	1
0 1 0	$A'BC'$	2
0 1 1	$A'BC$	3
1 0 0	$AB'C'$	4
1 0 1	$AB'C$	5
1 1 0	ABC'	6
1 1 1	ABC	7

例題 2.7

ABC	f	f'
000	0	1
001	1	0
010	1	0
011	1	0
100	1	0
101	1	0
110	0	1
111	0	1

上列真值表顯示了 f 及 f' 的補數。可以寫成

$$f(A, B, C) = \Sigma m(1, 2, 3, 4, 5)$$
$$= A'B'C + A'BC' + A'BC + AB'C' + AB'C$$

$$f'(A, B, C) = \Sigma m(0, 6, 7)$$
$$= A'B'C' + ABC' + ABC$$

我們可以取 f' 的補數以得到最大項的和。

$$f = (f')' = (A + B + C)(A' + B' + C)(A' + B' + C')$$

兩個最小項和形式的和就是 SOP 表示式。在大多數情況下，包括這一個，最小項表示式的總和並不是最小乘積之和。我們可以將 f 從 5 項的 15 個字符簡化到兩個 3 項的 6 個字符的函數，如下所示：

$$f = A'B'C + A'BC' + A'BC + AB'C' + AB'C$$
$$= A'B'C + A'B + AB' \qquad \text{[P9a, P9a]}$$
$$= A'C + A'B + AB'$$
$$= B'C + A'B + AB'$$

其中最終表示式是使用 P8a 和 P10a 上的第一項和第二或第三項獲得。同樣，我們使用 P9a 3 項的 9 個字符到 2 項的 5 個字符來簡化 f'：

$$f' = A'B'C' + AB$$

利用 P11，我們就可以得到 f 的最小 POS 表示式。

$$f = (A + B + C)(A' + B')$$

為了要找到最小的 POS 表示式，我們既可以處理先前的 POS 表示式或簡化為 f' 的 SOP 的表示式，然後使用狄摩根定理將其轉換為一個 POS 表示式。這兩種方法都產生相同的結果。

在第 3 章的許多教材中，我們將僅列出其最小項（按數目）中所指定的功能。當然，我們必須列出問題的變數作為陳述的一部分。因此，

$$f(w, x, y, z) = \Sigma m(0, 1, 5, 9, 11, 15)$$

是最簡的方式來表示函數

$$f = w'x'y'z' + w'x'y'z + w'xy'z + wx'y'z + wx'yz + wxyz$$

如果函數包含隨意項，那麼這些項都包含在每一個個別的總和（Σ）中。

例題 2.8

$$f(a, b, c) = \Sigma m(1, 2, 5) + \Sigma d(0, 3)$$

意味著函數中有最小項 1、2 和 5，並且 0 和 3 為隨意項，即真值表如下：

abc	f
000	X
001	1
010	1
011	X
100	0
101	1
110	0
111	0

現在我們返回到最早的三個繼續例題並且發展其代數表示式：

例題 2.9

使用 Z_2 為 CE1，直接從真值表我們得到

$$Z_2 = A'BCD + AB'CD + ABC'D + ABCD' + ABCD$$

最後一項（ABCD）可以與每一式中其他每一項（使用 P10a）的結合。因此，如果我們提出四份副本（重複使用 P6a），然後利用 P10a 四次，我們得到

$$Z_2 = BCD + ACD + ABD + ABC$$

這是最小項積之和，可能無法進一步的簡化。請注意，如果我們使用 Z_1，我們將有下列的結果

$$Z_1 = A'BCD + AB'CD + ABC'D + ABCD'$$

可能無法進一步的簡化。這種表示式也有四項，但它有 16 個文字，而為 Z_2 的表示式只具有 12 個。

例題 2.10

對於 CE2，我們有

$$f = ab'c + abc' \quad 或 \quad f = ab'c' + abc$$

端視我們所選擇的真值表。再次，沒有簡化的可能。

對 f'，我們有（第一版）

$$\begin{aligned} f' &= a'b'c' + a'b'c + a'bc' + a'bc + ab'c' + abc \\ &= a'b' + a'b + ab'c' + abc \quad &\text{[P9a, P9b]} \\ &= a' + ab'c' + abc = a' + b'c' + bc \quad &\text{[P9a, P10a]} \end{aligned}$$

因此最大項為

$$f = (a+b+c)(a+b+c')(a+b'+c)(a+b'+c') \\ (a'+b+c)(a'+b'+c')$$

而 POS 形式的最小項為

$$f = a(b+c)(b'+c')$$

例題 2.11

CE3 為全加器，我們從真值表得到

$$c_{out} = a'bc + ab'c + abc' + abc \\ s = a'b'c + a'bc' + ab'c' + abc$$

進行的簡化是非常像例題 2.9 中的 Z_2，導致

$$c_{out} = bc + ac + ab$$

但 s 已是 SOP 形式的最小項。我們將在第 2.8 節回來討論全加器的實現。

我們接下來將簡單看一個更通用的方法來檢視開關函數。n 個不同變數將有多少不同種的函數？

對於兩個變數而言，有 16 種可能的真值表，將導致 16 個不同的功能。表 2.13 的真值表顯示了所有這些函數。

表 2.13　兩變數的所有函數

a	b	f_0	f_1	f_2	f_3	f_4	f_5	f_6	f_7	f_8	f_9	f_{10}	f_{11}	f_{12}	f_{13}	f_{14}	f_{15}
0	0	0	0	0	0	0	0	0	0	1	1	1	1	1	1	1	1
0	1	0	0	0	0	1	1	1	1	0	0	0	0	1	1	1	1
1	0	0	0	1	1	0	0	1	1	0	0	1	1	0	0	1	1
1	1	0	1	0	1	0	1	0	1	0	1	0	1	0	1	0	1

某些函數是微不足道的，如 f_0 和 f_{15}，也有些確實只是一個變數的函數，如 f_3。該組函數化簡到 SOP 形式的最小項，是

$f_0 = 0$　　　　　$f_6 = a'b + ab'$　　　$f_{12} = a'$
$f_1 = ab$　　　　$f_7 = a + b$　　　　$f_{13} = a' + b$
$f_2 = ab'$　　　　$f_8 = a'b'$　　　　　$f_{14} = a' + b'$
$f_3 = a$　　　　　$f_9 = a'b' + ab$　　$f_{15} = 1$
$f_4 = a'b$　　　　$f_{10} = b'$
$f_5 = b$　　　　　$f_{11} = a + b'$

對於 n 個變數的真值表有 2^n 列，因此，我們可以對於一個欄可選擇任何 2^n 位元。因此，存在 n 個變數將有 2^{2^n} 個不同的函數。該數發散的非常快，如表 2.14 所示。

表 2.14　n 個變數函數的數目

變數	項
1	4
2	16
3	256
4	65,536
5	4,294,967,296

2.6　NAND、NOR、互斥 OR 閘

在本節中，我們將介紹其它三個常用類型的閘，NAND（反及）、NOR（反或）、AND Exclusive-OR（互斥 OR）閘，並了解如何使用它們來實現電路。

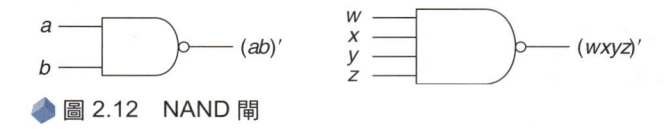

圖 2.12　NAND 閘

NAND 閘如圖 2.12 所示的符號。像 AND 和 OR 閘一樣，NAND 有多種商用型式，通常有二、三、四及八等不同輸入接腳。當首次介紹時，它被稱為一個 AND-NOT 閘，它完美地描述了其功

能，但是更短的名稱為 NAND 閘，已被廣泛地接受。需要注意的是狄摩根定理指出：

$(ab)' = a' + b'$

因而對於兩輸入 NAND 閘的替代符號標示於圖 2.13。這些符號可以交互地使用；它們指的是同樣的零件。

NOR 閘（OR-NOT）如圖 2.14 中所示的符號。當然 $(a+b)' = a'b'$。NOR 閘也可以是多輸入的。

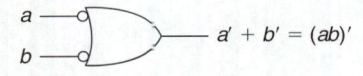

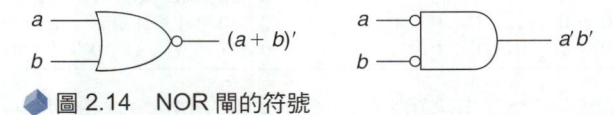

◆ 圖 2.13　NAND 的替代符號

◆ 圖 2.14　NOR 閘的符號

為什麼要使用 NAND 和 NOR 閘，而不是 AND、OR 和 NOT 閘？畢竟，該邏輯表示式是在 AND、OR 和 NOT 等基本運算子下操作，因而用這些基本閘來實現是蠻直覺的想法。許多電子電路實現常常需要反相的信號；因此 NAND 會比更 AND 閘更為方便。最重要的原因是無論使用 NAND 或 NOR 閘，只有一種類型的閘是必須的。另一方面，當 AND 及 OR 閘同時被需要時；通常也需要 NOT 閘。如從圖 2.15 的電路，NOT 與雙輸入 AND 和 OR 閘可以看出可以由兩輸入的 NAND 閘來代替。因而，這些操作被認為是**函數上完整**（functionally complete）。

利用這些閘的等效關係，則該函數中，$f=x'y+xy'+xz$，那麼我們先前用 AND 和 OR 閘實現的，如圖 2.8（2.3 節），現在可以用 NAND 閘實現，如圖 2.16。

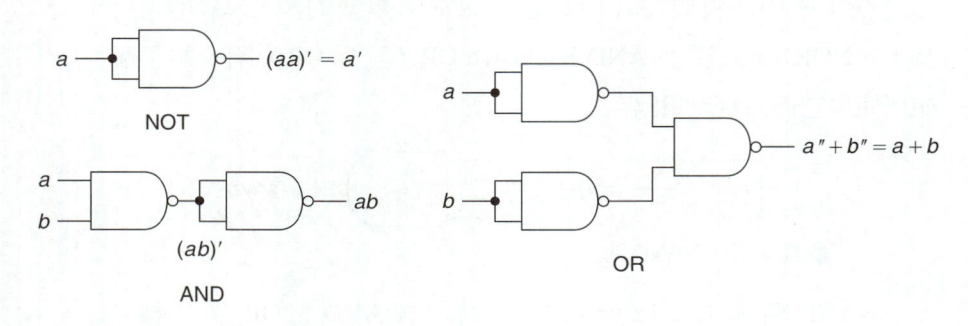

◆ 圖 2.15　NAND 的完整函數

◆ 圖 2.16　NAND 閘實現

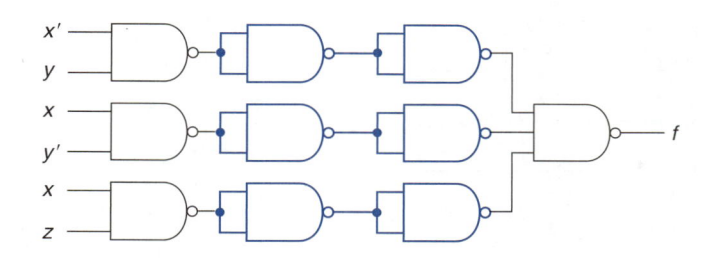

但請注意，我們在每個藍色路徑的列中有兩個 NOT 閘。邏輯上它們沒有作用（P7 狀態 $(a')'=a$），且因此，它們可以從迴路中除去，而得到了圖 2.17。也就是說，所有的 AND 和 OR 的原始電路的閘變成了 NAND 閘，其它則沒有改變。

這個過程可以大大簡化，當我們有一個 AND 及 OR 所組成的電路，使得

1. 電路的輸出來自 OR
2. 來自系統輸入或 AND 閘輸出
3. 所有 AND 閘的輸入來自系統輸入或 OR 的輸出

所有的閘都由 NAND 閘代替，而任何 OR 閘的輸入直接反相。

我們可以從輸出端開始加上反相器並且在每一個 OR 閘的輸入端也放上泡泡（一個 NOT），那是可以得到相同的結果。如果電路並不是兩級，我們在每個 OR 閘的輸入重複此過程。因此，f 函數的 AND / OR 實現如圖 2.18，其中所有的閘都成為 NAND 閘了。

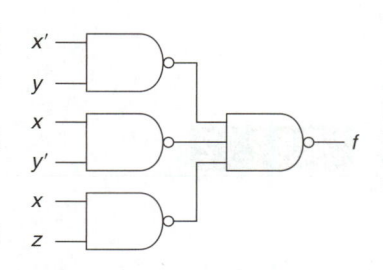

◆ 圖 2.17　較佳的 NAND 閘實現

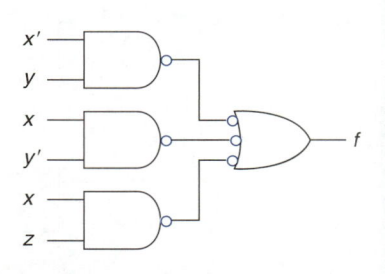

◆ 圖 2.18　雙反閘途徑

這種方法適用於滿足這些條件下的任何電路，卻只有一個額外的步驟。如果輸入是直接從 OR 閘開始，沒有用於存在第二 NOT 閘的地方；因此，該輸入必須加以反相，h 函數

$$h = z' + wx'y + v(xz + w')$$

將如圖 2.19 所示。同樣，所有的 AND 和 OR 閘成為 NAND 閘，但對於直接進入 OR 閘的兩個輸入端則分別要取補數才行。

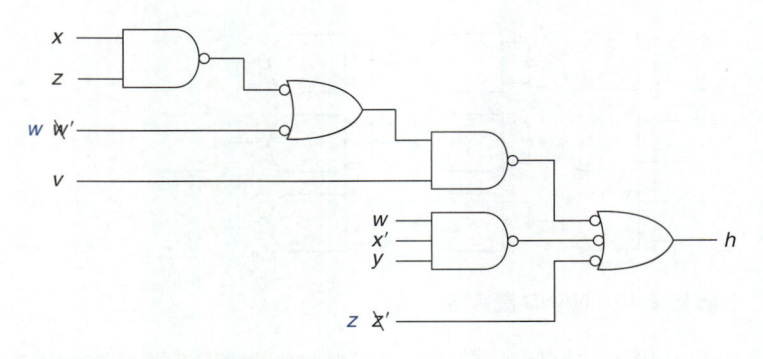

◆ 圖 2.19　一個多級 NAND 實現

例題 2.12

$$f = wx(y + z) + x'y$$

這可用 AND 閘或是 OR 閘兩種方式之一來實現。

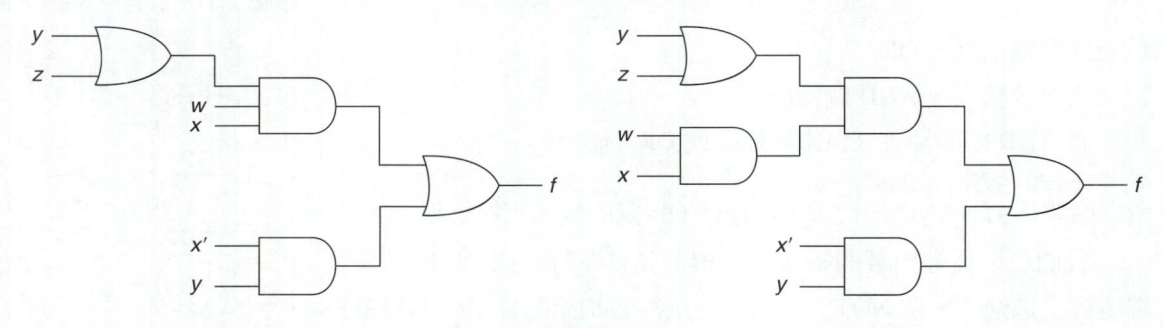

第一個版本是可以直接被轉換到 NAND 閘，如下所示。

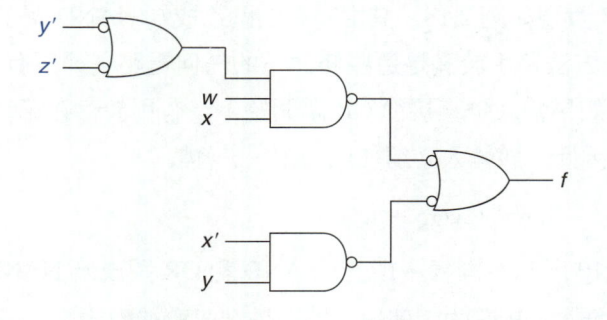

第二個版本是可以直接被轉換到 NAND 閘但不需要增加 NOT 閘，因為它違反了第三條規則：AND 閘的輸入來自另一個 AND 閘。因此，該電路會如下所示：

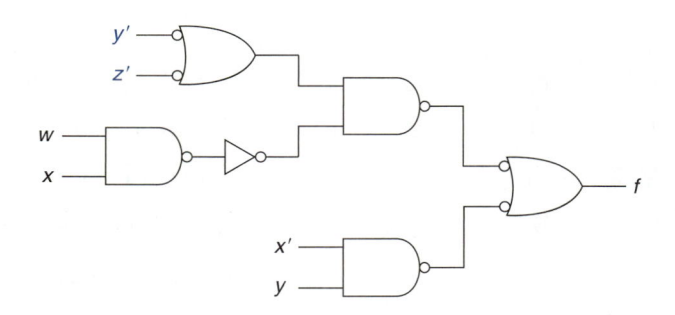

其中，NOT 閘實現了用於 wx 的 AND 閘。像這樣的表示式經常從 SOP 解決方案得到。我們將在第 2.8 節看到這樣的一些例子。

這兩種途徑都適用於以 NOR 閘來實現的電路。當我們有由 AND 及 OR 閘所形成如：

1. 來自一個 AND 閘的電路輸出
2. 輸入到 OR 閘的是來自一個系統輸入或從一個 AND 閘的輸出
3. 輸入到 AND 閘的是來自一個系統輸入或從一個 OR 閘的輸出

然後所有的邏輯閘可以被轉換到 NOR 閘，並且，如果輸入直接進入 AND 閘，那輸入必須被反相。

例題 2.13

$$g = (x + y')(x' + y)(x' + z')$$

被實現為下圖

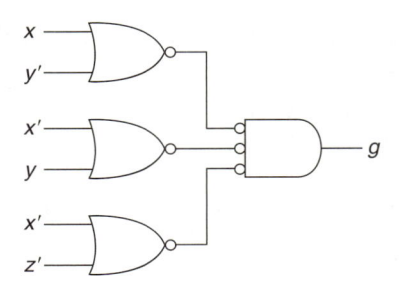

此處所有的元件都是 NOR 閘。

互斥 OR 閘實現了下列的表示式

$$a'b + ab'$$

有時表示為 $a \oplus b$。專業術語來自定義 $a \oplus b$ 為 1，如果 $a=1$（且 $b=0$）**或**如果 $b=1$（且 $a=0$），但不能同時 $a=1$ 和 $b=1$。在 OR（＋）閘的運算元通常用稱為 Inclusive-OR 和 Exclusive-OR 來區別。除了輸入部分加雙線外，互斥 OR 閘的邏輯符號與 OR 閘相似，如圖 2.20a。此觀念通常還可以使用在互斥 NOR 閘，如圖 2.20b 所示。它僅僅是一個互斥 OR 閘加上 NOT 閘輸出的函數。

$$(a \oplus b)' = a'b' + ab.$$

這有時被稱為比較器，因為如果 $a=b$ 時互斥 NOR 閘為 1，$a \neq b$ 時互斥 NOR 閘為 0。

互斥 OR 閘的 NAND 實現，如圖 2.21a，其中假定無補數輸入。兩個 NOT 閘可以由單個閘所代替，如圖 2.21b，由於

$$a(a' + b') + b(a' + b') = aa' + ab' + ba' + bb' = ab' + a'b$$

圖 2.20　(a) 互斥 OR 閘；(b) 互斥 NOR 閘

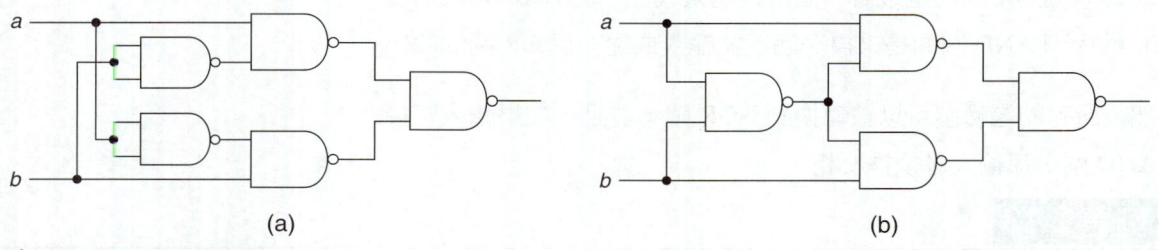

圖 2.21　互斥 OR 閘

互斥 OR 閘的一些有用的性質

$$(a \oplus b)' = (a'b + ab')' = (a + b')(a' + b) = a'b' + ab$$
$$a' \oplus b = (a')'b + (a')b' = ab + a'b' = (a \oplus b)'$$
$$(a \oplus b') = (a \oplus b)'$$
$$a \oplus 0 = a = (a' \cdot 0 + a \cdot 1)$$
$$a \oplus 1 = a' = (a' \cdot 1 + a \cdot 0)$$

互斥 OR 閘同時具有可交換和可結合性，也就是

$$a \oplus b = b \oplus a$$
$$(a \oplus b) \oplus c = a \oplus (b \oplus c)$$

我們可以在實驗室中遇到一些更常見的 NAND、NOR 及互斥 OR 閘的集成電路封裝列表如下：

CHAPTER 2　組合邏輯系統　65

7400　4 個兩輸入 NAND 閘
7410　3 個三輸入 NAND 閘
7420　2 個四輸入 NAND 閘
7430　1 個八輸入 NAND 閘
7402　4 個兩輸入 NOR 閘
7427　3 個三輸入 NOR 閘
7486　4 個兩輸入互斥 OR 閘

我們利用封裝元件構建一個電路。即使只需要用到一個三輸入的反及閘，我們還是必須買一個三輸入裝的 IC（7410）。然而我們了解，一個三輸入端的邏輯閘可以透過兩個輸入端連接在一起或通過連接的一個輸入為邏輯 1 被當成一個雙輸入的邏輯閘。

例題 2.14

考慮下面的電路，用 AND 和 OR 構造；輸入變數已被省略，因為它們與本討論無關。

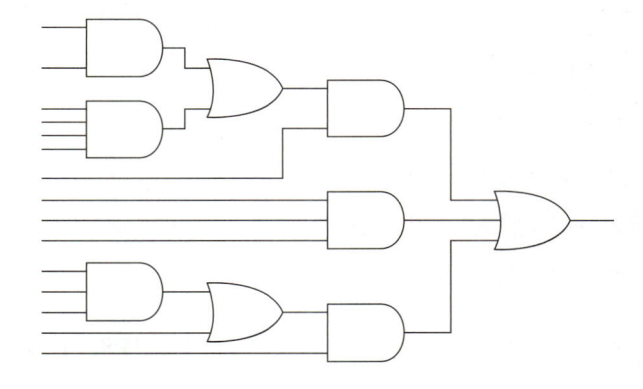

閘和封裝 IC 的數目標示於下表的左邊部分。

輸入	閘 AND	閘 OR	封裝 AND	封裝 OR	NAND	封裝
2	3	2	1		5	1
3	2	1	1	1	3	1
4	1		1		1	1
總計	6	3	3	1	9	3

對於 AND 和 OR 閘而言是需要四個封裝數：三個 AND 和一個 OR。

如果所有的閘都轉換到 NAND 閘，閘和封裝數顯示在表的右側部分。

2.7 代數表示式的簡化

我們已經看過代數表示式簡化的程序，從最小項的總和或最大項的乘積。主要工具是：

P9a. $ab + ab' = a$ **P9b.** $(a + b)(a + b') = a$
P10a. $a + a'b = a + b$ **P10b.** $a(a' + b) = ab$

雖然許多的其它性質被使用，特別是

P6a. $a + a = a$ **P6b.** $a \cdot a = a$
P8a. $a(b + c) = ab + ac$ **P8b.** $a + bc = (a + b)(a + c)$

如果函數在聲明的標準以外，則另外兩個性質是有用的。第一：

吸收律 **P12a.** $a + ab = a$ **P12b.** $a(a + b) = a$

使用 P3b、P8a、P4aa 及 P3b 證明 P12a。

$$a + ab = a \cdot 1 + ab = a(1 + b) = a \cdot 1 = a$$

請記住，我們只需要證明一半的性質，因為對偶性始終是真實的。但是，我們可以利用已經證明 P12a 所用定理的對偶性來證明 P12b。此外，我們可以從 P12b 左側分配 a，產生

$$a \cdot a + ab = a + ab$$

然而，這就是 P12a 的左側，我們已經證明了等於 a。

P10a 和 P12a 看起來非常相似；然而，我們使用了兩種完全不同的方法來證明其有效性。在 P10a：

$$a + a'b = (a + a')(a + b) = 1 \cdot (a + b) = a + b \quad \text{[P8b, P5a, P3bb]}$$

而對於 P12a，我們使用 P3b、P8a、P4aa 和 P3b。我們是怎麼知道未用 P8b 獲得 P11a 的證明

$$a + ab = (a + a)(a + b) = a(a + b)?$$

這些步驟都是有效的，但它們沒有讓我們隨時隨地對先顯示這些表示式等於 a。同樣地，如果我們開始時使用 P3b 來證明 P10a，那將是：

$$a + a'b = a \cdot 1 + a'b$$

我們還沒有得到解的任何方法。對新手而言要如何知道從哪裡開始？不幸的是，這個問題的答案是要從嘗試錯誤開始。解決了一些

問題後,我們經常可以做出正確的猜測,從中知道哪裡開始一個新的問題。如果這種方法行不通,那麼我們就必須嘗試另外一種。這不是在試圖表明兩個表示式是相同的。我們知道,當我們發現一側與另一側是相同時,即可退出程序。

在繼續進行一些例子之前,過程中的一些註釋是依序呈現。沒有演算法可以來簡化代數,也就是沒有性質適用於簡化表示式的序列表。屬性的另一方面,我們知道性質 12、9 和 10 是最有可能減少項或字符的數目的工具。另一個困難是,我們常常不知道我們什麼時候完成,也就是最小項是什麼。在大多數我們迄今所看到的例題中,我們獲得了最終的表達都是最簡化的。在第 3 章我們開發其他的簡化方法之前,我們將不能夠解決這個問題。

現在,我們將看看代數簡化的幾個例子。

例題 2.15

$xyz + x'y + x'y'$
$= xyz + x'$ **[P9a]**
$= x' + yz$ **[P10a]**

其中 $a = x', a' = x,$ 和 $b = yz$

例題 2.16

$wx + wxy + w'yz + w'y'z + w'xyz'$
$= (wx + wxy) + (w'yz + w'y'z) + w'xyz'$
$= wx + w'z + w'xyz'$ **[P12a, P9a]**
$= wx + w'(z + xyz')$
$= wx + w'(z + xy)$ **[P10a]**
$= wx + w'z + w'xy$
$= w'z + x(w + w'y)$
$= w'z + x(w + y)$ **[P10a]**
$= w'z + wx + xy$

P10a 本來可以先使用 wx 和 $w'xyz'$(得到的 xyz')。然而這種做法這留給我們以下表示式

$w'z + wx + xyz'$

這其中並沒有代數線索可知如何進行。我們現在可以簡化它的唯一辦法就是添加額外項到表示式。不久，我們將介紹另一個性質，使我們將這個表示式最小化。

例題 2.17

$$(x + y)(x + y + z') + y' = (x + y) + y' \quad \text{[P12b]}$$
$$= x + (y + y') = x + 1 = 1 \quad \text{[P5a, P4a]}$$

例題 2.18

$$(a + b' + c)(a + c')(a' + b' + c)(a + c + d)$$
$$= (b' + c)(a + c')(a + d) \quad \text{[P9b, P10b]}$$

其中第二個簡化著實採取了幾個步驟

$$(a + c')(a + c + d) = a + c'(c + d) = a + c'd = (a + c')(a + d)$$

另一種工具在切換函數的代數簡化有其用處。運算子 consensus （由符號 ¢ 表示）被定義為如下：

對於其中只有一個變數出現無補數形式，另一變數是補數型式在兩個乘積項中，consensus 被定義為剩餘的文字項。如果沒有這樣的變量存在，或者如果多於一個這樣的變量存在，那麼 consensus 就是不確定的。如果我們有一項叫 at_1，第二項叫 $a't_2$，那麼，如果達成 consensus 的定義，

$$at_1 \text{ ¢ } a't_2 = t_1 t_2$$

例題 2.19

$ab'c$ ¢ $a'd = b'cd$
$ab'c$ ¢ $a'cd = b'cd$
abc' ¢ $bcd' = abd'$
$b'c'd'$ ¢ $b'cd' = b'd'$
abc' ¢ $bc'd$ =未定義──沒有這樣的變數
$a'bd$ ¢ $ab'cd$ =未定義──兩個變數，a 及 b

然後，我們有以下的性質，它在簡化函數方面是非常有用的。

P13a. $at_1 + a't_2 + t_1t_2 = at_1 + a't_2$
P13b. $(a + t_1)(a' + t_2)(t_1 + t_2) = (a + t_1)(a' + t_2)$ consensus

P13a 指出 consensus 項是多餘的，並且可以從一個 SOP 的表示式中被移除。

> **常見的錯誤：**
> consensus 定理允許刪除 consensus 項（t_1t_2），而不是兩項形成的 consensus ($at_1+a't_2$)。例如
> $ab + b'c + ac = ab + b'c \neq ac$

可以採用對偶（P13b）在 POS 表示式可以得到一個類似的一種簡化。我們不會再深究了。

首先，我們將從其他方面獲得此性質。使用 P12a 兩次，右邊將變為

$$at_1 + a't_2 = (at_1 + at_1t_2) + (a't_2 + a't_1t_2) \qquad \text{[P12a]}$$
$$= at_1 + a't_2 + (at_1t_2 + a't_1t_2)$$
$$= at_1 + a't_2 + t_1t_2 \qquad \text{[P9a]}$$

對這個定理而言，檢視真值表也是有用的。從表 2.15 我們看到的 consensus 項 t_1t_2 中，只有其他項已經是 1 時才會輸出 1。因此，如果我們在 RHS 作 OR 閘的運算，它不會改變任何事，那就是，LHS 和 RHS 一樣的。

表 2.15　Consensus

a	t_1	t_2	at_1	$a't_2$	RHS	t_1t_2	LHS
0	0	0	0	0	0	0	0
0	0	1	0	1	1	0	1
0	1	0	0	0	0	0	0
0	1	1	0	1	1	1	1
1	0	0	0	0	0	0	0
1	0	1	0	0	0	0	0
1	1	0	1	0	1	0	1
1	1	1	1	0	1	1	1

例題 2.20

在例題 2.3（第 2.2.3 節），我們簡化函數

$$f = a'b'c' + a'bc' + a'bc + ab'c'$$

成為

$$f_1 = a'c' + a'b + b'c'$$

使用 P9a 結合最初 2 項，然後應用 P10a 兩次。在這一點上面，我們是在一個死胡同裡。然而，我們發現透過不同的分組重新開始，我們可以簡化成

$$f_2 = b'c' + a'b$$

的確，被淘汰項 $a'c'$ 是其他方面的 consensus；我們可以使用 P13a 從 f_1 轉到 f_2。

例題 2.21

$$g = bc' + abd + acd$$

由於性質 1 到 12 沒有產生任何的簡化，我們現在嘗試 consensus。定義唯一的 consensus 項

$$bc' \mathbin{\text{¢}} acd = abd$$

現在性質 13 讓我們去掉 consensus 項。這樣，

$$g = bc' + acd$$

例題 2.22

簡化

$$f = c'd' + ac' + ad + bd' + ab$$

成為 3 項，6 個字符，我們可以使用兩次 consensus 項

$$c'd' \mathbin{\text{¢}} ad = ac' \text{ and } ad \mathbin{\text{¢}} bd' = ab$$

因此，我們可以移除 ac' 和 ab，留下

$$f = c'd' + ad + bd'$$

以下的函數，就沒有辦法利用性質 12、9 和 10：

$f = w'y' + w'xz + wxy + wyz'$

不過，我們被告知，它可以被減少到 3 項，8 個字符。接下來，我們嘗試 consensus。可以確保我們試圖找到所有的 consensus 項的程序是開始找第一及第二項的 consensus；然後嘗試第三項與第二和第一項並一直做下去。對於本例而言，所存在唯一的 consensus 項是

$w'xz \not\subset wxy = xyz$

當一個 consensus 項是 SOP 表示式的一部分時，P13a 使我們能夠去掉這個項，從而簡化表示式。如果 consensus 項不是在 SOP 中，相同的性質允許我們可以將其添加 consensus 項到表示式中。當然，我們不會自動添加另一個 consensus 項，因為這會使得無法達到最小項。但是，我們應該追蹤這樣的 consensus 項，而且，作為最後的手段，請考慮將其添加到該函數。然後，了解是否該 consensus 項可用於形成其它 consensus 項，從而簡化函數。以此例而言，經由加上 xyz，f 變成

$f = w'y' + w'xz + wxy + wyz' + xyz$

然而現在

$xyz \not\subset wyz' = wxy$ 及 $xyz \not\subset w'y' = w'xz$

因此，我們可以刪除這兩項 wxy 及 $w'xz$，讓

$f = w'y' + wyz' + xyz$ （3 項，8 個字符）

我們現在考慮利用 consensus 項的一個例題，以及所有其它的性質。通常的做法是盡量利用屬性一 12、9，然後 10，當我們盡可能使用這些，再轉向 consensus。

例題 2.23

$A'BCD + A'BC'D + B'EF + CDE'G + A'DEF + A'B'EF$
$= A'BD + B'EF + CDE'G + A'DEF$ **[P12a, P9a]**

但是 $A'BD \not\subset B'EF = A'DEF$，那麼可以簡化為
$A'BD + B'EF + CDE'G$

例題 2.24

$$w'xy + wz + xz + w'y'z + w'xy' + wx'z$$
$$= wz + w'x + xz + w'y'z \qquad \text{[P12a, P9a]}$$
$$= wz + w'x + w'y'z \qquad \text{因為 } wz \not\subset w'x = xz \qquad \text{[P13a]}$$

但是

$$wz + w'y'z = z(w + w'y') = z(w + y') \qquad \text{[P10a]}$$
$$= wz + w'x + y'z$$

2.8 代數函數的操作和與 NAND 閘的實現

除了需要盡量減少的代數表示式，有時要求把一個表示式放在一個特定的格式中，如 SOP，最小項之和，或 POS，最大項之積。其次，以滿足設計限制而言，我們有時必須操作代數。在本節中，我們將看一些例題，引入一個新的性質。

如果我們有一個 SOP 的表示式，需要擴展它成為最小項之積，我們有兩種選擇。首先，我們可以建立一個真值表，並且遵循第 2.5 節的方法來產生最小項之和。的確，這種方法將適用於以任何格式的表示式。另一種方法是使用 P9a 加一變數到其中一項中。

例題 2.25

$$f = bc + ac + ab$$
$$= bca + bca' + ac + ab$$

我們可以重複此過程在其它兩項，產生

$$f = bca + bca' + acb + acb' + abc + abc'$$
$$= abc + a'bc + abc + ab'c + abc + abc'$$
$$= a'bc + ab'c + abc' + abc$$

其中 P6a 被用來除去重複項。

如果兩個字符是從其中一移除，這項反覆使用 P9a 將會產生四個小項。

例題 2.26

$g = x' + xyz = x'y + x'y' + xyz$
$ = x'yz + x'yz' + x'y'z + x'y'z' + xyz$

$g(x, y, z) = \Sigma m(3, 2, 1, 0, 7) = \Sigma m(0, 1, 2, 3, 7)$

由於最小項數通常用數字順序。

為轉換到最大項的積，P9b 是可以使用。例如，

例題 2.27

$f = (A + B + C)(A' + B')$
$ = (A + B + C)(A' + B' + C)(A' + B' + C')$

另外一個性質處理一種形式的函數到另一種函數是有用的。

P14a. $ab + a'c = (a + c)(a' + b)$

該性質證明可以使用 P8a 於右側三次：

$(a + c)(a' + b) = (a + c)a' + (a + c)b = aa' + a'c + ab + bc$

然而，$aa'=0$ 及 $bc=a'c \not\subset ab$，因而，使用 P3aa 及 P13a，我們得到

$aa' + a'c + ab + bc = a'c + ab$．

它等於該性質的左側。

此性質是在把 POS 表示式轉到 SOP 表示式特別有用，反之亦然。我們也將用它用在 NAND 閘實現系統操作的表示式。

在例題 2.7 中，我們發現最小項之和與最小的 SOP 表示式，以及最大項之積與最小的 POS 表示式：

$f(A, B, C) = \Sigma m(1, 2, 3, 4, 5)$

在例題 2.28 中，我們將最小 POS 開始，並使用性質 14，將其轉換為 SOP。

例題 2.28

$$f = (A + B + C)(A' + B') = AB' + A'(B + C) = AB' + A'B + A'C$$

其中 P14a 的一個是 A，b 為 $B+C$，而 c 為 B'。這確實是我們在例題 2.7 中找到這個問題的 SOP 解決方案之一。雖然這個屬性的使用並非每次都產生一個最小 SOP 表示式（因為它在這種情況下），但它確實比我們只是使用 P8a 時產生一個較為簡單的表示式。

$$f = AA' + AB' + BA' + BB' + CA' + CB'$$
$$= AB' + A'B + A'C + B'C$$

那麼 $B'C$ 項可以刪除，因為它是 AB' 和 $A'C$ 的 consensus。

從 POS 表示式（或更一般的表示式既不是 SOP，也不是 POS）到 SOP 表示式，我們主要使用了以下三個性質：

P8b.　　$a + bc = (a + b)(a + c)$
P14a.　$ab + a'c = (a + c)(a' + b)$
P8a.　　$a(b + c) = ab + ac$

我們試著使用前兩個由右至左的應用順序。

例題 2.29

$$(A + B' + C)(A + B + D)(A' + C' + D')$$
$$= [A + (B' + C)(B + D)](A' + C' + D') \quad \text{[P8b]}$$
$$= (A + B'D + BC)(A' + C' + D') \quad \text{[P14a]}$$
$$= A(C' + D') + A'(B'D + BC) \quad \text{[P14a]}$$
$$= AC' + AD' + A'B'D + A'BC \quad \text{[P8a]}$$

可以看出，這些性質的對偶性可以用來轉換成例題 2.30 中的 POS。

例題 2.30

$$wxy' + xyz + w'x'z'$$
$$= x(wy' + yz) + w'x'z' \quad \text{[P8a]}$$
$$= x(y' + z)(y + w) + w'x'z' \quad \text{[P14a]}$$
$$= (x + w'z')[x' + (y' + z)(y + w)] \quad \text{[P14a]}$$
$$= (x + w')(x + z')(x' + y' + z)(x' + y + w) \quad \text{[P8b]}$$

當我們希望只利用兩輸入 NAND 或 NOR 閘來實現函數功能（或二和三輸入閘）時，P14a 的另一種應用和這種類型的代數運算將變為有用。考慮下面的問題。

下面的表示式為函數 f 唯一最小 SOP 表示式。假設所有的輸入都可以非補數和補數。試求僅使用兩個輸入閘的 NAND 閘電路。沒有邏輯閘可以當作一個 NOT 閘。

$$f = ab'c' + a'c'd' + bd$$

為了解決這個問題，我們必須消除三輸入閘。因此，其出發點是試圖從三字符項著手。在這個例子中，存在一個共同的 c' 的前二項，因此，我們可以得到

$$f = c'(ab' + a'd') + bd$$

因此，實際上，解決整個問題的一個步驟，因為我們不僅僅減少了 2 個三輸入端的乘積項，而且我們也得到了 OR 閘為兩個輸入端。因此，得到的電路顯示於圖 2.22，在這裡我們首先用 AND 及 OR 來實現電路，然後，從 AND 的輸出開始，加入兩個反相器在從每一個 OR 的輸入迴路的路徑。（在該示例中，沒有輸入是直接進入一個 OR 閘）。此解決方案必須有 6 個邏輯閘和 12 個輸入。但是應當注意的是，無論解是這一個或者是前面提到的二級電路，都需要兩個集成封裝電路。這需要兩個 7400s（各 4 個兩輸入 NAND 閘），並會留下兩個未使用的閘。這個二級的解決方案需要一個 7410（3 個三輸入閘）和 7400 為其餘的兩個輸入閘和留下三個未使用的閘。

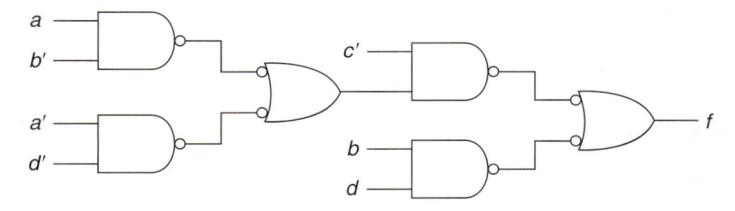

◆ 圖 2.22 兩輸入 NAND 閘電路

找一個兩輸入邏輯閘執行更複雜的例子，通常需要使用 P14a 以及 P8a。考慮例題 2.31 和 2.32 的函數。

例題 2.31

$$f = w'y'z + wz' + wx + wy$$

我們無法提出來自三個字符項的因數。我們可以從其它任兩個字符項中提出 w 因數。

$$f = (w'y'z + wz') + w(x + y)$$

然後，我們可以用性質 14。其中一個解決方法是

$$f = (w' + z')(w + y'z) + w(x + y)$$

實現這一點的電路如下圖所示，其中劃掉的輸入端是那些本來輸入到 OR 閘的。

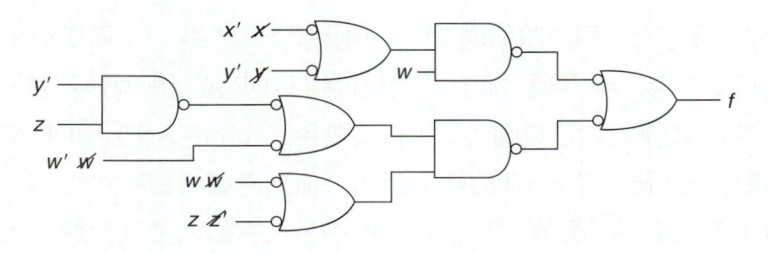

例題 2.32

$$G = DE' + A'B'C' + CD'E + ABC'E$$

四個字符乘積項是我們必須優先處理的。我們可以從最後兩項提出 E。那將會產生

$$G = DE' + A'B'C' + E(CD' + ABC')$$

但是現在，沒有辦法消除對應到 $A'B'C'$ 的三輸入閘。取而代之，我們能夠從第二及第四項提出 C'，產生

$$G = C'(A'B' + ABE) + DE' + CD'E$$

我們可以應用 P14a 於括號內的表示式並獲得

$$G = C'(A' + BE)(A + B') + DE' + CD'E$$

或使用 B 來取代 A，

$$G = C'(B' + AE)(B + A') + DE' + CD'E$$

在任一種情況下，我們仍然有 2 個三輸入的 AND 項，即第一和最後一個乘積項。使用 P14a 能簡化它們都變為兩輸入的邏輯閘，使用第一複雜項的 C' 和從最後乘積項的 C，產生下面的表示式：

$$G = (C' + D'E)[C + (B' + AE)(B + A')] + DE'$$

這需要十個邏輯閘，如以下 NAND 閘電路：

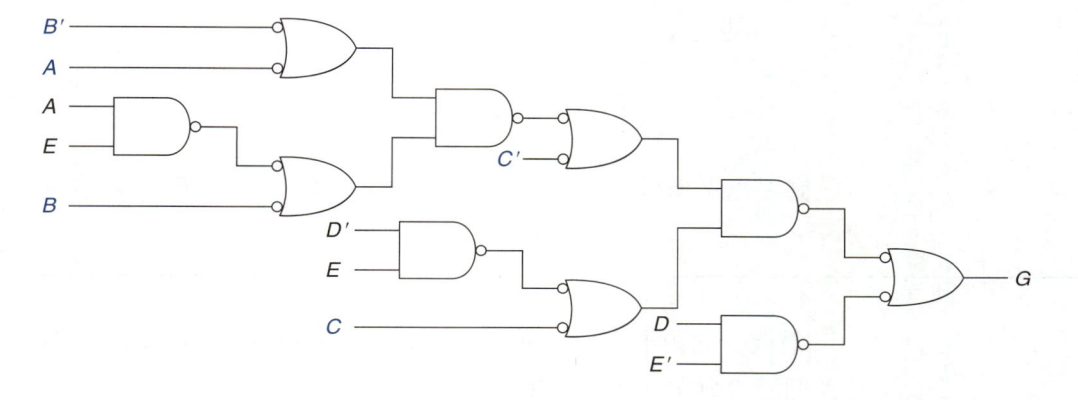

再次，我們從最內的括號中開始並使用 AND 和 OR 閘來實現電路。五個輸入直接到 OR 閘，並且反相（在電路中以藍色顯示）。

$$G = C'(A' + BE)(A + B') + DE' + CD'E$$
$$= C'(A' + BE)(A + B') + (D + CE)(D' + E')$$
$$= (A' + BE)(AC' + B'C') + (D + CE)(D' + E')$$

在這種情況下，經由分配了 C'(P8a) 和使用 P14a 上的最後兩個乘積項，我們消除了三輸入的 AND 閘。我們將讓這個實現作為一個練習，但我們可以從代數表示式數出 11 個閘（比以前多了一個），從下面計算可看出。

$$G = (A' + BE)(AC' + B'C') + (D + CE)(D' + E')$$
$$1\ 2\ 3\ 4\ \ \ 5\ \ \ 6\ \ \ \ 7\ \ \ \ \ 8\ 9\ 10\ \ \ 11$$

其中，每個閘的編號對應於該閘運算子之下。

作為共用邏輯閘的一個例子，考慮下面使用兩個輸入的 NAND 閘函數的實現：

例題 2.33

$$G = C'D' + ABC' + A'C + B'C$$
$$= C'(D' + AB) + C(A' + B')$$

表示式的電路圖如下所示。

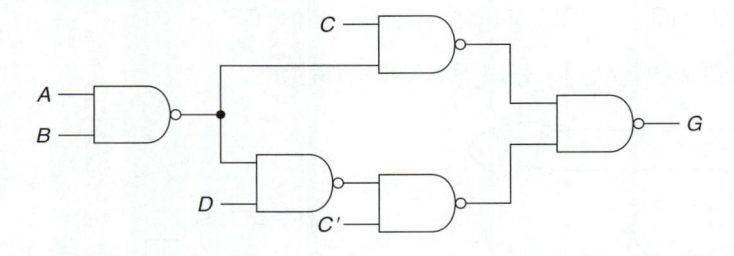

請注意不僅僅只有 AB 乘積項需要 NAND 閘，$A'+B'$ 和項也需要。

最後一個例子，我們將看看全加器（CE3）的實現。例題 2.11 中所開發的 SOP 表示式重複使用。

例題 2.34

$$s = a'b'c + a'bc' + ab'c' + abc$$
$$c_{out} = bc + ac + ab$$

上述二級電路的實現需要 1 個四輸入與 NAND 閘、5 個三輸入的 NAND 閘和 3 個兩輸入的 NAND 閘，假設所有輸入可用補數及非補數兩種不同形式。但是這個假設肯定是無效的 c，因為這就是組合邏輯的輸出。因此，我們需要至少一個也可能是三個。NOT 閘因此，這個加法器的實現將需要四個集成電路封裝。

雖然 s 和 c_{out} 是在最小的 SOP 形式，我們可以利用代數以減少閘數要求，首先將 s 的前後兩項提出 c，中間兩項提出 c'，將 c_{out} 的前兩項提出 c，得

$$s = c(a'b' + ab) + c'(ab' + a'b)$$

$$c_{out} = c(a + b) + ab$$

這需要 11 個兩輸入的 NAND 閘，不包括 3 個 NOT 閘。

回到和的表示式，請注意

$s = c(a \oplus b)' + c'(a \oplus b) = c \oplus (a \oplus b)$

此外，我們可以寫

$c_{out} = c(a \oplus b) + ab$

利用這最後的兩個表示式，使用 2 個互斥 OR 閘和 3 個兩輸入 NAND 閘，我們可以實現兩者的總和及進位，如下圖所示：

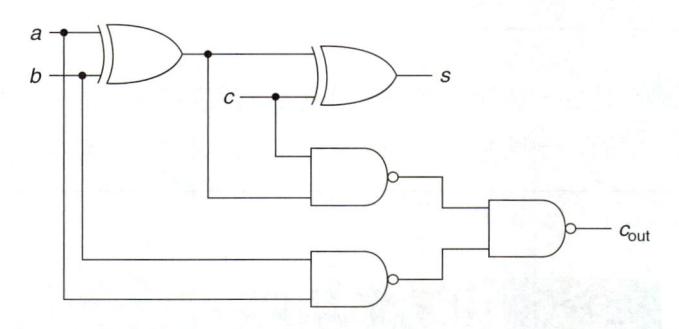

7486IC 封裝具有 4 個互斥 OR 閘可用，因此該電路可以用一個 7486IC 和一個 7400。注意，反閘在此處是不需要的。

最後，因為我們可以用 4 個兩輸入 NAND 閘實現互斥 OR 閘，而不需要補數的加入，我們得到下圖：

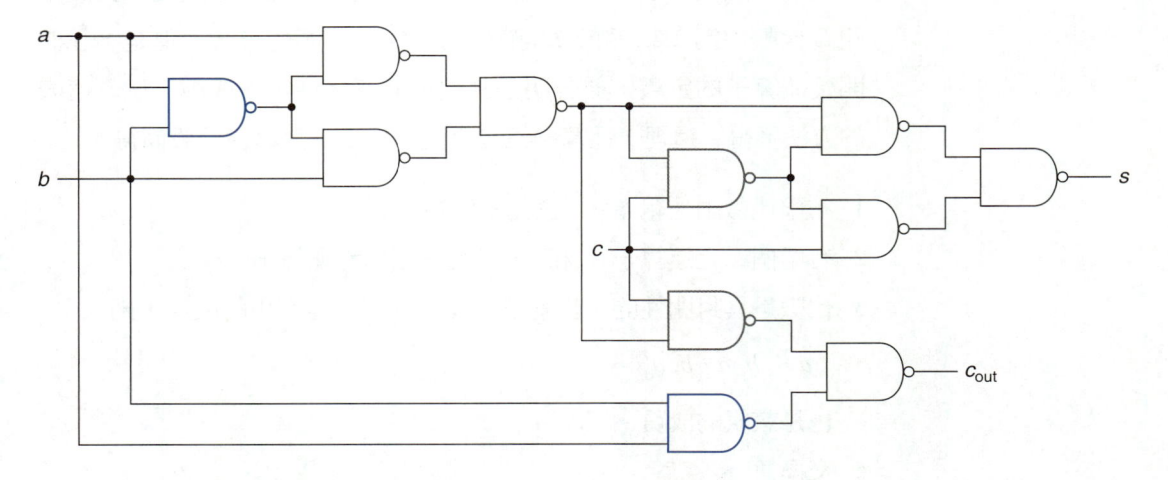

注意，這兩個藍色 NAND 閘具有相同的輸入，兩個灰色 NAND 閘也具有相同的輸入。僅有九個 NAND 閘產生最後電路，但每個輸入只有一個邏輯閘是必要的。

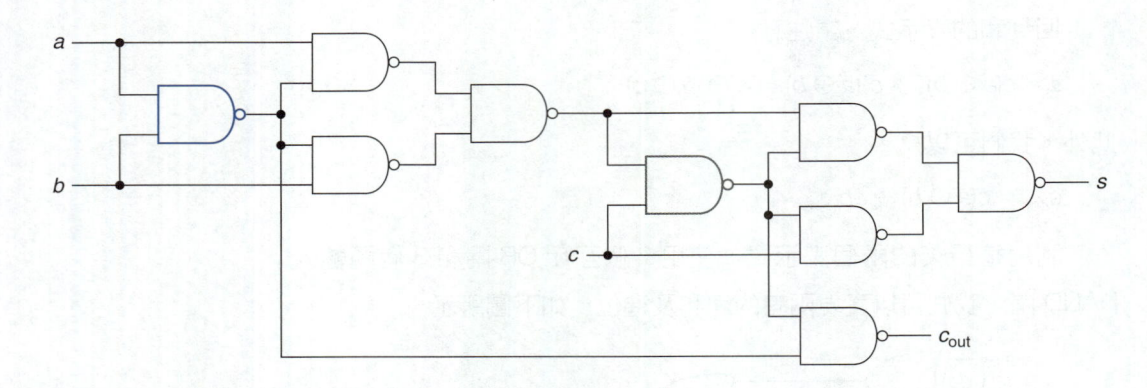

如果我們只建立一個加法器的一個位元，那麼這個實現將需要 3 個 7400 IC。然而，一個 4 位元加法器，可以用 9 個 IC 來建立。

2.9 更多一般化的布爾代數

開關代數的基礎是**布爾代數**（Boolean algebra），首先由喬治‧布爾於 1849 年發表。這代數允許超過兩個元素。這是一以集合公設為主，然後剩下的性質都是從它們開發出來的定理。公設可有多種方式得到說明，但後續發展似乎是蠻直接的。確實，這幾條公設是開關代數中第 2.2.1 和 2.2.2 節列出的性質相同的形式。但是，我們開始運算子的定義，並證明了其性質能直接從定義或由一個真值表的方法獲得。這裡，運算子沒有定義，但是，可以從公設而得。

1. 布爾代數由一組 $k \geq 2$ 個元素所組成。
2. 有兩個二元運算子 + 和 ·，以及一個單元運算子 '。
3. 代數是具封閉性的，也就是，如果 a 和 b 是該組的成員，則

    $a + b, a \cdot b, a'$

    也是該組的成員。
4. 交換律

    i. $a + b = b + a$

    ii. $a \cdot b = b \cdot a$

5. 結合律：

   i. $a + (b + c) = (a + b) + c$

   ii. $a \cdot (b \cdot c) = (a \cdot b) \cdot c$

6. 分配律：

   i. $a + b \cdot c = (a + b) \cdot (a + c)$

   ii. $a \cdot (b + c) = a \cdot b + a \cdot c$

7. 全等律：

   i. 集合中存在唯一的元素，0，使得 $a + 0 = a$

   ii. 集合中存在唯一的元素，1，使得 $a \cdot 1 = a$

8. 補數：

   i. $a + a' = 1$

   ii. $a \cdot a' = 0$

現在，我們已經定義了布爾代數。它適用於二值系統以及更一般性的系統。

對於開關代數，我們可以利用這些公設去定義的運算子。首先，我們能夠認識到有兩個元素，0 和 1，見公設 7，使用該公設和交換律，我們可以完成第一個表 2.16a 的前三行之 OR（＋）運算子，以及後三行的 AND（·）運算子。對於 OR 的公設

$$a + 0 = a$$

意味著 0+0=0（第一行）和 1+0=1（第三行）。另外，使用交換律，我們得到

$$0 + a = a$$

因而，第二行完成（0+1= 1）。

使用公設 7 的另一部分，我們得到 0·1=0，1·1=1，並且與交換律，1·0=0。對於其餘的行中，我們需要（從之前的 P6）證明冪等性質。我們可以在以下的步驟這樣做：

▶ 表 2.16a　OR 及 AND 的定義

a	b	$a+b$	$a \cdot b$
0	0	0	
0	1	1	0
1	0	1	0
1	1		1

$$a + a = (a + a) \cdot 1 \qquad \text{[7ii]}$$
$$= (a + a) \cdot (a + a') \qquad \text{[8i]}$$
$$= a + a \cdot a' \qquad \text{[6i]}$$
$$= a + 0 \qquad \text{[8ii]}$$
$$= a \qquad \text{[7i]}$$

使用這個定理，可以完成或真值表（0+0=0）的第一行。我們可以證明這個定理的對偶性，

$$a \cdot a = a$$

使用每個公設的另一半，從而完成了 AND 最後一行表 2.16b（1·1=1）。

最後，我們從公設 8 可以定義 NOT（′），第一部分說 a 或 a'（或兩者）為 1；第二部分指出，a 或 a'（或兩者）為 0。因此，它們中的一個必須是 1，而另一個為 0，即，如果 $a=0$ 時，則 a' 必須是 1，並且如果 $a=1$，然後 a' 必須為 0。

從此處，我們可以證明一切以前所述開關代數的性質。它們中的大多數也都是一般的布爾代數的性質，但是這超出了本書的範圍。

表 2.16b　OR 和 AND 的完整定義

a	b	$a+b$	$a \cdot b$
0	0	0	0
0	1	1	0
1	0	1	0
1	1	1	1

2.10 習題

有★記號題目的解答附加在附錄 B。

1. 顯示 1 位元全減法的真值表具有一個借位輸入 b_{in} 和輸入 x 和 y，並產生一差值 d 和一借位輸出 b_{out}。

   b_{in}
   x
   $-y$
   $\overline{b_{out}\ d}$

2. 顯示以下每個的真值表。

   ★a. 有四個輸入和三個輸出。輸入 w、x、y、z 被編成以下的等級代碼：

0000 A	0100 B−	1000 D+	1100 不完整
0001 A−	0101 C+	1001 D	1101 滿意
0010 B+	0110 C	1010 D−	1110 不滿意
0011 B	0111 C−	1011 F	1111 通過

輸出是

1： 一個 1 若且唯若等級為 C 或比這更好（只有字母等級；C− 不是 C 或更好的等級）

2： 一個 1 若且唯若大學將視其程度到 120 點，學位所需要的點數（僅及格）

3： 一個 1 若且唯若它會在計算 GPA 等級（僅字母等級）。

b. 該系統具有四個輸入和三個輸出。前兩個輸入端 a 和 b，表示一個 2 位元二進制數（0～3）。第二個二進制數（相同範圍）由其它兩個輸入端 c 和 d 表示。輸出 f 是 1，若且唯若兩個數相差恰好 2。輸出 g 是 1，若且唯若該兩個數字是相等的。輸出 h 是 1，若且唯若所述第二數比第一個數大。

c. 該系統具有四個輸入。前兩個是 a 和 b，代表其數量範圍為 1 至 3（0 未使用）。另外兩個是 c 和 d，表示在相同的範圍內的第二個數字。輸出 y 是 1，若且唯若所述第一數目大於所述第二或所述第二比第一大。

*d. 一種系統，具有一個輸出 F 和四個輸入，其中前兩個輸入端（A、B）表示一個 2 位元的二進制數（範圍為 0 到 3）和第二 2 位元輸入（C、D）表示另一個二進制號碼（相同範圍）。F 是 1，若且唯若兩個數相等，兩者剛好差 1。

e. 一種系統，具有一個輸出 F 和四個輸入，其中前兩個輸入端（A、B）表示一個 2 位元的二進制數（範圍為 0 到 3）和第二 2 位元輸入（C、D）表示另一個二進制號碼（相同範圍）。F 是 1，若且唯若兩個數相加為奇數。

f. 該系統具有四個輸入。前兩個，a 和 b，代表其數量範圍為 0～2（3 未使用）。另外兩個，c 和 d，表示在同一範圍內的第二數量。輸出 y 是 1，若且唯若兩個數字相差不超過 1。

*g. 一年的月份用四個變量 $abcd$ 編碼，這樣一月份是 0000，二月份是 0001……和十二月份是 1011，其餘 4 組合從未使用過。（記住：30 天有九月份、四月份、六月份和十一月份，剩下都是 31 天，除了二月份以外。）顯示出函數真值表 g，也就是，如果一個月有 31 天，則值為 1；如果 30 天，就為 0。

h. 這一年的月份編碼為 2g，除閏年的 2 月份被編碼為 1100，顯示真值表有五個輸出：v、w、x、y、z，表示在所選月份的天數。

i. 重複 2h，不同之處在於輸出到採用 BCD（8421 碼）。現在有六個輸出：u、v、w、x、y、z（其中第一個十進制數字進行編碼 0、0、u、v 和第二個數字是編碼 w、x、y、z）。

j. 該系統具有四個輸入 a，b，c 和 d 以及一個輸出 f。最後三個輸入（b、c、d）表示二進制數 n 取值範圍為 0 至 7；然而，輸入 0 從未發生過。所述第一輸入端（a）中詳細說明了做了那兩次的計算。

$a = 0 : f$ 為 1　若且唯若 n 是 2 的倍數
$a = 1 : f$ 為 1　若且唯若 n 是 3 的倍數

k. 該系統具有四個輸入 a、b、c 和 d 以及一個輸出 f。前兩個輸入端（a、b）代表一個二進制數（取值範圍為 0 到 3）和最後兩個（c、d）表示在 1 至 3（0 從未發生）的範圍內的另一號碼。輸出 f 為 1 若且唯若所述第二數值小於所述第一至少 2 以上。

l. 顯示的真值表用於與四個輸入 a、b、c 和 d 以及兩個輸出端，f 和 g 的系統。輸入代表 1 至 9（8421 碼）之間的 BCD 數字。所有其它輸入永遠不會發生。輸出 f 為 1，若且唯若輸入表示大於 6 或小於 7 的偶數。輸出 g 為 1，若且唯若輸入表示一個完全平方奇數。

3. 對下面的每個等式兩側顯示使用 AND 和 OR 閘的電路圖：

　★a. P2a: $a + (b + c) = (a + b) + c$

　b. P8a: $a(b + c) = ab + ac$

4. 顯示以下函數的真值表：

　★a. $F = X'Y + Y'Z' + XYZ$

　b. $G = XY + (X' + Z)(Y + Z')$

　c. $H = WX + XY' + WX'Z + XYZ' + W'XY'$

5. 使用真值表決定在以下各組的表示式相等：

　a. $f = ac' + a'c + bc$
　　$g = (a+c)(a'+b+c')$

★b. $f = a'c' + bc + ab'$

$g = b'c' + a'c' + ac$

$h = b'c' + ac + a'b$

c. $f = ab + ac + a'bd$

$g = bd + ab'c + abd'$

6. 對於每個下列表示式，指出以下哪些（如果有的話）可以應用得到：

i. 乘積項

ii. SOP 表示式

iii. 和項

iv. POS 表示式

a. $abc'd + b'cd + ad'$

★b. $a' + b + cd$

c. $b'c'd'$

★d. $(a+b)c'$

e. $a' + b$

★f. a'

★g. $a(b+c) + a'(b'+d)$

h. $(a+b'+d)(a'+b+c)$

★**7.** 對於習題 4 的表示式，在每一個表示式有多少字符？

8. 使用性質 1 ~ 10，將以下表示式簡化為最小項 SOP 形式。顯示其每一步驟。

★a. $x'z + xy'z + xyz$ （1 項，1 個字符）

b. $x'y'z' + x'yz + xyz$ （2 項，5 個字符）

c. $x'y'z' + x'y'z + xy'z + xyz'$ （3 項，7 個字符）

★d. $a'b'c' + a'b'c + abc + ab'c$ （2 項，4 個字符）

e. $x'y'z' + x'yz' + x'yz + xyz$ （2 項，4 個字符）

★f. $x'y'z' + x'y'z + x'yz + xyz + xyz'$

（2 個解，3 項，6 個字符）

g. $x'y'z' + x'y'z + x'yz + xy'z + xyz + xyz'$ （3 項，5 個字符）

h. $a'b'c' + a'bc' + a'bc + ab'c + abc' + abc$ （3 項，5 個字符）

9. 使用性質 1 ～ 10，將以下表示式簡化為最小項 POS 形式。項和字符的數量顯示在括號中。

   a. $(a+b+c)(a+b'+c)(a+b'+c')(a'+b'+c')$ （2 項，4 個字符）
   b. $(x+y+z)(x+y+z')(x+y'+z)(x+y'+z')$ （1 項，1 個字符）
   *c. $(a+b+c')(a+b'+c')(a'+b'+c')(a'+b'+c)$
      $(a'+b+c)$ （2 個解，3 項，6 個字符）

10. 顯示使用 AND、OR 和 NOT 閘的電路圖來實現以下功能。假設變數只能是無補數變數。不要化簡代數。

    a. $P'Q'+PR+Q'R$
    b. $ab+c(a+b)$
    *c. $wx'(v+y'z)+(w'y+v')(x+yz)'$

11. 對於以下每個電路，
    i 解出代數表示式。
    ii 化成積之和的形式。

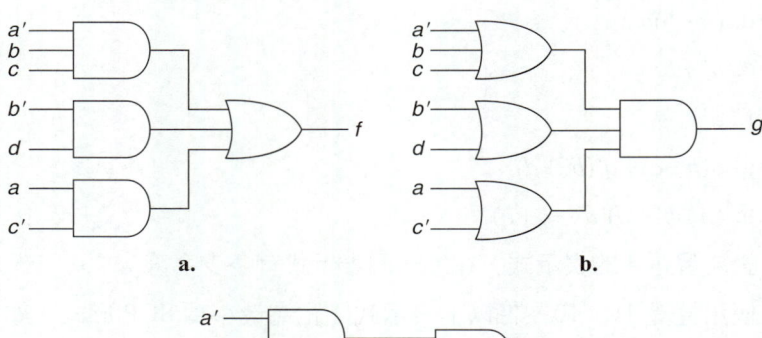

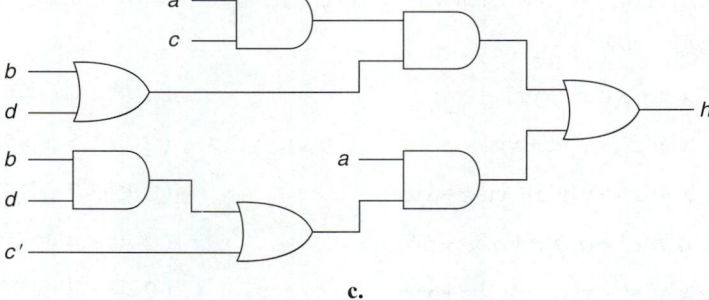

    a.

    b.

    c.

12. 尋找下列表示式的補數。僅有單一變數可以在答案中被取補數。

    *a. $f=abd'+b'c'+a'cd+a'bc'd$
    b. $g=(a+b'+c)(a'+b+c)(a+b'+c')$
    c. $h=(a+b)(b'+c)+d'(a'b+c)$

13. 對於下列的每一個函數：

$f(x, y, z) = \Sigma m(1, 3, 6)$
$g(x, y, z) = \Sigma m(0, 2, 4, 6)$

a. 顯示真值表。

b. 顯示的代數表示式最小項之和的形式。

c. 顯示最小 SOP 表示式（a：2 項，5 個字符；b：1 項，1 個字符）。

d. 顯示數字形式的 f' 最小項。

e. 顯示代數表示式的最大項形式的積。

f. 顯示最小 POS 表示式（f：2 個解，3 項，6 個字符；g：1 項，1 個字符）

★14. 對於如下的每一個函數，

a b c	f	g
0 0 0	0	1
0 0 1	1	1
0 1 0	0	0
0 1 1	0	0
1 0 0	0	1
1 0 1	1	1
1 1 0	1	1
1 1 1	1	0

a. 顯示數字形式的最小項。

b. 顯示的代數表示式中的最小項之和的形式。

c. 顯示最小項積之和的表示式（f：2 項，4 個字符；g：2 項，3 個字符）。

d. 顯示數字形式的函數補數最小項。

e. 顯示代數表示式的最大項積的形式。

f. 顯示最小 POS 表示式（F：2 項，4 個字符；G：2 項，4 個字符）

15. 對於如下的每一個函數，

$F = AB' + BC + AC$
$G = (A + B)(A + C') + AB'$

a. 顯示真值表。

b. 顯示的代數表示式最小項之和的形式。

c. 顯示最小 SOP 表示式（F：2 項，4 個字符；G：2 項，3 個字

d. 顯示數字形式的 f' 最小項。

e. 顯示代數表示式的最大項形式的積。

f. 顯示最小 POS 表示式（F：2 項，4 字符；G：2 項，4 字符）

*16. 考慮下面具有隨意項的函數：

$G(X, Y, Z) = \Sigma m(5, 6) + \Sigma d(1, 2, 4)$

對每個下面的表示式，表明它是否可能成為 G 的解。

a. $XYZ' + XY'Z$ d. $Y'Z + XZ' + X'Z$

b. $Z' + XY'Z$ e. $XZ' + X'Z$

c. $X(Y' + Z')$ f. $YZ' + Y'Z$

17. 證明該 NOR 閘可以由一個 NOT 閘、一個兩輸入 AND 閘，和一個兩輸入端的 OR 閘完成其功能。

18. 對於每個下列電路，

  i 找出其代數表示式。

  ii 把它放在 SOP 形式中。

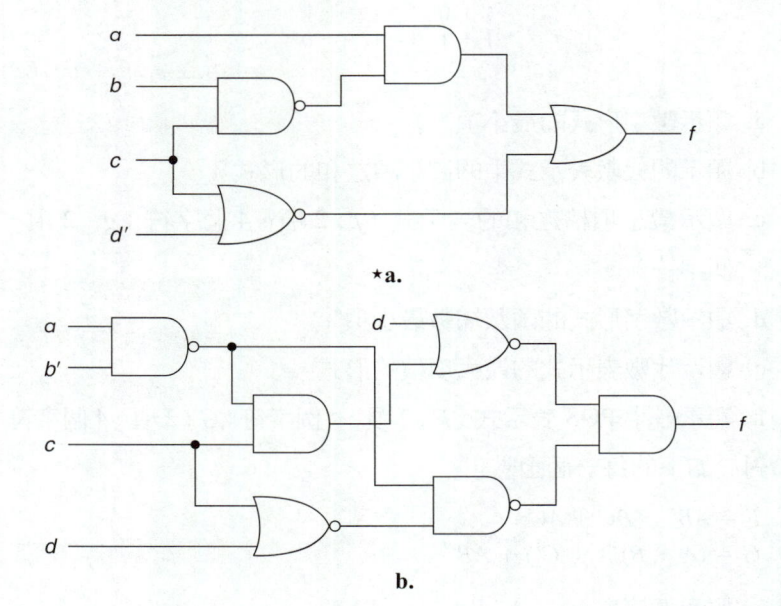

*a.

b.

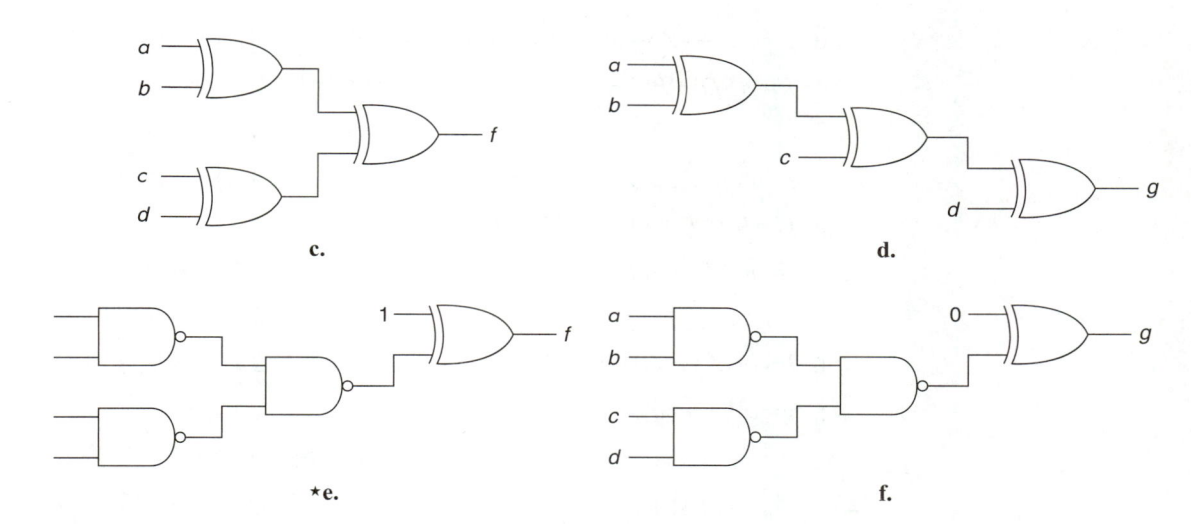

19. 僅使用 NAND 閘表示對應於下列表示式的框圖。假設所有的輸入都可以是其補數或非補數形式。不要操作函數來簡化代數。

   a. $f = wy' + wxz' + xy'z + w'x'z$

   b. $g = wx + (w' + y)(x + y')$

   c. $h = z(x'y + w'x') + w(y' + xz')$

   ★d. $F = D[B'(A' + E') + AE(B + C)] + BD'(A'C' + AE')$

20. 使用 P1 到 P12 簡化下列表示式為最小積之和的形式，並顯示每一步驟。

   a. $h = ab'c + bd + bcd' + ab'c' + abc'd$ （3項，6個字符）

   b. $h = ab' + bc'd' + abc'd + bc$ （3項，5個字符）

   ★c. $f = ab + a'bd + bcd + abc' + a'bd' + a'c$ （2項，3個字符）

   d. $g = abc + abd + bc'd'$ （2項，5個字符）

   e. $f = xy + w'y'z + w'xy' + wxyz' + w'yz + wz$ （3項，5個字符）

21. 簡化下列表示式為最小積之和的形式。顯示每個步驟和所使用的性質。

   a. $f = x'yz + w'x'z + x'y + wxy + w'y'z$ （3項，7個字符）

   b. $G = A'B'C' + AB'D + BCD' + A'BD + CD + A'D$

   （4項，9個字符）

   ★c. $F = W'YZ' + Y'Z + WXZ + WXYZ' + XY'Z + W'Y'Z'$

   （3項，7個字符）

d. $g=wxz+xy'z+wz'+xyz+wxy'z+w'y'z'$ （3項，6個字符）
e. $F=ABD'+B'CE+AB'D'+B'D'E+ABCD'E+B'C'D'$
（3項，8個字符）
f. $f=b'c+abc+b'cd+a'b'd+a'c'd$ （3項，7個字符）
*g. $G=B'C'D+BC+A'BD+ACD+A'D$
h. $f=ab+bcd+ab'c'+abd+bc+abc'$ （3項，6個字符）
（2項，4個字符）
i. $h=abc'+ab'd+bcd+a'bc$ （3項，8個字符）
*j. $g=a'bc'+bc'd+abd+abc+bcd'+a'bd'$
（2個解，3項，9個字符）

22. i 對於以下函數，使用一致性，增加新項到所給定的積之和項。
    ii 簡化到最小項積之和，顯示每個步驟和所使用的性質。
    *a. $f=a'b'c'+a'bd+a'cd'+abc$ （3項，8個字符）
    b. $g=wxy+w'y'z+xyz+w'yz$ （3項，8個字符）

23. 展開以下函數到最小項形式之和：
    a. $f(a, b, c)=ab'+b'c'$
    *b. $g(x, y, z)=x'+yz+y'z'$
    c. $h(a, b, c, d)=ab'c+bd+a'd'$

24. 轉換下列表示式為積之和的形式：
    a. $(a+b+c+d')(b+c'+d)(a+c)$
    b. $(a'+b+c')(b+c'+d)(b'+d')$
    *c. $(w'+x)(y+z)(w'+y)(x+y'+z)$
    d. $(A+B+C)(B'+C+D)(A+B'+D)(B+C'+D')$

25. 轉換下列表示式為積之和的形式：
    a. $AC+A'D'$
    b. $w'xy'+wxy+xz$
    *c. $bc'd+a'b'd+b'cd'$

26. 實現以下每一個表示式。使用僅兩輸入的 NAND 閘。沒有任何閘可以用來作為 NOT。所有輸入都可以補數或非補數形式。
    *a. $f=wy'+wxz'+y'z+w'x'z$ （7個閘）
    b. $ab'd'+bde'+bc'd+a'ce$ （10個閘）
    c. $H=A'B'E'+A'B'CD+B'D'E'+BDE'+BC'E+ACE'$
    （14個閘）

*d. $F=A'B'D'+ABC'+B'CD'E+A'B'C+BC'D$ （11 個閘）
e. $G=B'D'E'+A'BC'D+ACE+AC'E'+B'CE$ （12 個閘）
f. $h=b'd'e'+ace+c'e'+bcde$ （9 個閘）

27. 以下的每個已經是最小積之和的形式。所有的變數都可以補數或非補數形式。寫出兩種解決方案，其中每個使用不超 NAND 閘 IC 集成電路封裝（4 個兩輸入閘或 3 個三輸入閘或 2 個四輸入閘）的數量。其中一個解決方案只能使用 2 或 3 個輸入閘；其他必須使用至少 1 個四輸入閘的封裝 IC。

*a. $F=ABCDE+B'E'+CD'E'+BC'D'E+A'B'C+A'BC'E$
（3 個封裝）

b. $G=ABCDEF+A'B'D'+C'D'E+AB'CE'+A'BC'DF+ABE'F'$
（4 個封裝）

2.11 第 2 章測驗（100 分鐘，或兩個 50 分鐘的測驗）

測驗假設學生能夠攜帶一張 A4 大小、兩面的筆記，上面可以註記有任何他們想要寫的內容。章節測驗的解答附加在附錄 C。

1. 本系統 A 和 B 的輸入端表示一個二進制數，範圍為 0 到 3。輸入 C 和 D 表示第二個二進制數（範圍也是 0 到 3）。有三個輸出 X、Y 和 Z。寫出真值表，使得 Y 和 Z 代表一個數，它等於兩個輸入的差的大小，若且唯若第一數較大時 X 是 1。下面的表中的兩列已經填寫了。

A	B	C	D	X	Y	Z
0	0	0	0			
0	0	0	1			
0	0	1	0			
0	0	1	1			
0	1	0	0			
0	1	0	1			
0	1	1	0	0	0	1
0	1	1	1			
1	0	0	0			
1	0	0	1	1	0	1
1	0	1	0			
1	0	1	1			
1	1	0	0			
1	1	0	1			
1	1	1	0			
1	1	1	1			

2. 使用真值表證明以下功能是否是相等的：

$f = a'b' + a'c' + ab$
$g = (b' + c')(a' + b)$

a b c	f	g
0 0 0		
0 0 1		
0 1 0		
0 1 1		
1 0 0		
1 0 1		
1 1 0		
1 1 1		

3. 用 2 項和 4 個字符將下面的表示式簡化為 SOP 形式之表示式。顯示每個步驟。

$a'b'c + a'bc + ab'c + ab'c'$

4. 對於每一個部分，假設所有的變數都可以是其補數形式或非補數形式。

$f = ab'c + ad + bd$

a. 寫出使用 AND 和 OR 閘的方塊圖用於二級 f 的實現。

b. 寫出僅使用雙輸入的 AND 和 OR 閘的方塊圖用於 f 的實現。

5. 對於下列真值表

x	y	z	f
0	0	0	1
0	0	1	0
0	1	0	1
0	1	1	1
1	0	0	0
1	0	1	1
1	1	0	0
1	1	1	1

a. 以數字的形式寫下最小項之和的函數，例如，$\Sigma m(0, ...)$。

b. 以代數的形式寫下最小項之和的函數，例如，$x'yz + ...$。

c. 找到一個最小 SOP 表示式（3 項，6 個字符）。

d. 用最大項形式求出 POS 表示式。

e. 求出最小形式 POS 表示式（2 項，5 個字符）。

6. 假設所有輸入都可以是補數或非補數形式。求出下列的實現：

$g = wx + wz + w'x' + w'y'z'$

$ = (w' + x + z)(w + x' + y')(w + x' + z')$

a. 使用任何大小的 NAND 閘。

b. 使用任意大小的 NOR 閘。

c. 使用兩個輸入 NAND 閘（其中沒有一個可以被當作反閘使用）。

7. 對於每個下列函數找到的最小 SOP 表示式（3 項，6 個字符）。顯示每一個代數步驟。

   a. $f=b'd'+bc'd+b'cd+bcd+ab'd$

   有 5 分獎勵：找第二最小項積之和。

   b. $g=xy'z'+yz+xy'z+wxy+xz$

8. a. 展開以下最小項之和（標準積之和項）。消除任何重複項。

   $g=a'+ac+b'c$

   b. 化簡以下 SOP 表示式。

   $f=(x'+y)(w'+y+z')(y'+z)(w+y'+z')$

9. 僅使用兩輸入 NAND 閘實現以下的函數。沒有任何一個閘可以被當作 NOT 閘。該函數是最小 SOP 形式。所有輸入都可以為補數或非補數形式。

   $f=ac+bcd+a'b'd'$（7 個閘）

10. 僅使用兩輸入 NAND 閘實現以下的函數。沒有任何一個閘可以被當作 NOT 閘。該函數是最小 SOP 形式。所有輸入都可以為補數或非補數形式。

    $f=abc+ac'd'e'+a'd'e+ce+cd$（使用 11 個閘可得滿分，若僅使用 10 個閘加五分）

3 卡諾圖

理論上而言，在第 2 章所開發出的代數方法讓我們能夠簡化任何方程式，但是這樣的方法會有一些問題存在，像是沒有一個應用個性質的正規的方法，例如說不一定能先應用性質 10、然後性質 14 等等，這個方法是十分著重於經驗的法則，而在經過操作運算之後，我們常常沒辦法十分確定結果是否為最簡化，有可能在看似已經沒有可行運算的情況下，我們還是無法找到最簡化，更甚者，當有多餘四到五個變數的時候，整個代數運算會變得相當困難，更別提到冗長的運算過程中會出現的算式抄寫錯誤。

在本章節，我們將檢視一個較容易運用的方法，**卡諾圖**（Karnaugh map，或是被稱作 K-map）。這是一個用來在積之和表示法中，找尋合適乘積項的圖形化方法（在最簡化的積之和表示法中，所謂 "合適" 的乘積項常被稱作為**質隱項**（prime implicant），稍後會對此多加定義），卡諾圖在六個變數以內的問題都很有用，特別是能將三到四個變數的問題變得特別直觀，雖然並沒有辦法保證，但是我們發展出來的方法幾乎總是會找到最簡化的答案。之後我們會（不費吹灰之力地）修正這個方法而找到最簡化和之積表示法、含有隨意項（don't care）、或是多輸出等問題的解答。

在第 4 章我們將會介紹另外兩種可以系統化計算、並且能夠運算多於六個變數的技巧（雖然這兩種方法的徒手計算量十分龐大）。

3.1 卡諾圖介紹

在這小節，我們將檢視兩個、三個、及四個變數的卡諾圖配置。卡諾圖是由函數中每一個有可能的最小項（minterm）為一個方格而組成，因此雙變數的卡諾圖就會有四個方格，三變數的卡諾圖會有八個，而四變數的卡諾圖會有十六個方格。

Map 3.1 列出了兩變數卡諾圖的三種表示方式。在每一個表示方式中，以右上方格為例，對應到 $A=1$，$B=0$，最小項 2。

Map 3.1　雙變數卡諾圖

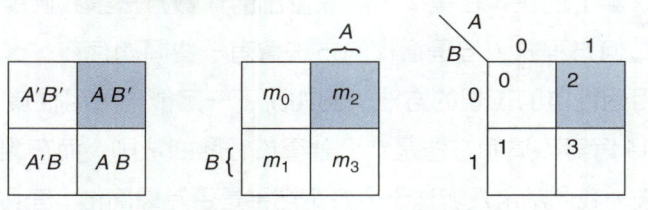

	$A'B'$	AB'
	$A'B$	AB

	m_0	m_2
B{	m_1	m_3

A\B	0	1
0	0	2
1	1	3

當我們在畫一個函數的卡諾圖時，我們會在函數有包含的最小項之相對應方格寫 1，在對應的最小項不存在於函數中的方格寫 0 或者是留空。遇到有隨意項的函數時，我們在對應到最小項為隨意項的方格填 X，Map 3.2 列出上述情況的例子。

Map 3.2　畫出函數的卡諾圖

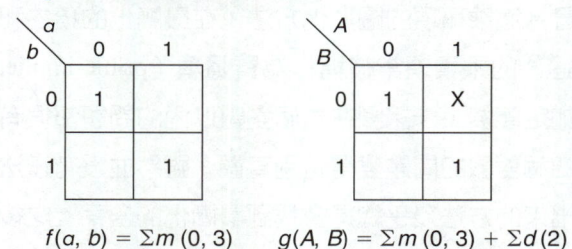

a\b	0	1
0	1	
1		1

A\B	0	1
0	1	X
1		1

$f(a, b) = \Sigma m(0, 3)$　　$g(A, B) = \Sigma m(0, 3) + \Sigma d(2)$

三變數的卡諾圖會有八個方格，排列成如 Map 3.3 所示的矩形。

Map 3.3　三變數卡諾圖

C\AB	$A'B'$ 00	$A'B$ 01	AB 11	AB' 10
C' 0	$A'B'C'$	$A'BC'$	ABC'	$AB'C'$
C 1	$A'B'C$	$A'BC$	ABC	$AB'C$

C\AB	00	01	11	10
0	0	2	6	4
1	1	3	7	5

注意到圖中最後兩行並不是照數字排序，而這正是卡諾圖會成功的關鍵，透過如此的排列卡諾圖，相鄰方格對應到的最小項即能利用相鄰特性（adjacency property）而結合。

P9a. $ab + ab' = a$

例題 3.1

$m_0 + m_1$: $\quad A'B'C' + A'B'C = A'B'$
$m_4 + m_6$: $\quad AB'C' + ABC' = AC'$
$m_7 + m_5$: $\quad ABC + AB'C = AC$

同時，外側行（以及有四列時的外側列）皆相鄰，因此

$m_0 + m_4$: $\quad A'B'C' + AB'C' = B'C'$
$m_1 + m_5$: $\quad A'B'C + AB'C = B'C$

如果我們將行依序排列，如 Map 3.4 所示（其中僅列出 m_2 及 m_4 的代數表示），我們便無法將相鄰的方格合併。

Map 3.4　不正確排列的卡諾圖

AB\C	00	01	10	11
0	0	2 $A'BC'$	4 $AB'C'$	6
1	1	3	5	7

$m_2 + m_4 = A'BC' + AB'C' = C'(A'B + AB')$

即便如此，我們仍然無法將函數操作成一單一項。

對應到兩個最小項之合的乘積項會以兩個相鄰的 1 出現在卡諾圖上，Map 3.5 中列出了例題 3.1 的各項。

有時候，將卡諾圖畫成直式矩形（也就是兩行四列）會比較方便，如同 Map 3.6 所示，兩種形式的卡諾圖會有一樣的結果。

在解讀卡諾圖時，在成對的行上做註記（在那些排成四行兩列的卡諾圖中）將會有很大的幫助，如 Map 3.7，如此一來方格 4 跟方

Map 3.5　對應到兩相鄰方格組合的乘積項

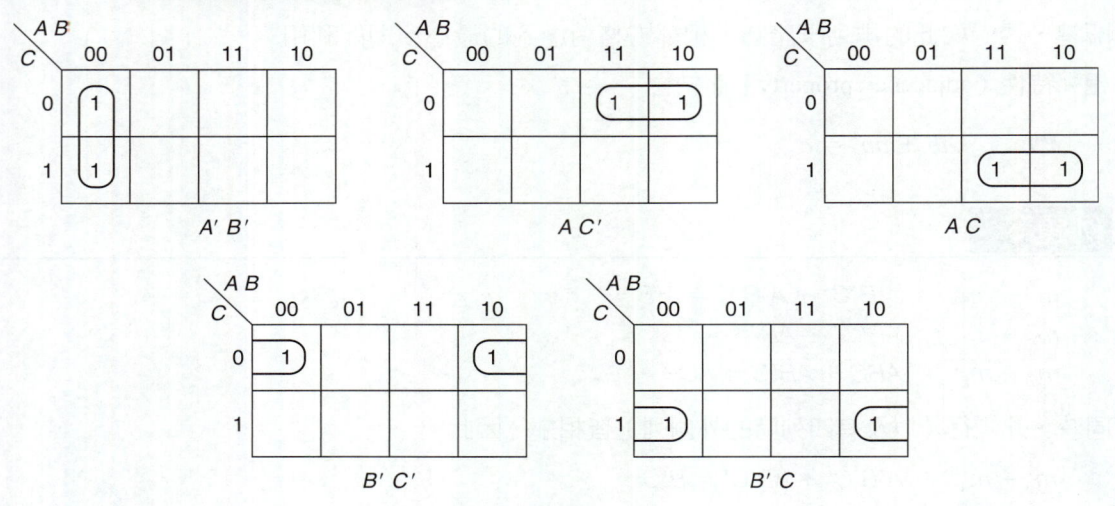

Map 3.6　直式排列的三變數卡諾圖

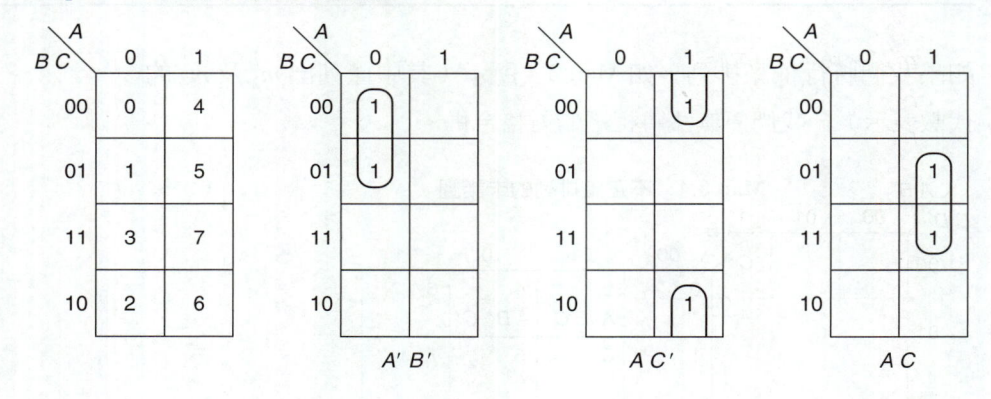

格 6 中的 1 代表著在 A 行與 C' 列（也就是不在 C 列），產生的結果即如之前所示的 AC'。

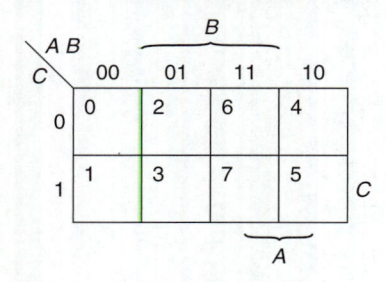

Map 3.8 展示出四變數卡諾圖中，16 個方格以 4 乘 4 的方式排列。

就如同在三變數卡諾圖，兩個相鄰方格中的 1（其中最上和最下列以及最左及最右行皆被視為相鄰）代表著單一乘積項（利用 P9a 結合）。例題 3.2 展示了三個利用此作法的乘積項。

Map 3.7　有在行上註記的卡諾圖

Map 3.8　四變數卡諾圖

C D \ A B	00	01	11	10
00	0	4	12	8
01	1	5	13	9
11	3	7	15	11
10	2	6	14	10

C D \ A B	00	01	11	10
00	A'B'C'D'	A'BC'D'	ABC'D'	AB'C'D'
01	A'B'C'D	A'BC'D	ABC'D	AB'C'D
11	A'B'CD	A'BCD	ABCD	AB'CD
10	A'B'CD'	A'BCD'	ABCD'	AB'CD'

例題 3.2

$m_{13} + m_9$:　　$ABC'D + AB'C'D = AC'D$
$m_3 + m_{11}$:　　$A'B'CD + AB'CD = B'CD$
$m_0 + m_2$:　　$A'B'C'D' + A'B'CD' = A'B'D'$

C D \ A B	00	01	11	10
00				
01			1	1
11				
10				

　　　　A C' D

C D \ A B	00	01	11	10
00				
01				
11	1			1
10				

　　　　B' C D

C D \ A B	00	01	11	10
00	1			
01				
11				
10	1			

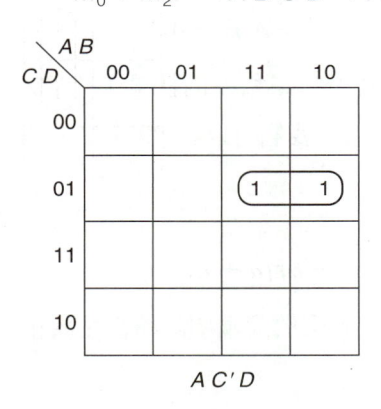

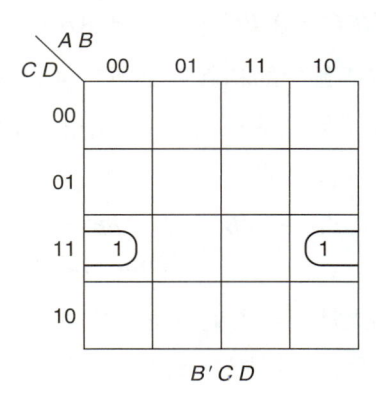

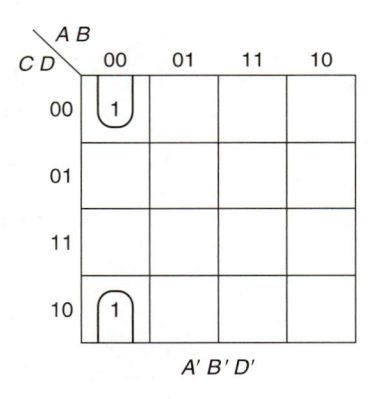

　　　　A' B' D'

　　截至目前為止，我們所列出的乘積項皆是由兩個最小項透過 P9a 結合而成，這些都對應到省去一個字符（literal），也就是說，在三變數函數中留有兩個字符的最小項，以及在四變數函數中留有三個字符的最小項。接下來讓我們看到圖 3.9 中有四個 1 的組合。

在 Map 3.9 的左圖中，我們看到兩個圈起來的兩個相鄰，其中一個合成了 $A'C$ 而另一個合成了 AC，很明顯的，我們可以再利用 P9a 更進一步的組合這兩項，產生了

$$A'C + AC = C$$

Map 3.9 　四個 1 的組合

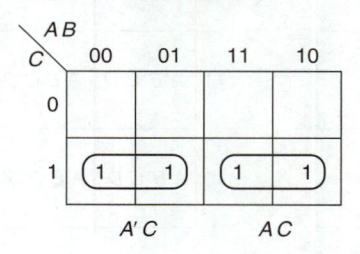

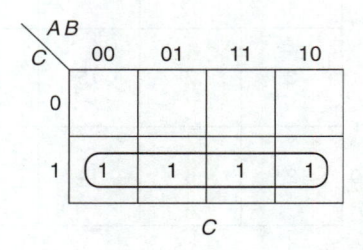

而這個動作即表示為圖 3.9 的右圖中，四個 1 組成的矩形，通常來說，四個 1 組成的矩形會對應到省去兩個字符的乘積項（也就是在三變數問題中的單字符項，以及在四變數問題中的兩字符項）。

我們可以從所有的項中，提出 C 而得到

$$A'B'C + A'BC + ABC + AB'C = C(A'B' + A'B + AB + AB')$$

然而在括弧內的和就只是所有 A 和 B 最小項的和，也就是 1，因此我們可以在那麼一步就得到結果。事實上，我們可以在 P9 中加入第二性質，也就是

P9aa.　　$a'b' + a'b + ab + ab' = 1$
　　　　　　　　　　P9bb.　$(a' + b')(a' + b)(a + b)(a + b') = 0$

這些結果都可以由重複使用 P9 而得到，先用於前兩項，然後用於後兩項，最後再用於兩者得出的結果：

$$(a'b' + a'b) + (ab + ab') = (a') + (a) = 1$$
$$[(a' + b')(a' + b)][(a + b)(a + b')] = [a'][a] = 0$$

Map 3.10 中列出一些有關此組合的四變數問題例題。

最容易辨認這種組合項的方法是決定哪一行或哪一列具有所有的 1，因此在第一個卡諾圖中，在最左邊組合中的 1 都屬於 00（$A'B'$）行，所以此項就是 $A'B'$，另一個組合的 1 在 11 和 10 行，對應的 1 是在 A 位置（相對於 A），更進一步來看，組合中的 1 落在 01 和 11

列，對應的 1 是在 D 位置，因此這項就是 AD。在中間的卡諾圖中，1 是在 00 和 10 行，也就是 B'，以及 01 和 11 列，也就是 D，所以這項就是 $B'D$。（順帶一提，此項也出現在左側的卡諾圖中，只是該圖的此項沒有被圈起來。）在最後一張卡諾圖中，四個角落的方格對應到 $B'D'$ 項（因為所有 1 都落在 00 和 10 行以及 00 和 10 列），而中間的組合式 BD。所有這些項都能夠由代數運算而得知，先寫下最小項後，利用 P10a 來對各項兩兩做運算，最後在對兩個結果項做運算（如同在三變數函數的例子），但是卡諾圖的整體概念就是要去除代數運算的必要。

Map 3.10　四格組合範例

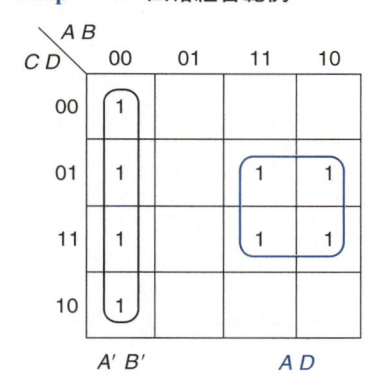

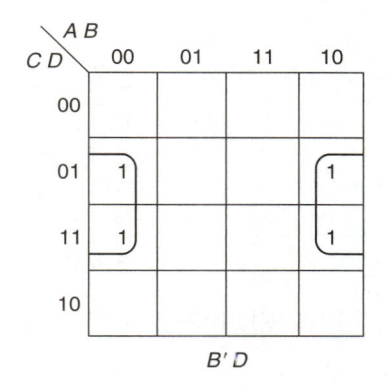

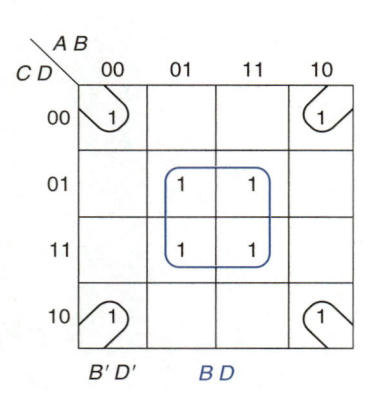

兩個相鄰的四格組合可以用同樣的方式組成一個八格組合（省去三個字符）。在 Map 3.11 可以看到兩個此組合的範例，左邊的卡諾圖會得到最終的結果為 A'，而右邊的為 D'。

Map 3.11　八格組合

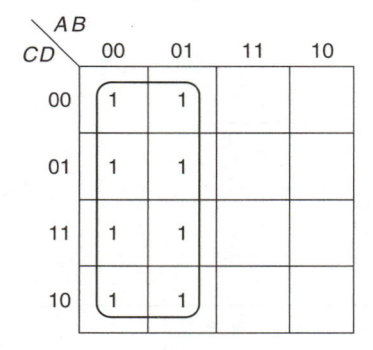

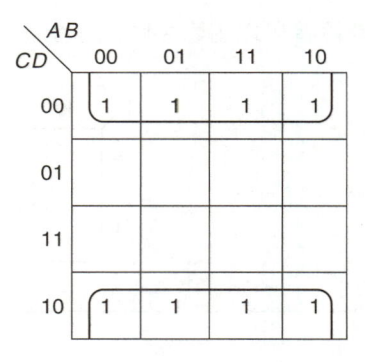

我們可以把任何函數畫成卡諾圖，可能是我們知道最小項，然後由之組成卡諾圖，或是我們把函數畫成積之和（SOP）形式，再畫出每一個乘積項。

例題 3.3

$$F = AB' + AC + A'BC'$$

F 的卡諾圖依照每個乘積項被圈起來的方式而得，每一個雙字符項對應到卡諾圖中的兩個方格（因為省去了一個變數），AB' 項是在 10 行，AC 項是在 C=1 列和 11 及 10 行（在 A 的位置上有共用的 1），最後一項最小項 $A'BC'$ 對應到一個方格，在 01（$A'B$）行和 C=0 列。

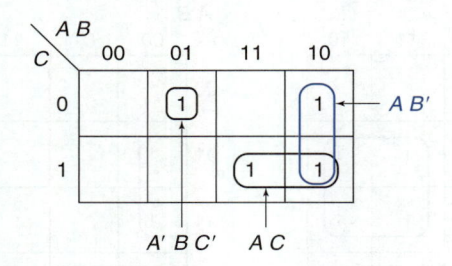

我們也可以由先以代數方式展開 F 成最小項形式而得到相同的卡諾圖，也就是

$$\begin{aligned} F &= AB'(C' + C) + AC(B' + B) + A'BC' \\ &= AB'C' + AB'C + AB'C + ABC + A'BC' \\ &= m_4 + m_5 + m_5 + m_7 + m_2 \\ &= m_2 + m_4 + m_5 + m_7 \end{aligned}$$

（移除重複項以及重新排列）

我們接著可以用數字圖而產生相同的結果。

現在我們已經能夠對卡諾圖的一些用詞做出定義。函數中所謂的**隱項**（implicant）代表的是在積之和表示法中的乘積項，也就是當隱項為 1 時（或者一些其他的情況），函數值就會是 1。從卡諾圖的角度而言，隱項就是 1、2、4、8、… 個（任何 2 的次方）矩形的 1 之組合（我們會在第 3.3 節中介紹含有隨意項的卡諾圖中，隱項的定義），這個矩形不可以含有任何的 0，而所有最小項都是隱項。

我們來看 Map 3.12 的函數 F，第二個卡諾圖展示出了四個兩格組合，第三個卡諾圖顯示出剩下的兩格組合以及一個四格組合。

Map 3.12　解釋定義的函數

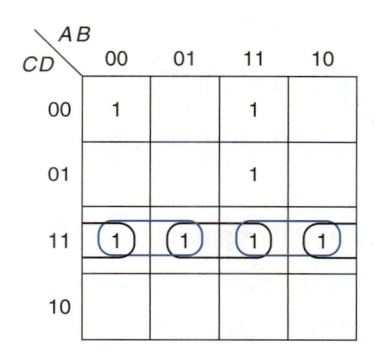

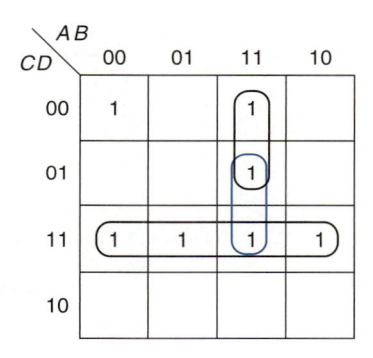

F 的隱項包含了

最小項	兩格組合 2	四格組合 4
$A'B'C'D'$	$A'CD$	CD
$A'B'CD$	BCD	
$A'BCD$	ACD	
$ABC'D'$	$B'CD$	
$ABC'D$	ABC'	
$ABCD$	ABD	
$AB'CD$		

任何函數的積之和表示法一定會是隱項的和。事實上，我們一定要選取足夠的隱項，讓每個函數 F 中的 1 都能被涵括在至少一個隱項當中，而這樣的積之和表示有時候會被稱作 F 的一種 "**涵蓋**"（cover），而我們有時候也會說一隱項 "表現" 了某些最小項（舉例來說，ACD 了 m_{11} 跟 m_{15}）。

在卡諾圖中的隱項一定會形成矩形，而且矩形內 1 的數量一定會是 2 的次方，因此例題 3.4 中的卡諾圖中的兩個函數皆無法被單一隱項涵蓋，但是卻各為兩個隱項（在最簡單的形式）的和。

例題 3.4

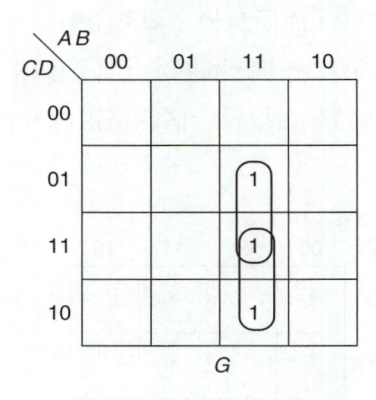

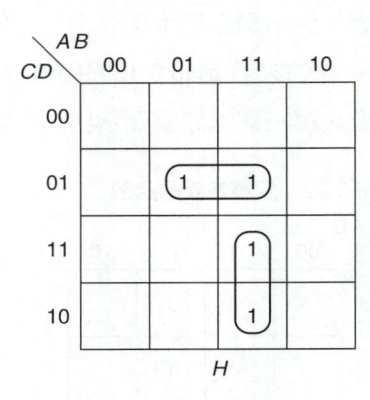

G 由三個排列成矩形的最小項組成：$ABC'D$、$ABCD$、$ABCD'$，這只能簡化成如圖顯示的，也就是 $ABC+ABD$，因為總共只有三個 1，不是兩個或四個。以之類推，H 有同樣的三個最小項加上 $A'BC'D$，而有了總共四個 1，但卻不是形成一個矩形，所以最簡表示，如圖所示，是 $BC'D+ABC$。（注意到 ABD 也是 G 的隱項，但是它的 1 已經被其它項包含了。）

質隱項（prime impliciant）是一個（從卡諾圖的角度而言）無法完全包含於其他隱項的隱項。舉例來說，這是個不包含於單一四個 1 形成的矩形之兩個 1 形成的矩形。在 Map 3.13 中，所有 F 的質隱項都被圈起來了，分別是 $A'B'C'D'$、ABC'、ABD 和 CD，注意到唯一一個不屬於任何大組合的最小項是 m_0，而另外四個隱項都是屬於四格組合的兩個 1 組合。

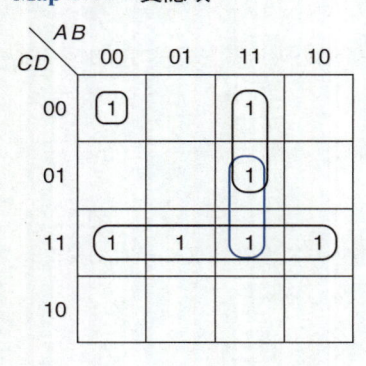

以代數的角度而言，質隱項是當任何一個字符從該項中移除後，便不再是函數的隱項。由此角度出發，$A'B'C'D'$ 是一個質隱項，因為 $B'C'D'$、$A'C'D'$、$A'B'D'$ 和 $A'B'C'$ 都不是函數的隱項（也就是當我們移除其中任何一個字符時，我們會在函數應該是 0 的某些輸

Map 3.13 　質隱項

入組合得到 1）。然而 ACD 不是質隱項，因為當我們移除 A 之後，CD 仍然是隱項（當然由圖像方法來決定哪些隱項是質隱項，比用代數方法來試圖刪除字符來的簡單）。

卡諾圖的目的就是要幫助我們找到最簡積之和表示法，最簡的定義就是最少的乘積項（隱項），而在同樣數量的隱項時，最簡就是最少字符的那組。然而我們只需要考慮質隱項，為什麼？假設我們找到了不是質隱項的隱項，那麼它一定會被某個較大的隱項，也就是質隱項所包含，但是較大的隱項（假設有四個 1 而不是兩個）有較少的字符，光是這點就讓原先非質隱項的答案變得不是最簡。（舉例來說，CD 有兩個字符而 ACD 有三個。）更進一步而言，較大的隱項涵蓋較多的 1，通常也表示我們需要較少的字符。

主要質隱項（essential prime implicant）代表至少含有一個 1 不為其它質隱項所包含的隱項。（如果我們要把函數中所有質隱項圈出來，主要質隱項會圈到至少一個 1 是其它隱項沒有圈到的。）在 Map 3.13 的例題中，$A'B'C'D'$、ABC' 跟 CD 是主要質隱項，ABD 卻不是。"主要"一詞的衍生來源是因為我們在任何最簡積之和中，一定得要用到此質隱項。但是請注意到一點，通常在最簡表示法中，會含有不是"主要"的質隱項（即使在所有最簡答案中有超過一組一樣好的答案存在），這會在當質隱項中的每一個 1 都可以被其它項所包含時發生，我們會在第 3.2 節中提出範例。

3.2 用卡諾圖表示最簡積之和

在這一小節中，我們將描述兩種利用卡諾圖而找到最簡積之和表示的方法。雖然這兩種方法有一點靠經驗，但我們可以保證它們對三變數與四變數問題會得到最簡積之和表示法（或者是有多種答案存在）。（這對五變數與六變數卡諾圖也成立，只是我們對三度空間的視覺化程度有限，在第 3.6 節會在對細節多做討論）

在尋找質隱數的過程中，我們會從卡諾圖中最"孤立"的 1 開始考慮，孤立的意思是只有少數（或沒有）含有 1 的相鄰方格，在 n 變數的卡諾圖中，每個方格會有 n 個相鄰方格，Map 3.14 列出幾個三變數與四變數卡諾圖的例子。

Map 3.14　三變數與四變數卡諾圖的相鄰關係

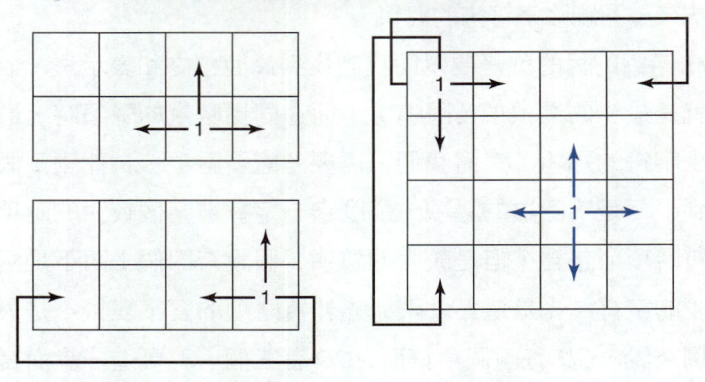

製圖方法 1

1. 找到所有的主要質隱項，在圖上把它們圈起來，並且在讓此項變成主要的最小項上打星號註記（＊），對每一個還沒有被圈起來的 1 逐一檢查，通常最快的方法是由最孤立的 1 開始，也就是由相鄰方格中含有 1 的數量最少的開始。
2. "補足"其他質隱項來包含整個函數，可以依照下列兩個標準：
   a. 選擇一個涵蓋最多新的 1 之質隱項（也就是還沒被其它選定的質隱項涵蓋過的）。
   b. 避免留下孤立且尚未被包含的 1。

"補足"的意思通常很明顯，舉例來說，如果有五個尚未被包含的 1 而且沒有一個質隱項涵蓋超過兩個，那們我們至少需要另外三項。有時候三項仍不足夠，但通常是夠的。

我們現在來看看一些例題來展現這個方法，首先我們先看描述定義的例子。

例題 3.5

如卡諾圖上所標示，m_0 沒有任何相鄰的 1，因此它（$A'B'C'D$）是一個質隱項，事實上因為沒有其它質隱項涵蓋了這個 1，因此它是一個主要質隱項。（當最小項是質隱項時這總是成立。）我們接下來看到只有一個 1 相鄰的 m_{12}，這兩項被質隱項 ABC' 所涵蓋，而也確實沒有其它質隱項包含了 m_{12}，因此 ABC' 是主要的。（每當我們發現只有一個 1 與原有的 1 相鄰，這個兩格組合就是主要質隱項。）到目前為止，卡諾圖變成是

CD\AB	00	01	11	10
00	1*		1*	
01			1	
11	1	1	1	1
10				

而

$$F = A'B'C'D' + ABC' + \cdots$$

剩下每一個尚未被包含的 1 都是 CD 這個四格組合的部分，每一個都有兩個為 1 的相鄰方格且都是四格組合的部分，這在四格組合的情況下總是成立。（有些方格，如 m_{15}，有可能有多餘兩個相鄰的 1。）沒有其他質隱項涵蓋 m_3、m_7 或 m_{11}，所以 CD 是主要的，然而當這個組合被圈起來後，我們就包含了整個函數：

CD\AB	00	01	11	10
00	1*		1*	
01			1	
11	1*	1*	1	1*
10				

最後的結果就是

$$F = A'B'C'D + ABC' + CD$$

在這個例題當中，當我們找到了主要質隱項，我們就完成了。每個 1 都被一個（或多個）主要質隱項涵蓋，因此我們不需要第二個步驟，

但或許有其它的質隱項是沒有被用到的（如這個例題中的 ABD）。

例題 3.6

我們從最孤立的 1 開始看起，m_{11}，如所示的，它只有被一個兩格組合 wyz 所包含，另一個主要質隱項是 y'z'，原因來自 m_0、m_8 及 m_{12}，這些都沒有被其它質隱項所包含，所以讓這兩項變成主要質隱項。第二張卡諾圖顯示出圈起來的這兩項。

如此一來剩下兩個 1 尚未被包含，而這兩個分別都可以由兩個不同的質隱項包含，可是唯一一個能夠同時包含這兩個 1 的項則是下面第一張圖所圈出的。

因此，最簡積之和答案就是

$f = y'z' + wyz + w'xz$

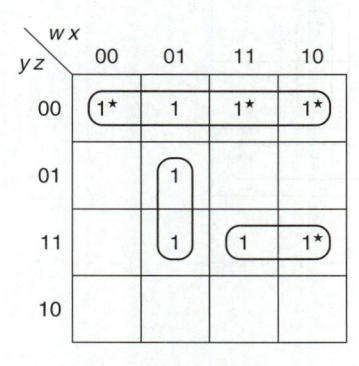

另外兩個質隱項分別是 w'xy' 和 xyz，也就是在最後一張圖中以藍色圈起的部分，然而它們是多餘的，因為這兩項並沒有涵蓋更多的 1，

即使 w'xz 在最簡答案中一定會被用到，但是這並沒有符合主要質隱項的定義，因為它涵蓋的每一個 1 都能夠被其它質隱項所涵蓋。

我們接下來研究第 2 章中"無解"的例子（例題 2.2）。

例題 3.7

$f = a'b'c' + a'bc' + a'bc + ab'c'$

在第一次用代數運算的嘗試中，我們把前兩個最小項組合起來，但是可以從左邊的卡諾圖發現，剩下兩個 1 沒辦法結合起來，導致答案會有三項，進一步而言，$a'c'$ 不是一個主要質隱項。如果換個角度來看，我們可以用右邊的卡諾圖所選擇的兩個主要質隱項來涵蓋所有的最小項，而答案變成是

$f = a'b + b'c'$

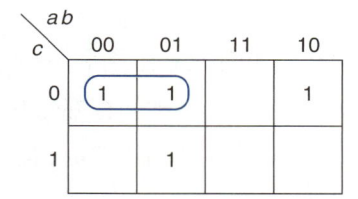

c \ ab	00	01	11	10
0	1	1		1
1		1		

c \ ab	00	01	11	10
0	1	1		1*
1		1*		

有時候在選擇完所有的主要質隱項後，會有兩個能夠包含剩下的 1 的選擇，但是只有一個會產生最簡答案，如同例題 3.8 所述。

例題 3.8

$f(a, b, c, d) = \Sigma m(0, 2, 4, 6, 7, 8, 9, 11, 12, 14)$

第一個卡諾圖顯示了函數 f，而第二個圈出所有的主要質隱項，在每一個組合中，其中一個 1（有註記打星號 *）都只能被該質隱項所涵蓋。（從最後一張連剩下兩個質隱項也被圈起來的圖可以很明顯的看出。）

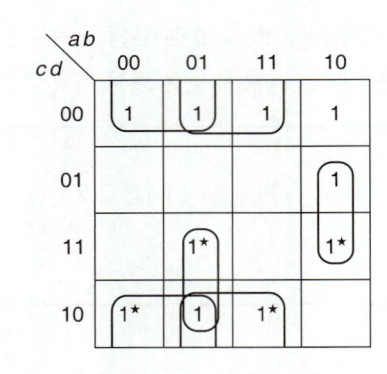

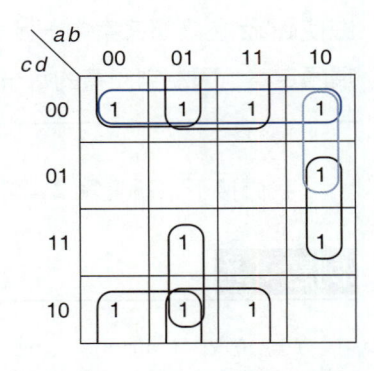

只有一個 1（m_8）沒有被任何主要質隱項所涵蓋，這項可以有兩種包含方式，由一個四格組合以及一個兩格組合。很明顯的，四格組合的選擇能夠提供較少字符的解答，也就是

$$f = a'd' + bd' + a'bc + ab'd + c'd'$$

當要決定一個 1 是否讓四格組合成為一個四變數卡諾圖中的主要質隱項，我們只需要找到兩個相鄰的 0，如果相鄰的 0 的個數少於二，那麼這個 1 一定是包含於一個八格組合或者是兩個或更多組合的某部分，注意到在例題 3.8 中，m_2 跟 m_{14} 都有兩個相鄰的 0，所以讓這兩個變成主要質隱項，另一方面，m_0、m_4、m_8 跟 m_{12} 都只有一個相鄰的 0，而且都被兩個或三個質隱項所包含。

我們現在能夠考慮一些有多個最簡表示答案的例子，我們從一個三變數函數來描述第 2.2.3 節中所提及的用詞定義。

例題 3.9

$$x'yz' + x'yz + xy'z' + xy'z + xyz$$

該函數的卡諾圖顯示於左圖，其兩個主要質隱項顯示於右圖。

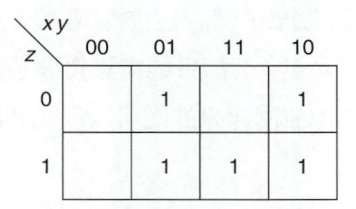

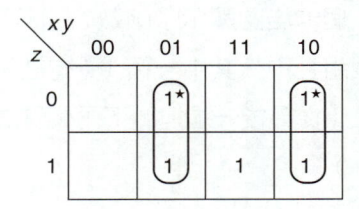

在找到兩個主要質隱項後，m_7 仍然沒有被包含，下面的兩張卡諾圖展示出兩種解答。

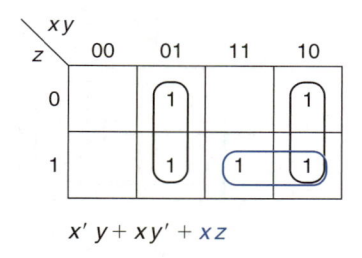

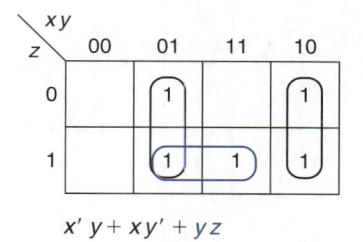

$x'y + xy' + xz$ 　　　$x'y + xy' + yz$

例題 3.10

這個例子是我們所稱的"別貪心"。

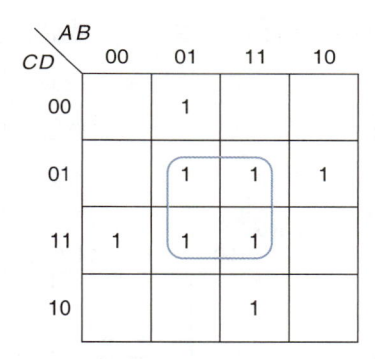

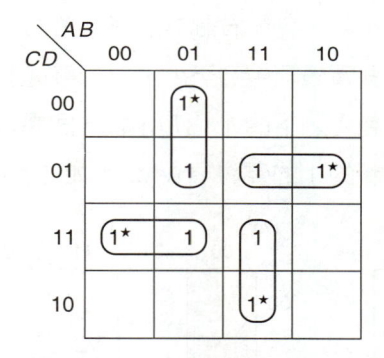

第一眼看到時，我們可能會想要把唯一一組四格組合圈起來。然而該項卻不是主要質隱項，因為明顯的當我們把全部的主要質隱項圈起來後，會發現那四個在中間的 1 就已經被包含了，因此最簡表示解答為

$G = A'BC' + A'CD + ABC + AC'D$

例題 3.11

$g(w, x, y, z) = \Sigma m(2, 5, 6, 7, 9, 10, 11, 13, 15)$

這個函數被畫在第一張圖，而兩個主要質隱項畫出在第二張圖，也就是

$g = xz + wz + \cdots$

雖然 m_2 看起來很像孤立的，但它可以被 $w'yz'$ 涵蓋（與 m_6）或者是 $x'yz'$（與 m_{10}）。在選完主要質隱項後，剩下的三個 1 可以分別被兩個不同的質隱項所包含，既然三個 1 仍須被包含（在選完主要質隱項後），且所有剩下的質隱項都是兩格組合而有三個字符，我們需要這些質隱項中的至少兩項。事實上，總共有三種方法來多用兩個質隱項包含剩下的 1，使用第一個標準時，我們選擇其中一個能夠包含兩個新的 1 的質隱項 *w'yz'*，如左圖所示。

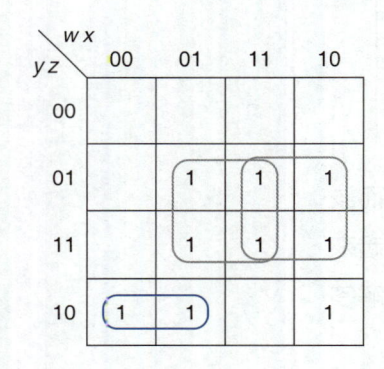

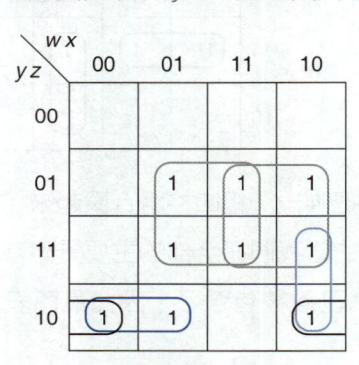

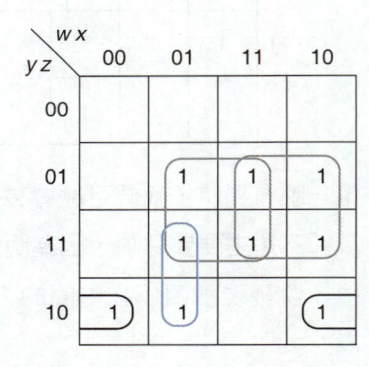

那麼就剩下 m_{10}，而它可以被 *wx'y* 或是 *x'yz'* 所包含，如中間的卡諾圖所示。同樣的，我們也可以從 *x'yz'* 下手，而選用 *w'xy* 來完成全部的涵蓋，如右圖所示。（我們也可以選 *w'yz'*，但是這就與前一個解答相同。）因此三個答案分別是

$g = xz + wz + w'yz' + wx'y$
$g = xz + wz + w'yz' + x'yz'$
$g = xz + wz + x'yz' + w'xy$

這三個最簡表示法都需要 4 項與 10 個字符。

截至目前為止，我們很值得探討一個顯而易見的問題。

> **常見錯誤：**
> 如果有多種解答存在，所有最簡答案都一定會有相同的項數與字符數。舉例來說，如果你找到一個最簡答案含有 3 項與 7 個字符，不會有 4 項的最簡答案，也不會有 3 項與 8 個字符的最簡答案。

例題 3.12

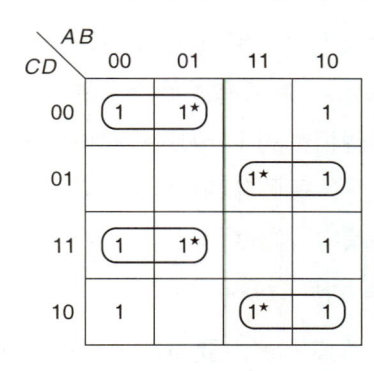

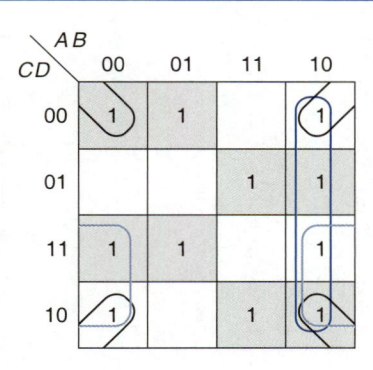

四個主要質隱項已經展示在第二張卡諾圖，剩下三個沒有被包含的 1：

$F = A'C'D' + AC'D + A'CD + ACD' + \cdots$

這些方格在右邊的圖中打上了陰影，另外三個都是四格組合的質隱項也同時展示在右圖中，且每一個都包含了剩下三個尚未被包含的 1 中的兩個（不重複的兩個），因此，$B'D'$、AB' 或 $B'C$ 的任兩個都可以用來完成最簡積之和表示，因此三個一樣好的結果分別是

$F = A'C'D' + AC'D + A'CD + ACD' + B'D' + AB'$
$F = A'C'D' + AC'D + A'CD + ACD' + B'D' + B'C$
$F = A'C'D' + AC'D + A'CD + ACD' + AB' + B'C$

例題 3.13

我們再次看到右圖列出的至少兩個主要質隱項，最孤立的 1 分別是 m_{10} 和 m_{15}，都只有兩個相鄰的 1；但是所有在四格組合中的 1 都至少有兩個相鄰的 1，如果只有兩個的話，那個最小項就會讓質隱項變成主要。（每個在四格組合中的 1 都至少有三個相鄰的 1。）而從主要質隱項中我們得到

$$f = b'd' + bd + \cdots$$

還有三個沒有被主要質隱項包含的 1，而沒有單一一項可以把它們都包含在內，然而在 01 行中的兩個可以由左圖中所示的兩個四格組合所包含（由藍色圈起的 *a'd* 與淺藍色圈起的 *a'b*）。而 m_9 也可由右圖中的兩個兩格組合包含（藍色圈起的 *ac'd* 與淺藍色圈起的 *ab'c'*）。

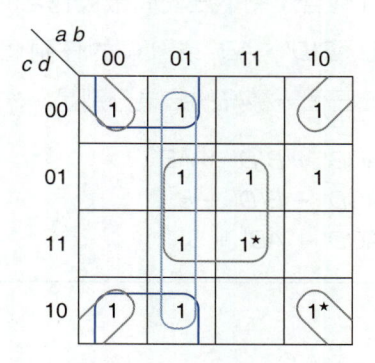

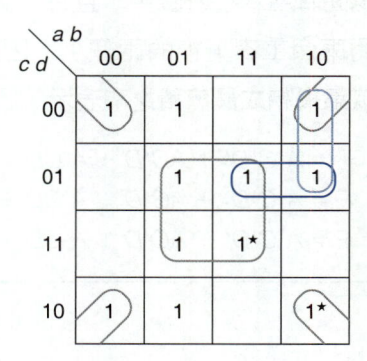

我們可以（獨立地）從前一對與後一對中各選一項，因此總共會有四個解答，我們可以將解答用以下的方法表示，從各個方格中各選一項

$$f = b'd' + bd + \begin{cases} a'd' \\ a'b \end{cases} + \begin{cases} ac'd \\ ab'c' \end{cases}$$

或者是我們可以把四個表示式都寫出來

$$f = b'd' + bd + a'd' + ac'd$$
$$ = b'd' + bd + a'd' + ab'c'$$
$$ = b'd' + bd + a'b + ac'd$$
$$ = b'd' + bd + a'b + ab'c'$$

例題 3.14

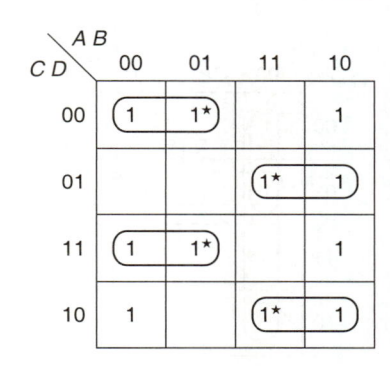

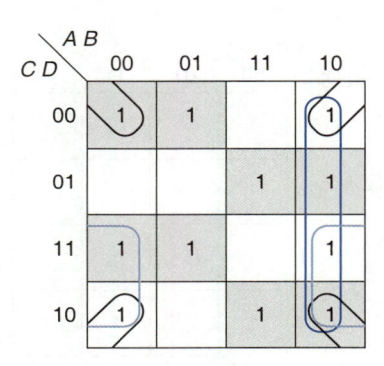

在第二張圖中畫出了四個主要質隱項，剩下三個該要被包含的 1：

$$F = A'C'D' + AC'D + A'CD + ACD' + \cdots$$

這些方格在第三張圖中上了陰影，另外全是四格組合的三個質隱項也同樣畫出在第三張圖，而其中的每一個都包了剩下三個 1 中的兩個（不完全重複），因此 $B'D'$、AB' 和 $B'C$ 中的任何兩個都可以用來完成最簡積之和的答案，因此得出三個同樣好的答案

$$F = A'C'D' + AC'D + A'CD + ACD' + B'D' + AB'$$
$$F = A'C'D' + AC'D + A'CD + ACD' + B'D' + B'C$$
$$F = A'C'D' + AC'D + A'CD + ACD' + AB' + B'C$$

在繼續更多（更複雜）的例題之前，我們先介紹一個稍微不一樣的尋找最簡積之和的方法。

製圖方法 2

1. 圈出所有的質隱項。
2. 選出所有主要質隱項；它們可以很容易的由尋找只被圈過一次的 1 而達成。
3. 然後選出足夠的其它質隱項（如同方法 1），當然這些質隱項已在步驟 1 時挑選出來。

例題 3.15

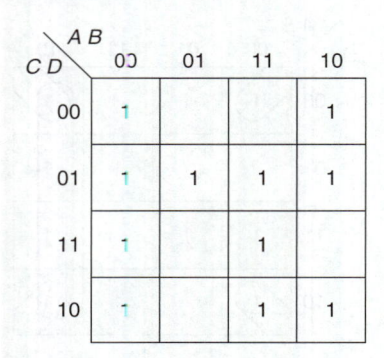

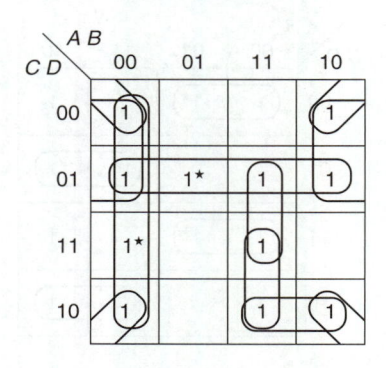

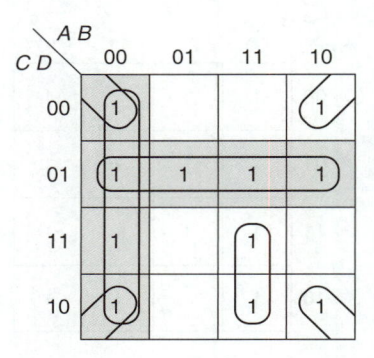

AB\CD	00	01	11	10
00	1			1
01	1	1	1	1
11		1	1	
10	1		1	1

AB\CD	00	01	11	10
00	1			1
01	1	1*	1	1
11	1*	1	1	
10	1		1	1

AB\CD	00	01	11	10
00	1			1
01	1	1	1	1
11		1	1	
10	1		1	1

所有的質隱項已經在中間的圖中被圈起來，注意到 m_0 被圈了三次而一些其它的最小項也被圈了兩次，然而，m_3 和 m_5 都只有被圈起一次，因此，涵蓋這兩項的質隱項 $A'B'$ 和 $C'D$ 變得主要。在第三張圖裡，我們在被主要質隱項涵蓋的部分打上陰影，以便標示出尚需要被包含的部分，有四個 1 可以各自被兩種不同的方式包含，且有五個質隱項尚未被用到，沒有任何一個質隱項涵蓋超過兩個新的 1，因此我們額外需要至少兩項，在四格組合中，只有 $B'D'$ 涵蓋兩個新的 1，$B'C'$ 只涵蓋一個，如果我們選了第一個組合，我們一定要選 ABC 來包含函數剩下的部分，產生

$$F = A'B' + C'D + B'D' + ABC$$

注意到這是唯一一組能夠包含整個函數的四個質隱項（不管大小）。

例題 3.16

$G(A, B, C, D) = \Sigma m(0, 1, 3, 7, 8, 11, 12, 13, 15)$

這個例子探討了在找到主要質隱項後，還有許多 1 尚未被涵蓋。第一張圖圈出了所有的質隱項，唯一一個主要質隱項是 YZ，而還有五個 1 要被涵蓋，因為其它質隱項都是兩格組合，我們需要額外的三項，這些 1 排列成鍊條狀，與每個質隱項逐一相連於兩側，如果我們只要找一個答案，我們應該依循方法 1 的步驟，選出兩個能夠涵蓋新的 1 的項，然後再選能夠涵蓋剩下 1 的項，在第三張圖中列出

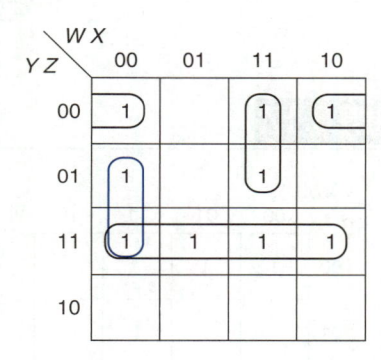

了一個從 WXY' 和 X'Y'Z' 出發的例子。如果我們希望能找到總括來說最簡的答案，一個方法是從鍊條的一端出發（如同第二張圖所示）。（我們可以從另一端的 m_{13} 出發而得到相同的答案。）要包含 m_1 的話，我們要用上圖中的 W'X'Z，或是（下圖中的）W'X'Y'，當我們選定 W'X'Z' 後，我們就沒有其它空間，只能由第三張圖所示的唯一方法來由額外兩項涵蓋剩下的 1，因此其中一個答案便是

$F = YZ + W'X'Z + X'Y'Z' + WXY'$

接下來的三張卡諾圖顯示了使用 W'X'Y' 來涵蓋 m_0。

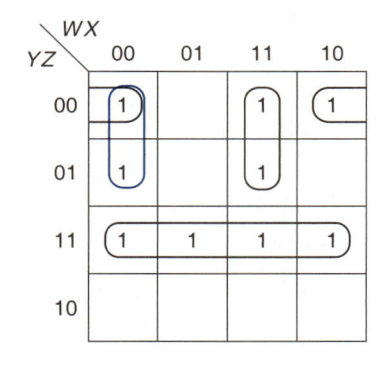

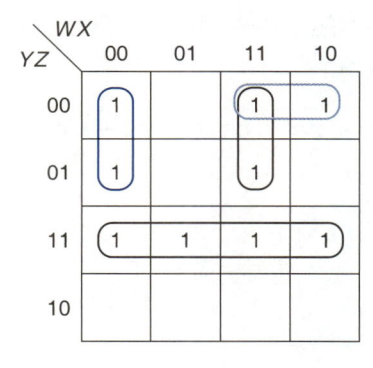

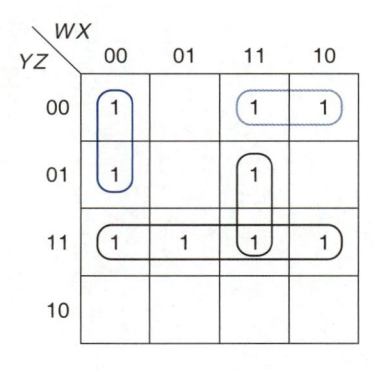

在選定 W'X'Y' 後,剩下三個 1 要被包含,我們可以與之前一樣(左圖)使用同樣的最後兩項,或是用 WY'Z' 來涵蓋 m_8(右邊的兩張圖),因此三個得出的結果就是

$$F = YZ + W'X'Y' + X'Y'Z' + WXY'$$
$$F = YZ + W'X'Y' + WY'Z' + WXY'$$
$$F = YZ + W'X'Y' + WY'Z' + WXZ$$

我們接下來察看一些沒有主要質隱項的例題,例題 3.17 是一個很經典的函數範例。

例題 3.17

總共有八個 1,且所有質隱項都是兩格組合,因此我們需要至少四項來達成最簡表示,看起來沒有一個明顯的出發點,所以在第二張圖中,我們隨意選擇其中一項 a'c'd'。依循著步驟 2,以不讓尚未被包含的 1 孤立的方式,選出第二項來涵蓋兩個新的 1,第三張圖中的 bc'd 是一個選擇,另一個可能性是 b'cd'(最下列的組合),我們會看到這個組合也會被用到。重複這個過程,我們就可以得到下面左圖中的結果

$$f = a'c'd' + bc'd + acd + b'cd'$$

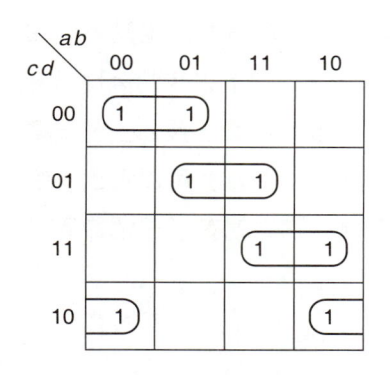

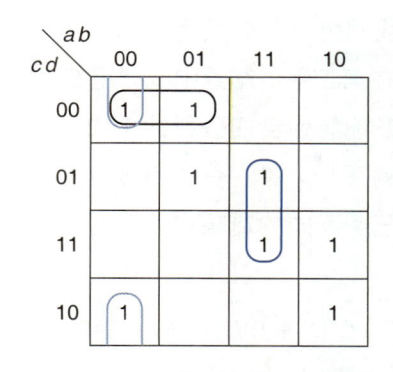

我們可以注意到，如果我們在由 a'c'd' 開始後，選擇不包含上述解答的質隱項，如 abd，顯示在中間的圖上，我們會留下一個沒有被包含的孤立的 1（這就會需要第三項）加上另外三個 1（這會需要額外兩項），這樣子的解答就會需要五項（也很顯然的不是最簡，因為我們在之前發現了四項的解答）。另外一個選擇是找只涵蓋一個新的 1 的項，像是 a'b'd'，而留下五個沒有被包含的 1，這樣的解答一樣會需要至少五項。

這個問題的另外一個解答是從另外唯一一個包含 m_0 的 a'b'd' 出發，用同樣的步驟，我們會得到右邊的卡諾圖以及以下的表示式

f = a'b'd' + a'bc' + abd + ab'c

例題 3.18

$G(A, B, C, D) = \Sigma m(0, 1, 3, 4, 6, 7, 8, 9, 11, 12, 13, 14, 15)$

所有質隱項都是四格組合，既然總共有十三個 1，我們需要至少四項，第一張圖圈出了所有的質隱項；總共有九個，因為沒有任何一個 1 只被圈一次，所以沒有主要質隱項。

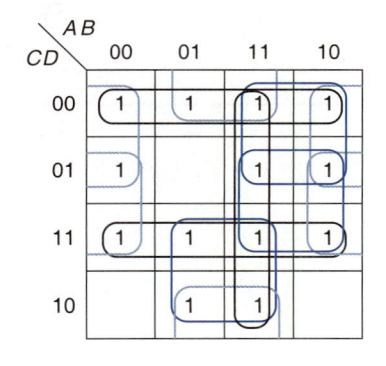

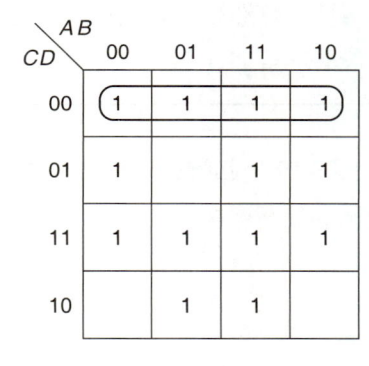

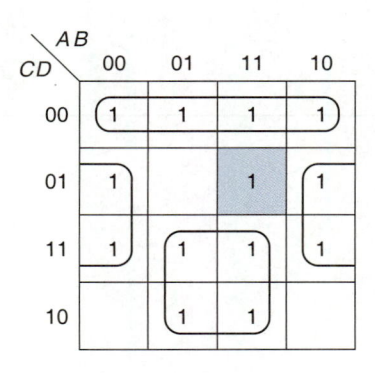

我們選一個被只有兩個質隱項包含的最小項作為起始點，例如 m_0，在第二張卡諾圖中我們用 $C'D'$ 來包含它，接下來我們發現另外兩個各能夠包含四個新的 1 的質隱項，並顯示在第三張圖上，這樣一來剩下 m_{13} 還沒有被包含，而從第四張圖（下方）可以看出，總共有三個不同的質隱項可以使用，所以現在我們就有了三個最簡表示。

$$F = C'D' + B'D + BC + \{AB \quad \text{or} \quad AC' \quad \text{or} \quad AD\}$$

如果我們一開始用 $B'C'$（另外唯一一個能夠包含 m_0 的質隱項）來包含 m_0 而不是 $C'D'$，我們可以發現另外兩個各自可以包含四個新的 1 的四格組合，如下一張圖所示，而剩下 m_{13} 沒有被包含，而我們再次有三個不同的方法來完成涵蓋整個函數（與上述同樣的三項）。

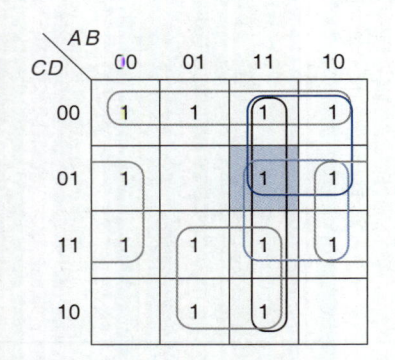

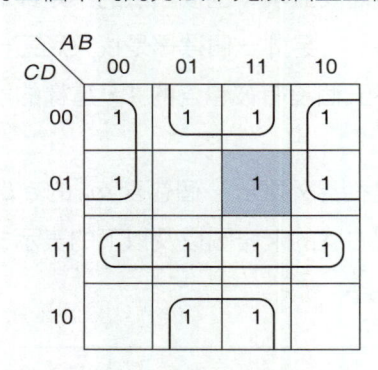

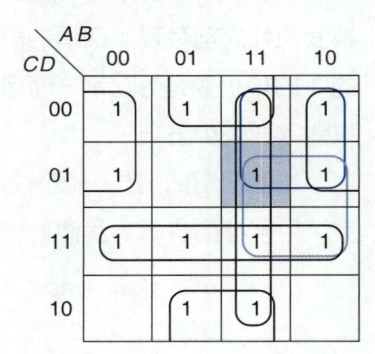

這麼一來，總共就有六個同樣好的解答

$$F = \begin{Bmatrix} C'D' + B'D + BC \\ B'C' + BD' + CD \end{Bmatrix} + \begin{Bmatrix} AB \\ AC' \\ AD \end{Bmatrix}$$

由第一個括弧中選出一個組合項，並從第二個括弧中選出另一組，我們肯定不會找到更好的解答，因為各組都是用了四個，也就是最少數量的質隱項，雖然在沒有試過其它組合之前並不明顯，但是絕對不會有其它最簡解答。

例題 3.19 是四變數問題中最複雜的問題之一，需要的總項數比一開始預期的還要多。

例題 3.19

ab\cd	00	01	11	10
00	1*	1		
01		1	1	1
11	1	1	1	1
10		1	1	1

ab\cd	00	01	11	10
00	1	1		
01		1	1	1
11	1	1	1	1
10		1	1	1

ab\cd	00	01	11	10
00	1	1		
01		1	1	1
11	1	1	1	1
10		1	1	1

這個函數有一個主要質隱項（是一個最小項）以及其它十個 1，所有其它質隱項都是兩格組合，第二個圖上顯示了全部十三個質隱項，這個函數的質隱項有

| a'b'c'd | a'cd | b'cd | ac'd | bc'd | bcd' | acd' |
| a'cd | a'bd | abc' | abd' | ab'c | ab'd | |

注意到每個 1（除了 m_0 之外）都可以被兩項或三個項包含。

既然總共有十個 1 要被兩格組合所包含，我們知道我們除了 $a'b'c'd'$ 之外至少需要五項，第三張圖上顯示了試圖包含整個函數的起始，每項都在不留下孤立的 1 的情況下涵蓋了兩個新的 1，（在最上面的 1 可以跟 m_{14} 合併。）剩下的四個 1 需要額外的三項，在嘗試數種組合後，我們發現要由少於七項來涵蓋整個函數是不可能的，這個問題總共有 32 個不同的最簡表示，以下列出幾個解答，剩下的留做習題（習題 2p）。

$$f = a'b'c'd' + a'cd + bc'd + ab'd + abc' + a'bc + acd'$$
$$= a'b'c'd' + a'cd + bc'd + ab'd + abd' + bcd' + ab'c$$
$$= a'b'c'd' + b'cd + a'bd + ac'd + abd' + acd' + bcd'$$
$$= a'b'c'd' + b'cd + abc' + bcd' + a'bd + ab'c + ab'd$$

3.3 隨意項

我們在前一章節提出要找到帶有隨意項函數的最簡表示，並沒有顯著的改變方法。我們只要稍微修改隱項與質隱項的定義，並且

澄清主要質隱項的定義即可。

隱項（implicant）是由 1、2、4、8、⋯ 個 1 或是 X 組成的矩形（不包含 0）。

質隱項（prime implicant）是不包含任何一個更大矩形的隱項，所以從尋找質隱項的角度出發，X 可以被視為 1。

主要質隱項（essential prime implicant）是有包含至少一個沒有被其他質隱項包含的 1 的質隱項（一如往常），隨意項（X）並不會讓質隱項變得主要。

現在我們就可以運用前一節的任一個方法，當我們完成後，部分的 X 會被涵蓋而部分的不會，但是我們對於它們有沒有被包含在函數中採取「隨意」的態度。

例題 3.20

$F(A, B, C, D) = \Sigma m(1, 7, 10, 11, 13) + \Sigma d(5, 8, 15)$

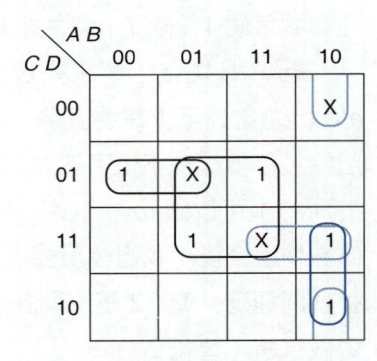

我們首先在圖上畫出函數，在有被函數包含的最小項寫 1，而在隨意項寫 X，我們找到中間圖中顯示的兩個主要質隱項，在這兩個情形下，有打星號的 1 是沒辦法被其它質隱項所包含的，這樣剩下兩個被藍色圈起來的 1 來涵蓋整個函數，因為它們可以被其它質隱項所涵蓋，所以它們不是主要質隱項，然而如果我們不用 AB'C，我們會需要額外的兩項而不是一項，因此唯一一個最簡表示就是

$F = BD + A'C'D + AB'C$

而 AB'D' 和 ACD 是沒有被用在最簡表示的質隱項，注意到如果所有的隨意項都是 1 的話，我們會需要第四項來包含 m_8，變成

$F = BD + A'C'D + AB'C + AB'D'$ 或
$F = BD + A'C'D + ACD + AB'D'$

而如果所有的隨意項都是 0，函數就會變成

$F = A'B'C'D + A'BCD + ABC'D + AB'C$

在這兩個情況下，解答都會變得比原本我們把這些項視為隨意項（讓兩個項是 1 而其他是 0）更加複雜。

例題 3.21

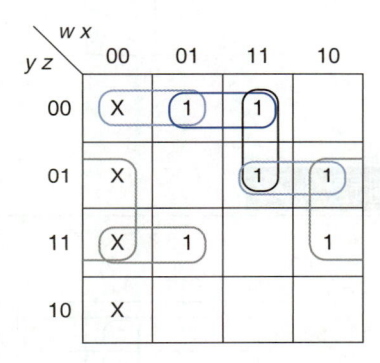

在中間的圖上顯示出總共有兩個主要質隱項 $x'z$ 和 $w'yz$，含有隨意項的四格組合 $w'x'$ 是一個質隱項（因為它是由四個 1 或 X 組成的矩形）但是非主要（因為它並沒有包含任何沒有被其它質隱項包含的 1），當然一個全部由隨意項組合成的質隱項絕對不會被使用，因為這只是白白在和中增加一項而沒有包含任何的 1，剩下的三個 1 需要兩個兩格組合，而因此總共會有三個同樣好的解答，各有 4 項與 11 個字符：

$g_1 = x'z + w'yz + w'y'z' + wxy'$
$g_2 = x'z + w'yz + xy'z' + wxy'$
$g_3 = x'z + w'yz + xy'z' + wy'z$

例題 3.21 中很重要的一點是那三個代數表示並非完全相同，第一個將 m_0 這項隨意項視為 1，而其他兩個（相同的兩個）將它視為 0，這在有隨意項出現時常常發生，答案必須要將特別註明的部分（1

或是 0）等同視之，但是隨意項可以在不同解答中有不同的值，Map 3.15 畫出了這三個函數。

Map 3.15　例題 3.21 的不同解答

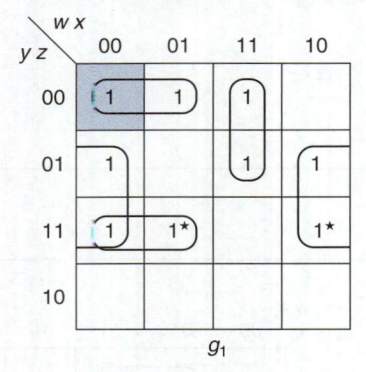

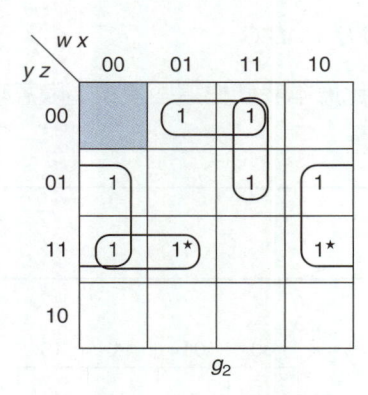

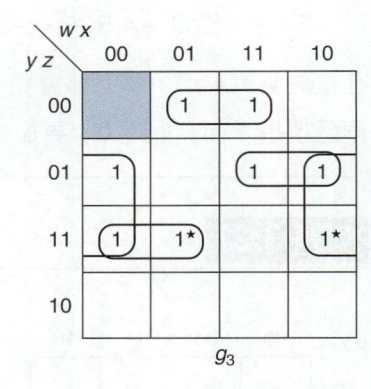

例題 3.22

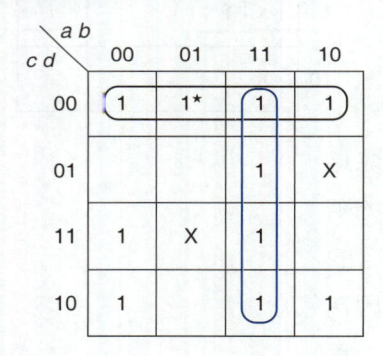

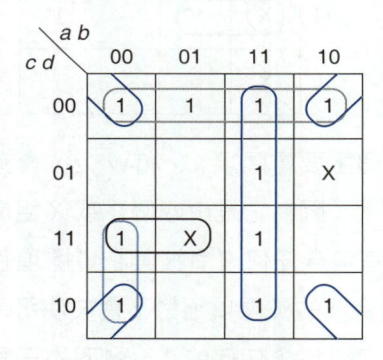

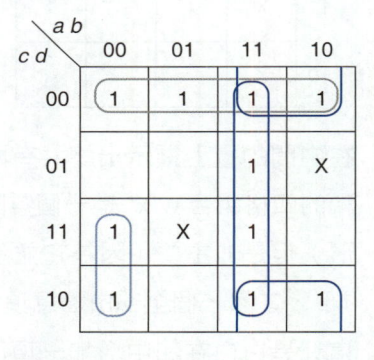

在第一張圖中，我們畫出了唯一一個主要質隱項 $c'd'$，以及三個解答全都會用到的四格組合 ab（這項一定會被用到，因為另外只有一項涵蓋 m_{15} 的質隱項是 bcd，相較之下，就需要多一個字符而且並沒有包含 ab 未涵蓋的 1），剩下的三個 1 需要兩項，其中一項一定會是（包含 m_3 的）兩格組合，而另外一項一定是能夠包含 m_{10} 的四格組合之一，在第二張卡諾圖中，我們展示了選擇 $b'd'$ 這個四格組合的兩個解答，在第三張圖中，我們畫出用 ad' 的第三個解答，因此我們得到

$$g_1 = c'd' + ab + b'd' + a'c$$
$$g_2 = c'd' + ab + b'd' + a'b'c$$
$$g_3 = c'd' + ab + ad' + a'b'c$$

我們現在可以試著了解這三個解答是否相等。我們可以像是在例題 3.21 中一樣把三個解答都畫出來，抑或是列出隨意項如何表示的表格——一個隨意項一行，而一個解答一列。

	m_7	m_9
g_1	1	0
g_2	0	0
g_3	0	0

從表格中我們可以明顯地看到 g_2 與 g_3 相等，但都與 g_1 不同，在有解問題中會有更複雜的例子。

在函數有或沒有隨意項時，隨意項給了我們另外一種解決卡諾圖問題的選擇，在使用製圖方法 1 或 2 的任何一個步驟中，我們可以把已經選定項中的 1 全部換成隨意項，這樣就會標示出剩下需要被涵蓋的 1，而我們接下來只需要選擇足夠涵蓋剩下 1 的項。這個技巧的成功源自於已經包含的 1 可以再一次的被使用（作為包含新 1 的項其中的部份），但也不是必須要被使用。

例題 3.23

$F(A, B, C, D) = \Sigma m(0, 3, 4, 5, 6, 7, 8, 10, 11, 14, 15)$

我們首先找到兩個主要質隱項 $A'B$ 和 CD，我們在第二張圖中把所有已經被包含的 1 都換成隨意項，最後我們可以由 AC 和 $B'C'D'$ 來涵蓋剩下的 1，結果就是

$F = A'B + CD + AC + B'C'D'$

把已被包含的最小項換成隨意項，與我們在例題 3.14 和 3.15 中打上陰影的功用一樣；都同樣能夠標註出剩下需要被包含的 1。

例題 3.24

主要質隱項 xy' 和 $x'y$ 已經在第一張圖中被圈起來，而在第二張圖中顯示了把這些被包含的 1 換成隨意項後的結果，我們現在可以很清楚的看到在 10 行的兩個 1 可以被 $w'y$ 或 $w'x$ 包含，而另外的 1 可以被 $wx'z'$ 或 $wy'z'$ 包含。

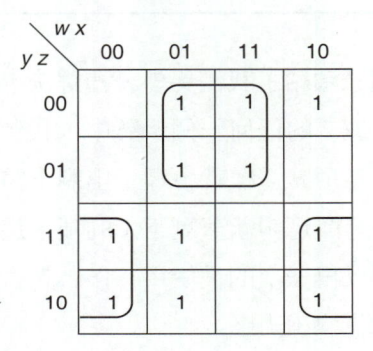

wx\\yz	00	01	11	10
00		1	1	1
01		1	1	
11	1	1		1
10	1			1

wx\\yz	00	01	11	10
00		X	X	1
01		X	X	
11	X	1		X
10	X	1		X

所以我們得出的四個最簡解答就是

$$xy' + x'y + \begin{Bmatrix} w'y \\ x'y \end{Bmatrix} + \begin{Bmatrix} wx'z' \\ wy'z' \end{Bmatrix}$$

3.4 和之積

找尋最簡和之積不需要任何新的理論，以下是最簡單的步驟：

1. 畫出互補的函數。（如果已經有函數的卡諾圖，那麼就把 0 換成 1、1 換成 0、並留下隨意項。）
2. 找到互補函數的最簡積之和表示法（利用前兩小節的技巧）。
3. 用狄摩根定律（P11）找到表示法的互補，結果就是和之積表示法。

另一個我們不會去追究的方法是，定義質隱項的對偶（dual）（稱之為質隱項，prime implicants），然後再開發一套新的方法。

例題 3.25

$f(a, b, c, d) = \Sigma m(0, 1, 4, 5, 10, 11, 14)$

既然所有的最小項一定是 f 或者是 f' 的最小項，那麼 f' 一定是剩下最小項的和，也就是

$f'(a, b, c, d) = \Sigma m(2, 3, 6, 7, 8, 9, 12, 13, 15)$

以下畫出 f 和 f' 的卡諾圖：

cd\ab	00	01	11	10
00	1	1		
01	1	1		
11			1	
10			1	1

f

cd\ab	00	01	11	10
00			1	1
01			1	1
11	1	1	1	
10	1	1		

f'

除非我們同時需要積之和與和之積表示，否則我們不需要畫出 f'。一旦我們畫出 f，我們不需要寫出 f' 所有的最小項；我們可以把 1 和 0 互換，而且與其畫出 f'，我們可以直接在 f 的圖中找出 0 組成的矩形。這個函數還蠻直觀的，以下畫出 f 和 f' 的最簡積之和表示：

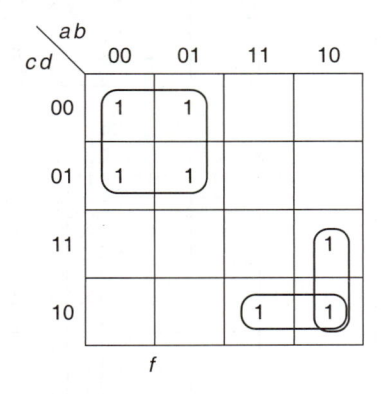

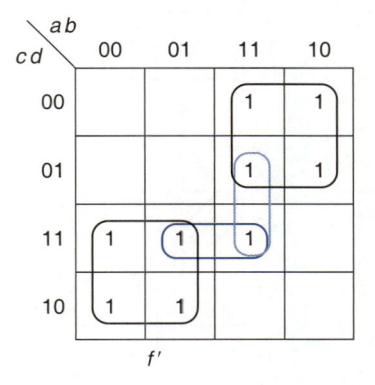

f 的最簡解答有一個，而 f' 的積之和表示有兩個一樣好的解答：

$f = a'c' + ab'c + acd'$ $\qquad f' = ac' + a'c + abd$

$\qquad\qquad\qquad\qquad\qquad\quad f' = ac' + a'c + bcd$

我們接下來可以找出 f' 解答的互補來得到兩個 f 的最簡和之積解答：

$f = (a' + c)(a + c')(a' + b' + d')$
$f = (a' + c)(a + c')(b' + c' + d')$

最簡積之和表示有 3 項與 8 個字符；而最簡和之積有 3 項與 7 個字符。（這並沒有一個通則；有時候積之和解答會有比較少的項或者是字符，有時候相反，也有些時候會一樣。）

例題 3.26

求出 g 的所有最簡積之和與最簡和之積表示。

$g(w, x, y, z) = \Sigma m(1, 3, 4, 6, 11) + \Sigma d(0, 8, 10, 12, 13)$

我們首先由畫出 g 的卡諾圖來找最簡積之和表示，然而在圈出質隱項而把圖變得複雜之前，我們同時也畫出 g'，注意到兩張圖上的 X 都相同。

對 g 而言，唯一一項主要質隱項 $w'xz'$ 顯示在中間的圖中，被它包含的 1 在右圖中被便成了隨意項，而剩下有用的質隱項被圈了出來，我們之前看過類似這樣有三個 1 要被兩格組合包含的例子，總共會有三個一樣好的解答：

$$g = w'xz' + \begin{cases} w'x'y' + x'yz \\ w'x'z + x'yz \\ w'x'z + wx'y \end{cases}$$

對 g' 而言，總共有中間的卡諾圖所列出的三個主要質隱項，當所有被涵蓋的 1 都轉換成隨意項之後，只剩下一個 1；而它可以有右圖中的兩種涵蓋方式：

$$g' = x'z' + xz + wy' + \begin{cases} wx \\ wz' \end{cases}$$

$$g = (x + z)(x' + z')(w' + y) \begin{cases} (w' + x') \\ (w' + z) \end{cases}$$

注意到在這個例子當中，每一個積之和解答都只需要 3 項（共 9 個字符），而和之積解答需要 4 項（與 8 個字符）。

最後我們希望，如果能夠的話，決定五個解答中的哪些是相等的。相較於前一小節的同一個問題，容易混淆的部分是當我們把 g' 的隨意項視為 1 時，我們也就等同於把 g 的同一項視為 0。現在我們把三個積之和表示標示成 g_1、g_2、跟 g_3，而兩個和之積表示標示成 g_4 跟 g_5，我們可以做出以下的表格：

	0	8	10	12	13
g_1	1	0	0	0	0
g_2	0	0	0	0	0
g_3	0	0	1	0	0
g'_4	1	1	1	1	1
g_4	0	0	0	0	0
g'_5	1	1	1	1	1
g_5	0	0	0	0	0

因為所有和之積表示法的隨意項都可以被 g' 的主要質隱項圈起來，g' 中所有的隨意項都被視為 1。（也就是在 g 中被視為 0。）我們接著注意到三個相等的解答分別是

$$g_2 = w'xz' + w'x'z + x'yz$$
$$g_4 = (x + z)(x' + z')(w' + y)(w' + x')$$
$$g_5 = (x + z)(x' + z')(w' + y)(w' + z)$$

3.5 五變數與六變數卡諾圖

五變數卡諾圖總共會有 $2^5=32$ 個方格，雖然有幾種不同的排列方式曾經被嘗試過，我們傾向將它看成兩層 16 格方格，上層（下圖中左邊）包含了前 16 個最小項（對應到第一個變數 A 是 0）而下層包含了剩下的 16 個方格，如同 Map 3.16 所畫：

Map 3.16　五變數卡諾圖

DE＼BC	00	01	11	10
00	0	4	12	8
01	1	5	13	9
11	3	7	15	11
10	2	6	14	10

$A = 0$

16	20	28	24
17	21	29	25
19	23	31	27
18	22	30	26

$A = 1$

每個在下層最小項的標號比相對於上層的標號多 16，乘積項是由 1、2、4、8、16…個 1 或是 X 組成實心的矩形，而在正上方或正下方的方格算是相鄰。

例題 3.27

$m_2 + m_5 = A'B'C'DE' + AB'C'DE' = B'C'DE'$
$m_{11} + m_{27} = A'BC'DE + ABC'DE = BC'DE$
$m_5 + m_7 + m_{21} + m_{23} = B'CE$

在接下來的圖中圈起來這些項。

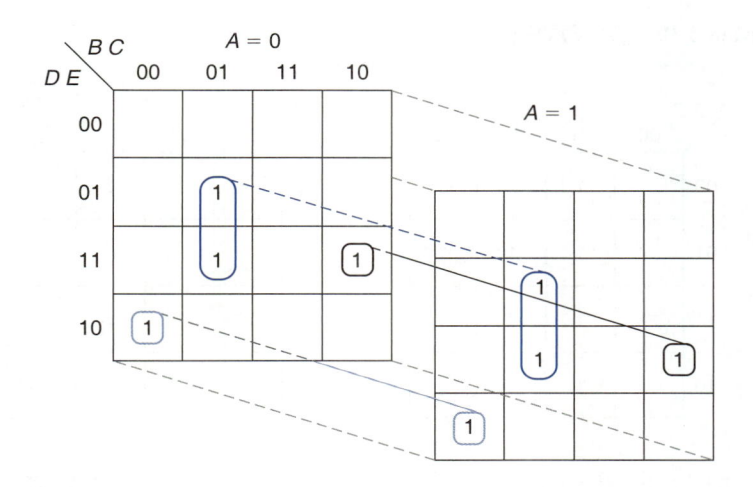

同樣的方式，六變數卡諾圖會以四層 16 方格的方式呈現，其中前兩個變數決定層數，而其它變數決定該層內的方格，其最小項的排列方式如 Map 3.17 所示。注意到各層之間的排序與行列的排序相同，也就是 00、01、11、10。

在這小節中，我們會置重點於五變數卡諾圖，而僅在最後提一個六變數卡諾圖的範例，所需要用到的技巧與四變數卡諾圖一樣；唯一新增的是要能夠看出實心矩形。我們選擇把各層相鄰排列而不是畫成三維空間的圖，在 Map 3.18 中畫出了函數 F。

$$F(A, B, C, D, E) = \Sigma m(4, 5, 6, 7, 9, 11, 13, 15, 16, 18, 27, 28, 31)$$

Map 3.17　六變數卡諾圖

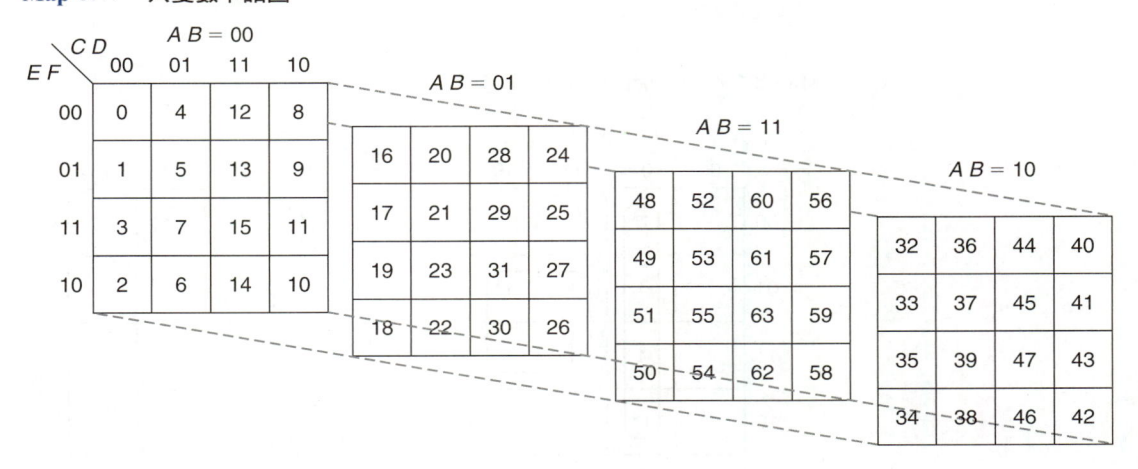

Map 3.18　五變數問題

	A=0					A=1			
BC\DE	00	01	11	10	BC\DE	00	01	11	10
00		1			00	1		1	
01		1	1	1	01				
11		1	1	1	11			1	1
10		1			10	1			

與之前一樣，我們先找主要質隱項，一個不錯的起始點是在另一層的相對位置是 0 而在這一層卻是 1，這麼一來，可以包含它的質隱項便會完全落在這一層（所以就變成四變數卡諾圖的問題）。在這個例子中，m_4 有符合這個條件（因為在下面的 20 號方格是 0），因此那個能夠包含 m_4 的質隱項一定會落在第一層，而事實上，$A'B'C$ 也確實是一項主要質隱項。（注意到 A' 是來自於這個組合完全落在圖中 $A=0$ 這一層，而 $B'C$ 是來自於這個組合落在第二行。）事實上這一項的組合恰巧在另一層都沒有對應，而 m_6 也可以讓這項質隱項變得主要。（該項中的另外兩個 1 是其它質隱項的部分。）我們也注意到 m_9、m_{16}、m_{18}、跟 m_{28} 在另一層的相對位置都是 0，使得這個質隱項變得主要。雖然 m_{14} 的下面（m_{30}）是一個 0，但是它沒有讓 A' 層的質隱項變得主要，因此 Map 3.19 圈出這些主要質隱項，更容易看出這些主要質隱項都保持在同一層中。

Map 3.19　每一層中的主要質隱項

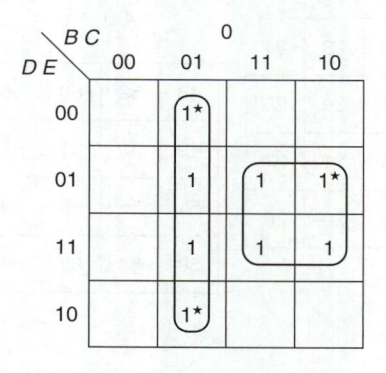

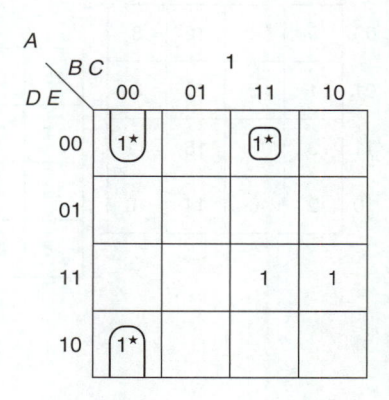

	A=0					A=1			
BC\DE	00	01	11	10	BC\DE	00	01	11	10
00		1*			00	1*		1*	
01		1	1	1*	01				
11		1	1	1	11			1	1
10		1*			10	1*			

截至目前為止我們得到了

$$F = A'B'C + A'BE + AB'C'E' + ABCD'E' + \cdots$$

剩下兩個沒有被包含的 1 在另外一層的確有對應，然而唯一一個包含它們的質隱項是在 Map 3.20 以藍色標記的 *BDE*，這項也是個主要質隱項。（注意到涵蓋兩層中 1 的質隱項並不存在變數 *A*，這樣的質隱項理所當然地在每一層一定會包含同樣數量的 1；否則就不會形成矩形。）

Map 3.20　包含兩層中的 1 的質隱項

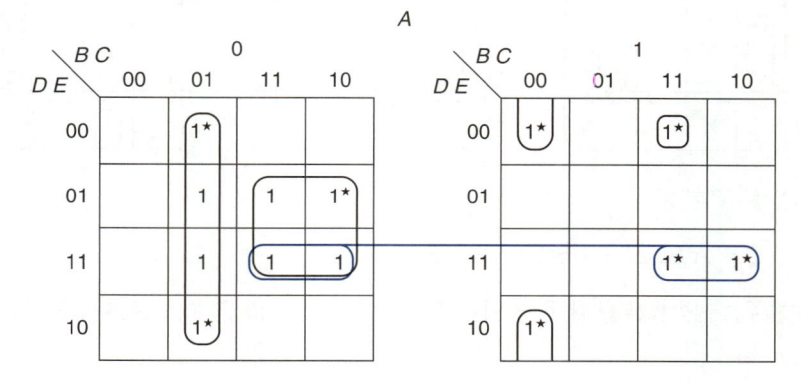

所以完整的解答就是

$$F = A'B'C + A'BE + AB'C'E' + ABCD'E' + BDE$$

八格 1 的組合在五變數問題中並不是不常見，如例題 3.28 所示。

例題 3.28

$G(A, B, C, D, E) = \Sigma m(1, 3, 8, 9, 11, 12, 14, 17, 19, 20, 22, 24, 25, 27)$

第一張圖畫出該函數的卡諾圖，在右邊的第二張圖中，我們考慮某一層中的 1 以及其他層相對應的 0，而圈出兩個主要質隱項 *A'BCE'* 和 *AB'CE'*，而八格 1 的組合 *C'E*（同時也是主要質隱項）在第三張圖（其中第二張圖中找到的主要質隱項以替換成隨意項）中用藍色標示出。八格組合省略了三個字符（剩下兩個）。現在剩下兩個 1 還沒有被包含；而需要在第四張圖中用淺藍色標記的主要質隱項 *BC'D'*。

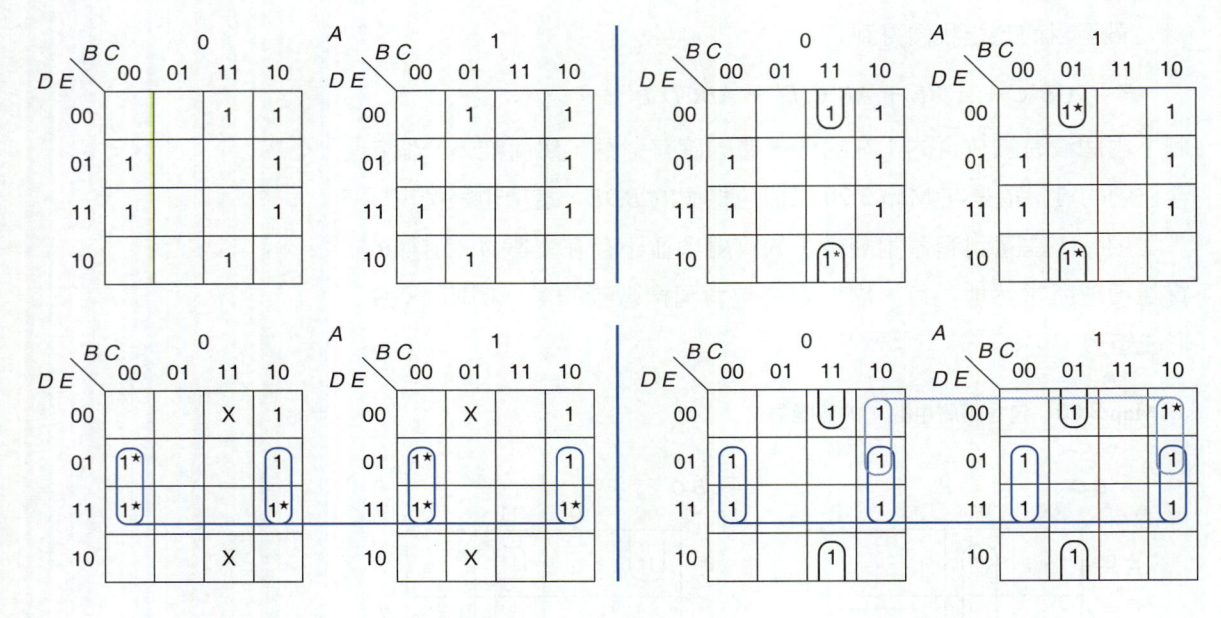

所以解答就是

$$G = A'BCE' + AB'CE' + C'E + BC'D'$$

注意到這個函數只剩下一個質隱項 $A'BD'E'$，而它並沒有涵蓋任何沒有被包含的 1。

例題 3.29

這個問題已經畫出在下面的卡諾圖，我們再一次的由找尋在別層的相對應位置上是 0，而在這一層是 1 的方格作為起始，雖然說在 $A=0$ 層有許多符合這樣的條件，但只有 m_{10} 是主要質隱項，同樣的，在 $A=1$ 層，m_{30} 是由一項主要質隱項所包含，這 $A'C'E'$ 與 $ABCD$ 兩項在第二張圖中已被圈出，並且在下一張圖中被替換成隨意項。

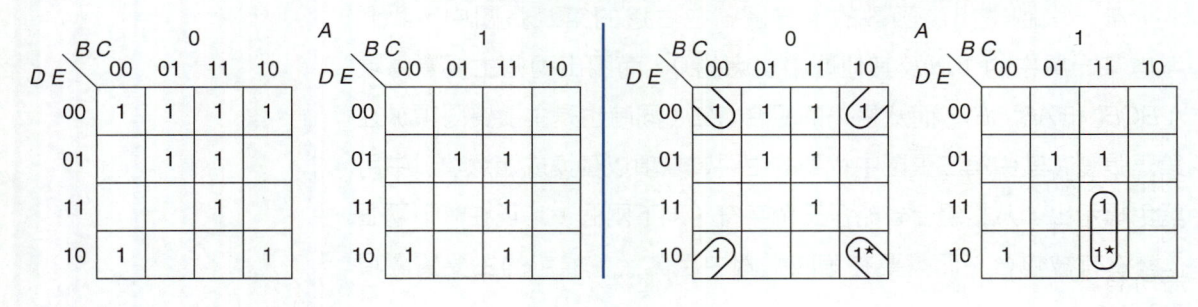

另外有三個主要質隱項包含同時位於兩層的 1；分別是畫在下列左圖的 CD'E、BCE 和 B'C'DE'，這些項是由尋找孤立的 1 而得到，像是 m_{21}、m_{15} 跟 m_{18}。

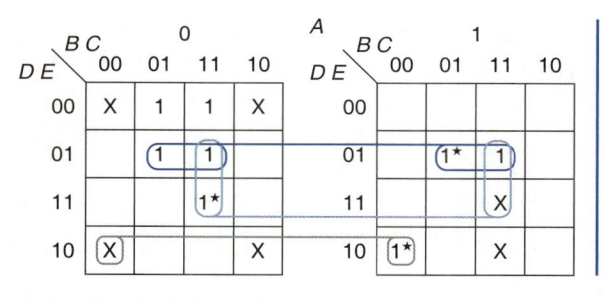

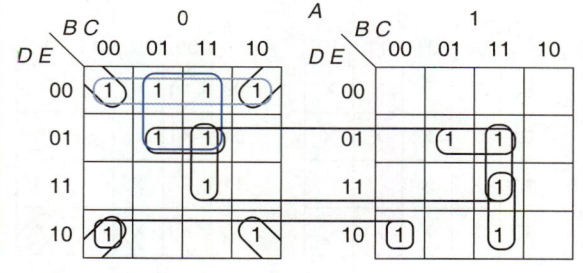

最後剩下的兩個 1（m_4 跟 m_{12}）可以以右圖中顯示的兩種被覆蓋的方式，A'CD' 以及 A'D'E'，因此我們得到的兩個解答分別是

$F = A'C'E' + ABCD + CD'E + BCE + B'C'DE' + A'CD$
$F = A'C'E' + ABCD + CD'E + BCE + B'C'DE' + A'D'E'$

例題 3.30

$H(A, B, C, D, E) = \Sigma m(1, 8, 9, 12, 13, 14, 16, 18, 19, 22, 23, 24, 30)$
$\qquad\qquad\qquad + \Sigma d(2, 3, 5, 6, 7, 17, 25, 26)$

H 的卡諾圖以及唯一的主要質隱項 B'D（包含四個 1 以及四個隨意項的八格組合）呈現在左圖中且被圈起。

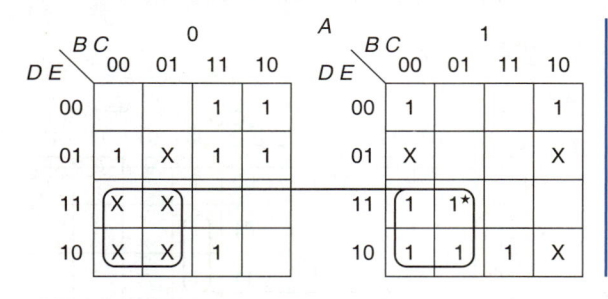

接下來，我們選擇 CDE'，否則的話，會要用另外兩項來包含 m_{14} 與 m_{30}，我們也選了 A'BD' 因為它包含了四個新的 1，況且如果不用它的話，我們會需要一個兩格組合（A'BCE'）來包含 m_{12}，使得我們剩下三個 1 需要被涵蓋（m_1、m_{16} 與 m_{24}）。在下面的圖中，我們將所有涵蓋到的 1 用隨意項（X）替換，以便標示出剩下的 1。沒有任何一項同時包含 m_1 以及剩下的任何一項，然而 m_{16} 與 m_{24} 卻有兩

種方式（$AC'E'$ 或 $AC'D'$）同時包含於一項，如下面第一張圖所示，而 m_1 可以由第二張圖中的四個不同的四格組合（$A'D'E$、$A'B'E$、$B'C'E$ 或 $C'D'E$）所包含，如此我們得到八個列出的解答。

$$H = B'D + CDE' + A'BD' + \begin{Bmatrix} AC'E' \\ AC'D' \end{Bmatrix} + \begin{Bmatrix} A'D'E \\ A'B'E \\ B'C'E \\ C'D'E \end{Bmatrix}$$

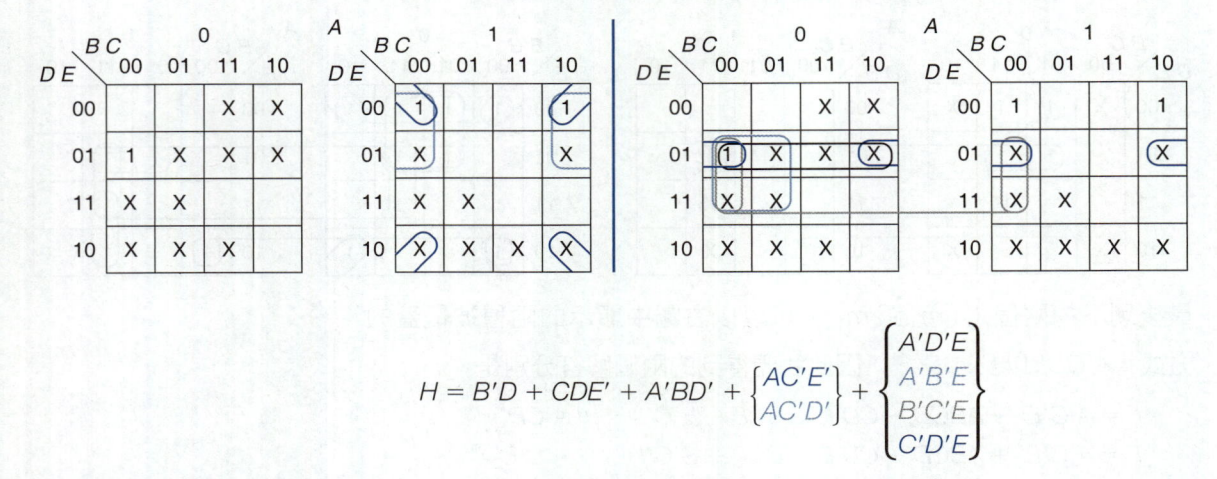

最後我們再看一個六變數函數的範例。

例題 3.31

$G(A, B, C, D, E, F) = \Sigma m$(1, 3, 6, 8, 9, 13, 14, 17, 19, 24, 25, 29, 32, 33, 34, 35, 38, 40, 46, 49, 51, 53, 55, 56, 61, 63)

卡諾圖是以水平方向排列，而由前兩個變數決定各層的 16 方格（當然是以 00、01、11、10 的順序標示）。

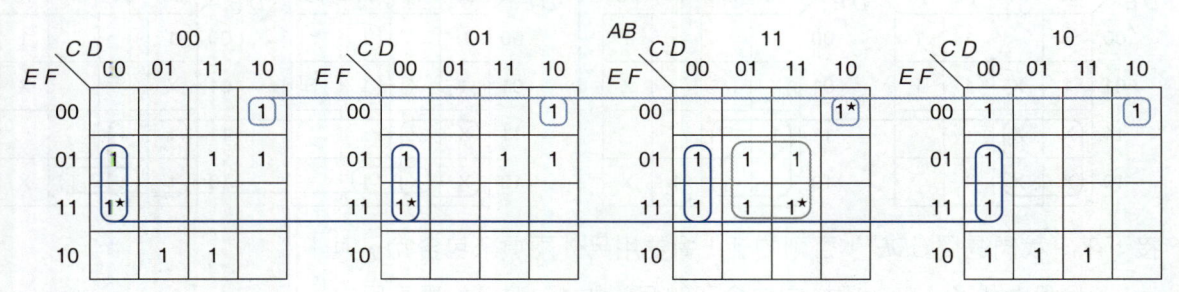

第一張圖列出三個主要質隱項，其中唯一一個完全落在同一層的是第三層的 $ABDF$，而在各層右上角的方格形成一個四格組合（省略前兩個變數）$CD'E'F'$，且藍色方格組成一個八格組合 $C'D'F$，下面的圖畫出將這三項質隱項所包含的 1 替換成隨意項後的結果。

剩下兩個主要質隱項分別是 *A'CE'F* 和 *B'DEF*，（記得最上及最下層是相鄰的）。最後剩下 m_{32} 和 m_{34}（在第四層）尚未被包含；而它們可以由 *AB'C'D'* 所包含（它們分別可以由兩格組合所包含，但這樣就會需要兩項），所以我們得到最簡表示是

$G = ABDF + CD'E'F' + C'D'F + A'CE'F + B'DEF + AB'C'D'$

3.6 多輸出問題

許多真實的問題會需要設計多於一個輸出的系統，舉例來說，如果我們的問題有三個輸入 *A*、*B*、*C*，與兩個輸出 *F* 和 *G*，我們可以將之視為兩個分開的問題（如圖 3.1 左邊所示），我們接下來分別畫出兩個函數、然後找到最簡解答。然而如果我們可以將這單一系統是為三個輸入與兩個輸出（如右圖所示），我們可能可以因共用邏輯閘而更精簡。

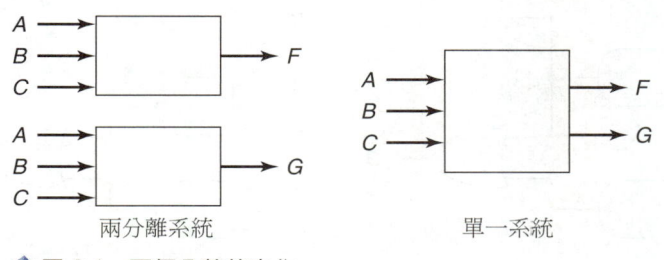

兩分離系統　　　　　單一系統

◆ 圖 3.1　兩個函數的實作

在這小節中，在假設所有變數跟其互補都是可取得（available）的，我們會闡述利用 AND 和 OR 邏輯閘得到最簡兩階解答（積之和解答）的過程（我們用這個來當作最簡電路的定義，是最少數量的邏

閘，或者是在同樣數量邏輯閘的情況中，使用最少的輸入）。我們可以將每一個這種解答轉化成 NAND 閘電路（用同樣數量的邏輯閘以及輸入），我們也可以找到和之積表示（利用最簡化每一個函數的互補，然後再使用狄摩根定律）。

我們先透過三個非常簡單的例子來闡明。

例題 3.32

$F(A, B, C) = \Sigma m(0, 2, 6, 7) \qquad G(A, B, C) = \Sigma m(1, 3, 6, 7)$

我們分別把兩個函數的卡諾圖畫出來

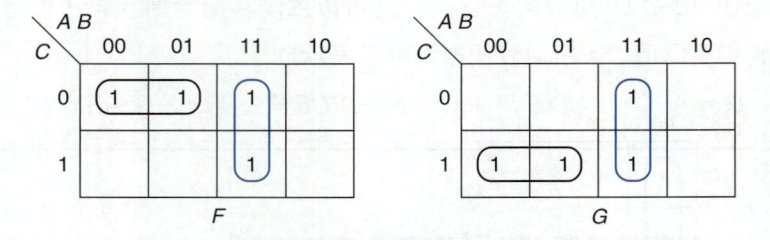

我們可以得到

$F = A'C' + AB \qquad G = A'C + AB$

光是看這兩張卡諾圖，我們可以看到兩邊都有同樣的項（AB）被圈起來，因此我們可以建立下圖左邊的電路而不是右邊的。

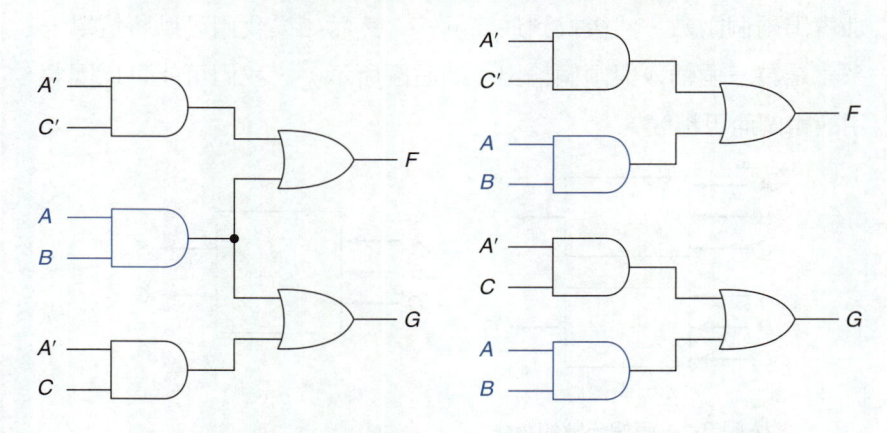

很明顯的，左邊的電路只需要五個邏輯閘，而右邊的會需要六個。

這是個最簡單的例子，因為每個積之和表示法中有相同項，辨別且節省這道功夫不需要任何技巧。

即便這兩個解答沒有共同的質隱項，我們還是可以透過以下的例子了解如何共用：

例題 3.33

$F(A, B, C) = \Sigma m(0, 1, 6)$ $G(A, B, C) = \Sigma m(2, 3, 6)$

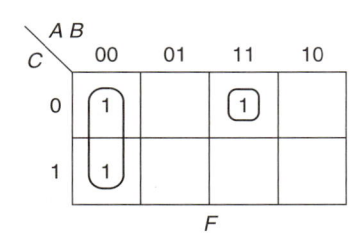

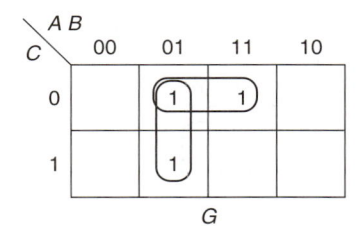

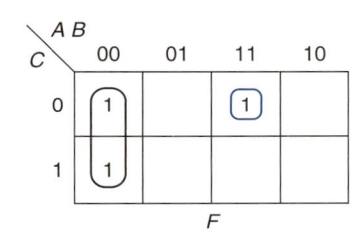

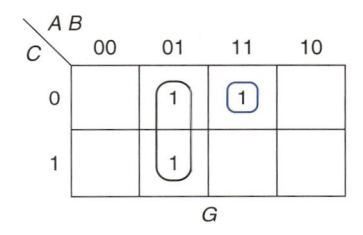

在上排的圖中，我們分別考慮兩個函數而得到

$F = A'B' + ABC'$ $G = A'B + BC'$

這個解答需要 6 個邏輯閘（四個 AND 和兩個 OR）以及 13 個輸入，然而在下排的圖中我們可以看到，我們可以共用 *ABC'* 這項而得到

$F = A'B' + ABC'$ $G = A'B + ABC'$

（我們把共用項來強調共用，以下的例子也是如此。）從以下的電路可知，這樣一來，只需要 5 個邏輯閘與 11 個輸入。

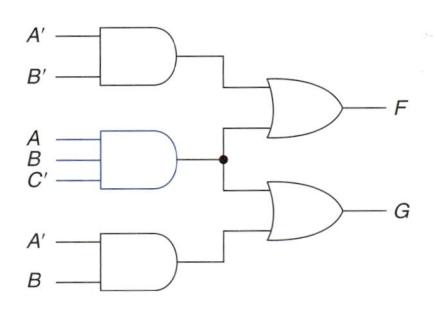

接下來這個例子告訴我們在最簡解答中的共同項不一定要是質隱項。（在例題 3.33 中，ABC' 是 F 的質隱項但卻不是 G 的；在例題 3.34 中，我們用到的項都不屬於兩個函數的質隱項。）

例題 3.34

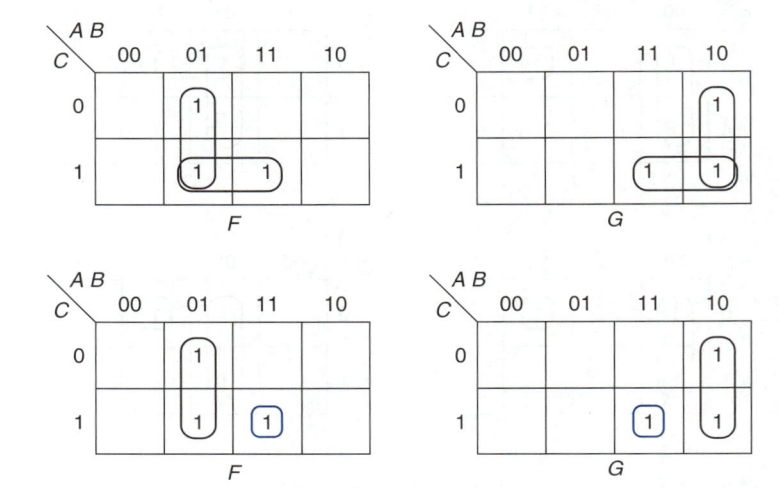

$$F(A, B, C) = \Sigma m(2, 3, 7) \qquad G(A, B, C) = \Sigma m(4, 5, 7)$$

在第一組圖中，我們將這個問題拆成兩個來解決。利用各個函數的主要質隱項，我們可以得到

$$F = A'B + BC \qquad G = AB' + AC$$

然而我們可以在第二組圖中看到，雖然 ABC 都不是這兩個函數的質隱項，我們還是可以透過共用這項而再一次得到只需要 5 個邏輯閘的解答：

$$F = A'B + ABC \qquad G = AB' + ABC$$

解決這類型問題的方法是由找尋在一個函數中為 1 但在另一個函數中為 0 的方格，這些一定會被該函數的質隱項所包含，只有共用的項不需要是質隱項，在前一個範例中，我們選擇 F 中的 $A'B$ 的原因在於 m_2 讓該項在 F 中變成主要質隱項，而選擇 G 中的 $A'B$ 也是因為 m_4 讓它成為 G 的主要質隱項，這麼一來，就只剩下兩個函數中各一個沒被包含的 1 —— 同樣的 1 ——而我們可以使用 ABC 來涵蓋。我們現在來看一些更複雜的範例。

例題 3.35

$F(A, B, C, D) = \Sigma m(4, 5, 6, 8, 12, 13)$
$G(A, B, C, D) = \Sigma m(0, 2, 5, 6, 7, 13, 14, 15)$

下面畫出這兩個函數的卡諾圖，而在其中，我們用藍色標註了被包含於兩個函數其中之一的 1。

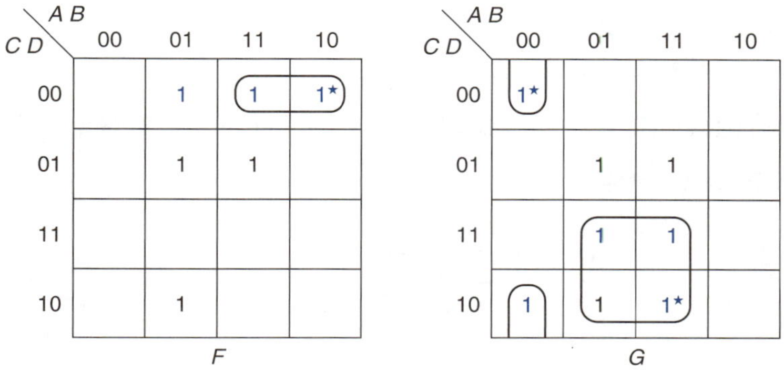

CD\AB	00	01	11	10
00		1	1	1★
01		1	1	
11				
10		1		

F

CD\AB	00	01	11	10
00	1★			
01		1	1	
11			1	1
10	1	1	1★	

G

接下來，我們圈出這個由於這些藍色 1 而變得主要的質隱項，而 F 中唯一一個沒有被圈起來的藍色 1 是 m_4，這是因為它可以被兩個質隱項所涵蓋，即使我們知道其中一項會有較少的字符，我們必須要等待。接下來，我們選 F 中的 $A'BD'$，既然 m_6 已經被 G 的一個主要質隱項涵蓋，我們就不再繼續找共用項。那麼 m_6 會被 F 中的質隱項 $A'BD'$ 所包含，在下圖中所示，這兩個函數中我們剩下 m_4 與 m_{12} 需要被涵蓋，這讓我們可以共用 $BC'D$，如接下來的圖中以藍色圈起的部分。

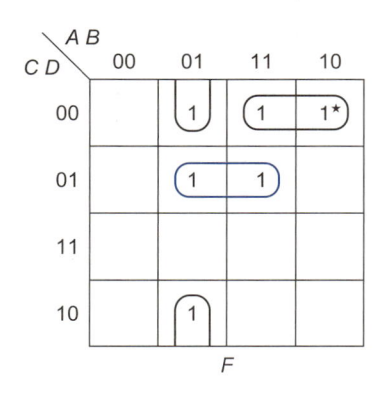

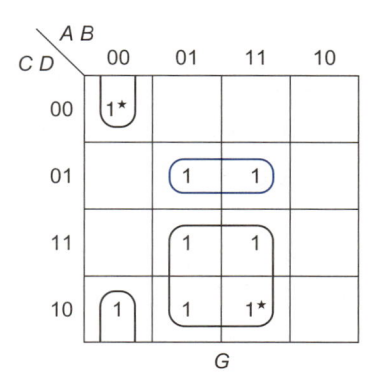

CD\AB	00	01	11	10
00		1	1	1★
01		1	1	
11				
10		1		

F

CD\AB	00	01	11	10
00	1★			
01		1	1	
11			1	1
10	1	1	1★	

G

導致

$F = AC'D' + A'BD' + BC'D$
$G = A'B'D' + BC + BC'D$

總共是 7 個邏輯閘和 20 個邏輯閘輸入。我們可以注意到，如果我們是分別針對兩個函數做最簡化，我們會使用兩個不同的項來解決兩個函數中的第三項，結果就是

$F = AC'D' + A'BD' + BC'$
$G = A'B'D' + BC + BD$

總共 8 個邏輯閘與 21 個邏輯閘輸入，很明顯的，共用電路比較節省。共用版本的電路如下。

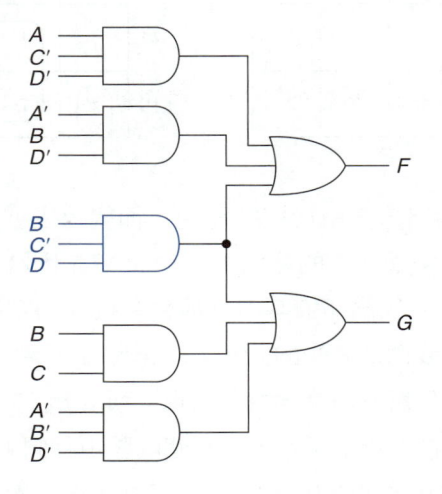

例題 3.36

$F(A, B, C, D) = \Sigma m(0, 2, 3, 4, 6, 7, 10, 11)$
$G(A, B, C, D) = \Sigma m(0, 4, 8, 9, 10, 11, 12, 13)$

再一次，我們用藍色在卡諾圖上畫出沒有被共用的 1，並且將因為質隱項被那些 1 圈起來而變得主要。

這兩個函數可以分別再由多的兩個四格組合解決，產生

$F = A'C + A'D' + B'C \qquad G = AC' + C'D' + AB'$

這會需要 8 個邏輯閘與 18 個輸入。然而如果共用下一組圖中所示的兩格組合，就可以將邏輯閘數減少至六個，而輸入數也減少至 16 個。如果這兩個函數是由 NAND 閘來實現，那麼個別解答會需要總共三個封裝，而共用的解答只會需要兩個。

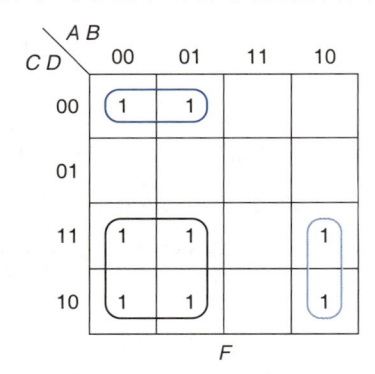

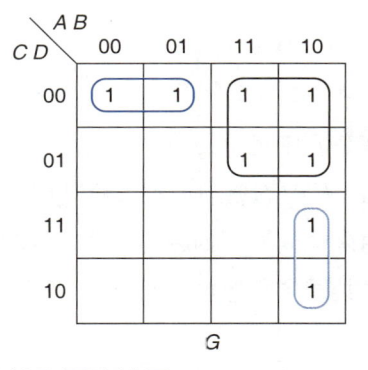

也就會得到以下的方程式以及 AND/OR 電路結果。

$F = A'C + A'C'D' + AB'C \qquad G = AC' + A'C'D' + AB'C$

例題 3.37

$$F(W, X, Y, Z) = \Sigma m(2, 3, 7, 9, 10, 11, 13)$$
$$G(W, X, Y, Z) = \Sigma m(1, 5, 7, 9, 13, 14, 15)$$

在下面的圖中，沒有共用的 1 用藍色的顯示，而包含這些 1 的主要質隱項被圈了起來。

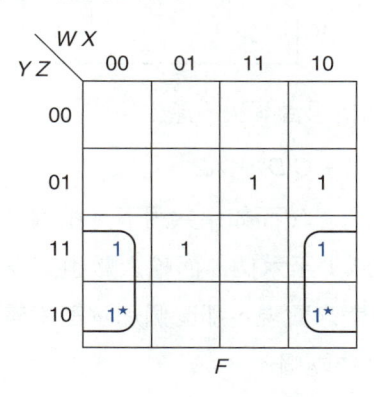

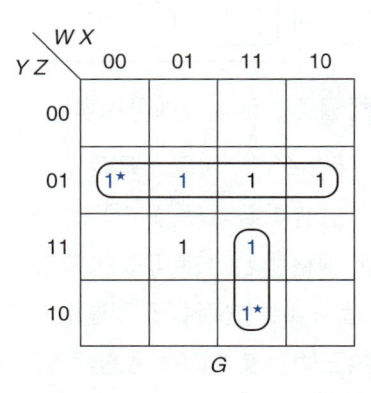

$$F = X'Y + \cdots$$
$$G = Y'Z + WXY + \cdots$$

現在在 F 中剩下三個 1。既然 m_9 跟 m_{13} 都已經被 G 的主要質隱項所涵蓋，F 中的這兩項就沒有共用的可能，因此 F 中的質隱項 $WY'Z$ 就會用來達成最簡的涵蓋。最後各剩下一個尚未被包含的 1，m_7；它可以由共同項所包含，而產生以下的解答：

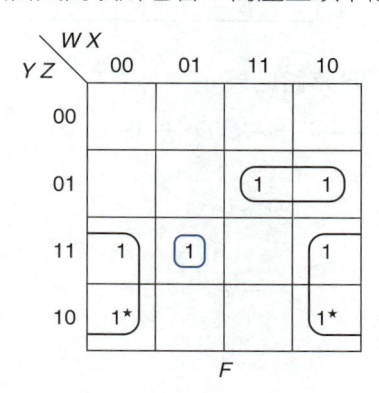

$$F = X'Y + WY'Z + W'XYZ$$
$$G = Y'Z + WXY + W'XYZ$$

這會需要 7 個邏輯閘與 20 個輸入，如果拿我們把原問題拆成兩個考

應而得到的結_YZ

_個輸入。

_個或更多輸出的問題。

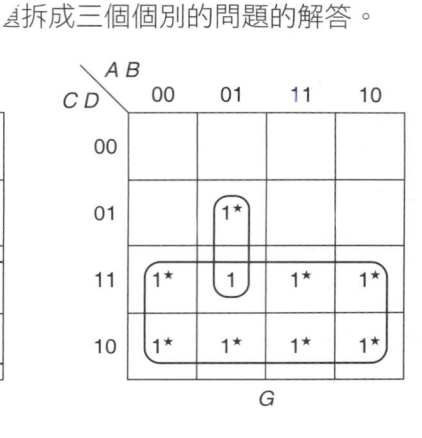

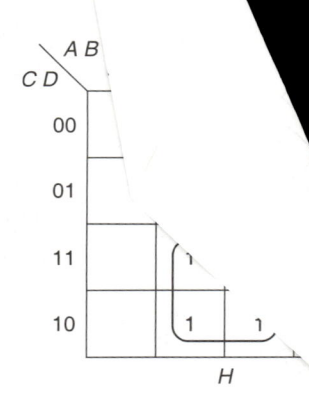

_拆成三個個別的問題的解答。

$F = AB' + BD + B'C$
$G = C + A'BD$
$H = BC + AB'C' + (ABD 或 AC'D)$

這個解答會需要 10 個邏輯閘和 25 個邏輯閘輸入。（注意到在函數 G 的 C 這項並不需要 AND 閘。）

之前提到先尋找僅有在其中一個函數是 1 的最小項，但這個技巧在這個範例中並沒有辦法給我們起頭，因為每一個 1 都是至少兩個函數的最小項。取而代之的起始點是，先選擇函數 G 中的 C，因為這個乘積項只有一個字符而不需要任何 AND 閘，且只需要 OR 閘的一個輸入，任何其他的建議，例如與 F 共用 B'C 或與 H 共用 BC，都會至少需要 OR 閘的兩個輸入，因為當我們選了其中一個之後，我們一定會因為在接下來的圖中，藍色標示的 1 而要選 F 的 B'C 或是 H 的 BC，那麼這些 1 就不再會有任何可能的共用項，而它們也就讓那些 F 和 H 的質隱項變成主要質隱項。

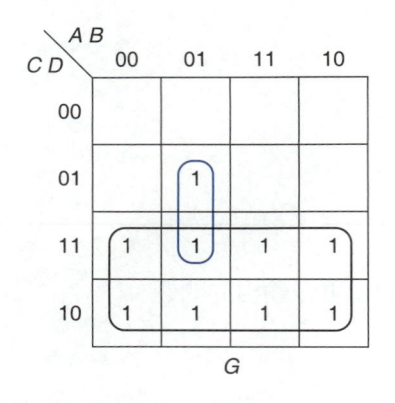

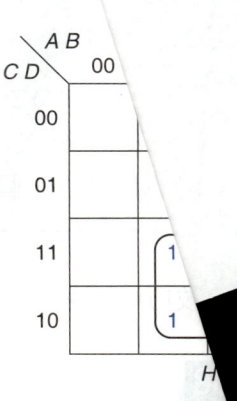

H 中（用淺藍色圈起來）的 $AB'C'$ 這項會因為它是 H 的主要
且能夠被共用（也就是所有該項中的 1 也都會是 F 中對應的
唯一有可能共用的地方）而接著被選中，$AB'C'$ 因為涵蓋了 F
個 1，所以也會被選上，否則的話我們就需要額外的一項 AB' 來
m_8。同樣的道理，G 中的 $A'BD$ 也會被選用（這是唯一能夠包含
的方法）並且能夠與 F 共用。最後，我們可以用 ABD（H 的一個
隱項，當我們把問題拆開來看的時候，被用來涵蓋 H 的其中一項）
來完整包含 F 與 H，在 F 中也使用這項來避免使用另外一個 AND
閘，以便達成另一個質隱項 BD。最後的解答變成是

$$F = B'C + AB'C' + A'BD + ABD$$
$$G = C + A'BD$$
$$H = BC + AB'C' + ABD$$

總共只需要 8 個邏輯閘和 22 個輸入（省下了 2 個邏輯閘和 3 個輸入）。

例題 3.39

$$F(A, B, C, D) = \Sigma m(0, 2, 6, 10, 11, 14, 15)$$
$$G(A, B, C, D) = \Sigma m(0, 3, 6, 7, 8, 9, 12, 13, 14, 15)$$
$$H(A, B, C, D) = \Sigma m(0, 3, 4, 5, 7, 10, 11, 12, 13, 14, 15)$$

下一頁的圖中畫出這三個函數；唯一一個沒有共用並且讓質隱項變得主要的是 G 中的 m_9，而這個質隱項 AC' 在圖中被圈起來。

慮而得到的結果來比較

$F = X'Y + WY'Z + W'YZ$
$G = Y'Z + WXY + XZ$

這會需要 8 個邏輯閘與 21 個輸入。

同樣的技巧可以應用在三個或更多輸出的問題。

例題 3.38

首先我們畫出如果將問題拆成三個個別的問題的解答。

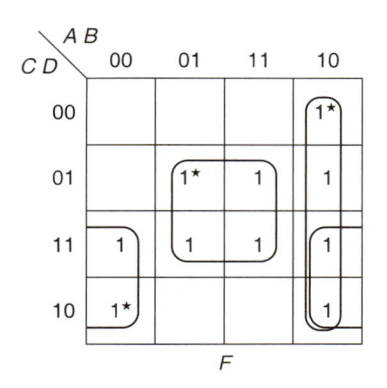

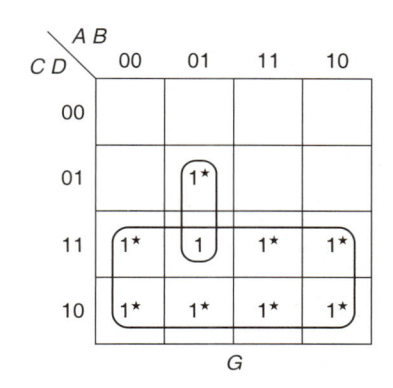

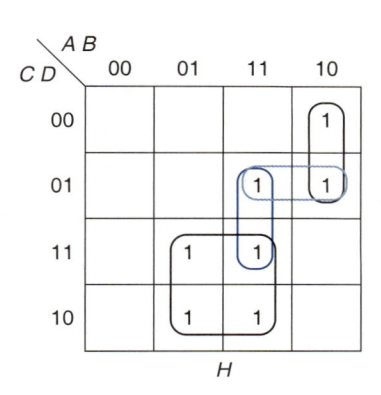

$F = AB' + BD + B'C$
$G = C + A'BD$
$H = BC + AB'C' + (ABD\ 或\ AC'D)$

這個解答會需要 10 個邏輯閘和 25 個邏輯閘輸入。（注意到在函數 G 的 C 這項並不需要 AND 閘。）

之前提到先尋找僅有在其中一個函數是 1 的最小項，但這個技巧在這個範例中並沒有辦法給我們起頭，因為每一個 1 都是至少兩個函數的最小項。取而代之的起始點是，先選擇函數 G 中的 C，因為這個乘積項只有一個字符而不需要任何 AND 閘，且只需要 OR 閘的一個輸入，任何其他的建議，例如與 F 共用 B'C 或與 H 共用 BC，都會至少需要 OR 閘的兩個輸入，因為當我們選了其中一個之後，我們一定會因為在接下來的圖中，藍色標示的 1 而要選 F 的 B'C 或是 H 的 BC，那麼這些 1 就不再會有任何可能的共用項，而它們也就讓那些 F 和 H 的質隱項變成主要質隱項。

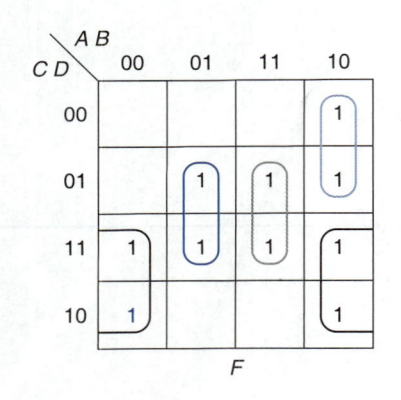

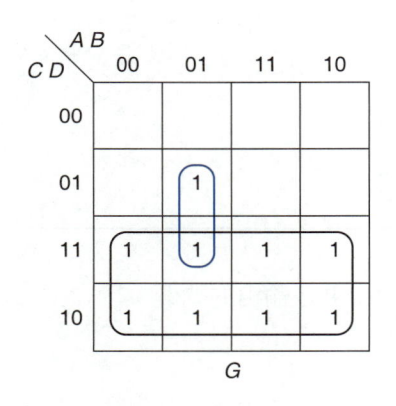

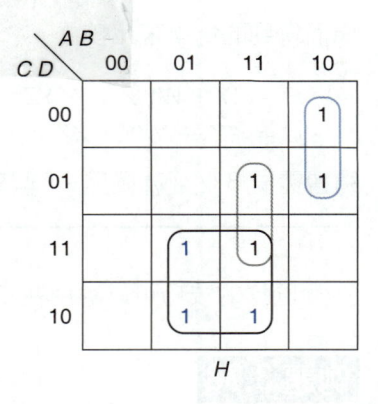

H 中（用淺藍色圈起來）的 AB'C' 這項會因為它是 H 的主要質隱項，且能夠被共用（也就是所有該項中的 1 也都會是 F 中對應的 1，這是唯一有可能共用的地方）而接著被選中，AB'C' 因為涵蓋了 F 中的兩個 1，所以也會被選上，否則的話我們就需要額外的一項 AB' 來涵蓋 m_8。同樣的道理，G 中的 A'BD 也會被選用（這是唯一能夠包含 m_5 的方法）並且能夠與 F 共用。最後，我們可以用 ABD（H 的一個質隱項，當我們把問題拆開來看的時候，被用來涵蓋 H 的其中一項）來完整包含 F 與 H，在 F 中也使用這項來避免使用另外一個 AND 閘，以便達成另一個質隱項 BD。最後的解答變成是

$F = B'C + AB'C' + A'BD + ABD$
$G = C + A'BD$
$H = BC + AB'C' + ABD$

總共只需要 8 個邏輯閘和 22 個輸入（省下了 2 個邏輯閘和 3 個輸入）。

例題 3.39

$F(A, B, C, D) = \Sigma m(0, 2, 6, 10, 11, 14, 15)$
$G(A, B, C, D) = \Sigma m(0, 3, 6, 7, 8, 9, 12, 13, 14, 15)$
$H(A, B, C, D) = \Sigma m(0, 3, 4, 5, 7, 10, 11, 12, 13, 14, 15)$

下一頁的圖中畫出這三個函數；唯一一個沒有共用並且讓質隱項變得主要的是 G 中的 m_9，而這個質隱項 AC' 在圖中被圈起來。

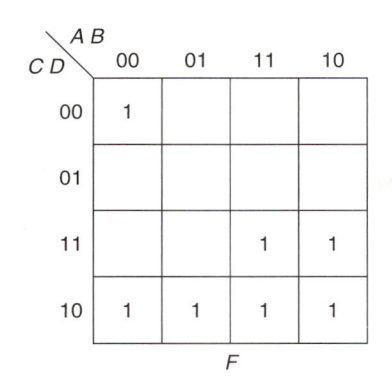

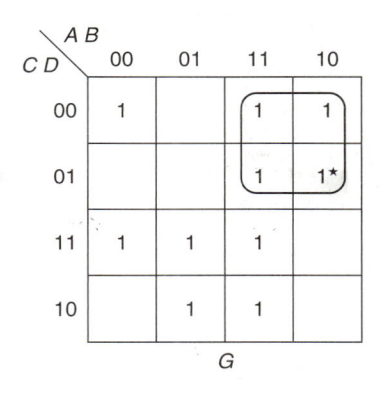

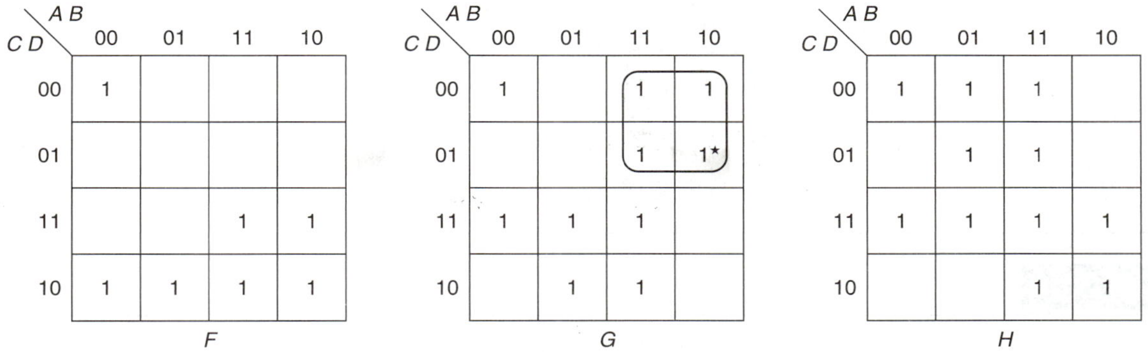

	AB			
CD	00	01	11	10
00	1			
01				
11			1	1
10	1	1	1	1

F

	AB			
CD	00	01	11	10
00	1		1	1
01			1	1★
11	1	1	1	
10		1	1	

G

	AB			
CD	00	01	11	10
00	1	1	1	
01		1	1	
11	1	1	1	1
10			1	1

H

接下來，我們注意到 AC 是 F（因為 m_{11} 和 m_{15}）以及 H（因為 m_{10}）的主要質隱項，甚至，m_{10} 和 m_{11} 在 G 中都不是 1，因此這一項可以因 F 和 H 而用。接下來，我們選擇 H 中的 BC' 以及 G 中的 BC；各自涵蓋了四個新的 1，且其中有些沒辦法再被共用（因為對應到其它函數的 1 已經被包含了）。

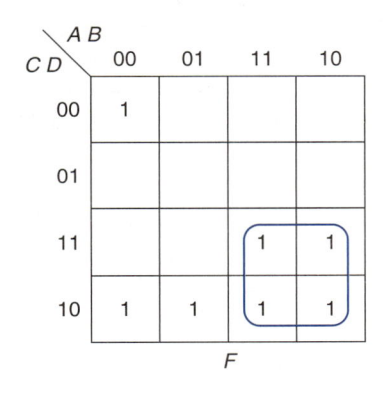

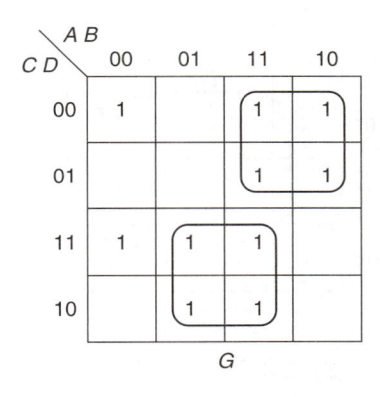

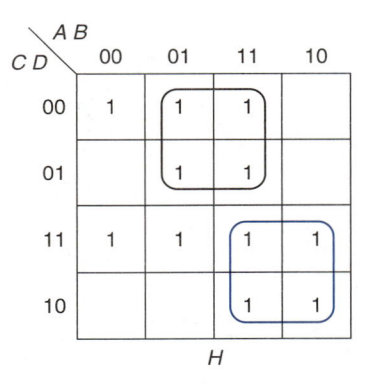

F / G / H 卡諾圖（第二組）

現在我們可以看到 $A'B'C'D'$ 在三個函數中都可以被用來包含 m_0；否則我們會需要三個不同的三字符項。然後 $A'CD$ 可以被 G 跟 H 所用，而最後 CD' 被 F 所用，產生出以下的卡諾圖以及代數方程式。

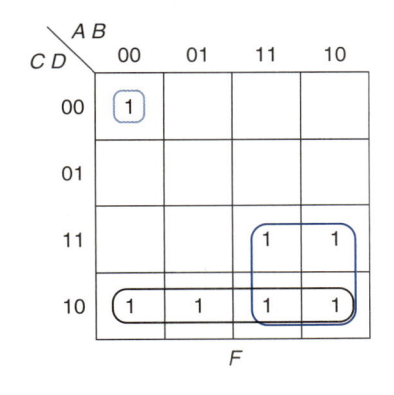

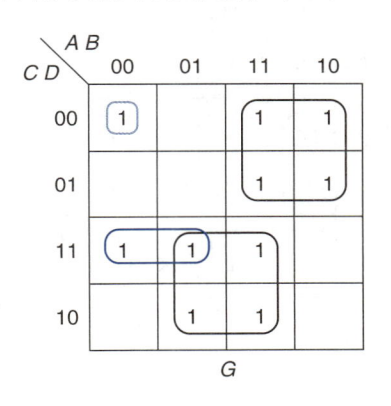

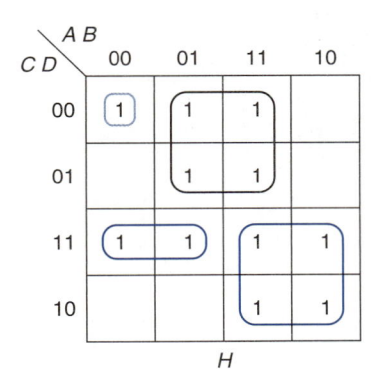

F / G / H 卡諾圖（第三組）

$$F = AC + A'B'C'D' + CD'$$
$$G = AC' + BC + A'B'C'D' + A'CD$$
$$H = AC + BC' + A'B'C'D' + A'CD$$

這個解答需要 10 個邏輯閘以及 28 個輸入，相較於之前分開實現時的 13 個邏輯閘與 35 個輸入。

例題 3.40

最後我們考慮一個系統中含有隨意項的例子：

$F(A, B, C, D) = \Sigma m(2, 3, 4, 6, 9, 11, 12) + \Sigma d(0, 1, 14, 15)$
$G(A, B, C, D) = \Sigma m(2, 6, 10, 11, 12) + \Sigma d(0, 1, 14, 15)$

下圖畫出函數的卡諾圖，並圈出其中包含唯一由不被共用的 1 而變得主要的質隱項 $B'D$。

既然 F 現在包含了 m_{11}，我們一定得使用 G 中的主要質隱項 AC 來包含 m_{11}，同時因為 ABD' 是 G 的一個主要質隱項，而且可以被共用，我們選擇它並畫在下面的圖中。（我們會在最佳的解答中共用這項。）

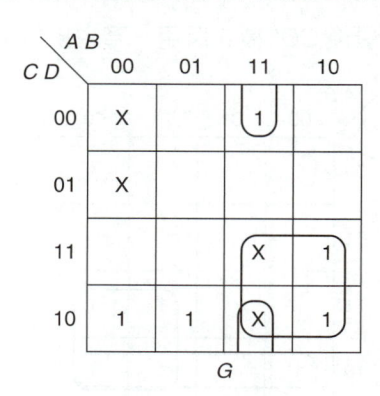

既然我們會需要 G 中的 *ABD'*，其中一個解決方法是同時也在 F 中使用它，（這就使需要花一個輸入到 OR 閘。）如果我們這麼做，我們就可以用 *A'D'* 來包含剩下的 F 以及 *CD'* 來包含剩下的 G，使得卡諾圖與等式變的如下。

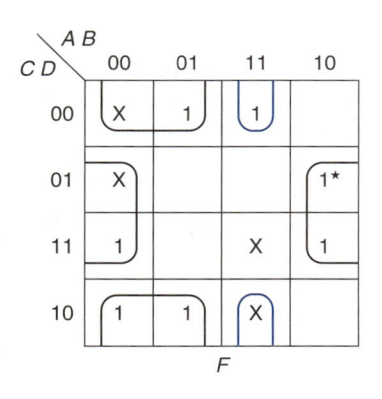

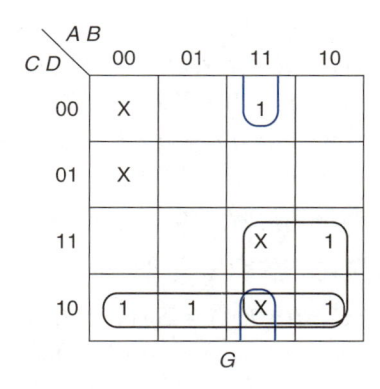

$F = B'D + ABD' + A'D'$
$G = AC + ABD' + CD'$

這個解答使用 7 個邏輯閘與 17 個輸入，另外一個解答使用一樣數量的邏輯閘但是多一個輸入來共用 *A'CD'*，這就涵蓋了 G，然後用 *BD'* 來包含整個 F，卡諾圖和等式就會變成：

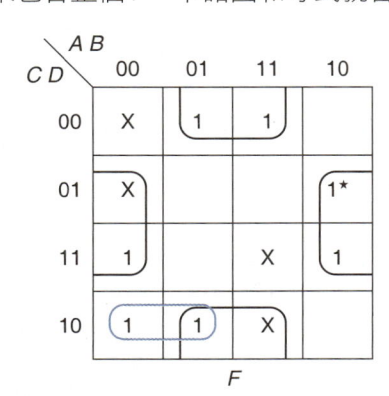

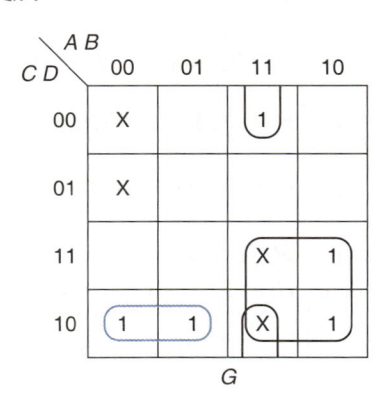

$F = B'D + A'CD' + BD'$
$G = AC + ABD' + A'CD'$

這也一樣需要 7 個邏輯閘，但是使用了一個三輸入 AND 閘來取代兩輸入的，使得輸入總數變成 18，也因此這個解答不是最簡。

3.7 習題

有★記號題目的解答附加在附錄 B。

1. 在卡諾圖中畫出下列函數：

    a. $f(a, b, c) = \Sigma m(1, 2, 3, 4, 6)$

    ★b. $g(w, x, y, z) = \Sigma m(1, 3, 5, 6, 7, 13, 14) + \Sigma d(8, 10, 12)$

    c. $F = WX'Y'Z + W'XYZ + W'X'Y'Z' + W'XY'Z + WXYZ$

    ★d. $g = a'c + a'bd' + bc'd + ab'd + ab'cd'$

    e. $h = x + yz' + x'z$

2. 對下列每個函數，找到其最簡積之和表示。（若有多於一解，括號內有註明總答案數量。）

    a. $f(a, b, c) = \Sigma m(1, 2, 3, 6, 7)$

    ★b. $g(w, x, y) = \Sigma m(0, 1, 5, 6, 7)$ （2 個解）

    c. $h(a, b, c) = \Sigma m(0, 1, 2, 5, 6, 7)$ （2 個解）

    d. $f(a, b, c, d) = \Sigma m(1, 2, 3, 5, 6, 7, 8, 11, 13, 15)$

    ★e. $G(W, X, Y, Z) = \Sigma m(0, 2, 5, 7, 8, 10, 12, 13)$

    f. $h(a, b, c, d) = \Sigma m(2, 4, 5, 6, 7, 8, 10, 12, 13, 15)$ （2 個解）

    g. $f(a, b, c, d) = \Sigma m(1, 3, 4, 5, 6, 11, 12, 13, 14, 15)$ （2 個解）

    h. $g(w, x, y, z) = \Sigma m(2, 3, 6, 7, 8, 10, 11, 12, 13, 15)$ （2 個解）

    ★i. $h(p, q, r, s) = \Sigma m(0, 2, 3, 4, 5, 8, 11, 12, 13, 14, 15)$ （3 個解）

    j. $F(W, X, Y, Z) = \Sigma m(0, 2, 3, 4, 5, 8, 10, 11, 12, 13, 14, 15)$ （4 個解）

    k. $f(w, x, y, z) = \Sigma m(0, 1, 2, 4, 5, 6, 9, 10, 11, 13, 14, 15)$ （2 個解）

    l. $g(a, b, c, d) = \Sigma m(0, 1, 2, 3, 4, 5, 6, 8, 9, 10, 12, 15)$

    ★m. $H(W, X, Y, Z) = \Sigma m(0, 2, 3, 5, 7, 8, 10, 12, 13)$ （4 個解）

    ★n. $f(a, b, c, d) = \Sigma m(0, 1, 2, 4, 5, 6, 7, 8, 9, 10, 11, 13, 14, 15)$ （6 個解）

    o. $g(w, x, y, z) = \Sigma m(0, 1, 2, 3, 5, 6, 7, 8, 9, 10, 13, 14, 15)$ （6 個解）

    ★p. $f(a, b, c, d) = \Sigma m(0, 3, 5, 6, 7, 9, 10, 11, 12, 13, 14)$ （32 個解）

3. 對下列每個函數，

    i. 列出所有質隱項，並指出哪些是主要質隱項。

    ii. 列出最簡積之和表示。

    a. $f(a, b, c, d) = \Sigma m(0, 3, 4, 5, 8, 11, 12, 13, 14, 15)$

    ★b. $g(w, x, y, z) = \Sigma m(0, 3, 4, 5, 6, 7, 8, 9, 11, 13, 14, 15)$

4. 畫出下列每個函數，並找到最簡積之和表示：
   a. $F = AD + AB + A'CD' + B'CD + A'BC'D'$
   *b. $g = w'yz + xy'z + wy + wxy'z' + wz + xyz'$

5. 對下列每個函數，找到所有最簡積之和表示。（若有多於一解，括號內有註明總解答數量。）將每個解答註記為 f_1、f_2、…
   a. $f(w, x, y, z) = \Sigma m(1, 3, 6, 8, 11, 14) + \Sigma d(2, 4, 5, 13, 15)$
      （3 個解）
   b. $f(a, b, c, d) = \Sigma m(0, 3, 6, 9, 11, 13, 14) + \Sigma d(5, 7, 10, 12)$
   *c. $f(a, b, c, d) = \Sigma m(0, 2, 3, 5, 7, 8, 9, 10, 11) + \Sigma d(4, 15)$
      （3 個解）
   d. $f(w, x, y, z) = \Sigma m(0, 2, 4, 5, 10, 12, 15) + \Sigma d(8, 14)$
      （2 個解）
   e. $f(a, b, c, d) = \Sigma m(5, 7, 9, 11, 13, 14) + \Sigma d(2, 6, 10, 12, 15)$
      （4 個解）
   *f. $f(a, b, c, d) = \Sigma m(0, 2, 4, 5, 6, 7, 8, 9, 10, 14) + \Sigma d(3, 13)$
      （3 個解）
   g. $f(w, x, y, z) = \Sigma m(1, 2, 5, 10, 12) + \Sigma d(0, 3, 4, 8, 13, 14, 15)$
      （7 個解）

6. 針對習題 5 的每個函數，標示出哪些解答是相等的。

7. 對下列每個函數，找到所有最簡積之和表示以及所有最簡和之積表示。
   *a. $f(A, B, C, D) = \Sigma m(1, 4, 5, 6, 7, 9, 11, 13, 15)$
   b. $f(W, X, Y, Z) = \Sigma m(2, 4, 5, 6, 7, 10, 11, 15)$
   c. $f(A, B, C, D) = \Sigma m(1, 5, 6, 7, 8, 9, 10, 12, 13, 14, 15)$
      （1 SOP 及 2 POS 解）
   *d. $f(a, b, c, d) = \Sigma m(0, 2, 4, 6, 7, 9, 11, 12, 13, 14, 15)$
      （2 SOP 及 1 POS 解）
   e. $f(w, x, y, z) = \Sigma m(0, 4, 6, 9, 10, 11, 14) + \Sigma d(1, 3, 5, 7)$
   f. $f(a, b, c, d) = \Sigma m(0, 1, 2, 5, 7, 9) + \Sigma d(6, 8, 11, 13, 14, 15)$
      （4 SOP 及 2 POS 解）
   g. $f(w, x, y, z) = \Sigma m(4, 6, 9, 10, 11, 13) + \Sigma d(2, 12, 15)$
      （2 SOP 及 2 POS 解）
   h. $f(a, b, c, d) = \Sigma m(0, 1, 4, 6, 10, 14) + \Sigma d(5, 7, 8, 9, 11, 12, 15)$
      （13 SOP 及 3 POS 解）
   *i. $f(w, x, y, z) = \Sigma m(1, 3, 7, 11, 13, 14) + \Sigma d(0, 2, 5, 8, 10, 12, 15)$
      （6 SOP 及 1 POS 解）
   j. $f(a, b, c, d) = \Sigma m(0, 1, 6, 15) + \Sigma d(3, 5, 7, 11, 14)$
      （1 SOP 及 2 POS 解）

8. 將習題 7 中每個部分的解答註記為 f_1、f_2、…，然後標示出哪些解答是相等的。

9. 對下列每個五變數函數，找到所有最簡積之和表示。（如果有多於一解，括號內有註明總解答數量。）

    a. $F(A, B, C, D, E) = \Sigma m(0, 1, 5, 7, 8, 9, 10, 11, 13, 15, 18, 20, 21, 23, 26, 28, 29, 31)$

    b. $G(A, B, C, D, E) = \Sigma m(0, 1, 2, 4, 5, 6, 10, 13, 14, 18, 21, 22, 24, 26, 29, 30)$

*c. $H(A, B, C, D, E) = \Sigma m(5, 8, 12, 13, 15, 17, 19, 21, 23, 24, 28, 31)$

    d. $F(V, W, X, Y, Z) = \Sigma m(2, 4, 5, 6, 10, 11, 12, 13, 14, 15, 16, 17, 18, 21, 24, 25, 29, 30, 31)$

    e. $G(V, W, X, Y, Z) = \Sigma m(0, 1, 4, 5, 8, 9, 10, 15, 16, 18, 19, 20, 24, 26, 28, 31)$

*f. $H(V, W, X, Y, Z) = \Sigma m(0, 1, 2, 3, 5, 7, 10, 11, 14, 15, 16, 18, 24, 25, 28, 29, 31)$ （2 個解）

    g. $F(A, B, C, D, E) = \Sigma m(0, 4, 6, 8, 12, 13, 14, 15, 16, 17, 18, 21, 24, 25, 26, 28, 29, 31)$ （6 個解）

    h. $G(A, B, C, D, E) = \Sigma m(0, 3, 5, 7\ 12, 13, 14, 15, 19, 20, 21, 22, 23, 25, 26, 29, 30)$ （3 個解）

*i. $H(A, B, C, D, E) = \Sigma m(0, 1, 5, 6, 7, 8, 9, 14, 17, 20, 21, 22, 23, 25, 28, 29, 30)$ （3 個解）

    j. $F(V, W, X, Y, Z) = \Sigma m(0, 4, 5, 7, 10, 11, 14, 15, 16, 18, 20, 21, 23, 24, 25, 26, 29, 31)$ （4 個解）

    k. $G(V, W, X, Y, Z) = \Sigma m(0, 2, 5, 6, 8, 10, 11, 13, 14, 15, 16, 17, 18, 19, 20, 21, 22, 24, 26, 29, 31)$ （3 個解）

    l. $H(V, W, X, Y, Z) = \Sigma m(0, 1, 2, 3, 5, 8, 9, 10, 13, 17, 18, 19, 20, 21, 26, 28, 29)$ （3 個解）

    m. $F(A, B, C, D, E) = \Sigma m(1, 2, 5, 8, 9, 10, 12, 13, 14, 15, 16, 18, 21, 22, 23, 24, 26, 29, 30, 31)$ （18 個解）

*n. $G(V, W, X, Y, Z) = \Sigma m(0, 1, 5, 7, 8, 13, 24, 25, 29, 31) + \Sigma d(9, 15, 16, 17, 23, 26, 27, 30)$ （2 個解）

    o. $H(A, B, C, D, E) = \Sigma m(0, 4, 12, 15, 27, 29, 30) + \Sigma d(1, 5, 9, 10, 14, 16, 20, 28, 31)$ （4 個解）

    p. $F(A, B, C, D, E) = \Sigma m(8, 9, 11, 14, 28, 30) + d(0, 3, 4, 6, 7, 12, 13, 15, 20, 22, 27, 29, 31)$ （8 個解）

10. 對下列每個六變數函數，找到所有最簡積之和表示。（括號內有註明項數和字符數，若有多於一解，並註明總解答數量。）

a. $G(A, B, C, D, E, F) = \Sigma m(4, 5, 6, 7, 8, 10, 13, 15, 18, 20, 21,$
    $22, 23, 26, 29, 30, 31, 33, 36, 37, 38,$
    $39, 40, 42, 49, 52, 53, 54, 55, 60, 61)$
    （6 項，21個字符）

*b. $G(A, B, C, D, E, F) = \Sigma m(2, 3, 6, 7, 8, 12, 14, 17, 19, 21, 23,$
    $25, 27, 28, 29, 30, 32, 33, 34, 35, 40, 44,$
    $46, 49, 51, 53, 55, 57, 59, 61, 62, 63)$
    （8 項，30個字符）

c. $G(A, B, C, D, E, F) = \Sigma m(0, 1, 2, 4, 5, 6, 7, 9, 13, 15, 17, 19,$
    $21, 23, 26, 27, 29, 30, 31, 33, 37, 39,$
    $40, 42, 44, 45, 46, 47, 49, 53, 55, 57,$
    $59, 60, 61, 62, 63)$
    （2 個解，8 項，28 字符）

11. 對下列每一組函數組合，找到使用 AND 和一個 OR 閘來表示每個函數的最簡兩層電路（對應到積之和表示）。

*a. $f(a, b, c, d) = \Sigma m(1, 3, 5, 8, 9, 10, 13, 14)$
    $g(a, b, c, d) = \Sigma m(4, 5, 6, 7, 10, 13, 14)$ (7 個邏輯閘，21 個輸入)

b. $f(a, b, c, d) = \Sigma m(0, 1, 2, 3, 4, 5, 8, 10, 13)$
    $g(a, b, c, d) = \Sigma m(0, 1, 2, 3, 8, 9, 10, 11, 13)$
    （6 個邏輯閘，16 個輸入）

c. $f(a, b, c, d) = \Sigma m(5, 8, 9, 12, 13, 14)$
    $g(a, b, c, d) = \Sigma m(1, 3, 5, 8, 9, 10)$
    （3 個解，8 個邏輯閘，25 個輸入）

d. $f(a, b, c, d) = \Sigma m(1, 3, 4, 5, 10, 11, 12, 14, 15)$
    $g(a, b, c, d) = \Sigma m(0, 1, 2, 8, 10, 11, 12, 15)$
    （9 個邏輯閘，28 個輸入）

*e. $F(W, X, Y, Z) = \Sigma m(1, 5, 7, 8, 10, 11, 12, 14, 15)$
    $G(W, X, Y, Z) = \Sigma m(0, 1, 4, 6, 7, 8, 12)$ （8 個邏輯閘，23 個輸入）

f. $F(W, X, Y, Z) = \Sigma m(0, 2, 3, 7, 8, 9, 13, 15)$
    $G(W, X, Y, Z) = \Sigma m(0, 2, 8, 9, 10, 12, 13, 14)$
    （2 個解，8 個邏輯閘，23 個輸入）

g. $f(a, b, c, d) = \Sigma m(1, 3, 5, 7, 8, 9, 10)$
    $g(a, b, c, d) = \Sigma m(0, 2, 4, 5, 6, 8, 10, 11, 12)$
    $h(a, b, c, d) = \Sigma m(1, 2, 3, 5, 7, 10, 12, 13, 14, 15)$
    （2 個解，12 個邏輯閘，33 個輸入）

*h. $f(a, b, c, d) = \Sigma m(0, 3, 4, 5, 7, 8, 12, 13, 15)$
    $g(a, b, c, d) = \Sigma m(1, 5, 7, 8, 9, 10, 11, 13, 14, 15)$
    $h(a, b, c, d) = \Sigma m(1, 2, 4, 5, 7, 10, 13, 14, 15)$
    （2 個解，11 個邏輯閘，33 個輸入）

i. $f(a, b, c, d) = \Sigma m(0, 2, 3, 4, 6, 7, 9, 11, 13)$
    $g(a, b, c, d) = \Sigma m(2, 3, 5, 6, 7, 8, 9, 10, 13)$
    $h(a, b, c, d) = \Sigma m(0, 4, 8, 9, 10, 13, 15)$
    （f 和 g 有 2 個解，10 個邏輯閘，32 個輸入）

*j. $f(a, c, b, d) = \Sigma m(0, 1, 2, 3, 4, 9) + \Sigma d(10, 11, 12, 13, 14, 15)$
$g(a, c, b, d) = \Sigma m(1, 2, 6, 9) + \Sigma d(10, 11, 12, 13, 14, 15)$
（f 有 3 個解，6 個邏輯閘，15 個輸入）

k. $f(a, c, b, d) = \Sigma m(5, 6, 11) + \Sigma d(0, 1, 2, 4, 8)$
$g(a, c, b, d) = \Sigma m(6, 9, 11, 12, 14) + \Sigma d(0, 1, 2, 4, 8)$
（g 有 2 個解，7 個邏輯閘，18 個輸入）

12. 在下列每個組合中，函數都已經被各自最簡化，找到使用 AND 和一個 OR 閘來表示每個函數的最簡兩層電路（對應到積之和表示）。

a. $F = B'D' + CD' + AB'C$
$G = BC + ACD$ （6 個邏輯閘，15 個輸入）

*b. $F = A'B'C'D + BC + ACD + AC'D'$
$G = A'B'C'D + A'BC + BCD'$
$H = B'C'D' + BCD + AC' + AD$
（H 有 2 個解，10 個邏輯閘，35 個輸入）

c. $f = a'b' + a'd + b'c'd'$
$g = b'c'd' + bd + acd + abc$
$h = a'd' + a'b + bc'd + b'c'd'$ （10 個邏輯閘，31 個輸入）

3.8 第 3 章測驗（100 分鐘，或兩個 50 分鐘的測驗）

測驗假設學生能夠攜帶一張 A4 大小、兩面的筆記，上面可以註記有任何他們想要寫的內容。章節測驗的解答附加在附錄 C。

1. 畫出下列每個函數（並記得在圖上註記）：

a. $f(x, y, z) = \Sigma m(1, 2, 7) + \Sigma d(4, 5)$

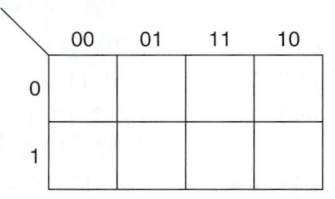

	00	01	11	10
0				
1				

b. $g = a'c + ab'c'd + a'bd + abc'$
圈起每一項。

	00	01	11	10
00				
01				
11				
10				

2. 請找出下列每個函數的最簡積之和表示（也就是在卡諾圖上圈出每一項，並寫出代數表示）。

a.

y z \ w x	00	01	11	10
00		1		1
01		1		
11		1	1	1
10		1		

b.

c d \ a b	00	01	11	10
00	1	1	1	
01	1	1	1	
11			1	1
10	1	1	1	

3. 請找出下列每個函數的最簡積之和表示。（兩份卡諾圖以方便使用。）

c d \ a b	00	01	11	10
00	1	1	1	
01	1		1	1
11	1		1	1
10		1	1	1

c d \ a b	00	01	11	10
00	1	1	1	
01	1		1	1
11	1		1	1
10		1	1	1

4. 對下列每個函數（列出三份卡諾圖），

a. 列出所有質隱項，並指出（如果有的話）哪些是主要質隱項。
b. 找出四個最簡解答。

yz\wx	00	01	11	10
00		1	1	X
01	X	X		X
11	X			1
10			1	1

yz\wx	00	01	11	10
00		1	1	X
01	X	X		X
11	X			1
10			1	1

yz\wx	00	01	11	10
00		1	1	X
01	X	X		X
11	X			1
10			1	1

5. 對下列的四變數函數 f，找到其兩個最簡積之和表示以及兩個最簡和之積表示。

cd\ab	00	01	11	10
00			X	
01	X	1	X	1
11	1	1		X
10		X		

6. 對下列的函數 f，找到其四個最簡積之和表示以及四個最簡和之積表示。

yz\wx	00	01	11	10
00	X		1	
01	X	1	1	
11	X		X	1
10	X		X	

7. 對下列的五變數問題，找到其兩個最簡積之和表示。

A = 0:
BC\DE	00	01	11	10
00	1		1	
01	1	1		
11	1			
10	1			

A = 1:
BC\DE	00	01	11	10
00			1	
01		1	1	
11		1	1	1
10				1

8. 對下列的五變數問題，找到其兩個最簡積之和表示。（5項，15個字符）

A = 0:
BC\DE	00	01	11	10
00	1			1
01				1
11		1	1	1
10	1			1

A = 1:
BC\DE	00	01	11	10
00	1	1	1	
01	1			1
11	1	1	1	1
10	1	1	1	

9. a. 針對下列兩個函數，找到各自的最簡積之和表示（將這兩個視為獨立的問題）。

f:
yz\wx	00	01	11	10
00		1	1	1
01				1
11				1
10			1	1

g:
yz\wx	00	01	11	10
00				
01	1	1		1
11	1			1
10		1		

b. 針對同樣兩個函數，找到其最簡積之和解答（對應到最少的邏輯閘數量，且在同樣邏輯閘數的情況下，最少的輸入數）。
（7 個邏輯閘，19 個輸入）

10. 考慮下列卡諾圖畫出的三個函數。

yz \ wx	00	01	11	10
00				1
01	1	1		
11	1	1	1	1
10	1	1		1

f

yz \ wx	00	01	11	10
00		1	1	1
01				
11			1	
10	1	1	1	

g

yz \ wx	00	01	11	10
00		1		1
01		1	1	
11	1	1	1	
10			1	

h

a. 找到這三個（各自的）最簡積之和表示，並標示出（如果有的話）哪些質隱項可以被共用。

b. 找到最簡的二級 NAND 閘解答。利用 10 個邏輯閘以及 32 個輸入的解答將得到滿分。所有的變數跟其互補都是可取得的。請列出等式以及方塊圖。

4 函數最小化演算法

在這個章節中，我們將著眼於兩種方法來找出所有函數的質隱項以及找出最小積之和解決方案之演算法。再者，我們會將此方法擴展到多輸出的問題方面。

第一種用以找到質隱項的方法，被稱為 Quine-McCluskey 方法。它開始於最小項的使用，一直重複鄰接性質：

$ab+ab'=a$

第二種方法為**迭代一致性**（iterated consensus）。它開始於函數中凡是使用一致性操作及吸收律兩種性質的項：

$a+ab=a$

這些方法都已被計算機化，而且對於變數多的問題比卡諾圖來得有效，雖然在許多實際問題應用上，有計算量變得過多的缺點。

4.1 單輸出的 Quine-McCluskey 方法

在本節中，我們將使用 Quine-McCluskey 的方法來找到所有函數的質隱項。在 4.3 節中，我們將使用質隱項找出最小積之和的表示式。我們先從最小項的列表開始，使用數字形式（亦即，1 為非補數變量；0 為補數變量）。如果我們從最小項的數字開始，這是二進制的表達方式。我們通過對每一項 1 補數排序的列表開始。我們將使用例題 3.6 的函數：

$f(w, x, y, z) = \Sigma m(0, 4, 5, 7, 8, 11, 12, 15)$

由 1 的數量多少進行分組，我們得到原始的列表是

$$
\begin{array}{ll}
A & 0\ 0\ 0\ 0 \\
\hline
B & 0\ 1\ 0\ 0 \\
C & 1\ 0\ 0\ 0 \\
\hline
D & 0\ 1\ 0\ 1 \\
E & 1\ 1\ 0\ 0 \\
\hline
F & 0\ 1\ 1\ 1 \\
G & 1\ 0\ 1\ 1 \\
\hline
H & 1\ 1\ 1\ 1
\end{array}
$$

在這裡我們每一項都已經標註，方便參考。

現在，我們將鄰接性質應用於每一對項次之中。由於該性質要求所有的變數是除了一個位元以外，其必須是相同的，所以我們僅需要考慮在連續的群體的項。我們產生具有一個隨意項的第二欄：

$$
\begin{aligned}
&A + B = J = 0-0\ 0 \quad (\text{此處 } - \text{代表隨意項}) \\
&A + C = K = -0\ 0\ 0 \\
&B + D = L = 0\ 1\ 0- \\
&B + E = M = -1\ 0\ 0 \\
&C + D = 無 \\
&C + E = N = 1-0\ 0 \\
&D + F = O = 0\ 1-1 \\
&D + G = 無 \\
&E + F = 無 \\
&E + G = 無 \\
&F + H = P = -1\ 1\ 1 \\
&G + H = Q = 1-1\ 1
\end{aligned}
$$

當然，一些成對的項，即使是在相鄰的組別，仍無法組合，那是因為它們在一個以上的地方有不同，如 C 和 D 兩項。每當一項用於產生另一項時，要一一檢查；它不是一個質隱項。這些（3 個字符）項將被放置在第二列如表 4.1 所示。所有的最小項已被用此形式於第二欄中的一個項；因此，沒有最小項者即是質隱項。

表 4.1 Quine-McCluskey 質隱項計算

```
A  0000√       J  0-00√       R  --00
----------     K  -000√
B  0100√       ----------
C  1000√       L  010-
----------     M  -100
D  0101√       N  1-00√
E  1100√       ----------
----------     O  01-1
F  0111√       ----------
G  1011√       P  -111
----------     Q  1-11
H  1111√
```

我們現在於所述第二列中重複該過程。再者，我們只需要考慮在該欄中的連續區段的項（僅只有一個 1 不同者）。此外，我們只需要考慮相同位置的破折號的位置，因為它們是唯一具有相同的三個變數。因此我們發現

$J+N=R=--00$

$K+M=R$（相同項）

在此欄中的每個項始終由兩對不同項形成。在這個例子中，$y'z$ 是由計算 $w'y'z'+wy'z'$ 和 $x'y'z'+xy'z'$ 所形成，如下圖所示：

yz \ wx	00	01	11	10
00	1	1	1	1
01				
11				
10				

如上所述，在第二和第三組之間或在第三和第四組之間並沒有鄰接。

因為我們只有完成了一個在第三列的項。如果有更多的項，我們可以重複上述的過程，形成了欄中有三個字符移除。質隱項的

```
L  010-     w'xy'
O  01-1     w'xz
P  -111     xyz
Q  1-11     wyz
R  --00     y'z'
```

如果有隨意項的問題，所有的項都必須包括在該表的第一欄中，由於隨意項是質隱項的一部分。

例題 4.1

$g(w, x, y, z) = \Sigma m(1, 3, 4, 6, 11) + \Sigma d(0, 8, 10, 12, 13)$

如先前的執行程序：

```
0 0 0 0 √        0 0 0 –         – – 0 0
--------         0 – 0 0 √
0 0 0 1 √        – 0 0 0 √
0 1 0 0 √        --------
1 0 0 0 √        0 0 – 1
--------         0 1 – 0
0 0 1 1 √        – 1 0 0 √
0 1 1 0 √        1 0 – 0
1 0 1 0 √        1 – 0 0 √
1 1 0 0 √        --------
--------         – 0 1 1
1 0 1 1 √        1 0 1 –
1 1 0 1 √        1 1 0 –
```

那麼，質隱項為

w'x'y'   x'yz
w'x'z   wx'y
w'xz'   wxy'
wx'z'   y'z'

雖然 wxy' 和 wx'z' 是質隱項，它們是由隨意項所組成，所以永遠不會用在最小解之中。

這樣的程序是針對變數較多的情況，但最小項和其它隱項的數量卻會迅速增加。我們會看到，在解決問題中五個變數的一個例子。這個過程已經計算機化了。

4.2 單輸出迭代一致性

在本節中,我們將使用迭代一致性演算法列出所有函數的質隱項的。並在下一節中,我們將使用該列表來找最小積之和的表示式。

為了簡化討論,我們將首先定義被**包含**(included in)的關係。

乘積項 t_1 被**包括在**(included in)乘積項 t_2 中(寫成 $t_1 \leq t_2$)如果 t_2 為 1 時 t_1 為 1。

所有這一切乘積項的真正含義是無論是 $t_1=t_2$,或 $t_1=xt_2$,其中 x 是字符或字符的乘積。從圖的角度來看,這意味著 t_1 為 t_2 的子組。如果一個隱項 t_1 被包括在另一個隱項 t_2,那麼 t_1 就不是質隱項,因此

$$t_1+t_2=xt_2+t_2=t_2 \qquad \text{[P12a]}$$

單一函數之迭代一致性演算法如下:

1. 找到的乘積項(隱項),覆蓋了函數。確保沒有任何項等於或包括在該列表上。
2. 對於每一對項而言,t_i 和 t_j,計算 $t_i \not\subset t_j$。
3. 如果一致性被定義,並且一致項不等於或包括在已經在列表上的項,將其加到列表中。
4. 刪除被包含在加到列表中的所有的新項。
5. 當已執行了所有可能的一致性操作時程序就可結束。其餘的名單上的項都是質隱項。

考慮下面的函數

$f(w, x, y, z) = \Sigma m(0, 4, 5, 7, 8, 11, 12, 15)$

我們選擇為起點的一組乘積項覆蓋函數;它們包括一些質隱項和一個最小項,以及其它隱項。

    A $w'x'y'z'$

    B $w'xy'$

    C $wy'z'$

    D xyz

    E wyz

我們標註這些項以供參考，依序為 $B \not\subset A$、$C \not\subset B$、$C \not\subset A$、$D \not\subset C$,…，當項已經從列表中刪除時可省略任何計算。當一個項被刪除，我們就把它劃掉。第一個一致性，$B \not\subset A$，產生 $w'y'z'$；A 被包括在該項，因此可以刪除。第一步後，列表變成

~~A   w'x'y'z'~~
B $w'xy'$
C $wy'z'$
D xyz
E wyz
F $w'y'z'$

接下來，我們發現創造 G 項的 $C \not\subset B$，$xy'z'$；它不包含在任何其它項並且沒有其它項被包括在其中。其實沒有必要計算 $C \not\subset A$，因為 A 項已經從列表中剔除。

完整的計算見表 4.2，其中每個可能的一致性列在單獨一行。

仍然保留的項，B、D、E，H 和 J，也就是 $w'xy$、xyz、wyz、$w'xz$ 和 $y'z'$，都是質隱項。最小項的積之和將利用其中的一些，這些通常不是全部。

該過程可以透過使用數字項的表示式來簡化。如在真值表中，0 代表一個補數變數，而 1 表示無補變數。如果一個變數從一項中刪除，正如我們在 Quine-McCluskey 的作法一樣，破折號 (-) 用在其位，使每個項有四個輸入變數。如果有一個項恰好有一個 1 在一個變數中而 0 在其它變數，那麼一致性存在。如果一個項有一個 1，而其它無論是 1 還是 -，那麼一致性項的一個變數為一個 1；如果一個項具有一個 0，而另一個是 0 或一個 -，它有一個 0；如果一個項具有一個 0，而另一項為 1，或如果兩個項具有一個 -，則為一個 -。為了完成表 4.2 的函數，處理程序變為表 4.3。

表 4.2 計算主要質隱項

~~A~~	~~w'x'y'z'~~		
B	$w'xy'$		
~~C~~	~~wy'z'~~		
D	xyz		
E	wyz		
~~F~~	~~w'y'z'~~	$B \not\subset A \ge A$	（移除 A）
~~G~~	~~xy'z'~~	$C \not\subset B$	
		$D \not\subset C$	未定義
H	$w'xz$	$D \not\subset B$	
		$E \not\subset D$	未定義
		$E \not\subset C$	未定義
		$E \not\subset B$	未定義
		$F \not\subset E$	未定義
		$F \not\subset D$	未定義
J	$y'z'$	$F \not\subset C \ge G, F, C$	
		（移除 G, F, C）	
		$H \not\subset E = D$	（未加入）
		$H \not\subset D$	未定義
		$H \not\subset B$	未定義
		$J \not\subset H = B$	（未加入）
		$J \not\subset E$	未定義
		$J \not\subset D$	未定義
		$J \not\subset B$	未定義

CHAPTER 4　函數最小化演算法　165

表 4.3　質隱項的數值運算

~~A~~	~~0~~	~~0~~	~~0~~	~~0~~
B	0	1	0	–
~~C~~	~~1~~	~~–~~	~~0~~	~~0~~
D	–	1	1	1
E	1	–	1	1
~~F~~	~~0~~	~~–~~	~~0~~	~~0~~
~~G~~	~~–~~	~~1~~	~~0~~	~~0~~
H	0	1	–	1
J	–	–	0	0

$B \not\subset A \geq A$
$C \not\subset B$
$D \not\subset B$　　($D \not\subset C$ 未定義)
($E \not\subset D, E \not\subset C, E \not\subset B, F \not\subset E, F \not\subset D$ 未定義)
$F \not\subset C \geq G, F, C$
($H \not\subset E = D; H \not\subset D, H \not\subset B$ 未定義; $J \not\subset H = B$;
　$J \not\subset E, J \not\subset D, J \not\subset B$ 未定義)

　　如果在函數中有隨意項，它們都必須被包含在至少一個項中來啟動程序。由此產生的質隱項的名單，然後將包括所有可能的質隱項。那麼質隱項將使我們能夠選擇最小覆蓋。

例題 4.2

$g(w, x, y, z) = \Sigma m(1, 3, 4, 6, 11) + \Sigma d(0, 8, 10, 12, 13)$

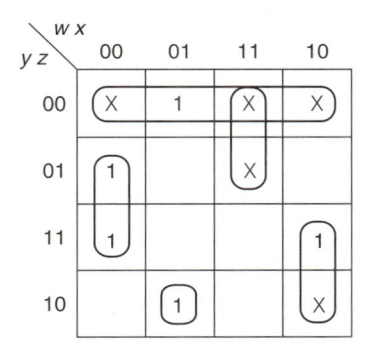

y z \ w x	00	01	11	10
00	X	1	X	X
01	1		X	
11	1			1
10		1		X

使用上面的圖，我們選擇了以下的隱項為起點清單：

A	y'z'	–	–	0	0
B	w'x'z	0	0	–	1
C	w'xyz'	0	1	1	0
D	wxy'	1	1	0	–
E	wx'y	1	0	1	–

除了第三個，所有這些都是質隱項。我們不在乎先從哪一項開始；我們將會得到相同的結果。經由選擇一個相當不錯的覆蓋，我們幾乎不

會建立多餘的項。然後進行下列程序：

```
A  - - 0 0
B  0 0 - 1
C̶  0̶ 1̶ 1̶ 0̶
D  1 1 0 -
E  1 0 1 -
F  0 0 0 -    B ¢ A
              C ¢ B 未定義
G  0 1 - 0    C ¢ A ≥ C
              D ¢ B, D ¢ A, E ¢ D 未定義
H  - 0 1 1    E ¢ B
J  1 0 - 0    E ¢ A
        F ¢ E, F ¢ D, F ¢ B, F ¢ A 未定義, G ¢ F = 0−00 ≤ A;
        G ¢ E 未定義; G ¢ D ≤ A; G ¢ B, G ¢ A, H ¢ G 未定義;
        H ¢ F = B; H ¢ E, H ¢ D, H ¢ B, H ¢ A, 未定義; J ¢ H = E;
        J ¢ G, J ¢ E, J ¢ B, J ¢ A 未定義; J ¢ F ≤ A, J ¢ D ≤ A
```

除了 C 之外，其它都是質隱項。

4.3 單輸出的質隱項表

無論是使用 Quine-McCluskey 或迭代一致性的方法，一旦我們完成質隱項的列表之後，表的列是由質隱項完成而欄卻是由最小項來包含函數。X 被輸入到質隱項最小項的欄位中。因而，在第 4.1 和 4.2 節中，第一個函數 f 的質隱項表示於表 4.4。

表 4.4 質隱項（PI）表

PI	數值	$	標籤	0	4	5	7	8	11	12	15
$w'xy'$	0 1 0 −	4	A		X	X					
xyz	− 1 1 1	4	B				X				X
wyz	1 − 1 1	4	C						X		X
$w'xz$	0 1 − 1	4	D			X	X				
$y'z'$	− − 0 0	3	E	X	X			X		X	

第一欄是在代數形式質隱項的列表；二是在數字形式。後者可以很容易地找到適用本項之最小項的列表，因為每個 − 可以代表 0 或 1。例如，項 010− 覆蓋最小項 0100 (4) 和 0101 (5)。第三欄是在二級電路邏輯閘輸入的數量。第四欄僅是一個標籤。我們將各項按字母順

序排列標註。

我們的任務是找到一個最小集合的列，使得僅使用這些列，每欄具有至少一個 X，也就是，所有的最小項式中被包括在表示式中。如果有一個以上的組，對閘極輸入總數最小化。在這個過程中的第一步是找到主要質隱項。它們對應的列中，X 至少在列中的其中一個欄。這些區域可用陰影涵蓋；被主要質隱項所涵蓋的最小項將被一一標出；而星號被標註在質隱項旁，如表 4.5 所示。

表 4.5　尋找主要質隱項

PI	數值	$	標籤	0	4	5	7	8	11	12	15
				√	√			√	√	√	√
w'xy'	0 1 0 –	4	A		X	X					
xyz	– 1 1 1	4	B				X				X
wyz*	1 – 1 1	4	C						X		X
w'xz	0 1 – 1	4	D			X	X				
y'z'*	– – 0 0	3	E	X	X			X		X	

請注意，不只是那些陰影 X 的欄，所有涉及的主要質隱項的最小項均需被檢查。該表目前是通過消除主要質隱項的列及被覆蓋最小項，如表 4.6。

在這個簡單的例子中，答案是顯而易見的。對於總共四個而言，質隱項 H 覆蓋剩餘的 1；任何其它解需要至少兩個以上的項。因此，該解是：

$C+E+D=wyz+y'z'+w'xz$

在看一些更複雜並可以讓我們去開發更多技術的例子之前，我們將完成例題 4.1 和 4.2（包含隨意項），為此我們已經開發質隱項的列表。和第一個例子唯一不同的是在函數中最小項的欄，不包含隨意項。這確實是如上列的簡化列表，在選擇必要主要質隱項之後，上列減化表中該對應於最小項被刪除的欄將成為隨意項。

表 4.6　簡化後的表

$	標籤	5	7
4	A	X	
4	B		X
4	D	X	X

例題 4.3

PI		$	標籤	1	3	✓ 4	✓ 6	11
y'z'	- - 0 0	3	A			X		
w'x'z	0 0 - 1	4	B	X	X			
wxy'	1 1 0 -	4	C					
wx'y	1 0 1 -	4	D					X
w'x'y'	0 0 0 -	4	E	X				
w'xz'*	0 1 - 0	4	F			X	X	
x'yz	- 0 1 1	4	G		X			X
wx'z'	1 0 - 0	4	H					

需要注意此表的第一件事是，C 和 H 列沒有隨意項 X 在裡面；它們對應於僅涵蓋隨意項的質隱項。由陰影所指出的 F 是主要的。現在，我們可以消除 C、H 和 F 列及 4 和 6 欄，產生簡化的表：

$	標籤	1	3	11
3	A			
4	B	X	X	
4	D			X
4	E	X		
4	G		X	X

需要注意的是，A 列沒有隨意項 X；而它卻是被必要質隱項覆蓋的最小項。有幾種方法可以從這裡出發。透過查看表中，我們可以看到，我們需要其中兩個最小項（B 或 G）至少有一個質隱項。在任一情況下，一個最小項被留下。有三種解：

$F + B + D = w'xz' + w'x'z + wx'y$
$F + B + G = w'xz' + w'x'z + x'yz$
$F + G + E = w'xz' + x'yz + w'x'y'$

所有這些都是等價的，因為每一個中使用的質隱項所有字符的數量相同。

如果我們正在尋找代替所有這些的唯一最小解，我們通常移除質隱項的主要列。一列支配另一列，如果它代表項的成本不會比其它更多且具有隨意項 X 的每欄中的具主導地位。

例題 4.4

在例題 4.3，E 列是由 B 列主導，D 列由 G 列主導。消除主導列，表簡化成

$	標籤	1	3	11
4	B	X	X	
4	G		X	X

唯一解如下：

F+B+G=w'xz'+w'x'z+x'yz

最後，第三個方法稱為 **Petrick 方法**（Petrick's method），但在消除主導列之前，利用我們除去主要質隱項之後所取得的表。經過產生一個項來建立和之積的表示式。對於最後一個例子，表示式是：

$(B+E)(B+G)(D+G)$

最小項 1 必須被 B 或 E 覆蓋，最小項 3 必須被 B 或 G 覆蓋，並且最小項 11 必須被 E 或 G 覆蓋。擴大表示式為積之和的形式，我們得到

$(B+EG)(D+G) = BD+BG+DEG+EG$
$\qquad\qquad\qquad = BD+BG+EG$

每個乘積項對應於一組可能被用於覆蓋函數的質隱項。當然，這些是我們所要尋找的解。

我們現在可以看一些更複雜的例子。

例題 4.5

$f(a, b, c, d) = \Sigma m(1, 3, 4, 6, 7, 9, 11, 12, 13, 15)$

從圖上看，Quine-McCluskey 或迭代的一致性，我們可以找到所有的質隱項，建構如下表：

		$		✓1	✓3	4	6	7	✓9	✓11	12	13	15
b'd*	– 0 – 1	3	A	X	X				X	X			
cd	– – 1 1	3	B		X			X		X			X
ad	1 – – 1	3	C						X			X	X
abc'	1 1 0 –	4	D								X	X	
bc'd'	– 1 0 0	4	E				X				X		
a'bd'	0 1 – 0	4	F				X	X					
a'bc	0 1 1 –	4	G				X	X					

有一個主要質隱項，*b'd*，如上表所示。透過消除該列和已覆蓋的項，表被簡化如下：

$		4	6	7	12	13	15
3	B			X			X
3	C					X	X
4	D				X	X	
4	E	X		X			
4	F	X	X				
4	G		X	X			

簡化的表格中之兩個隨意項 X 在每欄中，也有兩個隨意項 X 在每一列之中。由於有六個最小項被覆蓋，我們至少需要三個質隱項。此外，由於 B 和 C 比其它方面成本更低，我們應該盡可能地使用它們。仔細研究此表將發現，有兩個覆蓋使用三個項，其中每個使用的成本較低項來處理，

$A + B + D + F = b'd + cd + abc' + a'bd'$
$A + C + E + G = b'd + ad + bc'd' + a'bc$

更系統的方法是選擇之一的最小項能夠覆蓋最少的方式，例如 4。然後，我們確認我們必須選擇 E 或 F，以覆蓋最小項 4。我們將在獲得使用這些每一個最小的解並加以比較。我們選擇 E 後，表格簡化為

CHAPTER 4　函數最小化演算法

$		6	7	13	15
3	B		X		X
3	C			X	X
4	D			X	
4	F	X			
4	G	X	X		

需要注意的是，D 列被 C 主導而且成本超過 C。它是可以被消除的。如果它該被消除，C 則被需要用來覆蓋最小項 13。現在，只有最小項 6 和 7 需要被覆蓋；唯一的方式可以這樣做就是使用 G 項。產生的解：

　　A+C+E+G

F 列也佔主導地位（透過 G）；但是這兩個項的成本是一樣的。一般來說（雖然不是在這個例子中），如果我們消除的不是更昂貴的主導列，那麼就可能會有失去其他同樣優秀的解之風險。

相反地，如果我們選擇了質隱項 F 來覆蓋最小項 4，我們將有

$		7	12	13	15
3	B	X			X
3	C			X	X
4	D		X	X	
4	E		X		
4	G	X			

G 列是由 B 列佔主導並且成本更高。因此，需要質隱項 B 來覆蓋函數。只有最小項 12 和 13 留下，我們必須選擇 D 項，給其它的解

　　A+F+B+D

最後，我們可以回到第二個表（有六個小項），並請考慮需要覆蓋每個最小項的質隱項。Petrick 方法產生下式：

　　$(E + F)(F + G)(B + G)(D + E)(C + D)(B + C)$
　　$= (F + EG)(B + CG)(D + CE)$
　　$= (BF + BEG + CFG + CEG)(D + CE)$
　　$= \underline{BDF} + BDEG + CDFG + CDEG + BCEF$
　　$\quad + BCEG + CEFG + \underline{CEG}$

任何這八個組合可以使用；但只強調這兩個畫線對應於三個項（除了 A）中。這種方法會產生相同的兩個最小項的解。

例題 4.6

$$f(w, x, y, z) = \Sigma m(1, 2, 3, 4, 8, 9, 10, 11, 12)$$

質隱項是

　　$x'z$

　　$x'y$

　　wx'　$xy'z'$

　　$wy'z'$

質隱項列表是

				$	1	2	3	4	8	9	10	11	12
$x'z\star$	− 0 − 1	3	A	X		X		X	X			
$x'y\star$	− 0 1 −	3	B		X	X				X	X	
wx'	1 0 − −	3	C						X	X	X	X	
$xy'z'\star$	− 1 0 0	4	D					X					X
$wy'z'$	1 − 0 0	4	E						X				X

有三個主要質隱項，A、B 和 D，其中覆蓋所有除了 1 的補數。減少的表格如下：

	$	8
C	3	X
E	4	X

雖然質隱項可涵蓋 m_8，C 更便宜。因此，僅有的最小解是

　　$f = x'z + x'y + xy'z' + wx'$

例題 4.7

$g(a, b, c, d) = \Sigma m(0, 1, 3, 4, 6, 7, 8, 9, 11, 12, 13, 14, 15)$

從例題 3.18 我們提出了在如下表所示 9 個質隱項列表。我們不需要成本欄，因為所有項都由兩個字符所組成。

		0	1	3	4	6	7	8	9	11	12	13	14	15
- - 0 0	A	X			X			X			X			
- 0 0 -	B	X	X					X	X					
- 0 - 1	C		X	X					X	X				
- 1 - 0	D				X	X					X		X	
- 1 1 -	E					X	X						X	X
- - 1 1	F			X			X			X				X
1 1 - -	G										X	X	X	X
1 - 0 -	H							X	X	X				
1 - - 1	J								X	X		X		X

所有的最小項至少由至少兩個質隱項所覆蓋。我們將選擇僅具有兩個隨意項 X 的欄中的一個，並嘗試首先使用一個項來最小化函數。在這個例子中，我們將使用 A 項或 B 項來覆蓋 m_0；首先我們將用 A 和移除 A 覆蓋的最小項來簡化表格。

		√ 1	√ 3	√ 6	7	√ 9	√ 11	13	√ 14	√ 15
- 0 0 -	B	X				X				
- 0 - 1*	C	X	X			X	X			
- 1 - 0	D			X					X	
- 1 1 -	E			X	X				X	X
- - 1 1	F		X		X		X			X
1 1 - -	G							X	X	X
1 - 0 -	H					X	X			
1 - - 1	J					X	X	X		X

B 列以 C 為主導而 D 列由 E 為主導。雖然 H 列以 J 為主導，我們將留到現在。所以我們選擇 C 項及 E 項。再一次的簡化表格，可得到

		13
- - 1 1	F	
1 1 - -	G	X
1 - 0 -	H	X
1 - - 1	J	X

顯然，任何 G、H 或 J 都可被用來覆蓋最小項 13。注意，H 列，即使它為主導，被使用在最小解之一。現在我們必須確認 B 列或 D 列是否為真。為了確定，我們必須回到之前的表，瞭解一下如果我們不消除它們的話，到底會發生什麼事。我們將選擇 B 和 E，D 和 C 則留給讀者。簡化的表現在變成

		3	11	13
- 0 - 1	C	X	X	
- - 1 1	F	X	X	
1 1 - -	G			X
1 - 0 -	H			X
1 - - 1	J		X	X

然而，現在我們還需要兩個質隱項來完成覆蓋，總共有五個。這些解決方案不會是最小項，因為我們發現了三個不同結果（到目前為止），每一種都只有四項。因此，使用 A 項的三個最小項之解

$f = c'd' + b'd + bc + ab$
$f = c'd' + b'd + bc + ac'$
$f = c'd' + b'd + bc + ad$

現在，我們將回去重複這一過程，從 B 項開始。我們能消除 A 列，因為我們已經發現使用 A 列的所有最小項之解。

		3	√ 4	6	7	√ 11	12	√ 13	√ 14	15
0 - 1	C	X				X				
1 - 0*	D		X	X			X		X	
1 1 -	E			X	X				X	X
- 1 1	F	X			X	X				X
1 - -	G						X	X	X	X
- 0 -	H						X	X		
- - 1	J					X		X		X

D 列現在是需要的。我們將再一次簡化表格。

		3	7	11	13	15
-0-1	C	X		X		
-11-	E		X			X
--11	F	X	X			X
11--	G				X	X
1-0-	H				X	
1--1	J			X	X	X

很顯然地，現在在覆蓋除了 m_{13} 之外所有剩餘的最小項時，F 是必不可少的，和以前一樣，主要質隱項 G、H 和 J 可以用來完成函數。使用 B 項的三種解如下：

$f = b'c' + bd' + cd + ab$
$f = b'c' + bd' + cd + ac'$
$f = b'c' + bd' + cd + ad$

六種可能的解到此全部解出。

4.4 Quine-McCluskey 多種輸出問題

如 Quine-McCluskey 方法所述，可藉由每一項增加一個標籤段的方式，來擴展成多重輸出系統。該標籤指示哪一個項可以被哪一個函數所使用。每個函數將包含一個位元，以及一個 –（如果該項被包含在函數中）和一個 0（如果該項未被包含在函數中）。如果這些項有一個共同的 – 時。那麼它們是可以結合在一起的。當合併項時（利用鄰接性質），如果這些項都有一個為 0 時，每個標籤值就是 0；如果這兩項都有一個破折號時則每個標籤值為 –。在本節我們將發展新技術來找出所有有用的項，且稍後於第 4.6 節探討最小積之和表示式的方法。

為了說明這個過程，先考慮以下函數（如同例題 3.34 中相同的函數）：

$$f(a, b, c) = \Sigma m(2, 3, 7)$$
$$g(a, b, c) = \Sigma m(4, 5, 7)$$

我們首先根據 1 的數量多少來分項。

```
A  010  −0
B  100  0−
--------------
C  011  −0
D  101  0−
--------------
E  111  −−
```

我們現在應用鄰接性質於每一對的項次上,它們在相鄰的組別之中,具有至少一個 − 的共同之處。

```
A + C = F =           01−  −0
B + D = G =           10−  0−
------------------------------------------------
C + E = H =           −11  −0
D + E = J =           1−1  0−
```

當我們繼續另一欄,只有當這些項都被覆蓋在所有函數之中時才需一一被檢查。因此,例如,E 項之所以沒有被檢查,是因為沒有任何一項把它覆蓋在兩個 F 和 G 之中。

表 4.7　多種輸出 Quine-McCluskey 方法

```
A  010  −0 √         F  01−  −0
B  100  0− √         G  10−  0−
--------------       --------------
C  011  −0 √         H  −11  −0
D  101  0− √         J  1−1  0−
--------------
E  111  −−
```

在第二欄中並沒有鄰接。在該過程結束時,每一個函數都有 2 個兩字符項和 1 個三字符項可以共享。

使用多重輸出質隱項表(見 4.6 節)來完成這個問題的解之前,我們將考慮另外兩個例題。

例題 4.8

$f(a, b, c, d) = \Sigma m(2, 3, 4, 6, 9, 11, 12) + \Sigma d(0, 1, 14, 15)$

$g(a, b, c, d) = \Sigma m(2, 6, 10, 11, 12) + \Sigma d(0, 1, 14, 15)$

我們首先列出所有有標籤的最小項，其中包括隨意項，以 1 的數量多少進行分組：

A	0 0 0 0	− −√	AA	0 0 0 −	− −	BA	0 0 − −	− 0
	--------------		AB	0 0 − 0	− −	BB	0 − − 0	− 0
B	0 0 0 1	− −√	AC	0 − 0 0	− 0√		--------------	
C	0 0 1 0	− −√		--------------		BC	− 0 − 1	− 0
D	0 1 0 0	− 0√	AD	0 0 − 1	− 0√	BD	− − 1 0	0 −
	--------------		AE	− 0 0 1	− 0√	BE	− 1 − 0	− 0
E	0 0 1 1	− 0√	AF	0 0 1 −	− 0√		--------------	
F	0 1 1 0	− −√	AG	0 − 1 0	− −	BF	1 − 1 −	0 −
G	1 0 0 1	− 0√	AH	− 0 1 0	0 −√			
H	1 0 1 0	0 −√	AI	0 1 − 0	− 0√			
I	1 1 0 0	− −√	AJ	− 1 0 0	− 0√			
	--------------			--------------				
J	1 0 1 1	− −√	AK	− 0 1 1	− 0√			
K	1 1 1 0	− −√	AL	− 1 1 0	− −			
	--------------		AM	1 0 − 1	− 0√			
L	1 1 1 1	− −√	AN	1 0 1 −	0 −√			
			AO	1 − 1 0	0 −√			
			AP	1 1 − 0	− −			

			AQ	1 − 1 1	− −			
			AR	1 1 1 −	− −			

因此，可以共享的項為 $a'b'c'$，$a'b'd'$，$a'cd'$，bcd'，abd'，acd 和 abc。f 的質隱項有 $a'b'$，$a'd'$、$b'd$ 和 bd'。g 的質隱項為 cd' 及 ac。

請注意，某些和，如 AF+AN 項存在，但是這兩項分屬於不同的函數（以及會有一個 00 的標籤）；它們並不包括在內。

例題 4.9

最後，我們會考慮一個具有三個輸出的小例子：

$f(x, y, z) = \Sigma m(0, 2, 5, 6, 7)$

$g(x, y, z) = \Sigma m(2, 3, 5, 6, 7)$

$h(x, y, z) = \Sigma m(0, 2, 3, 4, 5)$

現在標籤有三個位元，但在其它的程序則如前所述：

```
A  000  –0–  √      H  0–0  –0–       R  –1–  0–0
   --------------   J  –00  00–
B  010  – – –                          --------------
C  100  00–  √      K  01–  0– –
   --------------   L  –10  – –0
D  011  0– –  √     M  10–  00–
E  101  – – –                          --------------
F  110  – –0  √     N  –11  0–0  √
   --------------   P  1–1  – –0
G  111  – –0  √     Q  11–  – –0
```

這些可用於所有三個函數的項是 x′yz′ 和 xy′z。對於 f 和 g 而言，我們可以使用 yz′、xz 和 xy。至於 f 和 h 的情況，我們可以使用 x′z′。對於 g 和 h 而言，我們可以使用 x′y。對於 h 來說，我們可以使用 y′z′ 和 xy′。對於 g，則可以使用 y。

4.5 多重輸出迭代一致性問題

迭代一致性演算法只需要少量修改所有可用於積之和表示式的項，而這些項被用於多重輸出之中。候選項是任何一個函數或函數之積的質隱項。在本節中，我們會發現所有質隱項。我們也會在第 4.6 節中來找出最小解。

要開始迭代一致性的程序時，我們必須由最小項開始，或包括那些不僅僅是所有函數的覆蓋，而且還有所有可能函數乘積的覆蓋。我們將使用第一種方法在此示例之中。為了迭代一致性清單上的每個項，我們為每個輸出虛擬變數添加一個標籤部分。如果該項不是函數的隱項或是空白時，該標籤包含一個 0（互補輸出變數）。我們將使用如第 4.4 節中相同的函數來說明這個程序。

$f(a, b, c) = \Sigma m(2, 3, 7)$

$g(a, b, c) = \Sigma m(4, 5, 7)$

最初的列表，然後變成

a' b c'	g'	0 1 0	– 0
a' b c	g'	0 1 1	– 0
a b' c'	f'	1 0 0	0 –
a b' c	f'	1 0 1	0 –
a b c		1 1 1	– –

我們現在開始像以前那樣處理，對每一對項次取其一致性（包含標籤），增加新的項並且刪除包含在其它項中的項。唯一的新規則是有全 0 標籤部分的項也將被刪除。注意，標籤絕不會影響是否存在一致性，這是因為沒有 1 的項在標籤中。

我們繼續討論，如表 4.8。

表 4.8　多重輸出函數的迭代一致性

~~A~~	~~0 1 0~~	~~– 0~~	
~~B~~	~~0 1 1~~	~~– 0~~	
~~C~~	~~1 0 0~~	~~0 –~~	
~~D~~	~~1 0 1~~	~~0 –~~	
E	1 1 1	– –	
F	0 1 –	– 0	$B ¢ A \geq B, A$
G	1 0 –	0 –	$D ¢ C \geq D, C$
H	– 1 1	– 0	$F ¢ E$
J	1 – 1	0 –	$G ¢ E$　　(G ¢ F 未定義)

$H ¢ G$ 0 標籤；$H ¢ F, H ¢ E$ 未定義

$J ¢ H, J ¢ F$ 0 標籤；$J ¢ G, J ¢ E$ 未定義

可以共享的項是 abc；$a'b$ 和 bc 為 f 的質隱項；而 ab' 和 ac 是 g 的質隱項。

例題 4.10

我們會考慮從實例 4.8 的函數，伴隨隨意項之輸出問題。

$$f(a, b, c, d) = \Sigma m(2, 3, 4, 6, 9, 11, 12) + \Sigma d(0, 1, 14, 15)$$
$$g(a, b, c, d) = \Sigma m(2, 6, 10, 11, 12) + \Sigma d(0, 1, 14, 15)$$

為了得到包含在質隱項表格中的質隱項列表，我們可以從最小項開始，把所有的隨意項當成 1 並執行迭代一致演算法。這非常耗時且容易出錯（雖然可以藉由一個計算機程序的編寫來處理它會十分簡單）。另一種方法是映射 *fg*，找到外加一個函數中只有一個質隱項之所有的質隱項。下圖顯示了 *fg* 的質隱項及那些不屬於 *f* 和 *g* 兩種函數的質隱項，此處在圖中所有的隨意項都設為 1，因此我們也必須包括那些覆蓋在隨意項的質隱項。

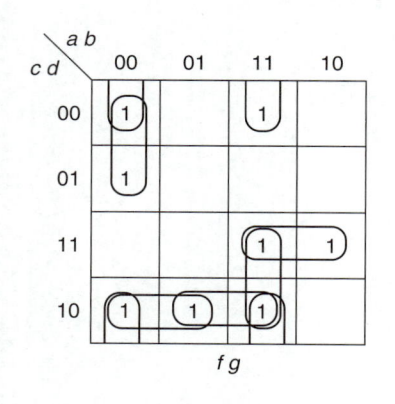

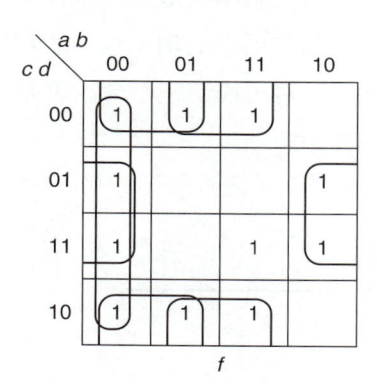

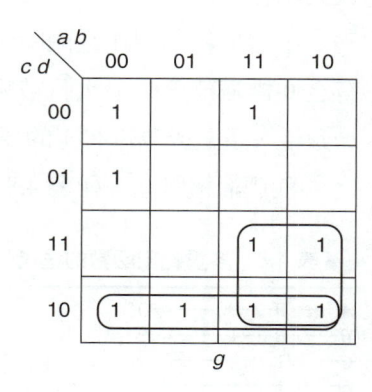

乘積項（及其標籤）為

```
0 0 0 -   - -       0 0 - -   - 0       - - 1 0   0 -
0 0 - 0   - -       0 - - 0   - 0       1 - 1 -   0 -
0 - 1 0   - -       - 1 - 0   - 0
- 1 1 0   - -       - 0 - 1   - 0
1 1 1 -   - -
1 1 - 0   - -
1 - 1 1   - -
```

我們可以嘗試在此列表上迭代一致性，但會發現它並沒有新項。

例題 4.11

$f(x, y, z) = \Sigma m(0, 2, 5, 6, 7)$
$g(x, y, z) = \Sigma m(2, 3, 5, 6, 7)$
$h(x, y, z) = \Sigma m(0, 2, 3, 4, 5)$

我們首先列出所有在函數中的最小項，包含標籤，然後進行迭代一致性算法找出所有的質隱項。

~~A~~	~~0 0 0~~	~~– 0 –~~	H	0 – 0	– 0 –	B ¢ A ≥ A
B	0 1 0	– – –	J	0 1 –	0 – –	C ¢ B ≥ C
~~C~~	~~0 1 1~~	~~0 – –~~	K	1 0 –	0 0 –	E ¢ D ≥ D
~~D~~	~~1 0 0~~	~~0 0 –~~	L	– 1 0	– – 0	F ¢ B ≥ F
E	1 0 1	– – –	M	1 – 1	– – 0	G ¢ E ≥ G
~~F~~	~~1 1 0~~	~~– – 0~~	N	– 0 0	0 0 –	K ¢ H
~~G~~	~~1 1 1~~	~~– – 0~~	P	1 1 –	– – 0	M ¢ L
			~~Q~~	~~– 1 1~~	~~0 – 0~~	M ¢ J
			R	– 1 –	0 – 0	Q ¢ L ≥ Q

我們並無具有 0 標籤的項，而且也沒有列出一致性的操作，而這一致性的操作導致了未定義的項或包含在其它列表中的項。剩下共 10 個質隱項。需要注意的是兩個小項的保留，因為它們可以用於所有三個函數，而非在所有三個任一項較大群體的一部分。

4.6 多輸出的問題質隱項表

對已經發現的所有的乘積項，我們創建了一個質隱項表，此表具有每個函數有一個單獨的部分。此質隱項表對於首套的最後兩部分函數：

$f(a, b, c) = \Sigma m(2, 3, 7)$
$g(a, b, c) = \Sigma m(4, 5, 7)$

顯示在表 4.9。而 X 僅放置在函數中隱藏項的欄位中。必要質隱項如先前一樣被發現。

表 4.9　多重輸出質隱項表

	$		f √ 2	f √ 3	f 7	g √ 4	g √ 5	7
1 1 1	4	A			X			X
0 1 -*	3	B	X	X				
1 0 -*	3	C				X	X	
- 1 1	3	D		X	X			
1 - 1	3	E					X	X

這表將被簡化成表 4.10

表 4.10　簡化的質隱項表

	$		f 7	g 7
1 1 1	4	A	X	X
- 1 1	3	D	X	
1 - 1	3	E		X

很顯然，現在我們可以使用 E 項來覆蓋兩個函數，而不是兩個個別的項，即使 E 的耗費成本為 4 並且其它的耗費成本為 3。的確，在第一部分之後，使用一個項在每個函數之中的成本僅為 1，輸入到另一 OR 閘。使用 A 方案的成本為 5，相較於使用 D 及 E 的成本 6。此解即為此。

$f = a'b + abc$
$g = ab' + abc$

例題 4.12

例題 4.8 及 4.10 函數的質隱表顯示如下

$f(a, b, c, d) = \Sigma m(2, 3, 4, 6, 9, 11, 12) + \Sigma d(0, 1, 14, 15)$
$g(a, b, c, d) = \Sigma m(2, 6, 10, 11, 12) + \Sigma d(0, 1, 14, 15)$

如下所示。

			f							g				
			2	3 √	4	6	9 √	11 √	12	2	6	10	11	12 √
0 0 0 –	A	4												
0 0 – 0	B	4	X							X				
0 – 1 0	C	4	X			X				X	X			
– 1 1 0	D	4				X					X			
1 – 1 1	E	4						X					X	
1 1 1 –	F	4												
1 1 – 0*	G	4							X					X
– 1 – 0	H	3		X				X						
0 – – 0	J	3	X		X	X								
0 0 – –	K	3	X	X										
– 0 – 1*	L	3		X			X	X						
– – 1 0	M	3								X	X	X		
1 – 1 –	N	3									X	X		

注意，該表被分成三個部分的列。第一部分（A 到 G）包括有資格分享的項。第二部分包含 f 的質隱項，也包含 g 的質隱項，最後部分包含 g 而不含 f 的質隱項。請注意，A 列和 F 列沒有 X 的隨意項；它們是補充隨意項的質隱項。

L、b'd 列是 f 和 G 列的主要質隱項；而 abd' 則是 g 的主要質隱項。儘管後者也適用於 f，但它不是主要的，我們可能會或不會使用到它。簡化成下表所示。

			f				g			
			2	4	6	12	2	6	10 √	11 √
0 0 – 0	B	4	X				X			
0 – 1 0	C	4	X		X		X	X		
– 1 1 0	D	4			X			X		
1 – 1 1	E	4								X
1 1 – 0*	G	1				X				
– 1 – 0	H	3		X	X	X				
0 – – 0	J	3	X	X	X					
0 0 – –	K	3	X							
– – 1 0	M	3					X	X	X	
1 – 1 –	N	3							X	X

注意，G 項成本已經減少到 1，由於 AND 閘已經建構了；我們僅僅需要一個輸入到 OR 閘。E 項由主導項 N 主導並且成本也超過 N 項，而且可以去除。這使得項 N、ac，對 g 而言是必要的。這兩項及覆蓋去除的最小項，此表簡化為：

			f				g	
			2	4	6	12	2	6
0 0 – 0	B	4	X				X	
0 – 1 0	C	4	X		X		X	X
– 1 1 0	D	4			X			X
1 1 – 0	G	1				X		
– 1 – 0	H	3		X	X	X		
0 – – 0	J	3	X	X	X			
0 0 – –	K	3	X					
– – 1 0	M	3					X	X

因為 C 項覆蓋了所有 B 及 D 中的 1，所以都不會使用 B 和 D。這使得我們有了使用 C 或 M 來代表函數 g 的選擇。如果我們使用 C，就會將它使用在兩個函數之中，因為如果我們不分享，那麼 M 會更便宜。我們就需採用 H 來完成 f 的覆蓋。成本將會是 5（對於 C）加 3 或 8。替代方案是使用 M（成本 3）來取代 g，然後使用 J 和 G 以取代 f，全部的成本將僅為 7。兩個方案都需要兩個新閘。

因此，最小的解決辦法是第二個，如我們在例題 3.36 中所找到的，

$f = b'd + abd' + a'd'$
$g = ac + abd' + cd'$

例題 4.13

對於例題 4.9 和 4.11 的函數，我們有以下主要質隱表：

CHAPTER 4　函數最小化演算法　185

			f				g				h		
		✓			✓		✓	✓		✓		✓	
		0	2	5	6	7	2	3	5	6	7	0	2	3	4	5
0 1 0	4	A	X													
1 0 1	4	B			X											
0 – 0*	3	C	X	X												
0 1 –*	3	D						X	X							
1 0 –	3	E			X	X										
– 1 0	3	F						X		X						
1 – 1	3	G			X				X		X					
– 0 0	3	H									X	X	X		X	
1 1 –	3	J									X	X			X	X
– 1 –*	1	K												X	X	X

我們看到，C 項為 f 的主要質隱項，A 項和 D 項不再覆蓋任何項；這些列是可以被消除的。我們似乎有兩種選擇了。首先，我們可以在成本 6，對所有三個主要質隱項，但不是 g。最後，K 項將用於 g，因為它僅為成本 1。即使我們可以覆蓋與覆蓋兩個共享項，這將花費兩個輸入到 OR 閘。該表簡化為

			f			g			h		
		5	6	7	5	0	4	5
0 1 0	4	A		X					
1 0 1	4	B			X				X
0 – 0	1	C				X			
0 1 –	1	D							
1 0 –	3	E	X					X	
– 1 0	3	F	X						
1 – 1	3	G	X		X				
– 0 0	3	H					X	X	
1 1 –	3	J			X	X			

我們可以看到，A 項和 D 項不再覆蓋任何項；這些列是可以被消除的。我們似乎有兩種選擇了。首先，我們將對於 f 使用 J。對於 h 使用 H，這樣是成函數使用 B。然後，我們將對於 f 使用 J。對於 h 使用 H，這樣是成本為 12 的情況。這種解決方案需要八個閘和 19 輸入。

$f = x'z' + xy'z + xy$
$g = y + xy'z$
$h = x'y + xy'z + y'z'$

另一個選擇是對於 f 和 g 使用 G，然後 F 或 J 用於 f；且 C 和 E 用於 h。總成本是 11 個輸入和三個閘（G、F 或 J，及 E），並因此該第二解是最好的。方程式為

$f = x'z' + xz + (yz' \text{ or } xy)$
$g = y + xz$
$h = x'y + x'z' + xy$

它還使用八個閘，但只有 18 個輸入。

4.7 習題

有 ★ 記號題目的解答附加在附錄 B。

1. 對於下面的每個函數，找到使用 Quine-McCluskey 方法的所有質隱項。
   a. $f(a, b, c) = \Sigma m(1, 2, 3, 6, 7)$
   *b. $g(w, x, y) = \Sigma m(0, 1, 5, 6, 7)$
   c. $g(w, x, y, z) = \Sigma m(2, 3, 6, 7, 8, 10, 11, 12, 13, 15)$
   *d. $h(p, q, r, s) = \Sigma m(0, 2, 3, 4, 5, 8, 11, 12, 13, 14, 15)$
   e. $f(a, b, c, d) = \Sigma m(5, 7, 9, 11, 13, 14) + \Sigma d(2, 6, 10, 12, 15)$
   *f. $f(a, b, c, d) = \Sigma m(0, 2, 4, 5, 6, 7, 8, 9, 10, 15, 16, 18, 19, 20, 24, 26, 28, 31)$
   g. $G(V, W, X, Y, Z) = \Sigma m(0, 1, 4, 5, 8, 9, 10, 15, 16, 18, 19, 20, 24, 26, 28, 31) + \Sigma d(3, 13)$
   *h. $H(V, W, X, Y, Z) = \Sigma m(0, 1, 2, 3, 5, 7, 10, 11, 14, 15, 16, 18, 24, 25, 28, 29, 31)$

2. 對於習題 1 的函數，求出所有質隱項。

3. 對於習題 1 和 2 的函數，求所有的最小積之和（b. 2 個解，c. 2 個解，d. 4 個解，e. 4 個解，f. 3 個解，h. 2 個解，所有其它的 1 個解）。

4. 對於以下的函數，求出可以在最小二級 AND/OR 閘系統使用 Quine-McCluskey 演算法的所有積項。
   a. $f(a, b, c, d) = \Sigma m(5, 8, 9, 12, 13, 14)$
      $g(a, b, c, d) = \Sigma m(1, 3, 5, 8, 9, 10)$

*b. $F(W, X, Y, Z) = \Sigma m(1, 5, 7, 8, 10, 11, 12, 14, 15)$
     $G(W, X, Y, Z) = \Sigma m(0, 1, 4, 6, 7, 8, 12)$
 c. $f(a, b, c, d) = \Sigma m(1, 3, 5, 7, 8, 9, 10)$
     $g(a, b, c, d) = \Sigma m(0, 2, 4, 5, 6, 8, 10, 11, 12)$
     $h(a, b, c, d) = \Sigma m(1, 2, 3, 5, 7, 10, 12, 13, 14, 15)$
*d. $f(a, b, c, d) = \Sigma m(0, 3, 4, 5, 7, 8, 12, 13, 15)$
     $g(a, b, c, d) = \Sigma m(1, 5, 7, 8, 9, 10, 11, 13, 14, 15)$
     $h(a, b, c, d) = \Sigma m(1, 2, 4, 5, 7, 10, 13, 14, 15)$

4.8 第 4 章測驗（50 分鐘）

測驗假設學生能夠攜帶一張 A4 大小、兩面的筆記，上面可以註記有任何他們想要寫的內容。章節測驗的解答附加在附錄 C。

1. 對於下列函數，找到所有的質隱項。

   a. 使用 Quine-McCluskey 方法。

   b. 使用迭代一致性方法。

   $f(w, x, y, z) = \Sigma m(0, 2, 3, 6, 8, 12, 15) + \Sigma d(1, 5)$

2. 對於下列函數，

   $g(a, b, c, d) = \Sigma m(3, 4, 5, 6, 7, 8, 9, 12, 13, 14)$

   我們發現質隱項的完整列表

   $a'cd$ bd'

   $a'b$ ac'

   bc'

   請求兩個最小積之和的解。

3. 對於以下函數，求出可以在最小二級 AND/OR 閘系統中使用的所有項。

   a. 使用 Quine-McCluskey 方法。

   b. 使用迭代一致性方法。

   $f(w, x, y, z) = \Sigma m(1, 2, 5, 7, 10, 11, 13, 15)$
   $g(w, x, y, z) = \Sigma m(0, 2, 3, 4, 5, 7, 8, 10, 11, 12)$

4. 對於以下函數

$f(a, b, c, d) = \Sigma m(2, 3, 4, 6, 7) + \Sigma d(0, 1, 14, 15)$

$g(a, b, c, d) = \Sigma m(2, 3, 5, 7, 8, 10, 13) + \Sigma d(0, 1, 14, 15)$

我們發現可能的共同項：$a'b'$, $a'cd$, bcd, abc。

其他 f 的質隱項：$a'd'$, $a'c$, bc。

其他 g 的質隱項：$a'd$, $b'd'$, bd, acd'。

請求出一組對應於二級 AND/OR 閘（或 NAND 閘）系統最小積之和的表示式。

設計組合系統

截至目前為止，我們都致力於相對小的系統──大多數都是五個或者更少輸入以及三個以下輸出的系統，而在本章中，我們希望能夠拓展我們的視野。大系統的設計通常會藉由拆解成小的子系統來完成，事實上，這些子系統可能會需要更進一步的被拆解。

在這個章節中，我們會先處理由數個相同的方塊所組成的系統。〔這些有時候會被稱作**迭代系統**（iterative system）〕。加法器以及其它運算函數都是屬於這種系統的例子。

由於信號在大系統中會經過許多邏輯層的關係，每個信號通過邏輯閘時產生的小延遲都會累積。我們會用一個多元加法器來闡述這點。

接下來，我們會檢視一些常見類型的電路──二元編／解碼器，和多工器，這些每一個都在數位系統設計中有許多應用，並且在商業上有許多可用形式。

另一個在中、大型系統設計常用的電路種類稱為**閘陣列**（gate array），有時候又被稱作**可程式邏輯裝置**（programmable logic devices, PLD），如同我們在第 7 章會討論的，有些 PLD 也包含了記憶體。閘陣列由一組 AND 閘以及一組 OR 閘來組成 SOP 表示而構成，最基本的架構是標準的；但有些連接可以由使用者設定。閘陣列有三種容易取得的形式：**唯讀記憶體**（read only memory, ROM），**可程式邏輯陣列**（programmable logic array, PLA），以及**可程式陣列邏輯**（programmable array logic, PAL）。

我們也會處理測試與模擬組合電路的問題。

我們接下來會檢視十進位加法器（decimal adder）以及七段顯示

器（seven-segment display）驅動程式的設計，其中我們會用到許多個章節以及第 3 章所提到的技巧，有一大部分的習題（習題 20-25）都是屬於這一類。

5.1 迭代系統

我們首先用加法器作為例子，來看一個系統可以如何由多個同樣的小型電路實現。我們會用加法器來說明在多階層電路中的延遲問題，然後再討論其它迭代電路。

當我們用手算將兩個數字相加時，我們會先把兩個最低有效位元（least significant bit, LSB）（以及可能有的進位）相加來產生一個位元的總和以及一個要到下一個位元的進位，這樣的一個單位加法器〔被稱作全加器（full adder）〕定義成 CE3 且可由例題 2.34（第 2.8 節）的 NAND 閘設計。如果我們要建構一個 n 位元加法器，我們只需要將 n 個上述的設計接在一起。圖 5.1 列出 4 位元加法器的版本。

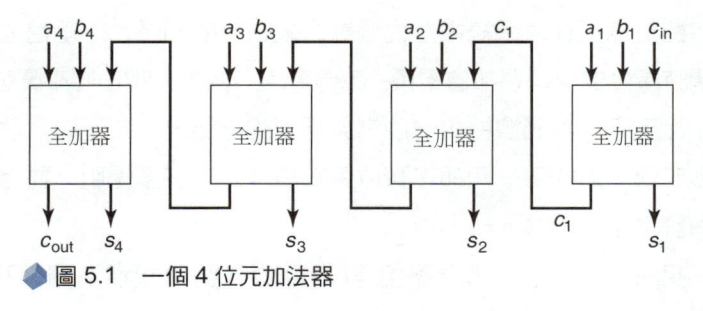

◆ 圖 5.1　一個 4 位元加法器

5.1.1　組合邏輯電路的延遲

當邏輯閘的輸入改變時，其輸出不會馬上改變，而會有一個小延遲 Δ。如果一個邏輯閘的輸出會作為另一個邏輯閘的輸入，那麼延遲就會累加。圖 5.2a 畫出一個簡單的電路方塊圖，其時序圖（timing diagram）如圖 5.2b 所示。

當 C 的改變導致了 F 的改變，而 F 在一個延遲時間 Δ 後改變，如時序 1 所示。如果 A 或 B 改變了，那麼 X 這一點將會在一個延遲時間後改變，而 F 會在再一個延遲時間後才改變，如時序 2 所示。

(a)　　　　　　　　　　　(b)

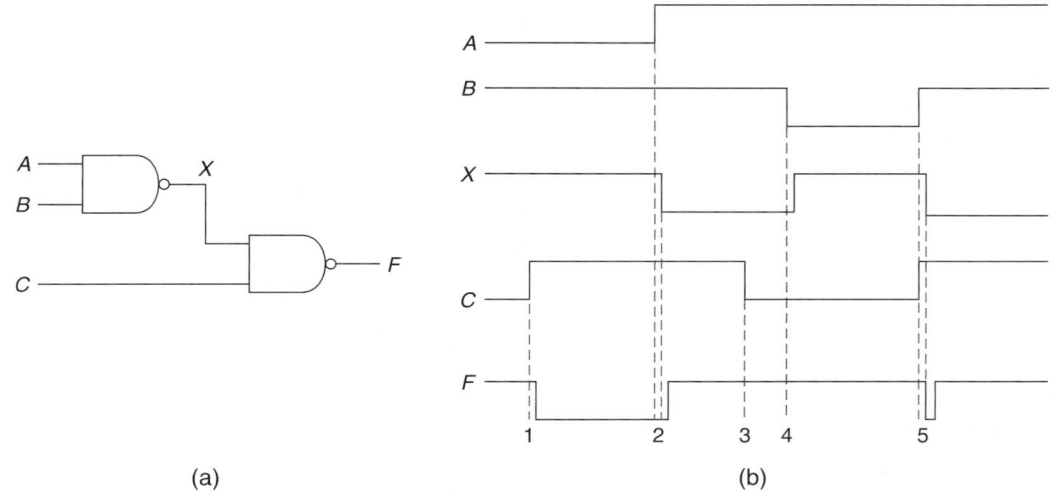

● 圖 5.2　閘延遲的示意

在時序 3 時，C 的改變並不導致 F 改變，而在時序 4，B 的改變導致 X 的改變，但是並不影響輸出。最後，在時序 5 時，B 和 C 同時改變，而 F 的輸出就會在辨識出 C 的改變後接著（在 C 改變後 Δ）變成 0，而 F 接下來會在 B 的改變傳遞到後（B 的改變後 2Δ）變回 1。這個情況被稱為**危害**（hazard）或者是**突波**（glitch）。

　　輸出會在最長的延遲路徑後達到穩定。我們通常只對穩定後的輸出感興趣，在這個情況中，就是在 2Δ 後。而我們考慮 CE3 系統的全加器（full adder）作為一個比較複雜的延遲例子，它會在加完兩個單位元數字以及較低有效位元的進位項後，產生和位元以及進位項到較高有效位元。

　　我們現在來看一次加法運算而得到兩個全加器輸出所需要的時間，我們假設所有輸入在同一時間都是可取得的，圖 5.3 再次列出例題 2.34（第 2.8 節）的加法器電路，加註上電路中不同點的延遲時間（在輸入 a 和 b 改變時）。當然如果一個邏輯閘的兩個輸入在不同時間改變，那麼輸出最遲會在最後一個輸入改變後的 Δ 後改變。

　　如圖所示，從輸入 a 或 b 改變的時間到最後得到總和結果的延遲時間是 6Δ，而到能夠取得進位數的延遲時間是 5Δ。如果 a 和 b 是成立的，那從進位輸入到進位輸出的延遲只有 2Δ，這是因為 c_{in} 到 c_{out} 只經過兩個邏輯閘，如**藍色**路線所示。如同我們馬上會看到，

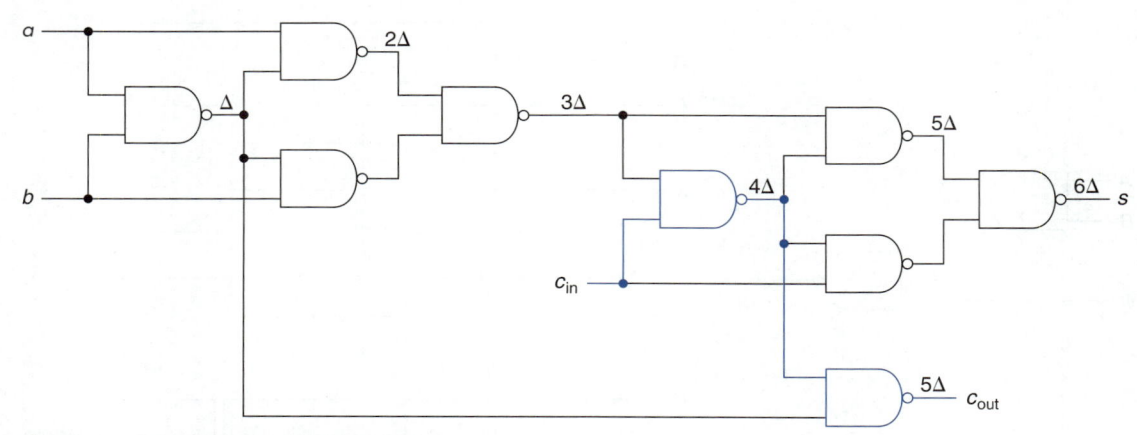

◆ 圖 5.3　通過一個單位元加法器的延遲

後者的這個時間是最重要的。(同時，從進位輸入到得到總和的延遲是 3Δ。)

我們可以由 n 個一樣的全加器來建置一個 n 位元加法器；如同圖 5.1 所示，總共所需的延遲時間是由輸入到 c_{out}（對最低有效位元而言）加上 $n-2$ 個 c_{in} 到 c_{out}（對中間的全加器而言），再加上從 c_{in} 到 c_{out} 或者是從 c_{in} 到 s 中比較長的延遲（對最高有效位元而言）。對多階層加法器，這就等於 $5Δ+2(n-2)Δ+3Δ=(2n+4)Δ$。對於 64 位元加法器而言，延遲時間會是 132Δ。

5.1.2　加法器

如同在前一小節所提到，建置一個 n 位元加法器的方法之一就是把 n 個單位元加法器接在一起，這會被稱作**漣波進位加法器**（carry-ripple adder），其使加法器輸出變得穩定的時間可能會大到 $(2n+4)Δ$，輸出穩定的時間不是一定會花這麼長，因為如果 a_i 和 b_i 都是 1，那麼進位輸出就一定會是 1（不管從低位元進位輸入是什麼），而如果 a_i 和 b_i 都是 0，那麼進位輸出就一定會是 0。

為了提升速度，各方嘗試了許多種做法，其中一種就是綜合使用多位元加法器以及 SOP 表示，畢竟一個 n 位元加法器（乃至最低有效位元都帶有進位輸入）也不過就是 $2n+1$ 個變數的問題，理論上，我們可以建構這個的真值表（truth table）而得到 SOP（或 POS）表示。

CHAPTER 5　設計組合系統　193

我們在表 5.1 中列出二位元加法器的真值表，其中位元 1 是較低順序的位元。這可以透過一個 SOP 表示來實現，而其（五變數）卡諾圖如 Map 5.1 所列。我們並沒有把質隱項圈出來，因為這麼一來，會讓圖變得雜亂而不易讀。

表 5.1　二位元加法器真值表

a_2	b_2	a_1	b_1	c_{in}	c_{out}	s_2	s_1
0	0	0	0	0	0	0	0
0	0	0	0	1	0	0	1
0	0	0	1	0	0	0	1
0	0	0	1	1	0	1	0
0	0	1	0	0	0	0	1
0	0	1	0	1	0	1	0
0	0	1	1	0	0	1	0
0	0	1	1	1	0	1	1
0	1	0	0	0	0	1	0
0	1	0	0	1	0	1	1
0	1	0	1	0	0	1	1
0	1	0	1	1	1	0	0
0	1	1	0	0	0	1	1
0	1	1	0	1	1	0	0
0	1	1	1	0	1	0	0
0	1	1	1	1	1	0	1
1	0	0	0	0	0	1	0
1	0	0	0	1	0	1	1
1	0	0	1	0	0	1	1
1	0	0	1	1	1	0	0
1	0	1	0	0	0	1	1
1	0	1	0	1	1	0	0
1	0	1	1	0	1	0	0
1	0	1	1	1	1	0	0
1	1	0	0	0	1	0	0
1	1	0	0	1	1	0	1
1	1	0	1	0	1	0	1
1	1	0	1	1	1	1	0
1	1	1	0	0	1	0	1
1	1	1	0	1	1	1	0
1	1	1	1	0	1	1	0
1	1	1	1	1	1	1	1

其最簡 SOP 表示是

$c_{out} = a_2b_2 + a_1b_1a_2 + a_1b_1b_2 + c_{in}b_1b_2 + c_{in}b_1a_2 + c_{in}a_1b_2 + c_{in}a_1a_2$

$$
\begin{aligned}
s_2 = {} & a_1 b_1 a_2' b_2' + a_1 b_1 a_2 b_2 + c_{\text{in}}' a_1' a_2' b_2 + c_{\text{in}}' a_1' a_2 b_2' \\
& + c_{\text{in}}' b_1' a_2' b_2 + c_{\text{in}}' b_1' a_2 b_2' + a_1' b_1' a_2 b_2' \\
& + a_1' b_1' a_2' b_2 + c_{\text{in}} b_1 a_2' b_2' + c_{\text{in}} b_1 a_2 b_2 \\
& + c_{\text{in}} a_1 a_2' b_2' + c_{\text{in}} a_1 a_2 b_2
\end{aligned}
$$

$$
s_1 = c_{\text{in}}' a_1' b_1 + c_{\text{in}}' a_1 b_1' + c_{\text{in}} a_1' b_1' + c_{\text{in}} a_1 b_1
$$

Map 5.1　2 位元加法器

c_{out}

$a_2 = 0$

$c_{in}b_1$ \ b_2a_1	00	01	11	10
00				
01			1	
11			1	1
10			1	

$a_2 = 1$

$c_{in}b_1$ \ b_2a_1	00	01	11	10
00			1	1
01		1	1	1
11	1	1	1	1
10		1	1	1

s_2

$a_2 = 0$

$c_{in}b_1$ \ b_2a_1	00	01	11	10
00			1	1
01		1		1
11	1	1		
10		1		1

$a_2 = 1$

$c_{in}b_1$ \ b_2a_1	00	01	11	10
00	1	1		
01	1		1	
11			1	1
10	1		1	

s_2

0

$c_{in}b_1$ \ b_2a_1	00	01	11	10
00			1	1
01		1		1
11	1	1		
10		1		1

1

$c_{in}b_1$ \ b_2a_1	00	01	11	10
00	1	1		
01	1		1	
11			1	1
10	1		1	

這些等式非常的複雜，用到了 23 項和 80 個字符。而一個二級的解答會需要 s_1 有 12 個輸入。很明顯的，我們可以重複這個過程而得到 3 位元或 4 位元加法器，但是這個代數就會變得非常複雜，而需要的項數也會急速增加。（我們沒有七或九變數卡諾圖；其它方法也行，雖然用手算就會變得十分冗長。）我們也可以在代數上下功夫而產生多層解答與較少的大邏輯閘，但是這樣就會增加延遲時間。另一個我們在真實世界實現上的問題是，在邏輯閘的輸入數量會受到限制〔稱作**扇入**（fan-in）〕，有 12 個輸入的邏輯閘可能不實際或者可能會得到比 Δ 還要大的延遲時間。

對於一個 2 位元加法器，c_{out} 可以由二級邏輯（最多帶有七個扇入）而實現，因此每兩個位元從進位輸入到進位輸出的延遲只有 2Δ（除了最前面以及最後面 2 個位元），而得到總延遲時間為

$$2\Delta + 2(n/2 - 2)\Delta + 3\Delta = (n + 1)\Delta$$

大約是前一個解答的一半。

我們可以作一些取捨，將進位由二級電路實現而總和變成是一個較不複雜的多層電路，這樣就只會增加幾個 Δ 的延遲時間（對最後一個和而言），不管 n 是多少。

我們可以找到容易購買到的 4 位元加法器：7483、7483A 和 74283，每一個都是利用三級電路做進位輸出而用不同的方式實現，7483A 和 74283 只差在接腳的連接；兩個都利用四級電路來產生總和，使用了 NAND、NOR、AND、NOT 和 XOR 閘的混和，因此對每四個位元從進位輸入到進位輸出的延遲是 3Δ，產生總共 $(3/4n+1)$ Δ 的延遲（最後一個和多一個延遲）。而 7483 在內部漣波處理進位（雖然它總共有三級晶片的進位輸出）；它的 s_4 總共使用了八級電路。

當我們需要更大的加法器時，這些 4 位元加法器可以被**疊合**（cascaded）。舉例而言，一個 12 位元的加法器可以使用三個 4 位元加法器（如圖 5.1 或者是 7483）而如圖 5.4 所示，其中各方塊代表一個 4 位元加法器。

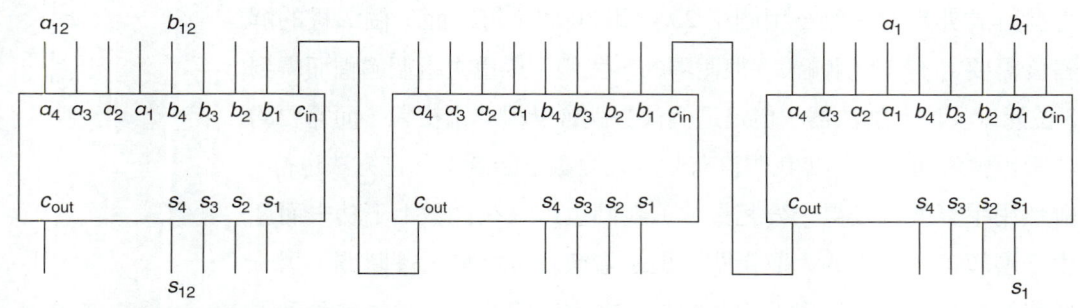

◆ 圖 5.4　疊合 4 位元加法器

還有一個做法是建置一個**超前進位加法器**（carry-look-ahead adder）。每一級的加法器都會產生兩個輸出：一個進位**生成**（generate）信號 g，以及一個進位**傳輸**（propagate）信號 p，生成信號在這級加法器的進位輸出為 1 的時候是 1，不管有沒有進位輸入，而傳輸信號在這級因為進位輸入是 1 而產生了進位輸出 1 的情況下是 1。對一個單位元加法器來說，

$$g = ab \qquad p = a + b$$

我們可以對任一級的進位輸出建置一個三級電路，比如說，我們之前討論 4 位元加法器的進位輸出會是

$$c_{out} = g_4 + p_4 g_3 + p_4 p_3 g_2 + p_4 p_3 p_2 g_1 + p_4 p_3 p_2 p_1 c_{in}$$

其進位輸出在最後一個位元產生進位的時候會是 1，或者是如果它以及它的下一級都傳輸了進位等等，這可以被推廣到任何位元數，而只會受限於邏輯的扇入能力。（在 4 位元的例子中，我們需要五個扇入。）

5.1.3　減法器以及加 / 減法器

要做減法，我們可以發展一個單位元全減器的真值表，然後再重複疊合需要的數量而產生借位漣波減法器（borrow ripple subtractor）。

大多數我們需要減法器的時候，我們也需要加法器，在這個情況下，我們可以利用在第 1.2.4 節中發展的減法方式，也就是我們找到減數每一個位元的補數然後再加 1。

要建置這樣的一個加 / 減法器，我們需要一條 0 表示加法而 1 表示減法的信號線，我們稱作為 a'/s〔**加反 / 減**（add'/subtract）的簡稱〕。我們記得

$$1 \oplus x = x' \quad \text{和} \quad 0 \oplus x = x$$

我們現在可以使用我們之前設計的 4 位元加法器來建置出圖 5.5 的電路，每一個輸入都會需要一個 XOR，且這一級的進位輸出會直接接到下一級的進位輸入。而每一級的 b_i 都會透過 XOR 而由 a'/s 制動。

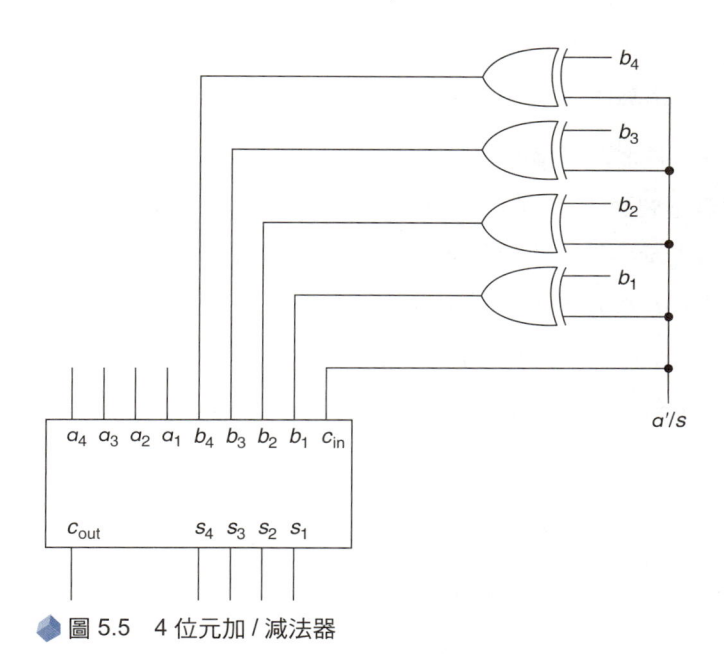

◆ 圖 5.5　4 位元加 / 減法器

5.1.4　比較器

比較兩數而辨識它們是否相等或者其中一個較大，是另一種常見的算術上需求。XOR 在兩個不一樣的情況下會產生 1，否則就是 0。多位元數字在任何一個輸入對不相等的情況下就不相等。圖 5.6a 的電路顯示出一種 4 位元比較器，其 NOR 的輸出在數字都相等的情況下是 1，在圖 5.6b 中，我們利用 X-NOR 和 AND 閘得到同樣的結果。

(a) XOR　　　　　　　　(b) X-NOR

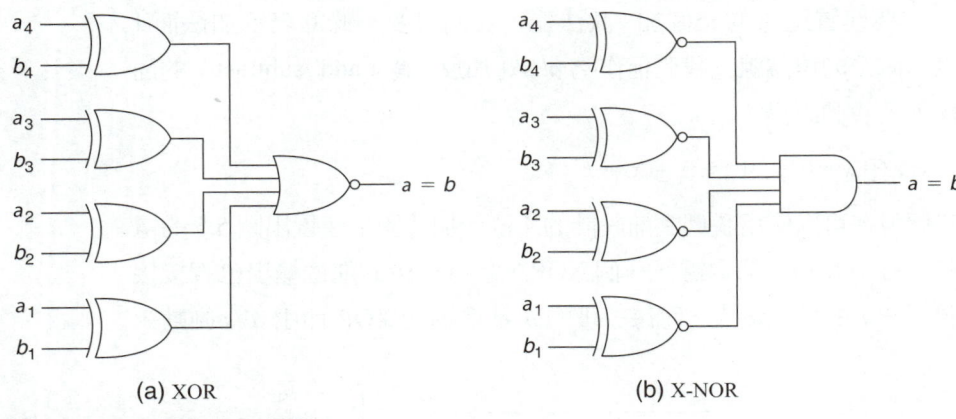

◆ 圖 5.6　兩個 4 位元比較器

這兩種比較器可以擴展到任何位元數。

若是要建置一個除了能夠指示相等（對無號數值而言）之外，還能夠表示大於或小於的 4 位元比較器，我們發現，從最高有效位元開始（a_4 和 b_4），

$a > b$ 的情況有 $a_4 > b_4$ 或 ($a_4=b_4$ 且 $a_3 > b_3$) 或 ($a_4=b_4$ 且 $a_3=b_3$ 且 $a_2 > b_2$) 或 ($a_4=b_4$ 且 $a_3=b_3$ 且 $a_2=b_2$ 且 $a_1 > b_1$)

$a < b$ 的情況有 $a_4 < b_4$ 或 ($a_4=b_4$ 且 $a_3 < b_3$) 或 ($a_4=b_4$ 且 $a_3=b_3$ 且 $a_2 < b_2$) 或 ($a_4=b_4$ 且 $a_3=b_3$ 且 $a_2=b_2$ 且 $a_1 < b_1$)

$a=b$ 的情況有 $a_4=b_4$ 且 $a_3=b_3$ 且 $a_2=b_2$ 且 $a_1=b_1$

這當然可以擴展到任意大小，或者可以疊合 4 位元比較器而傳送大於、小於、等於這三個信號，圖 5.7 顯示一個這樣的典型位元比較器。

7485 是一個有疊合輸出與輸入的 4 位元比較器，就像加法器一樣，疊合的信號從低順序模組到高順序模組（不同於前一個例子），然後它就會計算這個模組的 a 輸入是否大於 b 輸入，或者是這兩個相等但是疊合的輸入是大於，而在大於輸出為 1。

5.2　二進位解碼器

二進位解碼器（binary decoder）是一個在被啟動之後會基於編碼過後的輸入而選擇其中一條輸出的裝置。最常見的情況是，我們

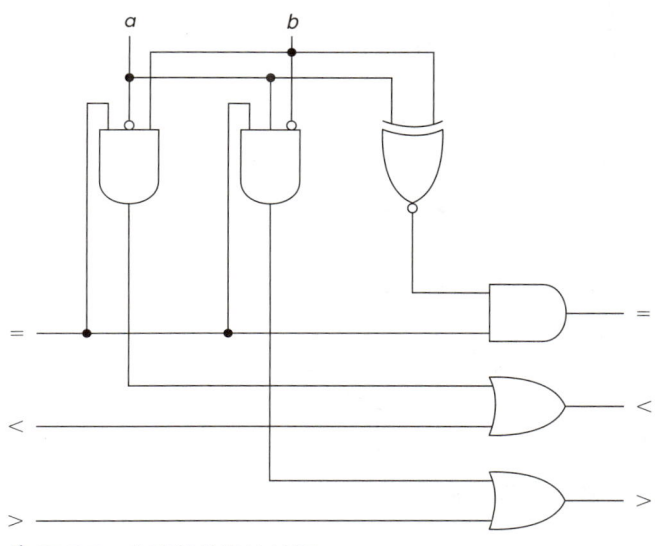

◆ 圖 5.7　典型的位元比較器

有 **n** 位元的二進位輸入，而有最多 2^n 輸出線。（部分解碼器有啟動的制動信號；我們會馬上提及。）

兩輸入（四輸出）解碼器的真值表詳列如表 5.2a，輸入被視為二進位數字，而使被選定的輸出動作，在這個例子中，輸出是**高態致動**（active high），也就是致動輸出是 1 而其他不動作的是 0。〔我們對輸出和輸入都會用**高態致動**（active high）和**低態致動**（active low）（致動值為 0）這兩個名稱來表示。〕這個解碼器只由每個輸出的 AND 閘加上反轉輸入的 NOT 閘組成。（我們假設可取得的只有 a 和 b，其補數皆不行。）圖 5.8a 中畫出了方塊圖，輸出 0 就是 $a'b'$；輸出 1 是 $a'b$；輸出 2 是 ab'；而輸出 3 是 ab，每一個輸出都對應到雙變數函數的最小項。

低態致動版本的解碼器會在對應的輸入組合產生 0；剩下的輸出都會是 1，其電路以及解釋這點的真值表呈現在圖 5.8b 和表 5.2b，只要把原本的 AND 閘由 NAND 閘替換即可。

大多數的解碼器都有一個以上的啟動輸入，當這個輸入是致動時，解碼器會以描述的方式運作，當輸入是非致動時，所有解碼器的輸出都會是非致動。大多數只有一個啟動輸入的系統（不只是解碼器），其輸入都是低態致動。帶有高態致動輸出與低態致動啟動

表 5.2a　高態致動解碼器

a	b	0	1	2	3
0	0	1	0	0	0
0	1	0	1	0	0
1	0	0	0	1	0
1	1	0	0	0	1

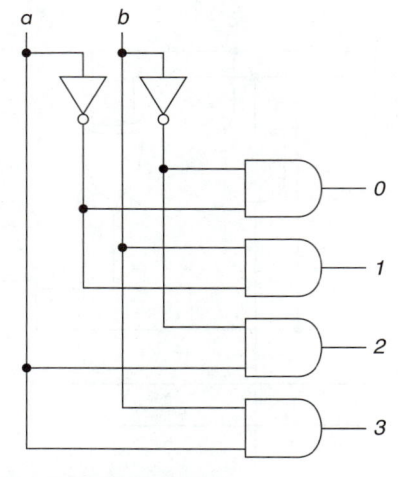

圖 5.8a　高態致動解碼器

表 5.2b　低態致動解碼器

a	b	0	1	2	3
0	0	0	1	1	1
0	1	1	0	1	1
1	0	1	1	0	1
1	1	1	1	1	0

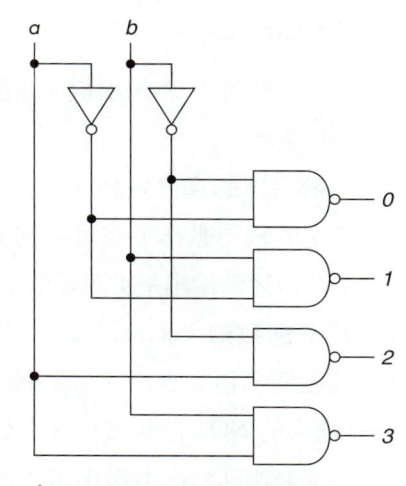

圖 5.8b　低態致動解碼器

輸入的解碼器電路之真值表、方塊圖以及電路如圖 5.9 所示。注意到啟動輸入是在反向之後連接到每個 AND 閘，當 $EN'=1$，每個 AND 的輸入都會有一個 0，因而所有 AND 閘的輸出都會是 0。當 $EN'=0$ 時，另外的輸入（沒有啟動輸入的情況下的輸入）是 1，因而由 a 和 b 選到的輸出會是 1，與之前相同。低態致動信號通常會有一個圓圈（泡泡）指示，如圖 5.9 的方塊圖所示。大部分的商用文獻中，這樣的信號都會帶有橫槓標記（$\overline{EN}$），而不是 EN'。

EN'	a	b	0	1	2	3
1	X	X	0	0	0	0
0	0	0	1	0	0	0
0	0	1	0	1	0	0
0	1	0	0	0	1	0
0	1	1	0	0	0	1

圖 5.9　帶有啟動輸入的解碼器

注意到我們藉由第一列的寫法縮短了真值表的長度（從八列到五列），這一列寫明了如果 $EN'=1$，我們不管 a 和 b 的值為何（X）；所有輸出都會是 0。這樣的寫法會在我們討論商用電路的很多地方出現。

我們可以建置較大的解碼器；3 個輸入、8 個輸出，或者是 4 個輸入、16 個輸出都是買得到的，其大小限制是基於需要連接到積體電路晶片的連接數量。一個 3 輸入解碼器運用到 11 個邏輯連接（3 個輸入與 8 個輸出）以及兩個電源連接和一個或多個啟動輸入。

表 5.3 中顯示了 74138 八個解碼器其中一個得真值表，而方塊圖如圖 5.10 所示。這個晶片有低態致動輸出以及**三個啟動輸入**（因此需要 16 腳位的晶片），其中一個是高態致動（$EN1$）而另外兩個是低態致動，只有在三個同時都是**啟動的**，也就是當

$$EN1 = 1,\quad EN2' = 0,\quad 且\quad EN3' = 0$$

晶片才會啟動，否則所有輸出都是非致動，也就是 1。

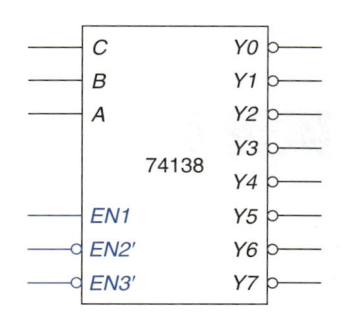

圖 5.10　74138 解碼器

表 5.3　74138 解碼器

啟動的			輸入			輸出							
EN1	EN2'	EN3'	C	B	A	Y0	Y1	Y2	Y3	Y4	Y5	Y6	Y7
0	X	X	X	X	X	1	1	1	1	1	1	1	1
X	1	X	X	X	X	1	1	1	1	1	1	1	1
X	X	1	X	X	X	1	1	1	1	1	1	1	1
1	0	0	0	0	0	0	1	1	1	1	1	1	1
1	0	0	0	0	1	1	0	1	1	1	1	1	1
1	0	0	0	1	0	1	1	0	1	1	1	1	1
1	0	0	0	1	1	1	1	1	0	1	1	1	1
1	0	0	1	0	0	1	1	1	1	0	1	1	1
1	0	0	1	0	1	1	1	1	1	1	0	1	1
1	0	0	1	1	0	1	1	1	1	1	1	0	1
1	0	0	1	1	1	1	1	1	1	1	1	1	0

　　注意到在這個電路中（在很多商用積體電路封裝中也是）輸入標示成 C、B、A（其中 C 是高位元），在之前的範例中，我們讓 A 是高位元，因此在使用這類型的裝置時，要再三確認每個輸入的意義。

　　另外兩個常見的商用解碼器是 74154 和 74155，前者是四輸入（加上兩個低態致動啟動）、十六輸出解碼器（以 24 腳位封裝），而後者是雙倍二輸入、四輸出解碼器，利用相同的輸入但是不同的啟動（所以它可以被視為三輸入、八輸出解碼器）。

　　解碼器的其中一個運用就是拿來選擇各自有獨自位址的多個裝置其中之一。而位址就是解碼器的輸入；其中一個輸出是致動，而選擇該位址的裝置。有時候可以利用單一個解碼器來選擇多於一個裝置。我們接著會考慮兩個這樣的例子。

例題 5.1

　　我們有 74138 解碼器並且希望能夠從 32 個裝置中選一個。我們會需要四個這種解碼器，通常來說，其中一個會選擇前八個裝置位址中的一個；另外一個會選接下來八個裝置中的一個，然後繼續。因此如果位址是用位元 a、b、c、d、e 來給定，那麼 c、d、e 會是四個解碼器各自的輸入（順序是 C、B、A），而 a、b 會用來啟動合適的一個解碼器。因此第一個解碼器會在 $a=b=0$ 時啟動，第二個會在

$a=0$ 和 $b=1$，第三個會在 $a=1$ 和 $b=0$，第四個會在 $a=b=1$ 時啟動。既然我們有兩個低態致動和一個高態致動啟動，在假設 a' 和 b' 不可取得的情況下，只有第四個解碼器會需要一個 NOT 閘給啟動輸入。電路如下。

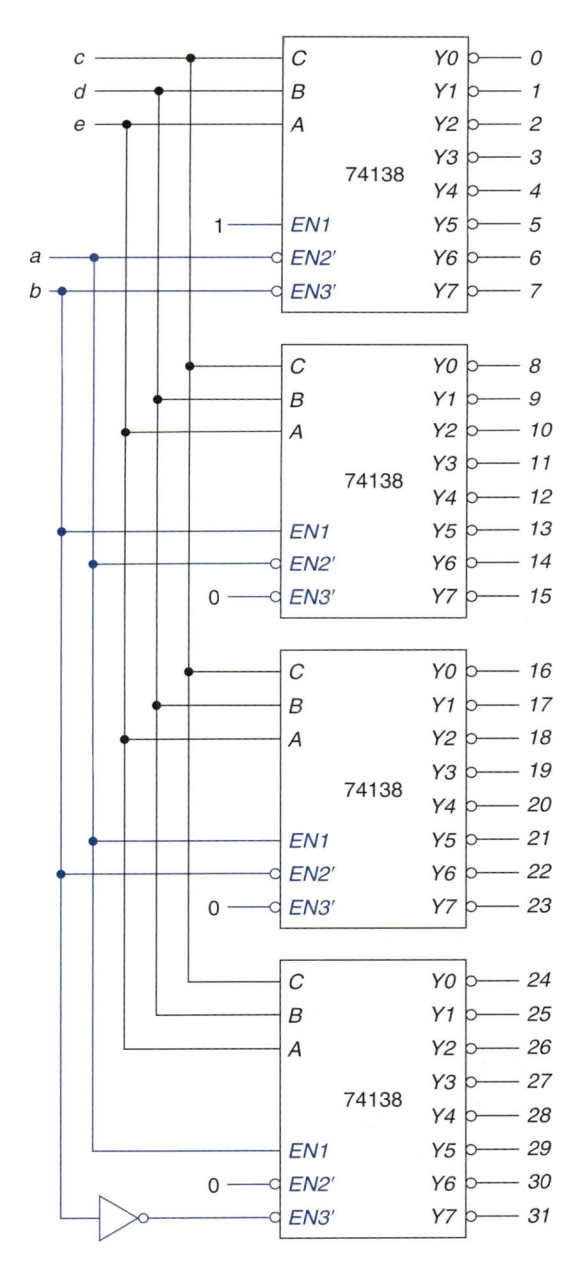

```
         c ─────┬──── C       Y0 ─── 0
         d ────┬┼──── B       Y1 ─── 1
         e ───┬┼┼──── A       Y2 ─── 2
              │││             Y3 ─── 3
              │││   74138     Y4 ─── 4
              │││             
              │││  1 ── EN1   Y5 ─── 5
      a ──────┼┼┼─o EN2'      Y6 ─── 6
      b ────┬─┼┼┼─o EN3'      Y7 ─── 7
            │ │││
            │ ├┼┼──── C       Y0 ─── 8
            │ │├┼──── B       Y1 ─── 9
            │ ││├──── A       Y2 ─── 10
            │ │││            Y3 ─── 11
            │ │││  74138     Y4 ─── 12
            │ │││            
            │ │││──── EN1    Y5 ─── 13
            │ │││─o EN2'     Y6 ─── 14
            │ │││ 0 ─o EN3'  Y7 ─── 15
            │ │││
            │ ├┼┼──── C       Y0 ─── 16
            │ │├┼──── B       Y1 ─── 17
            │ ││├──── A       Y2 ─── 18
            │ │││            Y3 ─── 19
            │ │││  74138     Y4 ─── 20
            │ │││            
            │ │││──── EN1    Y5 ─── 21
            │ │││─o EN2'     Y6 ─── 22
            │ │││ 0 ─o EN3'  Y7 ─── 23
            │
            │     ──── C      Y0 ─── 24
            │     ──── B      Y1 ─── 25
            │     ──── A      Y2 ─── 26
            │                Y3 ─── 27
            │       74138    Y4 ─── 28
            │                
            │     ──── EN1   Y5 ─── 29
            │  0 ─o EN2'     Y6 ─── 30
            └─▷o── EN3'      Y7 ─── 31
```

例題 5.2

有時候我們會利用額外的一個解碼器來啟動其它解碼器。假設如果我們有一個二輸入、四輸出低態致動與低態致動啟動解碼器，且我們要從 16 個裝置中選一個，我們可以基於輸入中的兩個，用一個解碼器來選擇四組裝置中的一組，最常見的是使用前兩個（最高位元）輸入，所以裝置被分組成 0-3, 4-7, 8-11, 12-15，然後，對每一組中，一個解碼器可以用來選擇該組中的四個裝置。如此配置如下所示。

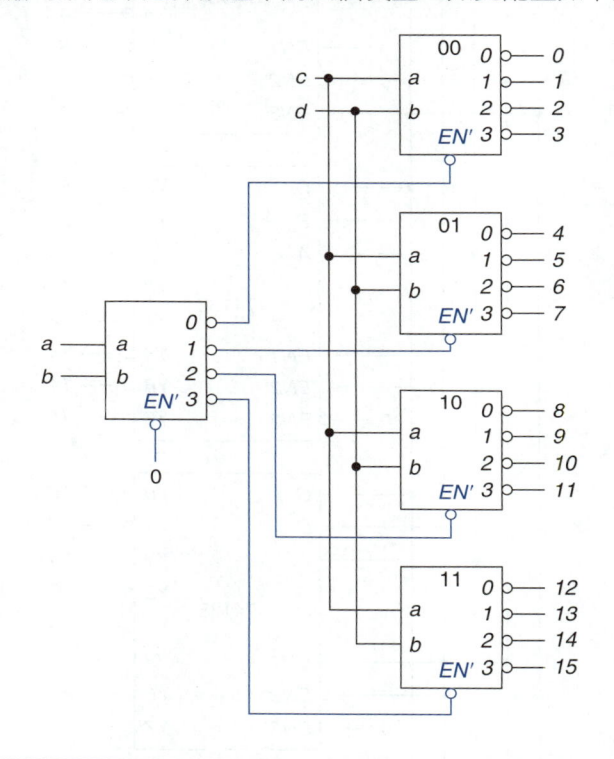

另一個解碼器的應用是拿來實現邏輯函數。每個解碼器的高態致動輸出都可以對應到一個函數的最小項，因此我們需要的是一個 OR 閘來連接到合適的輸出。利用低態致動輸出解碼器，OR 閘可以由 NAND 閘替換（由 NAND-NAND 電路產生 AND-OR 電路）。利用多個同樣的功能以及同樣的輸入，我們剩下只需要一個解碼器，以及每個函數的輸出使用一個 OR 或 NAND 閘。

例題 5.3

$f(a, b, c) = \Sigma m(0, 2, 3, 7)$
$g(a, b, c) = \Sigma m(1, 4, 6, 7)$

這裡列出的兩個解碼器電路都可以實現此函數。

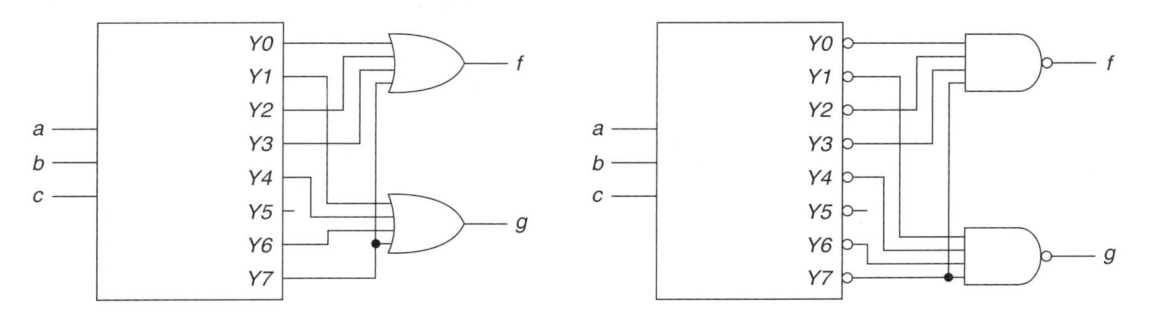

例題 5.4

對於下列的函數，請在只利用下列顯示的解碼器以及三個 NAND 閘（可帶有任意需要的輸入數）的情況下實現。試著利用少於 8 個輸入數的 NAND 閘以及僅用四個解碼器；如果能夠用僅有 4 輸入的 NAND 閘更佳。

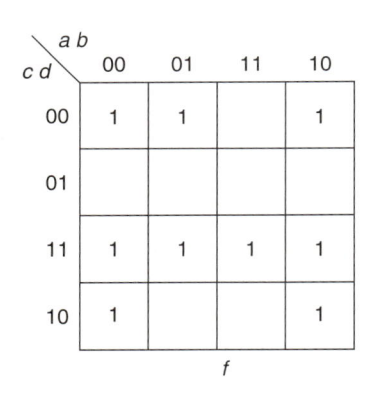

f:

cd \ ab	00	01	11	10
00	1	1		1
01				
11	1	1	1	1
10	1			1

g:

cd \ ab	00	01	11	10
00	1		1	1
01	1	1	1	1
11			1	
10	1			1

h:

cd \ ab	00	01	11	10
00		1	1	1
01				
11			1	
10	1	1	1	1

EN'	a	b	0	1	2	3
1	X	X	1	1	1	1
0	0	0	0	1	1	1
0	0	1	1	0	1	1
0	1	0	1	1	0	1
0	1	1	1	1	1	0

如果我們用例題 5.2 的設計，我們會需要一個 9 輸入的 NAND 閘給 f 與一個 10 輸入的閘給 g。如果使 c 和 d 為第一個解碼器的輸入，我們會得到下列的設計。

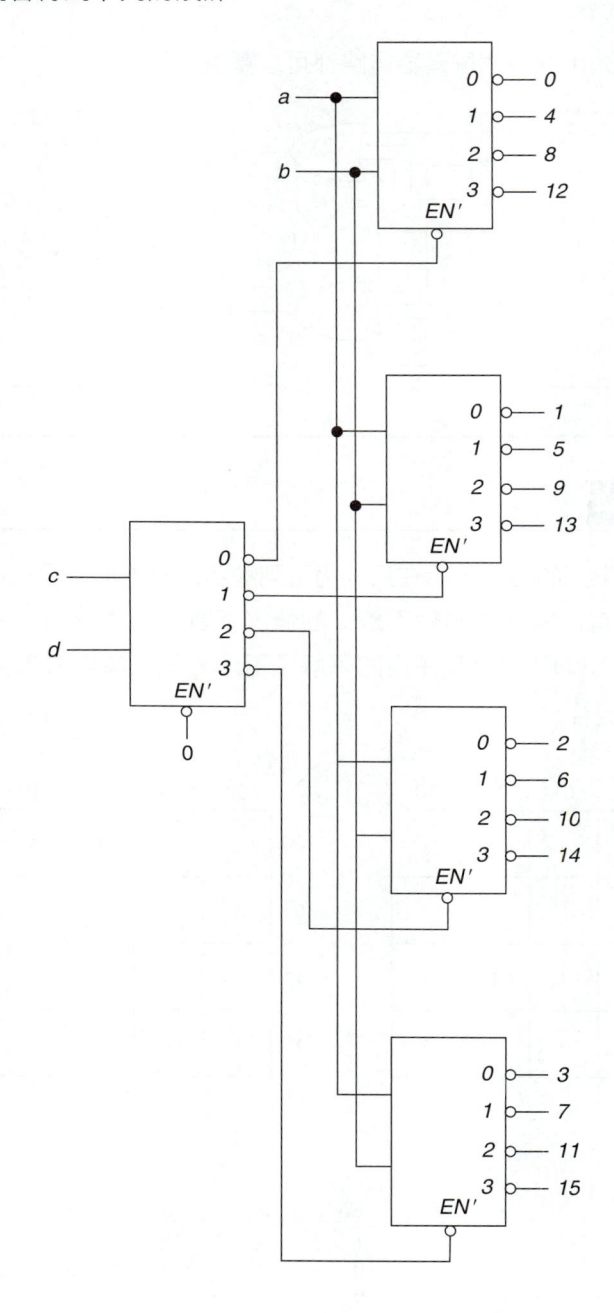

如果我們不利用到 f 的最小項 3、7、11、15 事實上都被包含，這樣會需要同樣組合的 NAND 閘。因此我們可以將第四個解碼器的啟動輸入直接連接到 f 的輸出，在下一張圖中，我們發現同樣的方法也可以應用在 g 和 h 上。現在所有 NAND 閘都只有少於 8 個輸入，而且我們因為其輸出沒有被使用，而不需要用到其中一個解碼器（以虛線表示）。這是因為卡諾圖中的 01 列是全為 1 或是全不為 1。

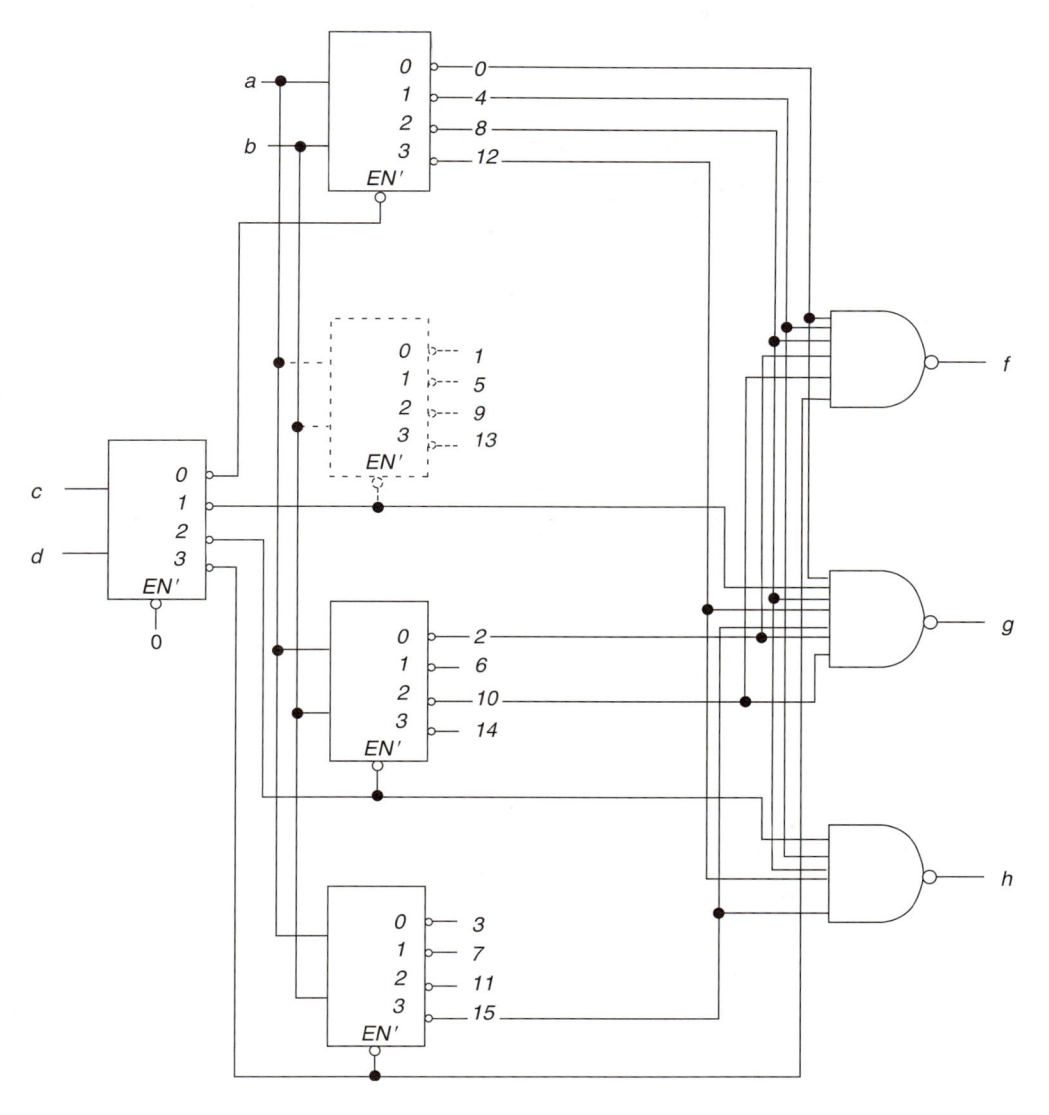

要只利用 4 輸入 NAND 閘來實現，我們必須要使用不同的做法。下一組圖顯示了許多四格組合。

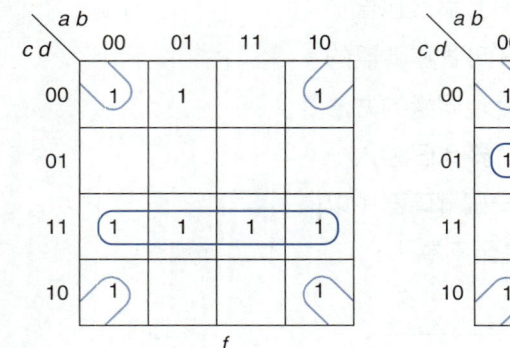

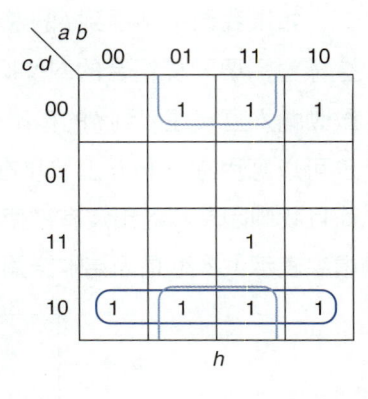

藍色的項對應到 cd、c'd 和 cd'，也就分別是由解碼器輸入為 c 和 d 的第 3、1、2 個輸出，同樣的，淺藍色的輸出對應到 b'd' 和 bd'，也就是解碼器輸入為 b 和 d 的第 0 和 2 個輸出。剩下的 1 就如同前述所包含，已在 cd 解碼器的第 0 和 3 個輸出加入第二層解碼器。

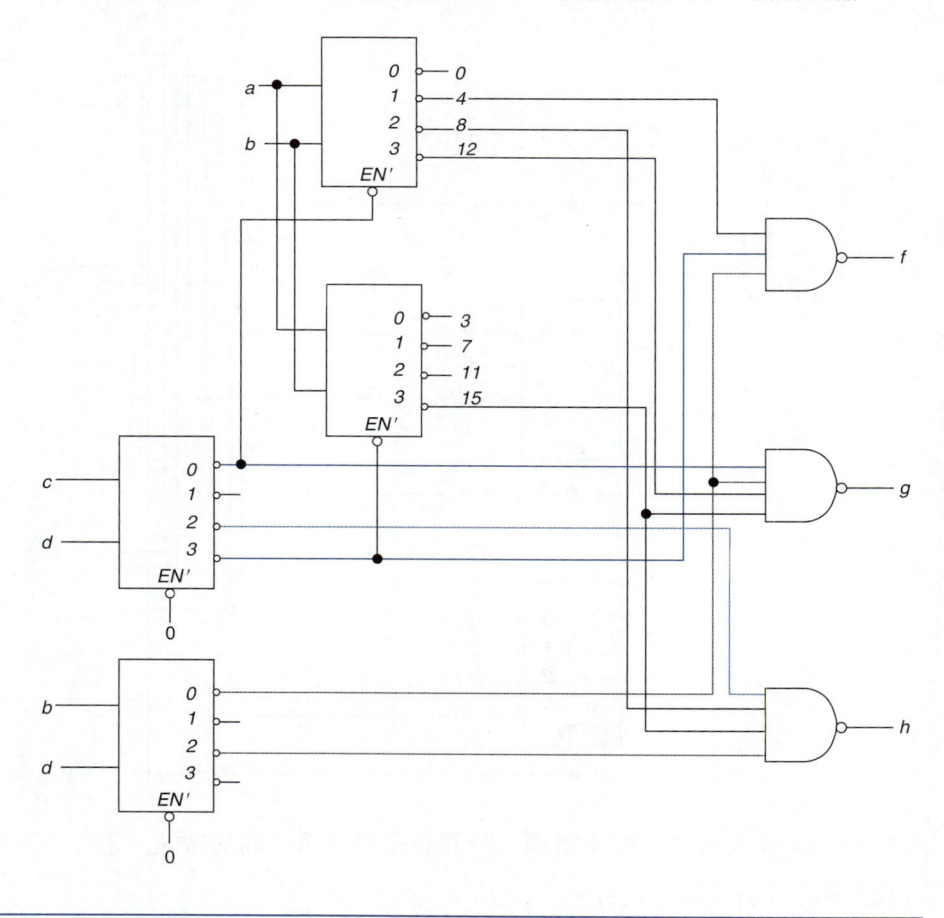

5.3 編碼器與優先編碼器

二進位編碼器（binary encoder）就是二進位解碼器的相反，這在當許多裝置之一要向電腦傳送信號（在連接到裝置的線上傳 1）時很有用；而編碼器就會產生裝置號碼。如果我們可以假設僅有一個輸入（在 A_0, A_1, A_2, A_3 中）會是 1，那麼表 5.4 的真值表就適用，且

$$Z_0 = A_2 + A_3$$
$$Z_1 = A_1 + A_3$$

表 5.4　四線編碼器

A_0	A_1	A_2	A_3	Z_0	Z_1
1	0	0	0	0	0
0	1	0	0	0	1
0	0	1	0	1	0
0	0	0	1	1	1

這樣的安排將會無法分辨裝置 0 或者是無信號。（但如果沒有裝置編號 0，那就不會有這個問題。）否則，我們可以增加另一個輸出 N 來表示沒有信號被致動。

$$N = A_0' A_1' A_2' A_3' = (A_0 + A_1 + A_2 + A_3)'$$

如果同一時間可以有多餘一個輸入發生，那麼我們就要建立一個優先排序，而該輸出就表示其輸入是有被致動的輸入中帶有最高次序的那一個。優先排序通常是由最大（最小）輸入數字代表高次序而遞減（遞增）排列。表 5.5 顯示一個八輸入優先編碼器的真值表，其中第 7 個裝置有最高的次序。

表 5.5　優先編碼器

A_0	A_1	A_2	A_3	A_4	A_5	A_6	A_7	Z_0	Z_1	Z_2	NR
0	0	0	0	0	0	0	0	X	X	X	1
X	X	X	X	X	X	X	1	1	1	1	0
X	X	X	X	X	X	1	0	1	1	0	0
X	X	X	X	X	1	0	0	1	0	1	0
X	X	X	X	1	0	0	0	1	0	0	0
X	X	X	1	0	0	0	0	0	1	1	0
X	X	1	0	0	0	0	0	0	1	0	0
X	1	0	0	0	0	0	0	0	0	1	0
1	0	0	0	0	0	0	0	0	0	0	0

輸出 NR 表示的是沒有請求（no request），在這個情況下，我們不管其它的輸出是什麼，如果裝置 7 有致動信號（也就是 1），那麼輸出就不管其它輸入是什麼，就是 7 的二進位表示（如表中的第二列）。只有在 $A_7=0$ 的情況下才會去識別其它輸入。這個裝置的表示方程式即為

$$NR = A_0'A_1'A_2'A_3'A_4'A_5'A_6'A_7'$$
$$Z_0 = A_4 + A_5 + A_6 + A_7$$
$$Z_1 = A_6 + A_7 + (A_2 + A_3)A_4'A_5'$$
$$Z_2 = A_7 + A_5A_6' + A_3A_4'A_6' + A_1A_2'A_4'A_6'$$

74147 是一個商用 BCD 編碼器,有九個低態致動輸入以及將其編碼而成四個低態致動輸出。輸入信號分別編號成 $9'$ 到 $1'$,而輸出是 D'、C'、B'、A',注意到所有的輸出 1(非致動)表示沒有輸入是被致動的;也就是沒有輸入信號為 $0'$。表 5.6 列出描述其行為的真值表。

表 5.6　74147 優先編碼器

$1'$	$2'$	$3'$	$4'$	$5'$	$6'$	$7'$	$8'$	$9'$	D'	C'	B'	A'
1	1	1	1	1	1	1	1	1	1	1	1	1
X	X	X	X	X	X	X	X	0	0	1	1	0
X	X	X	X	X	X	X	0	1	0	1	1	1
X	X	X	X	X	X	0	1	1	1	0	0	0
X	X	X	X	X	0	1	1	1	1	0	0	1
X	X	X	X	0	1	1	1	1	1	0	1	0
X	X	X	0	1	1	1	1	1	1	0	1	1
X	X	0	1	1	1	1	1	1	1	1	0	0
X	0	1	1	1	1	1	1	1	1	1	0	1
0	1	1	1	1	1	1	1	1	1	1	1	0

5.4　多工器與解多工器

多工器(multiplexer),通常稱作 **mux**,基本上是一個將其中一個輸入傳至輸出的開關,也就是一組輸入選擇的函數,通常我們會使用成組的多工器來選擇多個多位元輸入的數字。

圖 5.11 畫出一個雙向多工器和它的邏輯符號。

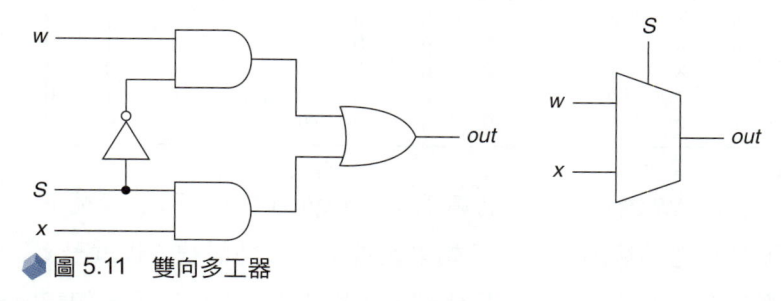

圖 5.11　雙向多工器

輸出 **out** 在 $S=0$ 時會是 w,而在 $S=1$ 時會是 x。

四向多工器可以由 AND 和 OR 閘實現，如圖 5.12a 所示，或者由三個雙向多工器組成，如圖 5.12b。其邏輯符號如圖 5.12c。

輸出在輸入選擇（S_1, S_0）是 00 時為 w，是 01 時為 x，是 10 時為 y，而是 11 時為 z。這個電路與解碼器的十分相似，對每一個輸入選擇組合都有一個 AND 閘。部分多工器也會有啟動輸入，所以在非致動時輸出會是 0。

如果輸入是由一組 16 位元數字組成，且控制輸入可以選擇其中哪些會被傳遞，那麼我們會需要每個位元一個多工器，共 16 個。我們會需要 16 個像圖 5.12a 的電路，使用 64 個三輸入 AND 閘與 16 個四輸入 OR 閘。（當然所有邏輯閘都可以由 NAND 閘取代。）另一個替代方案是使用一個解碼器來驅動所有的多工器，這個做法的前三個位元如圖 5.13 所示。

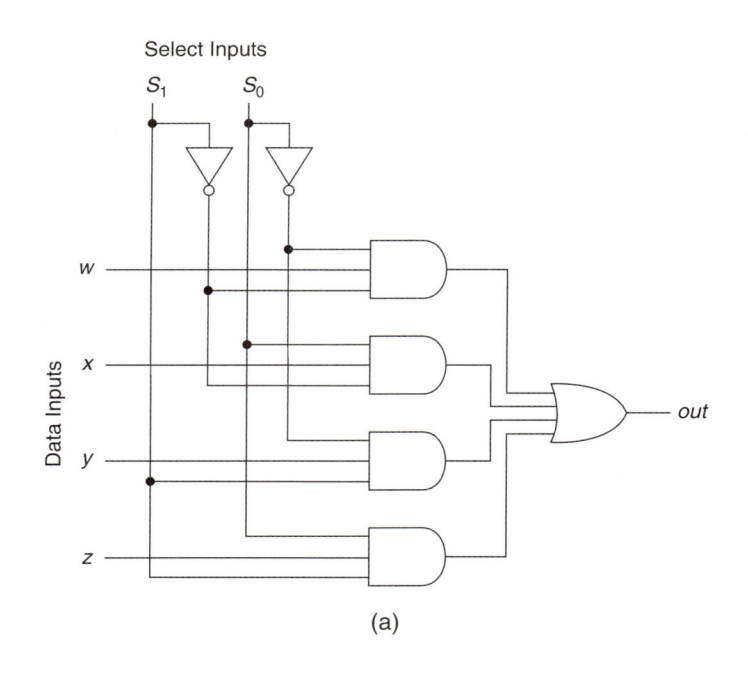

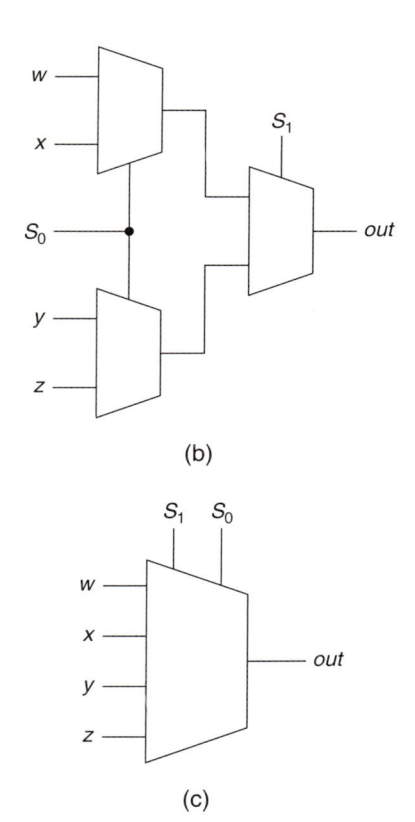

◆ 圖 5.12　(a) 四向多工器。(b) 由雙向多工器組成。(c) 邏輯符號。

我們仍然需要 16 個四輸入 OR 閘，但是現在多工器中的 AND 閘只需要兩個輸入，當然還有解碼器的 4 個兩輸入 AND 閘，所以一個 16 位元多工器總共就是 68 個兩輸入邏輯閘。如果我們要用 7400 系列的積體電路來實現，這樣的方法會需要 17 個封裝的兩輸入 AND 閘（一個封裝有四個），相較之前的方法會需要 22 個封裝的三輸入 AND 閘（一個封裝有三個）。

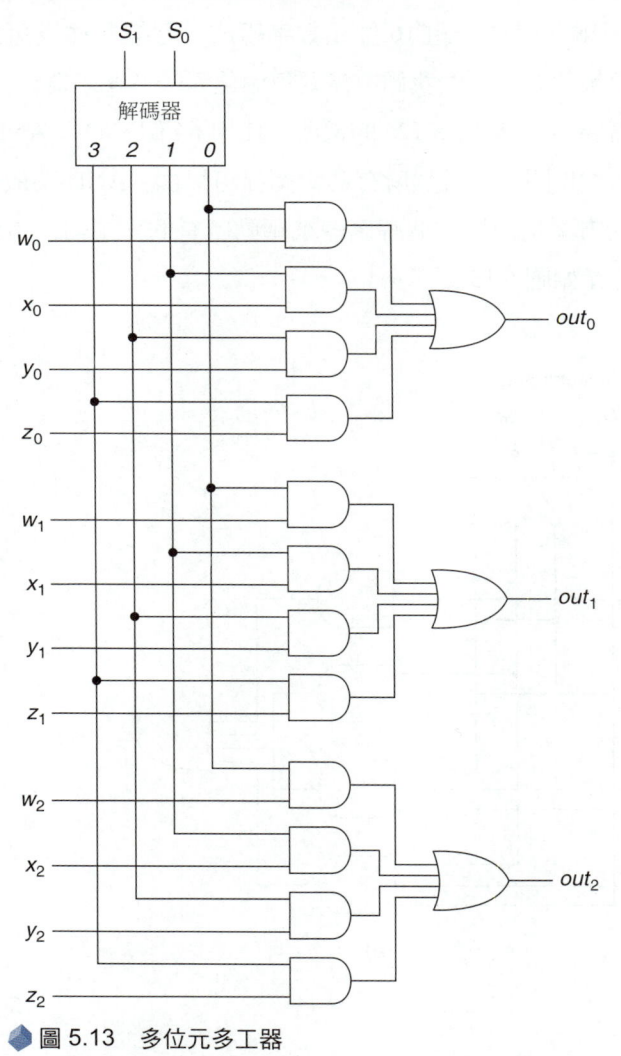

◆ 圖 5.13　多位元多工器

多工器可以用來實現邏輯函數，最簡單的方法就是將輸入選擇用作解碼器，然後在資料輸入接上常數 0 和 1。

例題 5.5

三變數函數可以直接由八向多工器實現。三個變數會接到控制輸入，其函數的真值表會接到資料輸入。

對於 $f(a, b, c) = \Sigma m\,(0, 1, 2, 5)$，真值表是

a b c	f
0 0 0	1
0 0 1	1
0 1 0	1
0 1 1	0
1 0 0	0
1 0 1	1
1 1 0	0
1 1 1	0

利用多工器，這會由以下方式實現

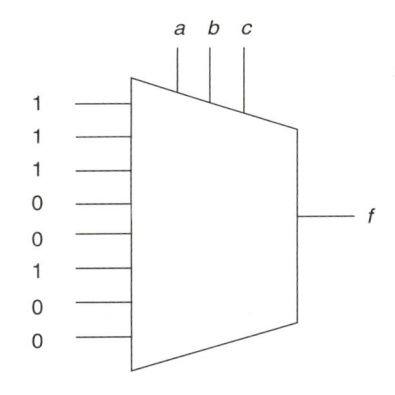

```
         a  b  c
         |  |  |
    1 ──┐
    1 ──│
    1 ──│
    0 ──│────── f
    0 ──│
    1 ──│
    0 ──│
    0 ──┘
```

我們也可以用四向多工器來實現，這樣的做法會是，我們重寫真值表如下。

	f		f
a b	c = 0	c = 1	
0 0	1	1	1
0 1	1	0	c'
1 0	0	1	c
1 1	0	0	0

首先，我們來看第三個變數 c（其實可以是任意一個），然後替 c=0 與 c=1 各加一個輸出行。接著針對每一列，我們建立 c 的函數之單一輸出行。以第一列而言，c=0 和 c=1 時 f =1；因此 f=1。對第二列來說，因為 f 只有在 c=0 時為 1，因此 f=c'，這讓我們得到以下的實現方法。

```
         a  b
         │  │
      1 ─┤
      c'─┤
         │     ├── f
      c ─┤
      0 ─┤
```

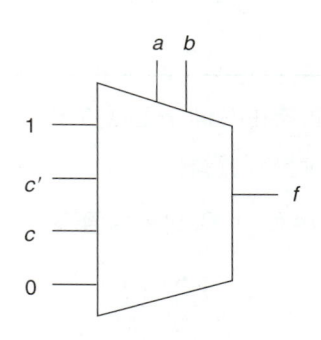

　　我們會簡單介紹三個廣泛使用的商用封裝。74151 是帶有一個低態致動啟動輸入 *EN'* 與無互補（高態致動）和互補（低態致動）輸出的單位元八向多工器，資料輸入由 *A7* 標示到 *A0*（對應到二進位選擇）且輸出為 *Y* 和 *Y'*，輸入選擇依序標示為 *S2*, *S1*, *S0*。

　　74153 則包含有兩個四向多工器 *A* 和 *B*，各自有所屬的低態致動啟動（*ENA'* 和 *ENB'*）。第一個多工器的輸出標示為 *YA* 且輸入由 *A3* 標示到 *A0*，而第二個的輸入由 *B3* 標示到 *B0* 且輸出為 *YB*。兩個多工器使用同樣的兩個輸入選擇（標示為 *S1* 和 *S0*），這樣就能讓多工器的 2 個位元來做四個輸入信號的選擇。

　　74157 包含有四個（四倍）雙向多工器，其使用同樣一個低態致動啟動信號（*EN'*）以及同樣單一一個輸入選擇（*S*）。多工器分別標示為 *A*, *B*, *C*, *D*，第一個的輸入是 *A0* 和 *A1* 而輸出為 *YA*。這樣提供了一個 4 位元的雙向選擇系統。

　　解多工器（demultiplexer, demux）就是多工器的相反，它能夠將信號由一處導引至多處選擇之一。圖 5.14 展示了四向解多工器的一個位元，其中 *a* 和 *b* 選擇信號 *in* 要往哪個方向移動，其電路與四向解碼器相同，只是以信號 *in* 取代 *EN*。

5.5　三態閘

　　截至目前為止，我們假設所有邏輯準位非 0 即 1。我們的確有遇到隨意項，但是在所有實際實現電路中，每個隨意項是選了定值 0 或 1。更進一步而言，我們還沒有將一個邏輯閘的輸出與另一個輸

▲ 圖 5.14 四向解多工器

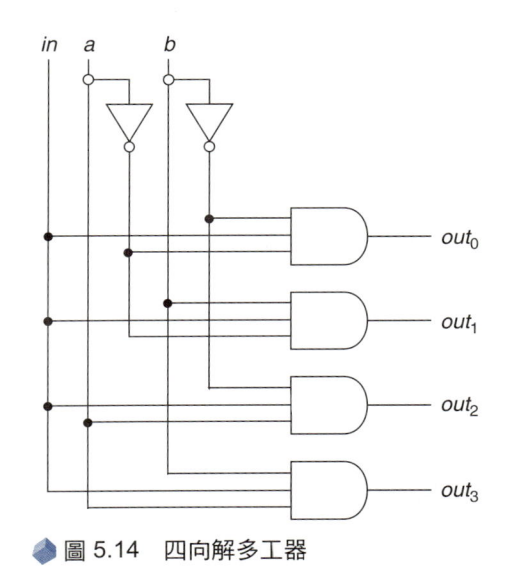

出相接，因為如果兩個輸出產生相反的值，就產生了衝突。（有些技術是可能將兩個 AND 閘的輸出接在一起而形成「有線 AND 閘」（wired AND）或者是「有線 OR 閘」（wired OR），但是在其它的情況下，很有可能會有一個以上的邏輯閘損壞，因此我們在目前所討論的內容中尚不建議這個方法。）

有些設計技巧的確可以讓我們將輸出接在一起，現今比較常見的作法被稱作**三態**（three-state or tristate）輸出閘。〔我們不會討論其他類似的實現方式，像是傳輸閘（transmission gate）或是開集極閘（open-collector gate）。〕

三態閘中，在閘的旁邊標示有一個啟動輸入，如果這個輸入是被致動的（可能是高態致動或低態致動），這個邏輯閘就會正常運作，如果控制輸入是非致動，那麼輸出就會像是沒有被連接（如同開路電路），這個輸出通常是由 Z 表示。圖 5.15 中畫出了三態緩衝器（three-state buffer）（帶有高態致動啟動）的真值表以及電路表示。

我們會看到有三態緩衝器帶有低態致動啟動及／或帶有輸出；後者的情況就是一個三態 NOT 閘。三態輸出也存在於其他更複雜的邏輯閘，在每一個情況中，在啟動被致動的時候輸出都是正常的，而非致動時則輸出開路電路。利用三態邏輯閘，

EN	a	f
0	0	Z
0	1	Z
1	0	0
1	1	1

▲ 圖 5.15 三態緩衝器

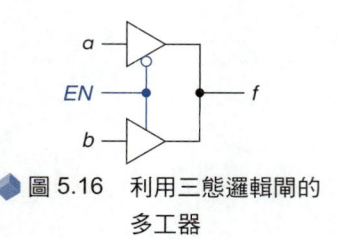

◆ 圖 5.16　利用三態邏輯閘的多工器

我們可以建置沒有 OR 閘的多工器。舉例來說，圖 5.16 中的電路是一個雙向多工器，其啟動是控制輸入，用以決定 $f=a$（$EN=0$）或者是 $f=b$（$EN=1$）。三態邏輯閘通常用在傳送於系統之間的訊號。

匯流排（bus）指的是一組傳輸訊號的線，有時候資料可能會在相隔兩地的裝置之間雙向傳遞。匯流排本身其實就是一組多工器，其中每個位元用一個。

例題 5.6

以下的電路顯示了匯流排中一個位元的兩種實現方式──一種利用 AND 和 OR 閘而另外一種使用三態邏輯閘。

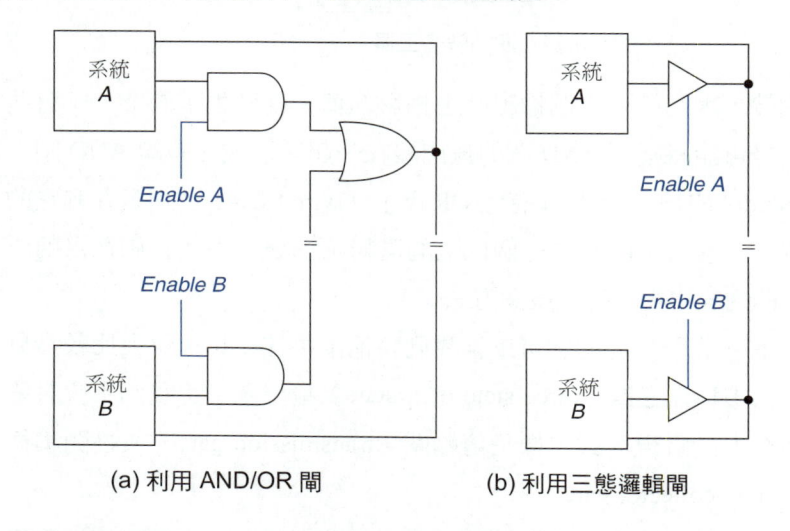

(a) 利用 AND/OR 閘　　(b) 利用三態邏輯閘

主要的差異在於 AND-OR 多工器電路系統間的每位元兩條長電線，對比於三態邏輯閘版本的一條，如果在系統間傳送的是 32 位元字組的話差異會更大，在這個情況中會有 32 個多工器，所以 AND-OR 系統間會需要 64 條線，而三態邏輯閘版本只需要 32 條。更進一步而言，如果啟動信號由其中一個系統產生（而不是各自內部產生），那麼不管字組多長也只需要多加一條線。

在本章以及第 8 章中討論閘陣列時，我們會看到許多系統都會有三態輸出緩衝器。

5.6 閘陣列──ROM、PLA 及 PAL

閘陣列是用來快速實現相對複雜系統的其中一種方法，它們有許多不同變型，但卻都有共通點。其基本概念如圖 5.17 針對三輸入三輸出系統所描述，其中虛線表示可能的連接。（這比多數實際閘陣列要小的多。）

這些裝置實現的是 SOP 表示。（在這個例子中，我們可以實現三個變數的三個函數，然而因為只有六個 AND 閘，最多六個乘積項可以被三個函數所運用。）閘陣列只需要非互補的輸入；內部具有能夠產生互補的電路。

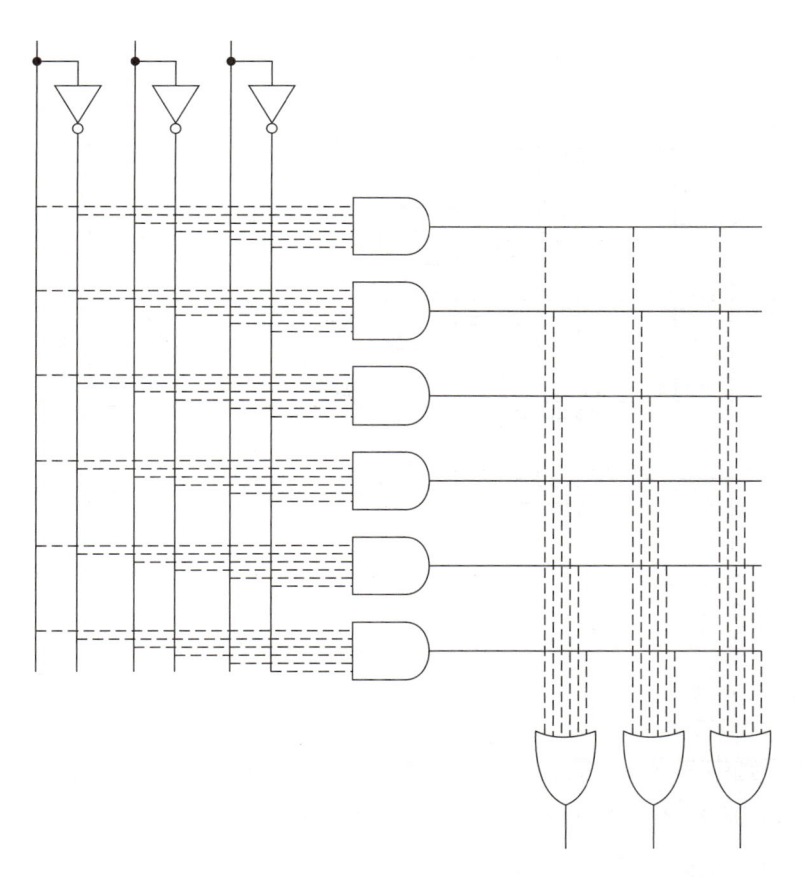

◆ 圖 5.17 閘陣列的結構

例題 5.7a

以下的電路實現了

$f = a'b' + abc$
$g = a'b'c' + ab + bc$
$h = a'b' + c$

利用此閘陣列實現，其中顯示的實線為實際連結。

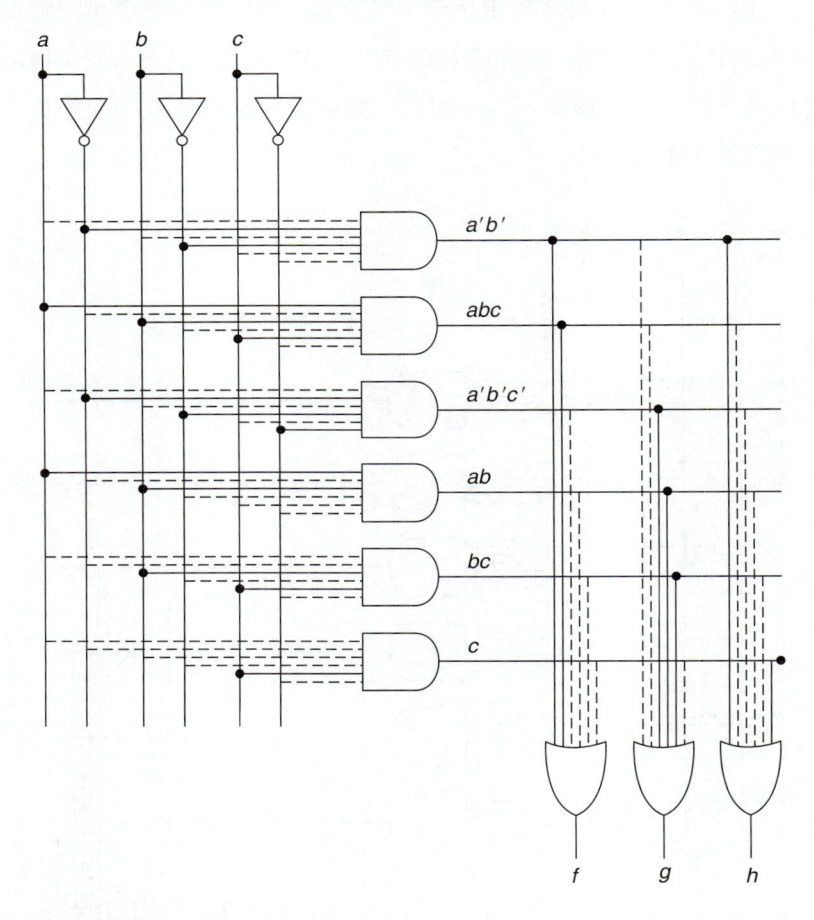

示意圖中有兩件事需要注意。首先，產生 $a'b'$ 的 AND 閘輸出連接到兩個 OR 閘的輸入，這只是共用項，再者，c 這項不需要 NAND 閘的實現（或是 AND/OR 閘的實現），卻需要邏輯陣列的一項，且並沒有其它方式能在輸出得到 c。

這個版本的示意圖相對麻煩，尤其是當輸入和閘數增加時。因此相較於將所有線顯示出來，通常只會有單一一個輸入線顯示，並在交接處以 X 或打點註記連接。因此前一個範例的電路可以重畫成例題 5.7b。

例題 5.7b

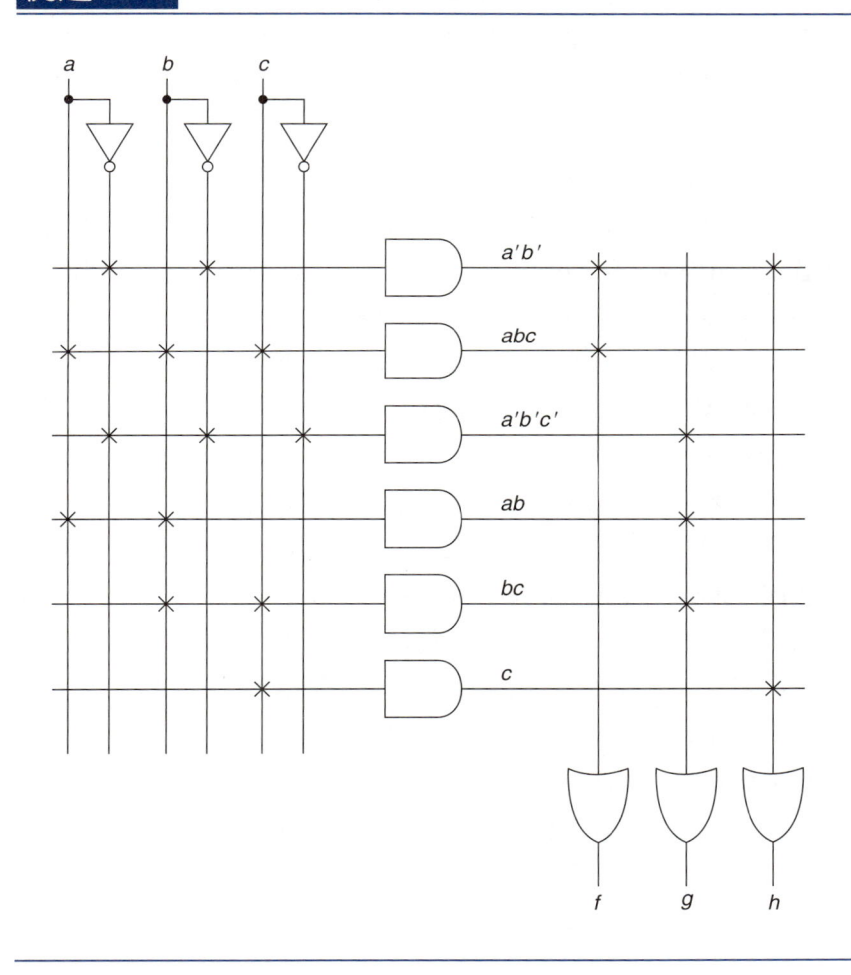

有時候 AND 和 OR 閘並不會被畫出來，但是是能夠理解的。（我們馬上會看到這點的例子。）

常見的組合邏輯陣列有三種。（我們會在第 8 章討論帶有記憶體的陣列。）最廣泛的一種（截至我們目前的描述）是**可程式邏輯陣列**（Programmable Logic Array, PLA）。在 PLA 中，使用者列出所有連接（包括 AND 陣列以及 OR 陣列中的連接），因此我們可以建置任何 SOP 表示法組合（並且共用共同項）。第二種是**唯讀記憶體**（Read-Only Memory, ROM）。在唯讀記憶體中的 AND 陣列是固定的，它就只是由第二層 AND 閘給進 n 個輸入到唯讀記憶體的解碼器，使用者只能列出接至 OR 閘的連接，因此產生的是最小項之和的解答。第三種是**可程式陣列邏輯**（Programmable Array Logic, PAL），其接至 OR 閘的連接已被選定；使用者可以決定 AND 閘的輸入，每個乘積項只能用在其中一個和。我們會在以下的章節中分別討論。

在每一種組合中，基本陣列都會先被製造，後續再加上連接，其中一個做法是製造商依照使用者的規格來增加，或者也有**現場可程式**（field programmable）的版本讓使用者能夠利用特殊編程裝置來輸入連接，現場可程式裝置的背後概念是在每個連接處加上一個保險絲，如果使用者不需要該連接的話就把保險絲燒掉。（燒掉的保險絲在 AND 閘輸入會是 1，而在 OR 閘輸入會是 0。保險絲可以是電子式的，也就能夠重置。）這聽起來比實際上要複雜且費時；因為編程裝置能由描述目標陣列的輸入而自動達成這些工作。這個想法在唯讀記憶體的情況下更進一步；我們會遇到**複寫可程式唯讀記憶體**（erasable programmable read-only memories, EPROMs）。（既是複寫又是唯讀聽起來很矛盾，但這是可行的。）其中一種保險絲可以在照射紫外光數分鐘後重置；另外一種可以電子化重置。

除了上述邏輯之外，許多現場可程式裝置讓輸出可以是高態致動或低態致動。（低態致動表示的就是輸出的互補，也就是 f' 而不是 f。）這只會在輸出需要一個 XOR 閘並能夠編輯 f 的其中一個輸入為 0 而 f' 的其中一個為 1，這個情況的輸出邏輯顯示如圖 5.18。

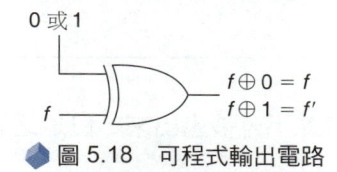

0 或 1

$f \oplus 0 = f$
$f \oplus 1 = f'$

◆ 圖 5.18　可程式輸出電路

有些可程式裝置在輸出有一個三態緩衝器，可以經由啟動輸入或者是其中一個 AND 邏輯閘的信號啟動，這樣就能使輸出很容易的連接到匯流排。

有時候輸出會迴授成為 AND 陣列的另一個輸入，這樣就可以產生多於兩層的邏輯（常見於我們後續會談到的 PAL），而如果加上一個三態輸出閘，如圖 5.19，也能夠將輸出以輸入的方式使用，而不是輸出。

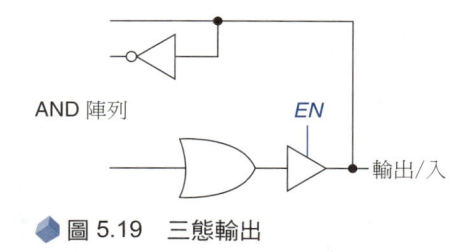

◆ 圖 5.19　三態輸出

注意到如果三態閘是啟動的，那麼從 OR 陣列到輸出，再接回到 AND 陣列的連接就建立了起來。如果三態閘沒有被啟動，那麼與那個 OR 相關的邏輯就沒有被連接，而這個**輸出／入**（Out/In）就只是另一個 AND 陣列的輸入。

5.6.1　利用唯讀記憶體設計

要使用唯讀記憶體設計一個系統，我們只需要有每個函數的最小項清單。唯讀記憶體對每個最小項有一個 AND 閘；我們將對應到最小項的閘連接到每個輸出。這其實與例題 5.3 中利用積之和表示實現解碼器的電路是同一種。

例題 5.8

$W(A, B, C, D) = \Sigma m(3, 7, 8, 9, 11, 15)$
$X(A, B, C, D) = \Sigma m(3, 4, 5, 7, 10, 14, 15)$
$Y(A, B, C, D) = \Sigma m(1, 5, 7, 11, 15)$

這裡顯示的四輸入唯讀記憶體的列是由（依序）0 排到 15，接下來在合適的交接處放上 X 或者是點，在以下的電路中，顯示為 X 的連接處會被建置在唯讀記憶體內；而使用者提供顯示為點的部分來實現上述的函數。

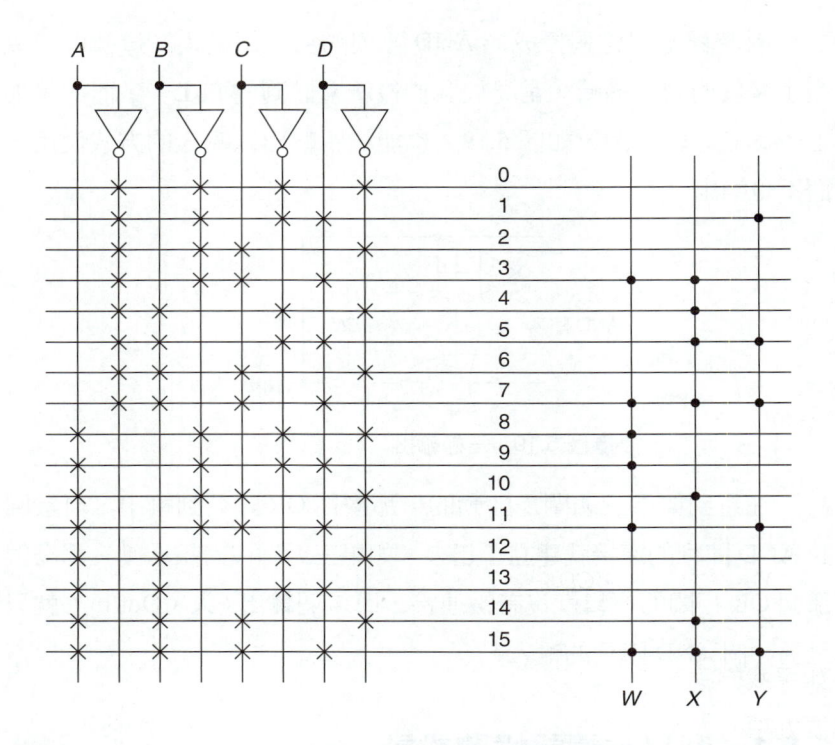

儘管用語上稱這個裝置為記憶體，這其實是一個如同電路所使用的組合邏輯裝置，輸出就只是當前輸入的函數。在第 8 章內，我們會看到真的有記憶體的可程式裝置。典型常見的商用可程式唯讀記憶體會有 8 到 12 個輸入以及 4 到 8 個輸出。

5.6.2 利用可程式邏輯陣列設計

要利用 PLA 設計一個系統，我們只需要找到要被實現的函數之 SOP 表示，唯一的限制是可使用的 AND 閘（乘積項）數量，每個函數的任何一個 SOP 表示都可以，從只是最小項的和，到能夠分別最簡化每個函數，甚至是能夠最大化共用（利用第 3.6 節的技巧）。

例題 5.9

考慮我們闡述唯讀記憶體的同一個例子：

$W(A, B, C, D) = \Sigma m(3, 7, 8, 9, 11, 15)$
$X(A, B, C, D) = \Sigma m(3, 4, 5, 7, 10, 14, 15)$
$Y(A, B, C, D) = \Sigma m(1, 5, 7, 11, 15)$

CHAPTER 5　設計組合系統

第一組卡諾圖中顯示了分別考慮這些函數的解答，X 和 Y 會有兩個解答。

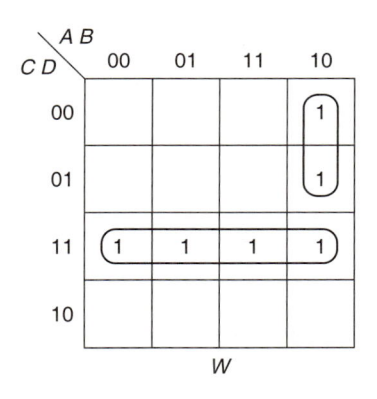

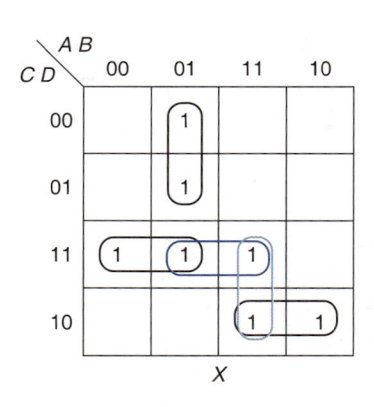

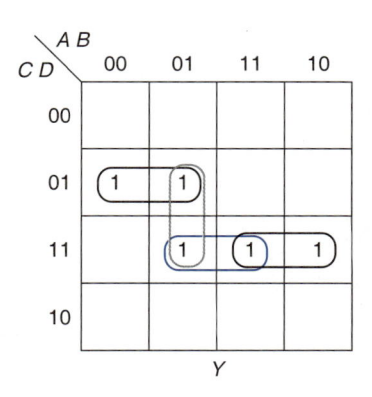

$W = AB'C' + CD$
$Y = A'BC' + A'CD + ACD' + \{BCD \text{ or } ABC\}$
$Z = A'C'D + ACD + \{A'BD \text{ or } BCD\}$

如果我們替 Y 和 Z 選用了 BCD，解答只會需要八項，否則解答會需要九項。

我們可以將這個視為多輸出問題而使用更少的項數，如以下卡諾圖所示：

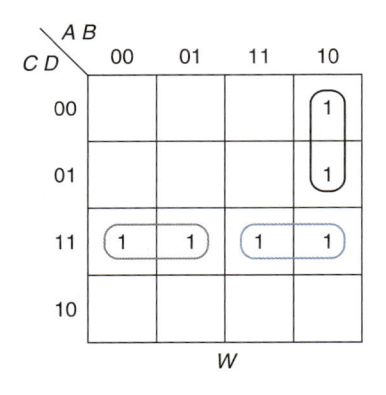

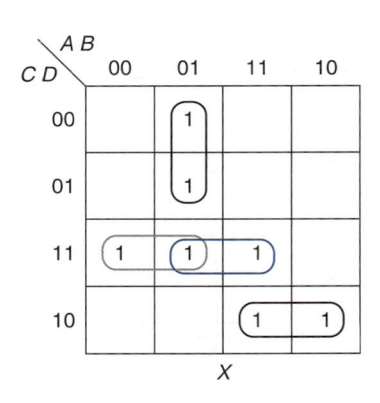

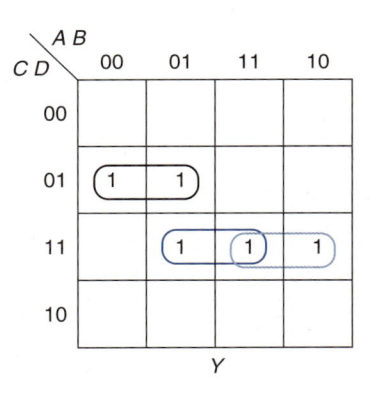

$W = AB'C' + A'CD + ACD$
$X = A'BC' + ACD' + A'CD + BCD$
$Y = A'C'D + ACD + BCD$

這個解法只用到七項而不是八或九。

以下的 PLA 顯示這兩個解法。我們在第一組輸出行展示第一個解答，前八項用來表示 BCD（藍色點）的可以由 X 中的 ABC 和 Z 中的 A'BD 取代（以 X 所示）而總共使用九項。在第二個解答中，第二項 CD 沒有被使用到；只需要七個乘積項。如果要使用的 PLA 可以像這邊的一樣大，那麼就不需考慮選用哪一個解法。

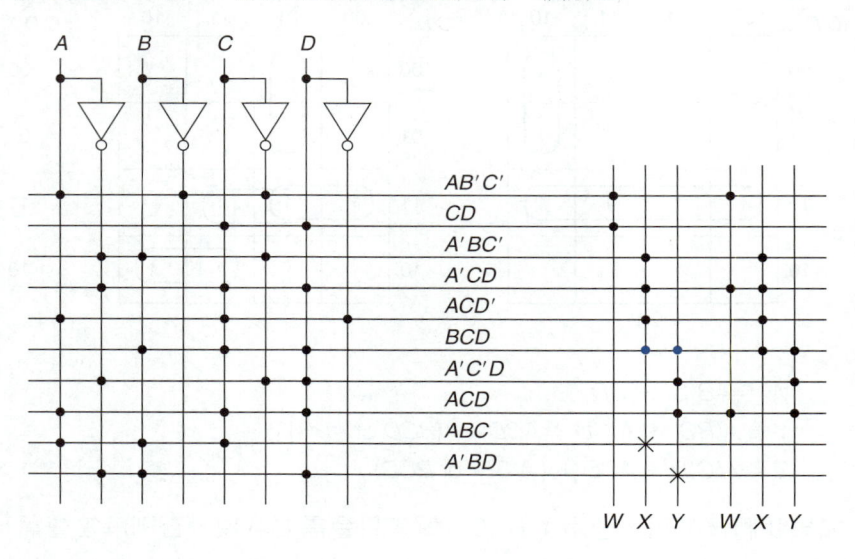

例題 5.10

我們再多看一個例子來解釋如果只有一個文字符號的項該怎麼辦？在例題 3.38（第 3.6 節）中，我們看到了以下卡諾圖：

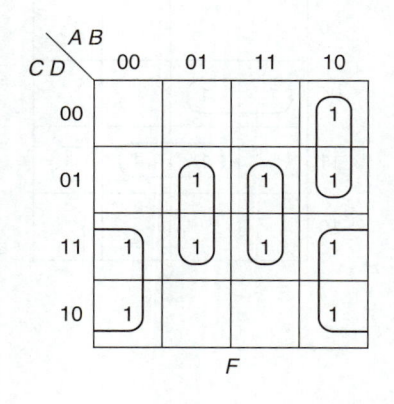

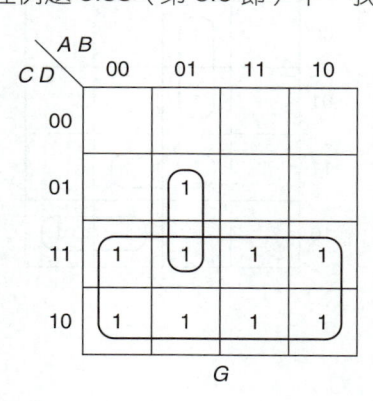

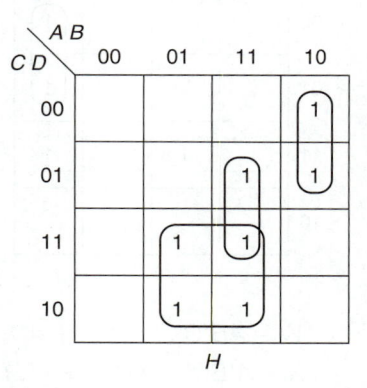

我們選擇了 G 中的 C 這個八格組合，因為這樣不需要 AND 閘而只使用一個 OR 閘的輸入。然而在 PLA 中，即便單一一個文字符號仍然需要一個閘，且我們不管閘輸入的數量，那麼對於 G 我們可以藉由利用 BC+B'C 來減少項數，因為 F 需要 B'C 而 H 需要 BC，因此在

下列 PLA 中輸出行的兩組解答都是可行的。注意到 C 這項只在第一個實現方法中使用到；第二個需要的項數少一項。

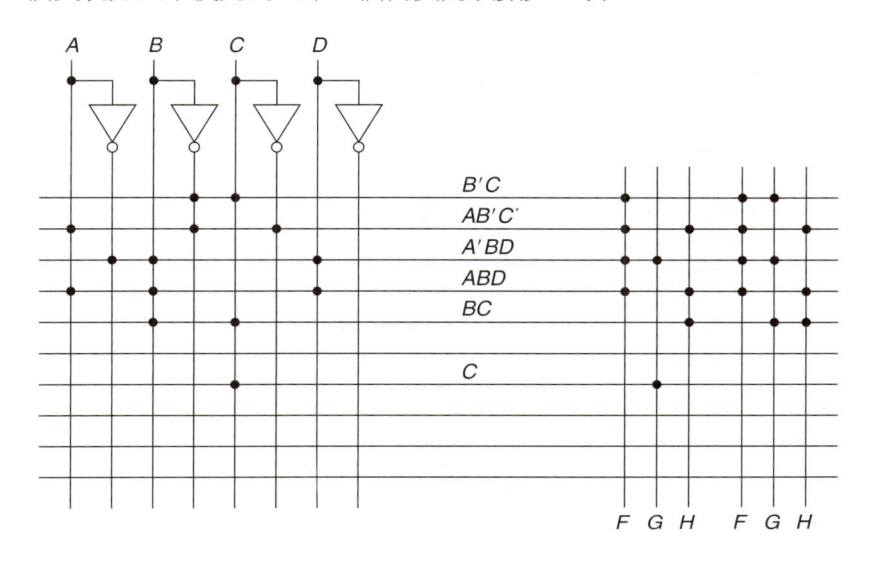

典型常用的商用 PLA（PLS100）有 16 個輸入，48 個乘積項，和 8 個輸出，每個輸出都可程式為高態致動或低態致動，且帶有用一個共同低態致動啟動輸入的三態緩衝器。注意到這可是使用比 16 輸入的唯讀記憶體還要少千分之一個乘積項。

5.6.3 利用可程式陣列邏輯設計

在可程式陣列邏輯中，每個輸出皆由一個有獨自 AND 閘群組連接的 OR 閘而來。圖 5.20 中畫出一個小型可程式陣列邏輯的布線。

對這個可程式陣列邏輯而言，總共有六個輸入與四個輸出，且每個 OR 閘都有四個輸入項，當使用可程式陣列邏輯時，每個 AND 閘的輸出只會連接到一個 OR 閘，因此並沒有共用項，而我們會需要分別解決每個函數。然而大多數的可程式陣列邏輯提供了某些或所有輸出迴授至輸入的可能性，有時候這會在內部，也就是某些 OR 閘的輸出可以是每個 AND 閘的另一個輸入，在其他情況下，就需要從外部連接（如同例題 5.12 暗示的），這樣就能夠在積之和表示法中有更多項（在這個例子中多於四個），或者是不是積之和的表示法，又或者是共用組合項。許多可程式陣列邏輯在輸出（在迴授至輸入之前）會有三態緩衝器，使得輸出也能夠做輸入使用。

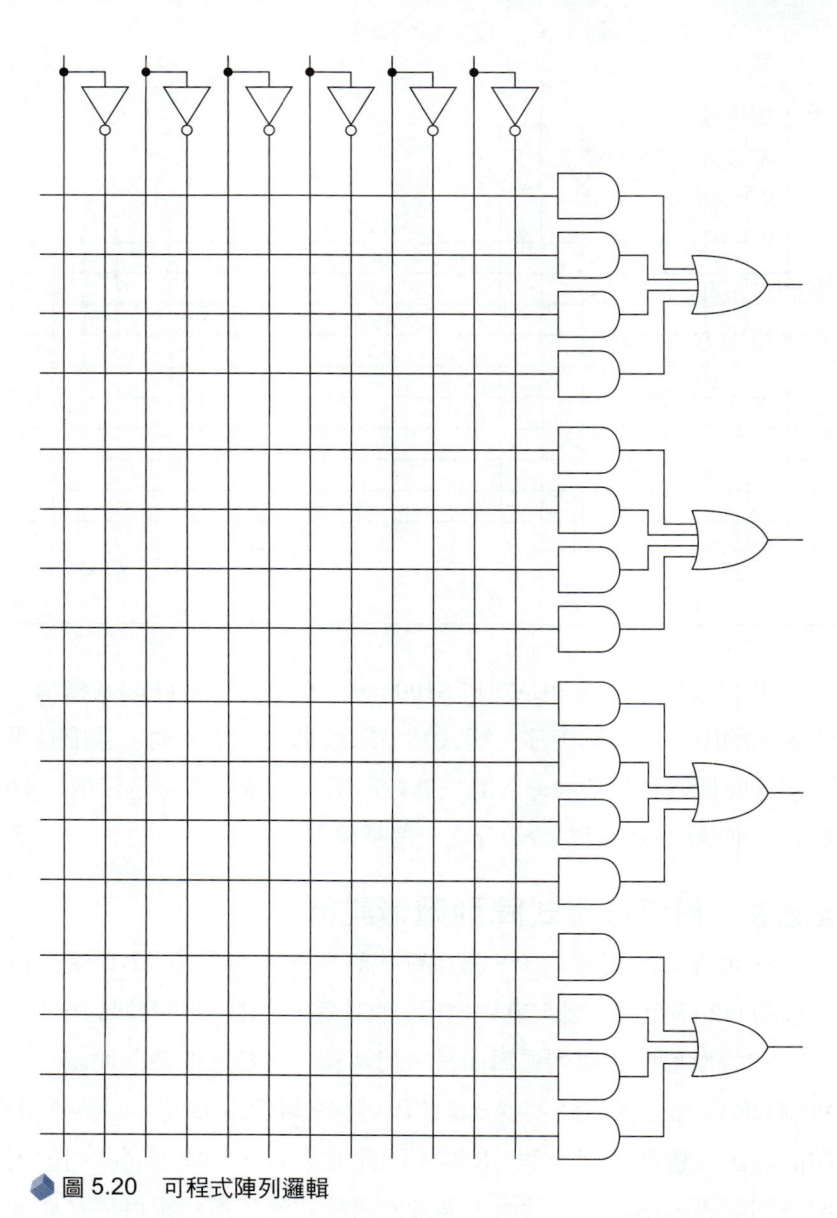

◆ 圖 5.20　可程式陣列邏輯

例題 5.11

我們首先回歸到我們用在唯讀記憶體以及可程式邏輯陣列的例子，也就是

$W = AB'C' + CD$
$X = A'BC' + A'CD + ACD' + \{BCD \text{ 或 } ABC\}$
$Y = A'C'D + ACD' + \{A'BD \text{ 或 } BCD\}$

我們並沒有需要考慮共用的理由，如果我們選擇每個可選用項的第一項，實現方法就是

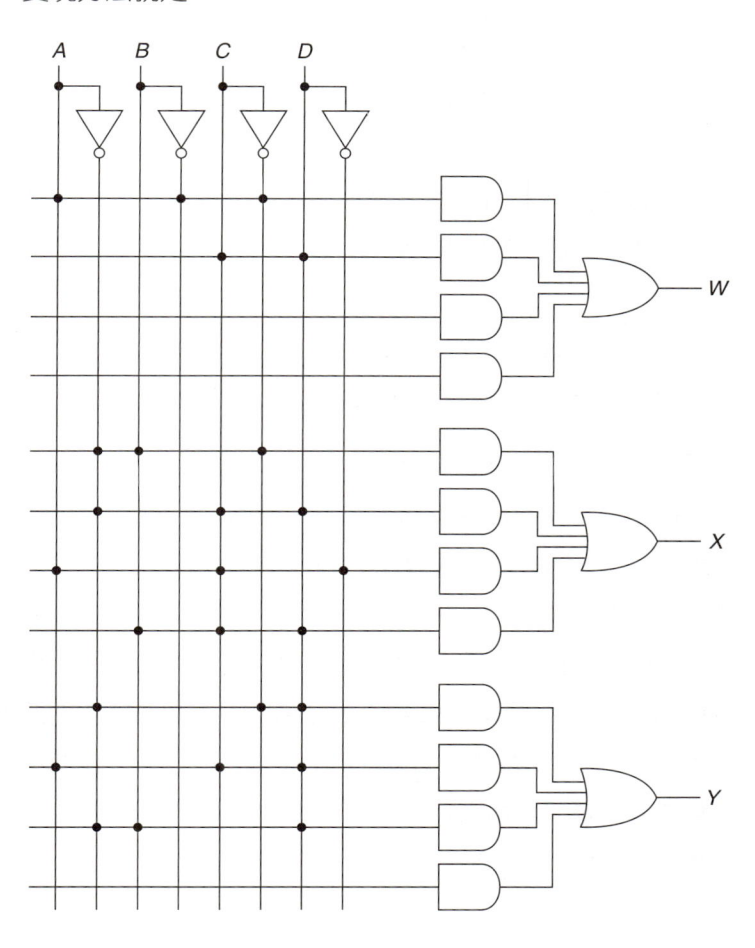

例題 5.12

為了展示迴授在系統中的有用之處，這個例子考慮以下卡諾圖中的函數：

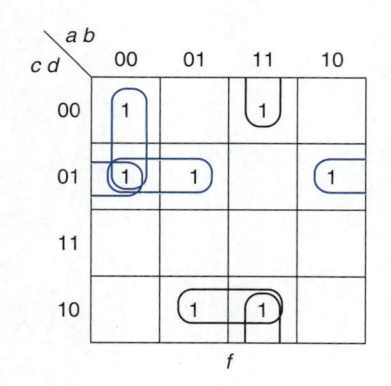

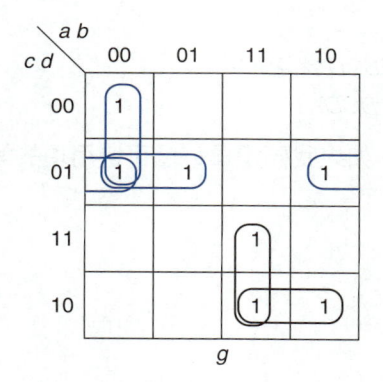

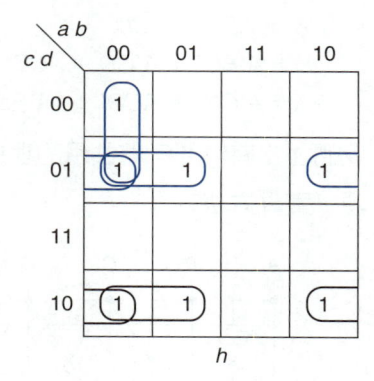

注意到三個藍色的項是每個函數各自的主要質隱項；另外兩個則不是，這樣的結果就是以下的算式：

$$f = a'b'c' + a'c'd + b'c'd + abd' + bcd'$$
$$g = a'b'c' + a'c'd + b'c'd + abc + acd'$$
$$h = a'b'c' + a'c'd + b'c'd + a'cd' + b'cd'$$

（解答是由分別考慮各自函數而得。如果我們把此題當作多輸出問題，我們會在 g 和 h 中使用 ab'cd' 這項，而不是在 g 中用 acd' 而在 h 中用 b'cd'，這樣會減少在代數解答中不同項的數量，但是卻不會改變在可程式陣列邏輯中使用的閘數。）以下列出可程式陣列邏輯的實現電路，前三項由第一個 OR 閘實現，而其輸出 t 會迴授至另外三個電路中的其中一個 AND 閘做輸入。注意到與 t 相關的第四個 AND 閘同時有 a 和 a' 接到輸入，很明顯地，該 AND 閘的輸出會是 0。某些實現方式會要求使用者將沒有使用到的 AND 閘照這樣的方式連接。（我們並沒有在其它沒有使用的 AND 閘這樣做。）

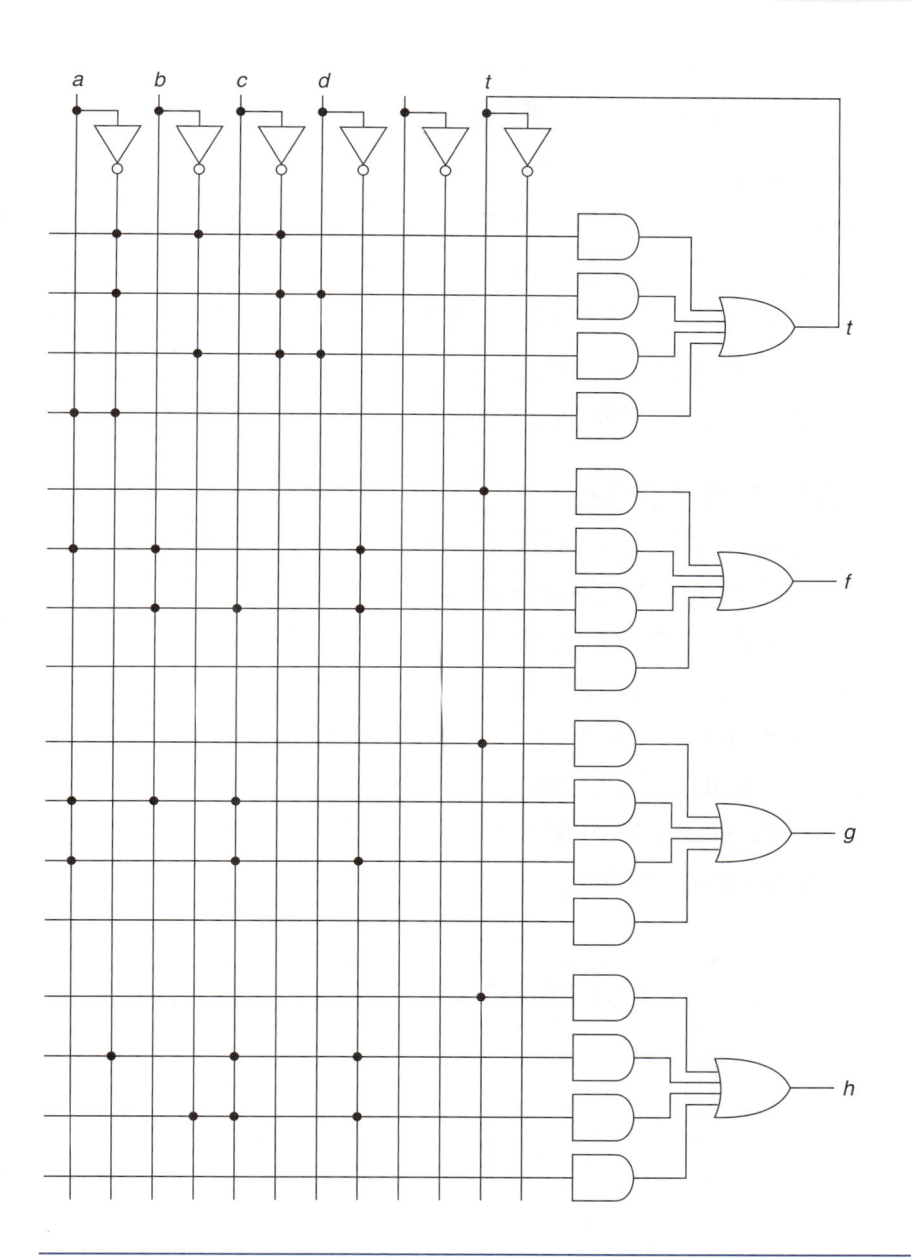

5.7 組合系統的測試與模擬

在設計完一個系統後,我們必須要測試並且確保它能夠依照要求運作。對一小型系統來說,這代表輸入所有可能的輸入組合,並將其輸出與預期輸出做比較。在系統變得比較大時,這個過程變得非常耗時，舉例來說，如果我們要測試一個 4 位元加法器（帶有進位輸入）的作動，總共有 2^9 個輸入組合要測試。我們其實可以只用少數的輸入組合來確認它的作動，只要我們能夠小心的確保電路的每個部分都有被檢測到（每個加總電路以及每個進位電路）。

在建置一個大系統時，通常需要把它分成數個小型系統，然後再分別設計以及測試。如果遇到在建置大量的特別系統時，通常會設計一個積體電路，但在投入這個設計之前，一定要先設計與測試，不管是用小型元件建置電路或者是模擬。

5.7.1　Verilog 介紹

多數著名數位系統的設計都是由電腦輔助工具（computer-aided tools）完成，它們讓使用者利用類似程式語言的符號標示系統的行為或者是架構（或者兩者的混和）。最常被廣泛使用的兩個是 *Verilog* 和 *VHDL*，它們有許多相似處，但是在細節上不一樣，在本節中，我們會展示 Verilog 架構上及行為上的程式範例，但是要讓使用者能夠利用任何 HDL 來設計的適當討論不包含在本書的範圍內。

我們首先用圖 5.21 闡述 Verilog 結構描述，再次討論例題 2.34 最先討論到的全加器。

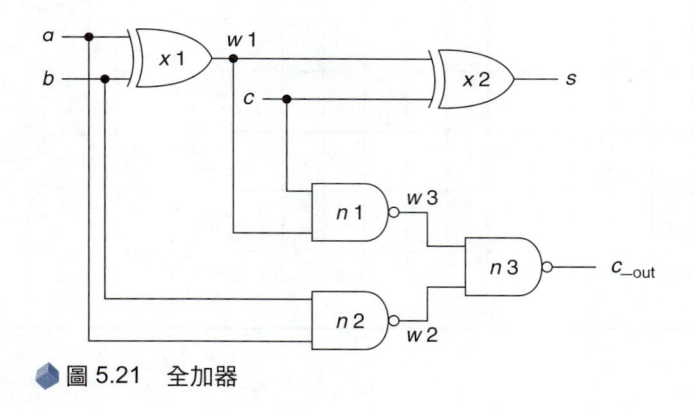

◆ 圖 5.21　全加器

相對應的 Verilog 程式（描述）如圖 5.22 所示。

```verilog
module full_adder (c_out, s, a, b, c);
    input a, b, c;
    wire a, b, c;
    output c_out, s;
    wire c_out, s;
    wire w1, w2, w3;
    xor x1 (w1, a, b);
    xor x2 (s, w1, c);
    nand n1 (w2, a, b);
    nand n2 (w3, w1, c);
    nand n3 (c_out, w3, w2);
endmodule
```

◆ 圖 5.22 全加器的 Verilog 結構描述

第一行包含有關鍵字 module，然後接著是模組的名稱以及參數，也就是輸出和輸入，名稱可以包含所有不是空格的字符；Verilog 有區分大小寫，也就是 x1 跟 X1 的意思不同。（底線符號 _ 是用來連接名稱的不同字。）每個模組會用 endmodule 這個聲明結束，而 Verilog 的聲明都是以分號（;）結尾，但 endmodule 除外。輸出和輸入的清單一定要包含在內，且每個閘輸出一定要宣告一個 wire。結構描述 Verilog 包含多數標準閘，像是 and, or, not, nand, nor, xor，它們的標示是列出關鍵字（像是 xor）、裝置各自副本的獨特名稱、輸出線名稱、以及輸入，正如同圖 5.22 所示。這個電路的連接設計成與圖 5.21 一模一樣，而邏輯聲明的順序並不重要。（這點在行為描述 Verilog 不成立。）

4 位元加法器可以用全加器作為建構方塊而建置，如同圖 5.23 所示。（我們會在最低有效位數用全加器，即使只使用一個半加器即可。）

```verilog
module  adder_4_bit (c, sum, a, b);
    input a, b;
    output c, sum;
    wire [3:0] a, b, sum;
    wire c0, c1, c2, c;
    full_adder f1 (c0, sum[0], a[0], b[0], 'b0);
    full_adder f2 (c1, sum[1], a[1], b[1], c0);
    full_adder f3 (c2, sum[2], a[2], b[2], c1);
    full_adder f4 (c, sum[3], a[3], b[3], c2);
endmodule
```

◆ 圖 5.23 4 位元加法器

這個例子中出現其他額外的符號。多位元線是由方括號標註，wire [3:0] a,b,sum 這個宣告說明了每個輸入以及總和輸出都是 4 位元（其中最高數字在左邊），在使用一個模組時，比如說 full_adder，重要的是參數的順序而不是名字，因此第一個全加器的副本將最低有效位數 a[0] 和 b[0] 相加而進位位置為 0（寫法是 'b0，其中 'b 表示接下來的數字是以二進位表示）。

Verilog 也提供了系統行為的描述，而不需要細部指明結構，這通常是在設計一個由許多模組構成的複雜系統時的第一步，每個模組的行為描述可以完成後測試，這樣通常直覺很多。當這樣子成功了之後，各自模組就可以被結構描述設計，而此時結構描述就可以一個個模組依序取代行為描述。Verilog 使用的行為描述符號很像 C 語言，正常的數學運算子（像是 +,–,*,/）都能夠使用，而位元邏輯運算子（not: ~, and: &, or: |, xor:^）也是，圖 5.24 顯示出兩種全加器的 Verilog 行為描述。

```
module full_adder (c_out, s, a, b, c);
    input a, b, c;
    wire a, b, c;
    output c_out, s;
    reg c_out, s;
    always
        begin
            s = a ^ b ^ c;
            c_out = (a & b) | (a & c_in) | (b & c_in);
        end
endmodule
```

(a) 使用邏輯算式

```
module full_adder (c_out, s, a, b, c);
    input a, b, c;
    wire a, b, c;
    output c_out, s;
    reg c_out, s;
    always
        {c_out, s} = a + b + c;
endmodule
```

(b) 使用代數算式

◆ 圖 5.24　全加器的 Verilog 行為描述

注意到行為模型裡的數值設定被稱為 `reg` 而不是 `wire`。

5.8 大型範例

在本節中，我們會看到三個系統的設計，它們比任何我們之前考慮過的都還要大型。

5.8.1 單位元十進位加法器

我們希望設計一個能夠加兩個十進位數字（以及進位）的加法器，其中數字都以 8421 碼儲存，這個系統會需要九個輸入（兩個數字代碼以及進位輸入）與五個輸出（單數字以及進位輸出）。與其試著解決這個九輸入問題，我們可以將它分割成小部分，利用我們已經設計好的 4 位元二進位加法器（或者從單一晶片得到），我們假設不會有沒使用到輸入的情況發生。

十進位加法可以先執行二進位加法來完成，然後如果總和大於 9，進位就會產生而在這個位數加 6。（這是用來彌補沒有用到的六個組合。）舉例來說，

```
                    0              1   1
   0011   3      0111    7      1000    8
   0101   5      0101    5      1001    9
 0 1000   8    0 1100   --    1 0010   1 2
 總和 ≤ 9        0110    6      0110    6
 未修正         1 0010   1 2    1 1000   1 8
```

我們利用二進位加法器將這兩個數字加起來，然後偵測總和是否大於 10，如果是的話，我們一定得在這個結果加六（0110）。這個十進位加法器的方塊圖用到了兩個二進位加法器，如圖 5.25 所示。

進位偵測電路要取締一個加法器（包含進位）的輸出而在這個數字大於 9 的情況下產生一個 1 的輸出，這就是十進位加法器的進位輸出也是修正指示。當有進位輸出時，6 會從第一個加法器加入答案；否則會加入 0。進位偵測電路的卡諾圖如 Map 5.2。

A's B's C_in

4 位元加法器

4 位元加法器

C_out   ignored   總和

◆ 圖 5.25　十進位加法器

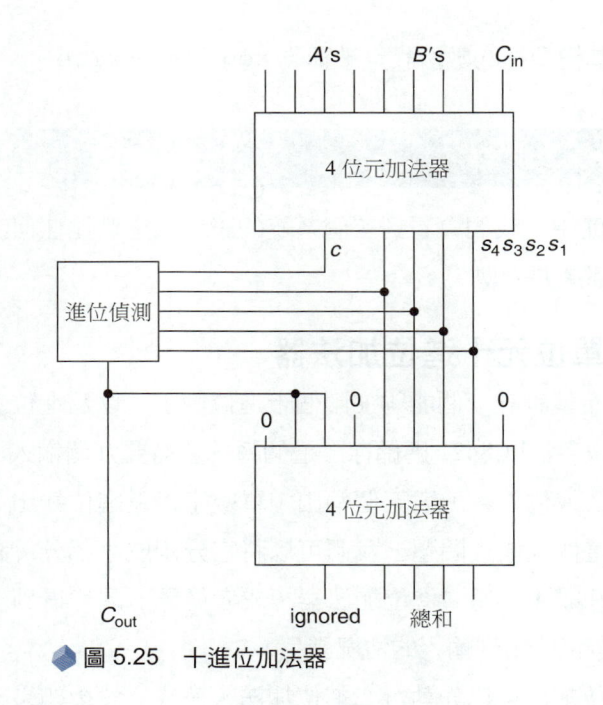

Map 5.2　進位偵測

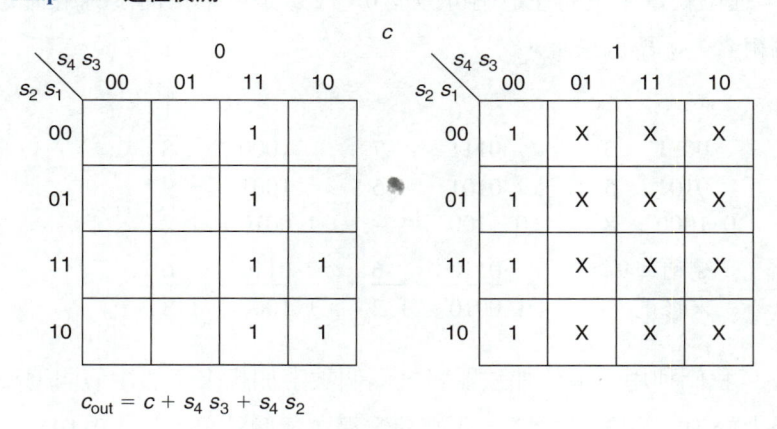

$c_{out} = c + s_4 s_3 + s_4 s_2$

5.8.2　七段顯示器驅動器

在第 2 章（CE4），我們介紹了常用來做十進位數字顯示的七段顯示器，該系統的方塊圖如圖 5.26 所再次顯示。

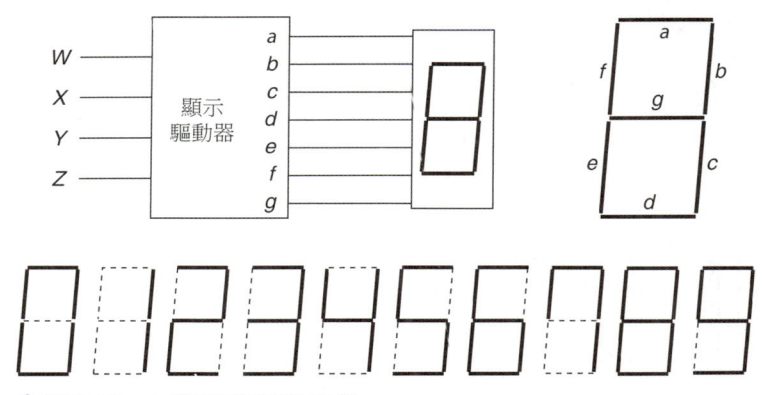

◆ 圖 5.26　七段顯示器及驅動器

其中實線代表要點亮的段位元，而虛線表示不被點亮的。數字 6、7、9 顯示會有兩種表示方法（也就是其中一個段位元可以被點亮或不點亮）。

這個顯示器的驅動器是一個有四輸入 W、X、Y、Z，以及七輸出 a、b、c、d、e、f、g 的問題。事實上，如果這個系統只要顯示十進位數字，而且輸入只限制在這些數字的正確的編碼，那麼所有可能的 16 個輸入組合中只有 10 個能夠發生，其它可以被視為隨意項。在第 2.1.2 節中，我們選用 8421 碼（直接二進位編碼）來表示十進位數字，並且在假設輸入 1 會讓顯示器的該段位元點亮的情況下，展示了真值表，雖然這似乎是個很自然的假設，但是顯示器卻是在段位元要被點亮的情況下需要 0。

我們可以有許多方法來設計，像是已經有 BCD 轉七段的轉換器可用，如 7449，就可以使用在這個問題。（也有晶片能夠產生低態致動輸出。）

我們可以把這各自分開成獨立的函數來解決（如同第 3.3 節），或者我們可以將之視為多輸出問題，如第 3.6 節，我們也可以使用唯讀記憶體、可程式邏輯陣列，或是可程式陣列邏輯來完成這個設計。在這個問題中，我們使用唯讀記憶體以及可程式邏輯陣列作解法。

把每個各自獨立的函數分開來解決是十分簡單的，總共有幾個質隱項可以被共用，而最簡表示是由選擇 g 的多個解中之一已利用共用的優勢而得。最簡表示如 Map 5.3，

Map 5.3　七段顯示器驅動器

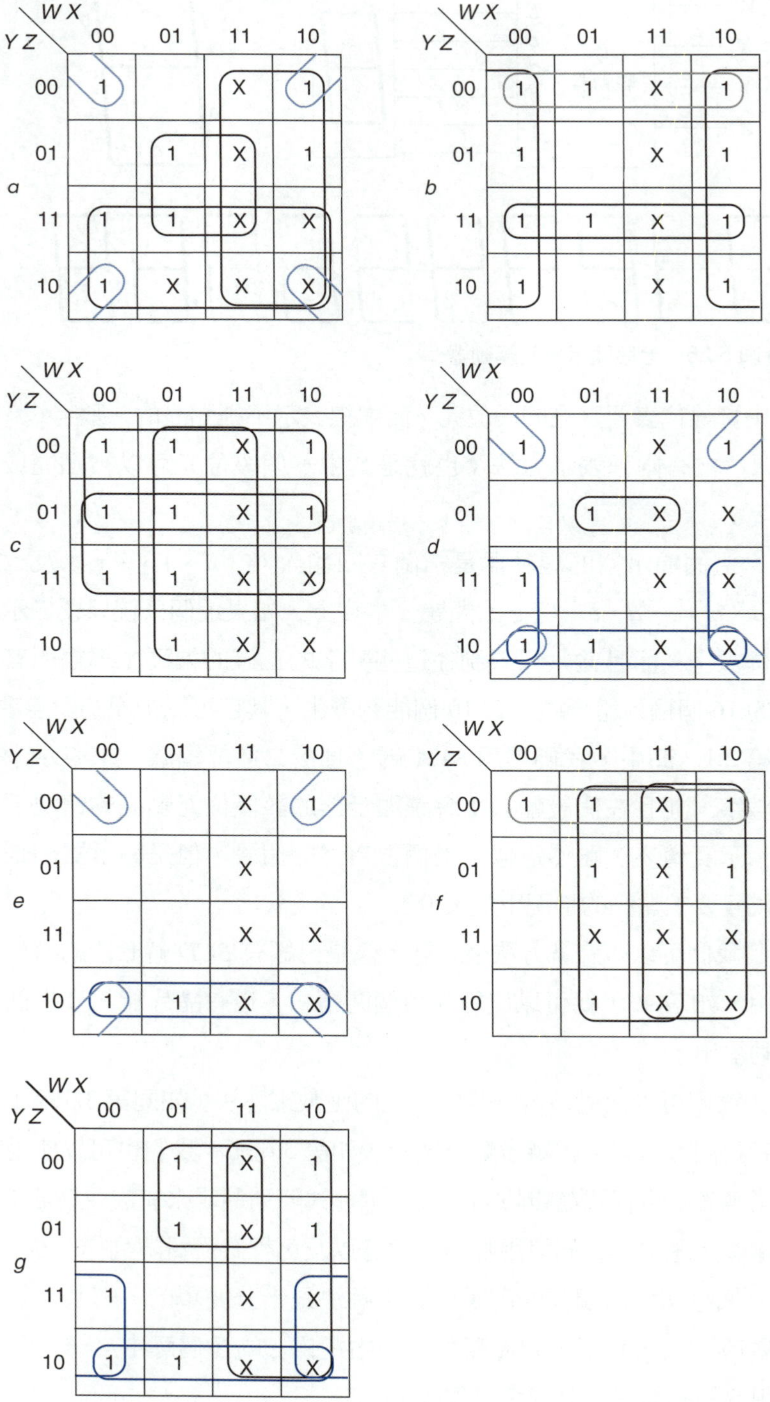

$a = W + Y + XZ + X'Z'$
$b = X' + YZ + Y'Z'$
$c = X + Y' + Z$
$d = X'Z' + YZ' + X'Y + XY'Z$
$e = X'Z' + YZ'$
$f = W + X + Y'Z'$
$g = W + X'Y + XY' + \{XZ' \text{ 或 } YZ'\}$

其中共用項用藍色、淺藍色及灰色標示。總共有八個需要邏輯閘的獨特項（因為單一字符項並不需要邏輯閘），因此總共在假設輸入與其互補皆可得的情況下會需要 15 個邏輯閘。（否則我們會額外需要四個 NOT 閘。）如果我們要使用 7400 系列 NAND 閘來實現，我們會使用

型式	數目	模組數目	晶片編號
2-in	8	2	7400
3-in	4	1	7410
4-in	3	2	7420

其中只需要一個 7410，因為額外的四輸入閘可以用作第四個三輸入閘。如果我們把這個問題視為多輸出問題，我們可以在函數 a 中選用 $XY'Z$ 而不是 XZ 來節省一個邏輯閘。

另一個更有趣的問題（從把問題視為多輸出而得到的優勢來看）結果是，如果我們要求所有段位元的編碼並不是原本所使用的十進位數字時不點亮，那麼這個卡諾圖以及圈出的最簡解答如 Map 5.4，每個最小項 10 到 15 都由隨意項變成 0。（6、7、9 的另一種表示而產生的隨意項保留。）我們用藍色、淺藍色和灰色圈出共用的質隱項。（對許多函數而言有多個解答，我們列出有使用最多共用的那一個。）

其中一個顯示解答的方法如表 5.7，其中列表是每個乘積項而行表示每個函數，在每行中放上 X 的代表該函數有使用到這個乘積項。

Map 5.4 七段顯示器驅動器（各自）

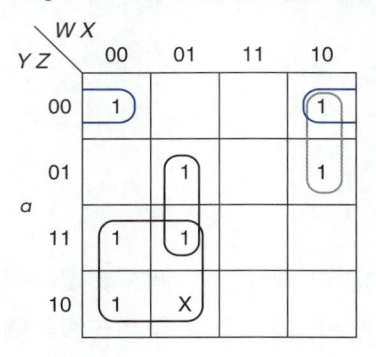

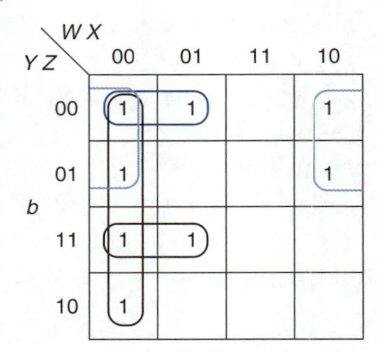

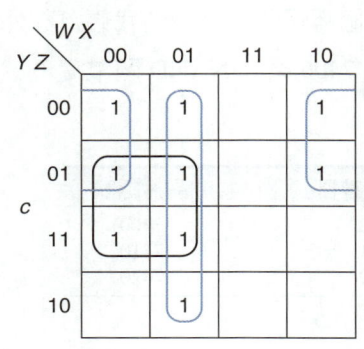

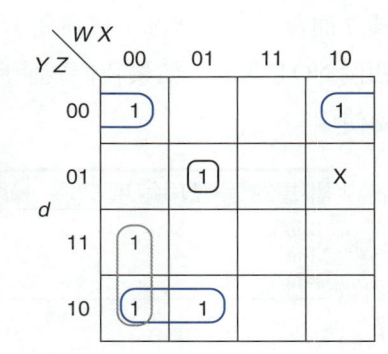

表 5.7　七段顯示器驅動器（只有質隱項）

	a	b	c	d	e	f	g
X'Y'Z'				X	X		
WX'Y'	X					X	X
W'Y	X						
W'XZ	X						
W'Y'Z'		X				X	
W'X'		X					
W'YZ		X					
X'Y'		X	X				
W'X		X				X	
W'Z			X				
W'YZ			X	X			X
W'X'Y				X			X
W'XY'Z				X			
W'XY'							X

　　代數表示式可以由各函數中所圈起來的項而得到。我們可以計算總共需要的閘數（每項一個，也就是每列中每輸出行一個），而計算輸入閘數也同樣簡單，因為我們只需要將每項的字符數以及每個函數的隨意項（對應到 OR 閘輸入）加起來。對這個例子而言，總共需要 21 個邏輯閘與 62 個閘輸入。

　　我們接下來試著盡可能共用項來解決這個問題，即使共用的項不是質隱項。第一個明顯的目標在 a 中，其質隱項 W'XZ 可以由我們在 d 需要的項 W'XY'Z 取代。Map 5.5 列出了最簡解答，其中共用的項用藍色、淺藍色和灰色圈起來，這樣的結果就是表 5.8 中的解答。

表 5.8　七段顯示器驅動器（最大共用）

	a	b	c	d	e	f	g
X'Y'Z'				X	X		
WX'Y'	X					X	X
W'XY'Z	X			X			
W'YZ	X	X	X				
W'X'Y	X	X		X			X
W'Y'Z'		X				X	
X'Y'		X	X				
W'X		X				X	
W'YZ'				X	X		X
W'XY'							X

Map 5.5　七段顯示器驅動器（最大共用）

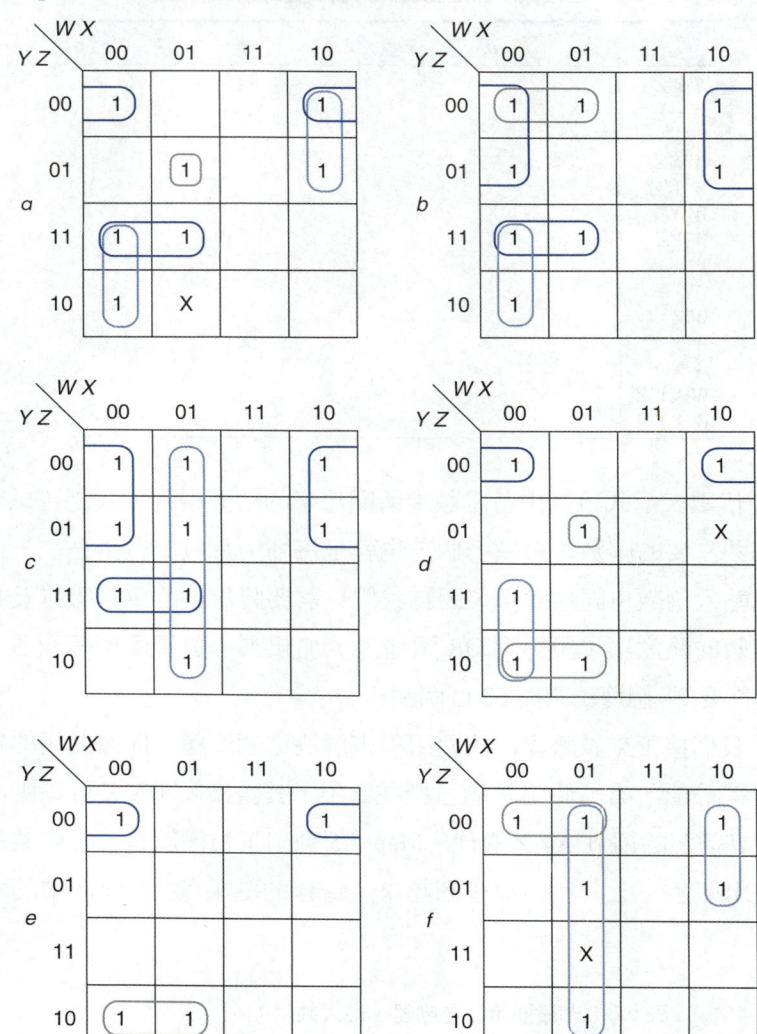

這個解答只需要 10 項以及 17 個邏輯閘，省去了 4 個閘，以及 54 個輸入，省去了 8 個閘輸入。相對應的等式就是

$a = X'Y'Z' + WX'Y' + W'XY'Z + W'YZ + W'X'Y$
$b = W'YZ + W'X'Y + W'Y'Z' + X'Y'$
$c = W'YZ + X'Y' + W'X$
$d = X'Y'Z' + W'XY'Z + W'X'Y + W'YZ$
$e = X'Y'Z' + W'YZ'$
$f = WX'Y' + W'Y'Z' + W'X$
$g = WX'Y' + W'X'Y + W'YZ' + W'XY'$

如果我們要用 7400 系列 NAND 閘來實現這每一個函數，這個系統會需要

型式	晶片編號	個別 數目	個別 模組數目	多重輸出 數目	多重輸出 模組數目
2-in	7400	6	2	3	1
3-in	7410	10	3	9	3
4-in	7420	5	3	4	2
8-in	7430	0		1	1
總和		21	8	17	7

因此，我們在把問題當作多輸出問題來解決時，省下了四個閘以及一個模組。

　　注意到這兩個解法不相等，第一個把 d 中的隨意項視為 0，而 a 和 f 中的視為 1；第二個把 a 和 d 中的隨意項視為 0，而只有 f 中的隨意項視為 1。

　　我們也可以利用唯讀記憶體來實現這個問題，如圖 5.27 所示。注意到我們並沒有包含任何隨意項；我們其實也可以讓任何一個或甚至全部都視是 1。我們可以發現到這個解法與上述兩個都不相等，因為上述的解法把至少一個隨意項當成 1。

　　我們也可以用可程式邏輯陣列來實現這個問題，如圖 5.28 中利用四輸入、七輸出與 14 個乘積項。如果我們只拿到 10 個乘積項，那麼我們一定得使用我們找到的 NAND 實現中最簡解答。如果我們有更多項，那麼我們就可以應用到比較不簡潔的解答。

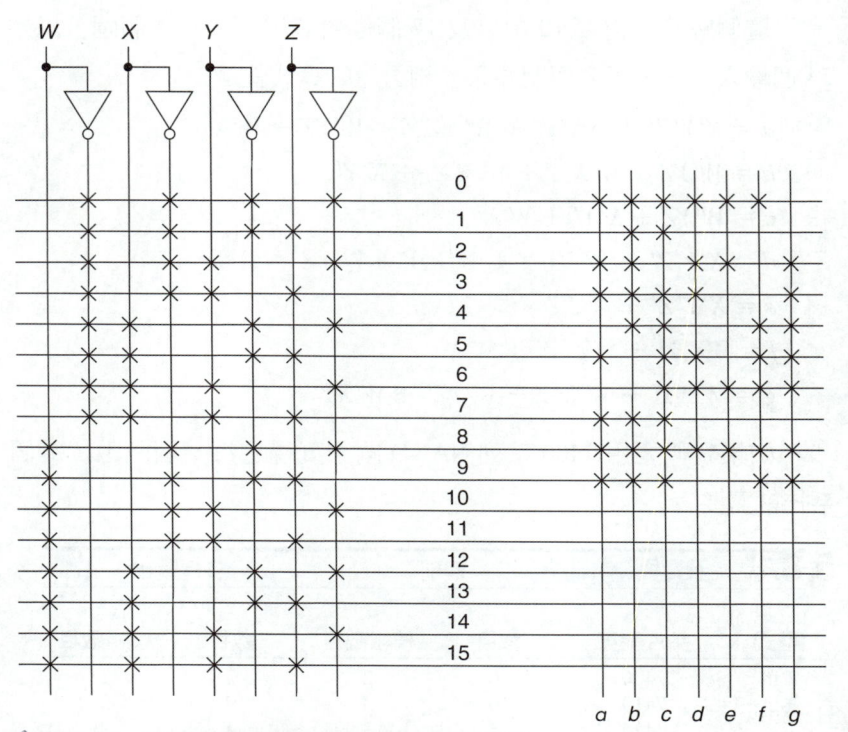

◆ 圖 5.27　用唯讀記憶體實現七段顯示器驅動器

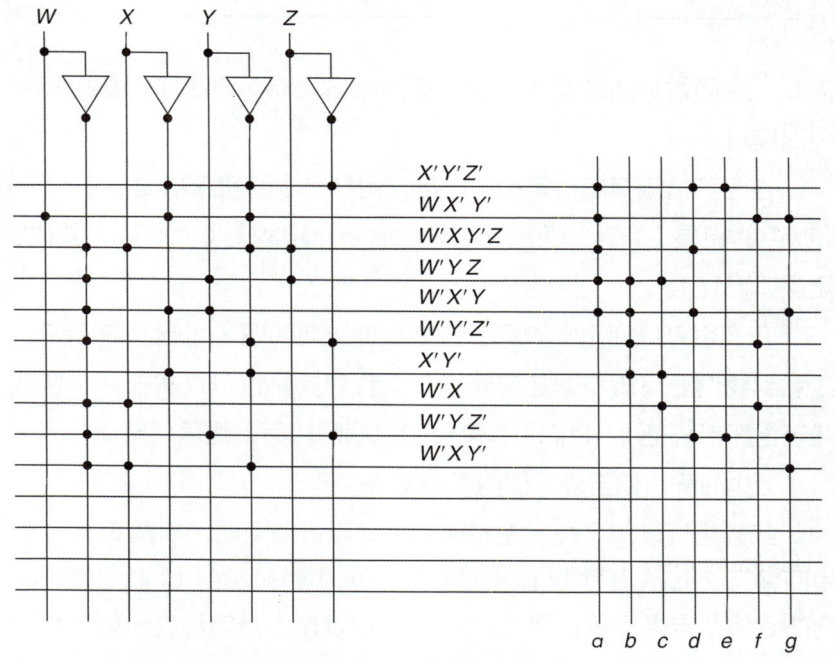

◆ 圖 5.28　用可程式邏輯陣列實現七段顯示器驅動器

如果我們希望用可程式陣列邏輯來實現，我們會需要七個 OR 閘（兩個我們在先前章節討論到的電路）。這個問題有許多變形，每個都能夠變成一個全新的問題，我們可以要求用 0 來點亮段位元，而這個情況下，我們就必須找到這些函數的互補，這樣就會產生一組全新的卡諾圖。再一次說明，我們可以要求沒有使用到的條件為不點亮，或者是我們可以讓它是隨意項。我們可以訂定 6、7、9 的格式而因此消除了它們留有隨意項的空間，這樣會小幅度的變動這個問題。我們也可以讓這個問題變成十六進位顯示，這個情況下最後六個編碼就分別代表 A、B、C、D、E 和 F。最後，十進位的數字可以用其它的編碼表示，還包含有上面討論的所有變形。部分的這些問題包含在習題中。

5.8.3 錯誤編碼系統

我們接下來設計兩個可以一起用在錯誤偵測以及錯誤改正的系統。當數據在傳輸（或儲存）的時候，錯誤會產生。Richard Hamming 發展了一個將數據編碼的技巧（透過一個額外的位元），使得單一的錯誤（也就是單位元的錯誤）能夠被改正。〔這可以被延伸成雙誤偵測或（double error detection）甚至是多誤改正（multiple error correction）。〕要在一個位元組中偵測錯誤，我們創造一個檢查位元（check bit）使得加上檢查位元後文字中 1 的總數為偶數。這樣的位元被稱作**同位位元**（parity bit）。如果發生了一個錯誤，不管是 1 會變成 0 或者是 0 會變成 1，會使得總共 1 的數量變成奇數。

同位位元可以利用 XOR 函數來針對要被檢查的位元做運算，在接收端，被檢查的位元與同位位元會被做 XOR 運算；如果結果是 0，那麼答案會被認為是正確的。對錯誤改正而言，我們會需要多個同位位元，每個同位位元會檢查不同資訊位元的組合。資訊的編碼方式會使得任何產生單一錯誤的文字不會在傳輸另一個文字，或者在另一個傳輸的文字中發生單一錯誤。〔文字之間的**漢明距離**（Hamming distance）就是它們位元數的差別，對單一錯誤改正而言，傳輸文字的距離一定要是 3。〕對單一資訊位元而言，我們需要兩個檢查位元，兩個傳輸的文字分別會是資訊 0 的 000 以及資訊 1 的

111。在 000 的單一錯誤會產生帶有一個 1 的文字；因此所有只有 0 或者是一個 1 的文字都應該被解碼成 0，而所有兩個或三個 1 的文字都應該被解碼成 1。

Hamming 展示出如果有三個檢查位元，我們可以有最多四個資料位元，而如果有四個檢查位元，我們最多可以有 11 個資料位元。舉例而言，我們來考慮三個資料位元以及三個檢查位元，這樣提供了所有單誤的改正以及部分雙誤的偵測（因為部分可能接收到的文字並沒有對應到傳送的文字或者帶有單誤的傳送文字），圖 5.29 畫出了方塊圖。

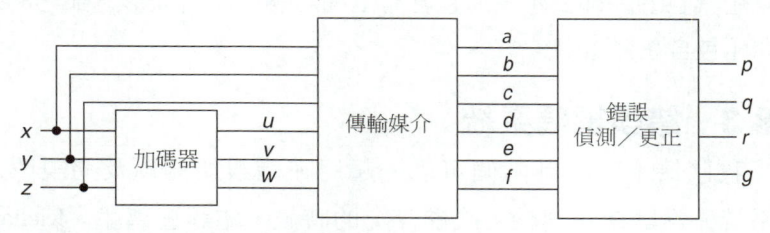

◆ 圖 5.29　錯誤偵測與改正系統

第一個檢查位元 u 檢查 x 跟 y；v 檢查 x 跟 z；而 w 檢查 y 跟 z，因此加碼器（coder）就只是

$$u = x \oplus y \quad v = x \oplus z \quad w = y \oplus z$$

傳送文字的清單詳列如表 5.9。

◆ 表 5.9　傳送的文字

資料			檢查		
x	y	z	u	v	w
0	0	0	0	0	0
0	0	1	0	1	1
0	1	0	1	0	1
0	1	1	1	1	0
1	0	0	1	1	0
1	0	1	1	0	1
1	1	0	0	1	1
1	1	1	0	0	0

對每個要傳送的文字，總共有六個單誤會被解碼（加上正確的）。舉例來說，第一個文字的單誤就會是 100000, 010000, 001000, 000100, 000010 和 000001，這每一個，加上 000000，都會被解碼成

000。Map 5.6 顯示了 p、q、r——正確的文字——以及在多個錯誤被偵測時為 1 的 g（在這個情況下，p、q 跟 r 都不是可信的）。有打陰影的方塊對應到沒有錯誤的文字，對應到 $uvw=000$ 的輸出以藍色顯示，而沒有對應到正確文字或者是單誤的都在前三張卡諾圖顯示為隨意項，且在 g 的卡諾圖（多誤的指示）中為 1。這些函數的

Map 5.6　錯誤偵測 / 改正器

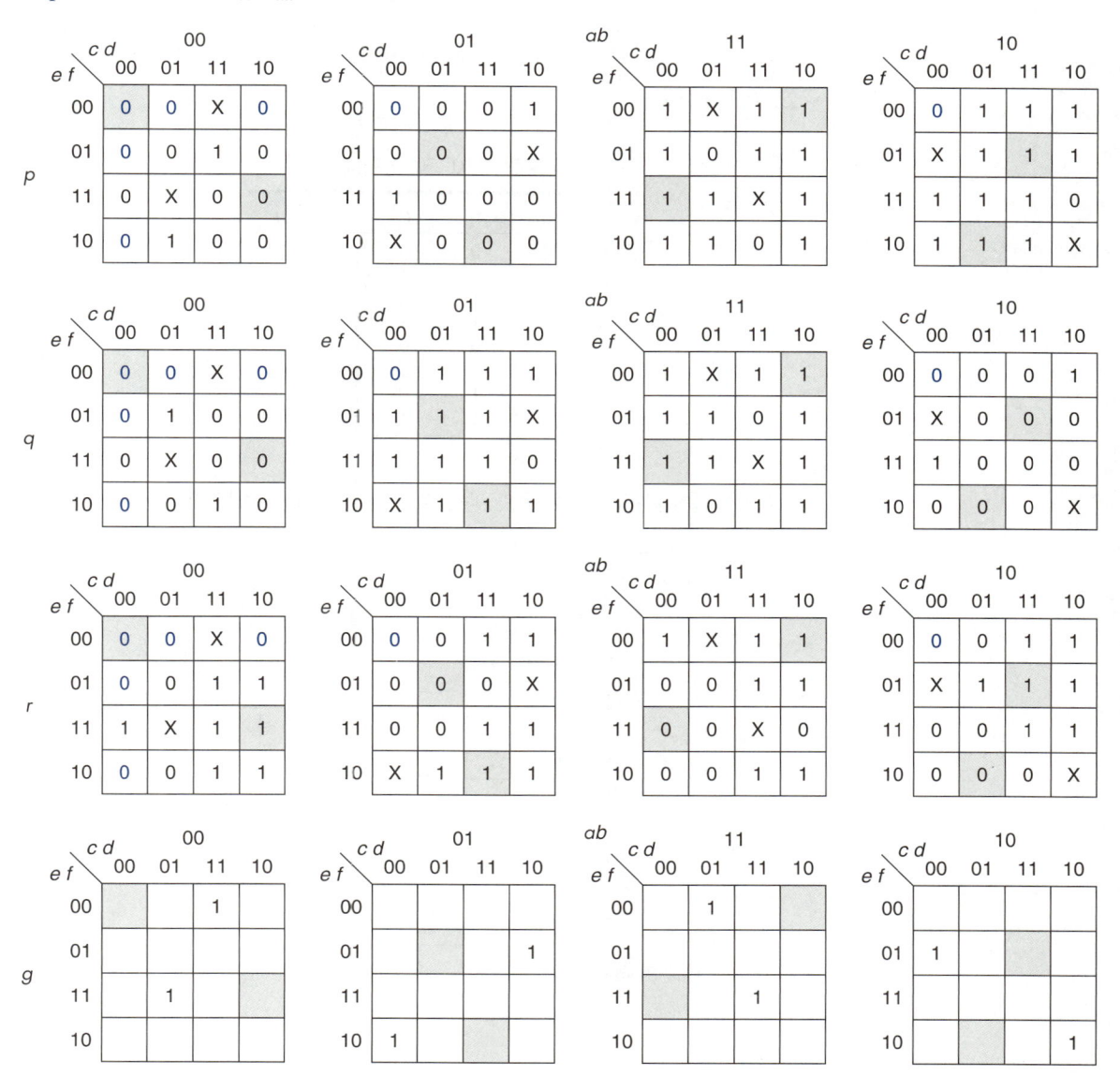

p	cd \ ef	00	01	11	10
	00	0	0	X	0
	01	0	0	1	0
	11	0	X	0	0
	10	0	1	0	0

$ab=00$

cd \ ef	00	01	11	10
00	0	0	0	1
01	0	0	0	X
11	1	0	0	0
10	X	0	0	0

$ab=01$

cd \ ef	00	01	11	10
00	1	X	1	1
01	1	0	1	1
11	1	1	X	1
10	1	1	0	1

$ab=11$

cd \ ef	00	01	11	10
00	0	1	1	1
01	X	1	1	1
11	1	1	1	0
10	1	1	1	X

$ab=10$

q	cd \ ef	00	01	11	10
	00	0	0	X	0
	01	0	1	0	0
	11	0	X	0	0
	10	0	0	1	0

cd \ ef	00	01	11	10
00	0	1	1	1
01	1	1	1	X
11	1	1	1	0
10	X	1	1	1

cd \ ef	00	01	11	10
00	1	X	1	1
01	1	1	0	1
11	1	1	X	1
10	1	0	1	1

cd \ ef	00	01	11	10
00	0	0	0	1
01	X	0	0	0
11	1	0	0	0
10	0	0	0	X

r	cd \ ef	00	01	11	10
	00	0	0	X	0
	01	0	0	1	1
	11	1	X	0	1
	10	0	0	1	1

cd \ ef	00	01	11	10
00	0	0	1	1
01	0	0	0	X
11	0	0	1	1
10	X	1	1	1

cd \ ef	00	01	11	10
00	1	X	1	1
01	0	0	1	1
11	0	0	X	0
10	0	0	1	1

cd \ ef	00	01	11	10
00	0	0	1	1
01	X	1	1	1
11	0	0	1	1
10	0	0	0	X

g	cd \ ef	00	01	11	10
	00			1	
	01				
	11		1		
	10				

cd \ ef	00	01	11	10
00				
01				1
11				
10	1			

cd \ ef	00	01	11	10
00		1		
01				
11			1	
10				

cd \ ef	00	01	11	10
00				
01	1			
11				
10				1

積之和表示非常的複雜,需要 30 個乘積項,如果我們用 NAND 閘來實現,我們會需要 22 個積體電路封裝。

然而,這個編碼設置的方式使得正確的輸出可以更容易地被決定。計算每個檢查位元以及其構成的位元之 XOR,我們可以得到

$t_1 = a \oplus b \oplus d$
$t_2 = a \oplus c \oplus e$
$t_3 = b \oplus c \oplus f$

這個測試文字表示哪個位元是有誤的(如果有單誤發生),如同表 5.10 所解釋。

表 5.10　位元錯誤

t_1	t_2	t_3	錯誤
0	0	0	無
0	0	1	f
0	1	0	e
0	1	1	c
1	0	0	d
1	0	1	b
1	1	0	a
1	1	1	多個

這個解碼電路就可以利用三個 7486(四 XOR)封裝以及一個三輸入 / 八輸出解碼器(如同例題 5.2 所用的)來建置,如圖 5.30 所示。

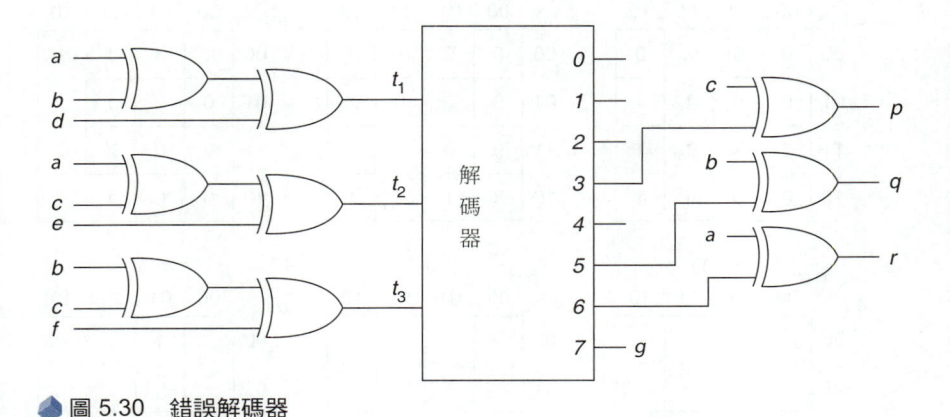

圖 5.30　錯誤解碼器

5.9 習題

有★記號題目的解答附加在附錄 B。

1. 針對下列電路

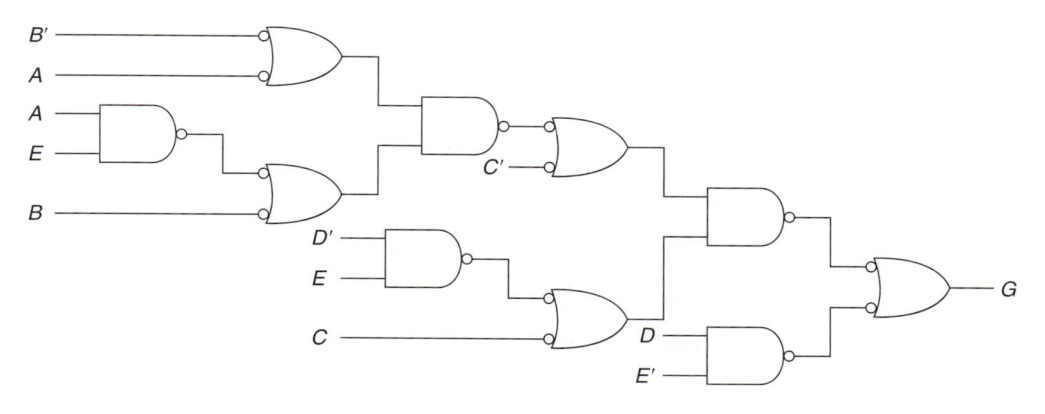

   a. 計算最大延遲，
      i. 假設所有輸入及其互補都是可取得的。
      ii. 假設只有非互補的輸入可取得，而必須要加入額外的邏輯閘來得到每個輸入的互補。
   b. 計算從輸入 C 到輸出的最大延遲，假設所有輸入及其互補都是可取得的。

*2. 我們要建立一個能夠把 32 位元常數

   $$10101010101010101010101010101010$$

   加到任何 32 位元數字的加法器，我們會用 16 個一模一樣的加法器模組，其中每一個都能夠將兩個位元與常數（10）以及從下一對的輸入進位相加而產生和以及輸出進位至下一對，這個電路的一部分方塊圖如下所示：

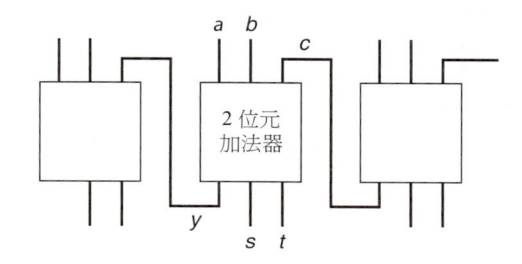

   每個 2 位元加法器解決的問題是

$$\begin{array}{cc} & c \\ a & b \\ \underline{1} & \underline{0} \\ y \quad s & t \end{array}$$

 a. 列出這個 2 位元加法器（它有三個輸入 a、b 和 c，以及三個輸出 y、s 和 t）的真值表，並且找到每個輸出的最簡 SOP 表示。

 b. 計算每個模組從輸入 c 到輸出 y 的最大延遲，以及全部 32 位元的總延遲。

3. 我們希望建構一個電路來計算 n 位元數字的 2 的補數，我們將用 n 個模組來製作，而每個模組會取該位元的互補再加上從下一個位元來的進位，因此，前三個位元的電路方塊圖會像是

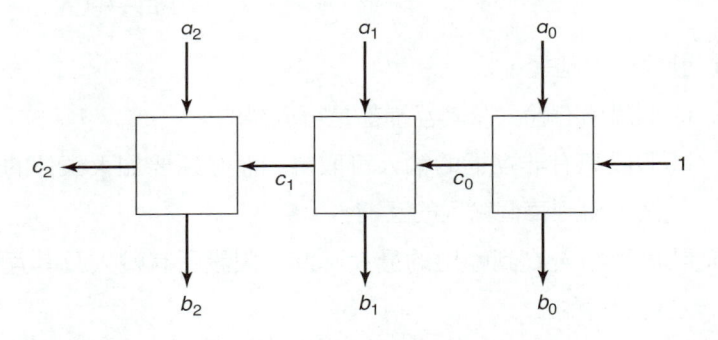

 a. 用 NAND 閘來畫出每個方塊的方塊圖。（第一個——最右邊的——方塊需要特別設計。）

 b. 計算 n 位元的延遲。

 c. 設計利用一次運算兩個位元來加速，畫出 NAND 閘電路以及計算總延遲。

4. 我們希望要建置一個能夠同時加三個多位二進位數字的加法器，設計該加法器的單一位元。它會有該位數的三個輸入 x、y 和 z，加上兩個進位輸入 u 和 v（因為進位有可能會是 0、1 或 2），還有三個輸出，分別是總和 s 以及兩個輸出進位 f 和 g。列出真值表以及找到三個輸出的最簡積之和表示法。

5. 設計一能夠將兩個二位元數字——a、b 和 c、d 相乘的電路，並且產生四位元乘積——w、x、y、z。畫出真值表以及等式。

6. 我們需要判斷一個三位元數字 a_3, a_2, a_1 是否等於另外一個數字 b_3, b_2, b_1，或者是大於。（我們不需要輸出小於。）

   a. 畫出如何連接 7485 來達成。

   b. 使用 AND 和 OR 閘來實現這個電路。

   c. 假設 7485 要 1 美元，那麼 7400 系列的 AND 和 OR 閘封裝要多少美元才能讓用 AND/OR 實現的電路比較便宜？

*7. 考慮以下高態致動輸出解碼器電路，用 a、b 和 c 來列出 X 和 Y 的真值表。

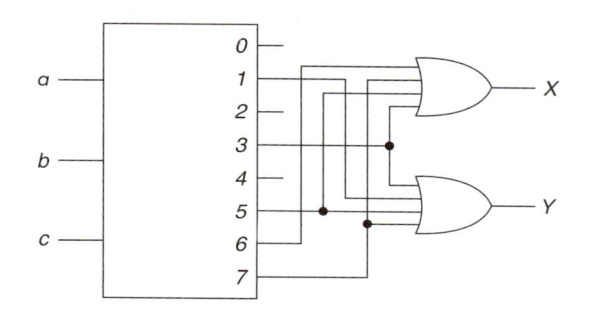

8. 我們希望設計一個解碼器，其有三個輸入 x, y, z 與八個高態致動輸出，標示為 0, 1, 2, 3, 4, 5, 6, 7。不需要啟動輸入。（舉例來說，如果 $xyz=011$，那麼輸出 3 就會是 1 而其他都會是 0。）

   唯一一個建置單元是一個二輸入、四輸出解碼器（帶有高態致動啟動），其真值表如下所示。

EN	A	B	0	1	2	3
0	X	X	0	0	0	0
1	0	0	1	0	0	0
1	0	1	0	1	0	0
1	1	0	0	0	1	0
1	1	1	0	0	0	1

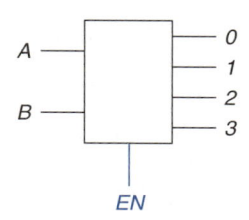

   利用任何數量的建置單元來畫出這個系統的方塊圖。

*9. 我們要實現一個全加器；我們稱輸入為 a, b, c 而輸出為 s 和 c_{out}，一如往常，加法器由以下的等式解釋：

   $$s(a, b, c) = \Sigma m(1, 2, 4, 7)$$
   $$c_{out}(a, b, c) = \Sigma m(3, 5, 6, 7)$$

   要實現這個，我們可用的只有兩個解碼器（如下所示）以及兩個

OR 閘，輸入 a 和 b 以及其補數皆可取得；但是 c 無法取得補數。畫出這個系統的方塊圖，記得要在解碼器的所有輸入標記。

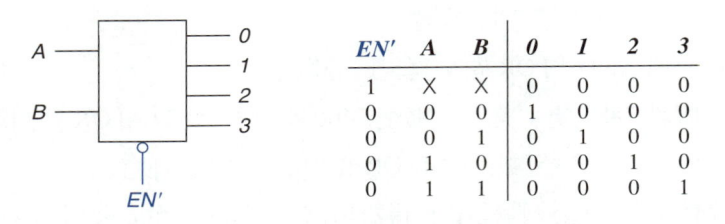

EN'	A	B	0	1	2	3
1	X	X	0	0	0	0
0	0	0	1	0	0	0
0	0	1	0	1	0	0
0	1	0	0	0	1	0
0	1	1	0	0	0	1

10. 畫出以下列出真值表所代表的解碼器方塊圖。可用的元件有單、二、三輸入 NAND 閘。（單輸入 NAND 閘就是反相器。）

輸入				輸出		
E1	E2	a	b	1	2	3
0	X	X	X	1	1	1
X	0	X	X	1	1	1
1	1	0	0	1	1	1
1	1	0	1	0	1	1
1	1	1	0	1	0	1
1	1	1	1	1	1	0

11. 使用 AND、OR 以及 NOT 閘來設計一個有七個低態致動輸入 1'，…，7' 以及三個高態致動輸出 CBA 來指示最高優先權致動信號的優先編碼器，輸入 1' 有最高的優先權；7' 是最低的，如果沒有輸入被致動，輸出是 000。另外有第四個輸出信號 M，會在多個致動輸入發生時為 1。

*12. 利用兩向多工器來實現以下函數。

$$f(x, y, z) = \Sigma m(0, 1, 3, 4, 7)$$

13. 在下列的電路中，解碼器（DCD）有兩個輸入與四個（高態致動）輸出（比如說輸出 0 只有在輸入 A、B 都是 0 的時候是 1），三個多工器各有兩個選擇輸入（畫在方塊的上方）與四個資料輸入（畫在左方）與一個高態致動啟動輸入（畫在下方），輸入 A, B, C, D 是選擇輸入；輸入 N 到 Z 是資料輸入。在給定 F 值的情況下，對 16 個可能選擇輸入的組合，完成每一個的真值表。（附註：對某些值而言，$F=0$；對一個值來說，$F=W$。）

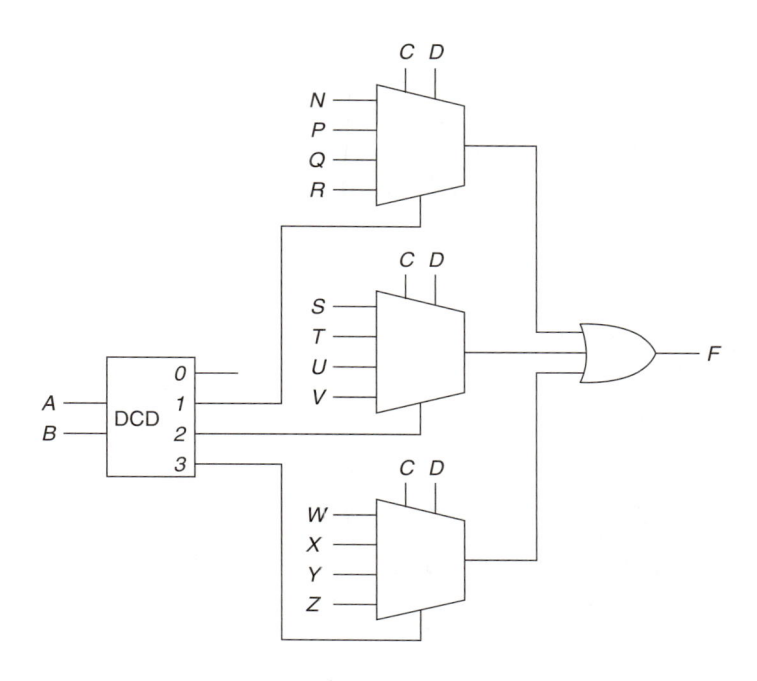

14. 下列電路包含了一個有選擇輸入 A 和 B 的多工器，以及其資料輸入 W, X, Y, Z：

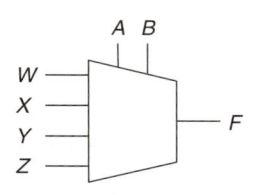

寫出 F 的代數方程式。

15. 對下列的函數組合，設計一個系統

i. 利用唯讀記憶體。

ii. 利用可程式邏輯陣列以及所列出的乘積項數目。

iii. 利用可程式陣列邏輯

a. $F(A, B, C) = \Sigma m(3, 4, 5, 7)$
$G(A, B, C) = \Sigma m(1, 3, 5, 6, 7)$
$H(A, B, C) = \Sigma m(1, 4, 5)$ （4 個乘積項）

b. $W(A, B, C) = \Sigma m(0, 1, 4)$
$X(A, B, C) = \Sigma m(0, 3, 4, 7)$
$Y(A, B, C) = \Sigma m(1, 2, 6)$
$Z(A, B, C) = \Sigma m(2, 3, 6, 7)$ （4 個乘積項）

c. $f(a, b, c, d) = \Sigma m(3, 5, 6, 7, 8, 11, 13, 14, 15)$
    $g(a, b, c, d) = \Sigma m(0, 1, 5, 6, 8, 9, 11, 13, 14)$ （6個乘積項）
d. $F(A, B, C, D) = \Sigma m(1, 2, 6, 7, 8, 9, 12, 13)$
    $G(A, B, C, D) = \Sigma m(1, 8, 9, 10, 11, 13, 15)$
    $H(A, B, C, D) = \Sigma m(1, 6, 7, 8, 11, 12, 14, 15)$ （8個乘積項）

16. 我們已經找到了下列兩個函數 F 和 G，各自單獨最簡化（沒有共用）的最簡積之和表示：

    $F = W'X'Y' + XY'Z + W'Z$
    $G = WY'Z + X'Y'$

    a. 運用唯讀記憶體來實現。
    b. 運用可程式邏輯陣列以及四個項來實現。
    c. 對同樣的函數，我們有不限數量的下述解碼器以及 2 個八輸入 OR 閘，畫出這個實現方法的方塊圖。所有輸入及其互補都是可取得的。

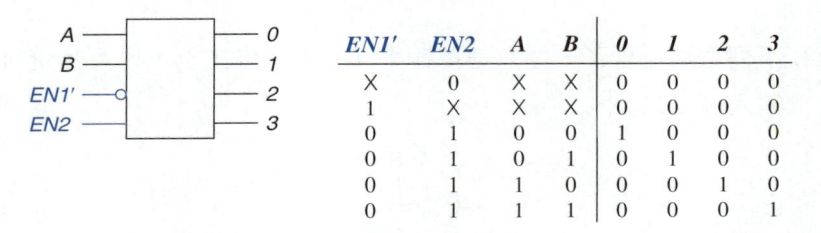

EN1'	EN2	A	B	0	1	2	3
X	0	X	X	0	0	0	0
1	X	X	X	0	0	0	0
0	1	0	0	1	0	0	0
0	1	0	1	0	1	0	0
0	1	1	0	0	0	1	0
0	1	1	1	0	0	0	1

    注意到這個晶片只有在 $EN1'=0$ 且 $EN2=1$ 時啟動。

17. 考慮下列四變數 a, b, c, d 的三個函數 f, g, h，其最簡解答（各自獨立為單獨問題）如下列，過程中所有變數只有非互補是可取得的：

    $f = b'c'd' + bd + a'cd$
    $g = c'd' + bc' + bd' + a'b'cd$
    $h = bd' + cd + ab'd$

    a. 利用唯讀記憶體來實現。
    b. 利用可程式邏輯陣列與六個項來實現。
    c. 只利用以下列出種類的解碼器（任意數量）以及三個 OR 閘（每個可以有任意數量的輸入）來實現。（不能夠使用其它邏輯閘。）邏輯 0 和邏輯 1 是可取得的。

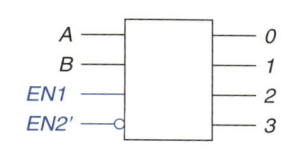

EN1	EN2'	A	B	0	1	2	3
0	X	X	X	0	0	0	0
X	1	X	X	0	0	0	0
0	1	0	0	1	0	0	0
0	1	0	1	0	1	0	0
0	1	1	0	0	0	1	0
0	1	1	1	0	0	0	1

*18. 我們有四變數 A, B, C, D 的三個函數 X, Y, Z。註記：每個部分可以單獨解決：

$X(A, B, C, D) = \Sigma m(0, 2, 6, 7, 10, 13, 14, 15)$
$Y(A, B, C, D) = \Sigma m(2, 6, 7, 8, 10, 12, 13, 15)$
$Z(A, B, C, D) = \Sigma m(0, 6, 8, 10, 13, 14, 15)$

a. 利用二級 NAND 閘電路來實現，這可以在只使用各自函數的質隱項時用到 13 個閘，如果共用的話可以只用 10 個閘。假設所有變數及其互補都是可取得的。

b. 利用唯讀記憶體來實現。

c. 利用下列的 2 個三輸入（加上低態致動啟動）解碼器加上最少數量的 AND、OR 和 NOT 閘來實現。

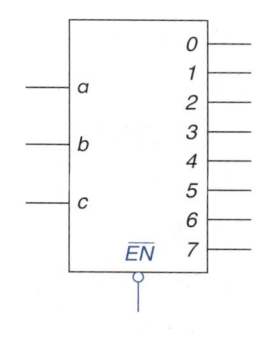

d. 利用可程式邏輯陣列與八個項來實現。（你可能不會用到全部八個項。）

e. 利用文字中提到的可程式陣列邏輯來實現

19. 利用第 5.6.3 節中的可程式陣列邏輯來實現第 5.1.2 節中的二位元加法器。這個問題在於其中一個輸出函數需要 7 項而另一個需要 12 項，這可以由在兩個位元之間建立進位以及利用輸出做為另一個輸入來計算 s_1 和 c_{out} 而解。

20. 在有解問題 16 中，我們設計了從加三碼轉換成五選二碼的轉換器。在這個練習中，我們要做相反的事情，也就是設計一個從五選二碼轉成加三碼的轉換器。我們會有四個函數以及五個變數，假設只有合法的數字代碼為輸入；因此每個卡諾圖上總共會有 22 個隨意項。所有輸入及其互補都是可取得的。

a. 畫出四個函數的卡諾圖，並找到各自所有最簡積之和以及最簡和之積解法。

b. 我們的建構單元是積體電路晶片，我們可以買到下列任何一種晶片：

7404：6 個反相器

7400：4 個兩輸入 NAND 閘　　7402：4 個兩輸入 NOR 閘

7410：3 個三輸入 NAND 閘　　7427：3 個三輸入 NOR 閘

7420：2 個四輸入 NAND 閘　　7425：2 個四輸入 NOR 閘

所有晶片都一樣價錢，25 美分。

找到四個輸出中其中一個最便宜（1 美元）的實現方法。（任何晶片上的邏輯閘都可以拿來當成多於一個輸出的實現。）列出解法的代數表示以及方塊圖。

c. 找到兩個解答，其中一個只使用了 7400 以及 7410 封裝，而另一個只使用了 NOR 閘。這兩個花費一定不能超過 1 美元。（當然其中一個就是 b 小題的解答。）

d. 利用唯讀記憶體來實現。

e. 利用可程式邏輯陣列來實現。

f. 利用文內所述的可程式陣列邏輯來實現。

*21. 我們有一個特殊的八段顯示器，如下所示。

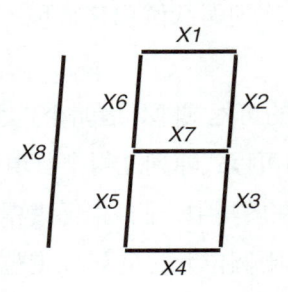

我們想要顯示數字從 0 到 15，如同接下來的圖所示，其中虛線

代表沒有點亮的段位而實線代表有點亮的,注意到 6 和 9 各有一個可被點亮或不點亮的段位,隨你所選。

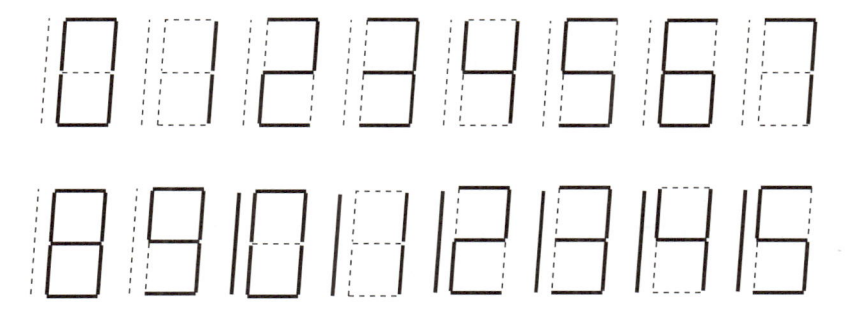

設計這個系統的三個版本,其能夠接收 4 位元數字 A, B, C, D 為輸入而在以下限制中產生八個輸出 $X1, X2, \cdots, X8$。(所有輸入及其互補都是可取得的。)

a. 每個輸出各自使用二級 NAND 閘電路最簡化,其中最簡化代表最少閘數量,或者是同樣閘數的情況下,最少的閘輸入數。(每個函數一定要是該函數質隱項的總和。邏輯閘只有在它實現了每個函數的質隱項時才能共用。)(最簡解答:32 個閘,95 個輸入。)

b. 二級 NAND 閘,並使用了最少數量的以下模組:

  7400 類:4 個二輸入 NAND 閘
  7410 類:3 個三輸入 NAND 閘
  7420 類:2 個四輸入 NAND 閘
  7430 類:1 個八輸入 NAND 閘

(有一個解答只使用了 11 個模組。)(註記:a 小題的解答用了 13 個模組。)

c. 有最少項數的可程式邏輯陣列。

 對 a 和 b 小題,畫出卡諾圖、等式以及方塊圖。

22. 我們有一個儲存成加三碼的十進位數字,代碼的位元標示為 w, x, y, z(由左至右)。我們希望能夠在七段顯示器上顯示這個數字,以下為圖示。注意到顯示 6, 7 和 9 的方式各有兩種;選擇最方便的一種。這個顯示器需要 1 來點亮段位而 0 不點亮。

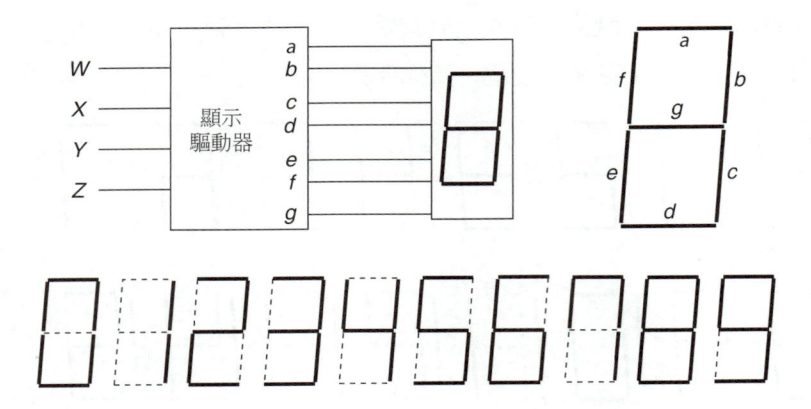

設計一個四輸入、七輸出裝置來收取數字的代碼而產生出驅動顯示器的信號。如果裝置接收到任何一個沒有使用到的輸入組合，顯示器設定為空白，也就是所有裝置的輸出都是 0。假設四個輸入及其互補都是可取得的。

我們要找到三個不同的設計，對每一個設計，畫出卡諾圖、代數等式以及方塊圖。請使用顏色讓解答易讀。對於前兩個部分，指出每個封裝種類個需要多少個（7400, 7410, 7420, 7430），但是最簡的定義是最少的閘數，或者是在相同閘數的情況下有最少的閘輸入。

a. 首先，找到最省的兩層 NAND 閘解答，使得所有項都是各自函數的質隱項。只有各函數的質隱項可以被共用。當有多個解答時，通常會有一個解答的共用比其它多。

b. 其次，多善加利用共用而減少閘數（包括共用非質隱項）。

c. 第三，用一個可程式邏輯陣列來實現，其包含有四輸入、七輸出以及 12 個乘積項。

23. 針對下列的（五變數）三個函數：

$f(a, b, c, d, e) = \Sigma m(0, 2, 5, 7, 8, 10, 13, 15, 16, 21, 23, 24, 29, 31)$

$g(a, b, c, d, e) = \Sigma m(2, 5, 7, 10, 13, 15, 16, 18, 20, 21, 22, 23, 25, 27)$

$h(a, b, c, d, e) = \Sigma m(2, 9, 10, 12, 13, 14, 16, 18, 20, 22, 28, 29, 30, 31)$

a. 找到每一個的最簡積之和解法，畫出每個的卡諾圖以及代數等式。

b. 假設使用二級 NAND 閘電路，找到最簡解答。所有變數及其互補都是可取得的。畫出電路的卡諾圖、等式以及方塊圖，同時指出需要用到多少個 7400 系列封裝（也就是 7400, 7410, 7420, 7430）。（這可以在不超過 12 個閘的情況下完成。）

c. 找到使用愈少個二輸入 NAND 閘愈好的實現方法，不可以有閘被使用成 NOT。列出電路的等式以及方塊圖。（註記：解答可以從 a 小題或者是 b 小題延伸，也可以是它們的某種組合。）

d. 列出使用五輸入三輸出以及 10 個乘積項的可程式邏輯陣列實現方法。

24. 考慮以下的三個函數：

$$f(a, b, c, d, e) = \Sigma m(2, 3, 4, 5, 8, 9, 12, 20, 21, 24, 25, 31)$$
$$g(a, b, c, d, e) = \Sigma m(2, 3, 4, 5, 6, 7, 10, 11, 12, 20, 21, 26, 27, 31)$$
$$h(a, b, c, d, e) = \Sigma m(0, 2, 3, 4, 5, 8, 10, 12, 16, 18, 19, 20, 21, 22, 23, 24, 28, 31)$$

所有變數及其互補都是可取得的。

a. 將每個函數視為獨立問題而找到所有最簡 SOP 表示。f 和 h 都有多個解法。

b. 假設 7400, 7410, 7420 和 7430 都可用 25 美分取得，列出每個閘的數量、需要用到每個封裝各多少、二級解法的總花費。（請只有在共用的是多個函數的質隱項時才利用共用。）

c. 對每一個函數（再次使用 a 小題的答案），找到只用 7400 和 7410 封裝（每個 25 美分）（沒有四輸入或八輸入閘）的解，畫出卡諾圖、等式、標示出共用、方塊圖。列出每個閘的數量、每個封裝個需要多少個、二級解法總共要花費多少。

d. 最大程度的利用共用來試著減少二級解法的花費。使用 7400, 7410, 7420, 7430 封裝（每個 25 美分）。畫出卡諾圖、等式、標示出共用、方塊圖。列出每個閘的數量、每個封裝需要多少個、二級解法的總花費。

e. 利用唯讀記憶體以及有五輸入三輸出、12 個乘積項可程式邏輯陣列來實現這個電路。

25. 設計一個輸入編號從 1 到 10 的系統，而其輸出（其中八個）的信號要用來驅動下述的顯示器。輸入標示成 W, X, Y, Z 且為正常二進位，輸入組合 0000, 1011, 1100, 1101, 1110, 1111 永遠不會發生；它們可以被視為隨意項。可用的建置單元為 7400, 7410, 7420 積體電路，這個設計應該要使用最少數量的封裝（對每個情況來說都是五個）。解答須包含每個函數的卡諾圖以及電路的方塊圖。

這個顯示器能夠表示羅馬數字（除了用 IIX 來表示 8，而不是常用的 VIII）。

在顯示器裡面總共有八個段位，標示從 A 到 H，如下所示。

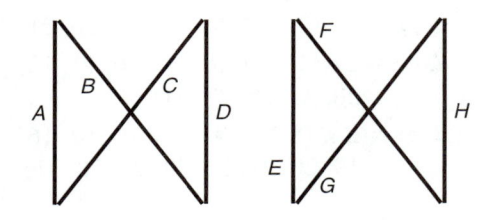

高態版本：如果要點亮段位，要在適當的顯示器輸入（$A, B, \cdots, H$）放上 1。

低態版本：如果要點亮段位，要在適當的顯示器輸入（$A, B, \cdots, H$）放上 0。注意到這個版本中，每個輸入都只是高態版本的互補。

要在這個顯示器上顯示 5 有兩種表示：
左邊版本：點亮段位 A 和 C（或 E 和 G）
右邊版本：點亮段位 B 和 D（或 F 和 H）

以下描繪出所有數字應該要如何被代表，其中點亮的段位用粗線表示，而不點亮的用虛線。

左

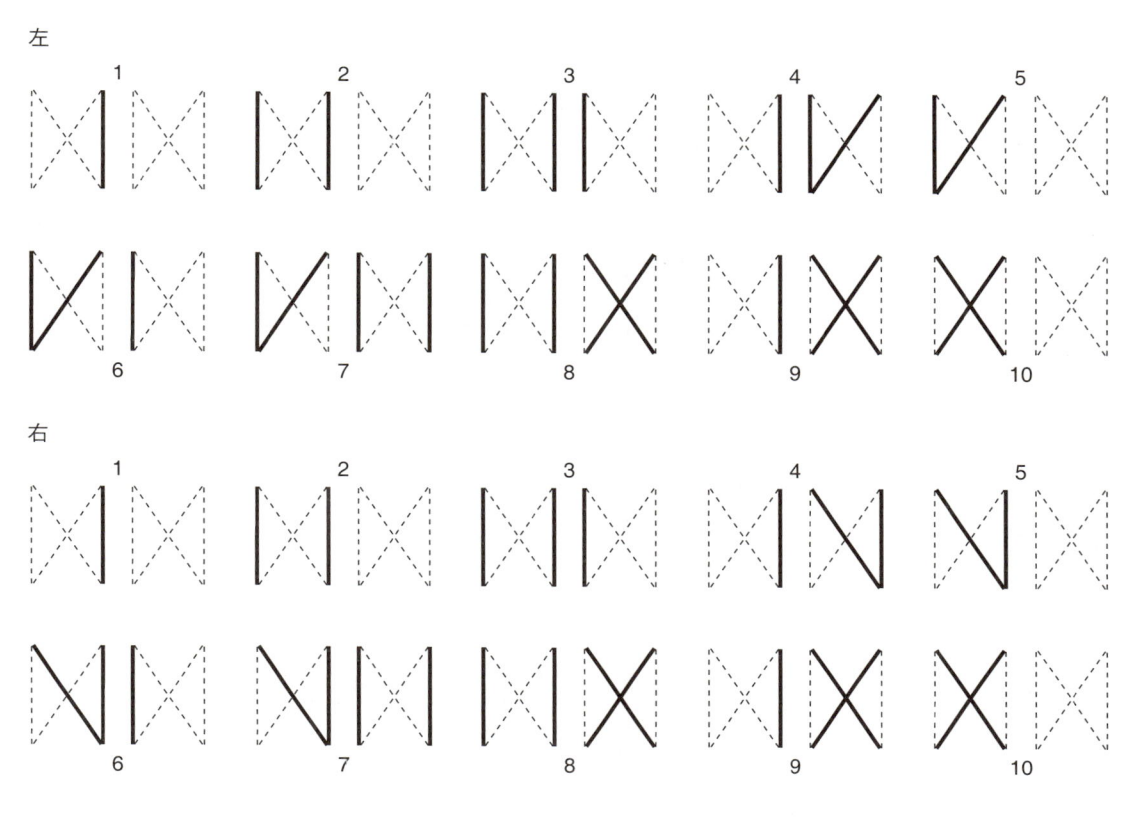

<!-- 七段顯示器數字 1-10 的顯示圖案 -->

右

<!-- 七段顯示器數字 1-10 的顯示圖案 -->

這其實是四個分開的問題,每個會有一個版本的設計。

5.10 第 5 章測驗 (60 分鐘)

1. 在只使用兩個下述解碼器以及兩個八輸入 OR 閘的情況下,實現以下函數。

$$f(w, x, y, z) = \Sigma m(0, 4, 5, 6, 7, 12, 15)$$
$$g(w, x, y, z) = \Sigma m(1, 3, 12, 13, 14, 15)$$

EN1	EN2'	a	b	c	0	1	2	3	4	5	6	7
0	X	X	X	X	0	0	0	0	0	0	0	0
X	1	X	X	X	0	0	0	0	0	0	0	0
1	0	0	0	0	1	0	0	0	0	0	0	0
1	0	0	0	1	0	1	0	0	0	0	0	0
1	0	0	1	0	0	0	1	0	0	0	0	0
1	0	0	0	1	0	0	0	1	0	0	0	0
1	0	1	0	0	0	0	0	0	1	0	0	0
1	0	1	0	1	0	0	0	0	0	1	0	0
1	0	1	1	0	0	0	0	0	0	0	1	0
1	0	1	0	1	0	0	0	0	0	0	0	1

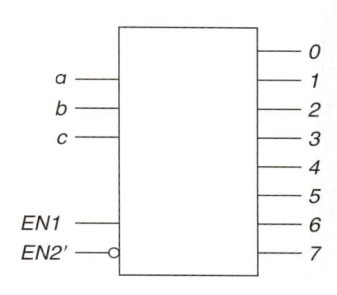

2. 考慮以下畫出卡諾圖的三個函數：

y z \ w x	00	01	11	10
00				1
01	1	1		
11	1	1	1	1
10	1	1		1

f

y z \ w x	00	01	11	10
00		1	1	1
01				
11			1	
10	1	1	1	

g

y z \ w x	00	01	11	10
00		1		1
01	1	1		
11	1	1	1	
10		1		

h

使用這邊畫出的可程式邏輯陣列來實現它們，請確認標註輸入及輸出，如果使用八項以下將會拿到全部分數。

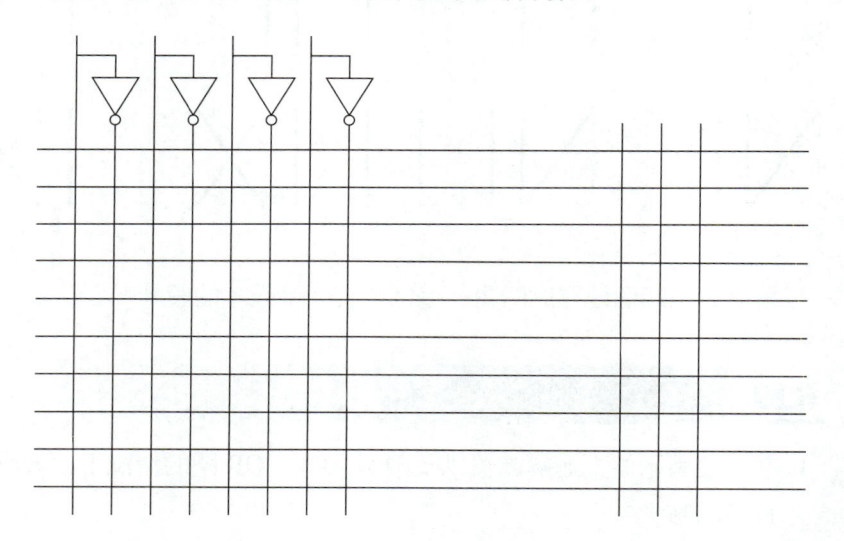

3. 針對同樣一組函數，使用列出的唯讀記憶體來實現它們，請確認標註輸入及輸出。

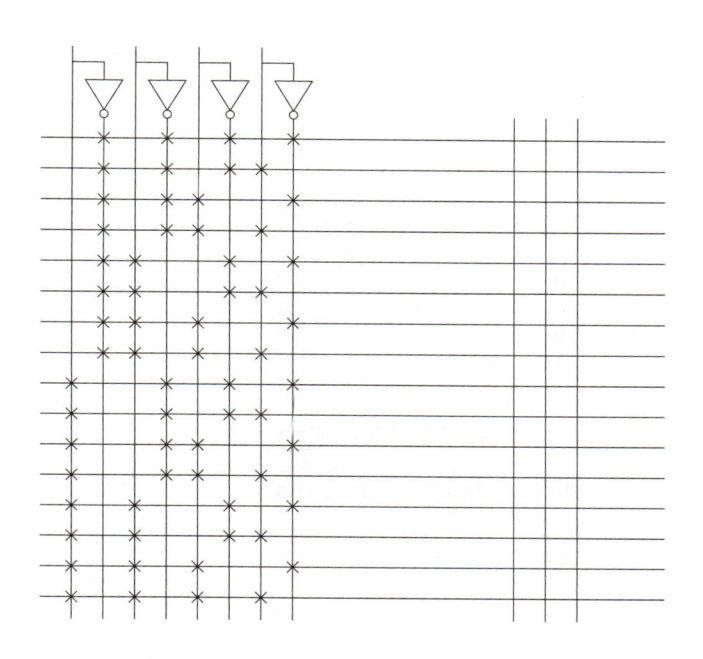

4. 針對同樣一組函數，使用以下的可程式陣列邏輯來實現它們，請確認標註輸入及輸出。

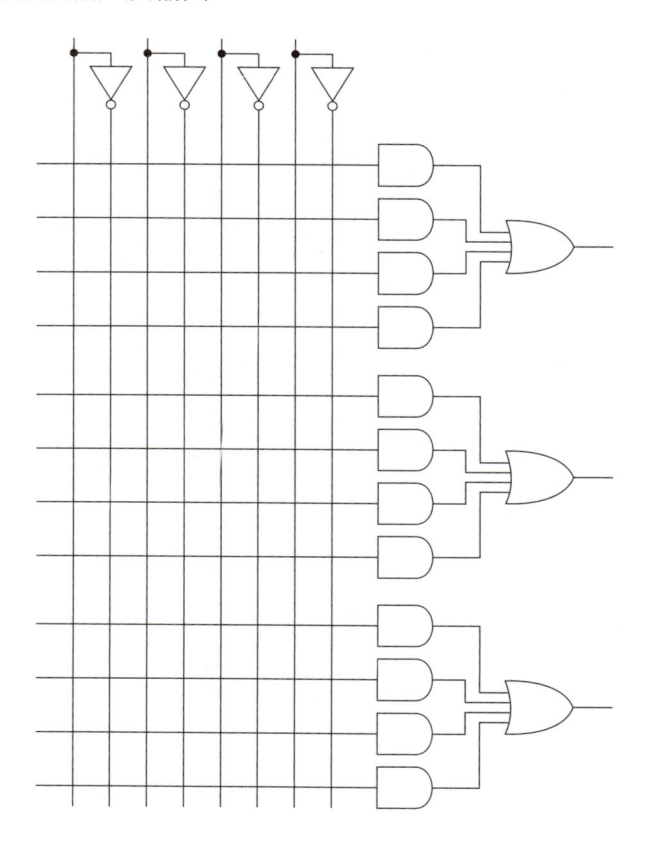

5. 針對同一組函數，我們可使用的元件有三個 NAND 閘（任意數量的輸入），以及一些如下圖所示的低態致動輸入、低態致動啟動解碼器（任意所需的數量）。

EN	a	b	0	1	2	3
1	X	X	1	1	1	1
0	0	0	0	1	1	1
0	0	1	1	0	1	1
0	1	0	1	1	0	1
0	1	1	1	1	1	0

畫出只用這些元件來實現這些函數的電路圖。

額外 5 分：畫出只用 3 個八輸入 NAND 閘以及 4 個這種解碼器的圖。

6 循序系統的分析

到現在一切已組合,也就是說,在任何時刻,輸出僅取決於在那個時候之輸入是什麼。

現在,我們將集中於具有記憶體的系統,被稱為**循序系統**(sequential systems)或是**有限狀態機**(finite state machines)。因此,輸出將不僅取決於現在的輸入,也與過去的歷史——也就是稍早所發生的事有關。

我們將主要處理**時序**(clocked)系統〔有時也稱作**同步系統**(synchronous)〕。時序僅是以固定的速率在 0 和 1 之間交替(隨時間)的信號。兩個時序信號的版本示於圖 6.1。在第一,時序信號一半的時間為 0,一半的時間為 1。在第二,1 是較短的週期。相同的時序通常連接到所有正反器。

信號(T 在圖上)的週期是一週的長度。頻率是週期的倒數($1/T$)。200 MHz(兆赫茲,每秒百萬次循環)的頻率對應的週期的 5 納秒(5 納秒,1000000000 分之 5 秒)。在大多數隨後的討論,其精確值並不重要。

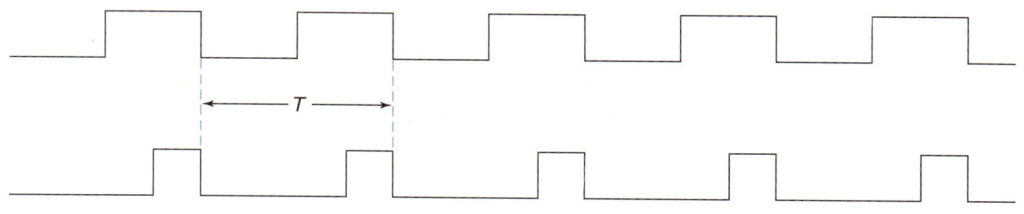

● 圖 6.1 時序信號

在大多數同步系統中,其改變是在時序信號的轉態時所發生的。我們在為大家介紹了幾種類型的**正反器**(flip flops)(時序二進制儲存設備)時將更詳細地看看這個問題。

圖 6.2 的方塊圖是一個同步的循序系統的概念圖。一個循序系統由一組儲存設備和一些組合邏輯所構成。此圖描繪了 n 個輸入（x 的部分），除此之外還有時序，k 個輸出端（z 的部分）的系統，和 m 個二進制儲存裝置（q 的部分）。每個儲存設備，可能需要一個或兩個輸入信號。許多系統可能僅具有一個輸入和一個輸出，雖然我們將看到的例子是多輸入多輸出的情況，而且有的情況沒有輸入也沒有時序。許多記憶體裝置還提供了補充的輸出（q'）以及 q。

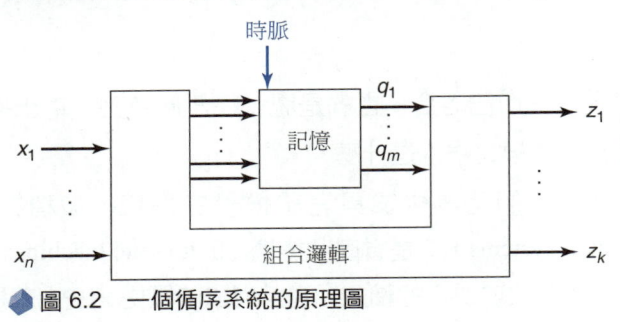

● 圖 6.2　一個循序系統的原理圖

輸入到組合邏輯的是系統的輸入和記憶體的內容；而組合邏輯的輸出是系統輸出更新記憶體的信號。

在第 6.2 節中，我們將介紹最簡單的儲存裝置及閂鎖。它是構成邏輯閘的一種靜態裝置。只要輸入改變輸出可以立即轉態；這裝置並沒有包含時序的功能。閂鎖主要用於臨時的儲存（緩衝器）。

在第 6.3 節中，我們將開發最常見的二進制儲存裝置——正反器。一個正反器幾乎都是有兩個輸出，q 和 $q9$；也就是說，儲存本態以及其補數。它可以有一個或兩個輸入；我們將介紹幾種類型的正反器。

在第 6.1 節中，我們將介紹狀態表、狀態圖和時序追蹤。在第 6.4 節中，我們將討論循序系統的分析。

6.1　狀態表及狀態圖

一個連續系統的簡單例子是一系列連續系統持續例子（其它的將於第 7 章中介紹）。

CE6. 一種系統，具有一個輸入 x 以及一個輸出 z，使得 $z=1$ 若且唯若 x 維持「1」狀態至少 3 個連續的時序。

對於這個例子，系統必須存放最後三個輸入記憶體的信息並產生該輸出。儲存在記憶體中的是此系統的**狀態**（state）。記憶體由一組二進制裝置所組成。它們可能只是儲存最近的一些輸入，但它往往是更經濟且不同的方式來編碼信息。有時，最近的一些輸入有限數量是不足夠的。

定時追蹤（timing trace）是一組用於在連續的時序下輸入及輸出值。它經常被用於辨別系統的行為定義或描述一個給定系統的行為。該輸入是一個可能被應用到系統之任意值的集合，選擇，以證明該系統的行為。對於 CE6，時序追蹤於追蹤 6.1。

追蹤 6.1　三個連續的 1

x　0 1 1 0 1 1 1 0 0 1 0 1 1 1 1 0 0
z　? 0 0 0 0 0 0 1 0 0 0 0 0 0 1 1 1 0 0 0 0

對於 CE6，輸出僅取決於系統的狀態（非現在輸入），因此，僅會在輸入已經發生之後才發生。為了紀念摩爾這樣的系統被稱為**摩爾模型**（Moore model）。對於第一個輸入的輸出顯示為未知，因為我們沒有之前所發生的歷史記錄。在連續三個輸入 1 之後，則系統進到輸出為 1 狀態下，只要輸入保持 1 那輸出就保持 1。

對於該系統有幾個可能的設計。我們會延後介紹這些技術直到第 7 章我們討論口語描述設計系統。在這一點上，我們將介紹兩種工具來描述順序系統。

狀態表（state table）顯示，對於每一個輸入組合和各個狀態，即，究竟輸出是什麼，**下一個狀態**（next state）是什麼，經過下一個時序之後要被儲存在記憶體中的是什麼。

狀態圖（state diagram 或 state graph）是該系統的行為的圖形表示，表示了用於每個輸入的組合和各狀態下的輸出是什麼以及下一個狀態是什麼，即，在下一個時序後被儲存在記憶體中的是什麼。

表 6.1 示出了一個狀態表，一個描述 CE6 的一個例子，儘管在這一點上並不明顯。

📚 表 6.1　狀態表

現態	次態 $x=0$	次態 $x=1$	現態輸出
A	A	B	0
B	A	C	0
C	A	D	0
D	A	D	1

我們將參照本狀態 q 和下一狀態為 $q^\star$。下一狀態表示的是在時序轉換之後什麼將被儲存在記憶體中。然後，在下一時序之後它將成為現態。下一個狀態是當前狀態和輸入 x 的函數。在本例中的輸出是依現態而定，而不是現態輸入。輸出只在時序轉換有狀態發生變化的情況下才會改變。在表的第一列表示，如果系統處於狀態 A，即，實際上 A 被存儲在記憶體且輸入是一個 0，則下一狀態是一個 A；且如果因素 A 被存儲在記憶體中且輸入是一個 1，則下一個狀態就為 B。每當系統處於狀態 A（或 B 或 C）時，輸出為 0。

對應於此狀態表中的狀態圖示於圖 6.3。每個狀態由一個圓圈表示。再者包括在圈內是在該狀態下的輸出。從圓出來的每一線代表一個可能的過渡。它必須有每個狀態的每個可能的輸入組合中的一個路徑。有時，兩個輸入組合達到相同的次態和單線顯示無論是兩個標籤或使用隨意項（X）。這個狀態圖包含了相同的信息作為狀態表。

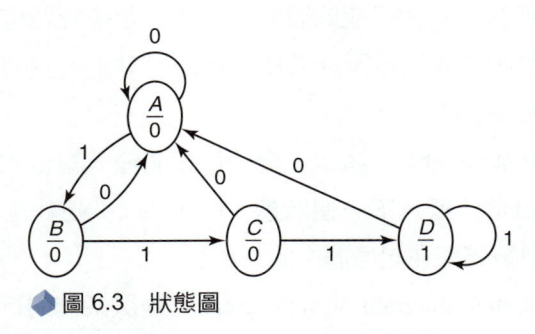

◆ 圖 6.3　狀態圖

如果我們得到的狀態表或狀態圖，我們可以構造時序。在追蹤 6.2，我們重複先前的軌跡，而且還包括了狀態。

追踪 6.2　狀態追踪

```
x  0 1 1 0 1 1 1 0 0 1 0 1 1 1 1 1 0 0
q  ? A B C A B C D A A B A B C D D D A A ?
z  ? 0 0 0 0 0 0 1 0 0 0 0 0 0 1 1 1 0 0 0 0
```

無論我們知道初始狀態與否，狀態表和狀態圖均顯示 0 輸入會將系統從任何狀態轉移到狀態 A。從狀態 A，輸入 1 從任何狀態轉移到狀態 B；從 B，它會到 C；從 C，它進入 D；從 D，它仍保留在 D。

在一些系統中，輸出不僅與此機的當前狀態有關，同時也對現態輸入相關。這種類型的系統被稱為**米利模型**（Mealy model）（紀念 G. B. Mealy）。狀態表輸出欄的數目與次態部分的數目一樣多。一個例子示於表 6.2。

表 6.2　米利模型系統狀態圖

q	$q^\star$ $x=0$	$x=1$	z $x=0$	$x=1$
A	A	B	0	0
B	A	C	0	0
C	A	C	0	1

米利模式狀態圖與摩爾模型（Moore model）不同。其輸出是與轉換相關聯的，而不是狀態，如圖 6.4 所示。每個路徑具有一個雙標籤：造成轉態的輸入，後面跟著一個斜線，且當系統處於該狀態並且是該輸入發生時的輸出。因此，從狀態 A 中，路徑狀態 B 被標記 1/0，這意味著當 $x=1$ 該路徑被追隨，並且產生的輸出為 0。

時序追踪（追踪 6.3）被建構成與摩爾模型（Moore model）大致相同的方式，所不同的是，當前輸出取決於當前輸入以及當前狀態。

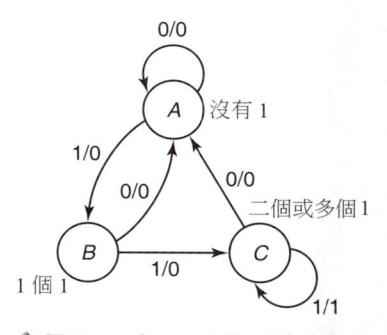

圖 6.4　表 6.2 米利系統狀態圖

在分析和設計過程 Moore 和米利機非常相似。我們將在第 6.4 節和第 7 章回到這個問題。

追踪 6.3　時序追踪

```
x  0 1 1 0 1 1 1 0 0 1 0 1 0 1 1 1 1 0 0
q  ? A B C A B C C A A B A B A B C C C A A
z  0 0 0 0 0 0 1 0 0 0 0 0 0 0 0 1 1 0 0 0 0
```

6.2 閂

閂（latch）是一個二進制儲存裝置，由兩個或更多個閘極組成，具有反饋的作用，也就是說，對於最簡單的雙閘閂，每個閘的輸出被連接到另一閘的輸入。圖 6.5 顯示由兩個 NOR 閘構成的閂。

我們可以寫出本系統方程式：

$P = (S + Q)'$
$Q = (R + P)'$

在正常儲存狀態是兩個輸入 0（inactive）。如果 S 和 R 均為 0，則兩個方程狀態 P 是 Q 的相反，也就是

$P = Q' \quad Q = P'$

閂可以儲存任意一個為 0（$Q=0$ 和 $P=1$）或 1（$Q=1$ 和 $P=0$）的值。因此，P 的輸出通常只標記為 Q'。字母 S 用來表示**設置**（set），也就是在鎖存器（閂）中儲存 1。若 $S=1$ 和 $R=0$，則

$P = (1 + Q)' = 1' = 0$
$Q = (0 + 0)' = 0' = 1$

因此，1 被存儲在鎖存器（在線 Q 上）。同樣地，如果**復位**（reset）線 R 為 1 和 $S=0$，則

$Q = (1 + P)' = 1' = 0$
$P = (0 + 0)' = 0' = 1$

最後，該閂不能工作在 S 和 R 均為 1 的情況，因為，若 $S=1$ 和 $R=1$，則

$P = (1 + Q)' = 1' = 0$
$Q = (1 + P)' = 1' = 0$

兩個輸出都將是 0。另外，如果 S 和 R 兩者同時變為 0，那麼閂將不清楚哪個狀態會發生。會發生什麼情況將取決於這些問題是否它們到 0，或正好在同一時間或一個輸入領先於其它隻接腳變為 0，在這種情況下，最後 1 將成為最終結果。否則，這樣的因素，超出了邏輯設計者所想要的結果。為了避免這個問題，我們要確保兩個輸入都不能同時為 1。

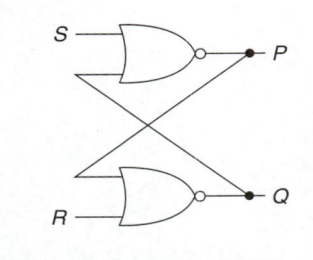

◆ 圖 6.5　一個 NOR 閂閂

更複雜的閂是可建構的。我們將著眼於一個閘控鎖，如圖 6.6。當**閘**（Gate）信號是非致能的（＝0），SG 和 RG 都是 0，並且閂保持不變。只有當**閘**信號變為 1 時，那 0 或 1 將可被儲存在閂中，正是如圖 6.5 顯示的簡單鎖存器。

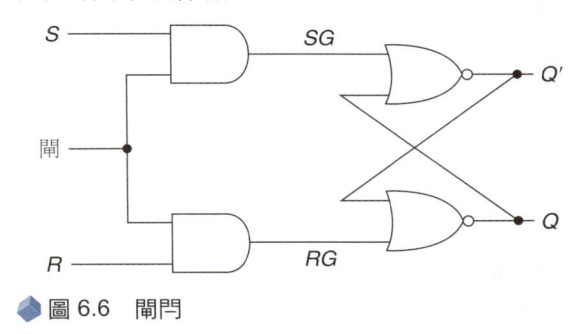

◆ 圖 6.6　閘閂

6.3　正反器

正反器（flip flop）是一個時脈型的二進制儲存裝置，即，儲存一個 0 或 1。在正常操作中，該值將只在時脈上的適當的暫態改變的裝置。系統狀態的變化在時脈的轉換過程時。對於一些正反器，這種改變發生在時脈從 1 到 0 的時候；被稱為**後緣觸發**（trailing-edge triggered）。對於除此之外的其它正反器而言，這種改變發生在時脈從 0 到 1；被稱為**前緣觸發**（leading-edge triggered）。這些轉換後儲存什麼值取決於正反器的數據輸入和暫態觸發前儲存什麼值而定。

正反器有一個或兩個輸出。一個輸出是正反器的狀態。如果有兩個，另一輸出是正反器的狀態補數。個別的正反器幾乎總是有兩個輸出。然而，當幾個正反器連結在一個集成電路封裝中，輸出接腳限制可能僅使得無補輸出可用。

一個簡單的 SR **主 / 從**（master/slave）正反器可以用兩個閂控鎖存構成，如圖 6.7。當時脈為 1 時，S 和 R 輸入建立第 1 正反器的值，**主**（master）正反器。在那時段裡，**僕**（slave）正反器沒有啟用。一旦時脈變為 0，主正反器被禁用，而從正反器啟用。主正反器的輸出值，X 和 X'，此值是通過 S 和 R 的後緣之前的值來決定。這些值是僕正反器的輸入值。因此，隨著時脈變為 0，並保持這種方式，直到下一個時脈週期改變。我們可以由時脈連接到僕正反器得到一

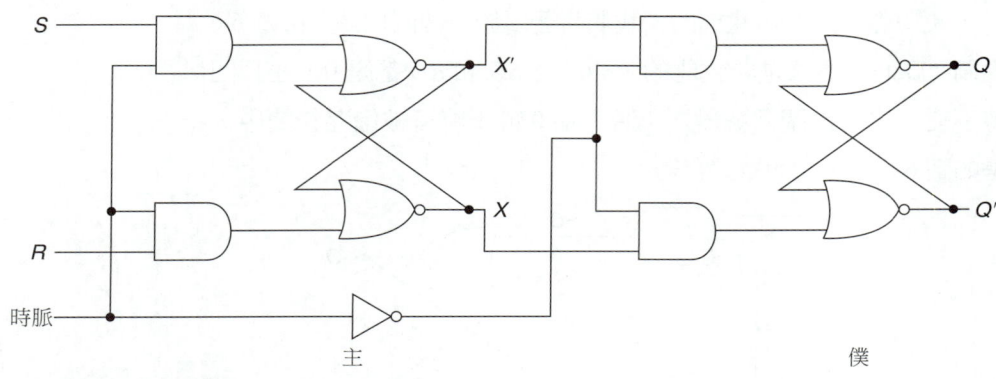

◆ 圖 6.7 主僕正反器

個前緣觸發正反器及其主正反器的補數。在觸發器的輸出的變化是從時脈的緣延遲而獲得。商業觸發器使用一個更複雜的,但速度更快的電路。

我們將集中於正反器的兩種類型,D 和 JK。D 型正反器是最直接於可程式邏輯裝置(第 8 章)中發現。該 JK 正反器幾乎總是產生最簡單的組合邏輯。我們也將介紹 SR 和 T 型正反器,在 D 和 JK 之間討論,因為它們自然會導致 JK。

最簡單的正反器是 D 型正反器。這個名字來自延遲(Delay),因為輸出僅僅是輸入的延遲,直到下一個有效時脈跳變。D 型正反器的下一個狀態是 D 的時脈轉換前的值。D 型正反器的框圖,包括後緣觸發和前緣觸發的均示於圖 6.8。三角形用於指示哪個輸入是時脈。一個圓通常顯示後緣觸發正反器。注意一些書籍中是不區分。

我們將使用兩種形式的真值表(表 6.3)和一個狀態圖來描述每一種類型正反器的行為。雖然這些對 D 型正反器而言都特別簡單,我們也會在這裡說明之。在該真值表的第一形式中,該正反器的輸入和當前狀態是顯示在輸入欄中;對第二形式而言,只有正反器輸入是必要的。對於一個 D 型正反器的狀態圖,顯示於圖 6.9。它有兩

◆ 表 6.3 D 型正反器真值表

D	q	$q^\star$
0	0	0
0	1	0
1	0	1
1	1	1

D	$q^\star$
0	0
1	1

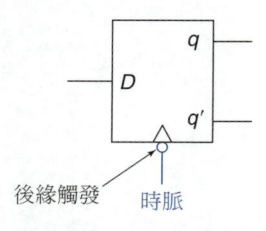

◆ 圖 6.8 D 型正反器

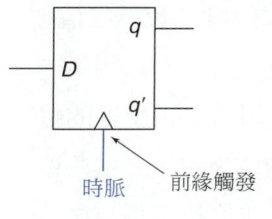

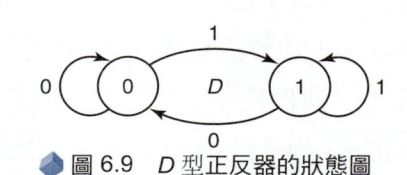

◆ 圖 6.9 D 型正反器的狀態圖

種狀態（適用於所有類型的正反器）。過渡路徑以產生暫態的輸入標註。輸出未標示圓圈，因為它和狀態相同的。

正反器的下一個狀態可以以其輸入和當前狀態的函數來代數性地描述。在 D 型正反器的情況下，該方程式是

$$q^\star = D$$

D 型正反器後緣觸發的行為示於圖 6.10a 的時序圖。除非我們知道 q 的初始值，即，我們開始研究之前什麼值被存儲在正反器，否則 q 是未知的，直到第一負向時脈轉變之後。由該時序圖上的斜線部分表示。當該時脈的第一個後緣時，所述正反器的狀態將被建立。

由於 D 當時是 0，q 變為 0（以及，當然，q' 變為 1）。需要注意的是，在輸出有輕微的延遲。輸入 D，通常是轉態後不久發生變化，如圖所示為第一改變，只要在下一個致能轉態之前到達正確值，其值也有可能在任何時間發生改變。如圖所示，q' 輸出（顧名思義）的 q 輸出端的反相。在第二後緣，D 是 1；因此，q 是 1，在下一個時脈週期。在第三後緣，D 是還是 1，另一時脈週期 q 保持為 1。需要注意的是，如果 D 輸入時脈轉變之間當中來回轉變，如圖 6.10b，輸出將不會受到影響，因為 D 的值是唯一與後緣的時間相關。這與圖 6.10a 是相同的。

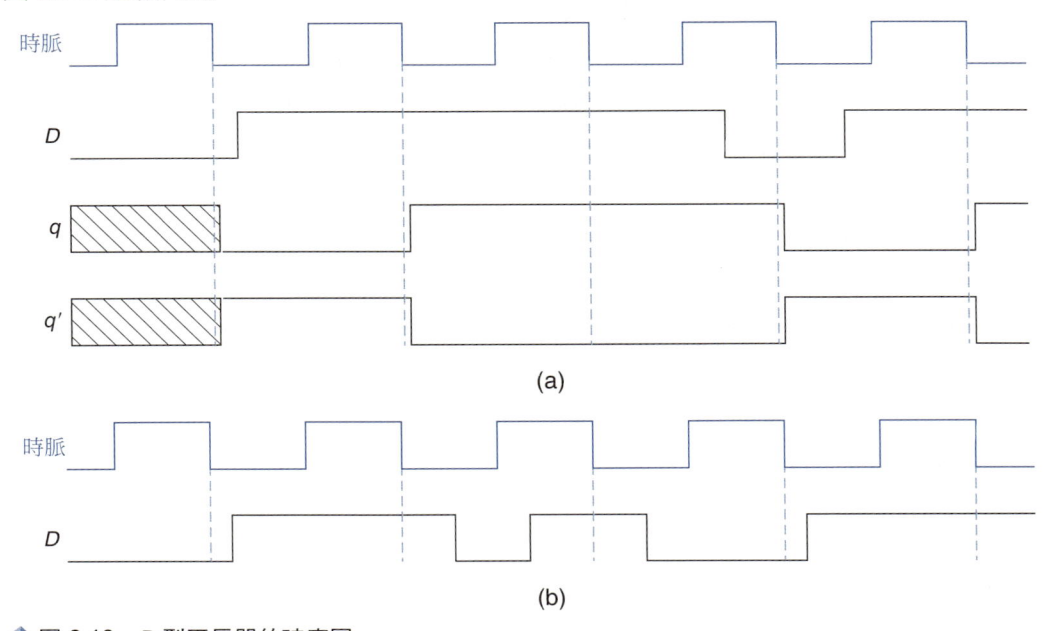

◆ 圖 6.10　D 型正反器的時序圖

接下來，我們將著眼於具有前緣觸發版本正反器的工作行為。描述正反器的表不需要修改；唯一不同的是相對於該時脈之輸出變化。前緣觸發的 D 型正反器時序圖，使用和以前一樣的輸入，示於圖 6.11。時脈從 0 到 1 不久後輸出將改變。

◆ 圖 6.11　前緣觸發的 D 型正反器

由於正反器在一時脈轉換的行為，取決於正反器在此之前輸入端的值，我們就可以將一個正反器的輸出連接到另一個正反器的輸入端，如圖 6.12，並且可以同步它們的時脈。在一個時脈轉變時的正反器 q 之變化，q 的舊值用於計算 r 的行為，如在圖 6.13 的時序圖所示。從最後一個示例輸入到第 1 正反器尚未改變，因此，q 是和之前相同。在第一後緣，輸入到 r 是未知；因此，該時脈後輸出依然保持未知的。在第二後緣，輸入到 r 是 0，因此 r 變為 0。即正反器 q 從 0 變化為 1，與該時脈邊沿的結果是不相關的；在時脈邊緣之前的輸入值決定 r 的行為。q 的新值將被用於確定 r 在下一時脈暫態的行為。正反器輸出 r 中是延遲了一個時脈的週期 q 的複製。

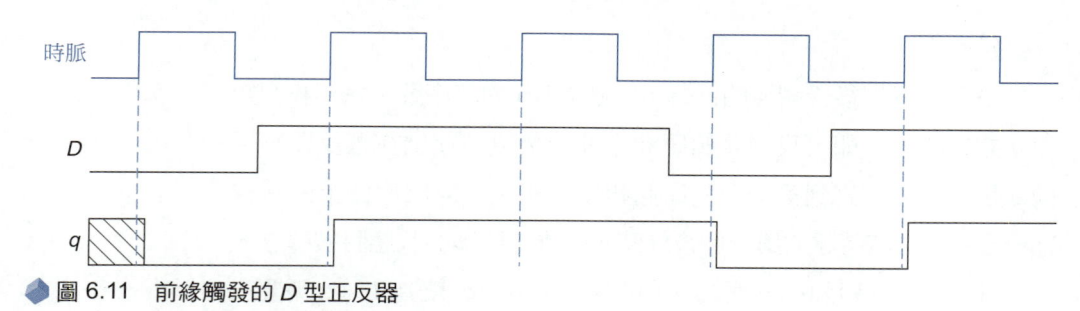

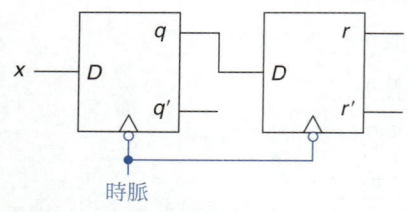

◆ 圖 6.12　兩個正反器

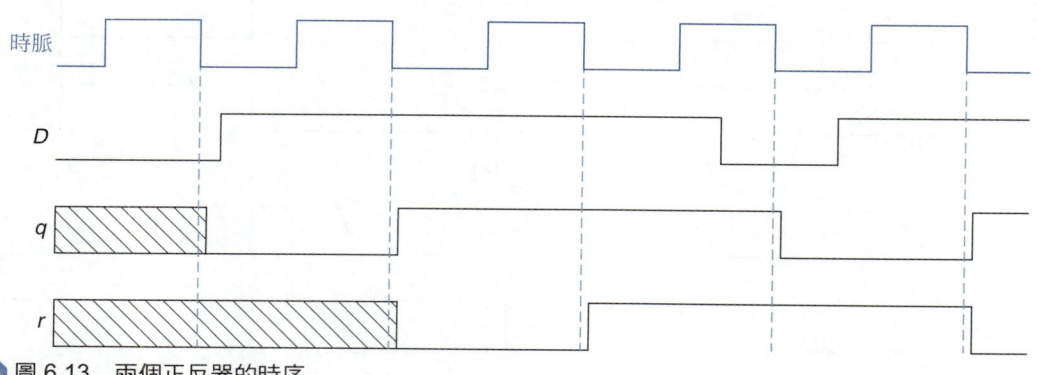

◆ 圖 6.13　兩個正反器的時序

這種類型的行為很常見於整個循序系統。通常情況下，在系統中所有的正反器由相同的時脈觸發。通常情況下，輸入到正反器的是該系統的正反器的內容之函數，如在連續系統中的這一章的開頭所示全局概要。

再看看其他類型的正反器之前，我們將檢視**靜態清除**〔static（asynchronous）clear〕及預設輸入正反器的行為。任何類型的正反器均具有一個或兩個可用的。一個 D 型正反器具有低電位（最常見的安排）清除和預設的輸入如圖 6.14 所示。在左邊版本採用上橫線代表其補數；但我們將繼續使用一撇來代表補數，如右邊所示，此處正反器的行為由表 6.4 的真值表所描述。清除和預設輸入立即動作，並涵蓋時脈，也就是說，它們強制輸出分別為 0 和 1。只有當這兩個靜態輸入為 1 時，正反器有和以前一樣的行為，與時脈暫態和 D 型正反器輸入決定行為。時序例子如圖 6.15。時間開始的時候，清除輸入變成有效，迫使 q 為 0。只要該輸入保持為 0，時脈和 D 被忽略；因此，沒有在該示出的時脈的第一個後緣產生變化。一旦清除接腳回到 1，則時脈和 D 將主導行為；但它們有直到時脈的下一個後緣之前沒有被影響的情況發生。D 型正反器輸入確定在接下來的四個

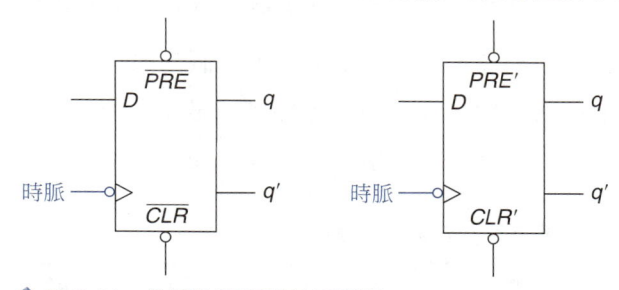

◆ 圖 6.14 具清除及預設的正反器

◆ 表 6.4 具清除及預設的 D 型正反器真值表

PRE'	CLR'	D	q	$q^\star$	
0	1	X	X	1	靜態
1	0	X	X	0	立即
0	0	X	X	—	不被允許
1	1	0	0	0	
1	1	0	1	0	時脈
1	1	1	0	1	
1	1	1	1	1	

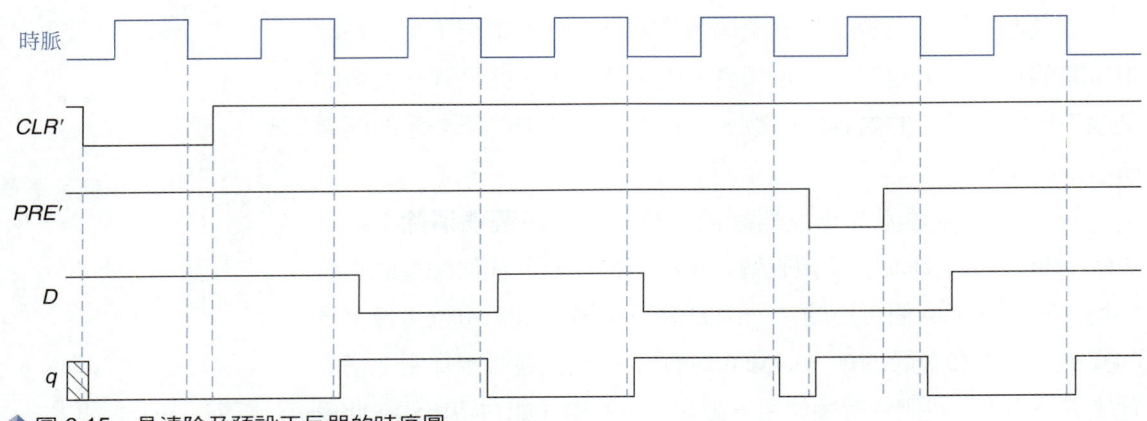

圖 6.15 具清除及預設正反器的時序圖

後緣主導正反器的行為。當預置輸入變為 0 時，正反器輸出將變為 1。當預置輸入回到 1，時脈和 D 輸入再次主導行為。

接下來，我們將著眼於 SR〔設置 − 復位（Set-Reset）〕型正反器。它有兩個輸入端，S 和 R，對於 SR 閂而言是相同的含義。其行為是由表 6.5 的真值表和圖 6.16 的狀態圖來描述。設置（S）輸入端將產生一個 1 在下一有效時脈邊緣儲存在所述正反器中；而復位（R）輸入導致一個 0 被儲存。S 和 R 輸入從不會在同一時間為 1。就如在閂的情況一樣，我們不能肯定 S 和 R 都為 0 時會發生什麼結果，儘管這不會損壞正反器。注意，在圖中，每個標籤是兩個數字；第一個是 S 的值和第二個是 R 的值。兩個標籤是在 0 到 0 的路徑上，因為無論是 00 或 01 的值從 0 將導致正反器返回到狀態 0。

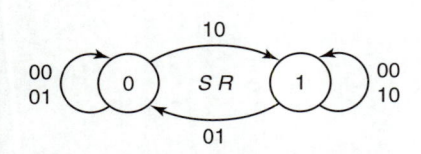

圖 6.16 SR 型正反器的狀態圖

Map 6.1 SR 正反器行為圖

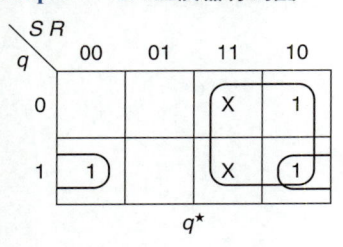

表 6.5 SR 型正反器真值表

S	R	q	q*
0	0	0	0
0	0	1	1
0	1	0	0
0	1	1	0
1	0	0	1
1	0	1	1
1	1	0	—
1	1	1	—

不被允許

S	R	q*
0	0	q
0	1	0
1	0	1
1	1	—

不被允許

在 Map 6.1 中，我們製作 q* 的真值表。請注意，兩個方塊是隨意項，因為我們不會讓這兩個 S 和 R 同時等於 1。這讓我們以現態 q 及輸入 S 和 R 的值為下一個正反器的狀態寫一個方程式，q*：

$$q^\star = S + R'q$$

在時脈之後該方程表示,如果我們將其設置($S=1$),或如果已經存在一個 1 並且不重置($R=0$),那麼將有一個 1 在正反器中。時序的例子是在圖 6.17 表示。請注意,我們從未同時使兩個 S 和 R 等於 1。此外,當 S 和 R 同時是 0 時,q 不改變。

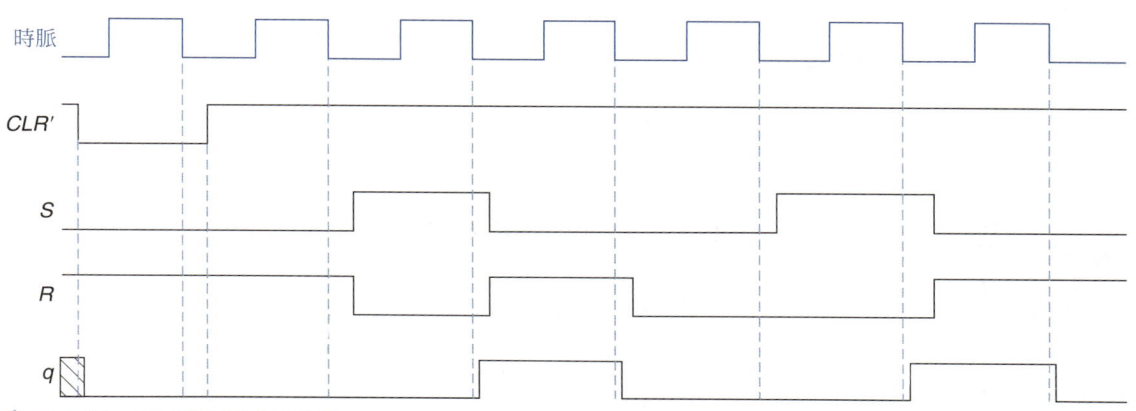

◆ 圖 6.17 　SR 型正反器時序圖

第三類正反器是 T〔切換(Toggle)〕型正反器。它有一個輸入,T,使得如果 $T=1$ 時,正反器改變狀態(即,翻轉),和如果 $T=0$,則狀態保持相同。描述的 T 型正反器的行為的真值表如表 6.6,而狀態圖如圖 6.18。

◆ 表 6.6　T 型正反器真值表

T	q	$q^\star$
0	0	0
0	1	1
1	0	1
1	1	0

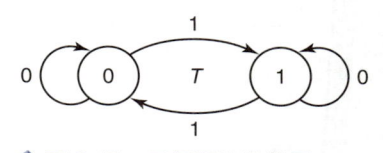

T	$q^\star$
0	q
1	q'

◆ 圖 6.18　正反器的狀態圖

行為方程為

$$q^\star = T \oplus q$$

一個時序例子示於圖 6.19。

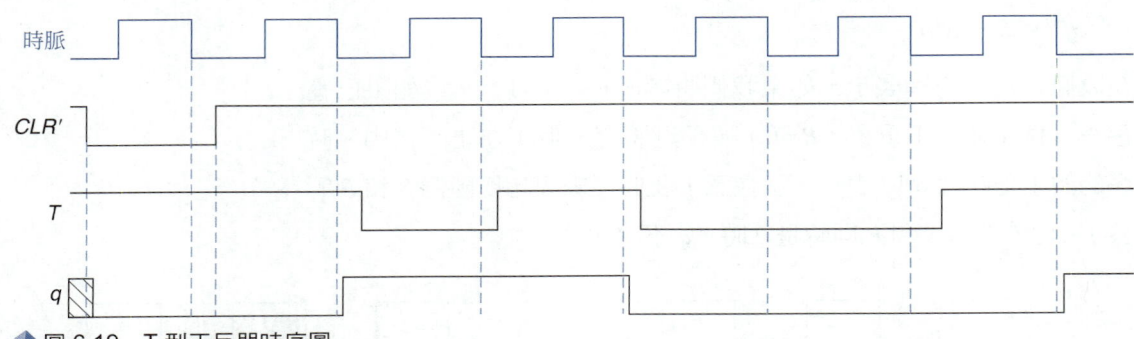

◆ 圖 6.19　T 型正反器時序圖

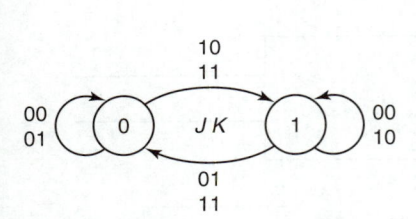

最後一種類型正反器，我們將介紹的是 JK（字母不是縮寫），這是 SR 和 T 的組合，因為它的行為就像一個 SR 型正反器，所不同的是 J=K=1 時將導致正反器改變狀態（如在 T=1）。真值表列於表 6.7 且狀態圖示於圖 6.20。

◆ 圖 6.20　JK 型正反器狀態圖

▼ 表 6.7　JK 型正反器真值表

J	K	q	$q^\star$		J	K	$q^\star$
0	0	0	0		0	0	q
0	0	1	1		0	1	0
0	1	0	0		1	0	1
0	1	1	0		1	1	q'
1	0	0	1				
1	0	1	1				
1	1	0	1				
1	1	1	0				

Map 6.2　JK 型正反器行為圖

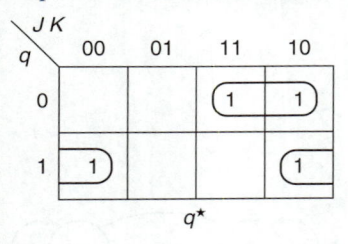

從第一個真值表，我們可以得出 Map 6.2 及 $q^\star$ 公式：

$$q^\star = Jq' + K'q$$

JK 正反器的時序示例如圖 6.21。需要注意的是有些時候，

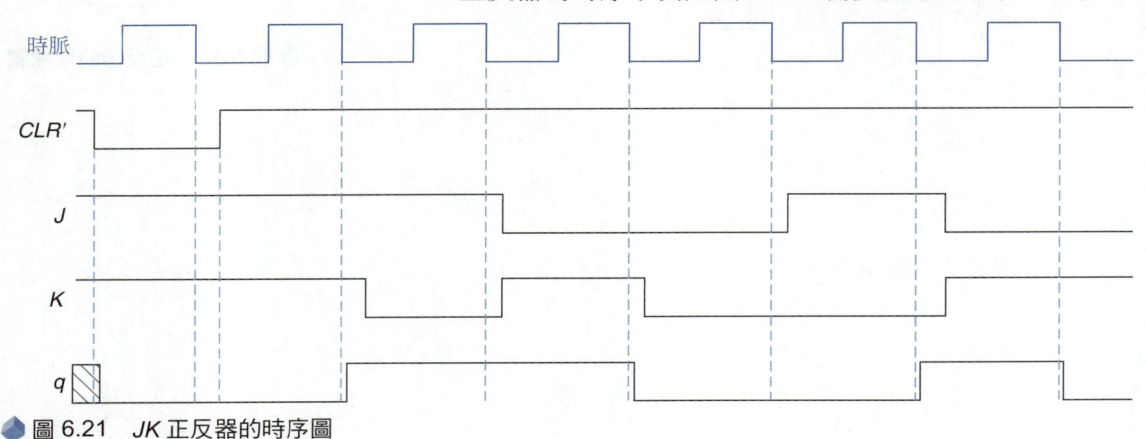

◆ 圖 6.21　JK 正反器的時序圖

J 和 K 是 1 的同時，正反器只是在這些時候改變狀態。

我們現在了解所有的正反器的基本知識了，現在可以開始分析更複雜的系統。在我們繼續說明之前，我們將著眼於一些市售正反器的包裝。D 和 JK 型正反器是最常見的。我們將著眼於四個一封裝的情況，所有這一類 IC 都可以在 LogicWorks 和麵包板模擬器中使用。

在 7473 是一款雙 JK 型正反器包裝。它包含兩個獨立的 JK 型正反器，其每一個有一個低電位動作的清除輸入，並且有兩個 q 和 q' 輸出。它為後緣觸發。

在 7474 是一款雙 D 型正反器，也採用 14 隻接腳封裝。由於每個正反器只有一個數據輸入端，有兩隻可用的接腳；它們被用於低電位預置輸入。它為前緣觸發。

有四個或六個正反器封裝在一起的 D 型正反器封裝。在 74174 是一個十六進制（6）D 型正反器封裝，只有 q 輸出，幾乎都是前緣觸發時脈。有一個共同的低電位清除。這是一個 16 隻接腳封裝。

最後，我們有 74175，一個四（4）D 型正反器封裝。每個正反器既具有 q 和 q' 的輸出。有一個共同的前緣觸發的時脈和一個共同的低電位清除。再次，這是一個 16 隻接腳封裝。

6.4　循序系統的分析

在本節中，我們將研究一些小的狀態機器（由正反器及邏輯閘所組成），並分析它們的行為，也就是產生時序圖，時序追踪，狀態表和狀態圖。我們還將看看狀態表和時序之間的關係。

第一個例子，圖 6.22 的電路，是具有兩個後緣的觸發的 D 型正反器。

從電路來看，我們發現

$D_1 = q_1 q_2' + x q_1'$
$D_2 = x q_1$
$z = q_2'$

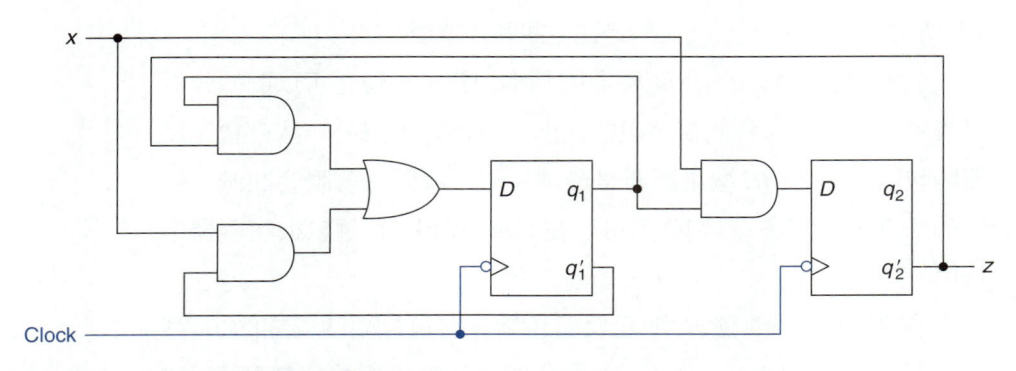

◆ 圖 6.22　D 型正反器的摩爾模型電路

我們將首先構造狀態表。由於這是一個摩爾模型，只有一個輸出欄。下一個狀態的部分對 D 型正反器而言是十分簡單 $q^\star=D$。我們首先完成的輸出（z）欄和 $q^\star$（$=D_1$），如表 6.8a。

最後，我們加入 $q^\star$（$=D_2$）得到表 6.8b 的完整狀態表。

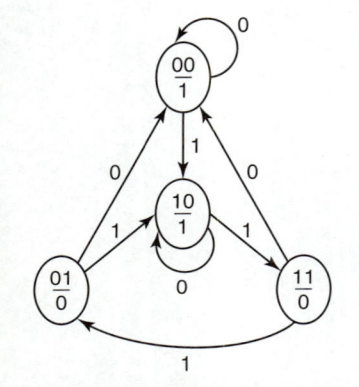

◆ 圖 6.23　摩爾狀態圖

表 6.8a　部分的狀態表

q_1q_2	$q_1^\star\ q_2^\star$ $x=0$	$x=1$	z
0 0	0	1	1
0 1	0	1	0
1 0	1	1	1
1 1	0	0	0

表 6.8b　完整的狀態表

q_1q_2	$q_1^\star\ q_2^\star$ $x=0$	$x=1$	z
0 0	0 0	1 0	1
0 1	0 0	1 0	0
1 0	1 0	1 1	1
1 1	0 0	0 1	0

相對應的狀態圖示於圖 6.23。

現在，我們將著眼於摩爾定律的 JK 型正反器模型電路（見圖 6.24）。

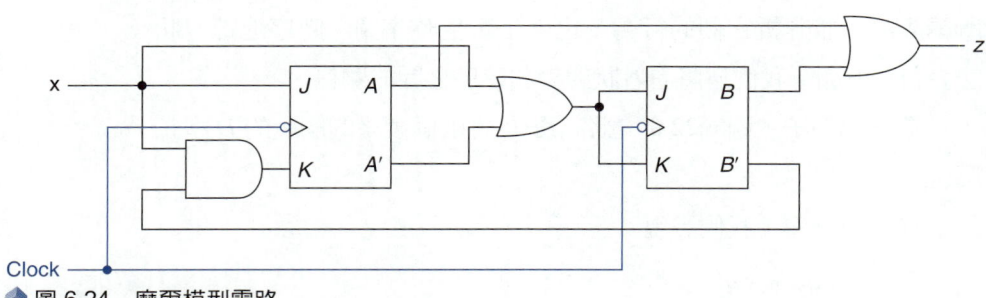

◆ 圖 6.24　摩爾模型電路

這是一個摩爾的模式，因為輸出 z，它等於 $A+B$，是狀態的函數（即，正反器的內容），而不是輸入 x 的函數。

現在，我們將寫正反器輸入和輸出方程式，並且從中，構造一個狀態表：

$J_A = x \quad K_A = xB'$
$J_B = K_B = x + A'$
$z = A + B$

輸出欄是直接從 z 方程式得來。我們現在可以填寫在同一時間下，一個狀態節一個條目。對於第一項，因為 $x=A=B=0$，$J_A=K_A=0$ 和 $J_B=K_B=1$。從正反器表 6.7（第 6.3 節）的行為表中，我們可以看到，A 不改變狀態，但 B 卻會。因此，下一個狀態為 0。接著，對於 $x=A=0$ 且 $B=1$，$J_A=K_A=0$ 和 $J_B=K_B=1$。同樣，A 不改變狀態，但 B 卻會。所得下一狀態是 00。在這點上，我們有表 6.9a 的狀態表。

我們可以繼續其它的輸入項目，或者我們在同一時間可以看一下正反器的方程。當 $x=0$（不管 A 和 B），$J_A=K_A=0$，正反器 A 不改變狀態。因此，我們可以完成對 $x=0$ 之 $A^\star$，如表 6.9b。當 $x=1$，$J_A=1$ 和 $K_A=B'$。對其中兩列，$B=0$（第一列和第三列），J_A 和 K_A 都是 1 並且 A 會切換。對另兩列，其中 $B=1$（第二列和第四列），$J_A=1$ 和 $K_A=0$，把一個 1 放在正反器中。表 6.9b 部分為其結果（其中，$A^\star$ 已經被填入）。

現在，我們可以完成表格的 $B^\star$ 部分。當 $A=0$（前兩行的兩列），$J_B=K_B=1$ 和 B 改變狀態。當 $A=1$，$J_B=K_B=x$。對於 $x=0$（第一欄，最後兩列），B 保持不變。最後，為 $A=1$ 且 $x=1$，$J_B=K_B=1$ 並且 B 改變，產生了完整的表 6.9c。

表 6.9a　最先兩輸入狀態表

A B	$A^\star B^\star$ $x=0$	$x=1$	z
0 0	0 1		0
0 1	0 0		1
1 0			1
1 1			1

表 6.9b　具 $A^\star$ 輸入狀態表

A B	$A^\star B^\star$ $x=0$	$x=1$	z
0 0	0	1	0
0 1	0	1	1
1 0	1	0	1
1 1	1	1	1

表 6.9c　完整的狀態表

A B	$A^\star B^\star$ $x=0$	$x=1$	z
0 0	0 1	1 1	0
0 1	0 0	1 0	1
1 0	1 0	0 1	1
1 1	1 1	1 0	1

另一種建構狀態表的技術是使用我們最後一節開發的次態等式，即

$q^\star = Jq' + K'q$

從這個問題中的值，我們得到

$$A^\star = J_A A' + K'_A A = xA' + (xB')'A = xA' + x'A + AB$$
$$B^\star = J_B B' + K'_B B = (x + A')B' + (x + A')'B$$
$$= xB' + A'B' + x'AB$$

現在，我們可以如我們之前建構 D 型正反器相同的方式建構狀態表。這些方程式得到如前完全相同的結果。

對於這個例子，如果我們給定了輸入 x 和的初始狀態，我們將產生一個時序追蹤和時序表。x 與 A 和 B 的初始值在追蹤 6.4 中顯示。

追蹤 6.4　表 6.9 的追蹤

x	0	0	1	0	1	1	0
A	0 →| 0	0	1	1	1	0	0
B	1	0	1	1	0	1	0	1
z	0	1	0	1	1	1	1	0	1

在第一個時脈邊緣，在圖中陰影框中的值確定下一個狀態和當前輸出狀態。從第一列（AB=00）和第一欄（x=0）獲得的下一狀態，在表 6.9c 中的陰影方塊所示。輸出是 z 正好位於第一列中的值。對於時序追蹤的下一欄，我們再次啟動此過程一遍；這實際上是一個新問題。狀態為 **01**，且輸入為 0，次態為 00。接著是連續性的輸入。最後一個輸入顯示為一個 0 時，系統在狀態 01 到系統狀態 00。我們知道狀態和輸出，即使我們任何更長的時間不知道輸入。最後，在這個例子中，我們就可以決定一個以上時序的時間的輸出和 B，因為，從狀態 00，則下一狀態是 01 或 11，這兩者都具有 B=1 和 1 的輸出。

在圖 6.25 中，我們將在看為同一系統具有相同的輸入序列的時序圖。我們必須就在後緣前看看變量的值（A、B 和 x）。從這一點，

◆ 圖 6.25　表 6.9 的時序圖

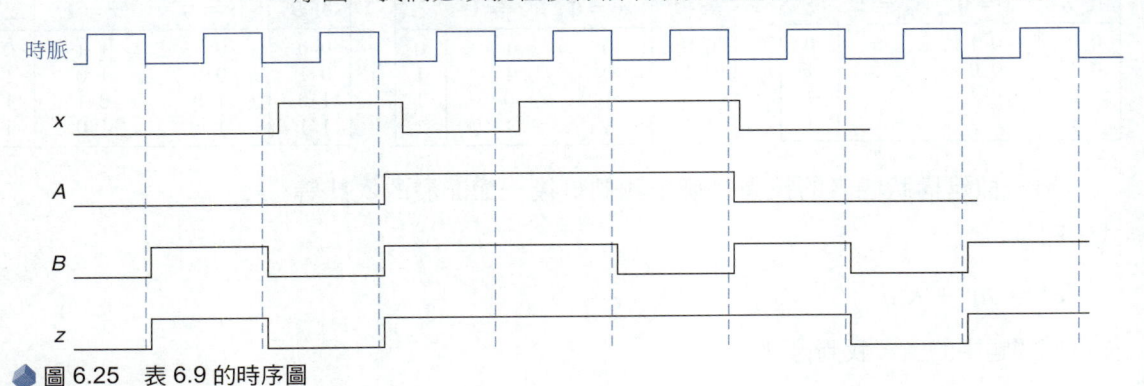

我們知道目前的狀態和輸入,並且可確定在下一個時脈週期 A 和 B 的值必須是什麼。任何時候,我們知道 A 和 B 值,我們可以決定 z。

我們並不需要建構狀態表以獲取該時序圖或追蹤。我們可以在每個時脈後緣,確定每個正反器的行為。該輸出然後可以最後構建,因為它僅僅是 OR 的兩個狀態變數(A 和 B)。因此,當第一個時脈邊緣到來時,$A=B=x=0$,因此,$J_A=K_A=0$,讓 A 為 0,同時,$J_B=K_B=1$,因此 B 變換,也就是說變為 1。我們現在可以我們的注意力到下一個時脈的時間並重複計算。

在這一點上,一個字對初始值是依序的。在這個例子中,我們假設我們知道當第一個時脈到來時,儲存在 A 和 B 是什麼。使用靜態清除輸入將其完成,在此簡化問題上並沒有被示出。在某些情況下,即使我們不知道的初始值,我們可確定系統一個或兩個時脈週期後的行為。但是,在這個問題上,我們必須對系統進行初始化。最後,對於這一問題,狀態圖如圖 6.26。

在一些系統中,輸出取決於現態輸入,以及狀態。從一個電路觀點,這只是意味著 z 是 x 的函數,及狀態變數。這種類型的電路被稱為**米利模型**(Mealy model)。這種系統的一個例子示於圖 6.27。

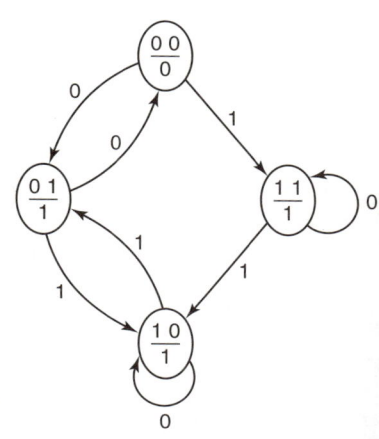

◆ 圖 6.26　表 6.9 狀態圖

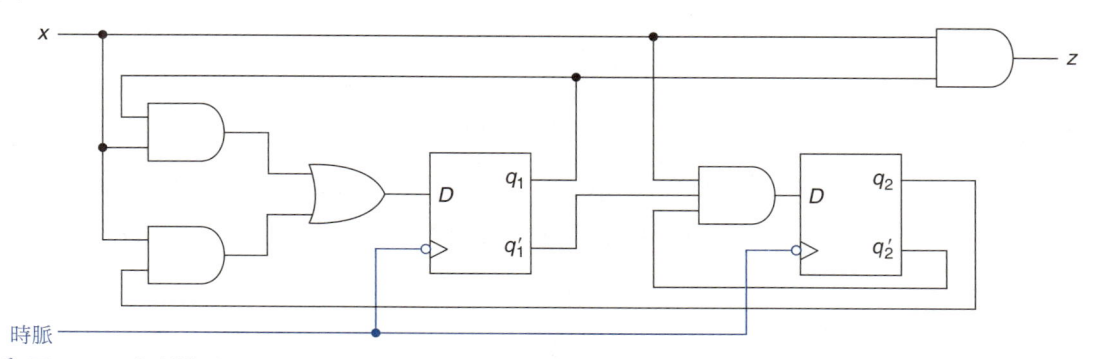

◆ 圖 6.27　米利模型

正反器輸入和輸出方程式是

$D_1 = xq_1 + xq_2$
$D_2 = xq_1'q_2'$
$z = xq_1$

當然,與 D 正反器,$q^* = D$。因此,

$$q_1^\star = xq_1 + xq_2$$
$$q_2^\star = xq_1'q_2'$$

從這一點,我們可以得到表 6.10 的狀態表。請注意,我們需要兩個輸出欄,一個用於 $x=0$ 和一個用於 $x=1$。

表 6.10 米利系統的狀態表

q	$q^\star$ $x=0$	$x=1$	z $x=0$	$x=1$
0 0	0 0	0 1	0	0
0 1	0 0	1 0	0	0
1 0	0 0	1 0	0	1
1 1	0 0	1 0	0	1

需要注意的是,狀態 11 永遠達不到;這個問題實際上只有 3 種狀態。不過,第一個時脈後,它會離開這個狀態,永不回來。從圖 6.28 的狀態圖看來相當明顯。

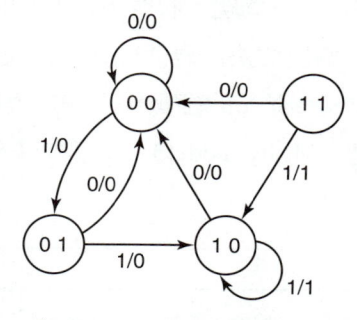

圖 6.28 米利模型狀態圖

請注意,沒有路徑進入狀態 11。還注意到,每當有 0 投入,我們會回到狀態 00。因此,即使我們不初始化這個系統,它將在第一個 0 輸入後正確工作。

追蹤 6.5 米利模型時序

x	0	1	1	0	1	1	1	1	0
q_1	?	0 → 0	1	0	0	1	1	1	0
q_2	?	0 1	0	0	1	0	0	0	0
z	0	0	0	0	0	0	1	1	0	0

我們將接著看的是時序追蹤,接著是對本系統定時圖。

CHAPTER 6 循序系統的分析

雖然我們不知道的初始狀態，0 輸入在下一個時脈時間強制系統到狀態 00，我們可以完成追蹤。請注意，輸入未知兩個時脈週期之後輸出為已知，因為任何早於此點系統不能到達狀態 10。提醒一句：在目前的狀態和當前輸入確定**當前**（present）輸出和**下一個狀態**（next state），如圖所示。

此例的時序圖如圖 6.29 所示。它說明米利系統的特殊性。請注意，有一個**假輸出**（false output），即，輸出變為 1，即使未在所述定時追蹤也不在狀態表指示的短週期。

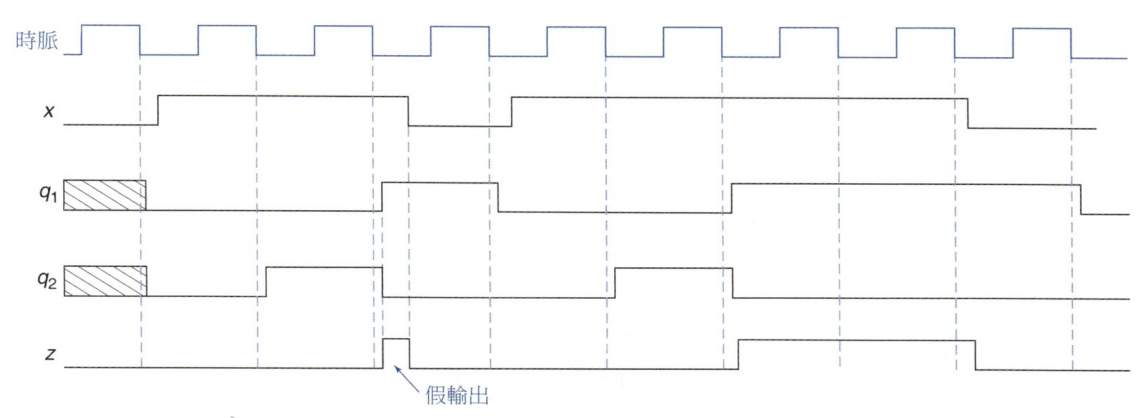

◆ 圖 6.29　假輸出的說明

輸出來自於組合邏輯；它只是 xq_1。如果輸入的 x 不會同時與時脈的後緣改變，並且 q_1 變為 1 之後它仍 1，輸出將轉到 1。但由狀態表或所述定時追蹤指示的輸出是基於該值的 q_1 在下一時脈的時間。假輸出通常不是重要的，因為一個米利系統的輸出主要是在時脈倍感興趣。而且，它常常是系統輸入與時脈後緣同時改變的情況。正反器變更後，突波僅僅發生是因為 x 變更後。如在 x 中的變化變得更接近的變化 q，突波變窄，如果 x 變為 0，同時該 q_1 變為 1，假輸出消失。

例題 6.1a

考慮下面的電路有一個 JK 和一個 D 型正反器：

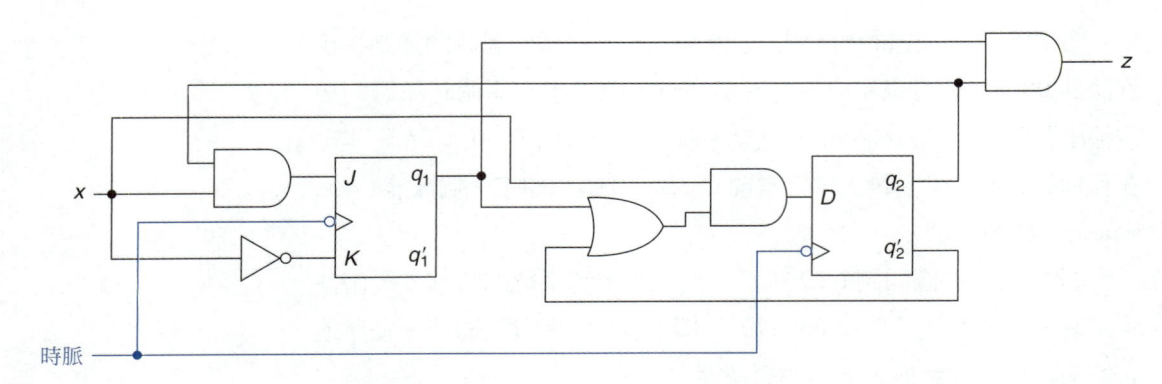

輸出，$z=q_1q_2$，不取決於輸入值 x；因此，這是一個摩爾的模型。輸入的方程式是

$$J_1 = xq_2 \qquad K_1 = x'$$
$$D_2 = x(q_1 + q_2')$$

請注意，當 $x=0$，J_1 是 0，K_1 為 1，且 D_2 為 0；因此，系統進行到狀態 00。當 $x=1$ 時，

$$J_1 = q_2 \qquad K_1 = 0 \qquad D_2 = q_1 + q_2'$$

正反器 q_1 變為 1 時，$q_2=1$，其餘是不變的。正反器 q_2 變為 1 時，只有當 $q_1=0$ 和 $q_2=1$，變為 0 時只有當 $q_1=1$ 或 $q_2=0$。

對於 q_1 我們也可以使用方程式

$$q^\star = Jq' + K'q$$

並獲得

$$q_1^\star = xq_2q_1' + xq_1 = x(q_2 + q_1)$$

從兩種方法，我們得到如下狀態表：

q_1q_2	$q_1^\star q_2^\star$ $x=0$	$x=1$	z
0 0	0 0	0 1	0
0 1	0 0	1 0	0
1 0	0 0	1 1	0
1 1	0 0	1 1	1

這是相同的狀態表，如表 6.1，如果我們注意到，A 已被編碼為 00，B 為 01，C 為 10，和 D 11。

該系統將產生以下時序圖：

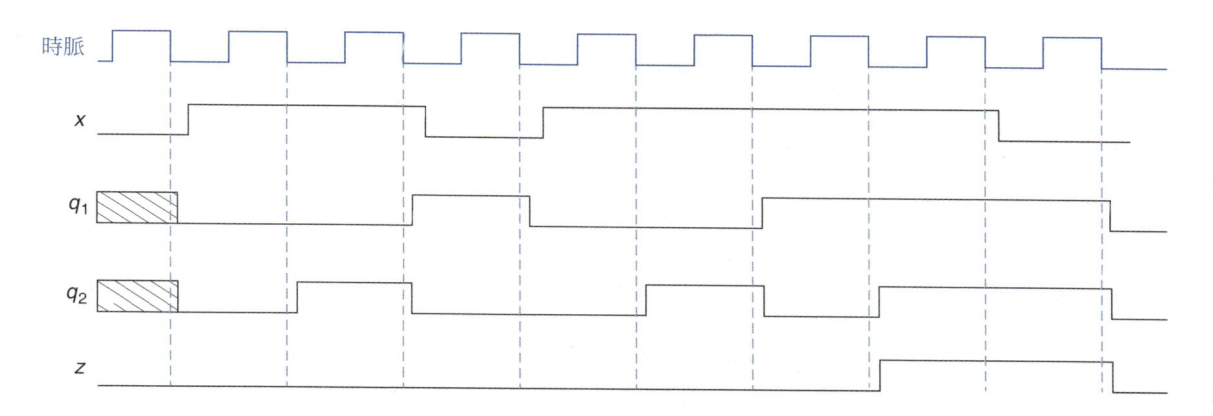

摩爾模型從未有假輸出，由於輸出僅取決於正反器的狀態，並且它們都同時改變，在時脈的後緣。剛好在負緣暫態之後到下一週期，整體時脈週期輸出是有效的。

例題 6.1b

如果例題 6.1a 的 AND 閘有一第三輸入，x'，那麼 $z=x'q_1q_2$ 並且這將是一個米利模型。時序圖中的狀態表次態的部分將保持不變。在狀態表中會有兩欄。

q_1q_2	$q_1^\star q_2^\star$ $x=0$	$x=1$	z $x=0$	$x=1$
0 0	0 0	0 1	0	0
0 1	0 0	1 0	0	0
1 0	0 0	1 1	0	0
1 1	0 0	1 1	1	0

在時序圖的 z 將保持 0，直到在 x 變為 0 為止。

例題 6.2

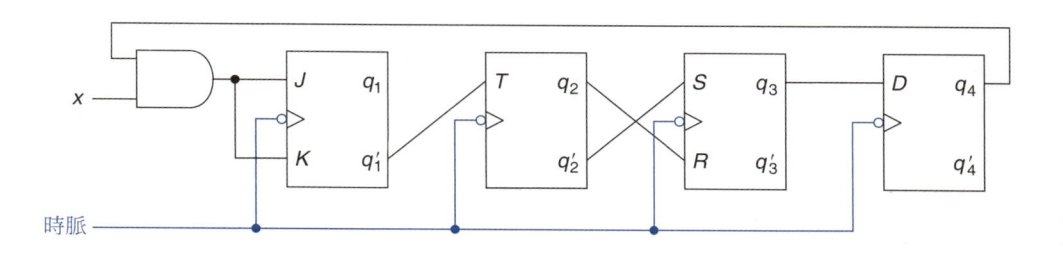

盡可能完成定時追蹤。假定系統最初處於狀態 0000 的給定值示於藍色。

$J_1 = K_1 = xq_4$
$T_2 = q_1'$
$S_2 = q_2'$ $\quad R_2 = q_2$
$D_4 = q_3$

所以，

q_1 僅在 $xq_4=1$

q_2 改變僅在 $q_1=0$ 改變

$q_3^\star = q_2'$
$q_4^\star = q_3$

x	1 1 1 0 1 1
q_1	0 0 0 1 1 0 0 0 0
q_2	0 1 0 1 1 1 0 1 1 0
q_3	0 1 0 1 0 0 0 1 0 0 1
q_4	0 0 1 0 1 0 0 0 1 0 0

在第一時脈之後，q_1 保持為 0，q_2 切換，q_3 載入 1（q_2'），和 q_4 變為 0（從 q_3）。在最後的輸入是已知的這個電路中，我們就可以確定 q_1 的下一個值，只要 q_4 的現態值為 0（因為 xq_4 將會為 0）。其它正反器的次態僅取決於它所剩的現態。因此，我們可以為 q_2 在 q_1 已知之後找到一個時脈時間的值，對 q_3 而言，並對 q_4 而言為之後一個附加時脈時間。

6.5 習題

有★記號題目的解答附加在附錄 B。

1. 以下每個狀態表，請寫出狀態圖並盡可能完成定時追蹤（即使在輸入不再已知的情況下）。

a.

q_1q_2	$q_1^\star q_2^\star$ $x=0$	$x=1$	z $x=0$	$x=1$
0 0	0 1	0 0	0	1
0 1	1 0	1 1	0	0
1 0	0 0	0 0	1	1
1 1	0 1	0 1	1	0

x 1 0 1 1 0 0 0 1
q_1 0
q_2 0
z

*b.

q	$q^\star$ $x=0$	$x=1$	z
A	A	B	0
B	C	B	0
C	A	D	0
D	C	B	1

x 1 1 0 1 0 1 0 1 0 0 1 0 1 1
q A
z

c.

q	$q^\star$ $x=0$	$x=1$	z $x=0$	$x=1$
A	B	C	0	1
B	C	A	0	0
C	A	B	1	0

x 0 0 1 1 1 0 0 0 0 0 1 0
q A
z

d.

q	$q^\star$ $x=0$	$x=1$	z $x=0$	$x=1$
A	A	B	1	0
B	C	D	0	0
C	A	B	0	0
D	C	D	1	0

x 0 1 0 0 0 1 1 1 1 0 1
q A
z

2. 顯示一閂鎖的方塊圖，其功能類似於圖 6.6 中的一個，但僅使用 NAND 閘。

3. 如下所示的輸入，顯示正反器輸出。

　　a. 假設正反器是 D 型正反器，沒有清除及預設。

　　b. 假設正反器是一個 D 型正反器，具有低電位清除。

c. 假設正反器是 D 型正反器，具有低電位清除及預設。

d. 假設正反器是 T 型正反器，具有和 a 小題相同的輸入，且 Q 初值是 0。

e. 假定正反器是 T 型正反器，具有低電位清除和 b 小題相同的輸入。

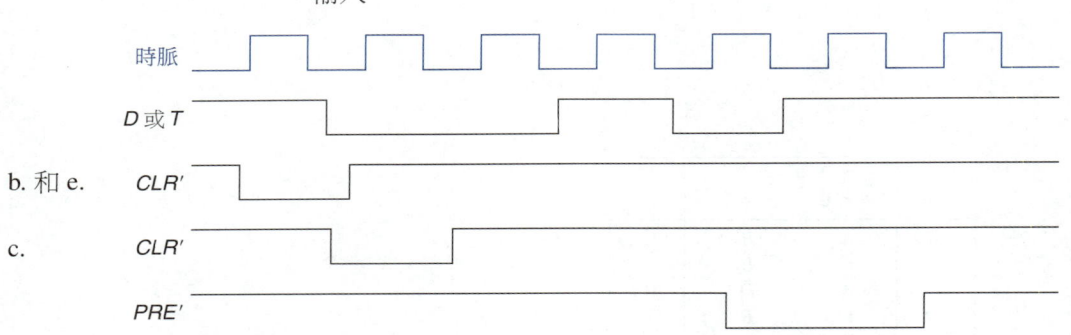

4. 對於下面的 JK 型正反器，完成每一個時序圖。首先，假設的 CLR' 和 PRE' 都是非主動（1）。然後，使用所顯示的值。

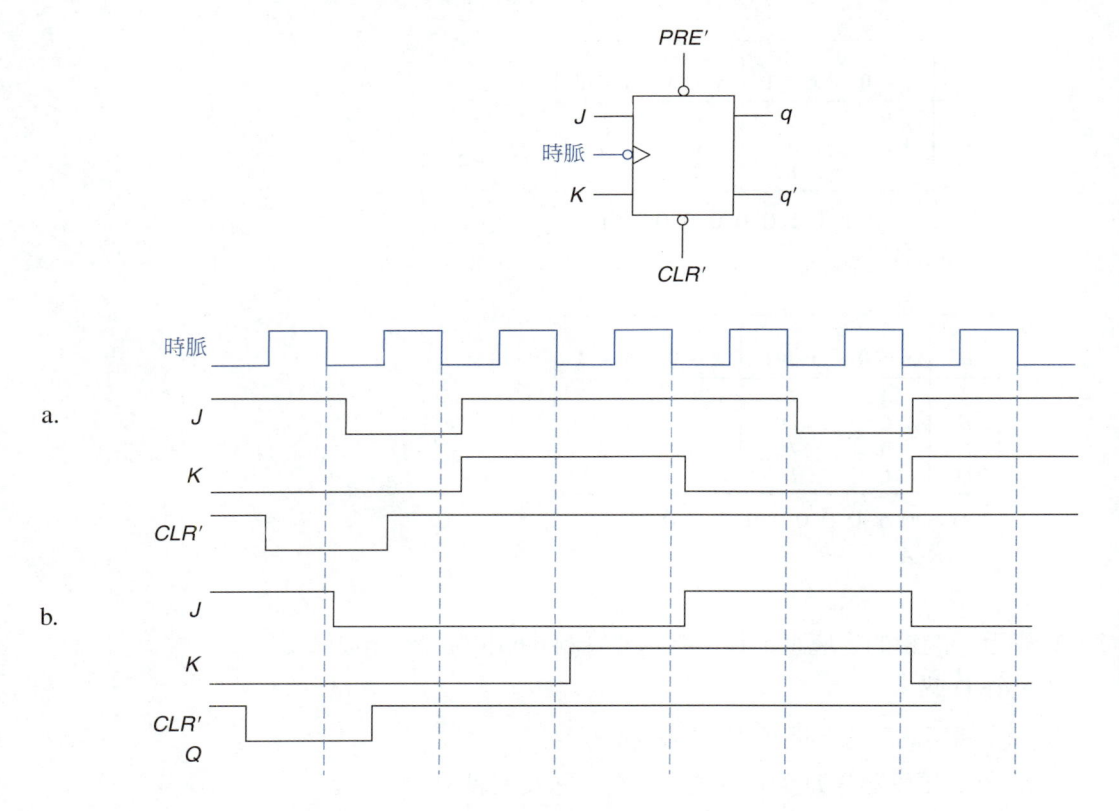

*c.

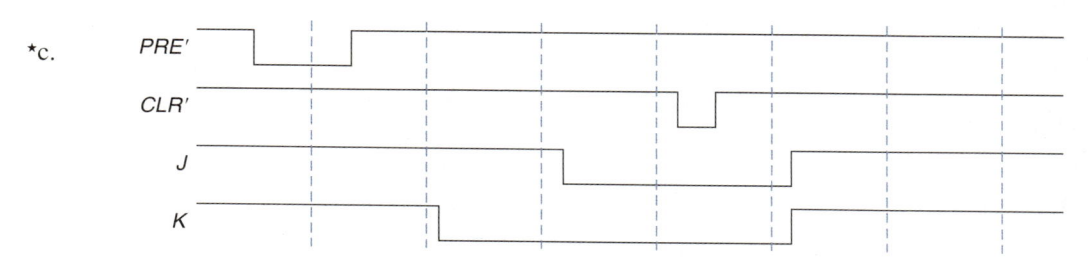

5. 考慮下圖之正反器：

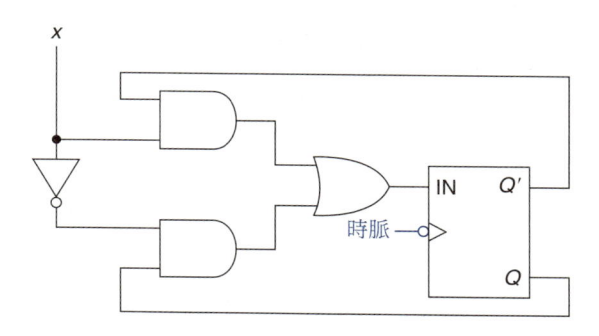

   完成以下的時序圖，如果正反器是

   a. D 型正反器

   b. T 型正反器

   以上兩例正反器初始值均為 0。

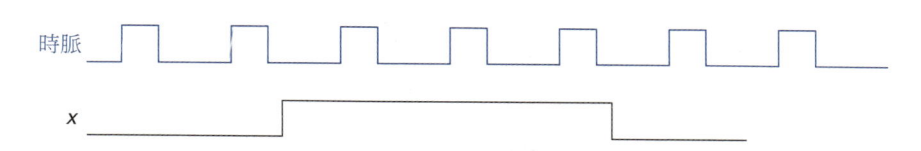

6. 我們有一個新類型的正反器，具有輸入 A 和 B，如果 $A=0$，則 $Q^\star=B$；如果 $A=1$，$Q^\star=B'$。

   a. 顯示此正反器的狀態圖。

   b. 用 A、B 和 Q 來表示公式 $Q^\star$。

7. 對於以下每個電路，完成對每個正反器狀態及輸出時序圖。所有觸發器是後緣觸發。對於這些電路沒有清除輸入，假定每個正反器從 0 開始。

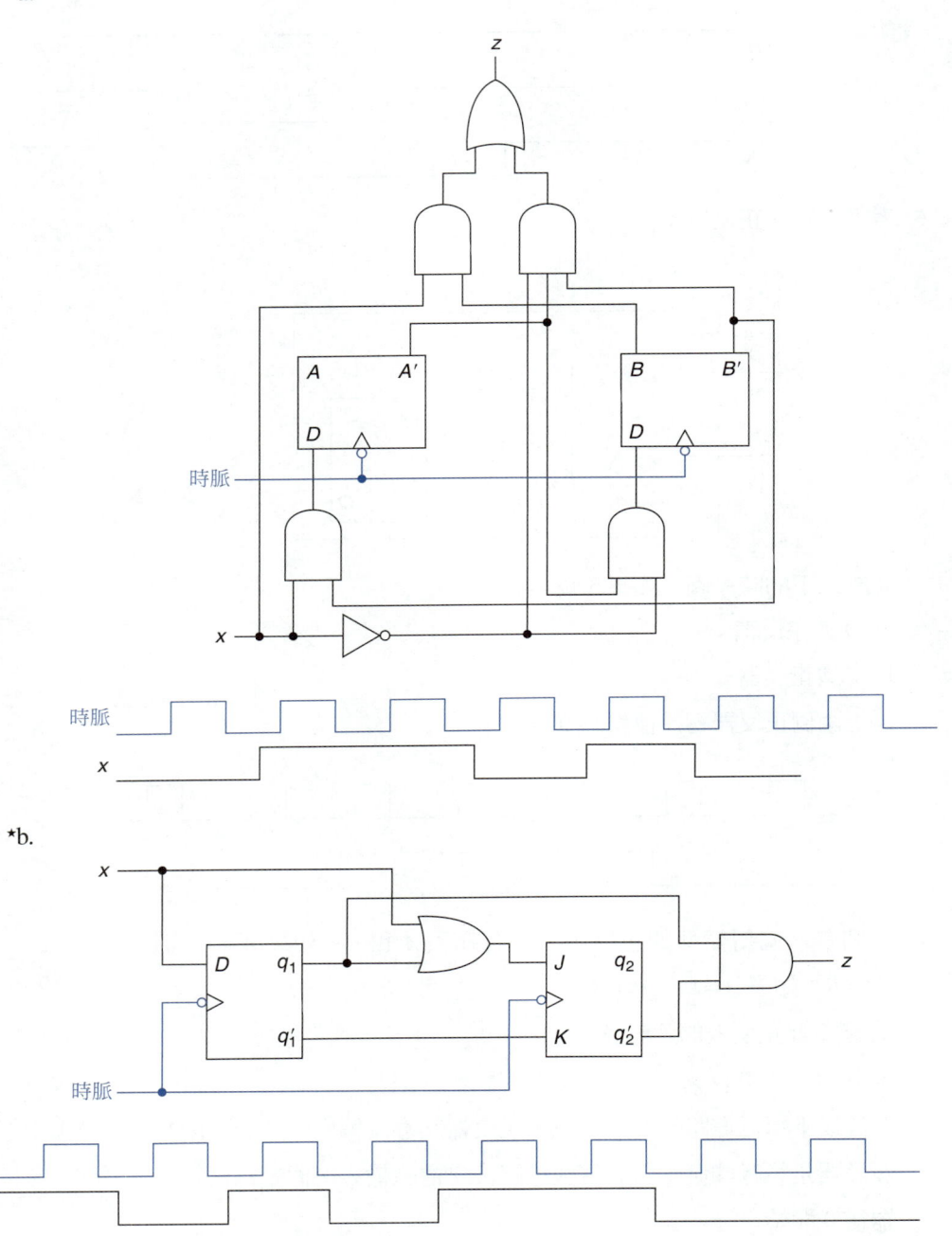

a.

*b.

c.

d.

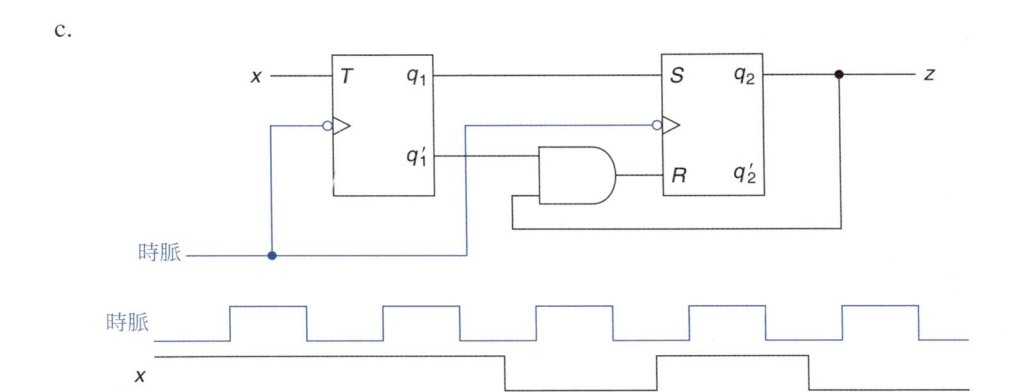

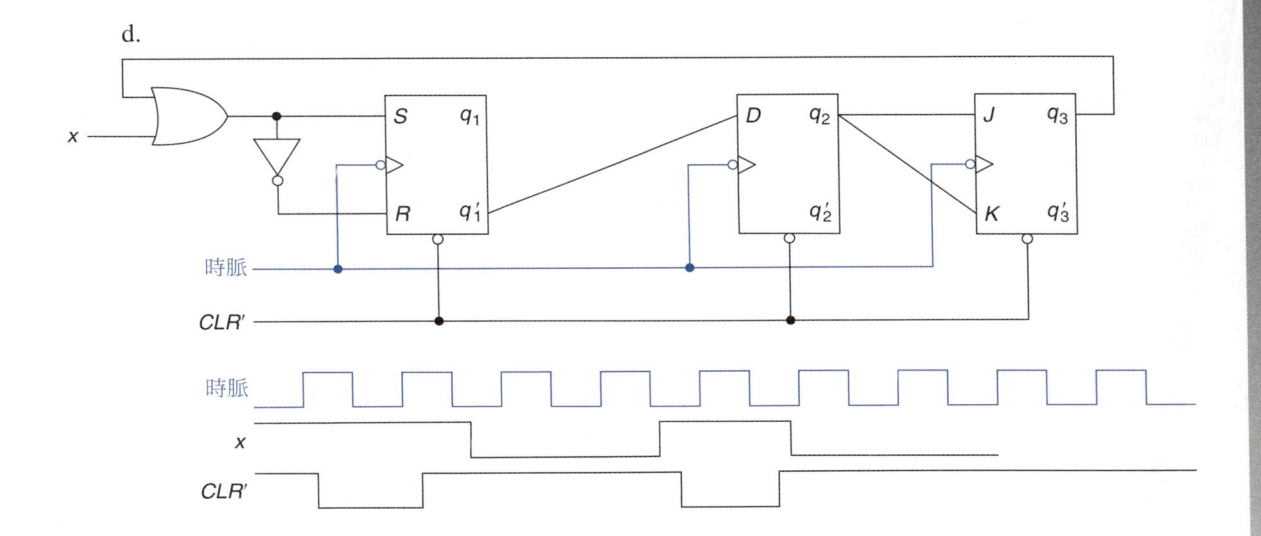

8. 對於以下每個電路和輸入串

   i. 構造一個狀態表（狀態 00、01、10、11）。

   ii. 盡可能顯示正反器時序追踪的值及輸出。假設每個正反器的初始值是 0。

*a.

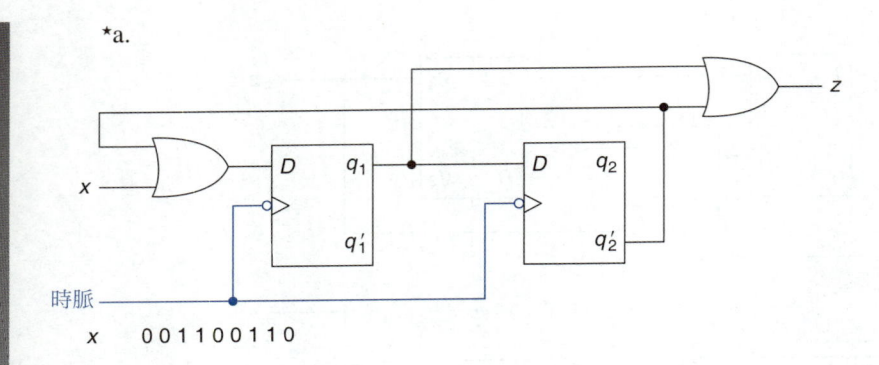

x 001100110

b.

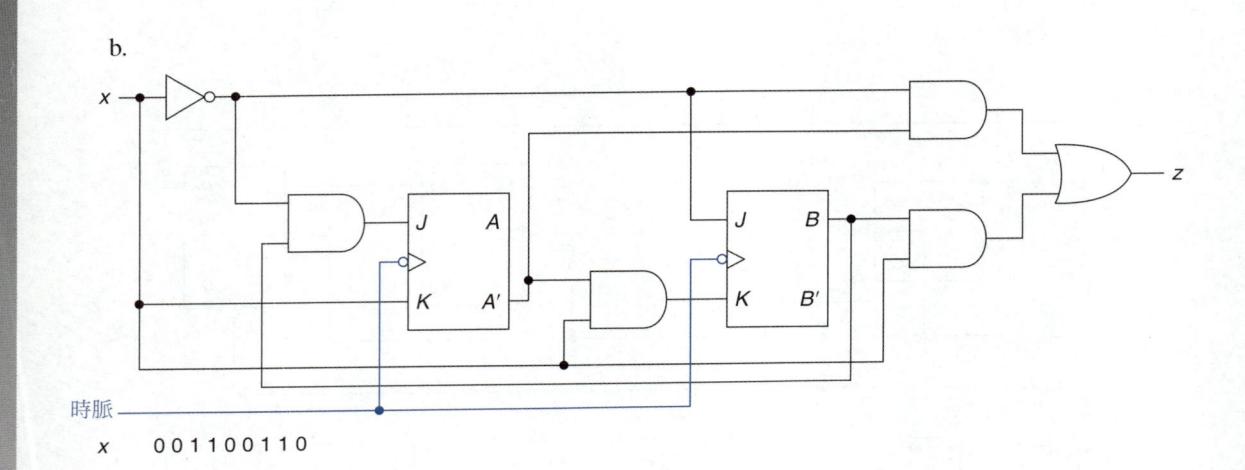

x 001100110

c.

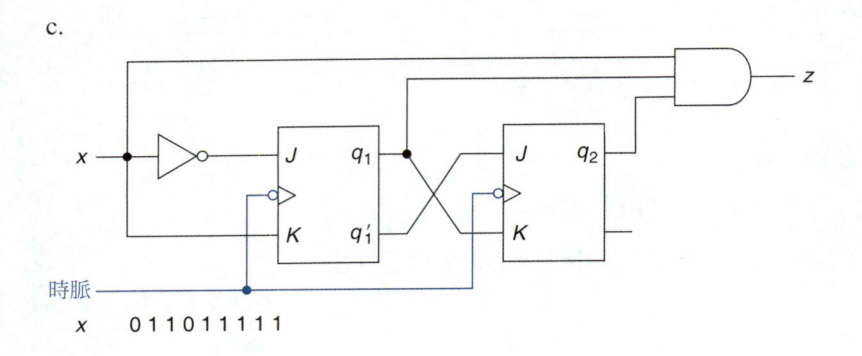

x 011011111

d.

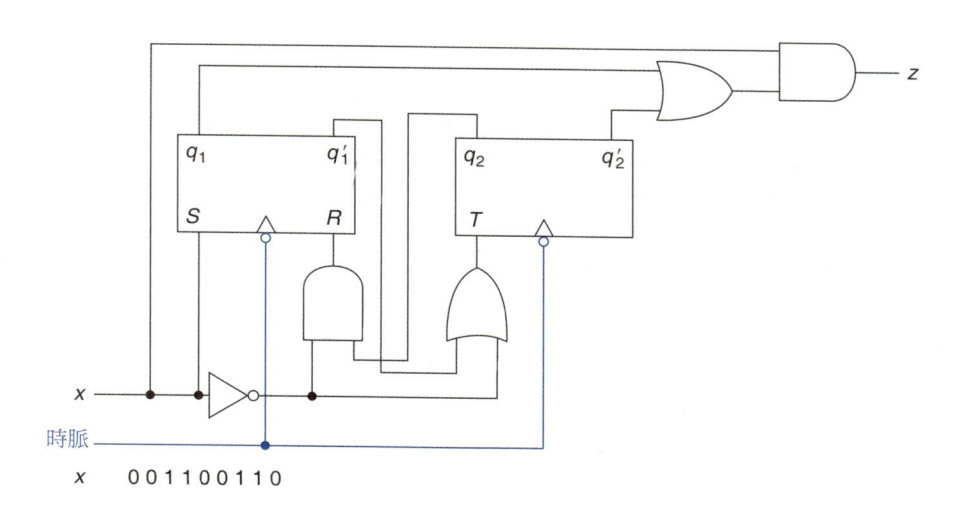

x 001100110

9. 對於以下電路圖儘可能地完成時序追踪。一些正反器的狀態及輸出，在輸入不再已知的三個時脈之後要能夠被決定。假設所有正反器的初始值為 0。

a.

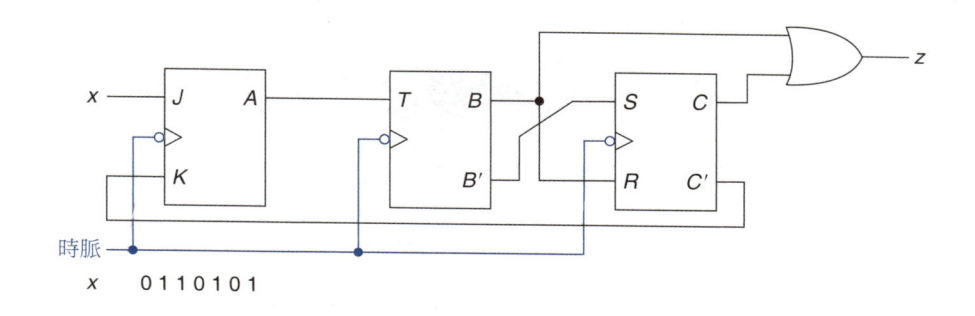

x 0110101

b.

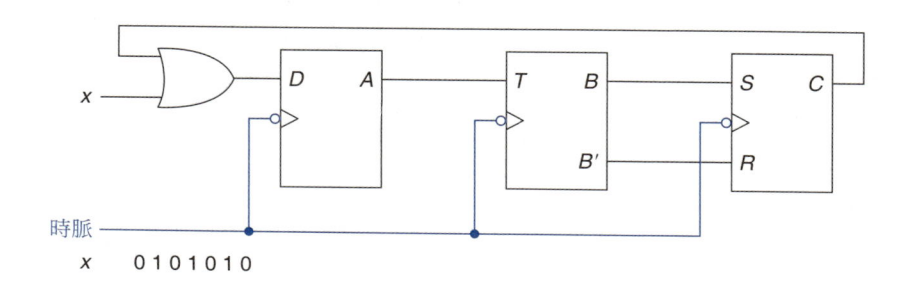

x 0101010

★c.

x 0 1 1 0 0 1 1 1 0

d.

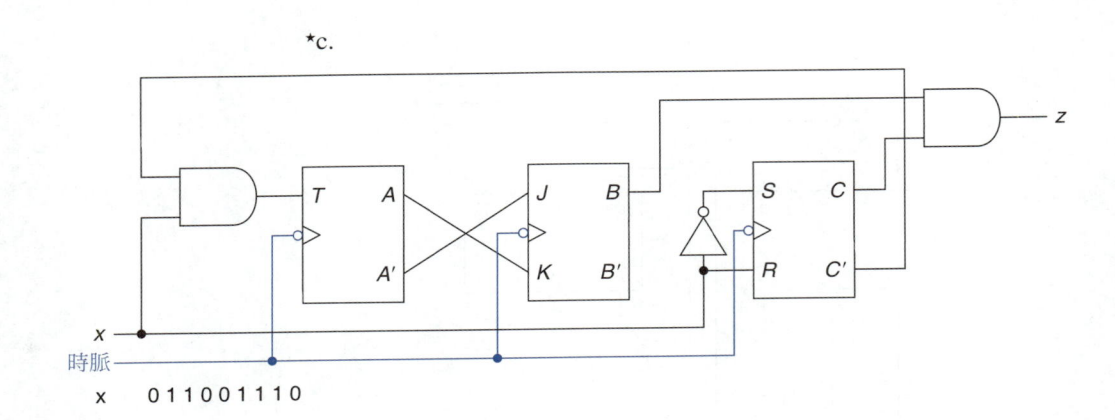

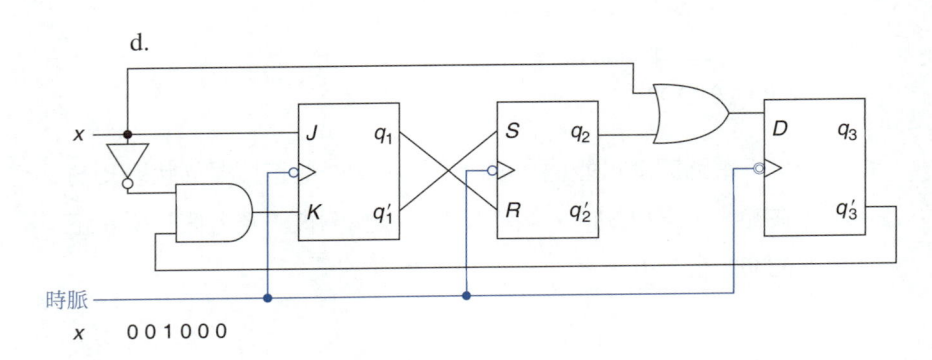

x 0 0 1 0 0 0

6.6 第 6 章測驗 (50 分鐘)

1. 對於下列狀態表，就您的能力完成定時追踪。

q	$q^\star$ $x=0$	$x=1$	z $x=0$	$x=1$
A	C	A	0	0
B	A	D	1	1
C	B	C	0	1
D	B	B	0	0

x 0 0 1 1 0 0 0 1 0 1
q A

2. 在下面的 JK 後緣觸發正反器具低態清除，繪出為 Q 的時序圖
   a. 假設沒有 CLR' 輸入。
   b. 具有 CLR' 輸入顯示。

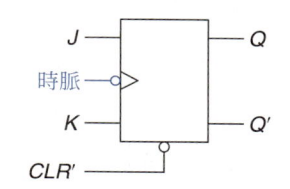

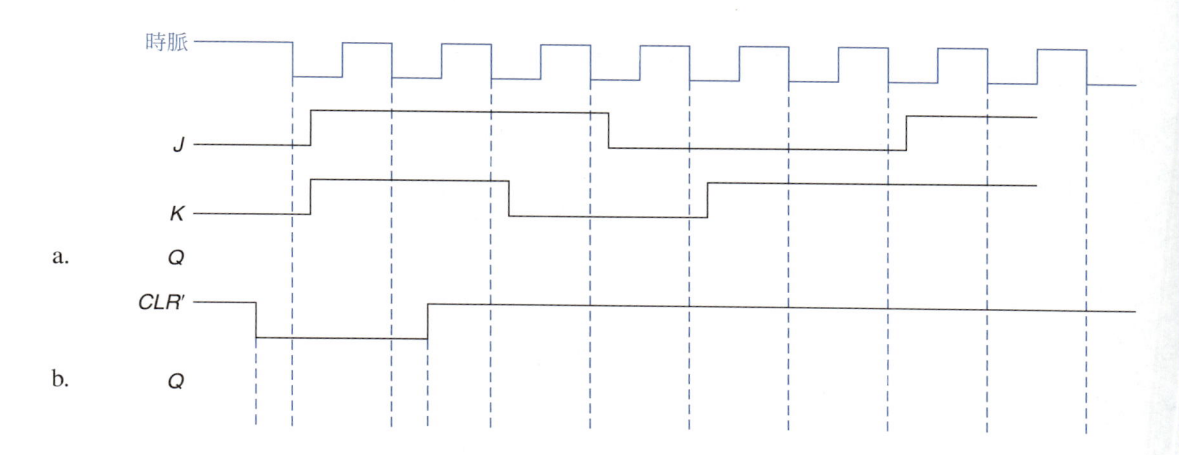

a.   Q

b.   Q

3. 對於下列電路建構狀態圖。

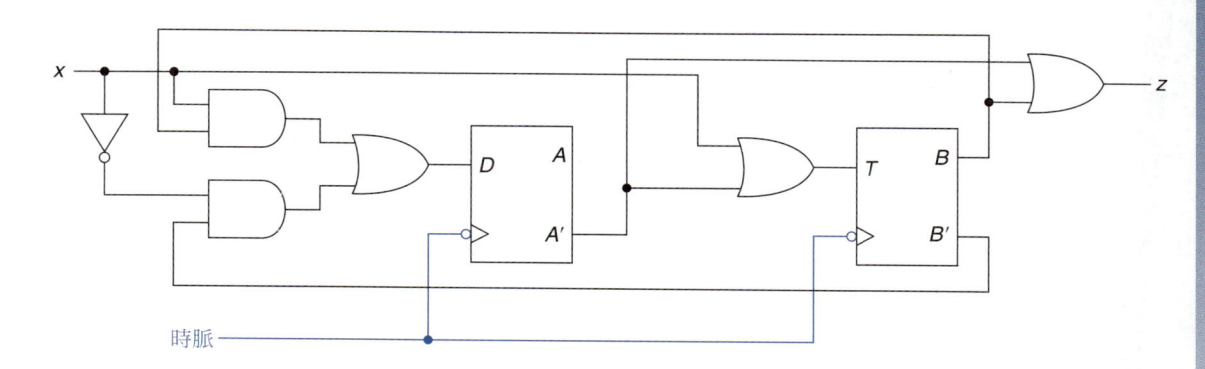

4. 對於下列電路完成時序圖。

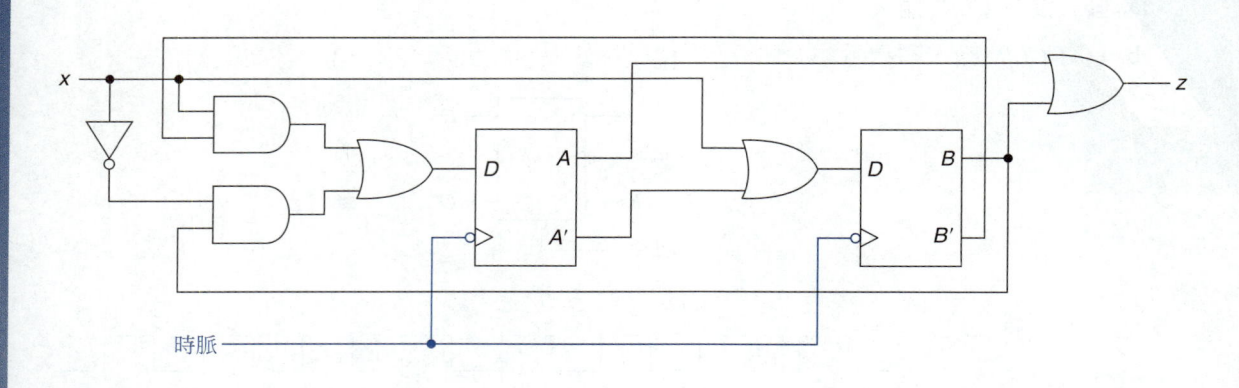

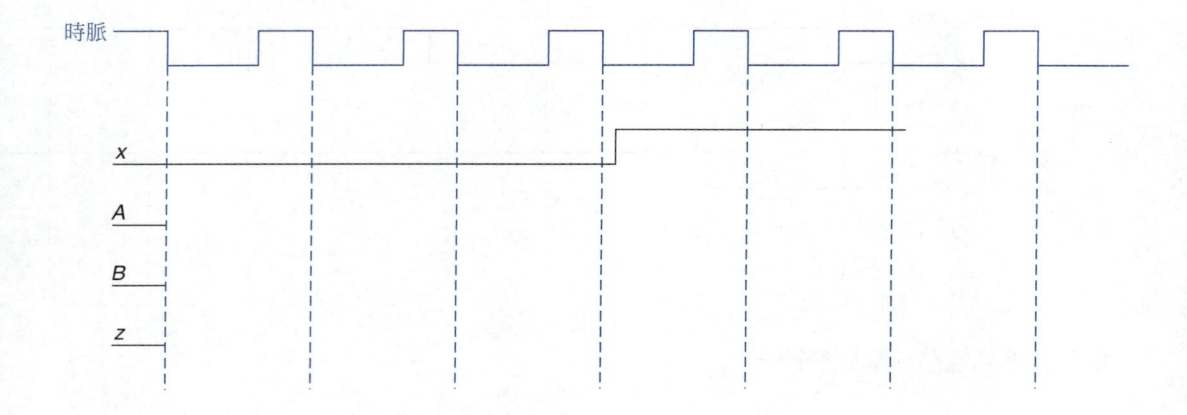

7 時序系統設計

如同在組合系統的情形,設計的過程通常從問題的敘述開始,也就是系統目標行為的口語化描述,目的是要利用可取得的原件來發展系統的方塊圖而達到設計的目標及限制。

我們首先會列出五個額外的延續範例(continuing example),會在這章中不斷地使用來闡述設計的技巧。

延續例題(CE)

CE 7. 有一個輸入 x 以及一個輸出 z 的米利系統(Mealy system),使得只有在 x 目前以及前兩個計數時間都是 1 的時候 z=1。

CE 8. 有一個輸入 x 以及一個輸出 z 的摩爾系統(Moore system),其輸出只有在發生連續三個輸入為 0 的情況比連續三個輸入為 1 的情況還要近期的時候為 1。

CE 9. 沒有輸入與三個輸出的系統,其代表著從 0 到 7 的數字,使得輸出在序列 0 3 2 4 1 5 7 中循環,並且在連續的計數時間輸入下重複。

CE10. 有兩個輸入 x_1 和 x_2 以及三個輸出 z_1, z_2, z_3 而表示著數字 0 到 7 的系統,使得輸出在 x_1=0 時往上數,而在 x_1=1 時往下,且在 x_2=0 時重新循環,在 x_2=1 時飽和。因此我們可能會看到以下的輸出

（當然 x_1 和 x_2 有可能同時改變，所以輸出會從一個序列跳到另一個。）

$x_1 = 0, x_2 = 0$:　　　　0 1 2 3 4 5 6 7 0 1 2 3 4 5 6 7 . . .
$x_1 = 0, x_2 = 1$:　　　　0 1 2 3 4 5 6 7 7 7 7 7 7 7 7 7 . . .
$x_1 = 1, x_2 = 0$:　　　　7 6 5 4 3 2 1 0 7 6 5 4 3 2 1 0 . . .
$x_1 = 1, x_2 = 1$:　　　　7 6 5 4 3 2 1 0 0 0 0 0 0 0 0 0 . . .

CE11. 從四個想要使用匯流排的裝置藉由不同信號線 R_0 到 R_3 而接收要求的匯流排控制器，其四個輸出 G_0 到 G_3 中，只有一個會是 1 來表示哪一個裝置在這個計數時段有匯流排的控制權。（我們會在第 7.4 節中考慮這個優先控制器的設計，其中在同時有多於一個裝置要求控制時，低數字的裝置會有最高的優先權。我們會看到高優先序的裝置可以占用匯流排的中斷控制器，以及另一種當裝置取得控制權後，可以持有控制權到不再需要使用匯流排。）

我們接下來看與我們之前描述系統雷同的設計流程。在第 8 章中，我們會看到一些其它適用在較大系統的技巧。

> **步驟 1：** 從文字描述決定哪些需要被儲存在記憶體，也就是哪些是可能的狀態？

有時候有可能會有不同的方法來儲存必要的資訊，對 CE7 來說，我們只需要儲存最後兩個輸入數值，如果我們知道這個，而且我們知道目前的輸入，那麼我們就會知道三個是不是都為 1。但我們也可以儲存總共有多少連續的 1──沒有、一個、或兩個以上。這兩個方法都可以讓我們發展出狀態表（state table）；各自會產生一個適當的運作電路。然而成本可能會不太一樣，只要考慮如果我們要的是只有在當下以及前 27 個連續計數時間都是 1 的情況下，輸出才會是 1 的情形就知道，第一個方法會需要儲存最近 27 個輸入──用 27 個正反器（flip flop），而第二個方法只需要追蹤 28 件事，0 到 27 個以上連續的 1，而 28 可以只使用五個二進位儲存裝置，將沒有連續 1 編碼成 00000，而 27 個以上編成 11011（27 的二進位）。

> **步驟 2：** 如果需要，將輸出及輸入編碼成二進位。

　　這與組合系統是一樣的問題，許多問題的描述方式可以省略這個步驟。

> **步驟 3：** 推導狀態表或狀態圖來解釋系統的行為。

　　在摩爾系統中，比如說 CE6 和 CE8，輸出只會取決於現在系統的狀態。（產生輸出的組合邏輯只是許多正反器內容的函數。）（輸出當然會取決於輸入，因為狀態取決於輸入，但是對輸出的影響會被延遲到下一個計數時間。）在其它範例中，像是 CE7，輸出取決於現在的輸入以及記憶體的內容。

> **步驟 4：** 使用減少狀態的技巧來找到可以產生同樣輸出／入行為但是使用較少狀態的狀態表。

　　愈少的狀態可能代表著愈少的儲存裝置，透過減少正反器的數量，我們也可以減少組合邏輯的輸入數量，因此，舉例來說，一個有一輸入與三個正反器的系統，會需要四變數組合邏輯，而另一個使用兩個正反器的會只用到三變數邏輯，這通常表示比較便宜的電路。（這個步驟可以省略而設計出正確運作的系統。）

> **步驟 5：** 選擇一個狀態指示，也就是將狀態編碼成二進位。

　　任何編碼系統都可以，也就是都能夠產生出正確的結果，然而好的選擇通常會導致較為簡單的組合邏輯。

> **步驟 6：** 選擇一個正反器種類，並且推導正反器輸入圖或表。

狀態表以及狀態指示產生一個能夠表達該被儲存在每個正反器中，包含系統輸入以及現有記憶體的函數之表格，這部分的問題是要決定一定需要什麼樣的輸入，才能使得正反器發生轉換狀態。在本章中，我們會檢視許多種正反器都會使用到的技巧。

> **步驟 7：** 產生邏輯等式以及畫出方塊圖（如同在組合系統的情況）。

在本章中，我們會首先考量步驟 6 及步驟 7；然後我們會回到步驟 1。

表 6.1 的狀態表以及圖 6.3 的狀態圖在這邊再次呈現為圖 7.1。三種狀態指示如表 7.1 所示。

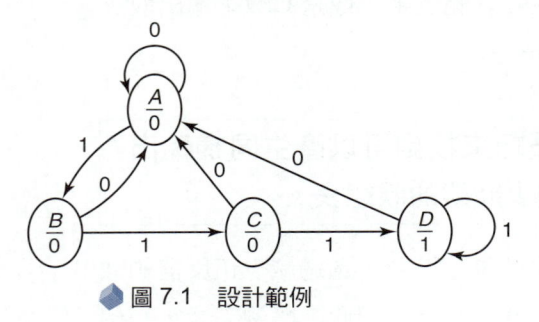

q	$q^\star$ $x=0$	$x=1$	z
A	A	B	0
B	A	C	0
C	A	D	0
D	A	D	1

● 圖 7.1 設計範例

● 表 7.1 狀態指示

q	q_1	q_2
A	0	0
B	0	1
C	1	0
D	1	1
(a)

q	q_1	q_2
A	0	0
B	1	1
C	1	0
D	0	1
(b)

q	q_1	q_2
A	0	0
B	0	1
C	1	1
D	1	0
(c)

這些指示是隨意選擇的，我們並不清楚哪一個選擇會得到最少的組合邏輯。

從狀態圖或者是狀態表，我們可以為下一個狀態建構表 7.2 的**設計真值表**（design truth table），在這第一個範例，我們會使用表 7.1a 的狀態指示。

雖然 q 行不是真的需要，它對發展真值表很有幫助，特別是當

● 表 7.2 設計真值表

q	x	q_1	q_2	$q_1^\star$	$q_2^\star$
A	0	0	0	0	0
B	0	0	1	0	0
C	0	1	0	0	0
D	0	1	1	0	0
A	1	0	0	0	1
B	1	0	1	1	0
C	1	1	0	1	1
D	1	1	1	1	1

狀態不是以數值的順序指示（例如表 7.1b 和 7.1c）。前半個設計真值表對應到狀態表的第一行（$x = 0$），而因為每個狀態會在輸入 0 時移動到狀態 A，前四列的下一個狀態是 00。設計真值表的後半對應到 $x = 1$。

對一個摩爾系統而言，我們會為輸出建構一個不同的表格（表 7.3），因為它只會取決於這兩個狀態變數。（我們馬上會看到，z 行會在米利系統的設計真值表中被包含成為另一行。）

我們現在可以畫出 $q_1^\star$、$q_2^\star$ 和 z 的卡諾圖，如 Map 7.1。因為行是對應到輸入而列是對應到輸出，在這樣的問題我們會傾向將卡諾圖畫成直的。

表 7.3　輸出真值表

q	q_1	q_2	z
A	0	0	0
B	0	1	0
C	1	0	0
D	1	1	1

Map 7.1　接續狀態以及輸出卡諾圖

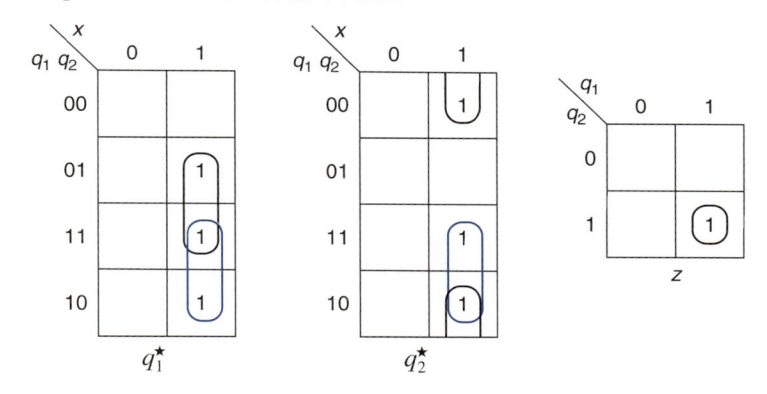

因此我們會有下列等式

$$q_1^\star = xq_2 + xq_1$$
$$q_2^\star = xq_2' + xq_1$$
$$z = q_1 q_2$$

（雖然我們利用了這個例子中很明顯可用的共用，我們在發展正反器輸入等式時，不會強調共用的重要。）注意到這個積之和解法需要 4 個二輸入 AND 閘以及 2 個二輸入 OR 閘（或者 6 個二輸入 NAND 閘加上一個 NOT 閘，因為 z 是從 AND 而來，所以需要一個 NAND 接一個 NOT）。

例題 7.1

如果我們使用表 7.1b 的狀態指示,我們會得到下列的設計真值表:

	x	q_1	q_2	$q_1^\star$	$q_2^\star$		q	q_1	q_2	z
A	0	0	0	0	0	A	0	0	0
D	0	0	1	0	0	D	0	1	1
C	0	1	0	0	0	C	1	0	0
B	0	1	1	0	0	B	1	1	0
A	1	0	0	1	1				
D	1	0	1	0	1				
C	1	1	0	0	1				
B	1	1	1	1	0				

得到 $q_1^\star$ 和 $q_2^\star$ 的卡諾圖為

$q_1 q_2$ \ x	0	1		$q_1 q_2$ \ x	0	1
00		1		00		1
01				01		1
11		1		11		
10				10		1

 $q_1^\star$ 　　　　　　　　　$q_2^\star$

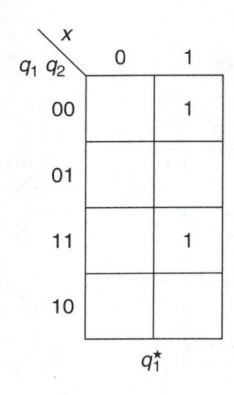

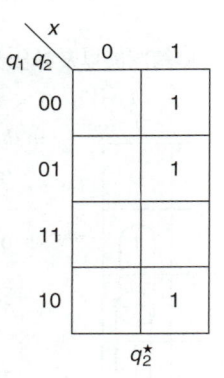

$q_1^\star = xq_1'q_2' + xq_1q_2$
$q_2^\star = xq_1' + xq_2'$
$z = q_1'q_2$

注意到這個實現方法需要一個額外的閘以及三個額外的閘輸入。

到目前為止,我們所做的並不取決於我們用來實現系統的正反器種類,我們會使用這些結果來完成第 7.2 節的設計。

7.1　正反器設計技巧

我們為接續狀態發展的設計真值表會與合適的**正反器設計表**(flip flop design table)共同使用,而得到正反器輸入的真值表。我們會先展現這個方法,然後在看看使用卡諾圖而不需要真值表的方法，而最後是只適用於 JK 型正反器、卻能省下大量工作的**快速法**（quick method）。

正反器設計表幾乎可從狀態圖而得，其通用形式如表 7.4 所示。對每一個與真值表等義的狀態表以及每一個正反器，我們知道它的現值以及下一個期望狀態，這個表就讓我們能夠決定輸入。

雖然 D 型正反器很不起眼，但我們會用它來闡述這個過程。D 型正反器的狀態圖再次重複如圖 7.2，圖上指出如果正反器在狀態 0 而下一個期望狀態也是 0，那麼唯一路徑是 $D = 0$，同樣的要從 0 到 1，D 一定要是 1；從 1 到 0，D 一定要是 0；而從 1 到 1，D 一定要是 1，這產生了如表 7.5 的 D 型正反器設計表。

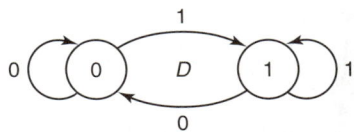

對於 D 型正反器，我們在真值表中不需要將 D_1 和 D_2 分開成兩行，因為它們與 $q_1^\star$ 和 $q_2^\star$ 行相同。我們在本節中會使用表 7.2 的設計表為範例，因此對於 D 型正反器，

$$D_1 = x\,q_2 + x\,q_1$$
$$D_2 = x\,q_2' + x\,q_1$$

使用 D 型正反器和 AND 及 OR 閘的解法之方塊圖如圖 7.3 所示。

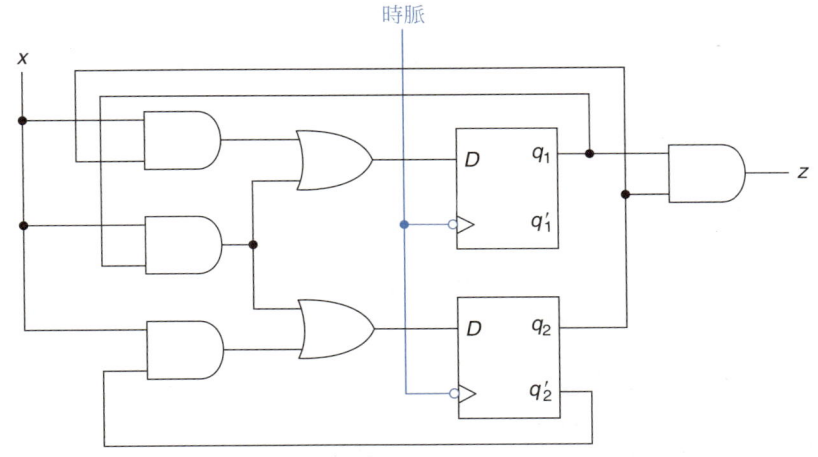

◆ 表 7.4　正反器設計表

q	q★	輸入
0	0	
0	1	
1	0	
1	1	

◆ 圖 7.2　D 型正反器狀態圖

◆ 表 7.5　D 型正反器設計表

q	q★	D
0	0	0
0	1	1
1	0	0
1	1	1

◆ 圖 7.3　使用 D 型正反器的實現

我們接下來對 JK 正反器重複這個過程。JK 正反器的狀態圖如圖 7.4 所重複，要從狀態 0 到狀態 0，我們有兩個選擇；我們可以使 $J=0$ 而 $K=0$，或者是 $J=0$ 而 $K=1$，也就是說，J 一定得是 0 而不管 K 的值是什麼，也就是 K 是隨意項。同樣的要從 1 到 1，K 一定要是

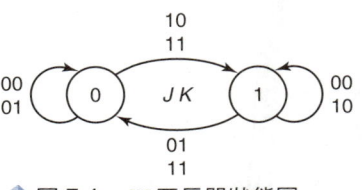

◆ 圖 7.4　JK 正反器狀態圖

0 而 J 是隨意項，要從 0 到 1，J 一定要是 1 而 K 是隨意項，而要從 1 到 0，K 一定要是 1 而 J 是隨意項。這導致了表 7.6 的 JK 型正反器設計表。因此系統設計的真值表如表 7.7 所示。而現在設計的真值表因為四個正反器輸入而需要另外四行。（我們略過有狀態名稱的 q 行，因為這個表的前五行與表 7.2 的對應行一模一樣。）利用表 7.6，有打上陰影的行 q_1 和 $q_1^\star$ 產生了有鋪上底色的正反器輸入行，沒有鋪上底色的行（對正反器 2 而言）產生沒有鋪上底色的正反器輸入，在前兩列的每一個中，q_1 從 0 到 0；因此由正反器設計表的第一列得知，$J_1=0$ 而 $K_1=$X。在第一列中，q_2 也從 0 到 0，產生了 $J_2=0$ 而 $K_2=$X。在第二列中，q_2 從 1 到 0；因此由正反器設計表的第三列得知，$J_2=$X 而 $K_2=1$，剩下的表格可以由類似的方式而得。

表 7.6　JK 型正反器設計表

q	$q^\star$	J	K
0	0	0	X
0	1	1	X
1	0	X	1
1	1	X	0

表 7.7　正反器輸入表

x	q_1	q_2	$q_1^\star$	$q_2^\star$	J_1	K_1	J_2	K_2
0	0	0	0	0	0	X	0	X
0	0	1	0	0	0	X	X	1
0	1	0	0	0	X	1	0	X
0	1	1	0	0	X	1	X	1
1	0	0	0	1	0	X	1	X
1	0	1	1	0	1	X	X	1
1	1	0	1	1	X	0	1	X
1	1	1	1	1	X	0	X	0

結果就如 Map 7.2 所示。

Map 7.2　JK 輸入卡諾圖

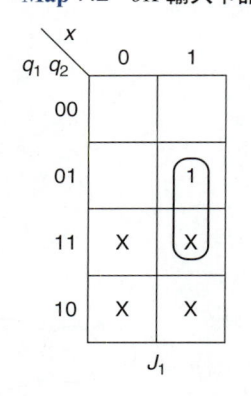

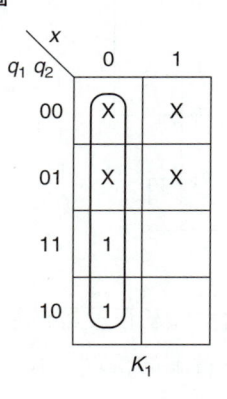

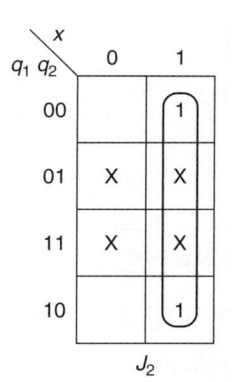

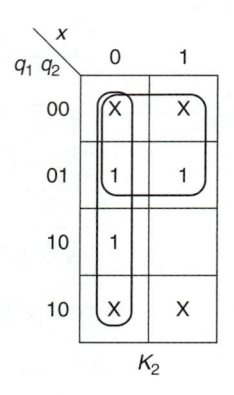

正反器輸入等式為

$$J_1 = xq_2 \qquad K_1 = x' \qquad z = q_1q_2$$
$$J_2 = x \qquad K_2 = x' + q_1'$$

這只需要 2 個二輸入 AND 閘（包含輸出閘），1 個二輸入 OR 閘，以及 x' 的一個 NOT 閘，這是目前最便宜的解法。（對 NAND 閘而言，我們會需要 3 個二輸入閘與 2 個 NOT 閘。）

觀察 JK 型正反器輸入等式，我們發現到 J_1 和 K_1 並不取決於 q_1，而 J_2 和 K_2 並不取決於 q_2。這不單單只是這個系統的特性，而總是會有一個最簡的解答使這項為真（不管系統有多大）。這可以從 J 和 K 的卡諾圖觀察而得，如 Map 7.3 所重複。注意到每個卡諾圖中包含了一半的隨意項（以藍色所示）。（事實上，有時候當所有狀態變數的組合都沒有被使用，會有更多的隨意項，我們會在之後看到一個例子。）每一個卡諾圖中的 1 都有一個隨意項坐落的位置使得這個 1 可以與這個隨意項共用而消除參與的變數，這些在圖中被圈起來，且下面列出了各項。這些項不一定會是質隱項，但是 J_1 和 K_1 的項不會與 q_1 有關，而 J_2 和 K_2 的項不會和 q_2 有關。

Map 7.3　*JK* 型正反器輸入的 1 及隨意項配對

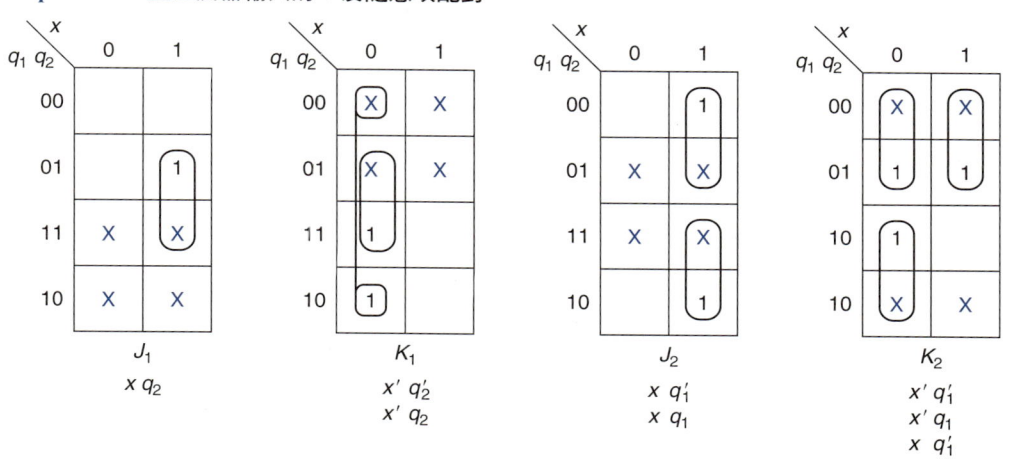

	J_1	K_1	J_2	K_2
	xq_2	$x'q_2'$ $x'q_2$	xq_1' xq_1	$x'q_1'$ $x'q_1$ xq_1'

在例題 7.2 和 7.3 中，我們會為 *SR* 和 *T* 型正反器重複這個過程。

例題 7.2

SR 型正反器的狀態圖重複如下。

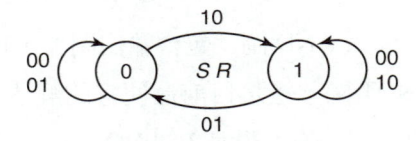

```
      10
  00 ┌──→┐  ┌──→┐ 00
  01 │ 0 │SR│ 1 │ 10
     └───┘←─└───┘
         01
```

要從狀態 0 到狀態 0，或者是狀態 1 到狀態 1，我們有與 JK 型正反器同樣的兩個選擇。要從 0 到 1，S 一定要是 1 且 R 一定要是 0，而要從 1 到 0，R 一定要是 1 且 S 一定要是 0。SR 型正反器設計表的結果就是

q	$q^\star$	S	R
0	0	0	X
0	1	1	0
1	0	0	1
1	1	X	0

注意到 S 和 R 絕對不會同時是 1（不管我們替隨意項選擇什麼值）。利用與 JK 型正反器相同的技巧，我們得到

x	q_1	q_2	$q_1^\star$	$q_2^\star$	S_1	R_1	S_2	R_2
0	0	0	0	0	0	X	0	X
0	0	1	0	0	0	X	0	1
0	1	0	0	0	0	1	0	X
0	1	1	0	0	0	1	0	1
1	0	0	0	1	0	X	1	0
1	0	1	1	0	1	0	0	1
1	1	0	1	1	X	0	1	0
1	1	1	1	1	X	0	X	0

正反器輸入的卡諾圖（輸出 z 仍然是 $q_1 q_2$）變成

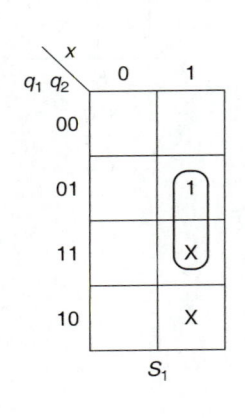

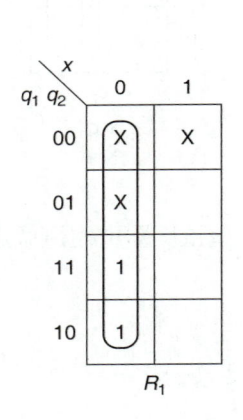

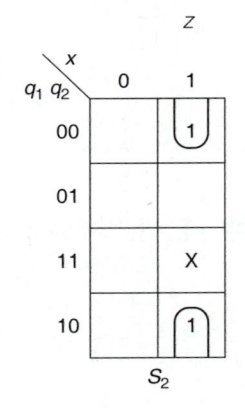

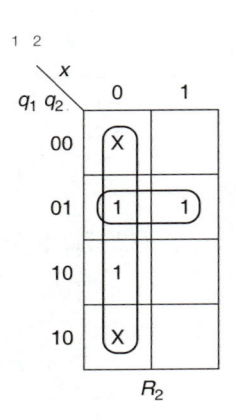

S_1

$q_1 q_2$ \ x	0	1
00		
01		1
11		X
10		X

R_1

$q_1 q_2$ \ x	0	1
00	X	X
01	X	
11	1	
10	1	

S_2

$q_1 q_2$ \ x	0	1
00		1
01		
11		X
10		1

R_2

$q_1 q_2$ \ x	0	1
00	X	
01	1	1
10	1	
10	X	

CHAPTER 7　時序系統設計

而輸入等式是

$$S_1 = xq_2 \qquad R_1 = x' \qquad z = q_1 q_2$$
$$S_2 = xq_2' \qquad R_2 = x' + q_1' q_2$$

這會需要 4 個二輸入 AND 閘（包含輸出的一個），1 個二輸入 OR 閘以及 1 個 x' 的 NOT 閘。（NAND 閘解法會需要額外的 3 個 NOT 閘給 S_1, S_2 和 z。）

例題 7.3

T 型正反器的狀態圖是

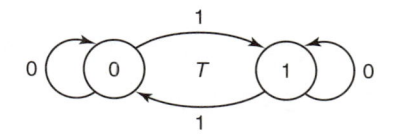

只有一個從任何狀態到任何另一個狀態的方法，因此正反器設計表是

q	$q^\star$	T
0	0	0
0	1	1
1	0	1
1	1	0

而系統設計真值表變成是

x	q_1	q_2	$q_1^\star$	$q_2^\star$	T_1	T_2
0	0	0	0	0	0	0
0	0	1	0	0	0	1
0	1	0	0	0	1	0
0	1	1	0	0	1	1
1	0	0	0	1	0	1
1	0	1	1	0	1	1
1	1	0	1	1	0	1
1	1	1	1	1	0	0

T 的卡諾圖以及等式如下所示。

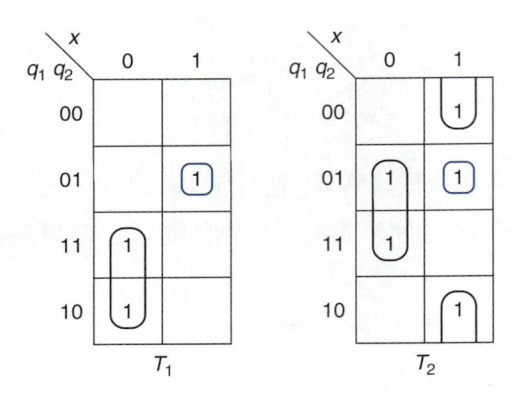

$$T_1 = x'q_1 + xq_1'q_2$$
$$T_2 = x'q_2 + xq_2' + xq_1'q_2$$
$$z = q_1q_2$$

這會需要 4 個二輸入 AND 閘，1 個三輸入 AND 閘，1 個二輸入和 1 個三輸入 OR 閘，以及一個 x 的 NOT 閘，這是這個例子中最貴的解法。（但是有的 T 型正反器系統會比 D 型或 SR 型還要便宜。）

JK 解法永遠不會比 SR 型或者是 T 型而需要更多的邏輯。比較 SR 和 JK 的卡諾圖，我們可以看到兩個圖都有在同樣地方的 1，更進一步，所有在 SR 解答中的隨意項也都出現在 JK 的卡諾圖中。JK 的卡諾圖有額外的隨意項，我們總是可以選擇讓這些隨意項都是 0 而獲得 SR 解答，但是如同我們在上面看到的，某些隨意項對用來做大的組合很有幫助而能夠簡化邏輯。從另一個角度來看，假設我們要用 SR 正反器來設計一個系統而建置組合邏輯，如果我們接著發現我們能夠用來建置的只有 JK 型正反器，我們還是可以用這個邏輯來讓它運作。同樣的，如果我們設計了 T 型正反器，我們可以把這樣的邏輯連接到 J 和 K；而 JK 型正反器會表現得如同 T 型正反器。（就像是在 SR 的情形，這個方法通常會需要更多的邏輯。）D 型和 JK 設計的關係並不是這麼清楚，然而如果 D 的邏輯連接到 J 而將其互補連接到 K，這個電路能夠運作。（再一次，這可能不是使用 JK 正反器的最佳設計；在這個例子肯定不是。）

一個值得注意的重點是，任何正反器的輸入等式是由該正反器

的 q 和 $q^\star$ 行推導而來,因此如果使用兩個(或者更多個)不同類型的正反器,我們會需要與之前同樣的方式來發展真值表,然後每個正反器才會使用各自合適的正反器設計表。如果,舉例來說,q_1 使用了 JK 型正反器而 q_2 使用了 D 型正反器,那麼邏輯等式會是

$$J_1 = xq_2 \qquad K_1 = x'$$
$$D_2 = xq_2' + xq_1$$
$$z = q_1q_2$$

這是與我們在這節之前取得的 J_1、K_1 和 D_2 相同的等式。

現在讓我們回頭來看另外一個不使用真值表的解法。如果狀態都是用二進位編碼,我們可以直接從狀態表讀取 $q_1^\star$ 和 $q_2^\star$ 的卡諾圖,如圖 7.5 所示。

在狀態表中以粉紅色打上陰影的行能夠產生 $q_1^\star$ 的卡諾圖,而真值表中打上灰色陰影的行能夠產生 $q_2^\star$ 的卡諾圖。這個部分要小心留意(雖然在這個問題不會介入干擾),在狀態表中表示的狀態是以二進位順序編號;當然卡諾圖也會將它們適當的編號,而狀態表的最後兩列在複製到卡諾圖上時一定要交換。(有些人偏向將狀態表畫成卡諾圖的順序來避免這個問題,也就是 00, 01, 11, 10;這樣也可以。)

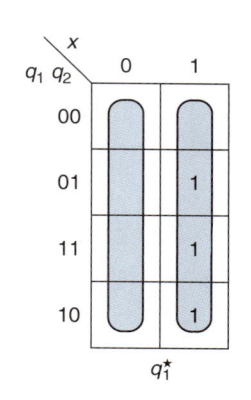

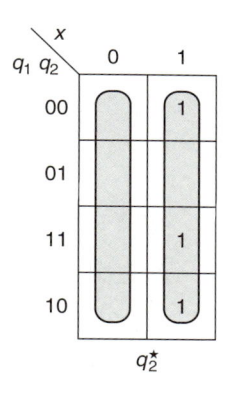

◆ 圖 7.5 由狀態表到卡諾圖

對 D 型正反器而言,我們已經完成了,因為 $q_1^\star$ 和 $q_2^\star$ 的卡諾圖也就是 D_1 和 D_2 的卡諾圖。Map 7.4a 包含了 $q^\star$、J_1 和 K_1 的卡諾圖(從本節前部分)。

Map 7.4a J_1 和 K_1 的第一行

$q_1 q_2$ \ x	0	1
0 0		
0 1		1
1 1		1
1 0		1

$q_1^\star$

$q_1 q_2$ \ x	0	1
00		
01		
11	X	X
10	X	X

J_1

$q_1 q_2$ \ x	0	1
00	X	X
01	X	X
11	1	
10	1	

K_1

在 $q_1^\star$ 圖中有打上陰影的行，以及 JK 正反器設計表（表 7.6）中，一列一列被使用來產生 J_1 和 K_1 圖中打上陰影的行。舉例來說，第一列有 q_1 從 0 到 0，產生出 J = 0, K = X，最後一列有 q_1 從 1 到 0，而產生出 J = X, K = 1。要得到 J_1 和 K_1 圖中的第二行，我們使用 $q_1^\star$ 圖中的第二行，但 q_1 行（第一行）仍然在 Map 7.4b 中打上陰影。

Map 7.4b J_1 和 K_1 的第二行

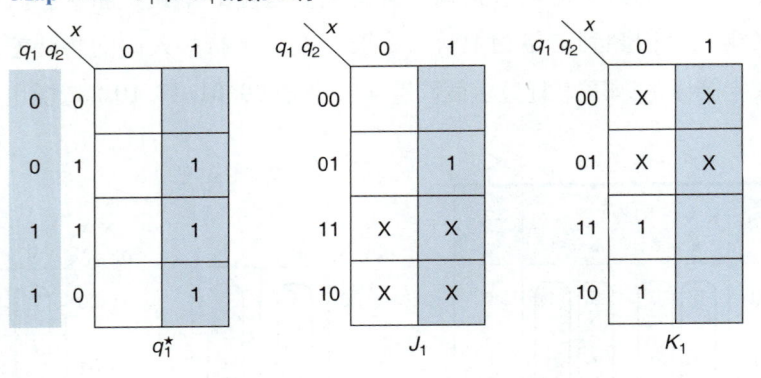

$q_1 q_2$ \ x	0	1
0 0		
0 1		1
1 1		1
1 0		1

$q_1^\star$

$q_1 q_2$ \ x	0	1
00		
01		1
11	X	X
10	X	X

J_1

$q_1 q_2$ \ x	0	1
00	X	X
01	X	X
11	1	
10	1	

K_1

在第一列中，從 0 到 0，產生出 JK = 0X；在第二列中，從 0 到 1，產生出 JK = 1X；在第三列中，從 1 到 1，產生出 JK = X0，這些結果當然都與之前的相同。

要找到正反器 q_2 的 J 和 K，我們用 q_2 行畫出 $q_2^\star$，如 Map 7.4c 中 J_2 和 K_2 的第一行打上陰影的部分，我們接著使用 q_2 的同樣一行以及圖中 $q_2^\star$ 的另外一行來完成 J_2 和 K_2 卡諾圖的第二行。

Map 7.4c 計算 J_2 和 K_2

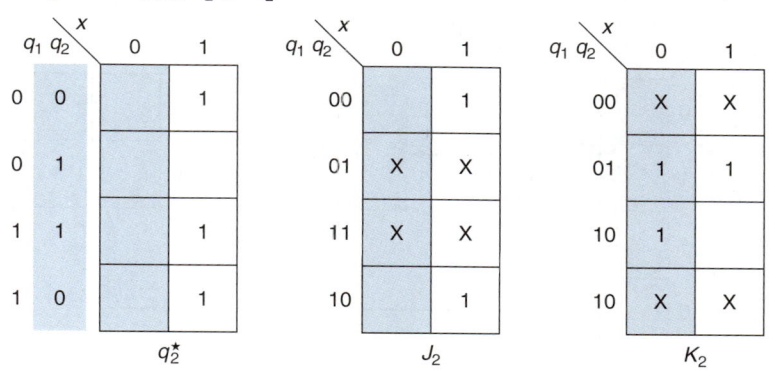

$q_1\,q_2$ \ x	0	1
0 0		1
0 1		1
1 1		1
1 0		1

$q_2^\star$

$q_1\,q_2$ \ x	0	1
00		1
01	X	X
11	X	X
10		1

J_2

$q_1\,q_2$ \ x	0	1
00	X	X
01	1	1
10	1	
10	X	X

K_2

　　同樣的技巧可以使用在別種類的正反器（要使用合適的正反器設計表）。注意：輸入 q_1（第一個輸入行）是用在 $q_1^\star$ 的第一和第二行而得到第一個正反器的輸入，輸入 $q_2^\star$（第二個輸入行）是用在 $q_2^\star$ 的第一和第二行而得到第二個正反器的輸入。

　　JK 正反器設計的**快速**（quick）法（這不適用於其他種類的正反器）是利用 JK 正反器輸入等式的一個特性，其中 J_1 和 K_1 不取決於 q_1，而 J_2 和 K_2 不取決於 q_2，這不只是特別這個問題的特性，而是總是有一個使這項成真的最簡解答（不管系統有多大）。

　　我們可以透過在第 6.3 節開發的等式來利用這個特性，

$$q^\star = Jq' + K'q$$

注意到當 $q = 0$，

$$q^\star = J \cdot 1 + K' \cdot 0 = J$$

而當 $q = 1$，

$$q^\star = J \cdot 0 + K' \cdot 1 = K'.$$

因此，$q^\star$ 的圖中（每個變數）變數為 0 的部分就是 J 的圖而變數為 1 的部分就是 K 的圖。在 Map 7.5a 中，我們畫出了 $q_1^\star$，其中 $q_1 = 0$ 的打上淺藍色而 $q_1 = 1$ 的打上灰色陰影，接下來兩個比較小的卡諾圖就分別複製到右邊。（這通常不是必須；我們可以直接在較大的卡諾圖的分區中運算。）

Map 7.5a　使用快速法計算 J_1 和 K_1

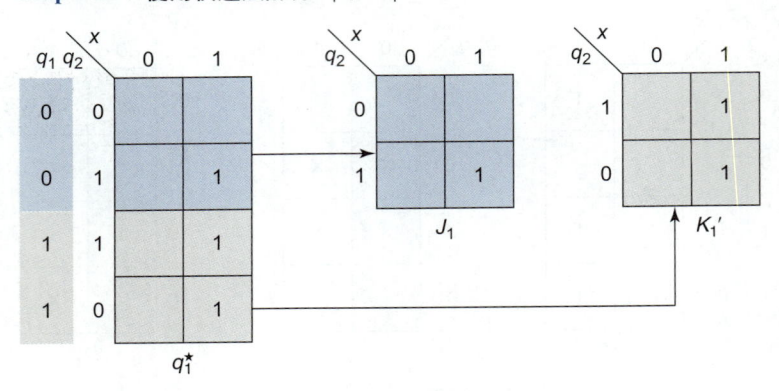

三變數卡諾圖現在就化簡成 2 個二變數卡諾圖，一個是 J 的而另一個是 K' 的，變數 q_1 已經被消除了；這是用來選擇原本卡諾圖的分區。（我們也可以畫出 K 的卡諾圖；這會需要將 0 換成 1 而將 1 換成 0）從這些卡諾圖中，我們發現

$$J_1 = xq_2 \qquad K'_1 = x \quad 或 \quad K_1 = x'$$

這些當然與我們用其他方法如 Map 7.2、Map 7.4a 以及 Map 7.4b 所得到的一樣，在使用 K_1 的圖時請注意；這兩列是相反的，也就是 $q_2 = 1$ 列在上面，這不影響這個問題，但在解讀其他問題時需要多加小心。（我們可以將這兩列交換而重畫一個新的圖。）

我們會為第二個正反器在 Map 7.5b 重複這個步驟，這是因為卡諾圖的排列方式不太一樣。

Map 7.5b　使用快速法計算 J_2 和 K_2

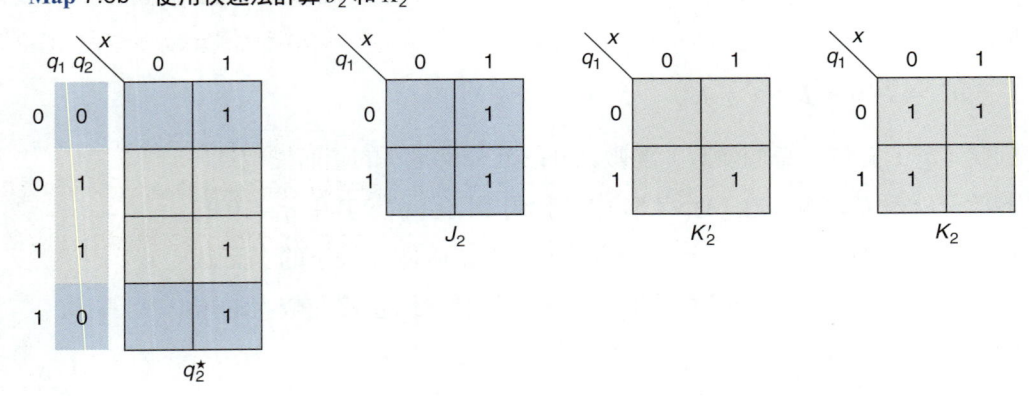

圖中 $q_2 = 0$ 的部分是由第一和最後一列所組成；$q_2 = 1$ 的部分是由中間兩列所組成，而 J_2、K'_2 而因此 K_2 的卡諾圖如 Map 7.5b 所示，如同我們由其他方法所得到的，

$$J_2 = x \qquad K_2 = x' + q'_1$$

對這個方法，真的只需要畫出每個變數的 $q^\star$ 卡諾圖，我們不需要系統每一個正反器的真值表或者是卡諾圖。

例題 7.4

我們現在來看一個完整的範例。狀態表以及狀態指示如下所示。

q	$q^\star$ $x=0$	$x=1$	z $x=0$	$x=1$
A	B	C	1	1
B	A	B	1	0
C	B	A	1	0

q	q_1	q_2
A	1	1
B	1	0
C	0	1

從這些資訊，我們建立出以下的真值表，包含一行狀態名稱。

	x	q_1	q_2	$q_1^\star$	$q_2^\star$	z
–	0	0	0	X	X	X
C	0	0	1	1	0	1
B	0	1	0	1	1	1
A	0	1	1	1	0	1
–	1	0	0	X	X	X
C	1	0	1	1	1	0
B	1	1	0	1	0	0
A	1	1	1	0	1	1

結果輸出以及 D 型正反器的卡諾圖如以下所示。

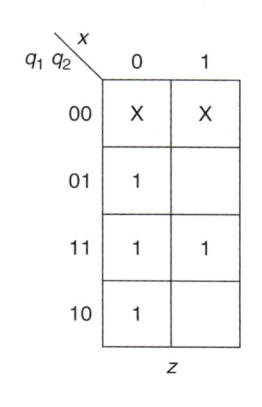

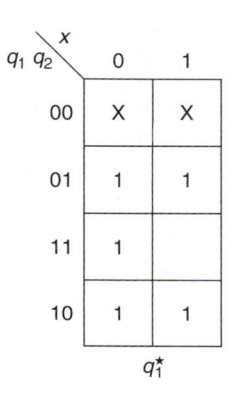

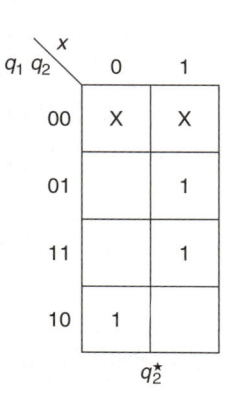

$q_1 q_2 \backslash x$	0	1
00	X	X
01	1	
11	1	1
10	1	

z

$q_1 q_2 \backslash x$	0	1
00	X	X
01	1	1
11	1	
10	1	1

$q_1^\star$

$q_1 q_2 \backslash x$	0	1
00	X	X
01		1
11		1
10	1	

$q_2^\star$

結果得到的等式是

$z\ = x' + q_1q_2$
$D_1 = x' + q_1' + q_2'$
$D_2 = xq_2' + x'q_2$

注意到連 D 型正反器的卡諾圖都有隨意項，這是因為其中一個狀態變數的組合沒有用到。

現在將 J 和 K 的行加入到真值表中，產生

	x	q_1	q_2	$q_1^\star$	$q_2^\star$	z	J_1	K_1	J_2	K_2
–	0	0	0	X	X	X	X	X	X	X
C	0	0	1	1	0	1	1	X	X	1
B	0	1	0	1	1	1	X	0	1	X
A	0	1	1	1	0	1	X	0	X	1
–	1	0	0	X	X	X	X	X	X	X
C	1	0	1	1	1	0	1	X	X	0
B	1	1	0	1	0	0	X	0	0	X
A	1	1	1	0	1	1	X	1	X	0

甚至在還沒畫出每個函數時，我們就可以觀察到 $J_1=1$，JK 型正反器的一個（或兩個）輸入是 1 並不會不常見，值得注意的另一點是，真值表中一半以上的內容是隨意項。正反器的輸入等式如下。（輸出對每一種正反器都一樣。）

$J_1 = 1 \quad\quad K_1 = xq_2$
$J_2 = x' \quad\quad K_2 = x'$

我們也可以使用快速法來得到 JK 的等式，$q_1^\star$ 和 $q_2^\star$ 的卡諾圖在此重複，並鋪上快速法的底色。

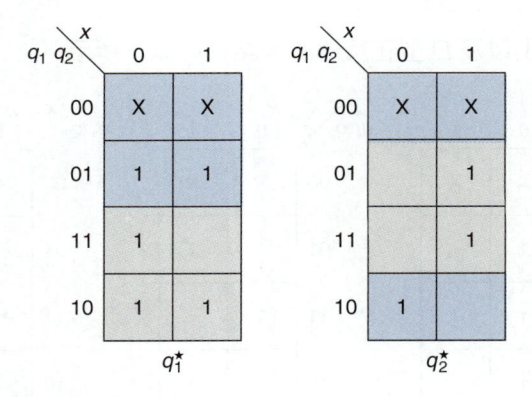

當然我們會得到相同的答案。

例題 7.5

我們用一個較大的例題來為本節做個總結。我們希望設計以下的系統：

q	$q^\star$ $x=0$	$x=1$	z
S_1	S_2	S_1	0
S_2	S_3	S_1	0
S_3	S_4	S_1	0
S_4	S_4	S_5	1
S_5	S_4	S_6	1
S_6	S_4	S_1	1

第一個問題是要設定狀態指示，我們考慮兩種不同的方式，如下所示。

1.
q	A	B	C
S_1	0	0	0
S_2	0	0	1
S_3	0	1	0
S_4	0	1	1
S_5	1	0	0
S_6	1	0	1

2.
q	A	B	C
S_1	0	0	0
S_2	1	0	1
S_3	1	0	0
S_4	1	1	1
S_5	0	1	1
S_6	0	1	0

第一個指示方式只用到六個二進位數字；而第二個用了要減少組合邏輯的指示方式。

對第一種指示方法，我們考慮使用 D 型和 JK 型正反器，我們可以在先不畫出真值表的情況下產生三個接續狀態 $A^\star$、$B^\star$ 和 $C^\star$ 的卡諾圖，每一個圖中的方格對應到現有狀態，如下所示（$S_1=000$；$S_6=101$；110 和 111 沒有被使用到）。左半部的圖對應到 $x=0$，而右半部對應到 $x=1$。

$BC \backslash xA$	00	01	11	10
00	S_1	S_5	S_5	S_1
01	S_2	S_6	S_6	S_2
11	S_4	—	—	S_4
10	S_3	—	—	S_3

我們現在可以直接從狀態表來完成接續狀態圖。既然 S_1 會在 $x=0$ 時到 S_2，圖中左上角的方格會變成 0、0 和 1，接著列出完整的圖。

BC \ xA	00	01	11	10
00			1	
01				
11		X	X	1
10		X	X	

A*

BC \ xA	00	01	11	10
00		1		
01		1	1	
11	1		X	X
10	1		X	X

B*

BC \ xA	00	01	11	10
00	1	1	1	
01			1	
11	1		X	X
10	1		X	X

C*

這些不只是接續狀態的卡諾圖，也是 D 型正反器的輸入。接著畫出輸出的卡諾圖，其僅為狀態的函數（因為這是一個摩爾模型）。

BC \ A	0	1
00		1
01		1
11	1	X
10		X

我們現在可以找到輸入等式以及輸出。

$D_A = xAC' + xBC$
$D_B = x'A + x'B + x'C$
$D_C = x'A + x'B + x'C' + AC'$
$z = A + BC$

使用 AND 和 OR 閘需要用到 13 個閘（包含 x' 的 NOT）及 30 個輸入（包含 1 個四輸入閘以及 3 個三輸入閘）。

要使用 JK 型正反器來實現，我們先使用快速法。在下列的圖中，J 部分的圖打上了陰影。

B C \ x A	00	01	11	10
00			1	
01				
11		X	X	1
10		X	X	

A*

B C \ x A	00	01	11	10
00		1		
01		1	1	
11	1	X	X	
10	1	X	X	

B*

B C \ x A	00	01	11	10
00	1	1	1	
01		1		
11	1	X	X	
10	1	X	X	

C*

從有底色的部分,我們可以得到 J':

$$J_A = xBC \qquad J_B = x'A + x'C$$

對於 J_A,A 決定了圖的哪個部分要被鋪有底色;因此第一行只是 x' 而最後也是 x。同樣的對 B 而言,鋪有底色部分的第一列對應到 C' 而第二部分對應到 C。從沒有底色的 0(和 X),我們可以找到 K',或者是從 1 和 X 來找到 K,然後再取補數:

$$K_A = x' + C \qquad K_B = x \qquad K_C = x + A'B'$$

當然輸出並不會取決於正反器的種類,因此

$$z = A + BC$$

這需要 11 個閘(包含 x 的 NOT 閘)以及 22 個輸入(只有 1 個三輸入閘)。

接下來我們直接由 Q* 每個正反器的圖得到 J 和 K。

B C \ x A	00	01	11	10
00			1	
01				
11		X	X	1
10		X	X	

A*

B C \ x A	00	01	11	10
00		X	X	
01		X	X	
11		X	X	1
10		X	X	

J_A

B C \ x A	00	01	11	10
00	X	1		X
01	X	1	1	X
11	X	X	X	X
10	X	X	X	X

K_A

BC \ xA	00	01	11	10
00		1		
01	1	1		
11	1	X	X	
10	1	X	X	

B★

BC \ xA	00	01	11	10
00		1		
01	1	1		
11	X	X	X	X
10	X	X	X	X

J_B

BC \ xA	00	01	11	10
00	X	X	X	X
01	X	X	X	X
11		X	X	1
10		X	X	1

K_B

BC \ xA	00	01	11	10
00	1	1	1	
01		1		
11	1	X	X	
10	1	X	X	

C★

BC \ xA	00	01	11	10
00	1	1	1	
01	X	X	X	X
11	X	X	X	X
10	1	X	X	

J_C

BC \ xA	00	01	11	10
00	X	X	X	X
01	1		1	1
11		X	X	1
10	X	X	X	X

K_C

我們可以看到 J_A 卡諾圖的中 A 是 1 的兩行有隨意項，而 K_A 卡諾圖中 A 是 0 的兩行有隨意項，B★ 和 C★ 的圖中也可以看到成列的隨意項，當然等式還是相同的。

在考慮其它狀態指示之前，我們先看一個與此相關的問題，假設我們設計以上的系統，發現我們只有一種封裝的兩個 D 型正反器與一個種封裝的兩個 JK 型正反器，我們已經完成所有必要的設計工作；我們可以對任何正反器使用我們找到 D 型以及 JK 的等式，以下的表格列出在包含輸出時，每種安排方式（包含只用 D 型或者是指用 JK 型正反器）時會用到的閘數以及閘輸入數。

A	B	C	閘數	輸入數
D	D	JK	13	28
D	JK	D	13	29
JK	D	D	12	27
D	JK	JK	12	25
JK	D	JK	12	25
JK	JK	D	12	26
D	D	D	13	30
JK	JK	JK	11	22

CHAPTER 7　時序系統設計　319

我們可以猜測，最好的解法是使用兩個 JK 型正反器。即使是藉由 B 和 C 因使用 D 型正反器而共用的解法都需要更多的閘輸入。在 A 和 B 使用 D 型正反器也可以得到一樣好的結果；其它的安排方式都會需要額外的閘及 / 或閘輸入。

接下來我們考慮第二種狀態指示的解法。對這個，我們要使用真值表的方法，在處理不是照數字順序排列的狀態指示時，最好的方法仍然是依照二進位順序列出真值表，但要在二進位名稱旁邊列出狀態名稱，照這個方式，我們可以最直接的畫出適當函數的卡諾圖。

	x	A	B	C	z	A*	B*	C*	J_A	K_A	J_B	K_B	J_C	K_C
S_1	0	0	0	0	0	1	0	1	1	X	0	X	1	X
—	0	0	0	1	X	X	X	X	X	X	X	X	X	X
S_6	0	0	1	0	1	1	1	1	1	X	X	0	1	X
S_5	0	0	1	1	1	1	1	1	1	X	X	0	X	0
S_3	0	1	0	0	0	1	1	1	X	0	1	X	1	X
S_2	0	1	0	1	0	1	0	0	X	0	0	X	X	1
—	0	1	1	0	X	X	X	X	X	X	X	X	X	X
S_4	0	1	1	1	1	1	1	1	X	0	X	0	X	0
S_1	1	0	0	0		0	0	0	0	X	0	X	0	X
—	1	0	0	1		X	X	X	X	X	X	X	X	X
S_6	1	0	1	0		0	0	0	0	X	X	1	0	X
S_5	1	0	1	1		0	1	0	0	X	X	0	X	1
S_3	1	1	0	0		0	0	0	X	1	0	X	0	X
S_2	1	1	0	1		0	0	0	X	1	0	X	X	1
—	1	1	1	0		X	X	X	X	X	X	X	X	X
S_4	1	1	1	1		0	1	1	X	1	X	0	X	0

以上的真值表列出每個正反器的接續狀態以及 JK 輸入，注意到只有前八列對於輸出行 z 而言是完整的，因為 z 不是輸入 x 的函數。

我們現在可以找到輸出（利用三變數圖）以及 D 型輸入（利用 A*、B* 和 C* 行）或 JK 輸入的表示。首先列出輸出圖以及等式，因為這是用於任何一種正反器（利用這種狀態指示）的解答。

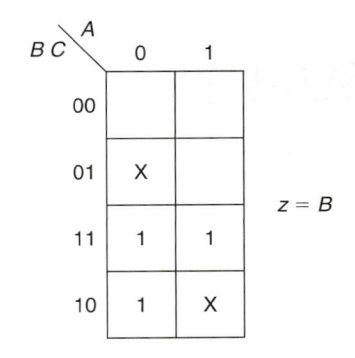

BC \ A	0	1
00		
01	X	
11	1	1
10	1	X

$z = B$

BC\xA	00	01	11	10
00	1	1		
01	X	1		X
11	1	1		
10	1	X	X	

A*

BC\xA	00	01	11	10
00		1		
01	X			X
11	1	1	1	1
10	1	X	X	

B*

BC\xA	00	01	11	10
00	1	1		
01	X			X
11	1	1	1	
10	1	X	X	

C*

$D_A = x'$
$D_B = x'B + BC + x'AC'$
$D_C = AB + x'C' + \{x'B \text{ or } x'A'\}$

這總共會需要 9 個閘以及 20 個輸入（包含 x 的 NOT）。

我們可以利用快速法來解決 JK 的版本，但是這個例題中，我們已經完成了 J 和 K 的真值表。我們將卡諾圖留給讀者作為練習；等式是

$J_A = x'$ $\quad$ $K_A = x$
$J_B = x'AC'$ $\quad$ $K_B = xC'$
$J_C = x'$ $\quad$ $K_C = B' + xA'$
$\quad\quad z = B$

這會需要 5 個閘以及 10 個輸入，這遠佳於使用 D 型的解法。D 型以及 JK 型正反器對於這個狀態指示的解法，都比用第一種狀態指示相對應的解法要便宜許多。

7.2 同步計數器設計

在這節中，我們會看一種稱作為**計數器**（counter）的同步時序系統之設計。在下一小節中，我們會簡單的看一下非同步計數器，也就是那些不需要時脈輸入的，在下一章中，我們會討論一些商用計數器以及計數器在較大型系統中的部分應用。

大多數的計數器都是不需要資料輸入，而在連續時脈時在一個

固定序列的狀態中轉換的裝置。輸出通常只是系統的狀態，也就是所有正反器的內容。（因此在狀態表中不需要輸出行。）我們也會細看有一或兩個控制輸入的計數器，而決定序列往上（至下一個較大的數字）還是往下數。

我們的第一個範例是一個 4 位元二進位計數器，有四個正反器來在以下序列中循環

0 1 2 3 4 5 6 7 8 9 10 11 12 13 14 15 0 1...

針對這個設計我們不需要新的技巧，狀態表以及真值表都是一樣的；有 16 列、4 個輸入行、以及 4 個輸出行，如表 7.8 所示。注意到正反器標示為 D、C、B 和 A，這是常用的表示法。

我們可以看到狀態 0（0000）的接續狀態是 1（0001），1 的是 2，依此類推，直到 15（1111）的接續狀態是 0（0000）。

表 7.8　基數 16 計數器

D	C	B	A	$D^\star$	$C^\star$	$B^\star$	$A^\star$
0	0	0	0	0	0	0	1
0	0	0	1	0	0	1	0
0	0	1	0	0	0	1	1
0	0	1	1	0	1	0	0
0	1	0	0	0	1	0	1
0	1	0	1	0	1	1	0
0	1	1	0	0	1	1	1
0	1	1	1	1	0	0	0
1	0	0	0	1	0	0	1
1	0	0	1	1	0	1	0
1	0	1	0	1	0	1	1
1	0	1	1	1	1	0	0
1	1	0	0	1	1	0	1
1	1	0	1	1	1	1	0
1	1	1	0	1	1	1	1
1	1	1	1	0	0	0	0

四個接續狀態函數的卡諾圖如 Map 7.6。

Map 7.6 基數 16 計數器的 D 型正反器輸入

這會產生

$$D_D = DC' + DB' + DA' + D'CBA$$
$$D_C = CB' + CA' + C'BA$$
$$D_B = B'A + BA'$$
$$D_A = A'$$

這個解法會需要 12 個閘以及 30 個閘輸入，如果我們可以使用 XOR 閘，我們可以將表示法簡化成

$$D_D = D(C' + B' + A') + D'CBA = D(CBA)' + D'(CBA)$$
$$\quad = D \oplus CBA$$
$$D_C = C(B' + A') + C'BA = C(BA)' + C'(BA) = C \oplus BA$$
$$D_B = B'A + BA' = B \oplus A$$
$$D_A = A'$$

這樣只會需要兩個 AND 閘以及三個 XOR 閘。

接著我們來看利用 Map 7.7 的 JK 設計（SR 設計留做練習）。使用快速法，J 的卡諾圖會是接續狀態圖中鋪上底色的部分（而 K 的是沒有鋪上底色的）。

Map 7.7 JK 正反器設計的卡諾圖

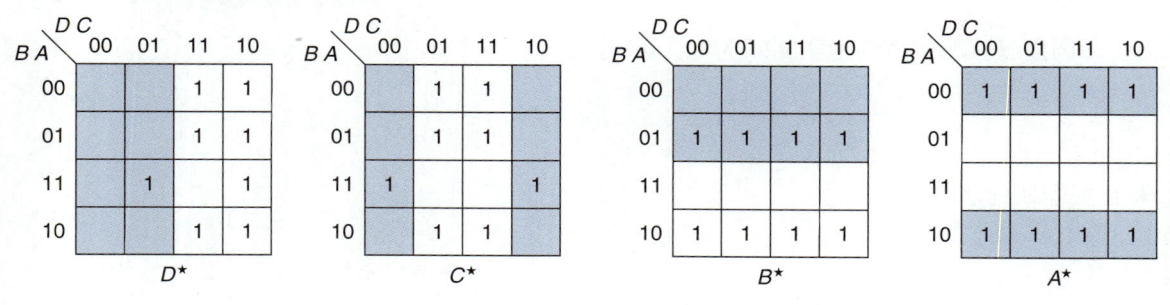

這產生了等式

$J_D = K_D = CBA$
$J_C = K_C = BA$
$J_B = K_B = A$
$J_A = K_A = 1$

注意到既然對每個正反器 $J=K$，它們被用作為 T 型正反器（也就是它們不變，或者是一起變）。我們可以將這個設計延伸至 5 個正反器，且計數至 31，就由增加另外一個正反器 E 及其輸入

$J_E = K_E = DCBA$

用 JK 正反器來實現這個系統的電路如圖 7.6 所示。

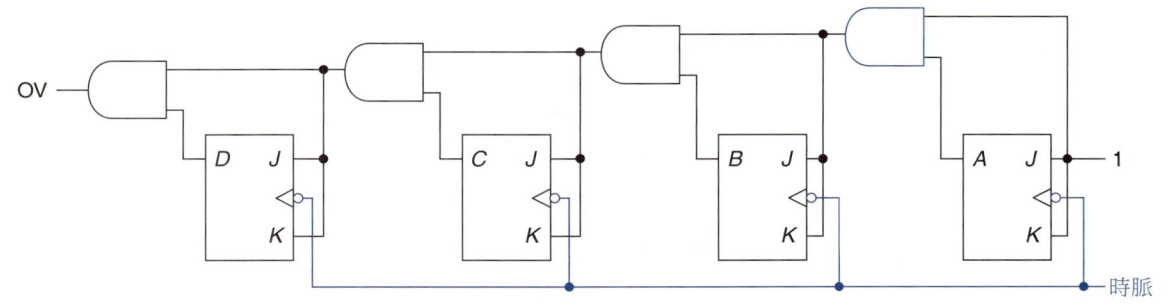

◆ 圖 7.6 四位元計數器

如果這是一個單獨的計數器，藍色的 AND 閘並不必要；A 正反器的輸出會直接接到 J_B 和 K_B。再狀態 15（1111）。OV 輸出會是 1。OV 可以接到另一個 JK 正反器的輸入，或者是如果我們建置如上圖的兩個 4 正反器電路時，我們可以將 OV 輸出的 1 連接到其中一個輸入，而連接的 1 就建置了一個 8 位元計數器。

我們接著來看向上／下計數器，也就是一個可以依照控制輸入而往兩個方向之一計數的計數器，我們會將控制輸入標記成 x，使得計數器在 $x=0$ 時往上數，而在 $x=1$ 時往下。這個計數器的狀態表如表 7.9 所示。

$C^\star$、$B^\star$ 和 $A^\star$ 的卡諾圖如 Map 7.8 所示，其中 $q=0$ 區域為 JK 正反器快速法打上陰影。

◆ 表 7.9 向上／下計數器

x	C	B	A	$C^\star$	$B^\star$	$A^\star$
0	0	0	0	0	0	1
0	0	0	1	0	1	0
0	0	1	0	0	1	1
0	0	1	1	1	0	0
0	1	0	0	1	0	1
0	1	0	1	1	1	0
0	1	1	0	1	1	1
0	1	1	1	0	0	0
1	0	0	0	1	1	1
1	0	0	1	0	0	0
1	0	1	0	0	0	1
1	0	1	1	0	1	0
1	1	0	0	0	1	1
1	1	0	1	1	0	0
1	1	1	0	1	0	1
1	1	1	1	1	1	0

Map 7.8　向上 / 下計數器

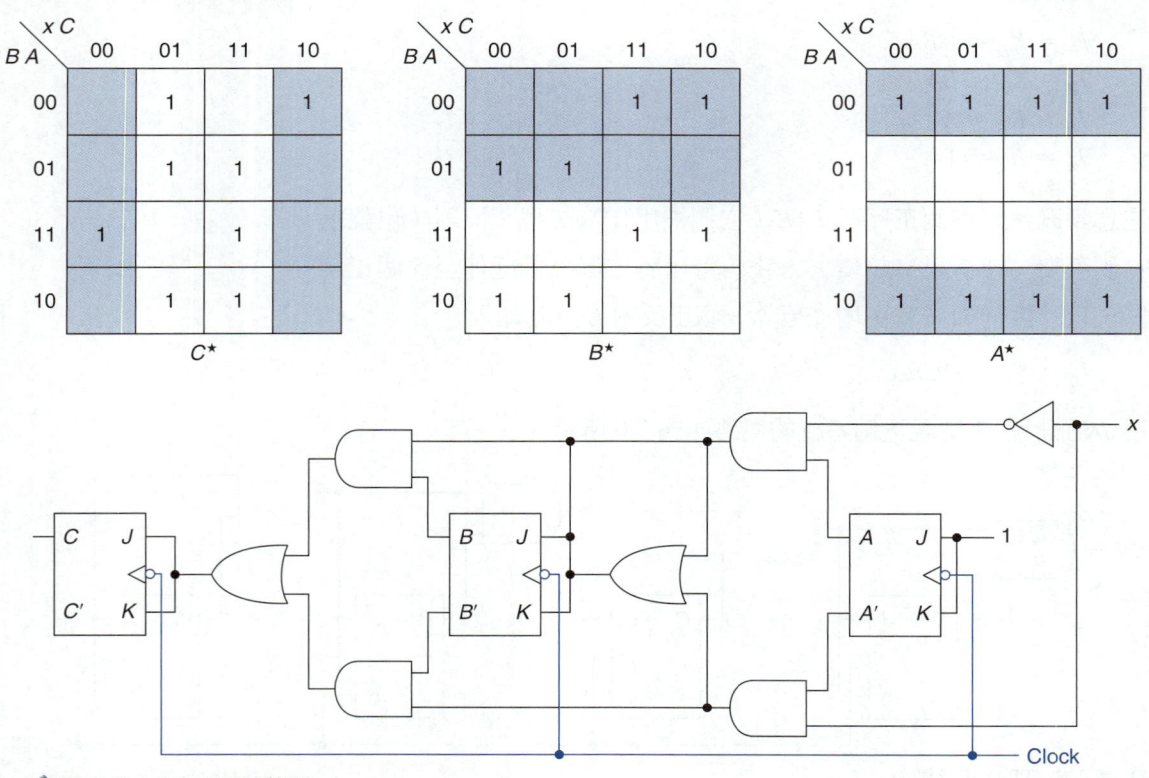

[Karnaugh maps for C*, B*, A*]

[Figure: 向上/下計數器 logic circuit]

◆ 圖 7.7　向上 / 下計數器

從圖中我們可以看到

$$J_A = K_A = 1$$
$$J_B = K_B = x'A + xA'$$
$$J_C = K_C = x'BA + xB'A'$$

正如同在 4 位元和 5 位元向上計數器，繼續套用這個模式，使得（如果我們有另外兩個正反器）

$$J_D = K_D = x'CBA + xC'B'A'$$
$$J_E = K_E = x'DCBA + xD'C'B'A'$$

圖 7.7 中畫出 3 位元計數器的方塊圖。

例題 7.6

我們接下來看十進位或二十進位計數器，這會經過以下序列

0 1 2 3 4 5 6 7 8 9 0 1 ...

狀態表及真值表都與二進位計數器類似，如下所示

D	C	B	A	D⋆	C⋆	B⋆	A⋆
0	0	0	0	0	0	0	1
0	0	0	1	0	0	1	0
0	0	1	0	0	0	1	1
0	0	1	1	0	1	0	0
0	1	0	0	0	1	0	1
0	1	0	1	0	1	1	0
0	1	1	0	0	1	1	1
0	1	1	1	1	0	0	0
1	0	0	0	1	0	0	1
1	0	0	1	0	0	0	0
1	0	1	0	X	X	X	X
1	0	1	1	X	X	X	X
1	1	0	0	X	X	X	X
1	1	0	1	X	X	X	X
1	1	1	0	X	X	X	X
1	1	1	1	X	X	X	X

9（1001）的接續狀態是 0（0000）而剩下的接續狀態都是隨意項，因為絕不會遇到狀態 10 到 15，我們在這個表中有包含沒有使用到的狀態，因為它們在產生圖中的隨意項時是必要的，有些做法是在狀態表中不寫下這些列，然後再轉換到它的真值表（如同我們在前一個小節所做的）。接續狀態的卡諾圖，其中為了使用快速法得到 J 和 K 而將 J 的部分鋪上了底色，如下所示。

由此我們可以發現

$J_D = CBA \qquad K_D = A$
$J_C = K_C = BA$

$$J_B = D'A \qquad K_B = A$$
$$J_A = K_A = 1$$

例題 7.7

我們接下來設計一個會經過以下不是照數字排序狀態序列的計數器

0 3 2 4 1 5 7

（這是 CE9。）注意到一個巡迴是 7 個狀態；而這永遠不會經過狀態 6。我們現在可以（以任何順序）畫出狀態表，或者是直接跳到真值表，其包含未使用狀態的一列。

q_1	q_2	q_3	$q_1^\star$	$q_2^\star$	$q_3^\star$
0	0	0	0	1	1
0	0	1	1	0	1
0	1	0	1	0	0
0	1	1	0	1	0
1	0	0	0	0	1
1	0	1	1	1	1
1	1	0	X	X	X
1	1	1	0	0	0

這個表的完成可以藉由完整的巡迴過而看到狀態 0 到 3、1 到 5、等等，或者是藉由依循著序列，先將列 0 的接續狀態填入 3，然後狀態 3 的接續狀態是 2 等等。在第一個方法中，當我們遇到狀態 6 時，我們會發現這不在序列中，而因此下一個狀態是隨意項，但是在第二個方法中，當我們遇到狀態 7，我們一定會將接續狀態填入 0，所以當我們完成一個尋回後，我們會發現 6 這一列會是空的而放進隨意項。我們當然會依照數字順序填寫真值表。

以下重複真值表，各行為 SR 和 T 型正反器的輸入；而針對 JK 正反器我們會使用快速法。

q_1	q_2	q_3	$q_1^\star$	$q_2^\star$	$q_3^\star$	S_1	R_1	S_2	R_2	S_3	R_3	T_1	T_2	T_3
0	0	0	0	1	1	0	X	1	0	1	0	0	1	1
0	0	1	1	0	1	1	0	0	X	X	0	1	0	0
0	1	0	1	0	0	1	0	0	1	0	X	1	1	0
0	1	1	0	1	0	0	X	X	0	0	1	0	0	1
1	0	0	0	0	1	0	1	0	X	1	0	1	0	1
1	0	1	1	1	1	X	0	1	0	X	0	0	1	0
1	1	0	X	X	X	X	X	X	X	X	X	X	X	X
1	1	1	0	0	0	0	1	0	1	0	1	1	1	1

針對 D 型正反器，我們只要用 $q_1^\star$、$q_2^\star$ 和 $q_3^\star$ 行，產生以下的圖以及等式。

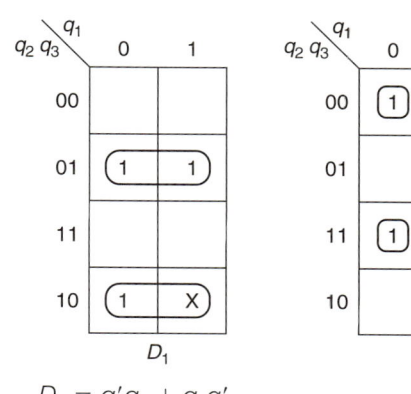

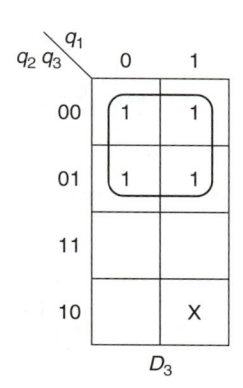

$D_1 = q_2'q_3 + q_2q_3'$
$D_2 = q_1'q_2'q_3' + q_1'q_2q_3 + q_1q_2'q_3$
$D_3 = q_2'$

這個解法需要 4 個三輸入閘以及 3 個二輸入閘。

SR 解法的卡諾圖以及等式如下，注意到針對我們不管接續狀態為何的狀態 6，我們也不管輸入是什麼，對三個正反器的 S 和 R 都是隨意項。

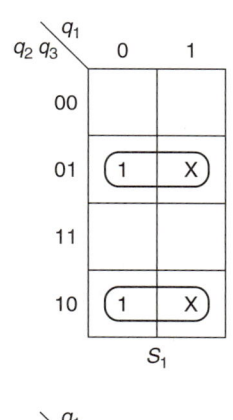

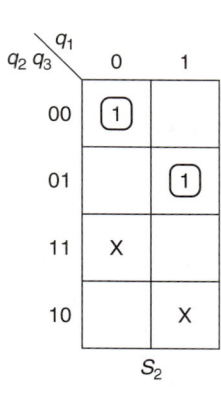

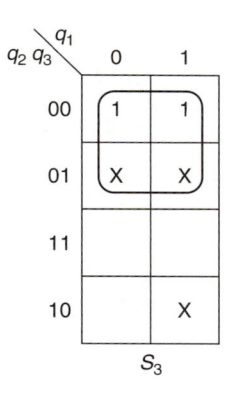

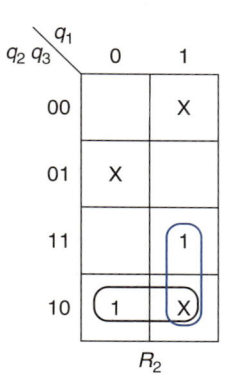

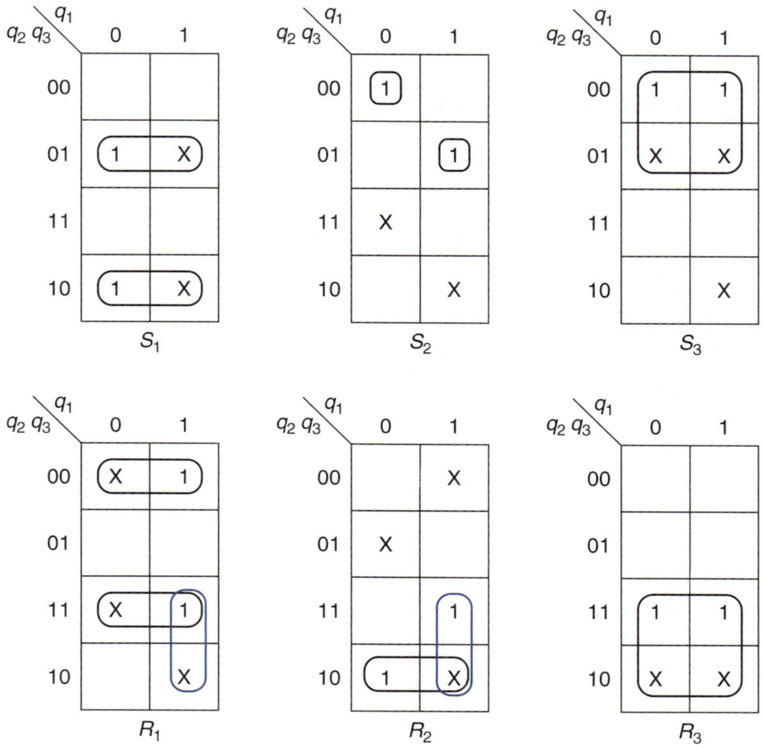

$$S_1 = q_2'q_3 + q_2q_3' \qquad R_1 = q_2'q_3' + q_2q_3 = S_1'$$
$$\qquad\qquad\qquad\qquad\qquad = q_2'q_3' + q_1q_2$$
$$S_2 = q_1'q_2'q_3' + q_1q_2'q_3 \qquad R_2 = q_1q_2 + q_2q_3'$$
$$S_3 = q_2' \qquad\qquad\qquad R_3 = q_2$$

即便利用了共用或者是對 R_1 用了 NOT，這還是需要比 D 型解法還要多的邏輯（10 或 11 個閘）。

我們接下來算 T 型的解法；其卡諾圖和等式如下所示。

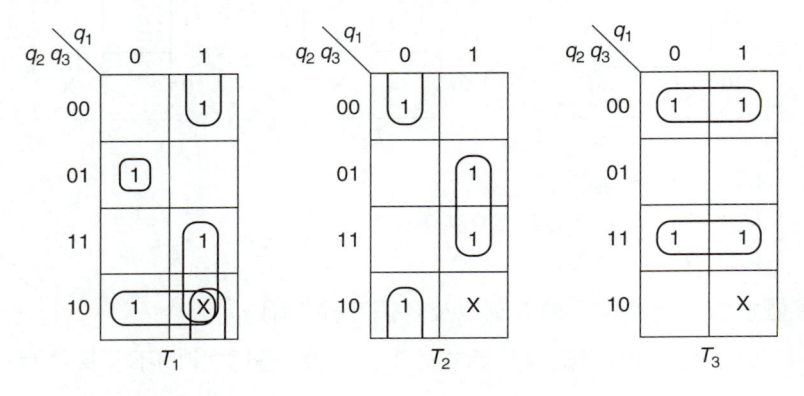

$$T_1 = q_1'q_2'q_3 + q_2q_3' + q_1q_2 + q_1q_3'$$
$$T_2 = q_1'q_3' + q_1q_3$$
$$T_3 = q_2'q_3' + q_2q_3$$

這個解法需要 11 個閘。

最後我們利用快速法來計算 JK 型正反器的解法，如以下所示的卡諾圖和等式。

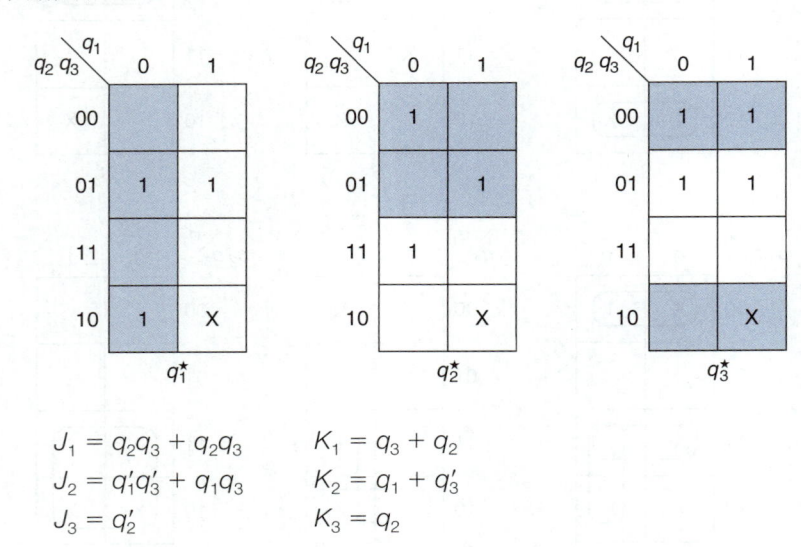

$$J_1 = q_2q_3 + q_2q_3 \qquad K_1 = q_3 + q_2$$
$$J_2 = q_1'q_3' + q_1q_3 \qquad K_2 = q_1 + q_3'$$
$$J_3 = q_2' \qquad\qquad\quad K_3 = q_2$$

這個解法需要 8 個二輸入閘，雖然 K_1 的閘可以用一個 NOT 閘取代，而 K_2 可以因為選擇讓兩個地方的隨意項皆為 1 而消除，我們得到

$K_1 = J_1'$ and $K_2 = J_2$

如果我們沒有靜態清除（static clear）（或者是沒有將之啟動）而啟動系統，我們不會知道每個正反器一開始在哪個狀態。如果我們在意，那麼就應該要清除正反器或者是使用一些清除組合與預設組合來讓系統進入正當的起始狀態。常常我們所在乎的只有在啟動系統之後，能夠在一到兩個循環後運行期望的序列，如果系統起始的時候是在其中一個序列中的狀態時，這一定會發生，但是如果起始點是其中一個沒有使用到的狀態，那麼會發生什麼是變得不明顯。當我們在設計前兩個系統時，我們假設這些狀態不會發生而讓其接續狀態為隨意項。

一旦我們完成了設計，便不存在有任何隨意項，其代數表示（或者方塊圖）標明了在所有可能的變數組合會發生什麼事。

例題 7.7（接續）

我們可以假設我們處於狀態 110 而決定會發生什麼事，因此我們讓等式中的 $q_1 = 1$, $q_2 = 1$ 而 $q_3 = 0$，對 D 型正反器，我們會得到

$D_1 = q_2'q_3 + q_2q_3' = 00 + 11 = 1$
$D_2 = q_1'q_2'q_3' + q_1'q_2q_3 + q_1q_2'q_3 = 001 + 011 + 100 = 0$
$D_3 = q_2' = 0$

在這個情況下，系統會在第一個計數時間轉移到狀態 4（100），從而繼續接下來的序列。（由列出的設計，利用 SR 型正反器也會移動至狀態 4，利用 T 型會移動到狀態 2，而用 JK 型正反器會移動到狀態 0。）

如果這不令人滿意，我們可以回去藉由替換真值表中 110 列的隨意項成期望的接續狀態而重新設計系統。

狀態圖顯示了利用 D 型或 SR 型正反器設計的系統行為，包含了如果系統起始於未使用的狀態會發生什麼事，如下所示。

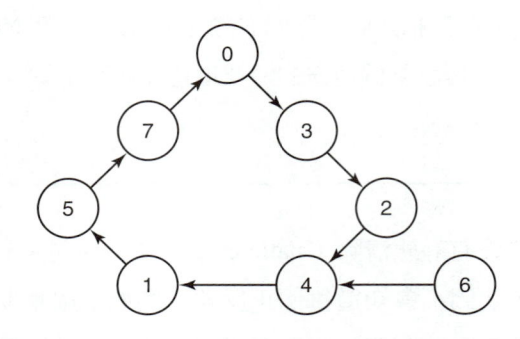

注意到路徑上並沒有標示，因為系統沒有輸入，而輸出也就只等於是狀態。（這是摩爾系統。）

例題 7.8

在這小節的最後一個例題，我們考慮一個 2 位元向上 / 下、循環 / 飽和計數器的設計，這個計數器有兩個正反器 A 和 B，因而只有四個狀態，它有兩個控制輸入 x 和 y，如果 $x=0$ 會往上數，而如果 $x=1$ 則會往下數。如果 $y=0$ 會循環，也就是從 0 1 2 3 0 1... 或 3 2 1 0 3 2 …，而如果 $y=1$ 則會飽和，也就是從 0 1 2 3 3 3 ... 或 3 2 1 0 0 0 ...。（這是一個二正反器版本的 CE10。）這個計數器的狀態表是

		$A^\star\ B^\star$		
$A\ B$	$xy = 00$	$xy = 01$	$xy = 10$	$xy = 11$
0 0	0 1	0 1	1 1	0 0
0 1	1 0	1 0	0 0	0 0
1 0	1 1	1 1	0 1	0 1
1 1	0 0	1 1	1 0	1 0

既然這個問題有兩個輸入，總共會有四個輸入組合而因此接續狀態的區域會有四行。（如果這是米利系統，這也會有四個輸出行。）這可以很容易地轉換成 16 列真值表，或者是直接換成卡諾圖，如果我們要用 D 型或者是 JK 正反器來實現的話，後者最簡單。在轉換成卡諾圖時，一定要特別注意，因為行與列都是依照二進位順序，而不是卡諾圖的順序。D_A（$A^\star$）和 D_B（$B^\star$）的卡諾圖如下所示。

CHAPTER 7　時序系統設計　331

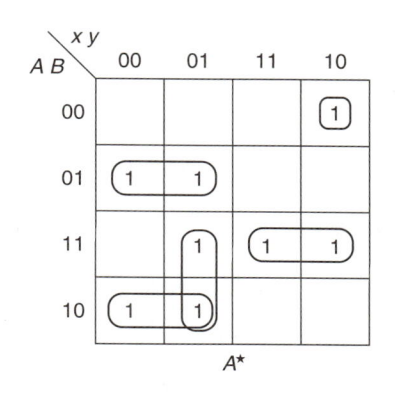

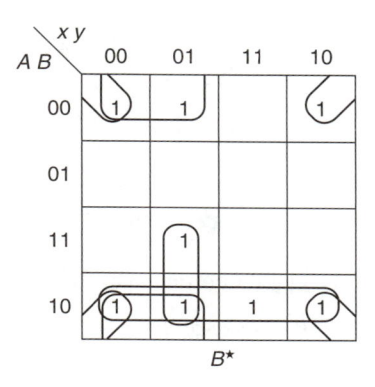

函數相對來說比較複雜。

$D_A = x'A'B + x'AB' + x'yA + xAB + xy'A'B'$
$D_B = x'yA + AB' + x'B' + y'B'$
$ = x'yA + AB' + x'B' + xy'A'B'$

即便我們要使用 JK 型正反器來實現這個計數器，仍然會有大量的組合邏輯，如以下的卡諾圖以及等式所示。

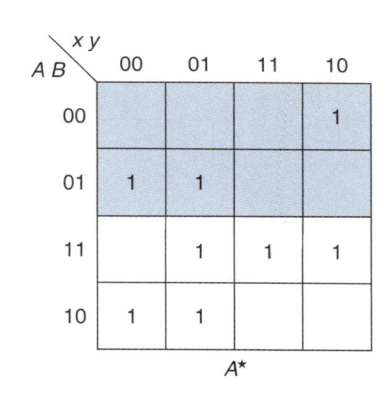

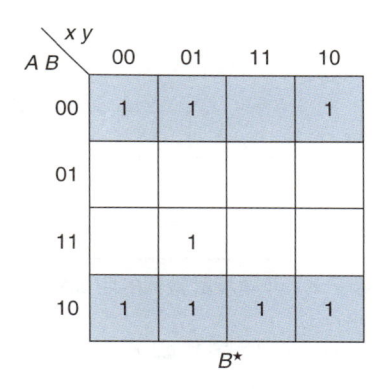

$J_A = x'B + xy'B'$　　$K_A = xB' + x'y'B$
$J_B = x' + y' + A$　　$K_B = x + y' + A'$

7.3　非同步計數器設計

　　計數器有時候會設計成沒有時鐘輸入，它們會由同樣時間計數的正反器（通常是 JK 型正反器）作為同步計數器建構而成，但每個正反器都是由前一個的轉換而觸發。考慮圖 7.8 兩個正反器的電路。

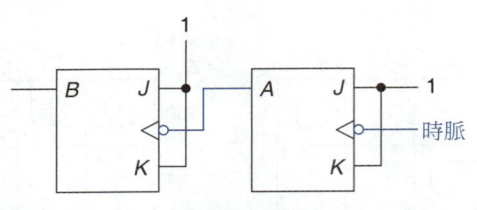

● 圖 7.8 二位元非同步計數器

當**計數**（count）信號由 1 變成 0，*A* 正反器會被觸發，如果一開始在 0，那麼就會轉換到 1，而 *A* 輸出從 0 到 1 的轉換，也就是 *B* 的時脈輸入，並沒有影響，當下一個**計數**信號負向轉換發生時，*A* 會從 1 變成 0 而導致 *B* 的時脈輸入有一樣的反應，既然 *J* 和 *K* 都是 1，*B* 正反器就會轉換狀態。因為從時脈邊緣到輸出改變有時間延遲，*B* 正反器的計數時間比 *A* 還要晚一些，而因此其輸出改變的比較晚，這在圖 7.9 的時序圖（timing diagram）中有強調，我們假設在這個圖中 *A* 和 *B* 正反器都從 0 開始。

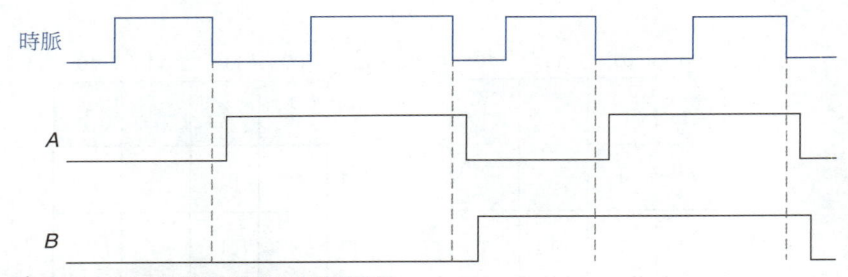

● 圖 7.9 非同步計數器的時間延遲

這個時序圖有兩個與之前的不同，因為計數信號不是一定要為時鐘，它可能是不固定的，第二點，第一個正反器（*A*）在**計數**信號（虛線）的負邊緣改變後馬上改變，但是第二個正反器（*B*）直到 *A* 又被改變後才改變，而因此從時脈算過來的延遲更久，這會在經過一系列正反器的改變而變得更加顯著。

注意到正反器（*BA*）經過序列 00, 01, 10, 11 而重複，因此這是一個 2 位元計數器，我們可以藉由以相同的方式連接四個正反器來得到 4 位元計數器，其方塊圖如圖 7.10 所示。

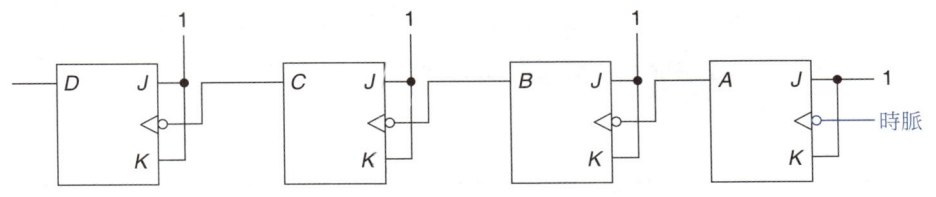

◆ 圖 7.10　4 位元非同步計數器

時序圖如圖 7.11 所示，其中每個正反器有一個單位的延遲，而時鐘週期是 10 個單位。

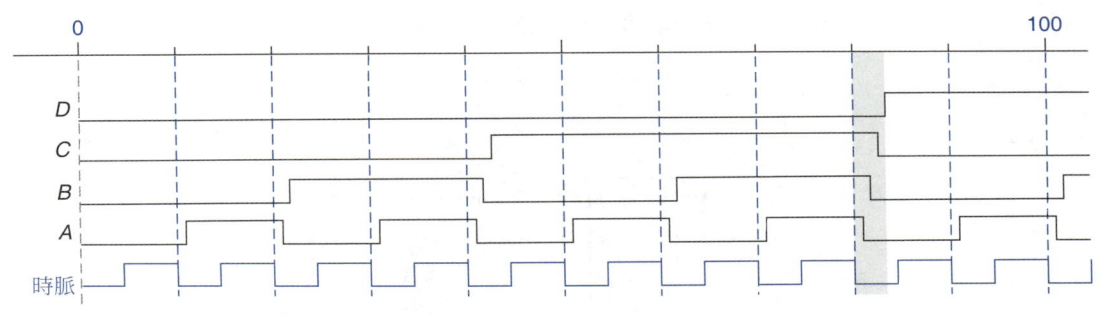

◆ 圖 7.11　四位元計數器之時序

注意到 A 在時鐘最後邊緣的後一個時間單位改變，而 B 又相隔 A 改變後的最後邊緣一個單位，C 在 B 後面，而 D 在 C 後面，因此 D 的改變發生在時鐘的 4 個單位後（在這個例題中幾乎是下一個起始邊緣）。

同時也注意到這個計數器的序列的確經過 0 1 2 3 4 5 6 7 8 9 10（以時序圖所顯示）而會繼續到 11 12 13 14 15 0 ⋯。

非同步計數器的優點是其硬體的簡潔，它並不需要組合邏輯，而其缺點是速度，系統的狀態直到所有正反器都完成它們的轉換後，在這個例子是四個正反器延遲，才會建立，如果計數器大一些或者是時鐘快一些，系統可能會直到下一個負緣時中轉換，還不會達到其最終狀態，在這個情況下，系統的值就不能夠在下一個時鐘時提供給系統的其它部分，同時，我們一定要小心使用這個計數器的輸出，因為它會經過非預期的狀態。舉例來說，我們細部檢查計數器從狀態 7 到狀態 8 的時序圖，也就是圖 7.11 的陰影部分，顯示出它其實是在狀態 6、狀態 4 而在 D 型正反器變成 1 之前是狀態 0，然後轉換到狀態 8，這些小時間段在輸出是用來點亮顯示器或者是用作正反器的輸入時並不重要，但是如果是拿來當作時脈或者是計數輸入，它們可以產生能夠觸發正反器的突波。

例題 7.9

利用 JK 型正反器以及低態致動清除和 NAND 閘來設計一個非同步基數 12 計數器。

最簡單的方法是拿 4 位元二進位計數器，然後在轉換到 12 時重置，因此以下電路計算 (DC)' 而用之來重置計數器。

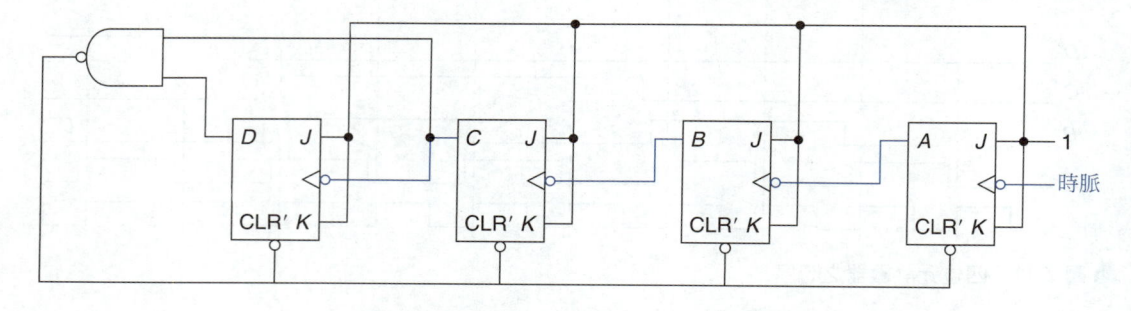

從以下的時序圖可見，計數器的循環是

0 1 2 3 4 5 6 7 8 9 10 11 (12) 0

其中計數器會在狀態 12 維持一小段時間，注意到從 A 改變到 B 改變等等的時間有一個延遲，而這個計數只有在最後一個正反器穩定下來後才確定可用。

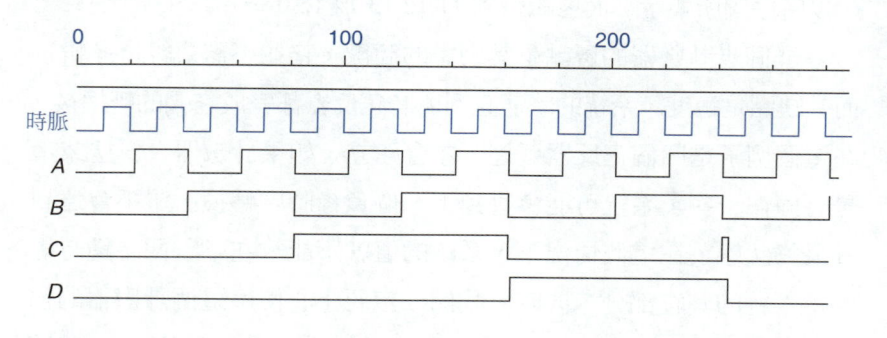

7.4 狀態表以及狀態圖的推導

在這小節中,我們會先從時序系統的口語敘述開始,然後發展出狀態圖或者是狀態表,在一些情況中,我們會再更進一步的設計;但這樣只不過是複習之前章節的內容。

我們先看連續型範例 6 和 7,雖然 CE6 的敘述並不包含摩爾這個詞,但是問題的用字隱含著摩爾系統,而 CE7 則是米利系統,我們在這邊重複 CE6。

CE6. 一個單輸入 x 以及單輸出 z 的系統,使得只有 x 在至少三個連續計數時間皆為 1 的時候 $z = 1$。

追蹤 6.1 的時序追蹤在這邊重複為追蹤 7.1。

追蹤 7.1 三個連續 1

| x | 0 1 1 0 1 1 1 0 0 1 0 1 1 1 1 0 0 |
| z | ? 0 0 0 0 0 0 1 0 0 0 0 0 0 1 1 1 0 0 0 0 |

這個問題的第一步(如同在許多文字問題)是要決定在記憶體內儲存哪些資料。在這個情況中,問題是:我們需要知道之前輸入的哪些資料才能決定輸出是否為 1,然後再更新記憶體?

這個問題的步驟一有兩個方法。首先,我們可以儲存最新的三個輸入,知道這些我們就能夠決定輸出,對記憶體來說,我們只要放棄最老儲存的輸入而存入新的兩個,加上現在的一個,輸入已經被編成二進位(第二步),如果我們將最老的輸入儲存在 q_1,次老的存在 q_2,而最新的存在 q_3,我們會得到表 7.10 的狀態表。

q_3 新的值 $q^\star_3 = x$;會儲存最新的輸入,同樣的,$q^\star_2 = q_3$,而 $q^\star_1 = q_2$,輸出只有在系統於狀態 111 時為 1。

對於第二種方法,我們在記憶體儲存的是連續 1 的數量,如下:

- A 沒有,也就是最後一個輸入是 0
- B 一個
- C 兩個
- D 三個以上

表 7.10 三個正反器的狀態表

$q_1\ q_2\ q_3$	$q^\star_1\ q^\star_2\ q^\star_3$ $x=0$	$x=1$	z
0 0 0	0 0 0	0 0 1	0
0 0 1	0 1 0	0 1 1	0
0 1 0	1 0 0	1 0 1	0
0 1 1	1 1 0	1 1 1	0
1 0 0	0 0 0	0 0 1	0
1 0 1	0 1 0	0 1 1	0
1 1 0	1 0 0	1 0 1	0
1 1 1	1 1 0	1 1 1	1

這也提供了足夠的資訊，因為輸出只有在有三個以上的情況下才會是 1。

狀態圖以及狀態表如圖 7.1 所示，而在這邊重複為圖 7.12。

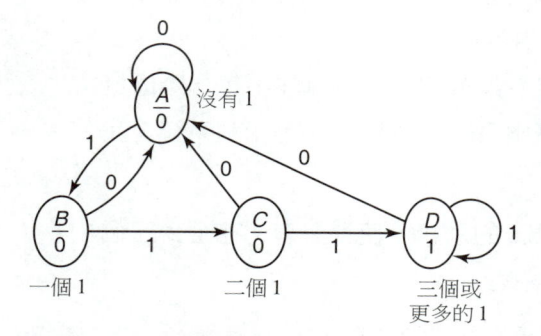

	$q^\star$		
q	$x = 0$	$x = 1$	z
A	A	B	0
B	A	C	0
C	A	D	0
D	A	D	1

◆ 圖 7.12　狀態圖與狀態表

這個方法只需要四個狀態，而第一個方法需要八個，第一個方法使用了三個正反器，而第二個只使用了兩個，這樣的差別不大。然而如果考慮問題變成，只在輸入有 25 個以上連續計數時間為 1 的時候才會輸出 1，針對第一個方法我們需要儲存前 25 個輸入，而使用了 25 個正反器，其狀態表會有 2^{25} 列，而第二個方法會需要 26 個狀態（沒有 1 到 25 個以上的 1），這樣可以只用五個正反器來編碼。

這個過程的下一步是盡可能簡化狀態表成比較少狀態的情況，在表 7.10 可以很清楚的看到有一些多餘的狀態，舉例來說，狀態 000 和 100 都會在輸入為 0 的情況轉移到狀態 000；在輸入為 1 時轉移到狀態 001；兩個都有同樣的輸出，因此我們只需要其中一個。事實上這個表可以簡化成只有四個狀態，而使用第二個方法得到的狀態表沒辦法被簡化。

即便我們不簡化狀態表，我們還是可以繼續選擇狀態指示而接著完成設計，這樣的系統可能會比較貴，但是仍然可以正確運作。

對第一個設計而言，狀態指示已經選定了，我們將正反器標記為 q_1、q_2 和 q_3，D 型正反器的輸入並不需要邏輯。

$$D_1 = q_2 \qquad D_2 = q_3 \qquad D_3 = x$$

對 JK 正反器而言，

$$J_1 = q_2 \quad J_2 = q_3 \quad J_3 = x$$
$$K_1 = q_2' \quad K_2 = q_3' \quad K_3 = x'$$

如果我們用 JK 型正反器的話，x 需要一個 NOT 閘。而針對這兩種正反器，我們都需要一個 AND 閘給 z：

$$z = q_1 q_2 q_3$$

對第二種方式，我們已經建構了設計真值表，並且在表 7.2 有了一種狀態指示而發現

$$D_1 = q_1^\star = xq_2 + xq_1 \quad 或 \quad J_1 = xq_2 \quad K_1 = x$$
$$D_2 = q_2^\star = xq_2' + xq_1 \quad 或 \quad J_2 = x \quad K_2 = x' + q_1$$
$$z = q_1 q_2$$

CE7 是對應到的米利系統。

CE7. 一有一個輸入 x 以及一個輸出 z 的系統，使得只有在 x 目前以及前兩個計數時間都是 1 的時候 $z=1$。

這相同問題之措詞的另一型式是

CE7#. 有一個輸入 x 以及一個輸出 z 的米利系統（Mealy system），使得只有在 x 為連續三個計數時間都是 1 的時候 $z=1$。

對應到這個問題的時序追蹤如追蹤 7.2 所示。

追蹤 7.2　CE7 的時序追蹤

x	0 1 1 0 1 1 1 0 0 1 0 1 1 1 1 0 0
z	0 0 0 0 0 0 1 0 0 0 0 0 0 1 1 1 0 0 0 0

這個問題也有兩種解法，我們只需要存最後的兩個輸入（而不是像摩爾系統一樣的三個）。這產生了表 7.11 的狀態表。

表 7.11　儲存最後兩個輸入的狀態表

$q_1 q_2$	$q_1^\star q_2^\star$ $x=0$	$x=1$	z $x=0$	$x=1$
0 0	0 0	0 1	0	0
0 1	1 0	1 1	0	0
1 0	0 0	0 1	0	0
1 1	1 0	1 1	0	1

對第二種方法，我們在記憶體內儲存連續 1 的數量，如下：

A　沒有，也就是最後一個輸入是 0
B　一個
C　兩個以上

這樣也是有足夠的資訊，因為輸出只有在前兩個以上都是 1 且輸入現值又是 1 時才會為 1，如果輸入現值是 0，接續狀態就是 A；否則我們會從 A 往 B，而 B 往 C 轉移，狀態圖如圖 7.13 所示。

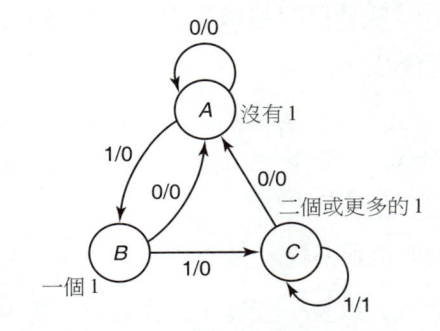

◆ 圖 7.13　三個連續 1 的狀態圖

這樣的文字描述也能夠寫成狀態表，如表 7.12。

◆ 表 7.12　三個連續 1 的狀態表

	$q^\star$		z	
q	$x=0$	$x=1$	$x=0$	$x=1$
A	A	B	0	0
B	A	C	0	0
C	A	C	0	1

要比較米利以及摩爾模型的行為，我們來看兩個時序圖（使用四態摩爾模型以及三態米利模型）。

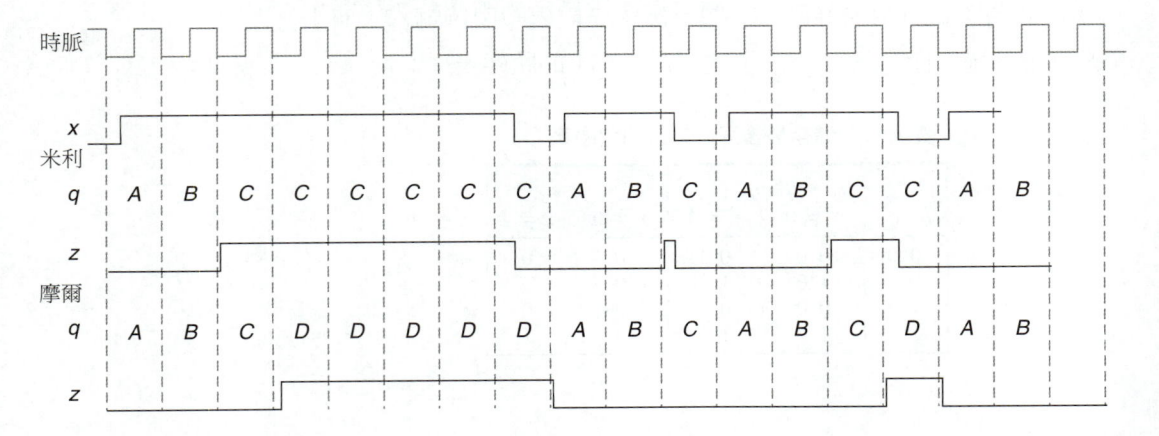

基本上,摩爾模型與米利模型的輸出是一樣的,但是卻延遲了一個計數時間。它沒有錯誤輸出,因為 z 只取決於在同一時間改變的正反器。

例題 7.10

用一個輸入 x 以及一個輸出 z 設計摩爾以及米利系統,使得輸出 z 只有在 x 剛好在三個計數時間都是 1 才是 1。

這樣系統的樣本輸出／入時序追蹤為

```
x         0 1 1 1 1 1 1 1 0 1 1 0 1 1 1 0 1
z-米利    0 0 0 0 0 0 0 0 0 0 0 0 0 0 0 1 0 0 0
z-摩爾    0 0 0 0 0 0 0 0 0 0 0 0 0 0 0 0 1 0 0 0
                ↑                     ↑
```

我們沒辦法知道在第三個連續輸入為 1 時是否該輸出 1,箭頭指示了兩個現值與過去兩個值一樣的情況,而只有在下一個輸入抵達後我們才知道是不是剛好有三個連續 1,現在針對米利模型,我們需要五個狀態,

 A 沒有,也就是最後一個輸入是 0
 B 連續一個 1 輸入
 C 連續兩個 1 輸入
 D 連續三個 1 輸入
 E 太多(多於三個)連續 1 輸入

狀態圖一開始與之前的解法類似,然而當我們得到第三個輸入 1 時,我們會轉移到狀態 D,由 D,輸入 0 會產生輸出 1;而輸入 1 會轉移到新的狀態 E。有時候我們將狀態 A 考慮成任何地方,也就是我們在尋找能夠開始成功得到輸出 1 路徑的第一個 1,在這個情況,狀態 E 比任何地方還要糟,因為我們一定得要在能夠開始尋找三個 1 之前得到一個 0。以下列出完整的狀態圖。

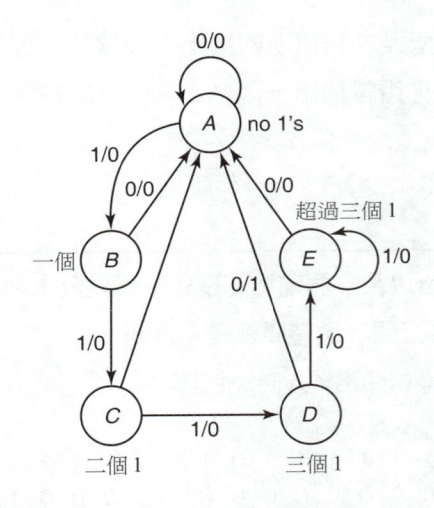

```
                    0/0
                    ↺
                    A  no 1's
              1/0 ↙  ↑ ↑ ↖ 0/0
                 0/0    超過三個 1
              ↙         ↘      ↺
          一個 B          E    1/0
                         ↑
                    0/1  │
              1/0 ↓      │ 1/0
                         │
              C ──1/0──→ D
             二個 1      三個 1
```

這個系統的實現需要三個正反器，其設計留做練習。

對摩爾模型而言，我們需要狀態 D 來指示剛好三個 1，從這點，系統在另一個 1 時轉移到 E，表示太多個 1，而狀態 0 會在輸入 0 時轉移；這個狀態是會輸出 1 的狀態。狀態表如下所示。（我們也是可以建置這個版本的狀態圖或者是米利模型的狀態表。）

q	$q^\star$ $x=0$	$x=1$	z
A	A	B	0
B	A	C	0
C	A	D	0
D	F	E	0
E	A	E	0
F	A	B	1

例題 7.11

設計一個米利系統，其輸出只在輸入有連續三個計數時間皆為 1，但是輸入不重疊的情況下為 1。（這表示輸入 1 只能用來產生一個輸出 1。）

這樣系統的樣本輸出 / 入時序追蹤為

```
x  0 1 1 1 1 1 1 1 1 0 1 1 0 1 1 1 0 1
z  0 0 0 1 0 0 1 0 0 0 0 0 0 0 1 0 0 0
```

如同在 CE7，我們只需要三個狀態。從狀態 C，系統會回到狀態 A

而不管輸入是 0 還是 1；輸出會在輸入是 1 時為 1（連續第三個）而在輸入是 0 時為 0。

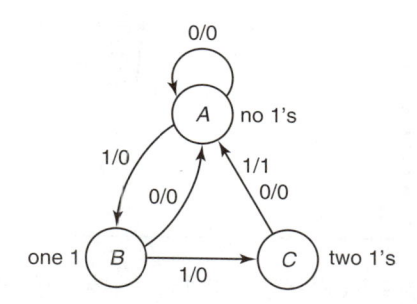

```
         0/0
         ↻
        ( A )  no 1's
    1/0 ↗ ↑ 1/1
      0/0  0/0
one 1 ( B ) ──→ ( C ) two 1's
         1/0
```

當第三個輸入 1 發生時，我們再一次處於任何地方；我們需要另外三個 1 來得到輸出 1。

在每一個我們目前考慮過的系統，我們並沒有費神於初始化系統，它們全都會在第一個輸入 0 收到之後產生正確的輸出。如果我們願意忽略在這之前的輸出，我們不需要考慮初始化。如果我們需要知道從第一個輸入開始的輸出，那麼我們一定要初始化系統至狀態 A（或第一個例題中的 000）。下面兩個例題的確會取決於初始化系統至狀態 A，也就是我們必須要知道起始點在哪裡。

例題 7.12

設計一個輸出被考慮為三個一塊的米利系統，輸出只有在輸入方塊中的三個皆為 1 時才為 1；很明顯輸出 1 只會在第三個輸入被收到後才發生。

這樣系統的樣本輸出／輸入時序追踪為

```
x   011   111   101   110   111   01
z   000   001   000   000   001   000
```

其中方塊以額外的空格表示。

初始狀態 A 發生在系統剛啟動以及每個新的方塊之前（就是方塊中第三個收到輸入的接續狀態）。在收到方塊中的第一個輸入，系統會在輸入為 1 時轉移到 B，而為 0 時轉移到 C；在這兩個情況下輸出都是 0，我們現在可以在第二個輸入後有四個狀態，從 B 到 D 和 E（分別在收到 1 和 0）以及從 C 到 F 和 G（分別在收到 1 和 0）。

這個版本有七個狀態的的狀態表如下。

q	$q^\star$ x=0	x=1	z x=0	x=1
A	C	B	0	0
B	E	D	0	0
C	G	F	0	0
D	A	A	0	1
E	A	A	0	0
F	A	A	0	0
G	A	A	0	0

但這產生了額外兩個狀態，我們只需要在前兩個輸入都是 1 時的狀態 D，以及狀態 E 表示所有其它情況，如以下的狀態圖所示。

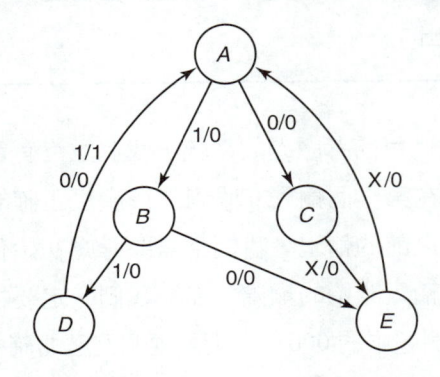

注意到從 C 和 E 出發的路徑標註為 X/0，表示我們不管輸入是什麼；跟循這條路徑的話輸出會是 0。

　　注意到狀態表最後三列的接續狀態以及輸出區塊是一樣的，這表示不管系統是在狀態 E、F 或 G；系統在這三個情況的行為都一樣，我們能夠合併這三列成一個而減少狀態表。（事實上，這就是狀態圖解法所做的。）

例題 7.13

設計一個米利系統，其輸出在每三個輸入 1（不一定要連續）時為 1。

初始狀態 A 在沒有 1 或者是許多三個 1 時使用，在接收到一個 0 時，系統待在原地而不是回到初始狀態，因為 0 並不會中斷三個一的計數。這樣系統的樣本輸出 / 輸入時序追蹤為

```
x  0 1 1 1 1 1 1 1 0 1 1 0 1 0 1 0 0 1 0 1
z  0 0 0 1 0 0 1 0 0 0 1 0 0 0 0 0 0 1 0 0
```

所以狀態圖就是

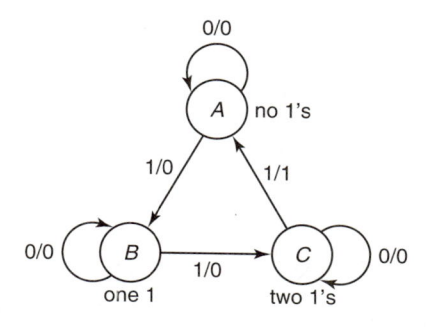

```
        0/0
       ↻
        A  no 1's
       ↗ ↖
     1/0  1/1
     ↙     ↘
0/0 ↻ B ──→ C ↻ 0/0
    one 1  1/0  two 1's
```

例題 7.14

CE8. 有一個輸入 x 以及一個輸出 z 的摩爾系統，其輸出只有在發生連續三個輸入為 0 的情況比連續三個輸入為 1 的情況還要近期的時候為 1。這樣系統的樣本輸出/入時序追蹤為

```
x  1 1 1 0 0 1 0 1 1 1 0 0 1 0 0 0 0 1 1 1 1 0 1
z  ? ? ? 0 0 0 0 0 0 0 0 0 0 0 0 0 1 1 1 1 0 0 0 0
```

我們把前三個輸出列為未知，因為假設我們在系統執行一段時間後才看到，或者是我們剛啟動系統時，我們並不知道系統轉移到哪個狀態。題目的用字暗指當系統剛開啟時會輸出 0，因為並沒有三個連續的一。（這與我們在第 7.1 節最後所做的例題相同。）

我們稱初始狀態為 S_1，而第一條要發展的路徑就是讓輸出能從 0 變成 1，以下列出這部分的狀態圖。

只要輸入是一個 1 而輸出原本是 0，那麼我們就轉移到了 S_1。要讓輸出轉移至 1，我們需要三個連續的 0，使得我們轉移至 S_4，從這邊開始，三個 1 會讓我們轉移回到 S_1，如下圖左，而右邊所示的是我們藉由在尋找輸入 0 卻遇到輸入 1 而返回至 S_1，以及在尋找輸入 1 卻遇到輸入 0 而返回到 S_4 這兩點，來完成狀態圖。

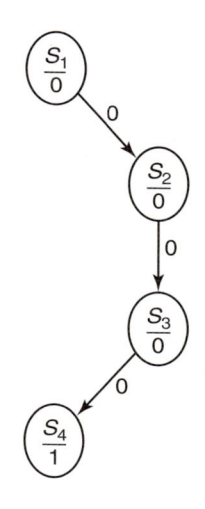

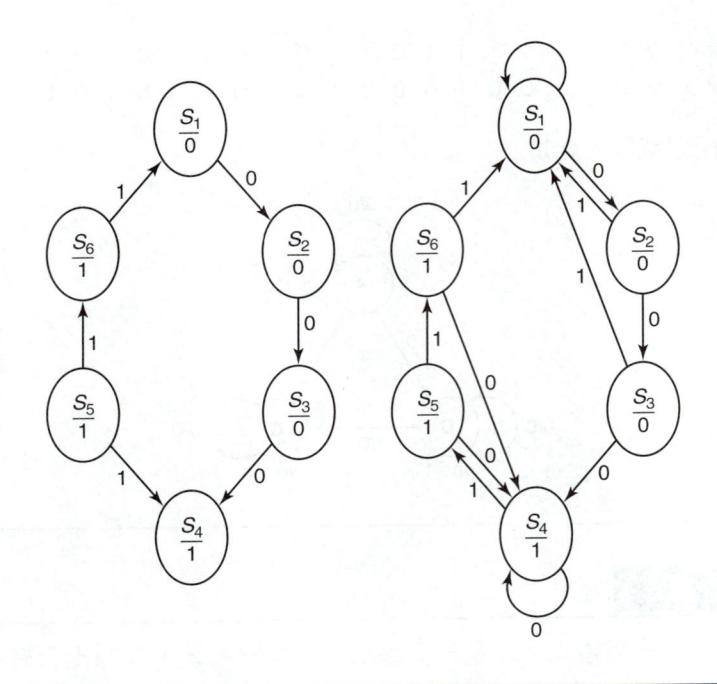

例題 7.15

設計一個米利系統，其輸出只有在輸入為剛好兩個 1、一個 0、然後在一個 1 時為 1。

　　a. 假設可以重疊

　　b. 假設不能重疊

以下的時序追蹤描述重疊情況的期望行為：

　　a.

　　x　　0 0 1 1 0 1 1 0 1 1 0 1 1 1 0 1 1 0 1 1 0 1

　　z　　0 0 0 0 0 1 0 0 1 0 0 1 0 0 0 0 0 0 1 0 0 1 0 0

底線部分表示有被找到的這個 1101 模式；雙底線是不可接受的模式，因為沒有從兩個 1 開始。這樣的行為在重疊的情況非常明顯，當最後一個輸入 1 產生了一個輸出 1，這個 1 也能夠算是接下來輸出 1 的頭兩個連續輸入 1。兩個藍色的底線表示重疊的模式。

　　通常由跟隨著成功路徑，也就是如下所示能夠得到預期輸出的，是最容易開始畫狀態圖的地方。

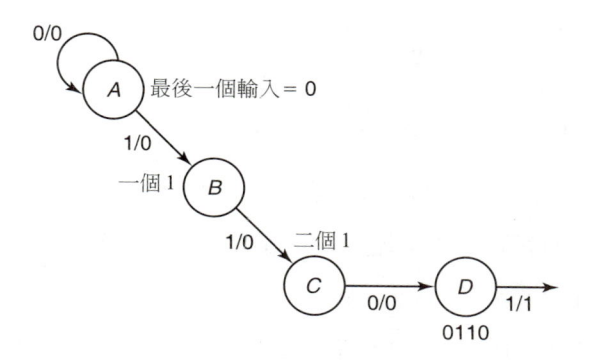

CHAPTER 7　時序系統設計　345

```
      0/0
       ↺
       A ──最後一個輸入 = 0
      1/0
        ↘
     一個 1  B
              1/0
               ↘
            二個 1  C ──0/0──→ D ──1/1──→
                                0110
```

狀態 A 是處於任何地方，而我們在此找尋第一個 1。在收到接下來的 1 時，我們轉移到 B 和 C；而在一個 0 將我們轉移到 D，最後是一個 1 產生輸出。既然可允許重複，也就是最後這個 1 會引導至新的模式，所以我們從 D 轉移到 B。我們也必須完成失敗路徑，任何在狀態 C（因為我們在此找 0）除外的 0 都會轉移回到狀態 A，如果得到連續兩個 1 之後得到了第三個，我們需要另外一個狀態 E，只是我們有太多 1 而需要等待一個 0 來回到狀態 A 重來。因此以下列出可重疊的完整狀態圖。

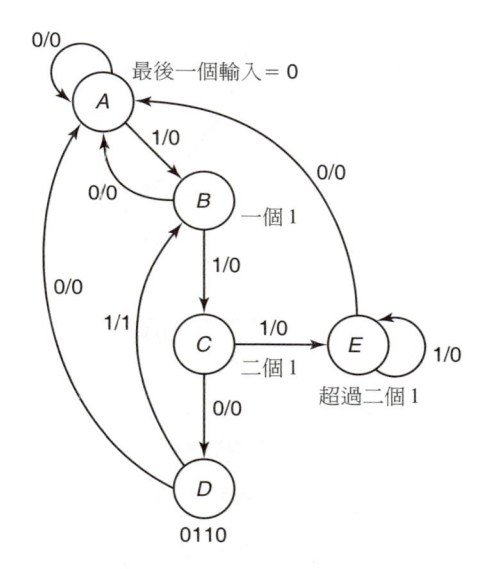

```
            0/0
             ↺
             A ──最後一個輸入 = 0
            1/0       0/0
              ↘       ↗
             0/0
              B  一個 1
              1/0
               ↓
        0/0   C ──1/0──→ E ↺ 1/0
         ↑  二個 1     超過二個 1
        1/1  0/0
              ↓
              D
             0110
```

在不可重疊的情況有兩種解釋方法可以考慮。第一個如 b-1 所示，在這個情況下，當輸出 1 發生時，一定會要有一個輸入 0 才能夠剛好有兩個 1，因此在第一個輸出 1 之後，我們會等到輸入 0 之後才會開始邁向下一個輸出 1 的路徑。

```
x    0 0 1 1 0 1 1 0 1 1 0 1 1 1 0 1 1 0 1 1 0 1
b-1  0 0 0 0 0 1 0 0 0 0 0 1 0 0 0 0 0 0 1 0 0 0 0 0
```

第二個解釋方法（或許有一點太牽強）是當我們完成了一個模式之後，我們需要剛好兩個 1 再加上 01；這樣就會接受雙底線的序列。

```
x    0 0 1 1 0 1 1 0 1 1 0 1 1 1 0 1 1 0 1 1 0 1
b-2  0 0 0 0 0 1 0 0 0 0 0 1 0 0 0 1 0 0 0 0 0 1 0 0 0
```

不可重疊版本的兩個解法如下所示，它們與可重疊版本的很像，但是在接收到產生輸出 1 的輸入時，兩者的行為不同。

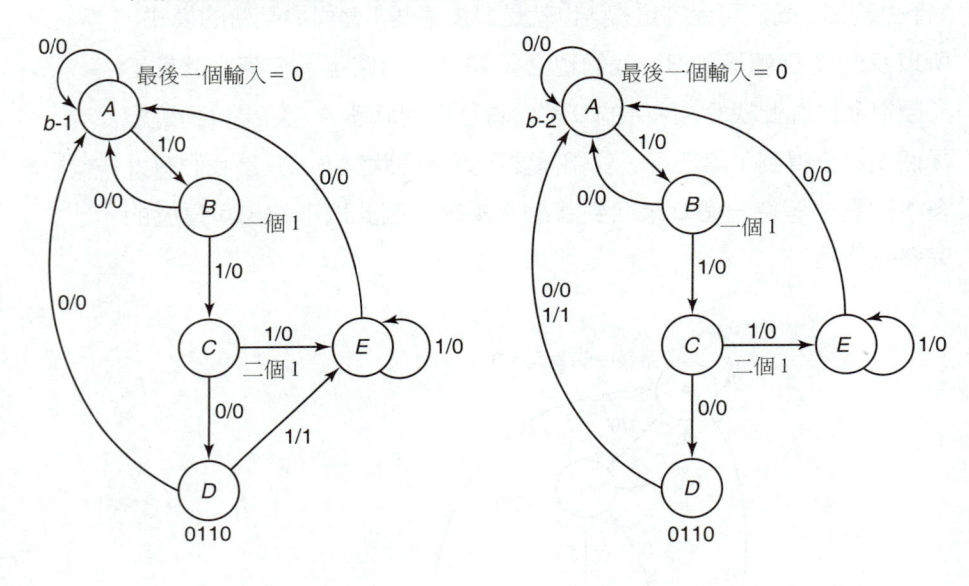

例題 7.16

最後我們來看 CE11 的匯流排控制器。

CE11. 設計一個摩爾模型的匯流排控制器，從四個想要使用匯流排的裝置藉由不同信號線 R_0 到 R_3 而接收要求的匯流排控制器，其四個輸出 G_0 到 G_3 中，只有一個會是 1 來表示哪一個裝置在這個計數時段有匯流排的控制權。如果同時有多於一個裝置要求控制匯流排時，低數字的裝置會有最高的優先權。我們會檢視中斷控制器（其高優先序的裝置可以占用匯流排），以及另一種當裝置取得控制權後，可以持有控制權到不在需要使用匯流排。

匯流排控制器有五個狀態：

A：閒置，沒有裝置正在使用匯流排
B：裝置 0 在使用匯流排
C：裝置 1 在使用匯流排
D：裝置 2 在使用匯流排
E：裝置 3 在使用匯流排

我們先考慮當裝置 j 取得匯流排的控制權（$G_j=1$）後，會保有控制權直到不再要求（直到 $R_j=0$）的情況。更進一步，我們假設它一定會在配置的一個計數時間內回到閒置狀態。這樣的結果就是以下的狀態圖。

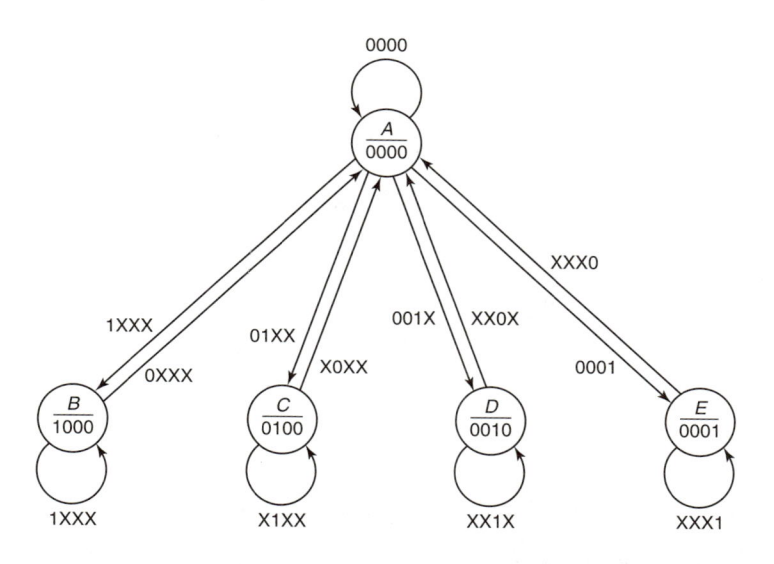

系統會在沒有其它要求的情況下保持在閒置狀態，而會在一個以上要求的時候轉移到有最高優先權的狀態，因此會在 $R_0 = 1$ 時，不管其它 R 是多少而轉移到狀態 B。一旦它取得匯流排的控制權，它會在裝置仍然送出要求的情況下保留在這個狀態，反之，則回到閒置狀態。如果出現了另一個要求，系統會在給予下一個較高優先控制權之前閒置一個計數時段。

如果不需要閒置時段的話，狀態圖會變得非常複雜。當任何裝置不再需要控制匯流排時，控制器會在沒有裝置要求的情況下回到狀態 A；但是會轉移到給予最高優先權的要求。這樣子的系統狀態表如下所示。

q									$q^\star$									$G_0\ G_1\ G_2\ G_3$
R_0	0	0	0	0	0	0	0	0	1	1	1	1	1	1	1	1		
R_1	0	0	0	0	1	1	1	1	0	0	0	0	1	1	1	1		
R_2	0	0	1	1	0	0	1	1	0	0	1	1	0	0	1	1		
R_3	0	1	0	1	0	1	0	1	0	1	0	1	0	1	0	1		
A	A	E	D	D	C	C	C	C	B	B	B	B	B	B	B	B	0 0 0 0
B	A	E	D	D	C	C	C	C	B	B	B	B	B	B	B	B	1 0 0 0
C	A	E	D	D	C	C	C	C	B	B	B	B	C	C	C	C	0 1 0 0
D	A	E	D	D	C	C	D	D	B	B	B	D	B	B	B	D	0 0 1 0
E	A	E	D	E	C	E	C	E	B	E	B	E	B	E	B	E	0 0 0 1

注意到在這個版本中，我們可以從任意狀態轉移到另一個任意狀態，而在系統圖上總共會有 20 條路徑，以下畫出一部分的系統圖，而這只包含轉移到狀態 C 以及從 C 轉移出去的路徑。

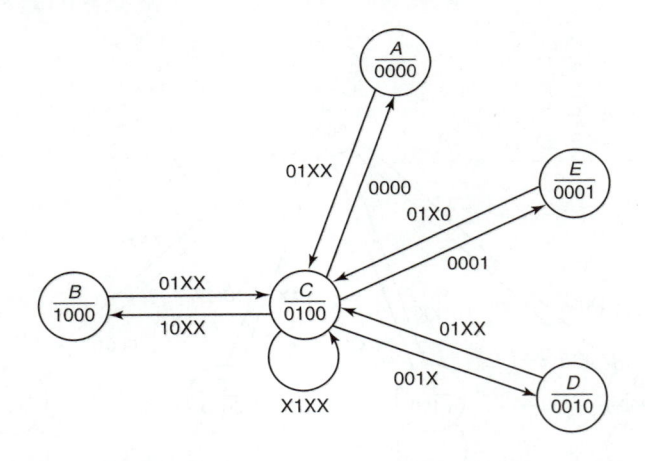

最後，我們看一個強取控制器（preemptive controller），其高優先權的裝置能夠由低優先權裝置強制轉移控制權，即使低優先權的裝置仍然需要使用匯流排。在這個情況下（不管我們是否需要回到狀態 0），我們只會在對應的裝置仍然要求使用匯流排，且沒有更高優先權的裝置同時要求使用時保留在狀態 C、D 跟 E。以下先列出必須回到閒置狀態一個計數時段的系統之狀態圖，然後是可以直接轉移到下一個需要使用匯流排的接續狀態之系統狀態表。

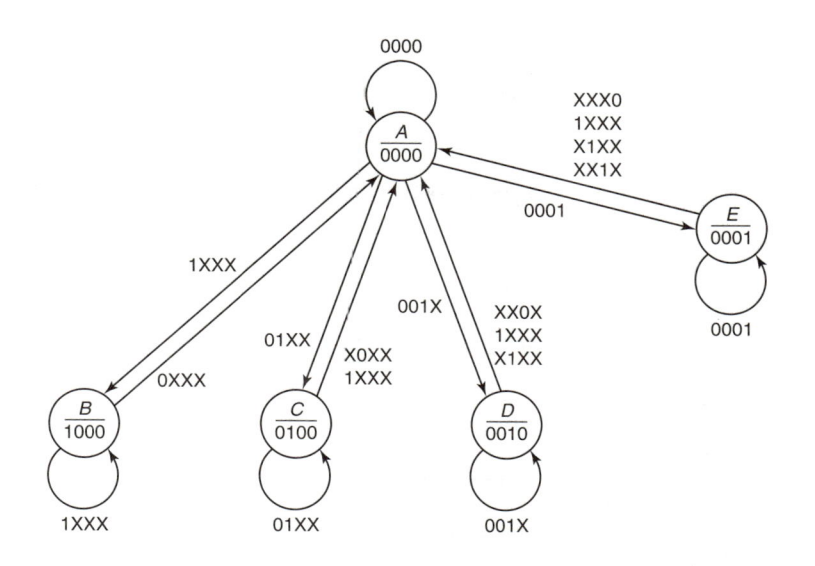

CHAPTER 7　時序系統設計　349

q								$q^\star$									$G_0\ G_1\ G_2\ G_3$
R_0	0	0	0	0	0	0	0	0	1	1	1	1	1	1	1	1	
R_1	0	0	0	0	1	1	1	1	0	0	0	0	1	1	1	1	
R_2	0	0	1	1	0	0	1	1	0	0	1	1	0	0	1	1	
R_3	0	1	0	1	0	1	0	1	0	1	0	1	0	1	0	1	
A	A	E	D	D	C	C	C	C	B	B	B	B	B	B	B	B	0　0　0　0
B	A	E	D	D	C	C	C	C	B	B	B	B	B	B	B	B	1　0　0　0
C	A	E	D	D	C	C	C	C	B	B	B	B	B	B	B	B	0　1　0　0
D	A	E	D	D	C	C	C	C	B	B	B	B	B	B	B	B	0　0　1　0
E	A	E	D	D	C	C	C	C	B	B	B	B	B	B	B	B	0　0　0　1

雖然這個版本的狀態表會需要與第二個版本一樣 20 條路徑，其邏輯比較簡單，要從每個狀態轉移到狀態 B 的條件是 1XXX（R_1），到狀態 C 是 01XX（$R_1' R_2$），到 D 是 001X（$R_1' R_2' R_3$），而到 E 是 0001（$R_1' R_2' R_3'$ R4）（與每個版本中從狀態 A 出發的條件一樣）。

7.5　習題

有★記號題目的解答附加在附錄 B。

1. 利用圖 7.1 的狀態表以及表 7.1c 的狀態指示，找到 $q_1^\star, q_2^\star, z$ 的等式。
2. 對下列每一個狀態表，利用以下條件設計系統
   i. D 型正反器

ii. *SR* 正反器

iii. *T* 型正反器

iv. *JK* 正反器

列出每個的等式以及 *JK* 設計的方塊圖（利用 AND、OR 和 NOT 閘）。

★a.

A B	$A^\star B^\star$ $x=0$	$x=1$	z $x=0$	$x=1$
0 0	1 1	0 0	0	1
0 1	0 1	0 0	1	0
1 1	0 1	1 1	1	0

b.

A B	$A^\star B^\star$ $x=0$	$x=1$	z $x=0$	$x=1$
0 0	1 0	1 1	0	0
0 1	0 0	0 1	0	0
1 0	0 1	1 1	1	0
1 1	0 0	0 0	1	1

c.

A B	$A^\star B^\star$ $x=0$	$x=1$	z
0 0	0 1	0 0	0
0 1	1 1	0 0	1
1 1	0 0	0 1	1

d.

A B	$A^\star B^\star$ $x=0$	$x=1$	z
0 0	1 0	0 0	0
0 1	0 0	1 1	1
1 0	0 1	0 1	1
1 1	0 0	0 1	1

e.

A B	$A^\star B^\star$ $x=0$	$x=1$	z
0 0	1 1	1 0	0
0 1	1 0	1 0	1
1 0	1 1	0 0	1
1 1	0 1	1 1	1

f.

A B	$A^\star B^\star$ $x=0$	$x=1$	z
0 0	1 0	0 1	1
0 1	1 1	0 0	1
1 0	0 0	1 1	0
1 1	0 1	0 0	0

g.

A B C	$A^\star B^\star C^\star$ $x=0$	$x=1$	z $x=0$	$x=1$
0 0 0	0 0 1	0 0 0	1	1
0 0 1	0 1 0	0 0 0	1	1
0 1 0	0 1 1	0 0 0	1	1
0 1 1	1 0 0	0 0 0	1	1
1 0 0	1 0 1	0 0 0	1	1
1 0 1	1 0 1	0 0 0	0	1

3. 對下列每個狀態表與狀態指示，找到利用以下條件實現系統的正反器輸入等式與系統輸出等式

i. *D* 型正反器

ii. *JK* 正反器

a.

q	$q^\star$ $x=0$	$x=1$	z
A	C	B	1
B	C	A	1
C	A	C	0

q	$q_1 q_2$
A	1 1
B	0 1
C	1 0

b.

q	$q^\star$ $x=0$	$x=1$	z $x=0$	$x=1$
A	C	B	1	1
B	A	A	1	0
C	C	A	1	0

q	$q_1 q_2$
A	0 0
B	1 1
C	0 1

★c.

q	$q^\star$ $x=0$	$x=1$	z
A	B	C	1
B	A	B	0
C	B	A	0

q	$q_1 q_2$
A	0 0
B	1 0
C	0 1

d.

q	$q^\star$ $x=0$	$x=1$	z $x=0$	$x=1$
A	B	B	0	0
B	D	A	1	0
C	D	B	0	0
D	C	D	1	0

q	$q_1 q_2$
A	0 0
B	1 1
C	1 0
D	0 1

e.

q	$q^\star$ $x=0$	$x=1$	z $x=0$	$x=1$
A	B	D	0	0
B	D	C	1	0
C	A	B	0	0
D	C	A	1	0

q	$q_1 q_2$
A	0 0
B	0 1
C	1 1
D	1 0

4. a. 對以下狀態表以及以下每個狀態指示，利用 D 型正反器設計一個系統。

q	$q^\star$ $x=0$	$x=1$	z
A	B	D	0
B	C	A	1
C	B	B	1
D	D	C	1

i.

q	q_1	q_2
A	0	0
B	0	1
C	1	0
D	1	1

ii.

q	q_1	q_2
A	0	0
B	0	1
C	1	1
D	1	0

iii.

q	q_1	q_2
A	0	0
B	1	1
C	1	0
D	0	1

b, c. 對下列每一個狀態表以及狀態指示，利用 D 型正反器設計一個系統。

★b.

q	$q^\star$ $x=0$	$x=1$	z $x=0$	$x=1$
A	B	C	1	0
B	A	B	0	1
C	B	B	0	0

c.

q	$q^\star$ $x=0$	$x=1$	z $x=0$	$x=1$
A	A	C	0	0
B	C	B	1	1
C	A	B	1	0

i.

q	q_1	q_2
A	0	0
B	0	1
C	1	0

ii.

q	q_1	q_2
A	0	0
B	0	1
C	1	1

iii.

q	q_1	q_2
A	0	0
B	1	1
C	1	0

5. 利用 SR 正反器完成四位元二進位計數器（在第 7.2 節一開始的部分）的設計。

6. 如果我們利用 JK 型正反器建構一個二十進位計數器，畫出狀態圖，包含如果其初始點是在其中一個未使用的狀態（10, 11, 12, 13, 14, 15）時會發生的情況。

7. 利用以下條件設計

i. D 型正反器

ii. JK 正反器

★a. 一個同步基數 12 計數器，其經過序列為

0 1 2 3 4 5 6 7 8 9 10 11 ...

b. 一個同步二進位向下計數器，其經過序列為

15 14 13 12 11 10 9 8 7 6 5 4 3 2 1 0 ...

8. 設計一個經過以下每一個序列的同步計數器

a. 重複 6 5 4 3 2 1

★b. 重複 1 3 4 7 6

  c. 重複 6 5 4 1 2 3

  d. 重複 6 5 1 3 7

  e. 重複 7 4 3 6 1 2

  f. 重複 1 3 5 7 6 4 2

  使用

  i. *JK* 正反器

  ii. *D* 型正反器

  畫出狀態圖，並標示如果每個設計中的系統出始點是在其中一個未使用的狀態時，會發生什麼事？

9. 利用兩個 *JK* 正反器 *A* 和 *B*，設計一個有輸入 *x* 的計數器。如果 $x = 0$，計數器會數 1 3 0 而重複；如果 $x = 1$，會數 1 2 3 而重複。

  a. 假設 *x* 只有在狀態 1 或 3（也就是會有兩個組合永遠不會發生——$x = 0$ 與狀態 2，以及 $x = 1$ 與狀態 0）的時候才會改變狀態。

  b. 在建構出 a 小題的設計後（利用兩個隨意項），如果在某個情況下 *x* 是 0 且在狀態 2，以及某個情況下 *x* 是 1 且在狀態 0，會發生什麼情況？

★10.a. 利用兩個 *JK* 正反器（*A* 和 *B*）及一個輸入（*x*）來設計一個在 $x = 0$ 會數 0 1 2 3 而重複，在 $x = 1$ 則是數 0 1 2 而重複的計數器。另外設計假設當計數值為 3 時 *x* 永遠不會是 1，列出這兩個最簡等式。

  b. 當計數值為 3 時而 *x* 變成 1 會發生什麼事？

11. 利用 *JK* 型正反器設計 CE10 的系統。

12. 利用 *T* 型正反器以及一個高態致動靜態清除設計一個非同步基數 10 計數器。

13. 利用 *JK* 型正反器以及表 7.1 的三個不同狀態指示來完成 CE6 的設計。

14. 利用 *D* 型正反器以及以下每一個狀態指示來設計三態版本的 CE7。

q	q_1 q_2
A	0 0
B	0 1
C	1 0

(a)

q	q_1 q_2
A	0 0
B	0 1
C	1 1

(b)

q	q_1 q_2
A	0 0
B	1 1
C	0 1

(c)

15. 利用 *JK* 型正反器設計一個只在剛好有三個連續 1 時產生輸出 1 的系統。（見例題 7.10。）

　　a. 使用米利狀態圖

　　b. 使用摩爾狀態表

16. 對下列每一個問題，列出狀態圖或狀態表。（樣本輸入/輸出時序追蹤以及需要的最少狀態數量如各小題所列。）

　　a. 一個只在輸入至少在兩個連續計數時段為 0，後續接上兩個以上的連續 1 時，輸出才為 1 的摩爾系統。（5 個狀態）

　　　x　0 1 0 0 1 0 0 1 1 0 0 0 1 0 1 0 0 0 1 1 1 1 0
　　　z　0 0 0 0 0 0 0 0 0 1 0 0 0 0 0 0 0 0 0 0 1 1 0 0

　★b. 一個只在輸入為兩個以上連續 1 或者三個以上連續 0 時，輸出才為 1 的摩爾系統。（5 個狀態）

　　　x　0 0 0 0 1 0 1 1 0 0 1 1 1 0 0 0 1 0
　　　z　? ? ? ? 1 1 0 0 0 1 0 0 0 1 1 0 0 1 0 0 0

　　c. 一個只在輸入在三個連續計數時段以上為 1 或 0 時，輸出才產生 1 的米利系統。當剛啟動時，系統起始在狀態 *A*。（有另外 4 個額外的狀態。）

　　　x　0 0 0 0 1 0 1 1 0 0 0 1 1 1 1 1 0 0 1
　　　z　0 0 1 1 0 0 0 0 0 0 1 0 0 1 1 1 0 0 0 0

　　d. 一個只在輸入為 010 或 101 時，輸出才產生 1 的米利系統。可允許重疊。當剛啟動時，系統起始在狀態 A。（有另外 4 個額外的狀態。）

　　　x　0 0 1 0 0 1 0 1 0 0 1 1 0 1 1 0 1 0 0
　　　z　0 0 0 1 0 0 1 1 1 0 0 0 0 1 0 0 1 1 0 0

　　e. 一個只在輸入在連續兩個以上的 1 之後接的第一個 0，或者是在連續兩個以上的 0 之後接的第一個 1 時，輸出才是 1 的米利系統。可允許重疊。剛啟動時，系統起始在狀態 A。（有另外 4 個額外的狀態。）

   x 0 1 0 0 0 1 1 1 1 1 0 0 1 1 0
   z 0 0 0 0 0 1 0 0 0 0 1 0 1 0 1 0

★f. 一個只在輸入為至少兩個 0 之後接剛好兩個 1 之後再接一個 0 時，輸出才會是 1 的米利系統。不允許重疊。（5 個狀態）

   x 1 1 1 0 0 0 1 1 0 0 1 1 0 0 1 1 1 0 0 0 0 1 1 0 0
   z 0 0 0 0 0 0 0 0 1 0 0 0 0 0 0 0 0 0 0 0 0 0 1 0 0 0

g. 一個只在剛好兩個連續 1 接至少兩個連續 0 的時候，輸出為 1 的米利系統。

   x 0 1 1 0 0 0 1 1 0 0 1 1 0 0 1 1 1 0 0 0 0 1 1 0 0
   z ? 0 0 0 1 1 0 0 0 1 0 0 0 1 0 0 0 0 0 0 0 0 0 0 1

h. 一個只在剛好兩個連續 0 或者剛好兩個連續 1 時，輸出為 1 的米利系統。

   i. 可允許重疊（6 個狀態）

   ii. 不允許重疊（6 個狀態）

   x 0 1 1 1 0 1 1 0 0 1 1 0 1 0 1 0 0 1
   z-i ? ? 0 0 0 0 0 1 0 1 0 1 0 0 0 0 1 0
   z-ii ? ? 0 0 0 0 0 1 0 0 0 1 0 0 0 0 1 0 0

i. 一個只在輸入遇到 1011 這個模式時，輸出為 1 的米利系統。

   i. 可允許重疊（4 個狀態）

   ii. 不允許重疊（4 個狀態）

   x 0 0 1 0 1 1 0 1 1 0 1 1 1 0 0 1 0 1 0 1 1
   z-i   0 0 0 0 1 0 0 1 0 0 1 0 0 0 0 0 0 0 1 0 0
   z-ii 0 0 0 0 1 0 0 0 0 0 1 0 0 0 0 0 0 0 1 0 0 0

j. 一個只在輸入遇到 1101 這個模式時，輸出為 0 的米利系統。（輸出幾乎都會是 1。）

   i. 可允許重疊（4 個狀態）

   ii. 不允許重疊（4 個狀態）

```
x     0 0 1 0 1 1 0 1 1 0 1 1 1 0 0 1 0 1 1 0 1 1
z-i   1 1 1 1 1 1 1 0 1 1 0 1 1 1 1 1 1 1 1 0 1 1
z-ii  1 1 1 1 1 1 1 0 1 1 1 1 1 1 1 1 1 1 0 1 1 1
```

★k. 一個只在輸入包含有偶數個 0（但不包含沒有 0）以及四的倍數個 1（不包含沒有 1）時，輸出為 1 的米利系統。剛啟動時，系統初始沒有 0 也沒有 1 的狀態（但之後不會再遇到這個狀態）。（8 個狀態）

```
x  0 1 1 0 1 1 0 0 0 1 0 1 0 0 0 1 0 1 0
z  0 0 0 0 0 1 0 1 0 1 0 0 0 0 0 0 0 0 1 0
```

★l. 一個只在輸入遇到 1 0 1 這個模式比 1 1 1 這個模式還要晚發生時，輸出為 1 的摩爾系統。（6 個狀態）

```
x  1 0 1 0 1 1 0 1 0 1 1 1 1 0 0 1 0 1 1 1
z  ? ? ? 1 1 1 1 1 1 1 1 0 0 0 0 0 1 1 1 0 0
```

從樣本決定重疊是否被允許。

m. 一個只在輸入剛好是兩個 1 且立即接上一或兩個 0 的時候，輸出才為 1 的米利系統。使用六個以下狀態的解法會得到滿分。

```
x  1 0 0 1 1 0 0 1 1 0 1 1 1 0 0 1 1 0 0 0 0 0
z  ? 0 0 0 0 0 0 1 0 0 1 0 0 0 0 0 0 0 0 0 0 0 0
```

n. 一個只在輸入遇到 1 1 0 0 0 模式時，輸出會是 1 的米利系統。（5 個狀態）

```
x  0 0 0 0 1 0 1 1 0 0 0 0 1 1 1 1 0 0 0 1
z  ? ? ? 0 0 0 0 0 0 0 1 0 0 0 0 0 0 0 1 0 0 0 0
```

o. 在一個米利系統中，兩個輸入為 a 跟 b；其被視為二進位數字，也就是 00 代表 0，01 代表 1，10 代表 2，而 11 代表 3，輸出只在現有數字大於等於前一個以及前一個數字也大於等於再前一個數字，輸出才會是 1，否則就會是 0，在沒有前一個數字的時候有一個初始狀態，請確切說明每個狀態的意思。（除了初始狀態之外還有 8 個狀態。）

```
a  0 0 1 0 1 0 0 0 1 1 1 0 1 1
b  1 0 0 1 1 0 0 1 0 1 0 0 1 1
z  0 0 0 0 0 0 0 1 1 1 0 0 0 1
```

7.6 第 7 章測驗（75 分鐘）

1. 對於以下狀態表，利用 D 型正反器設計 A，JK 型正反器設計 B，以及 AND、OR 和 NOT 閘來設計一個系統。列出正反器輸入等式以及輸出等式；你並不需要畫出方塊圖。

A B	$A^{\star}B^{\star}$ $x=0$	$x=1$	z $x=0$	$x=1$
0 0	1 1	0 1	0	1
0 1	0 0	1 0	0	0
1 0	1 0	0 1	1	1
1 1	0 1	1 0	1	0

2. 對於以下的狀態表以及狀態指示，利用 SR 正反器設計 q_1 和 JK 型正反器設計 q_2 來完成一個系統的設計。列出正反器輸入等式以及輸出等式；你並不需要畫出方塊圖。

q	$q^{\star}$ $x=0$	$x=1$	z
A	A	B	1
B	B	C	1
C	A	C	0

q	q_1	q_2
A	0	0
B	1	0
C	1	1

3. 對以下的狀態表，利用 D 型正反器對每一個狀態指示設計一個系統，列出 D_1、D_2 和 z 的等式。

q	$q^{\star}$ $x=0$	$x=1$	z
A	C	B	1
B	D	D	0
C	A	D	0
D	C	B	0

a.
q	q_1	q_2
A	0	0
B	0	1
C	1	0
D	1	1

b.
q	q_1	q_2
A	0	0
B	1	1
C	0	1
D	1	0

c. 利用 AND、OR、及 NOT 閘來畫出 b 小題解法的方塊圖。

4. 設計一個經過以下序列的計數器

   重複 1 4 3 6 2 5

   對 A 使用 D 型正反器，B 使用 JK 正反器，而 C 使用 T 型正反器。

   加五分題：畫出狀態圖，包括系統起始在狀態 0 或 7 時會發生什麼事。

5. a. 畫出米利系統的狀態表或狀態圖，其只在輸入的最後四個計數時間為 1 0 1 0 時，系統才會產生輸出 1。可允許重疊。（4 個狀態）

   b. 畫出米利系統的狀態表或狀態圖，其只在輸入的最後四個計數時間為 1 0 1 0 時，系統才會產生輸出 1。不允許重疊。（4 個狀態）

   範例：
   x 1 1 0 1 0 1 1 1 0 1 0 1 0 1 0 0
   z-a 0 0 0 0 1 0 0 0 0 0 1 0 1 0 1 0
   z-b 0 0 0 0 1 0 0 0 0 0 1 0 0 0 1 0

6. 畫出摩爾系統的狀態表或狀態圖，其只在輸入的最後三個計數時間為 0 1 1 時，系統才會產生輸出 1。（4 個狀態）

   範例：
   x 0 0 1 0 1 1 1 0 0 1 1 0 1 1
   z ? 0 0 0 0 0 1 0 0 0 0 1 0 0 1

8 解決較大型的循序問題

當我們遇到較大的系統時，資料通常儲存在暫存器中而不是個別的正反器上。暫存器只是正反器集合，往往使用共同的名字（如使用下標那就是個別的正反器），通常也有共同的時脈。例如，在一台計算機中，兩個輸入的加法器（比如每一個是 16 位元）可來自兩個暫存器，其中每一個由 16 個正反器所組成。幾乎是不可能顯示這樣的系統方塊圖與所有的個別的正反器及邏輯閘的電路圖。

在本章中，我們將首先看看兩類中等規模商業用的集成電路——移位暫存器及計數器。我們也將介紹具有記憶體的可程式邏輯元件來實現更複雜的問題，如 CPLD 和 FPGA。然後，我們將簡要地看一下用來處理這些大型系統的兩個工具，ASM（演算狀態機）圖和 HDL（硬件設計語言）。最後，我們會再看看一些較大的設計問題，這些不是我們可以在第 7 章中解決的，我們將集中精力在同步系統。

8.1 移位暫存器

最簡單形式的移位暫存器是一套正反器，使得資料在一個時脈的期間可以從某處移到其右邊或移動其輸入。一個使用 SR 正反器的簡單移位暫存器如圖 8.1 所示。在每一個時脈，輸入 x 被移到 q_1 並且每一正反器的內容被從某處移到該處右邊一位。

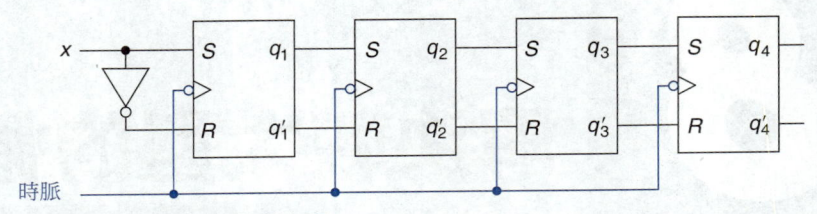

◆ 圖 8.1　簡單的移位暫存器

抽樣定時追蹤示於追蹤 8.1，假定所有正反器初始值為 0。抽樣輸入以**藍色**表示。

追蹤 8.1　移位暫存器的時序

x	1	0	1	1	1	0	1	1	1	1	0	0	0
q_1	0	1	0	1	1	1	0	1	1	1	1	0	0	0
q_2	0	0	1	0	1	1	1	0	1	1	1	1	0	0	0
q_3	0	0	0	1	0	1	1	1	0	1	1	1	1	0	0	0
q_4	0	0	0	0	1	0	1	1	1	0	1	1	1	1	0	0	0

在一些商業移位暫存器，NOT 閘會加在時脈輸入端，如圖 8.2。

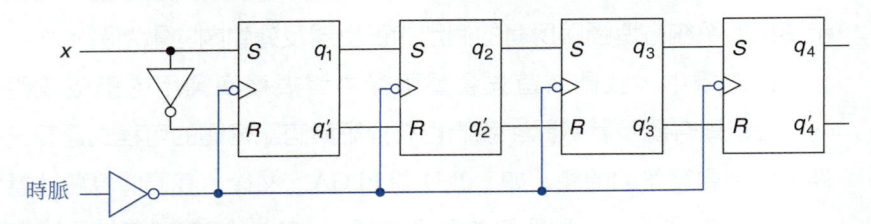

◆ 圖 8.2　前緣觸發移位暫存器

這樣完成了兩件事情。移位暫存器現在是前緣觸發。另外，該時脈輸入信號僅接到 NOT 閘。因此，該電路呈現為 1 個負載接到時脈，而不是 4 個。當需求為後緣觸發移位暫存器時，第二個 NOT 閘串聯加入。有時，在單一負載的情況 x 輸入產生第一個反向。這些變化示於圖 8.3 的電路。

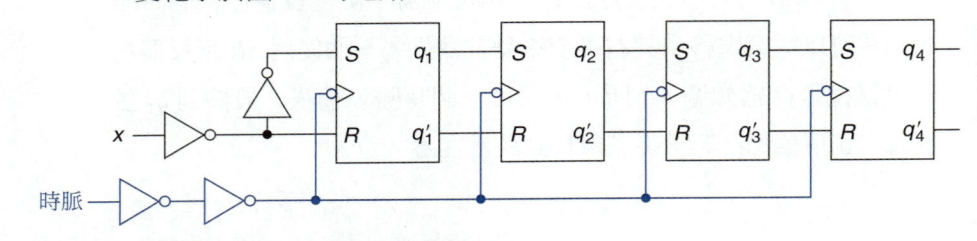

◆ 圖 8.3　具減輕負載 NOT 閘的移位暫存器

這個版本的移位暫存器被稱為**串入**（serial-in）**串出**（serial-out），在同一時間一次只有 1 位元可以被載入到暫存器中如圖所示，且僅僅 1 個位元可被讀取。可以容納在單晶片的主要限制是輸入的數量和輸出的連接。因此，人們可以建立一個串列輸入，串列輸出的移位暫存器具有在一個芯片上幾乎無限數量的位元數，因為只有三個或四個邏輯閘連接。

一個大的串級輸入、串級輸出的移位暫存器的一個應用是類似磁碟的記憶裝置。如果輸出位元被連接到輸入端，如圖 8.4 所示，當負載為 0 時，資料循環圍繞所述 n 正反器。只有當它是在 q_n 是可用的，每 n 個時脈一次週期。在那個時候它可以被修改，通過使負載 =1 和在 x 上供給新值。如果我們需要一系列的 8 位元數字，我們可以建立八個這樣的移位暫存器，一個暫存器儲存一個位元。當我們同步所有移位暫存器的時脈，我們一次會得到 1 位元組（8 位）的資料。

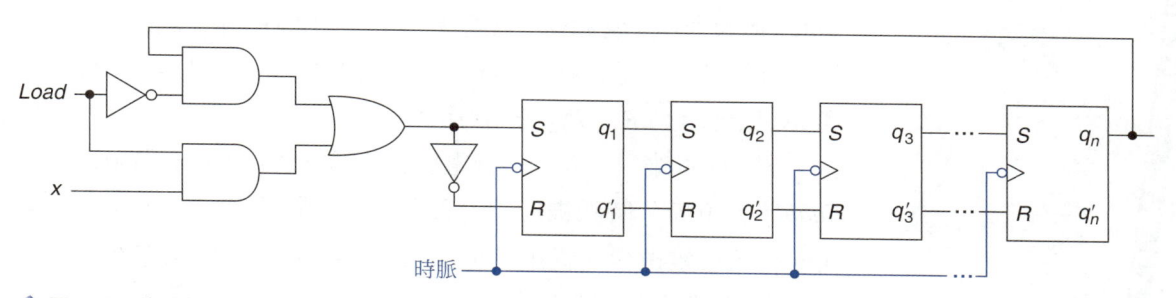

● 圖 8.4　移位暫存器的儲存

初始化一個 4 位元串進串出移位暫存器到全 0，我們必須經過四次時脈時間並且每一次都讓輸入為 0。為了避免這樣，大多數移位暫存器有一**平行**（parallel）清除輸入，也就是說，每一個暫存器的內容都是可利用的。有一個 8 位元串進平行的移位暫存器在一晶片上，使用 74164 的 D 行正反器；使用 12 個邏輯連接來成就 8 個輸出，時脈，清除及 2 個串入，如圖 8.5 所示。

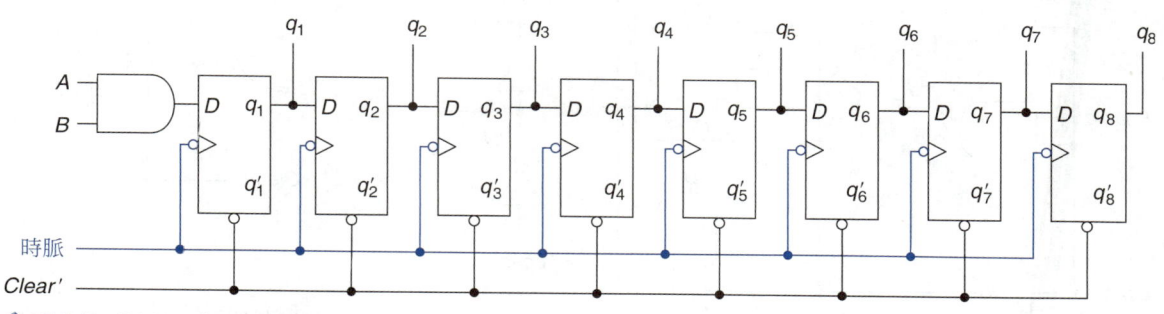

● 圖 8.5　74164 串入平出移位暫存器

串入平行移位暫存器的應用是數據機的串列輸入埠。資料從電話線串列傳輸。時脈一直傳入移位暫存器，直到所有的位元組或字元被收到為止。只有這樣，有與電腦的記憶體交互作用；群組位元從移位暫存器被平行讀取並載入記憶體中。

平行輸入（parallel-in）移位暫存器允許暫存器在一個步驟之中加載。那當然，需要每個正反器一個輸入線以及控制線用以指示負載。有時靜態載入（74165），這表現是一個典型的位元（q_2），在圖 8.6a。有時它被同步（74166）進行，如圖 8.6b。這兩者都是串出，也就是，只有一個輸出連接，從右側正反器。有一個串行輸入到左側為了移位操作之用。

對 74165 而言，輸入到正反器的時脈從輸入反向後加到晶片，並只有當 *Load'* 為高電位（don't load）和 *Enable'* 為低電位（enable shift）時會通過。當 *Load'* 為高時，*CLR'* 和 *PRE'* 兩者均為高電位，並且移位動作。當 *Load'* 為低時，時脈被禁止，IN_2' 出現在 *PRE'*，和 IN_2 出現的 *CLR'*，IN_2 被加到正反器。

對 74166 來說，有一個低電位有效靜態清除，與負載無關。當 *Enable'* 為 0 時，時脈被反向，否則正反器將不被計時，而且沒有任何結果會被改變。當啟用與 *Load'* 為 0 時，IN_2 被儲存在 q_2；當 *Load'* 是 1 時，q_1 被轉移到 q_2。

平行輸入串出移位暫存器被用在串列資料的輸出程序。一個字元組的資料從電腦中載入移位暫存器。然後，位元資料被從一位暫

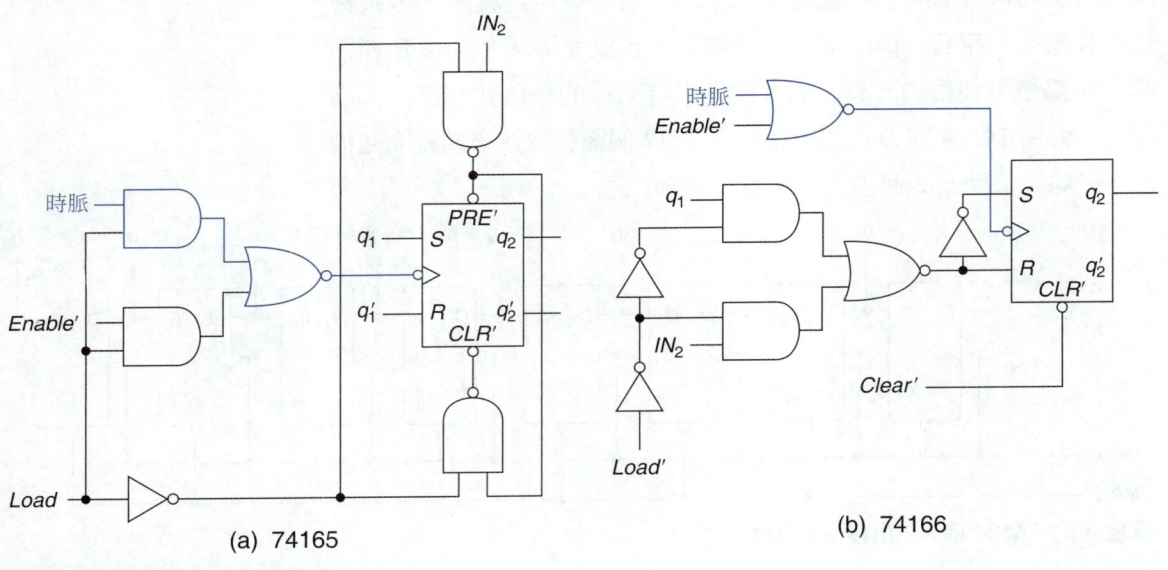

(a) 74165

(b) 74166

◆ 圖 8.6　平行輸入移位暫存器

存器的右端送到數據機。

平行輸入平行輸出移位暫存器的晶片因為連接需求的數目而被限制在 4 或 5 個位元。7495 是非常相似的 74166 中的控制結構，不同之處在於它有一個獨立的時脈輸入，用於移位和加載。

在大多數計算機上，都有左、右移位和循環指令。為了實現這些，我們可能會使用一個左/右移位暫存器。對於這一點，在每個位元需要一個三通多工器，因為這一位元可以接收位元到其左邊，或到其右邊，或輸入位元。描述移位暫存器的行為真值表示於表 8.1。位元從左至右被編號為 1 到 4。

表 8.1 右/左移位暫存器

	Clear'	S_0	S_1	$q_1^\star$	$q_2^\star$	$q_3^\star$	$q_4^\star$
靜態清除	0	X	X	0	0	0	0
保持	1	0	0	q_1	q_2	q_3	q_4
左移	1	0	1	q_2	q_3	q_4	LS
右移	1	1	0	RS	q_1	q_2	q_3
負載	1	1	1	IN_1	IN_2	IN_3	IN_4

此處平行負載輸入是 IN_i，右移串行輸入是 RS，而 LS 是一個左移串行輸入。保持組合實際上是「不移位，不加載」輸入。一個典型的位元（與控制電路）示於圖 8.7。

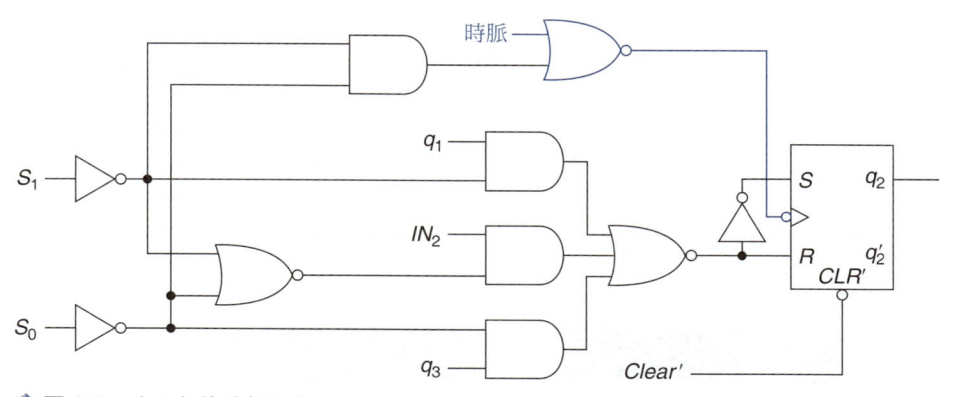

圖 8.7 右/左移位暫存器

需要注意的是，當 S_0 和 S_1 都為 0 時，時脈輸入到正反器為 0；沒有邊緣，因而正反器保持原態。否則，該時脈被反相，因此這是一個前緣觸發移位暫存器。

作為移位暫存器的應用的一個例子，考慮以下問題。

例題 8.1

我們要設計一個系統，如果輸入，x，已經交替了七次時脈（包括現態），其輸出 z，為 1。我們現有的 8 位元串入、並行出移位暫存器，如下所示：

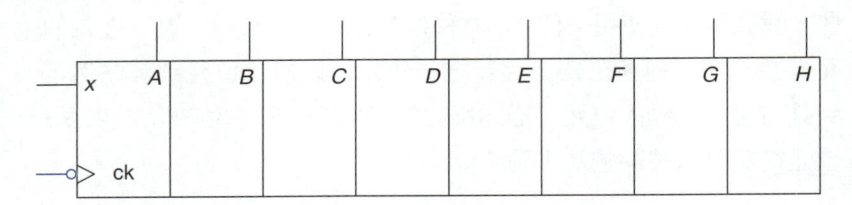

在任何時候，該暫存器包含 x 在最近的 8 個時脈的值，以與最近期的 A 值及最舊的 H 值。對於這個問題，我們只需要六個這樣的裝置。下面的電路計算答案。

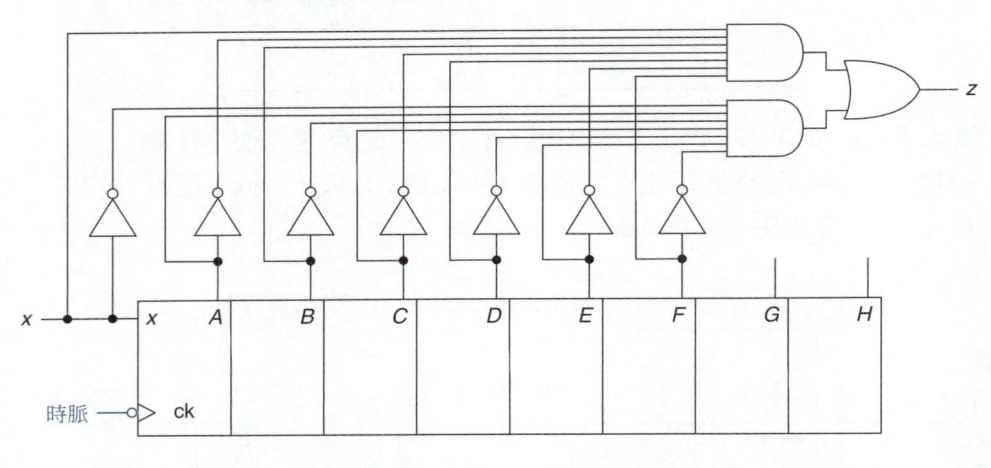

8.2 計數器

在第 7 章中，我們討論了計數器的設計。在本節中，我們將著眼於一些市售計數器和計數器的應用。計數器由暫存器和相關的邏輯所組成。

計數器可以是同步或異步的，並且可以是 10、12 或 16 為基底的，大多數同步計數器具有平行載入；使用該負載信號，及每個位元的輸入訊號線，它們可以被預設為一個值。也有很多情況是清除信號全部為 0 加載到暫存器。這些控制信號通常是低電位有效；它們可以是同步或異步。最多的異步計數器只是一個靜態清除。此外，一些同步計數器計數可以上數及下數。大多數計數器有一個進位或溢位輸出，這表明該計數器已經到達其最大值，並返回到 0。

我們首先看一下 74161 計數器，它不同步計數和加載，具有異步（低電位動作）的清除。它有兩個計數致能，ENT 和 ENP（這兩者必須全是 1，才能計數）。標記位元 D（高）、C、B 和 A，計數器的方塊圖與邏輯表示典型的位元，位元 C，如圖 8.8 所示。由於時脈在到達後緣觸發器正反器之前被反向了，所以此計數器是前緣觸發的。位元之間的唯一差別是輸入到藍色 AND 閘。當計數時，輸入 J 和 K 的值。當加載（$Load' = 0$），點 x 是 1，點 y 為 1，點 z 等於 IN'_C，點 w 等於 IN_C。因此，該正反器被載入 IN_C 上的值，當 $Load' = 1$，然後點 x 等於 0，點 w 和 z 等於 1，點 y 是藍色 AND 閘的輸出。因此，當藍色閘輸出為 1，J 和 K 均為 1，也就是，當計數期間，正反器發生變化。

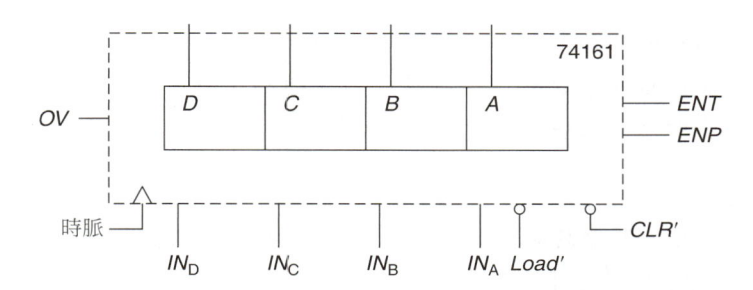

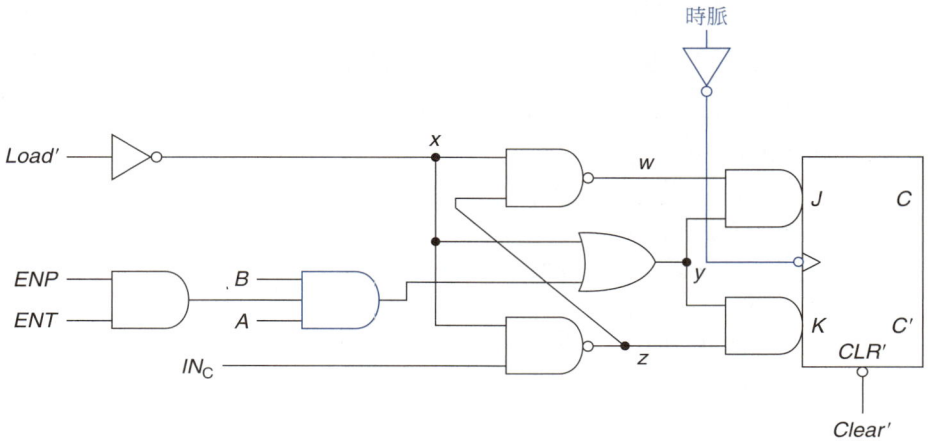

◆ 圖 8.8　74161 計數器

我們可以使用兩個這樣的計數器計數到 255（$=2^8-1$）或三個數到 4095（$=2^{12}-1$）。圖 8.9 的方塊圖說明該 8 位計數器，其中沒有平行負載的輸入被示出。

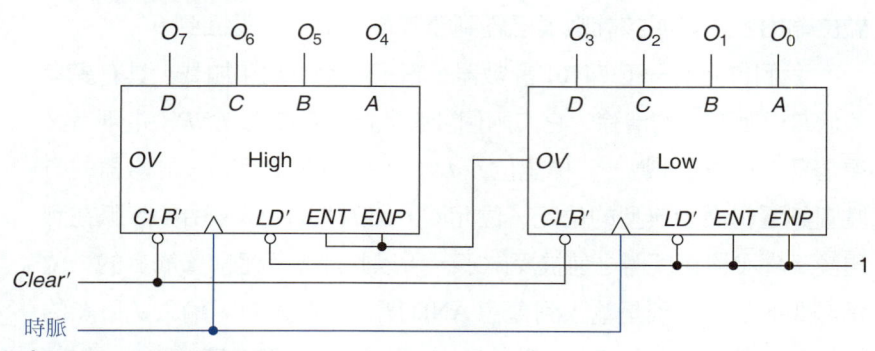

◆ 圖 8.9　8 位元計數器

　　如果計數器被初始清零，只低位計數器（一個右側）被設定能用於最初 15 個時脈。當該計數器達到 15（1111），溢位輸出（OV）變為 1，使第二計數器致能。在下一個時脈時，右計數器變為 0 和左計數器增加 1（因此，該計數值達到 16）。只有在接下來的 15 個時脈的低位計數器遞增，當計數達到 31。在第 32 個時脈時，高階計數器再次被啟用。

例題 8.2

　　如果我們想計算超過 16 以外的狀態，當到達想要的最大值時，我們需要重置計數器。因為 74161 有一個靜態清除，當我們計數超過想要的最大值時，必須清除計數器。因此，我們將達到額外的狀態很短的時間，但是在下一個時脈時間之前，這是可以接受的。例如，圖 8.9 中的計數器可以使用通過加入 NAND 閘清除，計算到 120 種狀態（0 至 119）（01111000）。

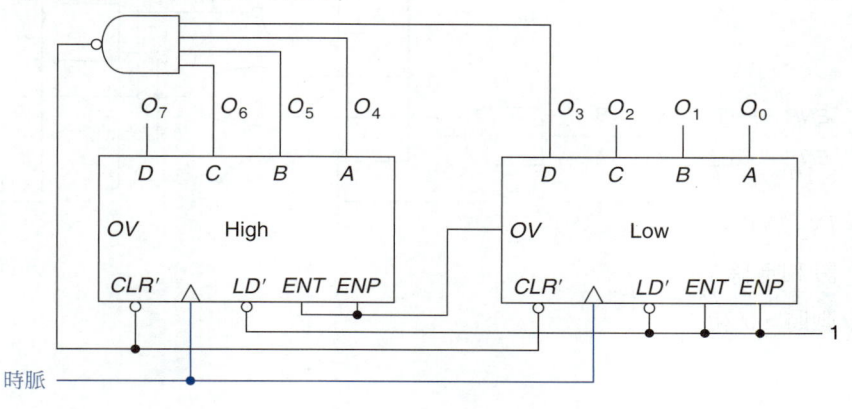

我們不需要去 AND O_2'、O_1'、O_0' 或 O_7'，因為我們從來沒有達到 120 個，因此當 O_6、O_5、O_4、和 O_3 都是 1 時，從來就沒有 1 的狀態。

例題 8.3

74163 是類似於 74161，不同之處在於清除被計數。電路的內部結構被修改，使得致能清除輸入加載 0 到每個正反器的時脈。使用它在一個 120 狀態計數器，我們需要檢測是否到 119 並在下一個時脈重置，如下所示。這種方法的優點是，不存在週期，其中所述計數器達到 120。

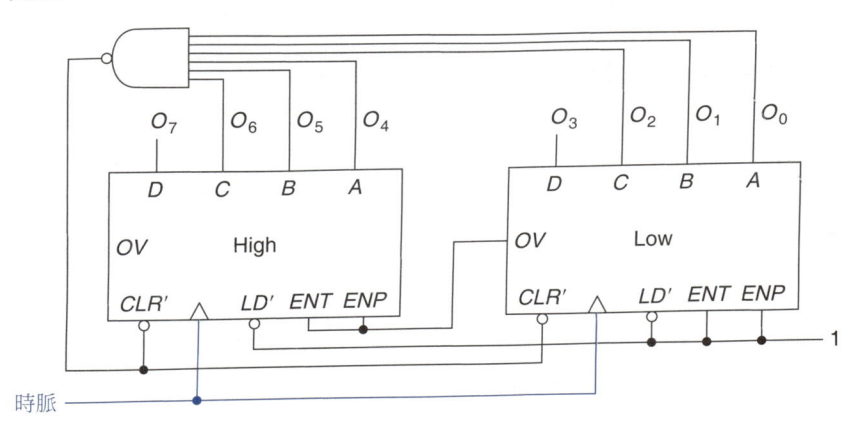

有十進制計數器（計數 0 至 9）和我們剛才所描述的兩個二進制計數器（74160 具有靜態清除而 74162 有時脈清除）相似。

有二進制（74191 和 74193）和十進制（74190 和 74192）向上/向下計數器。每一類型的第一個都有一個時脈輸入和下/上'輸入。而第二個有兩個獨立的時脈輸入，一個用於向下計數，而另一個為向上計數； 為了另一個可工作，其中之一必須是工作邏輯 1。所有這些都有靜態負載輸入。在 74191 的二進制計數器的位元 C 示於圖 8.10。當 $Load'$ 為 0，如果 IN_C 是 1 預置輸入為低電位，以及如果 IN_C 為 0，清除輸入為低（有效）。如果 $Load'$ 為 1，那麼這兩個預設和清除的是 1（無效）並且時脈控制了計數器。需要注意的是上數時，J 和 K 是 B 及 A；下數時，則是 B' 及 A'。

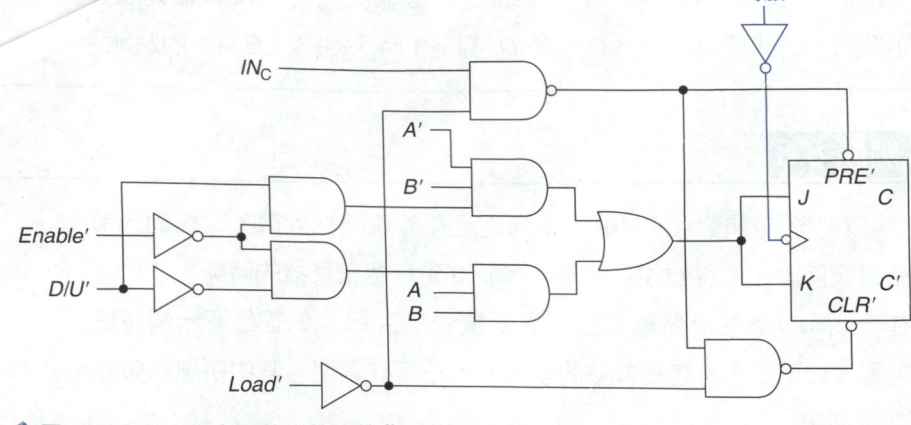

◆ 圖 8.10　74191 上下數計數器的典型位元接腳

74191 計數器的框圖及真值表如圖 8.11 所示。

LD'	EN'	D/U'	
0	X	X	靜態負載
1	1	X	不動作
1	0	0	時脈上數
1	0	1	時脈下數

◆ 圖 8.11　74191 上下數計數器

最後一組計數器，我們將討論是異步計數器

  7490 Base 10 (2 × 5)
  7492 Base 12 (2 × 6)
  7493 Base 16 (2 × 8)

這些每個都是後緣觸發，並由一個單一的正反器加上一個 3 位元計數器所組成。單一正反器的輸出必須在外部連接到所述 3 位元計數器的時脈來完成所有計數。每個都有兩個靜態清除輸入，這兩者都必須是 1 用來清除所有四個正反器。十進制計數器還具有一對靜態設置輸入，可將計數器設置到 9（1001）；設置功能優先於清除功能。

  7493 的簡化框圖如圖 8.12 所示。

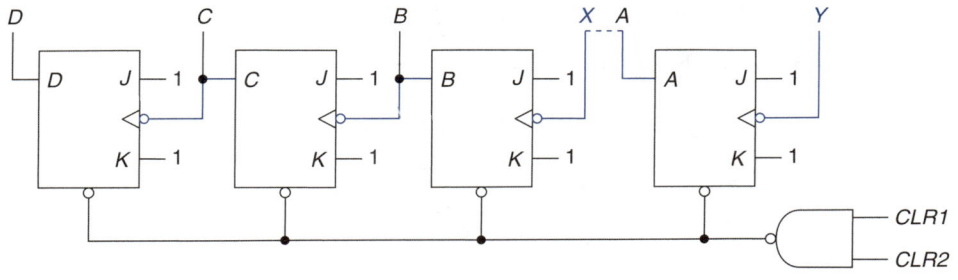

◆ 圖 8.12　7493 非同步二進位計數器

需要注意的是數到 8 時，時脈被連接到 X 點，並且輸出來自於 D、C 和 B。要計數到 16 時，時脈被連接到 Y 和點 A，並且 X 必須被連接。

例題 8.4

現在我們將看看四種解決方案，分別使用二進制計數器到以下的問題：

設計一個系統，於每一第九個輸入時脈它是一個時間脈衝的輸出。

為此，計數器必須經過九個狀態。輸出是由 AND 具有檢測九個狀態的電路時脈所獲得。一種解決方案是計數器序列

0 1 2 3 4 5 6 7 8 0...

如果我們用具有時脈清除的 74163，電路是

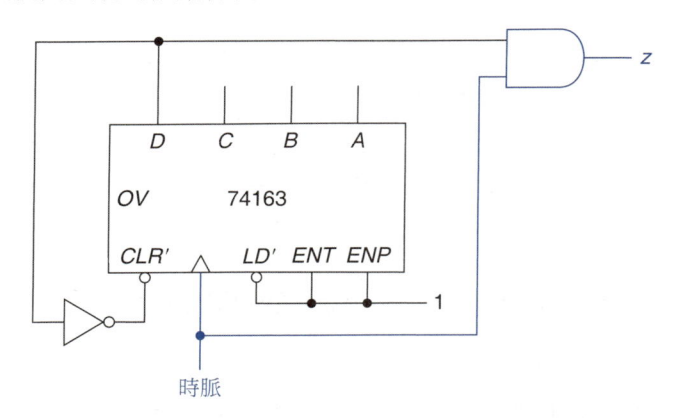

D 是唯一 1 個在狀態 8；因此它可以用於計數器重置為 0，並用於輸出。

如果我們用具有靜態清除的 74161，那麼我們就必須在清除之前算到 9，如下圖所示。

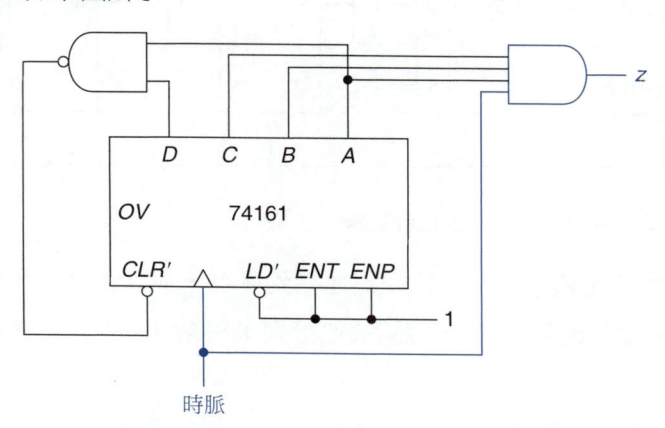

它將保持在狀態 9 一段短的時間。我們不能不使用相同的輸出電路，因為在狀態 9 開始時，我們將得到一個短脈衝輸出，如下面的時序圖。相反的，當計數是在 7 時我們得到的輸出是 1。

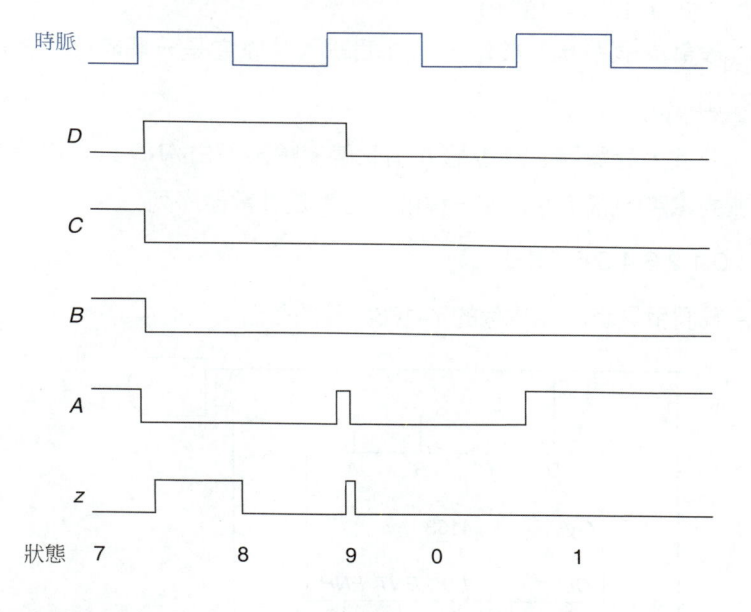

另一種方法，以解決此問題是使用第一計數器（74163），來計數

8 9 10 11 12 13 14 15 0 8 ...

和以前一樣，這個計數器週期將經過 9 個狀態。當計數值達到 0 時，我們加載 8 到計數器。由於負載是同步的，這將發生在下一個時脈。

CHAPTER 8　解決較大的循序問題　371

輸出可以是重合我們在狀態 0 的時間。這導致⋯⋯的電路，在方塊圖右下方顯示，其中所述負載輸入為 IN_D、IN_C、⋯⋯ IN_A。唯一的狀態為 $D=0$ 之狀態 0；因此，負載在該狀態下啟動⋯⋯態時脈之下輸出正值。

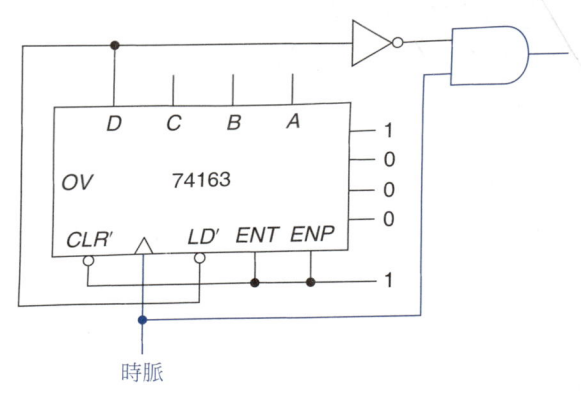

最後，用 74163 我們可以實現這個計數序列

　　7　8　9　10　11　12　13　14　15　7 ...

使用 OV 輸出。因為這表示當計數是 15 時，我們可以反向以形成一低電位動作負載信號，並連接到 0111 的並行輸入線，如下所示。

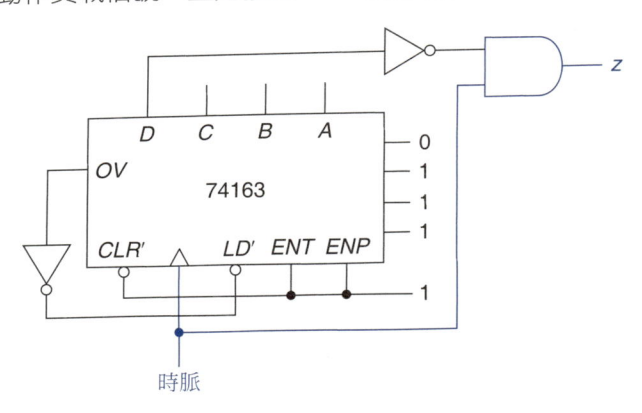

8.3　可程式邏輯裝置 (PLDs)

　　由於循序系統是由記憶體和組合邏輯所組合而成，實現的方法是使用 PAL 和一些正反器。有很多種裝置是結合了 PAL 和一些 D 正反器。這些裝置的家族包括 16R8、16R6 和 16R4。該 16R4 的一部

8.13。有八個外部輸入。在**暫存的**（registered）
分的簡化示意圖⋯正反器，由 PAL 制式驅動。每個 PAL 有八個 AND
的輸出來自⋯的時脈和輸出致能，從而提供低電位的正反器輸出。
閘。有⋯饋到 AND 閘陣列；但是，它則是提供反相與非反相
注意⋯如同外部 AND 閘陣列輸入。因此，都全部投入到組合邏輯
⋯是反相與非反相形式。

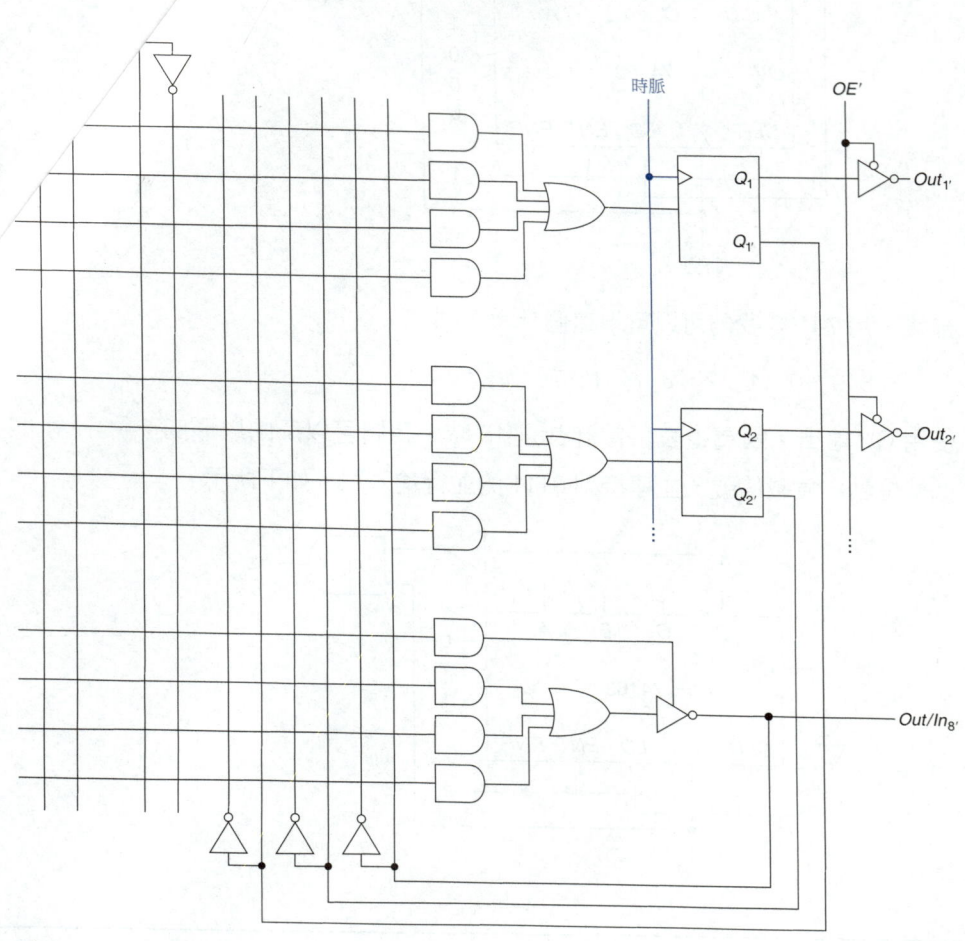

◆ 圖 8.13　PLD

　　16R8 本身就足以實現只有那些輸出是正反器的狀態循序系統，如計數器。那些未被暫存的輸出由及閘啟用。如果無法啟用，該接腳可被用作附加輸入。

輸出可以是重合我們在狀態 0 的時間。這導致下面的電路，在方塊圖右下方顯示，其中所述負載輸入為 IN_D、IN_C、IN_B 和 IN_A。唯一的狀態為 $D=0$ 之狀態 0；因此，負載在該狀態下啟動並該狀態時脈之下輸出正值。

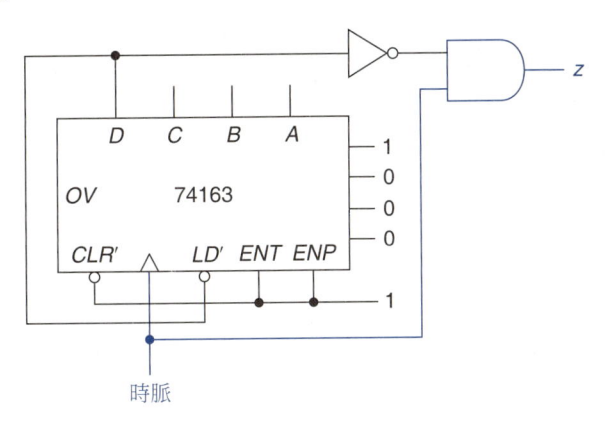

最後，用 74163 我們可以實現這個計數序列

    7 8 9 10 11 12 13 14 15 7 ...

使用 OV 輸出。因為這表示當計數是 15 時，我們可以反向以形成一低電位動作負載信號，並連接到 0111 的並行輸入線，如下所示。

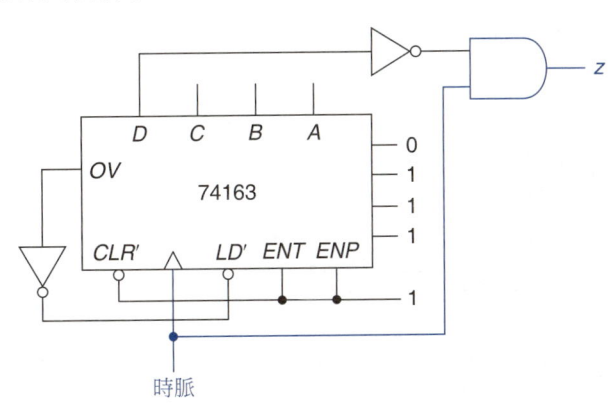

8.3 可程式邏輯裝置 (PLDs)

由於循序系統是由記憶體和組合邏輯所組合而成，實現的方法是使用 PAL 和一些正反器。有很多種裝置是結合了 PAL 和一些 D 正反器。這些裝置的家族包括 16R8、16R6 和 16R4。該 16R4 的一部

分的簡化示意圖如圖 8.13。有八個外部輸入。在**暫存的**（registered）的輸出來自一個正反器，由 PAL 制式驅動。每個 PAL 有八個 AND 閘。有一個共同的時脈和輸出致能，從而提供低電位的正反器輸出。注意，Q' 被反饋到 AND 閘陣列；但是，它則是提供反相與非反相形式，就如同外部 AND 閘陣列輸入。因此，都全部投入到組合邏輯都可以是反相與非反相形式。

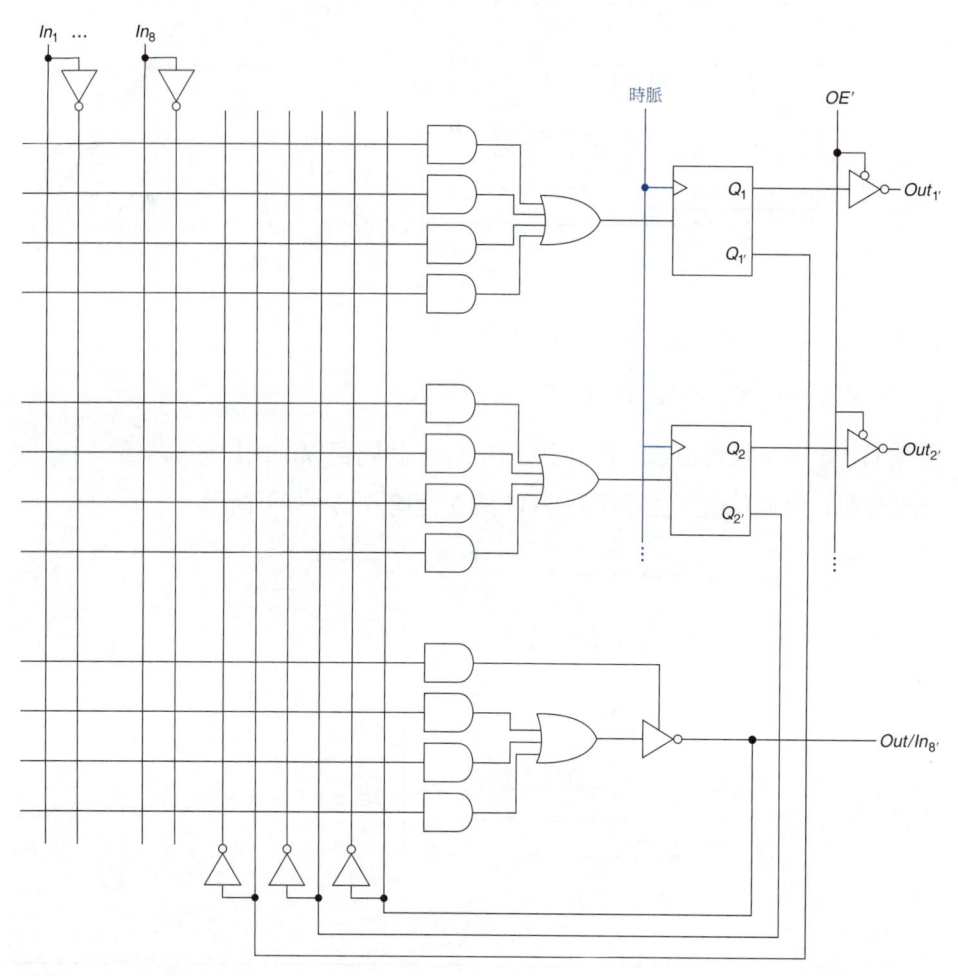

圖 8.13　PLD

　　16R8 本身就足以實現只有那些輸出是正反器的狀態循序系統，如計數器。那些未被暫存的輸出由及閘啟用。如果無法啟用，該接腳可被用作附加輸入。

例題 8.5

作為一個例子，我們將看看來自例題 7.8 的上 / 下數計數器設計。此處我們已經增添加兩個輸出，F 和 G，其中 F 指示計數器已是飽和，G 指示計數器是循環狀態。狀態表如下所示。

A B	A* B* xy = 00	xy = 01	xy = 10	xy = 11	F G xy = 00	xy = 01	xy = 10	xy = 11
0 0	0 1	0 1	1 1	0 0	0 0	0 0	0 1	1 0
0 1	1 0	1 0	0 0	0 0	0 0	0 0	0 0	0 0
1 0	1 1	1 1	0 1	0 1	0 0	0 0	0 0	0 0
1 1	0 0	1 1	1 0	1 0	0 1	1 0	0 0	0 0

我們開發了用於例題 7.8 中的 D 輸入的公式如下：

$D_A = x'A'B + x'AB' + x'yA + xAB + xyA'B'$

$D_B = x'yA + AB' + x'B' + y'B'$

$F = x'yAB + xyA'B'$

$G = x'y'AB + xy'A'B'$

該 PAL 制式的框圖並僅使用邏輯閘的部分而已，如右所示。需要注意的是，我們並沒有顯示正反器輸出閘。我們用五個八條的輸入線。我們只用兩個正反器。這可以使用 16R6 或 16R4 二擇一來實現。

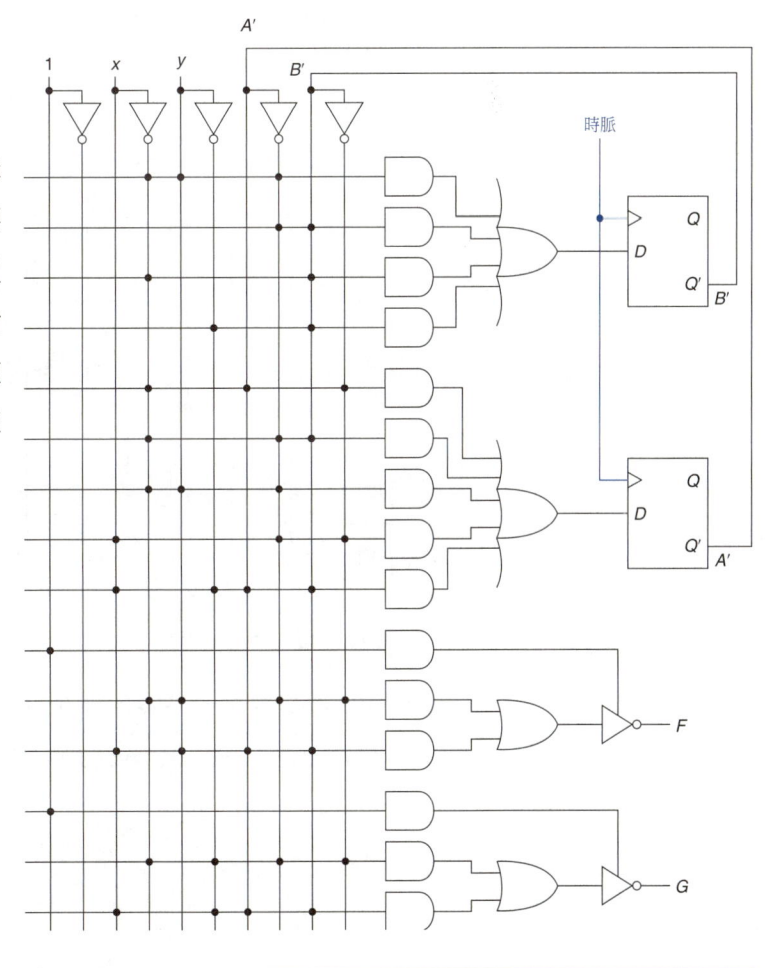

我們已經描述的 PLDs 對比較小的電路是有用的——典型地不超過總共 32 個輸入和輸出。儘管這在理論上是有可能建立較大電路，但我們將用其它的方法。

一個**複雜可編程邏輯裝置**（CPLD）融合的 PLD 模塊陣列和可編程互連網絡。市售的 CPLD 有多達幾百 PLD 模塊。

對於較大的電路，**場可編程閘邏輯陣列**（FPGA）將被使用。不僅僅包含 PAL，FPGA 具有作為其基本組成部分的通用邏輯產生器（通常為三到五個變數），具有多工器和一個正反器。這些方塊是通過一個可編程的路由網路連接起來，其中該網絡還連接到輸入/輸出塊。邏輯產生器實際上是一個**查詢表**（lookup table, LUT），常伴隨一個正反器。一個三變量 LUT 被示於圖 8.14，具有正反器，如果控制接腳為 0 可略過。每個單元可以被編程為 0 或 1；因此，任何三變量函數均可以被創建。

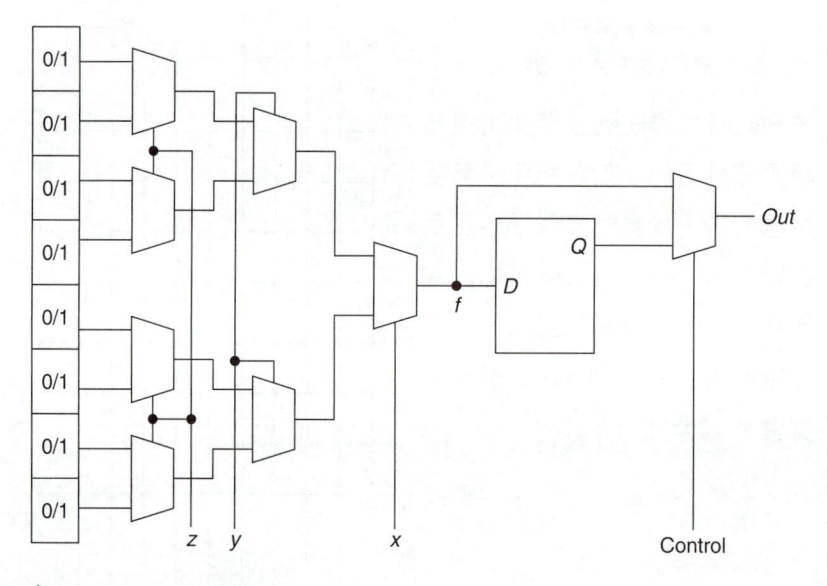

◆ 圖 8.14　三輸入查表

例如，如果該單元被編程到 0，0，0，1，0，0，1，1，則所表示的函數 $f=x'yz+xyz'+xyz=yz+xy$。為了說明互連網絡，圖 8.15 示出了該函數的一個實現

$$f=x_1x'_2+x_2x_3$$

此處使用兩輸入 LUT。藍色的輸入/輸出連接器，連接（X）和 LUT 是致能的。所有的都無效。一個 LUT 產生 $f_1=x_1x_2'$，所述第二個產生 $f_2=x_2x_3$，而第三個產生 $f=f_1+f_2$。

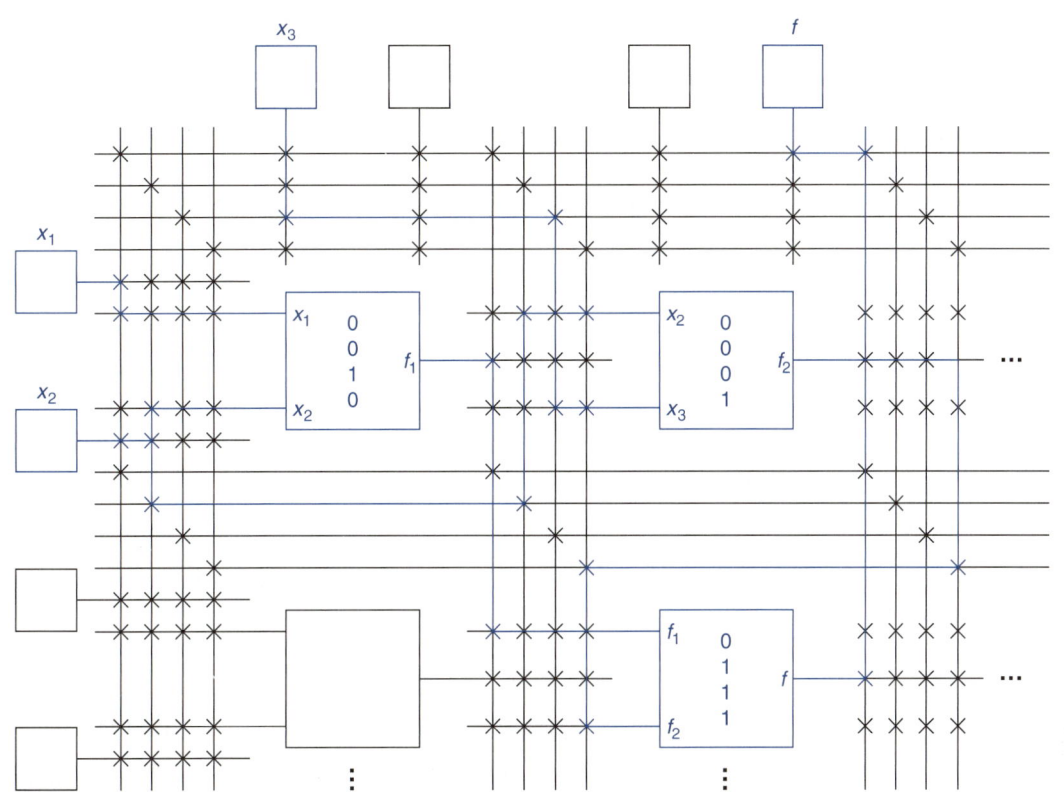

◆ 圖 8.15　編程 FPGA 的部分

8.4 採用演算法狀態機 (ASM) 框圖設計

　　正如我們在第 6 章中說明，術語狀態機，也被稱為有限狀態機或**演算法狀態機**（algorithmic state machine, ASM）的是一樣的**循序系統**（sequential system）。一種工具，是一個狀態圖和流程圖之間的交握就是 ASM 圖。我們將首先描述一個狀態圖中基本要素和它的結構比較。然後，我們將採用此方法在一暫存器小系統的控制器上。

　　有三種類型的方塊在一個 ASM 圖中。第一個是狀態框。它是一個矩形，具有一個入口點和一個出口點，如圖 8.16a。

　　狀態的名稱顯示框的上面，對應於此狀態下的輸出顯示在框中。

當一個輸出被列出時，則表示該輸出為 1；未列出的任何輸出為 0。

第二類型的框是判定框，如圖 8.16b，它允許基於類似開關表示的雙向分支。

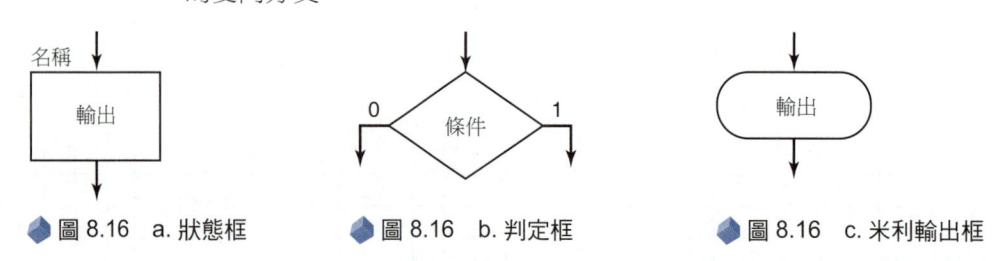

● 圖 8.16　a. 狀態框　　● 圖 8.16　b. 判定框　　● 圖 8.16　c. 米利輸出框

它有一個入口點和兩個出口點，一個對應於表達式等於 0，其它相應於 1，如果需要超過一個雙向分支，判定框的出口可以到另一決關框的入口。

第三類型是條件輸出框（圖 8.16c）。它有一個入口和一個出口。它規定，當該狀態的暫態過渡發生時來輸出。（這是米利輸出。）

一個 ASM 塊由狀態框、判定框及條件輸出框所組成。有一個輸入進入該框，但也可以是一個或更多的輸出；每個這些進入的狀態框的輸入。

對於合併點沒有符號；兩個或更多個出口路徑可能到達同一輸入點，這將在下面一些實例中可以看出。一個典型的 ASM 塊（與狀態 A 相關），如圖 8.17。當系統處於狀態 A 和輸入 x 是 1 時，這個

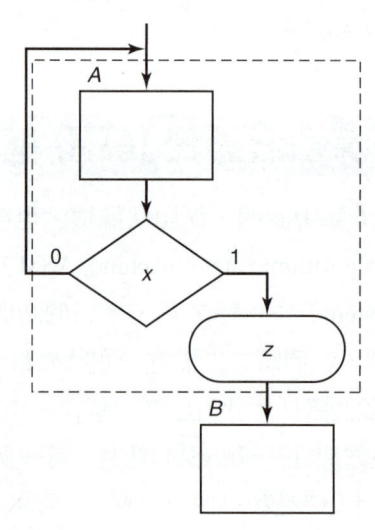

● 圖 8.17　ASM 塊

系統輸出 z 是 1。該系統進行到當 x=1，並且返回到狀態 B，當 x=0 時返回狀態 A。

現在，我們將看摩爾系統在 1 的輸出，並且若且唯若輸入一直 1 至少連續 3 個時脈的情況下的 ASM 圖。狀態圖如圖 8.18 的第一個，然後是相應的 ASM 圖。

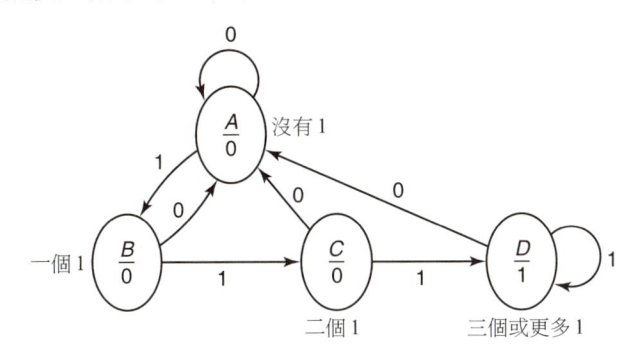

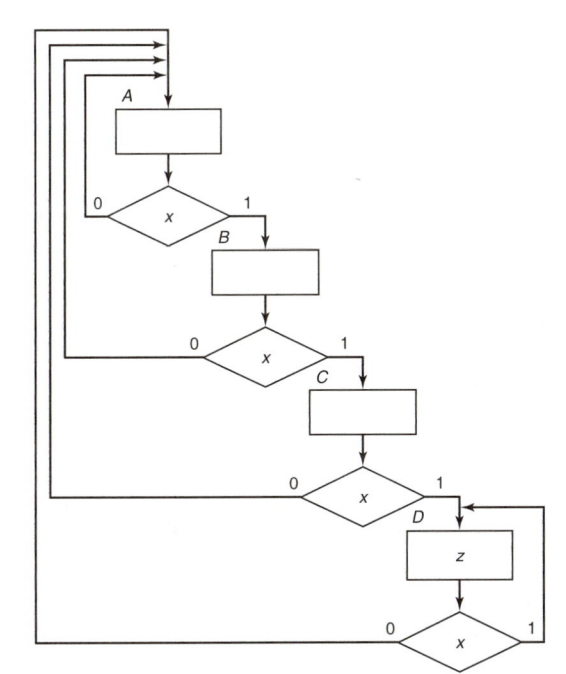

◆ 圖 8.18 摩爾狀態圖和 ASM 圖

對於類似米利問題，具有一個輸入 x 和一個輸出 z，使得 z=1 若且唯若 x 已經是 1 的連續三個時脈時間，狀態圖（圖 7.13）和相應的 ASM 圖示於圖 8.19。需要注意的是，狀態指定可能會顯示在狀態名稱的右側，狀態框外圍。

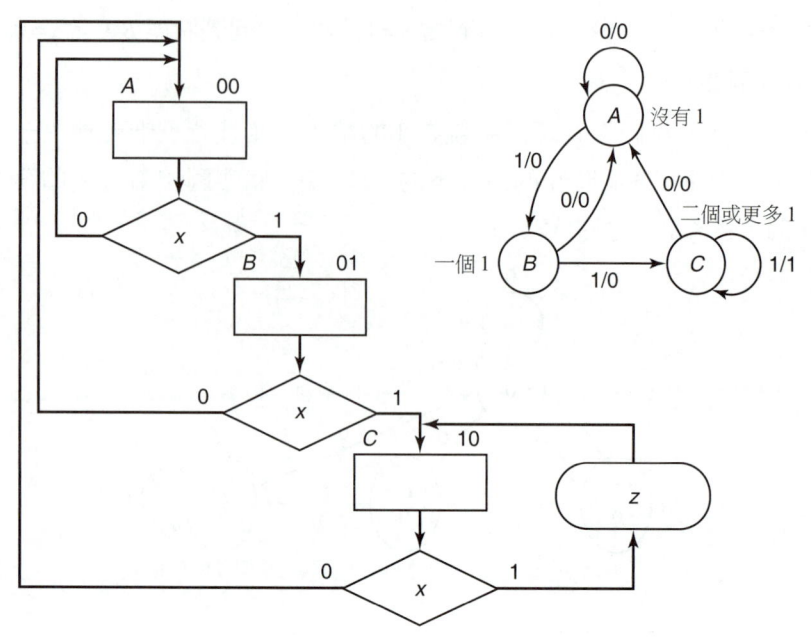

● 圖 8.19　米利狀態及 ASM 圖

例題 8.6

最後，我們將著眼於串列加法器控制器的設計。數字被儲存在 8 位元暫存器中，而答案被載入到這些暫存器的其中一個。如下圖所示。我們假設兩個操作數已經加載到暫存器 A 和 B。

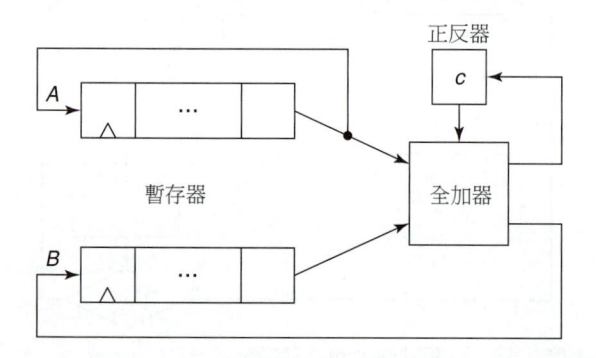

線 s 的 1 信號指出該系統是開始加法處理。A1（一個時脈週期）在線 d 表示它已經完成。控制該系統的 ASM 圖如下。暫存器的位元編號為 7（left, most significant）改為 0。數字的位元 0 和進位（c）位元相加，並將結果載入到 B 的左位元（位元 7），因為這兩個暫存器是右移的。

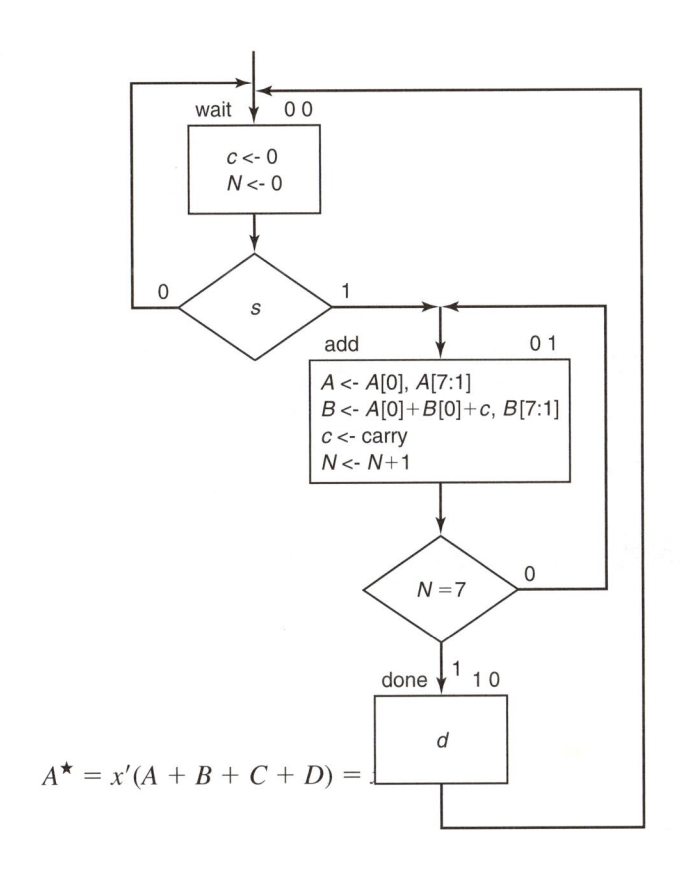

```
                    ↓
         ┌──────────────────┐
         │  wait      0 0   │
         │   c <- 0         │
         │   N <- 0         │
         └────────┬─────────┘
                  ↓
         0  ╱╲  1
       ┌───<  s  >──→──────┐
       │    ╲╱             ↓
       │         ┌──────────────────┐
       │         │  add      0 1    │
       │         │ A <- A[0], A[7:1]│
       │         │ B <- A[0]+B[0]+c,│
       │         │       B[7:1]     │
       │         │ c <- carry       │
       │         │ N <- N+1         │
       │         └────────┬─────────┘
       │                  ↓
       │              ╱╲
       │         ┌──< N=7 >── 0 ──┐
       │         │   ╲╱            │
       │         1                 │
       │         ↓                 │
       │   ┌──────────────┐        │
       │   │ done   1 0   │        │
       │   │      d       │        │
       │   └──────┬───────┘        │
       │          │                │
       └──────────┴────────────────┘
```

$A^\star = x'(A + B + C + D) = \ldots$

　　這個控制器可經由三個狀態的循序機來實現。它需要 3 位元暫存器，N，以及一個增加器經由八個增/移步來計數。當 S=1 時，控制器由狀態 00 到狀態 01。當暫存器 N 包含 3 個 1 時，狀態由 01 到 10。在下一個時脈狀態總是由 10 到 00。循序電路的設計將留作練習。

8.5　ONE-HOT 編碼

　　到現在為止，我們已使用最小數目的正反器完成編碼狀態。另一種方法，從 ASM 圖設計時特別簡單，就是每個狀態用一個正反器。系統處於該狀態，那麼該正反器為 1（或稱為 hot），而其它所有的都是 0。

　　對於圖 8.18 的摩爾系統，我們有四種狀態，因而將有四個正反器。如果我們稱它們為 A、B、C 和 D，我們可以經由觀察看到：

$$B^\star = xA$$
$$C^\star = xB$$
$$D^\star = x(C + D)$$

對下一個狀態而言，這將產生非常簡單的組合邏輯對。

輸出為 1，只有當在狀態 D；從而輸出等式

$$z=D$$

這種方法有時被用來在設計大型控制器，其中大多數狀態產生輸出信號。如在上面的例子中，輸出信號直接來自正反器，而不是從組合邏輯狀態解碼而來。

8.6 使用 Verilog 在循序系統

在第 5.7.1 節中，我們介紹的 Verilog 建構組合系統。在這裡，我們將給予使用的 Verilog 循序系統的例子。

現在，我們將著眼於為後緣觸發 D 正反器低電位輸入 CLR' 的結構模型，如圖 8.20 所示。

```
module D_ff (q, ck, D, CLR);
    input ck, D, CLR;
    output q;
    reg q;
    always @ (negedge ck or negedge CLR)
        begin
            if (!CLR)
                q <= 0;
            else
                q <= D;
        end
endmodule
```

◆ 圖 8.20　D 型正反器的結構模型

需要注意的是，q 被稱為暫存器而不是一個線，因為它是儲存裝置。符號 @ 表示執行下列步驟時所需的時間。時脈後緣或 CLR 輸入會發生任何事情。而符號！表示**沒有**，並且箭頭等於（⇐）用於指示時間的依賴性。在組合模型，使用等號（＝），因為事情發生的順序並不重要。

我們可以使用剛才的描述來建立一個 8 位元的後緣觸發移位寄存器（右移），如圖 8.21a。

```
module shift (Q, x, ck, CLR);
    input x, clock, CLR;
    output [7:0]Q;
    wire [7:0]Q;
    D_ff Stage 7 (Q[7], x, ck, CLR);
    D_ff Stage 6 (Q[6], Q[7], ck, CLR);
    D_ff Stage 5 (Q[5], Q[6], ck, CLR);
    D_ff Stage 4 (Q[4], Q[5], ck, CLR);
    D_ff Stage 3 (Q[3], Q[4], ck, CLR);
    D_ff Stage 2 (Q[2], Q[3], ck, CLR);
    D_ff Stage 1 (Q[1], Q[2], ck, CLR);
    D_ff Stage 0 (Q[0], Q[1], ck, CLR);
endmodule
```

◆ 圖 8.21a 使用正反器模組的移位暫存器

另一種方法是定義移位暫存器在一個單一的模塊上。

```
module shift (Q, x, ck, CLR);
    input x, clock, CLR;
    output [7:0]Q;
    wire [7:0]Q;
    reg [7:0]Q;
    always (@ negedge ck)
        begin
            Q[0] <= Q[1];
            Q[1] <= Q[2];
            Q[2] <= Q[3];
            Q[3] <= Q[4];
            Q[4] <= Q[5];
            Q[5] <= Q[6];
            Q[6] <= Q[7];
            Q[7] <= x;
        end
endmodule
```

◆ 圖 8.21b 單模移位暫存器

8.7 非常簡單電腦的設計

在本節中，我們將看到一個過度簡化的電腦的設計。它包括 256（2^8）暫存器的記憶體，往往只是被稱為**字集**（words），每 12 位元一組，和一個基本的指令集。雖然這台計算機將不能解決任何實際問題，但卻有足夠的能力理解執行一組指令的基本過程。

記憶體儲存指令和數據。從中讀出時，暫存器（一個 8 位元的數）的位址是連接到該組的 8 位元輸入線 $A_0, \cdots, A_7$ 和 0 被放置在線路的 r'/w，該暫存器的內容是可用的 12 位元匯流排 $D_0, \cdots, D_{11}$ 上。為了寫入，暫存器地址被連接到 A 中，數據被儲存到 D，並且線 r'/w 被設成 1。

有兩個 12 位元使用者可定址暫存器 B 和 C。此外，也有實現機器需要一些內部暫存器：

R — 12 位元暫存器，當它被解碼和執行時用來保存指令

P — 8 位元暫存器，以追蹤下一條指令的地址

T — 12 位元暫存器，以暫時保持數據

每條指令安裝到一個字，並具有以下格式：

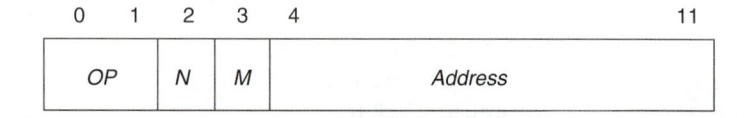

0 1	2	3	4　　　　　　　　　　　　　　　　11
OP	N	M	Address

其中 *OP* 指定的四則運算之一，*N* 表示兩個內部暫存器中的一個，和 *M* 指定（用**地址**）如何有效地址（在記憶體中的實際位置）的計算。

兩種定址模式 - 包括直接（*M*=0），其中的**地址**（Address）是有效地址，和間接（*M*=1），其中**地址**包含所詢之記憶體有效地址（最右側 8 位元）的記憶體位置。

四個指令為

00　載入暫存器（從記憶體位置）

01　儲存暫存器（在記憶體位置）

10　從記憶體加一數字到一暫存器

11　跳轉到（獲得下一條指令）的位置

要執行的指令序列，所述計算機遵循此一步一步的過程（返回完成每個指令之後，進入步驟 1）：

1. 送出指令的地址到記憶體，以抓取指令。在 CPU 內部的暫存器

儲存字集，有時也被稱為**指令暫存器**（Instruction Register），I，如下面的說明。

2. 更新程序計數器使其指向下一條指令。
3. 解碼指令，也就是，確定哪些運算子會被執行，用什麼運算元；如果有的話，這是必要的。
4. 獲取運算元。一些可能在暫存器或其它記憶體中。在稍後的例子，該地址可能需要被計算並且從記憶體中抓取數據載入 CPU 中的暫存器。
5. 執行該指令，也就是做了計算要求。
6. 儲存結果，如果有的話，或者在記憶體或暫存器中。

對於這台計算機的控制器的 ASM 圖，如圖 8.22 所示。我們已

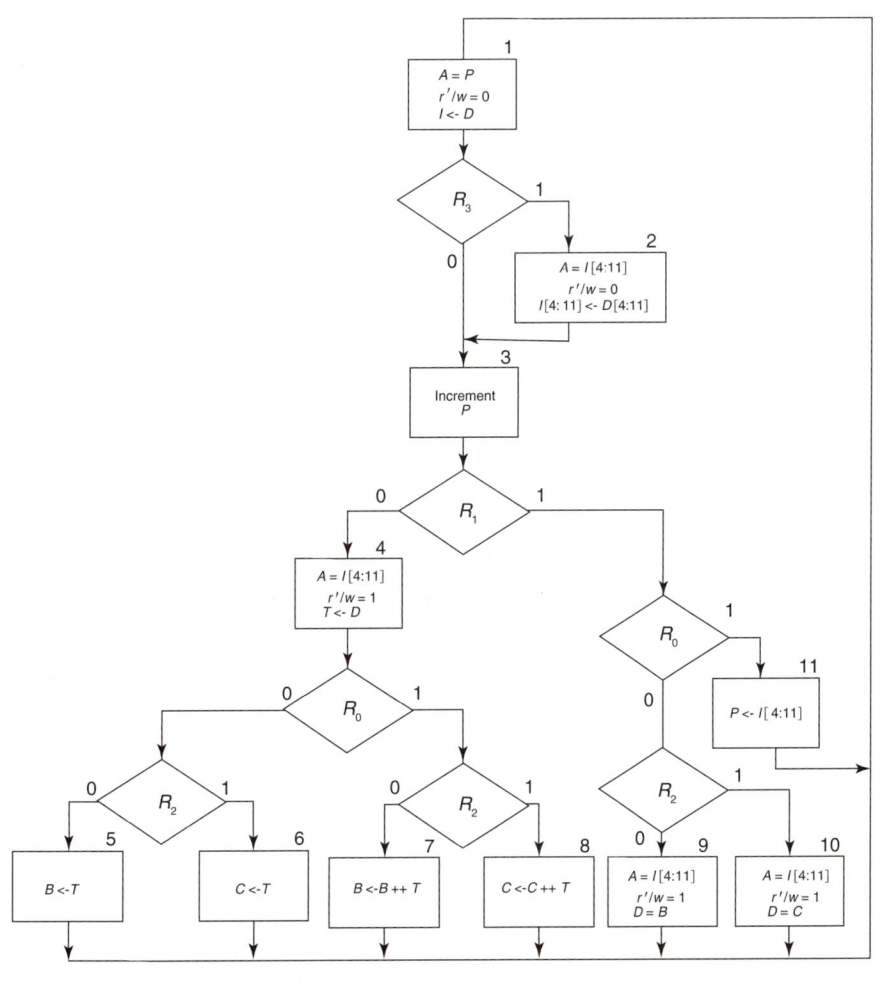

◆ 圖 8.22　非常簡單電腦之 ASM 圖

標記要被執行的步驟的每個狀態盒，而不是顯示輸出盒。在第一步驟中，所述程式計數器被連接到地址輸入並且指令讀入到 I 中。如果 I_3 是 1，這是間接定址，I 的右邊 8 位元由記憶體單元的內容來替換。程式計數器 P 遞增，以指向下一條指令，並根據 I_1，流程分支。到左邊，我們從記憶體中讀取資料到暫存器，T。對於載入，它被移動到正確的暫存器；對於加法，T 被加到暫存器 B 或 C。對於右分支，為了跳躍 P 被改變到 I 位址的部分。用於儲存，正確的暫存器被連接到 D 中，地址到 A，而 r'/w 被設定為 1。

此控制器意味著匯流排 D 具有來自記憶體和暫存器 B 和 C 輸入。及其內容可以移入暫存器 I 和 T。有一個 12 位元的加法器，具有既不是進位進入也不進位輸出，它取自 T 並且從 B 或 C 其中之一的輸入。內部轉移是從右側的 8 位元的 I 到 P 和從 T 到 B 及 C。

狀態框在 ASM 圖進行了編號，並且在圖 8.23 我們使用 one-hot 設計控制器。時脈輸入沒有被連接到在該圖中的時脈，使其更具有可讀性。

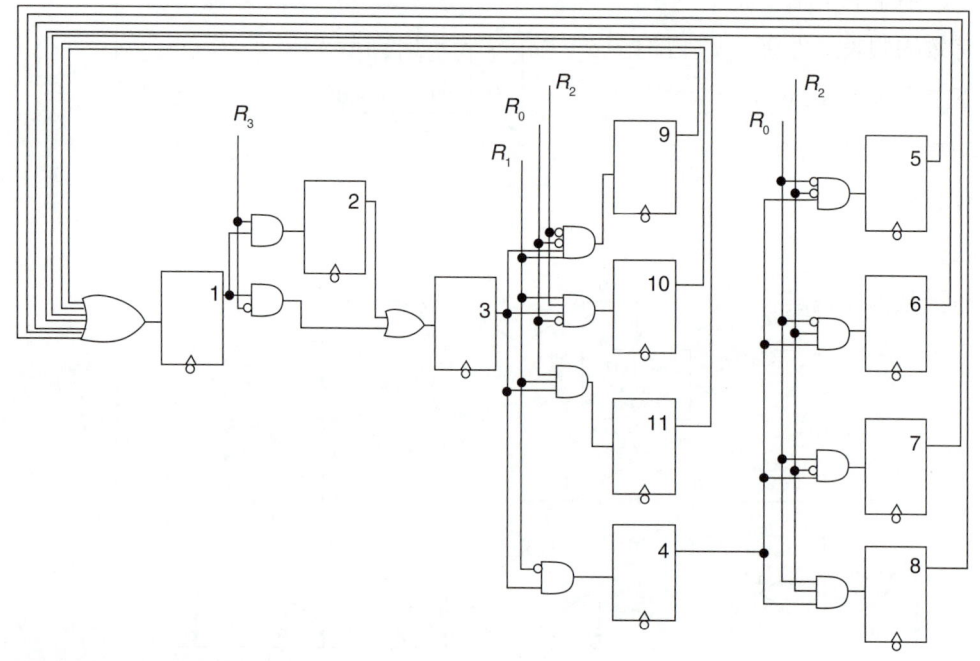

◆ 圖 8.23 控制器的 one-hot 設計

8.8 其它複雜的例子

作為第一示例,考慮以下系統的設計:

系統追蹤多少個連續發生 1 輸入在輸入線路 x 處,此後開始在第一時間輸入 x 是 0 時,在連續時脈下線路 z 輸出該相同數量的 1。

這種系統的輸入和輸出的定時追蹤例示於追蹤 8.2。

追蹤 8.2

```
x   0001000011110000000011000
z   0000010000000011110000110
```

我們首先假設可用的組件是 AND、OR 和 NOT 邏輯閘、一個 JK 正反器和 74191 有 4 個輸出的上 / 下計數器,標有 D、C、B、A。我們將用計數器計數連續的 1 的數目,然後倒數計數至 0 作為 1 的輸出。

我們首先看一下最簡單的解決方案,之後檢查必須做出這個是有效的假設。然後,我們將添加電路,以便使系統在更一般的情況下工作。圖 8.24 的電路,是我們第一次嘗試的解。沒有提供清除的功能。一旦系統產生的最後 1 的輸出,計數器被設定為 0;所以沒有必要將其清除。當 x 是 1 時,D/U' 被設置為 0,計數器被致能;因此它上數。當 x 返回到 0 它將下數,只要它被啟用,也就是說,在計數器中有非 0 的值。x 為 0 時輸出為 1 並且有一個非零計數。

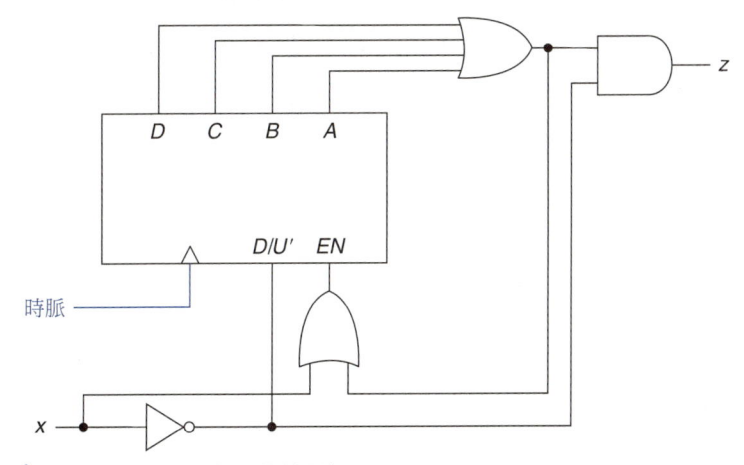

◆ 圖 8.24 使用計數器的簡單解

這種解決方案僅在於計數不超過 15，因為在第 16 個連續輸入 1 時，計數器返回到 0。如果要求較大數目時，我們將需要一個或多個附加的計數器以便能夠計數比 15 更高的狀況。這將是在輸出限制到最大為 15 個 1 的情況，即使輸入包含超過 15 個連續 1。在這種情況下，如果 x 仍然保持 1 並達到了 15 時我們會禁用計數器。這將需要圖 8.25 的電路。

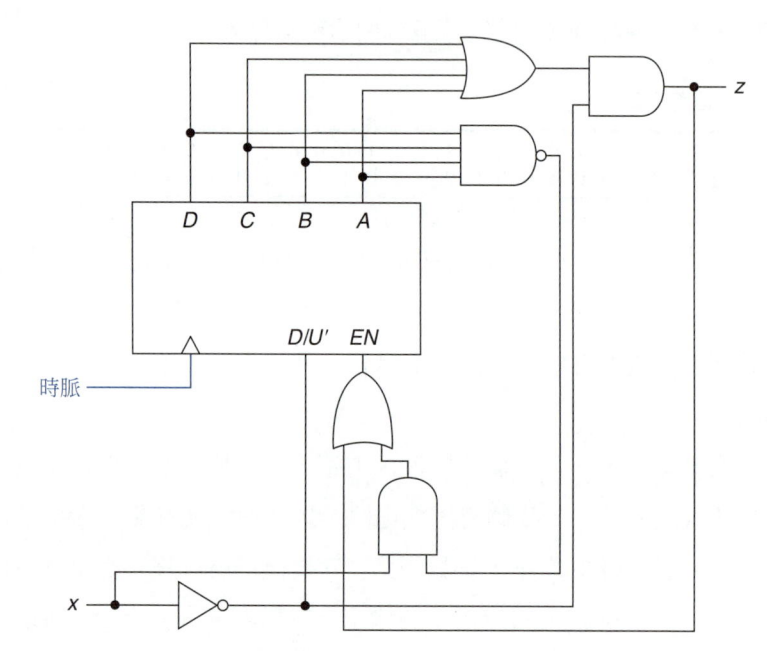

◆ 圖 8.25　1 輸出最大數目為 16 的範例

現在，當在計數為 15（1111）並且 x 是 1 計數器將無法致能。因此，如果有大量的連續的 1 時，它將計數到 15，並停止，直到 x 變為 0，之後它會倒數計時，輸出 15 個 1。

我們提出其他未申明的假設是，x 保持為 0，直到 1 輸出完成。這是在抽樣追蹤的情況。如果這是不正確的，只要 x 一返回到 1 時計數器將再次開始下數計數，並且輸出為 0。假設我們要忽略輸入，直到 1 輸出完成，當系統倒計時，我們需要一個正反器 Q 去追蹤並且我們應該忽略 x。因此，我們必須考慮以下的可能性。

$x = 0$	$Q = 0$	計數 $= 0$	$EN = 0$	$z = 0$	$D/U' = X$
$x = 0$	$Q = 0$	計數 $= 1$	$EN = 1$	$z = 1$	$D/U' = 1$
$x = 0$	$Q = 0$	計數 > 1	$EN = 1$	$z = 1$	$D/U' = 1$ $Q \leftarrow 1$
$x = 1$	$Q = 0$	計數 $\neq 15$	$EN = 1$	$z = 0$	$D/U' = 0$
$x = 1$	$Q = 0$	計數 $= 15$	$EN = 0$	$z = 0$	$D/U' = X$
$x = X$	$Q = 1$	計數 > 1	$EN = 1$	$z = 1$	$D/U' = 1$
$x = X$	$Q = 1$	計數 $= 1$	$EN = 1$	$z = 1$	$D/U' = 1$ $Q \leftarrow 0$

當 x 為 0 時正反器 Q 將被打開，並且計數不為 0 或 1，並且它將被關閉時之值為 1，輸出會降低到 1。這樣，

$$J = x'(D + C + B) \qquad K = D'C'B'A$$

Q 為 1 時輸出為 1 時或當 x 是 0 時 Q 是 0，但該計數器不是 0。因此，

$$z = Q + x'Q'(D + C + B + A) = Q + x'(D + C + B + A)$$

$x = 1$ 時計數器被致能且計數器不為 15 或當 $z=1$。這樣，

$$EN = x(ABCD)' + z$$

最終

$$D/U' = Q + x'(D + C + B + A)$$

和 Z 相同，因為在他們的不同之處唯一的地方是 D/U' 為隨意項。

現在我們將看看相同的例子，利用移位暫存器，而不是一個計數器。我們需要一些向左/向右移位暫存器。如果我們設定 12 為限制條件，我們可以使用 3 個 74194 移位暫存器。他們將如圖 8.26 所連結，其中該平行輸入未示出，因為它們沒有使用。

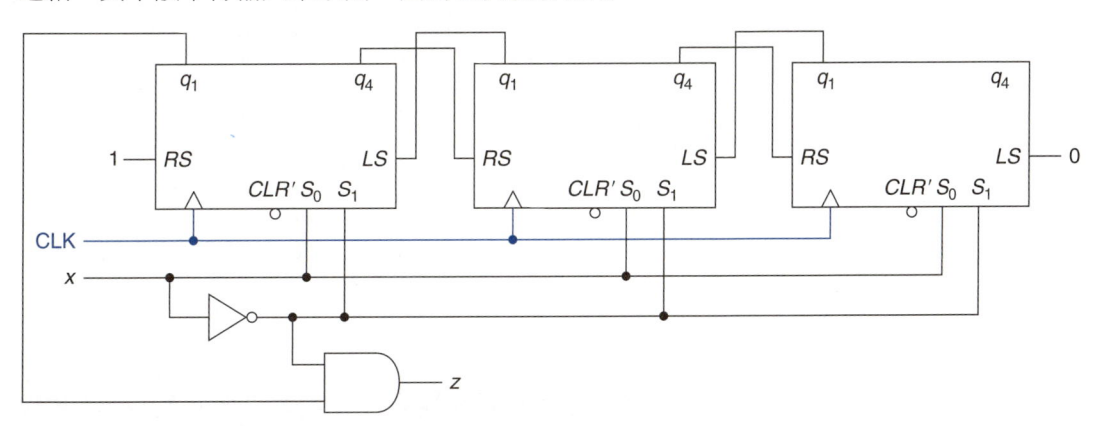

◆ 圖 8.26 使用 3 個移位暫存器的電路

三個移位暫存器被連接以形成一個 12 位元的移位暫存器。當 $x=1$，$S_0=1$，和 $S_1=0$，使得暫存器向右移位。A_1 被轉移到最左邊位元。當 $x=0$，暫存器左移，從右側載入 0。幾個時脈之後輸入已經為 0。

如果輸入能再次為 1 此時輸出仍為 1，我們需要一個額外的正反器。此正反器當 $x=0$ 時被設置（$J=1$），左移位暫存器 q_2 為 1，而當清除（$K=1$）時 q_2 為 0。S_0 變為 xQ' 和 S_1 變為 $x'+Q$。

例題 8.7

設計一個計數器，經過 16 個狀態按以下順序

1 2 4 7 11 0 6 13 5 14 8 3 15 12 10 9 重複

從哪裡開始並不重要。對組合邏輯而言，有 NAND 閘（7400、7404、7410、7420 和 7430）IC 包裝可用，每個 50 美分。我們將考慮兩種可替換的設計以及比較他們。第一次使用四個 JK 正反器，總成本為 2.00 美元。第二個採用了 4 位元同步計數器（如 74161）和一個組合解碼器模塊。此模塊採用該計數器的輸出為 0、1、2、3、4、…並轉換為 0 到 1，1 至 2，在 2 至 4，等等。

首先，我們將利用 JK 正反器設計計數器。狀態表如下所示。

D	C	B	A	D*	C*	B*	A*
0	0	0	0	0	1	1	0
0	0	0	1	0	0	1	0
0	0	1	0	0	1	0	0
0	0	1	1	1	1	1	1
0	1	0	0	0	1	1	1
0	1	0	1	1	1	1	0
0	1	1	0	1	1	0	1
0	1	1	1	1	0	1	1
1	0	0	0	0	0	1	1
1	0	0	1	0	0	0	1
1	0	1	0	1	0	0	1
1	0	1	1	0	0	0	0
1	1	0	0	1	0	1	0
1	1	0	1	0	1	0	1
1	1	1	0	1	0	0	0
1	1	1	1	1	1	0	0

我們可以映射這些函數和使用快速的方法來找到 JK 正反器輸入方程式，如下圖所示。

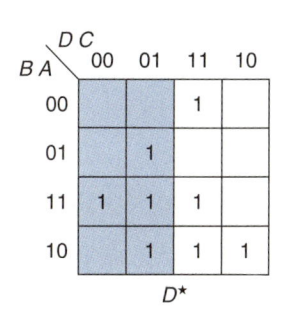

CHAPTER 8 解決較大的循序問題

BA\DC	00	01	11	10
00			1	
01		1		
11	1	1		
10		1	1	1

D*

BA\DC	00	01	11	10
00	1	1		
01		1	1	
11	1			
10	1	1		

C*

BA\DC	00	01	11	10
00	1	1	1	1
01	1	1		
11				
10				

B*

BA\DC	00	01	11	10
00		1		1
01				1
11	1	1	1	
10		1		1

A*

$J_D = CA + CB + BA$ $\qquad K_D = C'B' + C'A + B'A$
$J_C = D'A' + D'B$ $\qquad K_C = DA' + D'BA$
$J_B = D' + A'$ $\qquad K_B = D + A'$
$J_A = D'C + DC'$ $\qquad K_C = D'B' + CB' + DC'B$

這將需要 18 個兩輸入及 5 個 3 輸入的邏輯閘或每個成本 50 美分共有 7 個集成封裝電路。因此，總成本為 5.50 美元。

對於其它的方法，我們構造了解碼器模塊的真值表：

D	C	B	A	W	X	Y	Z
0	0	0	0	0	0	0	1
0	0	0	1	0	0	1	0
0	0	1	0	0	1	0	0
0	0	1	1	0	1	1	1
0	1	0	0	1	0	1	1
0	1	0	1	0	0	0	0
0	1	1	0	0	1	1	0
0	1	1	1	1	1	0	1
1	0	0	0	0	1	0	1
1	0	0	1	1	1	1	0
1	0	1	0	1	0	0	0
1	0	1	1	0	0	1	1
1	1	0	0	1	1	1	1
1	1	0	1	1	1	0	0
1	1	1	0	1	0	1	0
1	1	1	1	1	0	0	1

輸出映射如下

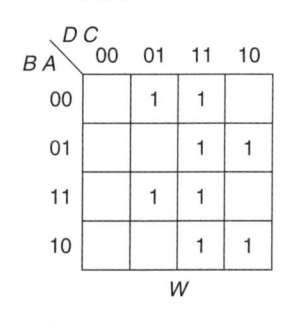

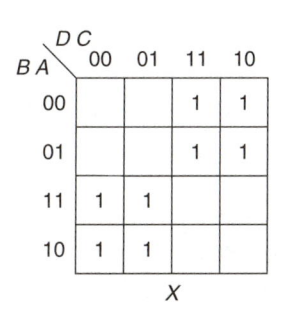

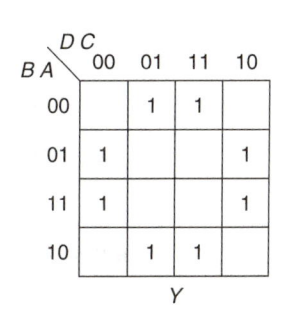

BA\DC	00	01	11	10
00		1	1	
01			1	1
11		1	1	
10			1	1

W

BA\DC	00	01	11	10
00			1	1
01			1	1
11	1		1	
10	1	1		

X

BA\DC	00	01	11	10
00		1	1	
01	1			1
11	1			1
10		1	1	

Y

BA\DC	00	01	11	10
00	1	1	1	1
01				
11	1	1	1	1
10				

Z

$$W = CB'A' + DB'A + CBA + DBA'$$
$$X = DB' + D'B$$
$$Y = C'A + CA'$$
$$Z = B'A' + BA$$

這需要 9 個雙輸入邏輯閘、4 個三輸入邏輯閘和 1 個四輸入邏輯閘。此外，我們需要四個 NOT 閘（7404 IC），因為只有從計數器的非補輸出（D、C、B 和 A）可供選擇。

總共所需的是 6 個包裝。因此，這種方法的成本 3.00 美元加計數器的成本和如果計數器的成本低於 2.50 美元那將更便宜。

有趣的是，要注意如果我們使用四個 JK 正反器建立計數器，我們只需要建立函數 BA 和 CBA。這將僅需要兩個 NOT 閘，因為 $(BA)'$ 和 $(CBA)'$ 被用在 W 和 Z 上。因此，我們最終只有 6 個包裝和 5.00 美元的總成本，這是比第一解便宜。如果計數器費用超過 2.00 美元，該解決方案是最好的。

8.9 習題

有★記號題目的解答附加在附錄 B。

1. 用 74164 的移位暫存器，設計一個當最後九個輸入分別為 0 而輸出為 1 的米利系統。

2. 使用兩個 74164 暫位寄存器，設計摩爾系統，剛好有 6 個 1 及 8 個 0 輸入其輸出為 1。

3. 設計一個當輸入為八個 1 或更多個連續的時脈且可產生一個 1 的輸出的計數器系統。

    a. 使用帶時脈低電位有效之清除且沒有致能輸入的計數器。

    b. 使用靜態低電位有效清除且高電位有效致能計數器。

★4. 設計一個系統，當輸入一直為 0 恰好 7 個時脈時它具有 1 的輸出。

   除了組合邏輯塊，以下情況之一是可用的：

   a. 一個四位元的計數器

   b. 一個八位元的移位暫存器

5. 設計一個連續系統，它具有一個時脈輸入，並產生和每 25 個時脈一致的脈衝。（我們不在乎初始化系統。）

   唯一可用的元件是：

   i. AND 閘（可以是任何數目的輸入）

   ii. 反相器（NOT 閘）

   iii. 二進制的 16 模計數器

   計數器是後緣觸發。有四個輸出—D（高位元）、C、B 及 A。有時脈輸入及主動低靜態清除輸入。也有主動低靜態負載輸入，伴隨資料輸入線，IND、INC、INB 及 INA（假設 Clear 及 Load 同一時間不會都是 0。當其中之一為 0，它是覆蓋時脈。）

   a. 僅使用這些元件的 Clear' 輸入不使用 Load' 來設計系統。

   b. 僅使用這些元件的 Load' 輸入不使用 Clear' 來設計系統。

6. 使用下列元件設計系統：

   a. 一個 74190

   b. 一個 74192

   加上任何其它邏輯，此邏輯需要（包括一正反器）經過序列

   0 1 2 3 4 5 6 7 8 9 8 7 6 5 4 3 2 1 (0 1) 重複

7. 實現控制器，用於例題 8.6 中使用 D 正反器和 NAND 閘的系統。

★8. 表示出 ASM 圖的系統，其中該系統控制器有一個 16 位的暫存器 A 以及一個 4 位暫存器 N。當 1 出現在輸入線 s，暫存器 A 被右移位 0 到 15 以 N 表之。暫存器 A 可以在同一時間內僅移動一個位置。暫存器 N 能夠遞減（減 1）。當移位結束後，1 是出現在輸出線 d 為期兩個時脈週期。

9. 設計一個系統，它由三部分組成，一個計數器、一個顯示驅動器和一個七段顯示器，如下所示：

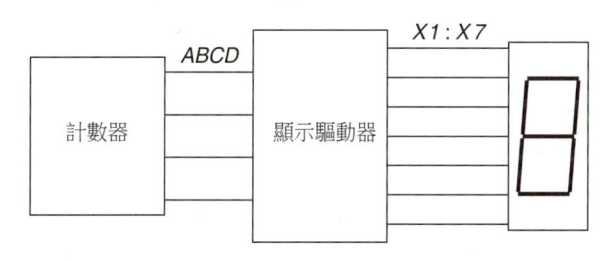

a. 使用四個 JK 正反器設計計數器 A、B、C 和 D 並且使 NOR 閘數目最小。計數器是二進制編碼的十進制，使用 2421 碼（如表 1.7 中描述），並且是要經過序列：

3 6 9 2 5 8 1 4 7 重複

因而，計數器序列 0000，0011，1100，1111，0010，等等。完成此計數器的設計之後，得出一個狀態圖。確保它表示如果計數器被接通會發生什麼情況，並提出了在未使用的狀態中的一個（例如，0101）。

b. 計數器的輸出是輸入到顯示驅動器。這僅僅是一個四輸入，七輸出的組合電路。如果未使用的碼出現（例如，計數器被接通時 ABCD = 0111）時，顯示應該是空白的（即，所有七個輸入應為 0）。求最接近 $X1$，$X2$，$X3$，$X4$，$X5$，$X6$，$X7$ 最小積之和。

10. 我們已經有了一個十進制計數器，序列

0000 0001 0010 0011 0100 0101 0110 0111 1000 1001 並重複

它具有正反器，W、X、Y 和 Z，我們仍然希望 0，3，6，9，2，5，8，1，4,7，重複循環顯示。經由設計計數器及顯示驅動器來完成。注意，這意味著，例如，當計數器具有 WXYZ = 0010，顯示的是為 6，因此 ABCD = 1100（6 在 2421 碼中）。實現此 PLA 有四個輸入和四個輸出。

11. 繪出的系統的框圖，它的輸出 z 為 1，若且唯若至少兩個最近的三個輸入是 0。沒有必要顯示的狀態表或狀態圖。可以使用任何種類的正反器和閘電路。

★12. 設計一個循序系統（計數器）具有一個輸入線 x 及三個正反器 A、B 和 C。當 $x = 0$ 時，通過狀態的系統的序列（0，1，2，3，4），0…那當 $x=1$ 時，通過狀態的系統的序列（2，3，4，5，6，7），2，…。如果，在任何時間，x 為 0 時，系統處於狀態 5,6 或 7，或者如果 x 是 1 時，系統處於狀態 0 或 1，在下一個時脈它應該進入狀態 3。

a. 可用的組件是

7400，7404，7410，7420，7430 和（NAND 閘包裝）25 美分

每雙 JK 後緣觸發正反器的軟件包裝　　　　　　$1.00

雙 D 正反器包裝　　　　　　　　　　　費用待決定

兩種方式設計系統

i. 第一使用 JK 正反器

ii. 第二使用 D 型正反器

寫出方程式兩種設計並畫出框圖。

b. 決定 D 正反器經濟的使用價格範圍：

全部都是 JK 正反器

一個 JK 正反器一個 D 型正反器

全部都是 D 型正反器

c. 我們想增加一個輸出是 1，因為它是失序系統處於狀態 3。這需要另一個正反器

d. 使用 PLD 設計系統的 C 部分

13. 設計一個時鐘顯示器，以顯示小時，分鐘和秒的時間。假設我們有剛好 1KHz（每秒 1000 個時脈）的時脈。它將使用 6 個七段顯示器和操作無論是在軍事時間（小時以 00～23 表示）或有一般時間（1～12 分 AM 和 PM）。輸入線中，x，區分兩者。第七顯示用於顯示 A 或 P，在後者的情況下；其它情況則為空白。假定有可用的 BCD 到七段解碼驅動器可用。

a. 這種設計使用異步計數器（利用 7490 和 7492 兩種 IC）。這些問題是它們不能被任意設定。

b. 這種設計採用同步計數器，靜態負載輸入。

c. 對於任何一個設計，提供了一套分鐘時間功能如下：

當輸入 f 為 0 時，時鐘正常運行；當 $f=1$，我們可以調整的時間。

當 $f=1$ 和 $g=1$ 時，每秒小時進位。

當 $f=1$ 和 $h=1$ 時，每秒分鐘進位。

另外，當 $f=1$ 時，秒到 00。

14. 設計一個計數器，經歷下列 12 個狀態順序

 4 5 1 2 8 11 3 9 12 13 0 重複

從哪一個狀態開始啟動並不重要。可用的包裝是 NAND 閘（7400、7404、7410、7420 和 7430）其中每個 50 美分，再加上儲存裝置描述如下：

考慮三種可供選擇的設計並比較它們。對於每一個，顯示其方程式和框圖。每一個設計標記四個輸出 W（高位）、X、Y、Z。

a. 可用的儲存設備有四個 JK 正反器 2.50 美元的總成本。

b. 可用的儲存設備有四個 D 正反器其成本尚未確定。

c. 有一個 74161 的 4 位元同步計數器，我們必須建立一個組合解碼模塊。此模塊採用該進計數器的輸出為 0，1，2，3，4，…並且轉換為 0 到 10，1 到 4，2 到 5，及 3 到 1，4 到 2，依此類推。它還必須從狀態 11 回狀態 0。

比較這三種設計，D 正反器在設計 b 的成本比設計 c 的成本便宜多少？在設計 c 的計數器比在設計 a 中便宜多少？

8.10　第 8 章測驗（50 分鐘）

1. 寫出兩種設計，若且唯若輸入為 0 時恰好七個連續時脈的米利系統而其系統輸出為 1。除了 AND、OR 和 NOT 閘，我們也提供一個 8 位元串列輸入，並列輸出移位暫存器，其中一個低態動作，時脈清除；而另一為 4 位元低態，靜態清除，其餘為低態動作。

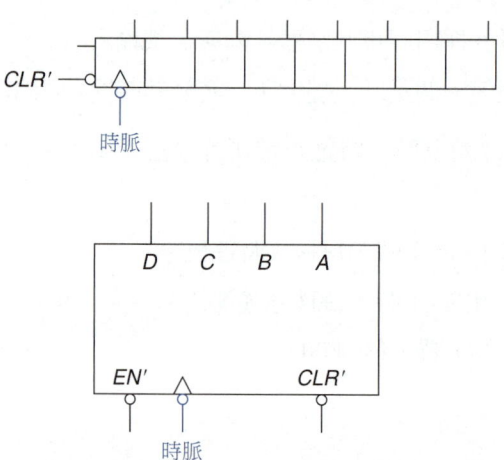

2. 我們希望實現以下狀態表。

AB	$A^\star\ B^\star$		z	
	$x=0$	$x=1$	$x=0$	$x=1$
0 0	1 1	0 1	1	0
0 1	1 0	0 1	0	0
1 0	0 1	1 1	1	1
1 1	0 0	1 1	0	1

為了實現這一點，我們已經有一個 PAL。兩個輸出都連接到一個 D 正反器的輸入端；第三是提供一個輸出。標記一個圖，用點或 X 的顯示連接。需要注意的是 PAL 有比你所需要還多的輸入和閘；你可以忽略其它用不到的。

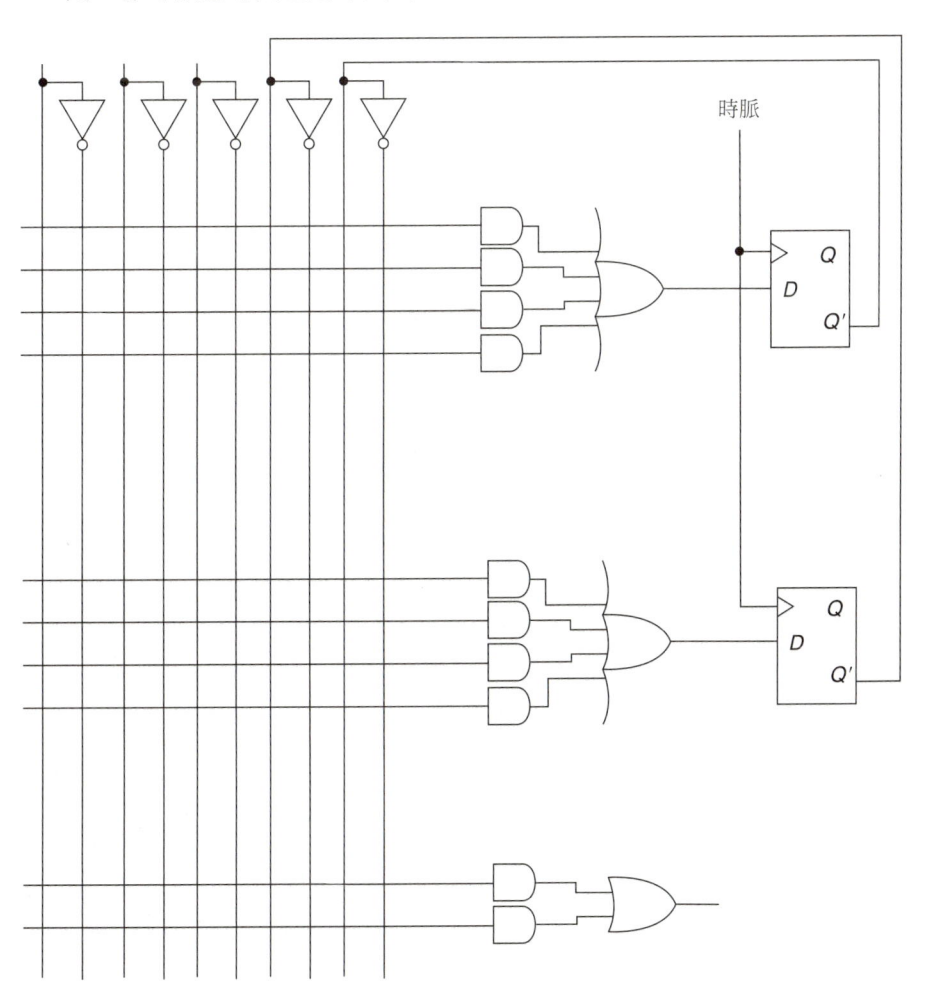

9 Verilog 簡介

在1980 年代，積體電路科技快速發展的時候，也引領了數位電路之標準設計通則的發展，而 Verilog 就是在這方面所下功夫的一部分。Verilog 原本的版本是由後來被 Cadence Design Systems 併購的 Gateway Design Automation 所開發，在 1990 年發佈到公開網路後，它就從此變成用來描述數位電路最熱門的語言之一。在 1995 年，Verilog 被納入 IEEE 官方標準，是為 1364-1995，而稱作 Verilog 2001 的加強版本則在 2001 年納入 IEEE 標準為 1364-2001，這個版本除了有一些新的特徵之外，也保有了原本 Verilog 標準的特徵。

Verilog 一開始是為了數位電路的模擬與驗證而成，接下來加進了合成的功能後，Verilog 也就在 CAD 系統的入門設計而變得熱門，CAD 工具可以用來將 Verilog 程式合成進入到要被描述電路的硬體實現。在本書中我們將主要用 Verilog 來合成。

Verilog 是一個錯綜複雜的語言，要將所有特徵學習起來是一項艱鉅的任務，然而如果是用來合成，那麼只有一部分的特徵是重要的。為了簡化呈現出來的方式，我們會聚焦於討論在本書的範例中確實會使用到的 Verilog 語言特徵，其所呈現出來的內容足以讓讀者能夠設計廣大種類的電路。

Verilog 在本章中會以不同階段來介紹，我們的大方向只有在包括到相關設計主題的時候，才會在該部分介紹特別的相關特徵。在剩下的這章中，我們會討論撰寫簡單的 Verilog 程式所需要最基本的觀念。

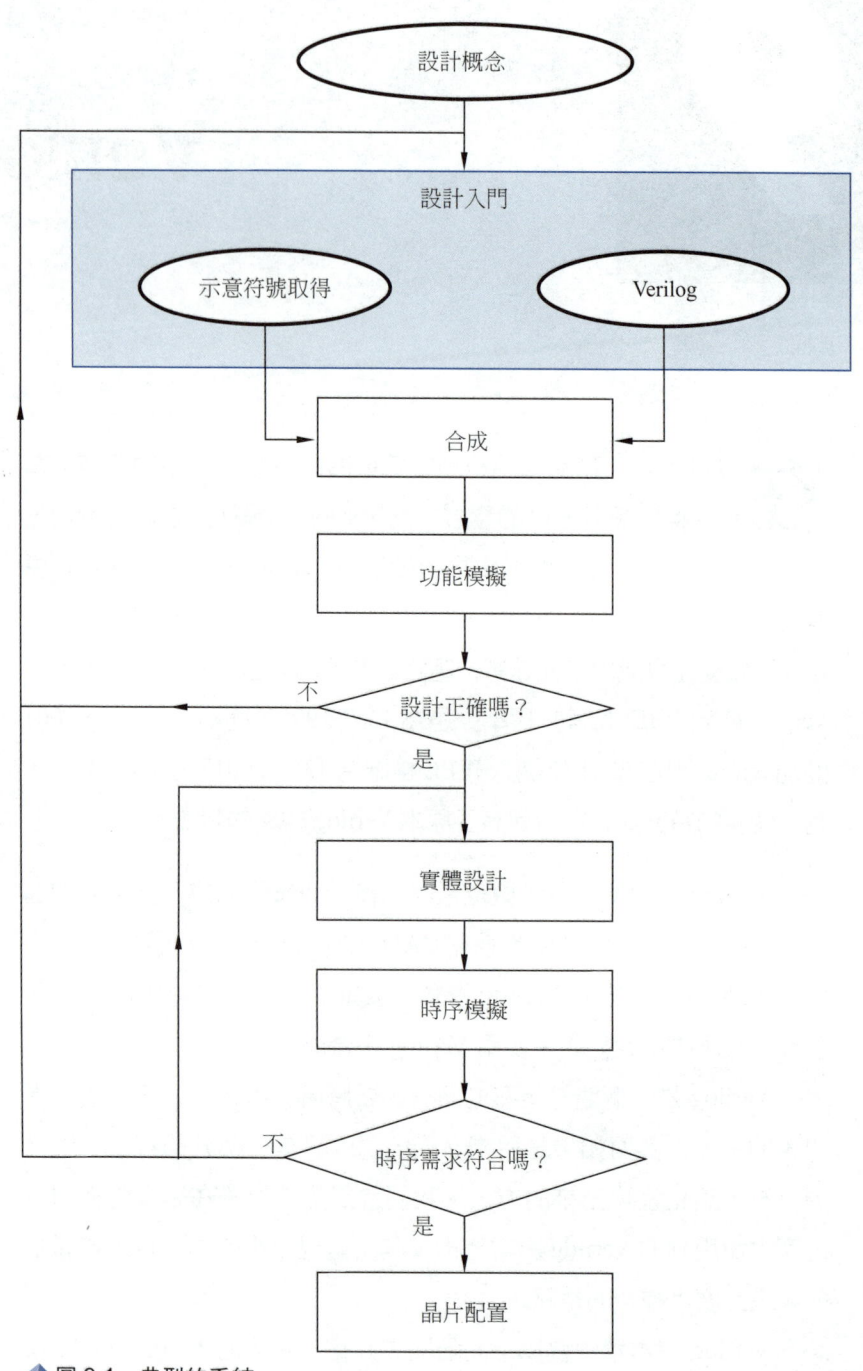

◆ 圖 9.1　典型的系統

數位電路在 Verilog 中的表示

當使用 CAD 工具來合成邏輯電路時，設計者可以用幾種不同的方式來提供初始的電路描述，其中一種是寫出 Verilog 源碼形式的描述，而 Verilog 編譯器會再將這個程式轉換成邏輯電路。

Verilog 讓使用者能夠用數種方式來描述期望的電路，其中一種可能就是使用 Verilog 基礎而藉由電路的元件，像是邏輯閘，來描述電路的架構，而大型電路則是利用撰寫將電路元件連接在一起的程式來定義，這樣的方法被稱作邏輯電路的**結構表示**（structural representation）。另一種可能是利用能夠定義電路的期望行為之邏輯表示以及 Verilog 程式基礎來比較抽象的描述電路，而不是以邏輯閘為主的實際架構，這種被稱為**行為表示**（behavioral representation）。

9.1 邏輯電路的結構規則

Verilog 包含了一組**閘等級的原始定義**（gate-level primitive）可以對應到常用的邏輯閘，而一個邏輯閘是由指出其功能名稱、輸出，以及輸入來表示。舉例來說，一個二輸入 AND 閘，其輸出 y 以及輸入 x_1 和 x_2 就會寫成

and (y, x1, x2);

而一個四輸入 OR 閘就會寫成

or (y, x1, x2, x3, x4);

關鍵字 **nand** 和 **nor** 也是以同樣的方式來定義 NAND 閘和 NOR 閘。NOT 閘的寫法是

not (y, x);

而實現了 $y = \bar{x}$。閘等級的原始定義也能夠用來指明大型電路。

邏輯電路是以**模組**（module）的形式來表明，其包含定義電路的陳述（statement），一個模組會有輸入與輸出，這也被稱作它的

```
module example1 (x1, x2, s, f);
  input x1, x2, s;
  output f;

  not (k, s);
  and (g, k, x1);
  and (h, s, x2);
  or (f, g, h);

endmodule
```

◆ 圖 9.3　圖 9.2 電路的 Verilog 程式

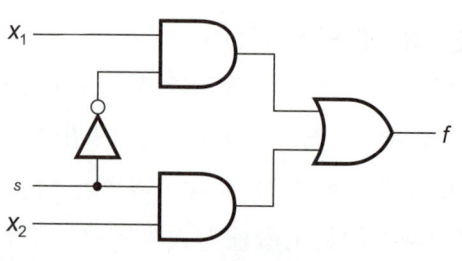

◆ 圖 9.2　多工器的邏輯電路

埠（port），而埠這個字也常用來表示連接到電子電路的輸出或輸入連接。考慮圖 9.2 的多工器電路，這個電路可以由圖 9.3 的 Verilog 程式來表示，第一個陳述指定模組的名字 *example1*，且指出會有四個埠信號，接下來兩個陳述宣告了 x_1, x_2 和 s 要被視為**輸入**（input）信號，而 f 是**輸出**（output），再下來的四個陳述指明了電路的實際架構，NOT 閘會讓 $k = \bar{s}$，而 AND 閘會產生 $g = \bar{s}x_1$ 以及 $h = sx_2$，最後 AND 閘的輸出會以 OR 閘來合併而形成

模組會以 **endmodule** 陳述來結束。我們將 Verilog 關鍵字以粗體表示來讓文字更好閱讀，也會在本書剩下的章節中繼續這樣做。

第二個 Verilog 程式範例如圖 9.4，其定義了有四個輸入信號 x_1, x_2, x_3, x_4，以及三個輸出信號 f, g, h 的電路，而實現了以下的邏輯函數

$$g = x_1x_3 + x_2x_4$$
$$h = (x_1 + \bar{x}_3)(x_2 + \bar{x}_4)$$
$$f = g + h$$

```
module example2 (x1, x2, x3, x4, f, g, h);
  input x1, x2, x3, x4;
  outpnt f, g, h;

  and (z1, x1, x3);
  and (z2, x2, x4);
  or (g, z1, z2);
  or (z3, x1, ~x3);
  or (z4, ~x2, x4);
  and (h, z3, z4);
  or (f, g, h);

endmodule
```

◆ 圖 9.4　四輸入電路的 Verilog 程式

與其特別使用 NOT 閘來定義 $\bar{x}_2$ 和 $\bar{x}_3$，我們使用 Verilog 的運算子 " ~ "（鍵盤上的波浪符號）來表示補數，因此在程式中 $\bar{x}_2$ 就以 ~x2 來表示。由 Verilog 編譯器產生出這個範例的電路如圖 9.5。

Verilog 句法（syntax）

在 Verilog 程式中模組的名字以及信號有兩個非常簡單的規則：名字一定要由字母開始，且可以包含任何字母、數字、加上 "＿" 底線和 " $ " 符號，Verilog 有區分大小寫，因此名字 k 與 K 是不一樣

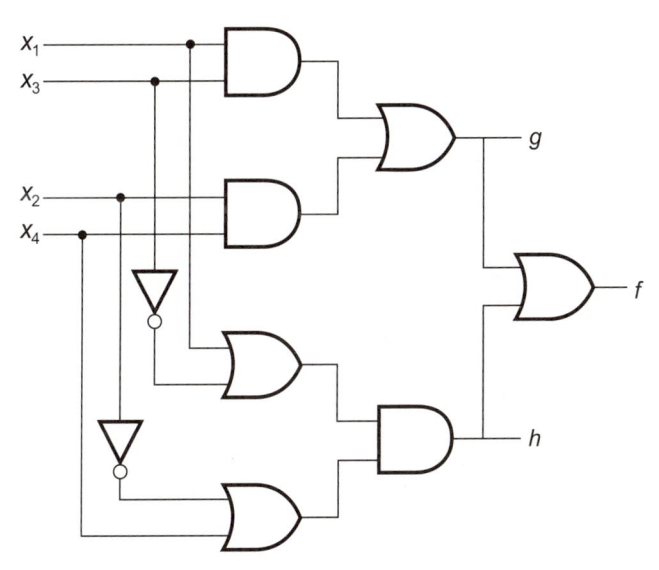

● 圖 9.5　圖 9.4 程式的邏輯電路

的，而 *Example1* 與 *example1* 也是不一樣的。Verilog 句法並不沒有要求特殊的程式風格，舉例而言，一行程式碼可以包含多項陳述，而像是 SPACE、TAB、或空行的空白字元會被忽略，就好的程式習慣而言，程式應該要排版成好閱讀的樣式，縮排（indentation）以及空行可以讓程式的不同區塊變得更容易辨識，如同我們在圖 9.3 和 9.4 所示。程式中的註解可以更容易閱讀，註解會從雙斜線 " // " 開始而持續到行末。

9.2 邏輯電路的行為規則

當我們必須要設計大型電路的時候，使用閘等級的原始定義會變得十分繁瑣，另一種選擇是使用比較抽象的表示與程式基礎來描述邏輯電路的行為，其中一種可行性是利用邏輯表示來定義電路，圖 9.6 列出圖 9.2 的電路要如何以下表示來定義。

$$f = \overline{s}x_1 + sx_2$$

AND 和 OR 運算分別由 Verilog 運算子（operator）" & "和" | "來表示，而關鍵字 *assign* 提供了信號 f 的**連續指定**（continuous assignment），連續指定這個詞是由模擬用 Verilog 衍生而來的；每

```
module example3 (x1, x2, s, f);
    input x1, x2, s;
    outpnt f;

    assign f = (~s & x1) | (s & x2);

endmodule
```

◆ 圖 9.6　利用連續指定來指明圖 9.2 的電路

```
module example4 (x1, x2, x3, x4, f, g, h);
    input x1, x2, x3, x4;
    outpnt f, g, h;

    assign g = (x1 & x3) | (x2 & x4);
    assign h = (x1 | ~x3) & (~x2 | x4);
    assign f = g | h;

endmodule
```

◆ 圖 9.7　使用連續指定來標明圖 9.5 的電路

當右手邊的信號改變狀態時，f 的值會重新被評估，這樣的效果與圖 9.3 中使用閘等級的原始定義相同。使用這樣的方法，圖 9.5 的電路就可以如圖 9.7 被標明。

使用邏輯表示會讓撰寫 Verilog 程式變得比較簡單，但是更高等級的抽象化會更有優勢。我們再次考慮圖 9.2 的多工器電路，這樣的電路可以用文字敘述，如果 $s = 0$ 則 $f = x_1$，而如果 $s = 1$ 則 $f = x_2$，在 Verilog 中，這樣的行為可以利用 if-else 陳述來定義

```
if (s==0)
    f = x1;
else
    f = x2;
```

完整的程式如圖 9.8 所示，第一行顯示要如何加入註解，而 **if-else** 陳述是 Verilog **程序陳述**（procedural statement）的範例。

Verilog 句法要求程序陳述要包含在一個叫做 **always** 的基礎方塊中，如圖 9.8 所示，always 方塊內可以包含如同這個範例的單一陳述，或者是多項陳述，典型的 **Verilog** 設計模組可能會包含許多個 **always** 方塊，每一個都代表了部分被模型化的電路，**always** 有

```
// Behavioral specification
module example5 (x1, x2, s, f);
    input x1, x2, s;
    outpnt f;
    reg  f;

    always @ (x1 or x2 or s)
        if (s==0)
            f = x1;
        else
            f = x2;

endmodule
```

◆ 圖 9.8　圖 9.2 中電路的行為規則

一個很重要的特性是,其包含的陳述會由程式撰寫的順序被評估,這與連續指定的陳述不同,因為連續指定會同時被評估而因此順序沒有實質意義。

在 **always** 方塊的 @ 符號後面括弧中的部分被稱作感測列表(sensitivity list),這個表是以模擬用 Verilog 為基礎,在 **always** 方塊內的陳述只在一個以上的感測列表中信號改變值時,才會被模擬器執行,在這個情況下,模擬的程序複雜性可以被簡化,因為並不是所有時候都要執行程式內的每一個陳述。當 Verilog 要同本書中用來合成電路時,感測列表可以用來告訴 Verilog 的編譯器哪些信號可以直接影響 **always** 方塊的輸出。

如果信號經由程序陳述指定數值,那麼 Verilog 句法就要求它要被宣告成一個**變數**(variable);這可以透過圖 9.8 中的關鍵字 **reg** 來達成,這個詞也是由模擬用的名詞而來:表示當變數的數值透過程序陳述指定,模擬器會暫存(register)這個數值而直到 **always** 方塊再次被執行之前都不會改變。

與其在圖 9.8 中使用分開的陳述來宣告變數 f 是 **reg** 型態,我們可以選擇使用以下句法

output reg f;

來包含了這兩個陳述,而 Verilog 2011 也增加了能夠直接在模組的埠列表中宣告信號方向以及型態的能力,這種程式風格如圖 9.9 所示。在 **always** 陳述的感測列表中,我們可以使用逗號來取代關鍵字 **or**,這也在圖 9.9 中顯示。更進一步,我們可以不要在感測列表列出所有相關信號,而可以簡單地寫成

```
// Behavioral specification
module  example5 (input x1, x2, s, outpnt reg f);

    always @ (x1, x2, s)
       if (s==0)
          f = x1;
       else
          f = x2;

endmodule
```

◆ 圖 9.9　圖 9.8 程式的較精簡版本

$$\text{always @(*)}$$

或者更簡單的

$$\text{always @*}$$

來假設編譯器會找到哪些信號需要被納入考量。

邏輯電路的行為規則只定義其行為，CAD 合成工具利用這樣的規則來建構出真實的電路，而合成電路結果的細部結構會取決於所使用的技術。

9.3 階層式 Verilog 程式

目前遇到的 Verilog 程式範例都只有單一一個模組，對大一點的設計，通常在 Verilog 程式中建立一個階層架構會比較方便，在階層架構中會有包含許多不同種類之**下層**（lower-level）模組的**上層**（top-level）模組。我們考慮圖 9.10 來看如何撰寫接程式 Verilog 程式，這個電路由兩個下層模組組成：我們在圖 9.11 解釋的加法器模組以及在圖 9.12 畫出的七段顯示器驅動模組，這個電路的目的是要利用加法器模組產生兩個輸入 x 和 y 的算術總和，然後再將結果的十進位值顯示在七段顯示器。

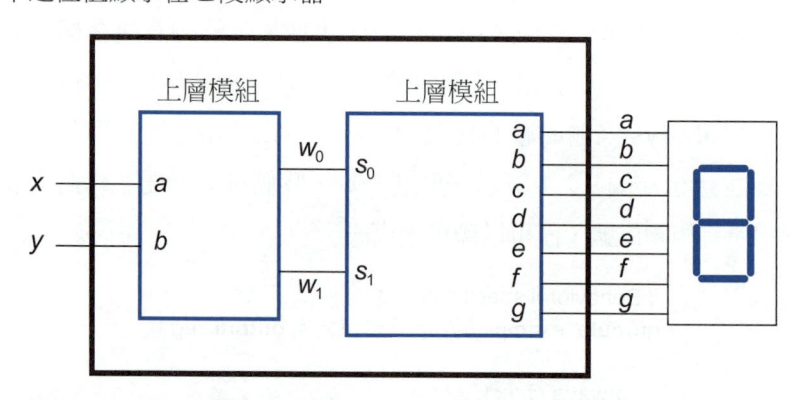

◆ 圖 9.10 兩個模組的邏輯電路

```
    a        0     0     1     1
   +b       +0    +1    +0    +1
  ─────   ─────  ─────  ─────  ─────
  s₁ s₀    0 0   0 1   0 1   1 0
```

(a) $S=a+b$ 之評估（計算）

a b	s₁ s₀
0 0	0 0
0 1	0 1
1 0	0 1
1 1	1 0

(b) 真值表

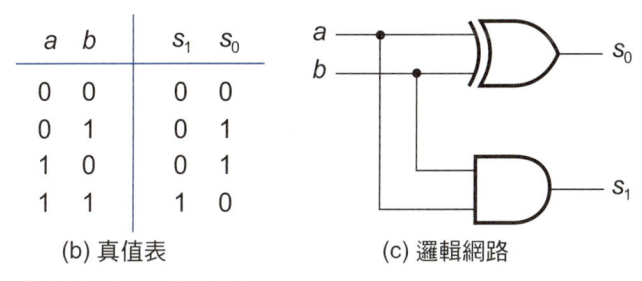

(c) 邏輯網路

◆ 圖 9.11　二進數的加法

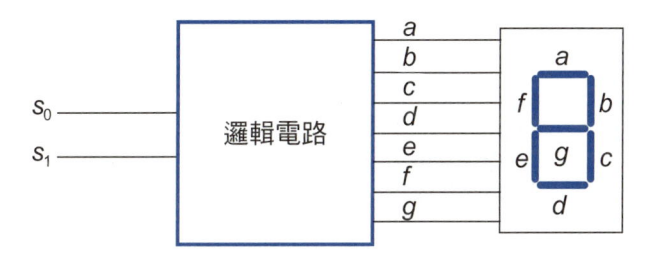

(a) 邏輯電路及七段顯示器

s₁ s₀	a b c d e f g
0 0	1 1 1 1 1 1 0
0 1	0 1 1 0 0 0 0
1 0	1 1 0 1 1 0 1

(b) 真值表

◆ 圖 9.12　數字顯示

我們分別在圖 9.13 以及圖 9.14 中畫出圖 9.11 **加法器**（adder）模組和圖 9.12 的**顯示器**（display）模組的 Verilog 程式，對於加法器模組而言，我們用連續指定陳述來指示兩位元總和 $s_1 s_0$，其中 s_0 的指定陳述使用了 Verilog XOR 運算子，來指出 $s_0 = a \wedge b$，而顯示器模組的程式包含了對應到顯示器電路七個輸出的每個邏輯表示知連續指定陳述。而陳述

assign b = 1;

指定了顯示器模組的輸出 b 會有常數值 1

```verilog
// An adder module
module adder (a, b, s1, s0);
    input a, b;
    output s1, s0;

    assign s1 = a & b;
    assign s0 = a ^ b;

endmodule
```

◆ 圖 9.13　圖 9.11 電路的 Verilog 規則

```verilog
// A module for driving a 7-segment display
module aisplay (s1, s0, a, b, c, d, e, f, g);
    input s1, s0;
    output a, b, c, d, e, f, g;

    assign a = ~s0;
    assign b = 1;
    assign c = ~s1;
    assign d = ~s0;
    assign e = ~s0;
    assign f = ~s1 & ~ s0;
    assign g = s1 & ~s0;

endmodule
```

◆ 圖 9.14　圖 9.12 電路的 Verilog 規則

```verilog
module adder_display (x, y, a, b, c, d, e, f, g);
    input x, y;
    output a, b, c, d, e, f, g;
    wire w1, w0;

    adder U1 (x, y, w1, w0);
    adder U2 (w1, w0, a, b, c, d, e, f, g);

endmodule
```

◆ 圖 9.15　圖 9.10 電路的階層式 Verilog 程式

取名為 *adder_display* 的上層 Verilog 模組如圖 9.15 所示，這個模組的輸入為 x 和 y，輸出為 $a, \cdots, g$，而陳述

  wire w1, w0;

是必要的，因為信號 w_1 和 w_0 在圖 9.10 中既不是電路的輸入，也不是輸出，既然這些信號在 Verilog 程式中不能被宣告成輸入或輸出埠，它們必須要被宣告成（內部）線路（internal wire）。而陳述

  adder U1 (x, y, w1, w0);

將圖 9.13 中的加法器模組**具體化**（instantiate）成一個子模組（submodule），這個子模組給定的名稱 U1 可以是任何合法的 Verilog 名字，在這個具體化陳述中，與加法器子模組埠連接的信號

如圖 9.13 所列出的順序，因此圖 9.15 的上層模組輸入埠 x 和 y 會連接到前兩個加法器的埠，分別稱作 a 和 b，在具體化陳述中列出的信號順序決定了哪個信號連接到子模組的每個埠，而具體化陳述也將最後兩個加法器子模組的埠，也就是其輸出，連接到上層模組的線路 w_1 和 w_0。陳述

> display U2 (w1, w0, a, b, c, d, e, f, g);

具體化我們的電路中另一個子模組，在此，已經被連接到加法器子模組之輸出的線路 w_1 和 w_0，分別被連接到對應的顯示器子模組之輸入埠，而顯示器子模組的輸出埠則連接到上層模組的輸出埠 $a, \cdots, g$。

9.4 撰寫 Verilog 程式應該注意之處

在學習如何使用 Verilog 或者其他硬體描述語言時，新手通常會寫出與電腦程式很像的程式，其中包含許多變數以及迴圈，而這樣一來就很難決定 CAD 工具在合成這樣的程式時會產生什麼樣的邏輯電路，本書包含了超過 100 個完整表示眾多邏輯電路的 Verilog 程式範例，這些範例與本處所提到的邏輯線路有很明確的關連。我們建議讀者採取同樣撰寫程式的風格。一個不錯的方針是假設如果設計者不能決定 Verilog 程式會決定什麼樣的邏輯電路，那麼 CAD 工具就不太可能合成出設計者想要的電路模型。

當完成了 Verilog 針對某個設計的程式後，我們鼓勵讀者分析使用 CAD 合成工具產生的結果；典型的 CAD 系統提供圖像檢視工具來顯示對應到 Verilog 編譯器產生之輸出的邏輯電路，透過這個過程可以學習到很多有關 Verilog、邏輯電路、以及邏輯合成

例題 9.1

寫出表示圖 9.16 的邏輯電路之 Verilog 程式，只使用連續只是陳述來表明所需的函數。

所需的 Verilog 程示範例如圖 9.17。

▲ 圖 9.16　例題 9.1 的邏輯電路

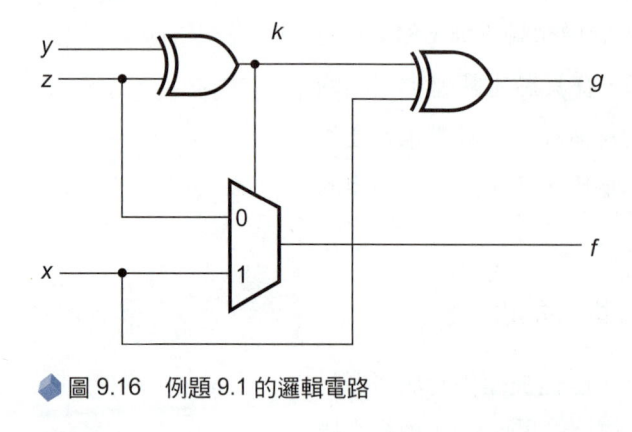

```
module f_g (x, y, z, f, g);
    input x, y, z;
    outpnt f, g;
    wire k;

    assign k = y ^ z;
    assign g = k ^ x;
    assign f = (~k & z) | (k & x);

endmodule
```

▲ 圖 9.17　例題 9.1 的 Verilog 程式

例題 9.2

考慮如圖 9.18 的電路，其中包含了兩個如圖 9.2 的 2 對 1 多工器，以及圖 9.11 的加法器電路，如果多工器的輸入選擇（select input）$m = 0$，那麼這個電路會產生合 $S = a + b$，但如果 $m = 1$，那麼電路會產生 $S = c + d$，利用多工器我們可以共用一個加法器而產生兩種不同的和 $a + b$ 和 $c + d$。實作中，我們常會共用多功能的子電路，雖然說通常都會用在比我們這個單位元加法器要大的子電路。寫出圖 9.18 中電路的 Verilog 程式，並使用如圖 9.15 所描繪的階層式 Verilog 程式，其中包含了兩種 2 對 1 多工器子電路的 Verilog 模組，以及一種加法器子電路。

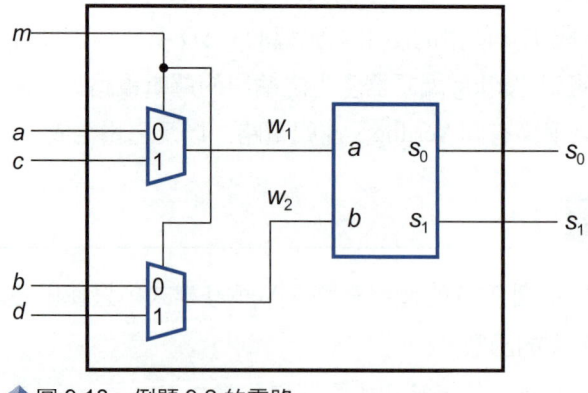

▲ 圖 9.18　例題 9.2 的電路

所需的 Verilog 程示範例如圖 9.19 所示，我們要提到在被共用模組以及加法器模組都有名為 a 和 b 的輸入，但是這不會造成任何衝突，因為 Verilog 模組中宣告的信號名稱會被限制在模組的範圍內有效。

```
module shared (a, b, c, d, m, s1, s0);
    input a, b, c, d, m;
    outpnt s1, s0;
    wire w1, w2;
    mux2to1 U1 (a, c, m, w1);
    mux2to1 U2 (b, d, m, w2);
    adder U3 (w1, w2, s1, s0);
endmodule

module mux2to1 (x1, x2, s, f);
    input x1, s2, s;
    outpnt f;
    assign f = (~s & x1) | (s & x2);
endmodule

module adder (a, b, s1, s0);
    input a, b;
    outpnt s1, s0;
    assign s1 = a & b;
    assign s0 = a ^ b;
endmodule
```

◆ 圖 9.19　例題 9.2 的 Verilog 程式

例題 9.3

寫出能夠指明圖 9.20 的電路之 Verilog 程式。

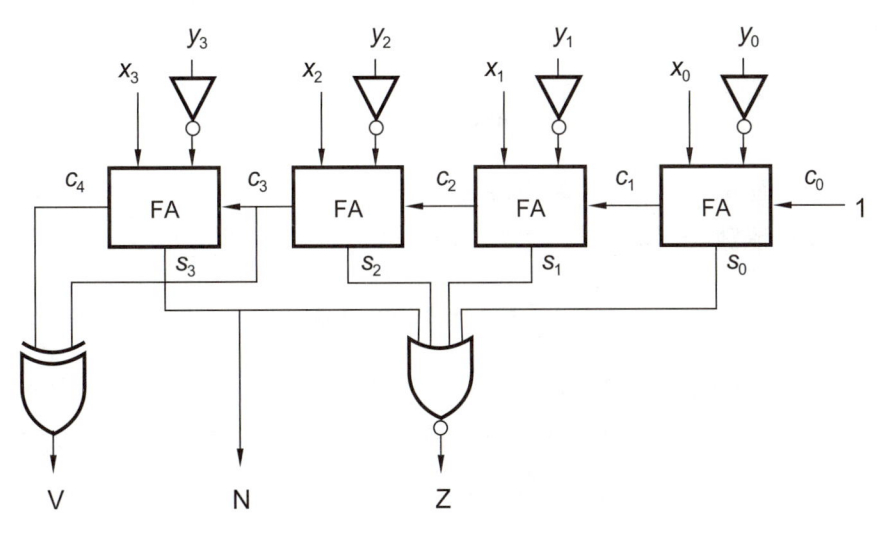

◆ 圖 9.20　比較器電路

```
module adder4 (carryin, X, Y, S, carryout);
    input carryin;
    input [3:0] X, Y;
    outpnt [3:0] S;
    outpnt carryout;
    wire [3:1] C;

    fulladd stage0 (carryin, X[0], Y[0], S[0], C[1]);
    fulladd stage1 (C[1], X[1], Y[1], S[1], C[2]);
    fulladd stage2 (C[2], X[2], Y[2], S[2], C[3]);
    fulladd stage3 (C[3], X[3], Y[3], S[3], carryout);

endmodule
```

◆ 圖 9.21 比較器電路的 Verilog 的結構式程式

```
module comparator (X, Y, V, N, Z);
    input [3:0] X, Y;
    outpnt V, N, Z;
    wire [3:0] S;
    wire [4:1] C;

    fulladd stage0 (1' b1, X[0], ~ Y[0], S[0], C[1]);
    fulladd stage1 (C[1], X[1], ~ Y[1], S[1], C[2]);
    fulladd stage2 (C[2], X[2], ~ Y[2], S[2], C[3]);
    fulladd stage3 (C[3], X[3], ~ Y[3], S[3], C[4]);
    assign V = C[4] ^ C[3];
    assign N = S[3];
    assign Z = !S;

endmodule

module fulladd (Cin, x, y, s, Cout);
    input Cin, x, y:
    outpnt s, Cout;

    assign s = x ^ y ^ Cin;
    assign Cout = (x & y) | (x & Cin) | (y & Cin);

endmodule
```

◆ 圖 9.22 比較器電路的 Verilog 結構性程式

我們可以使用在圖 9.21 給的方法來指名電路，如圖 9.22 所示，注意到陳述

$$\text{assign } Z = !S;$$

只會在 $S = s_3 s_2 s_1 s_0 = 0000$ 的時候產生 1，因此這會表示一個四位元 NOR 函數

$$Z = s_1 + s_2 + s_1 + s_0$$

在關係到大型電路時，將每一個加法器各自獨立具體化變得很奇怪，也就像是比較器有著 32 位元的運算數。另一個方案是使用圖 9.23 呈現的泛用規則（generic specification），如圖 9.24 所示。

```verilog
module addern (carryin, X, Y, S, carryout);
    parameter n = 32;
    input carryin;
    input [n-1:0] X, Y;
    outpnt reg  [n-1:0] S;
    outpnt reg  carryout;
    reg [n:0] C;
    integer k;

    always @ (X, Y, carryin);
    begin
        C[0] = carryin;
        for (k = 0;k < n; k = k+1)
        begin
            S[k] = X[k] ^ Y[k] ^ C[k];
            C[k+1] = X[k] & Y[k]) | (Y[k] & C[K]) | (Y[k] & C[k]);
        end
        carryout = C[n];
    end

endmodule
```

◆ 圖 9.23　一加法器泛用規則

```verilog
module comparator (X, Y, V, N, Z);
    parameter n = 32;
    input [n-1:0] X, Y;
    output reg V, N, Z;
    reg [n-1:0] S;
    reg [n:0] C;
    integer k;

    always @(X, Y);
    begin
        C[0] = 1'B1;
        for (k = 0; k < n; k = k + 1);
        begin
            S[k] = X[k] ^~ Y[k] ^ C[k];
            C[k + 1] = (X[k] &~ Y[k]) | (X[k] & C[k]) | (~Y[k] & C[k]);
        end
        V = C[n] ^ C[n-1];
        N = S[n-1];
        Z = !S;
    end

endmodule
```

◆ 圖 9.24　比較器電路的泛用 Verilog 程式

例題 9.4

在圖 9.25 中我們列出了一個 16 對 1 的多工器 Verilog 程式，其利用五個獨立的模組，叫做 *mux4to1* 的 4 對 1 多工器電路，我們可以如圖 9.26 利用任務方法（task approach）來指名使用同樣的電路。觀察到差異的重點，任務 *mux4to1* 包含在模組 mux16 to 1 內，透過合適的 case 陳述而由 always 方塊內部被呼叫，任務的輸出一定要是變數，因此 g 是 reg 型態。

```
module mux16to1 (W, S, f);
    input [0:15] W;
    input [3:0] S;
    outpnt f;
    wire [0:3] M;

    mux4to1 Mux1 (W[0:3], S[1:0], M[0]);
    mux4to1 Mux2 (W[4:7], S[1:0], M[1]);
    mux4to1 Mux3 (W[8:11], S[1:0], M[2]);
    mux4to1 Mux4 (W[12:15], S[1:0], M[3]);
    mux4to1 Mux5 (W[0:3], S[3:2], f);

endmodule
```

◆ 圖 9.25　16 對 1 多工器的 Verilog 結構性程式

```
module mux16to1 (W, S16, f);
    input [0:15] W;
    input [3:0] S16;
    outpnt reg f;

    always @ (W, S16)
        case (S16 [3:2])
            0: mux4to1 (W [0:3], S16 [1:0], f );
            1: mux4to1 (W [4:7], S16 [1:0], f );
            2: mux4to1 (W [8:11], S16 [1:0], f );
            3: mux4to1 (W [12:15], S16 [1:0], f );
        endcase

    // Tsak that specifies a 4-to-1 multiplexer
    task mux4to1;
        input [0:3] X;
        input [1:0] S4;
        output reg g;

        case (S4)
            0: g = X[0];
            1: g = X[1];
            2: g = X[2];
            3: g = X[3];
        endcase
    endtask

endmodule
```

◆ 圖 9.26　在 Verilog 程式中使用任務（task）

Verilog 函數

函數是由關鍵字 **function** 來宣告，而由一個區段的陳述再加上結尾的關鍵字 **endfunction** 組成，函數一定要包含至少一個輸入而且要在函數被調用（invoke）的地方回傳單一數值。

例題 9.5

圖 9.27 列出圖 9.26 的程式可以怎麼用函數來改寫，Verilog 編譯器實際上會在每次函數被調用的時候，將函數主體插入程式，因此子命令（clause）

```
0: f = mux4to1 (w, s16, f);
```

變成

```
0: case (S16 [1:10])
      0: f = w [0];
      1: f = w [1];
      2: f = w [2];
      3: f = w [3];
   endcase
```

而函數就很方便讓 *mux16 to 1* 模組變得更簡潔。

```
module mux6to1 (W, S16, f);
   input [0:15] W;
   input [3:0] S16;
   outpnt reg f;

   // Function that specifies a 4-to-1 multiplexer
   function mux4to1;
      input [0:3] X;
      input [1:3] S4;

      case (S4)
         0: mux4to1 = X[0];
         1: mux4to1 = X[1];
         2: mux4to1 = X[2];
         3: mux4to1 = X[3];
      endcase
   endmodule

   always @ (W, S16)
      case (S16 [3:2])
         0: f = mux4to1 (W[0:3], S16[1:0]);
         1: f = mux4to1 (W[4:7], S16[1:0]);
         2: f = mux4to1 (W[8:11], S16[1:0]);
         3: f = mux4to1 (W[12:15], S16[1:0]);
      endcase

endmodule
```

◆ 圖 9.27 圖 9.26 的程式用函數改寫

例題 9.9

圖 9.28 定義了稱為 *flipflop* 的正邊緣觸發（positive-edge-triggered）D 型正反器，其感測列表只包含了一個時鐘信號，因為這是唯一能讓輸出 Q 改變的信號，關鍵字 **posedge** 指出指有可能在時鐘的正邊緣發生改變，而在這個時候輸出 Q 會被設定為輸入 D 的值，既然 **posedge** 在感測列表中出現，Q 就會被用作正反器的輸出。

```
module flipflop (D, Clock, Q);
    input D, Clock;
    outpnt reg Q;

    always @ (posedge Clock)
        Q = D

endmodule
```

◆ 圖 9.28　D 型正反器的程式

例題 9.7

考慮圖 9.29 的程式，既然 **always** 方塊會對時鐘的正邊緣有反應，那麼 Q_1 和 Q_2 會同時作為 D 型正反器的輸出，然而因為有阻隔指定（blocking assignment）的介入，這兩個正反器不會如讀者預期的疊合（cascade）在一起，第一個陳述

$Q_1 = D;$

將 Q_1 設為 D 的值，而這個新的值會用來評估接下來的陳述

$Q_2 = Q_1;$

而導致 $Q_2 = Q_1 = D$，合成的電路會有兩個平行的正反器，如圖 9.30 所示，合成工具很有可能會透過最佳化步驟而刪掉其中一個多餘的正反器。

```
module example5_3 (D, Clock, Q1, Q2);
    input D, Clock;
    outpnt reg  Q1, Q2;

    always @ (posedge Clock);
    begin
        Q1 = D;
        Q2 = Q1;
    end

endmodule
```

◆ 圖 9.29　兩疊合正反器之不正確程式碼

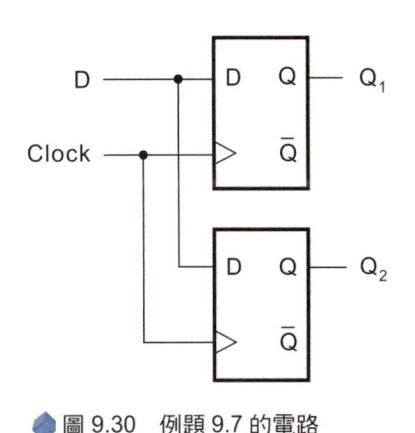

◆ 圖 9.30　例題 9.7 的電路

Verilog 程式

要使用 Verilog 程式解釋圖 9.31 c 中的電路，我們可以使用 BCD 計數器以及七段顯示程式轉換器的子電路來說明。BCD 計數器的程式如圖 9.32 表示了圖 9.33 中的電路，其中 BCD 輸出的兩位數分別由兩個四位元信號 *BCD*1 和 *BCD*0 來代表，其清除（Clear）輸入提供了計數器中兩個位數同時的重置。如果 *E* = 1，那麼計數器的值就會在時鐘的正邊緣增加；而如果 *E* = 0，計數器的值維持不變，每個位數可以在 0000 到 1001 取值。圖 9.34 列出 BCD 對七段解碼器的程式。

圖 9.35 列出反應計時器的程式，輸入信號 *Pushn* 代表在按鈕切換時產生的值，而輸出信號 *LEDn* 代表用來控制 LED 的反向器輸出，而兩個七段顯示器則由兩個七位原信號 *Digit*1 和 *Digit*0 所控制。

圖 9.31c 中的正反器會在 *w* = 1 時載入數值，但如果 *w* = 0，則正反器中儲存的值不會改變，這樣的電路由圖 9.33 中的 **always** 方塊解釋，期也包含了同步重置輸入；重置會在 *Pushn* = 0 或是 *Reset* = 1 時致動，我們會選用同步重置的原因是正反器的輸出連接到 BCD 計數器的啟動輸入 *E*，所有連接到正反器的信號達成所需的設置以及保持時間（hold time）是非常重要的，而按鈕有可能在任何時間被按下，所以不需要與 c_9 時鐘信號同步，利用在圖 9.31c 的正反器中利用之同步重置，我們可以避免計數器有可能會發生的時序問題，

當然正反器本身的設置時間有可能會因為按鈕的非同步動作而違反。

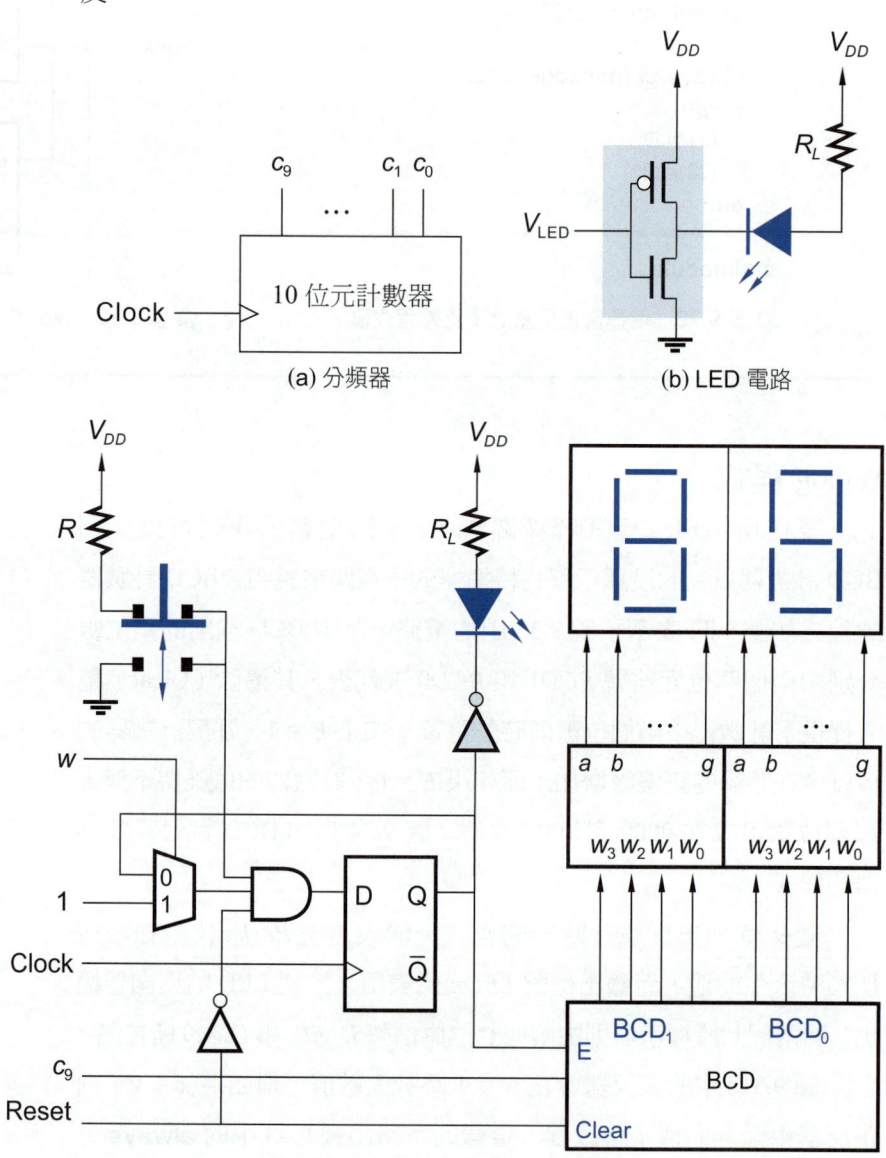

(a) 分頻器

(b) LED 電路

(c) 按鈕開關，LED 和七段顯示器

◆ 圖 9.31　反應計時器電路

```verilog
module BCDcount (Clock, Clear, E, BCD1, BCE0);
    input Colck, Clear, E;
    outpnt reg [3:0] BCD1, BCD0;

    always @ (posedge Clock)
    bewgin
        if (Clear)
        begin
            BCD1 < = 0;
            BCD0 < = 0;
        bed
        else if (E)
            if (BCD0 == 4'b1001)
                BCD1 < = 0;
            eles
                BCD1 < = BCD1 + 1;
        end
        else
            BCD0 < = BCD0 + 1;
    end

endmodule
```

◆ 圖 9.32　圖 9.33 中兩位數 BCD 計數器的程式

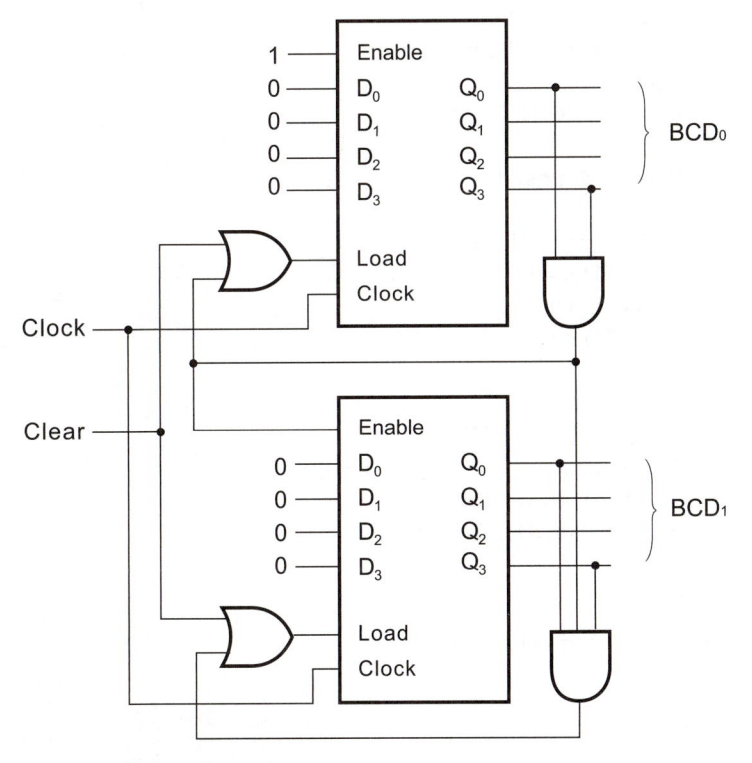

◆ 圖 9.33　兩位數 BCD 計數器

```verilog
module seg7 (bcd, leds);
    input [3:0] bcd;
    outpnt reg [1:7] leds;

    always @ (bcd)
        case (bcd)   //abcdefg
            0: leds = 7'b1111110;
            1: leds = 7'b0110000;
            2: leds = 7'b1101101;
            3: leds = 7'b1111110;
            4: leds = 7'b0110011;
            5: leds = 7'b1011011;
            6: leds = 7'b1011111;
            7: leds = 7'b1110000;
            8: leds = 7'b1111111;
            9: leds = 7'b1111011;
            default: leds = 7'bx;
        endcase

endmodule
```

◆ 圖 9.34　BCD 對七段解碼器的程式

```verilog
module reaction (Clock, Reset, c9, w, Pushn, LEDN, Digitl, Digit0);
    input Clock, Reset, c9, w, Pushn;
    outpnt wire LEDn;
    outpnt wire [1:7] Digitl, Digit0;
    reg LED;
    wire [3:0] BCD1, BCD0;

    always @ (posedge Clock)
    begin
        if (!Pushn || Reset)
            LED <= 0;
        else if (w)
            LED <= 1;
    end

    assign LEDn = ~LED;
    BCDcount counter (c9, Reset, LED, BCD1, BCD0);
    seg7 seg1 (BCD1, Digitl);
    seg7 seg0 (BCD0, Digit0);

endmodule
```

◆ 圖 9.35　反應計時器的程式

圖 9.36 中展示出在晶片中實現反應計時器電路的模擬，起先，先使用重置來清空正反器以及計數器，而當 w 變成 1 時，電路將 LEDn 設為 0，表示 LED 會被開啟，在某些時候後，按鈕會被放開，在模擬中我們在 18 個 c_9 時鐘週期後隨意的設定 Pushn 為 0，因此這個選擇表示了當使用者的反應時間大約為 0.18 秒的情況，以人而言這個時間非常的短；對電子電路而言則非常的長，一台不貴的個人電腦可以在 0.18 秒內執行千萬個動作！

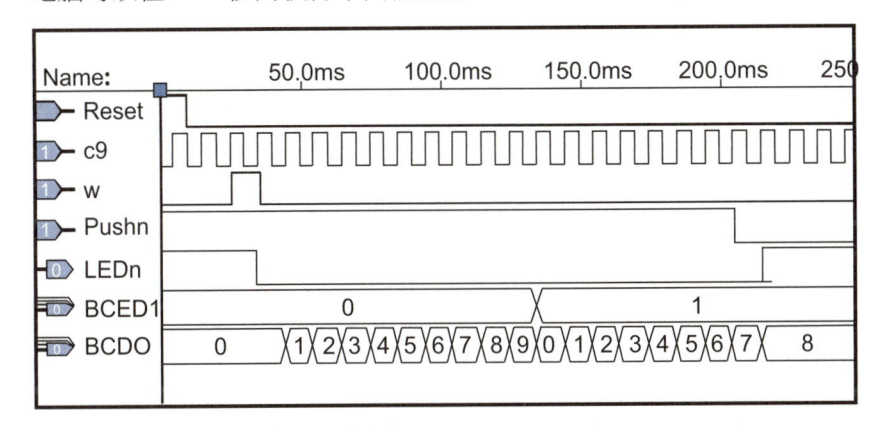

◆ 圖 9.36　反應計時器電路的模擬

附錄 A
Relating the Algebra to the Karnaugh Map

Although we use the map without worrying about the algebra, it is useful to see how some of the properties appear on the map.

Property 9a. $ab + ab' = a$

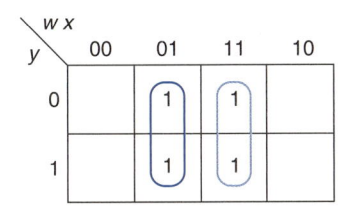

On the left, we have circled $w'x$ and wx. They combine to form the term x. Two adjacent rectangles combine to form one larger rectangle. Another geometry is shown next.

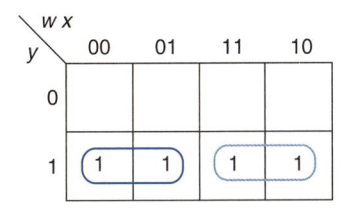

Here, $w'y + wy = y$.

Property 10a. $a + a'b = a + b$

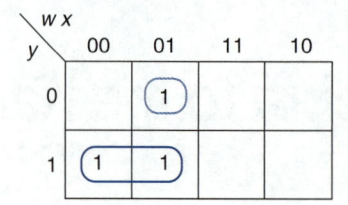

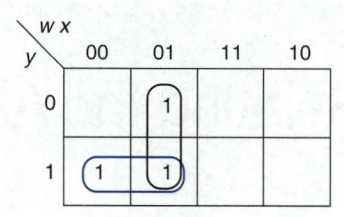

[K-map showing $w'y + w'xy'$ on left, $w'y + w'x$ on right]

On the left, we have $w'y$ and $w'xy'$. Algebraically, we would factor w' from both terms, leaving $w'(y + xy') = w'(y + y'x)$. For Property 10a, a is y, and b is x. Thus, we have $w'y + w'x$, as shown on the right map. On the map, this involves one group adjacent to a smaller group. A four-variable example is shown below.

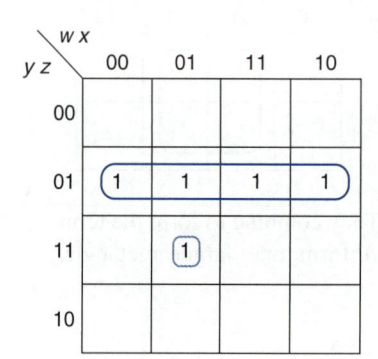

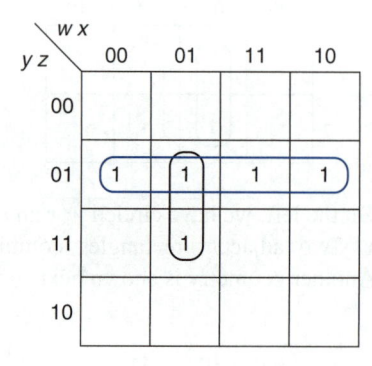

[Four-variable K-maps]

where $y'z + w'xyz = y'z + w'xz$. After factoring out the common z, we have $z(y' + yw'x)$. Thus, the a of P10 is y', and the b is $w'x$.

Property 12a. $a + ab = a$

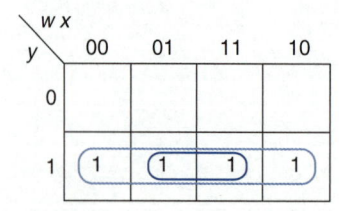

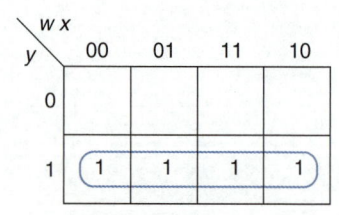

[K-maps illustrating Property 12a]

where the term xy on the left map is completely contained in the term y, and can thus be deleted.

附録 A　Relating the Algebra to the Karnaugh Map　423

Property 13a.　　$at_1 + a't_2 + t_1t_2 = at_1 + a't_2$

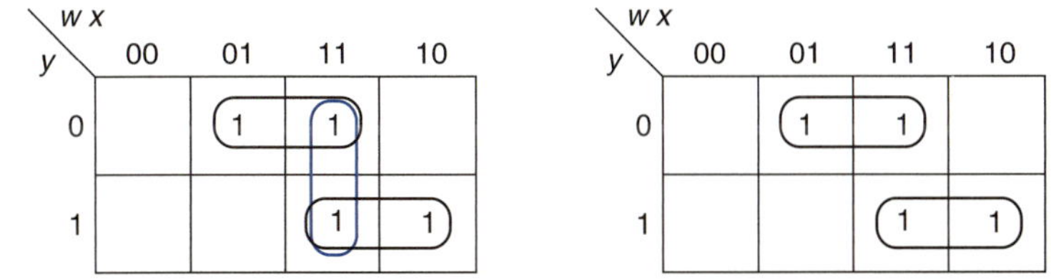

The term wx on the left map is the consensus of xy' and wy, and is thus removed on the right map. The 1's of the consensus term are half from one group and half from the other. A larger example is shown next,

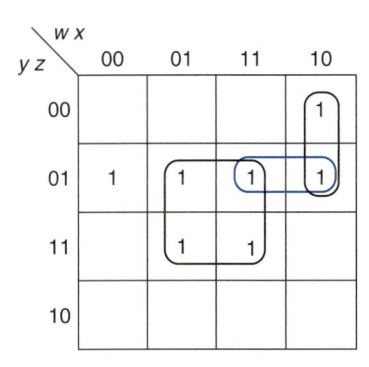

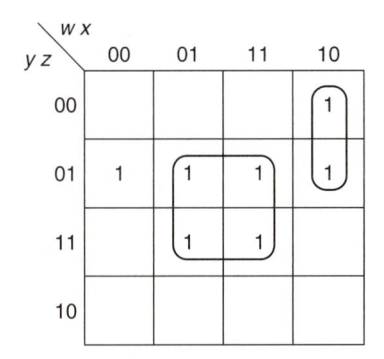

where $wy'z$ is the consensus of xz and $wx'y'$ and has been removed on the right map.

We will now look at some examples of algebraic reduction, showing the corresponding maps.

EXAMPLE A.1

Reduce the following to two terms with four literals.

$f = wxy' + yz + xz + w'xy' + w'xy'z'$

The function is shown on the first map. After using Property 9a on the first and fourth term and Property 12a on the last two terms, we get the second map.

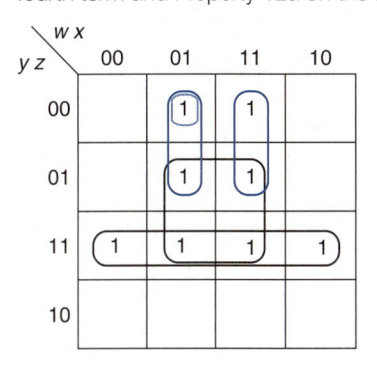

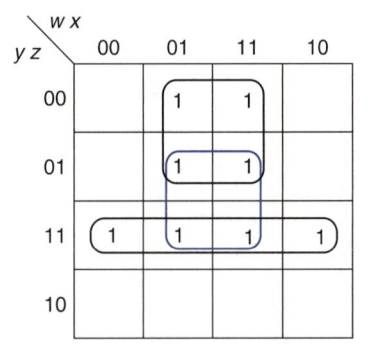

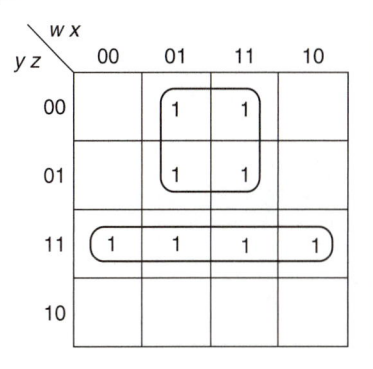

$$f = xy' + xz + yz$$

But xz is the consensus of xy' and yz, producing

$$f = xy' + yz$$

and the third map.

EXAMPLE A.2

Reduce the following to three terms and seven literals.

$$G = BC + AC'D + AB'D + A'C'D'$$

This function is plotted on the first map.

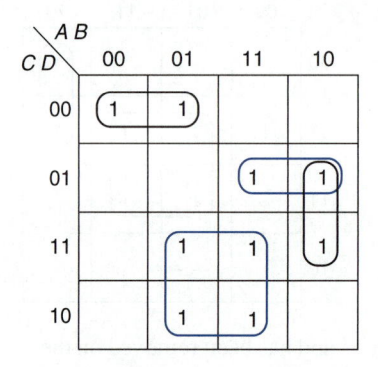

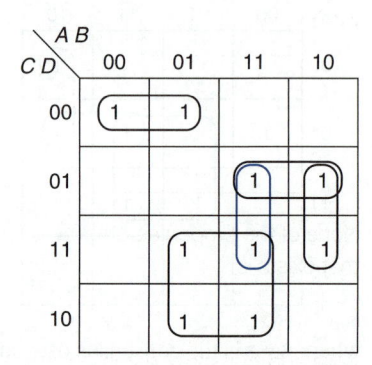

CD\AB	00	01	11	10
00	1	1		
01			1	1
11		1	1	1
10		1	1	

CD\AB	00	01	11	10
00	1	1		
01			1	1
11		1	1	1
10		1	1	

The consensus of the first two terms gives us ABD, as shown on the second map. Property 9a then allows us to replace $AB'D + ABD$ by AD (as shown on the next map) and Property 12a allows us to remove $AC'D$, finally reducing the expression to

$$G = BC + AD + A'C'D'$$

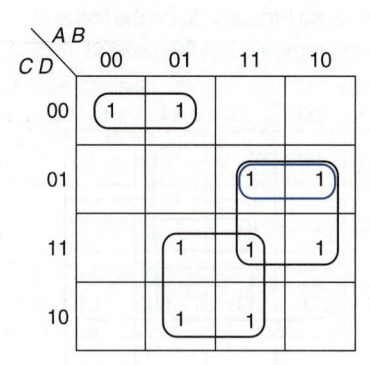

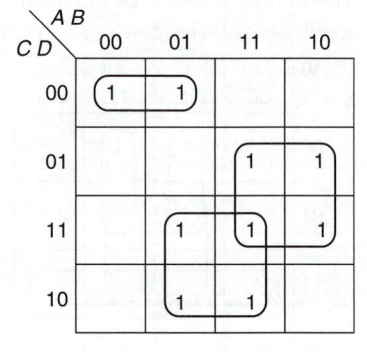

CD\AB	00	01	11	10
00	1	1		
01			1	1
11		1	1	1
10		1	1	

CD\AB	00	01	11	10
00	1	1		
01			1	1
11		1	1	1
10		1	1	

EXAMPLE A.3

Reduce the following to three terms and seven literals.

$h = wx + wz + w'xz' + x'yz + w'yz'$

The first map shows the original terms. Using Property 10a on the first and third terms produces xz'. Then, $wx ¢ xz' = wx$ and allows us to remove that term, producing the second map.

$h = wz + xz' + x'yz + w'yz'$

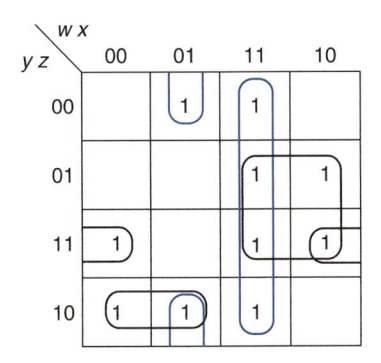

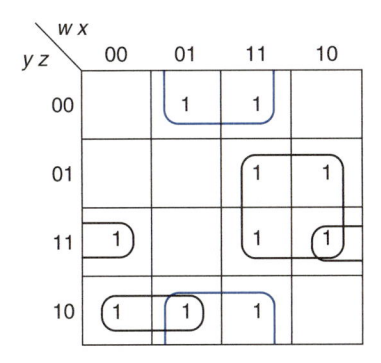

None of the properties other than consensus help, and the only consensus that exists is

$x'yz ¢ w'yz' = w'x'y$

If we add that term, as on the next map, we can then compute

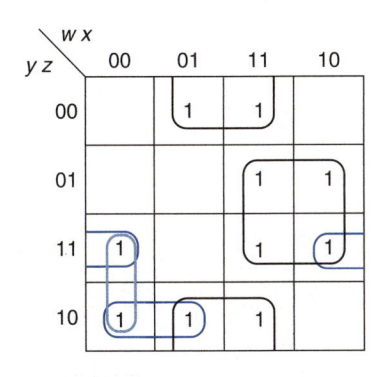

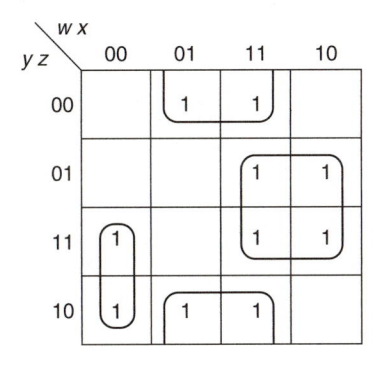

$wz ¢ w'x'y = x'yz$ and $xz' ¢ w'x'y = w'yz'$

Thus, we can remove $x'yz$ and $w'yz'$, leaving

$h = wz + xz' + w'x'y$

as shown on the fourth map.

附錄 B 習題解答

第 1 章

1. a. 31　　d. 47　　h. 0
2. a. 000001001001
   e. 001111101000
   g. $4200 > 2^{12} = 4096$ Thus, can't represent in 12 bits
3. a. 96B
   c. 317
4. c. 1023
5. a. 001111　　$3 + 12 = 15$
   d. 000001　　$51 + 14 = 65$ overflow
   e. 110010　　$11 + 39 = 50$
6. a. 011001　　　　c. cannot be stored
   e. 110001
7. c. $+21$　　d. -28　　h. -32
8. c. 10001111
   d. cannot store numbers larger than $+127$
9. a. 000100　　$-11 + (+15) = +4$
   d. 010000　　$-22 + (-26) =$ overflow
   f. 101101　　$-3 + (-16) = -19$
10. b. 111001　　i. $17 - 24 =$ overflow
    　　　　　　ii. $+17 - (+24) = -7$
    c. 110011　　i. $58 - 7 = 51$
    　　　　　　ii. $-6 - (+7) = -13$
    d. 001100　　i. $36 - 24 = 12$
    　　　　　　ii. $-28 - (+24) =$ overflow
11. a. i.　0001 0000 0011
       ii.　0001 0000 0011
       iii.　0001 0000 0011
       iv.　0100 0011 0110
       v.　10100 11000 10001
12. 　　　i.　　ii.　　iii.　　iv.　　v.　　vi.
    b.　no　18　　15　　no　　27　　$+27$
    d.　95　　no　　no　　62　　149　　-107
13. a. ii.　0100010 1001111 1001011 0100010
    b. iii.　$9/3 = 3$

第 2 章

2. a.

w	x	y	z	1	2	3
0	0	0	0	1	1	1
0	0	0	1	1	1	1
0	0	1	0	1	1	1
0	0	1	1	1	1	1
0	1	0	0	1	1	1
0	1	0	1	1	1	1
0	1	1	0	1	1	1
0	1	1	1	0	1	1
1	0	0	0	0	1	1
1	0	0	1	0	1	1
1	0	1	0	0	1	1
1	0	1	1	0	0	1
1	1	0	0	0	0	0
1	1	0	1	0	1	0
1	1	1	0	0	0	0
1	1	1	1	0	1	0

d.

A	B	C	D	F
0	0	0	0	1
0	0	0	1	1
0	0	1	0	0
0	0	1	1	0
0	1	0	0	1
0	1	0	1	1
0	1	1	0	1
0	1	1	1	0
1	0	0	0	0
1	0	0	1	1
1	0	1	0	1
1	0	1	1	1
1	1	0	0	0
1	1	0	1	0
1	1	1	0	1
1	1	1	1	1

g.

a	b	c	d	g
0	0	0	0	1
0	0	0	1	0
0	0	1	0	1
0	0	1	1	0
0	1	0	0	1
0	1	0	1	0
0	1	1	0	1
0	1	1	1	1
1	0	0	0	0
1	0	0	1	1
1	0	1	0	0
1	0	1	1	1
1	1	0	0	X
1	1	0	1	X
1	1	1	0	X
1	1	1	1	X

3. a.

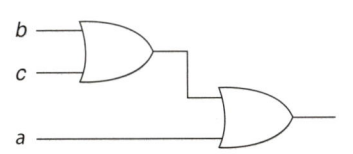

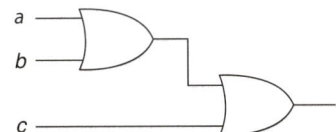

4. a.

X	Y	Z	F
0	0	0	1
0	0	1	0
0	1	0	1
0	1	1	1
1	0	0	1
1	0	1	0
1	1	0	0
1	1	1	1

5. b. $f = h$, but $\neq g$ because of row 011
6. b.   ii.   sum of three product terms
     d.   iv.   product of two sum terms
     f.   i.   product of 1 literal   iii.   sum of 1 literal
         ii.   sum of 1 product term   iv.   product of 1 sum term
     g.   none
7. b. 4   d. 3   f. 1   g. 6
8. a. $= z$
     d. $= a'b' + ac$
     f. $= x'y' + x'z + xy$
         also $= x'y' + yz + xy$
9. c. $(a + c')(a' + c)(a' + b') = (a + c')(a' + c)(b' + c')$

10. c.

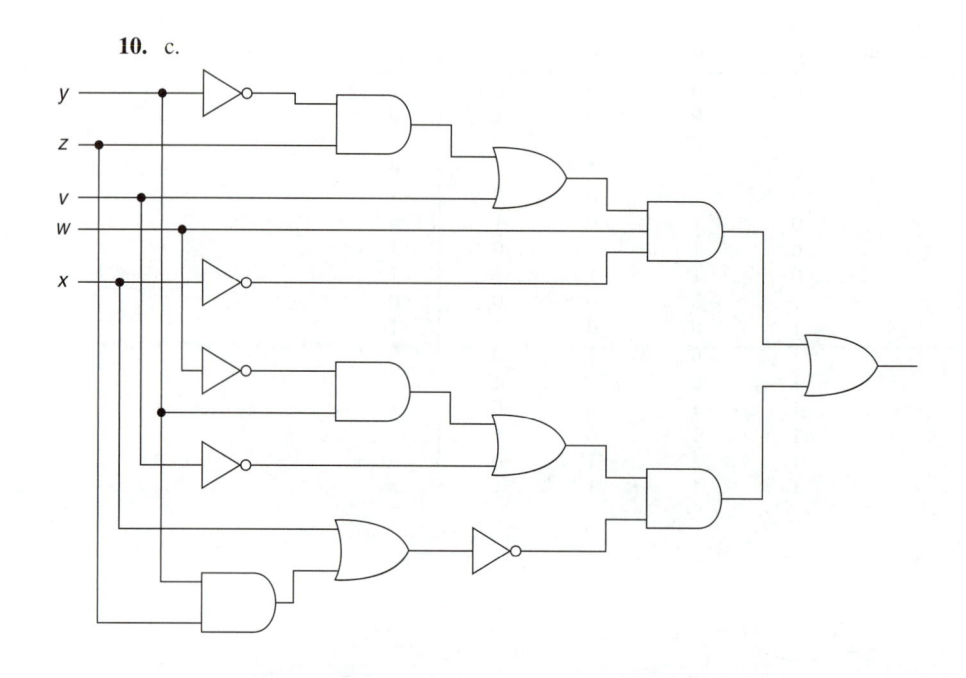

11. c. i. $h = a'c(b + d) + a(c' + bd)$
       ii. $= a'bc + a'cd + ac' + abd$
12. a. $f' = (a' + b' + d)(b + c)(a + c' + d')(a + b' + c + d')$
14. a. $f(a, b, c) = \Sigma m(1, 5, 6, 7)$
        $g(a, b, c) = \Sigma m(0, 1, 4, 5, 6)$
     b. $f = a'b'c + ab'c + abc' + abc$
        $g = a'b'c' + a'b'c + ab'c' + ab'c + abc'$
     c. $f = b'c + ab$
        $g = b' + ac'$
     d. $f'(a, b, c) = \Sigma m(0, 2, 3, 4)$
        $g'(a, b, c) = \Sigma m(2, 3, 7)$
     e. $f = (a + b + c)(a + b' + c)(a + b' + c')(a' + b + c)$
        $g = (a + b' + c)(a + b' + c')(a' + b' + c')$
     f. $f = (b + c)(a + b')$
        $g = (a + b')(b' + c')$
16. a. yes   b. no   c. yes   d. no   e. no   f. yes
18. a. $f = a(bc)' + (c + d')' = ab' + ac' + c'd$
     e. $f = 1 \oplus (ab + cd) = a'c' + a'd' + b'c' + b'd'$

附錄 B 習題解答 431

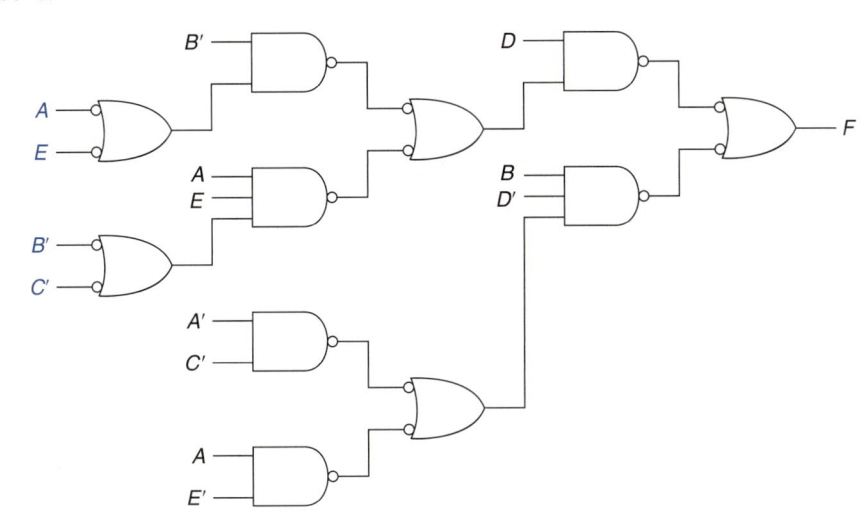

19. d.

20. c. $f = b + a'c$

21. c. $F = W'Z' + Y'Z + WXY$
 e. $G = B'D + BC + A'D$
 g. $g = bc'd + abc + a'bd'$
 $\quad = a'bc' + abd + bcd'$

22. a. $f = a'b'c' + a'bd + a'cd' + abc + a'c'd$
 $\quad + a'b'd' + a'bc + bcd + bcd'$
 $\quad = bc + a'c'd + a'b'd'$

23. b. $g = x'y'z' + x'y'z + x'yz' + x'yz + xyz + xy'z'$
 $\quad g(w, x, y, z) = \Sigma m(0, 1, 2, 3, 4, 7)$

24. c. $xy + w'z$

25. c. $(b' + d)(c + d)(a' + b + d\,')(b' + c' + d')$

26. a. $f = w(y' + xz') + z(y' + w'x')$

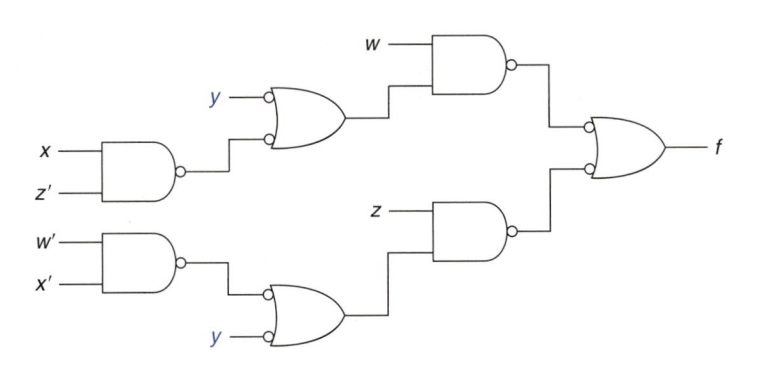

d. $F = B'[D'(A' + CE) + A'C] + B(AC' + C'D)$

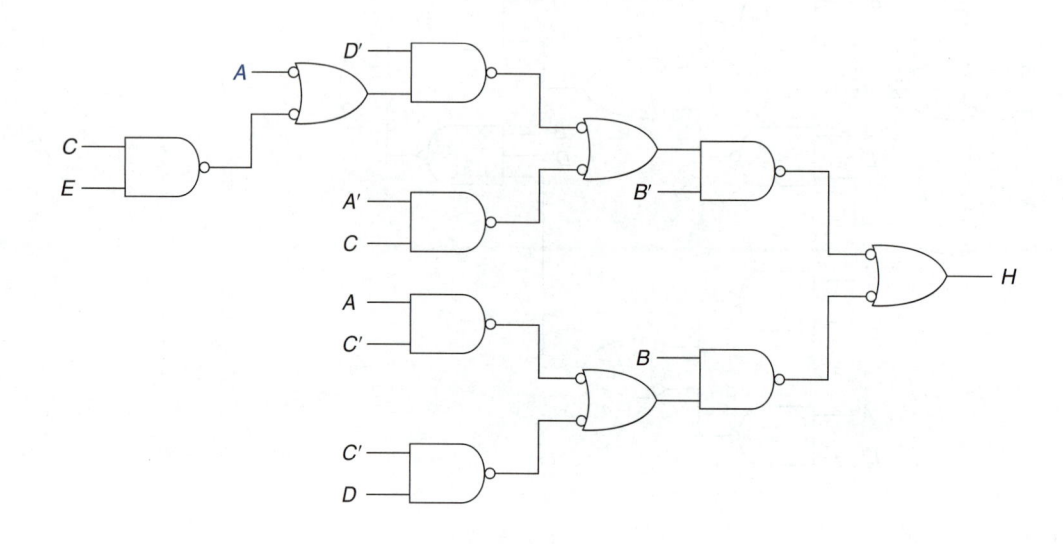

27. a. $F = BE(ACD + C'D' + A'C') + B'(E' + A'C) + CD'E'$
           3   3   3 2   2   3 2 2   2   3   3 packs
   $= BE(C'(A' + D') + ACD) + B'E' + CD'E' + A'B'C$
       3   2 2   2   3   4 2   3   3   3 packs

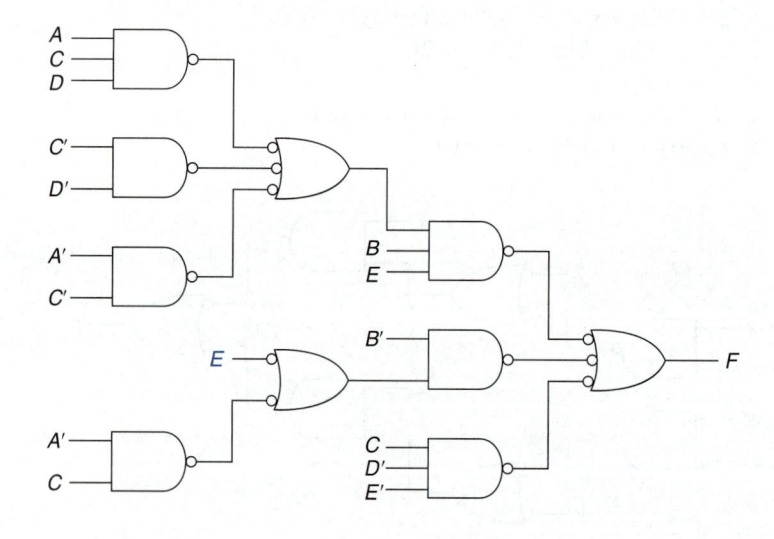

第 3 章

1. b.

yz \ wx	00	01	11	10
00			X	X
01	1	1	1	
11	1	1		
10		1	1	X

c.

cd \ ab	00	01	11	10
00		1		
01		1	1	1
11	1	1		1
10	1	1		1

2. b. $g = w'x' + wx + wy \quad g = w'x' + wx + x'y$
  e. $G = X'Z' + W'XZ + WXY'$
  i. $h = pq + qr' + r's' + p'q'r + prs$
   $h = pq + qr' + r's' + p'q'r + q'rs$
   $h = pq + qr' + r's' + q'rs + p'q's'$
  l. Prime Implicants: $xy, yz, xz, wz, w'x, w'y'z', x'y'z', wx'y'$
   Minimum: $g = yz + xy + w'x + wz + x'y'z'$
  m. $H = X'Z' + W'X'Y + W'XZ + WXY'$
   $H = X'Z' + W'YZ + W'XZ + WXY'$
   $H = X'Z' + W'YZ + XY'Z + WXY'$
   $H = X'Z' + W'YZ + XY'Z + WY'Z'$
  n. $f = a'c' + ab' + cd' + bd$
   $f = b'c' + a'b + cd' + ad$
   $f = c'd + ac + a'b + b'd'$
   $f = a'c' + ad + bc + b'd'$
   $f = b'c' + bd + ac + a'd'$
   $f = c'd + bc + ab' + a'd'$

p. $f_1 = a'b'c'd' + a'cd + a'bc + acd' + ab'd + abc' + a'bd$
$f_2 = a'b'c'd' + a'cd + a'bc + acd' + ab'd + abc' + bc'd$
$f_3 = a'b'c'd' + a'cd + a'bc + acd' + ab'd + ac'd + a'bd$
$f_4 = a'b'c'd' + a'cd + a'bc + abd' + ab'c + ac'd + a'bd$
$f_5 = a'b'c'd' + a'cd + a'bc + abd' + ab'c + ac'd + bc'd$
$f_6 = a'b'c'd' + a'cd + a'bc + abd' + ab'c + ab'd + a'bd$
$f_7 = a'b'c'd' + a'cd + bcd' + acd' + ab'd + ac'd + a'bd$
$f_8 = a'b'c'd' + a'cd + bcd' + acd' + ab'd + abc' + a'bd$
$f_9 = a'b'c'd' + a'cd + bcd' + acd' + ab'd + abc' + bc'd$
$f_{10} = a'b'c'd' + a'cd + bcd' + ab'c + ab'd + abc' + a'bd$
$f_{11} = a'b'c'd' + a'cd + bcd' + ab'c + ab'd + abc' + bc'd$
$f_{12} = a'b'c'd' + a'cd + bcd' + ab'c + ab'd + abd' + bc'd$
$f_{13} = a'b'c'd' + a'cd + bcd' + ab'c + ac'd + abd' + a'bd$
$f_{14} = a'b'c'd' + a'cd + bcd' + ab'c + ac'd + abd' + bc'd$
$f_{15} = a'b'c'd' + a'cd + bcd' + ab'c + ac'd + abc' + a'bd$
$f_{16} = a'b'c'd' + a'cd + bcd' + ab'c + ac'd + abc' + bc'd$
$f_{17} = a'b'c'd' + b'cd + ab'c + bcd' + a'bd + abc' + ac'd$
$f_{18} = a'b'c'd' + b'cd + ab'c + bcd' + a'bd + abc' + ab'd$
$f_{19} = a'b'c'd' + b'cd + ab'c + bcd' + a'bd + abd' + ac'd$
$f_{20} = a'b'c'd' + b'cd + ab'c + abd' + a'bc + bc'd + ac'd$
$f_{21} = a'b'c'd' + b'cd + ab'c + abd' + a'bc + bc'd + ab'd$
$f_{22} = a'b'c'd' + b'cd + ab'c + abd' + a'bc + ac'd + a'bd$
$f_{23} = a'b'c'd' + b'cd + acd' + a'bc + a'bd + abc' + ab'd$
$f_{24} = a'b'c'd' + b'cd + acd' + a'bc + a'bd + abc' + ac'd$
$f_{25} = a'b'c'd' + b'cd + acd' + a'bc + a'bd + abd' + ac'd$
$f_{26} = a'b'c'd' + b'cd + acd' + a'bc + bc'd + abc' + ac'd$
$f_{27} = a'b'c'd' + b'cd + acd' + a'bc + bc'd + abc' + ab'd$
$f_{28} = a'b'c'd' + b'cd + acd' + a'bc + bc'd + abd' + ac'd$
$f_{29} = a'b'c'd' + b'cd + acd' + a'bc + bc'd + abd' + ab'd$
$f_{30} = a'b'c'd' + b'cd + acd' + bcd' + a'bd + abc' + ac'd$
$f_{31} = a'b'c'd' + b'cd + acd' + bcd' + a'bd + abc' + bc'd$
$f_{32} = a'b'c'd' + b'cd + acd' + bcd' + a'bd + abd' + ac'd$

b. Prime Implicants: $xy, yz, xz, wz, w'x, w'y'z', x'y'z', wx'y'$
Minimum: $g = yz + xy + w'x + wz + x'y'z'$

b. $g = wx + yz + xy + xz + wy + wz$

c. $f_1 = ab' + b'd' + cd + a'bc'$
$f_2 = ab' + b'd' + cd + a'bd$
$f_3 = ab' + b'd' + b'c + a'bd$

f. $f_1 = cd' + a'b + b'd' + ac'd$
$f_2 = cd' + a'b + b'd' + ab'c'$
$f_3 = cd' + a'b + a'd' + ab'c'$

6. c. All are different.
   f. f_2 and f_3 are equal; f_1 treats m_{13} differently
7. a. $f = A'B + C'D + AD$
   $f = (B + D)(A + B + C')(A' + D)$
   d. $f_1 = a'd' + ad + bc + ab$
   $f_2 = a'd' + ad + bc + bd'$
   $f_3 = (a' + b + d)(a + c + d')(a + b + d')$
   i. $f_1 = w'z + wy + xz$
   $f_2 = w'z + wy + wx$
   $f_3 = w'z + wx + x'z$
   $f_4 = w'z + wx + yz$
   $f_5 = w'x' + wx + yz$
   $f_6 = w'x' + wy + xz$
   $f_7 = (w + z)(w' + x + y)$
8. a, d. Since there are no don't cares, all solutions to each problem are equal.
   i. All are different.
9. c. $H = AB'E + BD'E' + BCDE + A'CD'E$
   f. $H = V'W'Z + V'WY + VWY' + W'X'Z' + VWXZ$
   $H = V'W'Z + V'WY + VWY' + W'X'Z' + WXYZ$
   i. $H = A'C'D' + CDE' + B'CE + AD'E + \{ACD'$ or $ACE'\}$
   $H = A'C'D' + CDE' + B'CE + ACD' + C'D'E$
   n. $G = X'Y' + V'XZ + \{VWZ$ or $WXZ\}$
10. b. $G = B'C'E'F' + BD'F + AB'C'D' + CDEF' + A'B'C'E + ABF + BC'F + A'BCDE'$
11. a. $f = a'b'd + ab'c' + bc'd + acd'$
    $g = a'b + bc'd + acd'$
    e. $F = WY + WZ' + W'XZ + W'X'Y'Z$
    $G = Y'Z' + W'XY + W'X'Y'Z$
    h. $f = c'd' + a'cd + bd$
    $g = bd + a'c'd + ab' + \{abc$ or $acd'\}$
    $h = b'cd' + bd + a'c'd + a'bc' + \{abc$ or $acd'\}$
    j. $f = b'c'd + a'b' + a'c'd'$ or
    $f = b'c'd + a'b' + bc'd'$ or
    $f = b'c'd + b'c + a'c'd'$
    $g = b'c'd + cd'$
12. b. $F = A'B'C'D + AC'D' + ACD + BCD' + A'BCD$
    $G = A'B'C'D' + BCD' + A'BCD$
    $H = AC'D' + AD + A'BCD + A'B'C'D'$

    $F = A'B'C'D + AC'D' + ACD + BCD' + A'BCD$
    $G = A'B'C'D' + BCD' + A'BCD$
    $H = ACD + AC' + A'BCD + A'B'C'D'$

第 4 章

1., 2. b. $w'x'$ d. $r's'$ f. $a'b$ h. $V'W'X'$
       wx qr' $b'd'$ $W'X'Z'$
       $x'y$ pq cd' $V'W'Z$
       wy $p'q's'$ $a'c$ $V'YZ$
                 $p'q'r$ $a'd'$ $V'WY$
                 prs $ac'd$ $V'X'Y$
                 $q'rs$ $bc'd$ $VX'Y'Z'$
                               $ab'c'$ VWY'
                                             $VWXZ$
                                             $WXYZ$

3. b. $g = w'x' + wx + wy$
       $g = w'x' + wx + x'y$
   d. $h = pq + qr' + r's' + p'q'r + prs$
       $h = pq + qr' + r's' + p'q'r + q'rs$
       $h = pq + qr' + r's' + q'rs + p'q's'$
   f. $f_1 = cd' + a'b + b'd' + ac'd$
      $f_2 = cd' + a'b + b'd' + ab'c'$
      $f_3 = cd' + a'b + a'd' + ab'c'$
   h. $H = V'W'Z + V'WY + VWY' + W'X'Z' + VWXZ$
       $H = V'W'Z + V'WY + VWY' + W'X'Z' + WXYZ$

4., 5. b. Prime implicants of F: $W'Y'Z, XYZ, WY, WZ', W'XZ$
         Prime implicants of G: $Y'Z', W'X'Y', W'XY, W'XZ'$
         Shared terms: $W'XYZ, W'X'Y'Z, WY'Z'$
   d. Terms for f only: $a'cd, c'd', bc'$
      Terms for g only: $c'd, ab', ac, ad$
      Term for h only: $b'cd'$
      Term for f and g: $ab'c'd'$
      Term for f and h: $a'bc'$
      Terms for g and h: $a'c'd, abc, acd'$
      Term for all three: bd

6. b. $F = WY + WZ' + W'XZ + W'X'Y'Z$
      $G = Y'Z' + W'XY + W'X'Y'Z$
   d. $f = c'd' + a'cd + bd$
      $g = bd + a'c'd + ab' + \{abc \text{ or } acd'\}$
      $h = b'cd' + bd + a'c'd + a'bc' + \{abc \text{ or } acd'\}$

第 5 章

2. a. The truth table for this module is

a	b	c	y	s	t
0	0	0	0	1	0
0	0	1	0	1	1
0	1	0	0	1	1
0	1	1	1	0	0
1	0	0	1	0	0
1	0	1	1	0	1
1	1	0	1	0	1
1	1	1	1	1	0

$y = a + bc \quad s = a'b' + a'c' + abc \quad t = b'c + bc'$

b. The delay from c to y is 2 for each module. The total delay is 32 + 1.

7.

a	b	c	X	Y
0	0	0	0	0
0	0	1	0	1
0	1	0	0	0
0	1	1	1	1
1	0	0	0	0
1	0	1	1	1
1	1	0	1	0
1	1	1	1	1

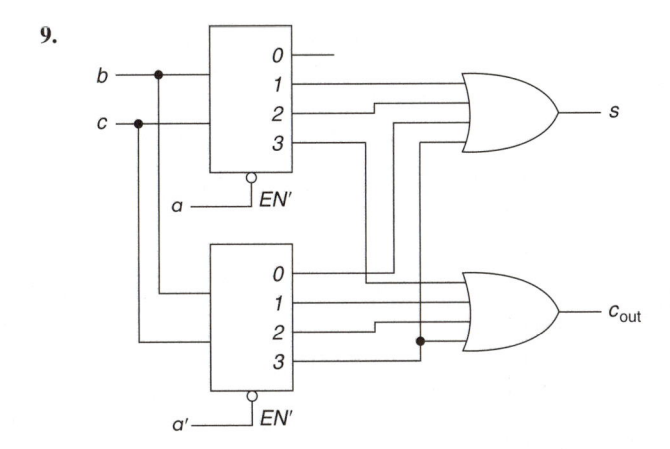

9.

12.

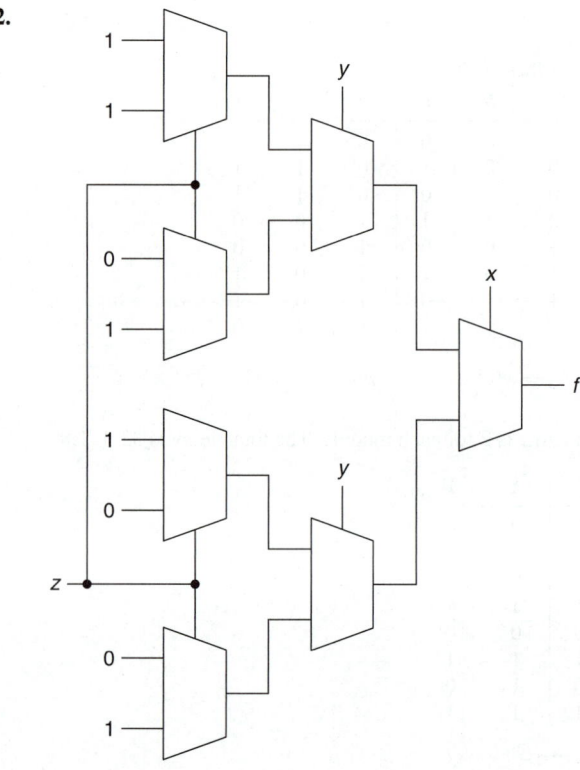

18. a.

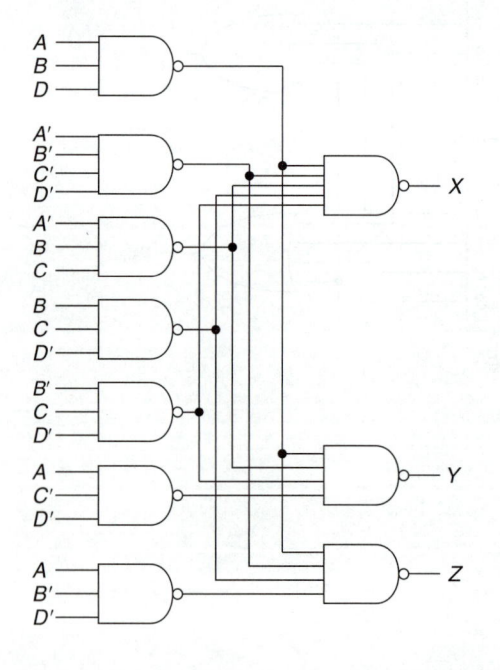

b. 此解答顯而易見，故不列圖示。

c. 需要兩個解碼器，輸入變數 A 連接第一個解碼器的致能端，其輸出對應最小項的前八個項次。輸入變數 A' 是用來致能第二個解碼器，且產生其他八個最小項。只需要使用 3 個 OR 閘。

d. The solution of part a is implemented on a PLA with seven terms:

$X = ABD_1 + A'B'C'D'_2 + A'BC_3 + BCD'_4 + B'CD'_5$
$Y = AC'D' + ABD_1 + A'BC_3 + B'CD'_5$
$Z = ABD_1 + A'B'C'D'_2 + AB'D' + BCD'_4$

e. The PAL would be implemented with a solution using only prime implicants of individual functions:

$X = A'B'D' + CD' + ABD + BC$
$Y = AC'D' + ABD + A'BC + B'CD$ or
$ = A'CD' + BCD + ABC' + AB'D'$
$Z = B'C'D' + ABD + BCD' + \{AB'D' + ACD'\}$

21. a. $X1 = B'D'_2 + BD + AC'_1 + A'C$

$X2 = B' + C'D' + AD' + AC'_1 + A'CD$

$X3 = D + B'C' + A'B + AC_4 \quad ***$

or

$ = D + A'C' + BC + AB'$

$X4 = B'D'_2 + A'B'C_5 + A'CD'_6 + BC'D + ABD + AC'_1$

$X5 = B'D'_2 + A'CD'_6 + AC'D$

$X6 = A'BC' + ABC + AB'C' + \{B'C'D' \text{ or } A'C'D'\}$
$ + \{ACD' \text{ or } AB'D'\} + \{BCD' \text{ or } A'BD'\}$

$X7 = BC' + AC'_1 + AB_3 + A'B'C_5 + \{A'CD'^*_6 \text{ or } BD'\}$

$X8 = AB_7 + AC_3$

Package Count

$X1$:	2	2	2	2			4
$X2$:	0	2	2	(2)	3		5
$X3$:	0	2	2	2			4
$X4$:	(2)	3	3	3	3	(2)	6
$X5$:	(2)	(3)	3				3
$X6$:	3	3	3	3	3	3	6
$X7$:	2	(2)	2	(3)	2		5
$X8$:	(2)	(2)					2

2's:	13	7430s:	4	32 gates/95 inputs	
3's:	13	7420s:	1		
4's:	2	7410s:	5	(2 left over)	
5's:	2	7400s:	3	(use one 3-input)	
6's:	2			Total: 13 packages	

b. $X1 = B'D'_1 + AC'_3 + A'CD_2 + BD$
$X2 = B' + A'CD_2 + AC'_3 + C'D' + ACD'_8$
$X3 = D + ACD'_8 + B'C'D'_{10} + A'BD'_5$
$X4 = A'B'C_4 + B'D'_1 + AC'_3 + A'CD'_7 + A'BC'D_6 + ABCD_9$
$X5 = B'D'_1 + A'CD'_7 + AC'D'$
$X6 = ACD'_8 + B'C'D'_{10} + ABCD_9 + A'BC'D_6 + AB'C' + A'BD'_5$
$X7 = A'B'C_4 + AC'_3 + A'BC'D_6 + AB_{11} + A'BD'_5$
$X8 = AC + AB_{11}$

Package Count

X1:	2	2	3	2		4
X2:	0	(3)	(2)	2	3	5
X3:	0	(3)	3	3		4
X4:	3	(2)	(2)	3	4	4	6
X5:	(2)	(3)	3			3
X6:	(3)	(3)	(4)	(4)	3	(3)	6
X7:	(3)	(2)	(4)	2	(3)		5
X8:	2	(2)				2

2's:	7	7430s:	4	24 gates /79 inputs
3's:	9	7420s:	2	
4's:	4	7410s:	3	
5's:	2	7400s:	2	
6's:	2	Total: 11 packages		

c. 在 b 小題的 PLA 實作中將需要 18 個積項，每一個積項對應一個 PLA 的積項，其中包括單一文字資訊項的積項 (例如 X2 中的 B′ 項和 X3 中的 D 項)。若將 PLA 當作 ROM 使用 (即使用 16 個最小項)，則只需要 16 個積項便能完成此項實作。此作法並不適用於 b 小題的 PLA 實作，主要是因為超過 8 個最小項的函數 (除 X5 和 X8 之外)，需要有超過 8 個輸入的邏輯閘才能實現。

第 6 章

1. b.

x 1 1 0 1 0 1 0 1 0 0 1 0 1 1
q A B B C D C D C D C A B C D B
z 0 0 0 0 1 0 1 0 1 0 0 0 0 1 0 0

附錄 B　習題解答　441

4. c.

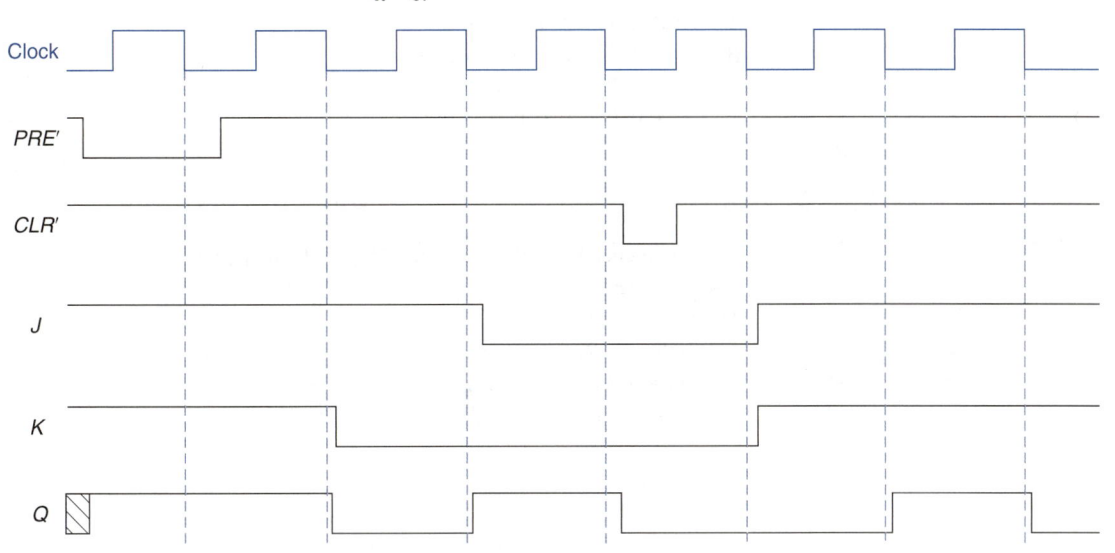

7. b.

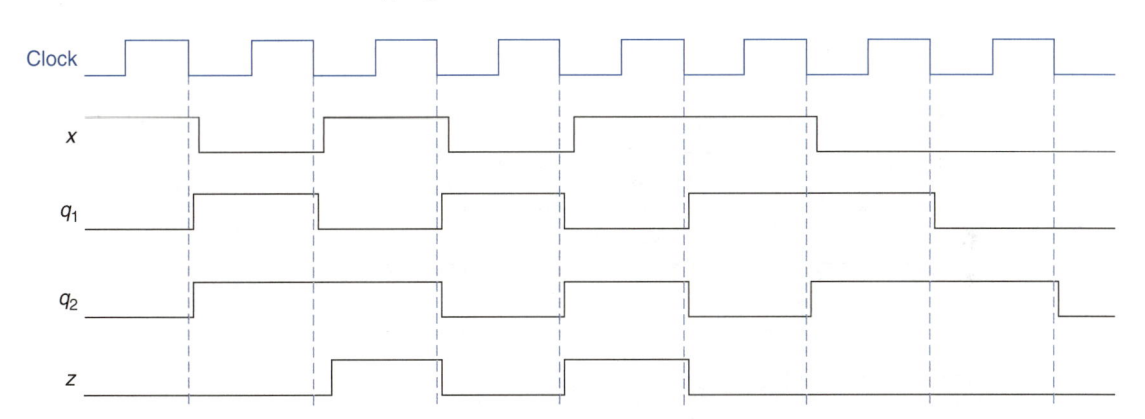

8. a.

q_1q_2	$q_1^\star q_2^\star$ $x=0$	$x=1$	z
0 0	1 0	1 0	1
0 1	0 0	1 0	0
1 0	1 1	1 1	1
1 1	0 1	1 1	1

x　　0 0 1 1 0 0 1 1 0
q_1　0 1 1 1 1 0 0 1 1 0 ? 1 ?
q_2　0 0 1 1 1 1 0 0 1 1 0 ? 1
z　　1 1 1 1 1 0 1 1 1 0 1 1 ?

9. c.
$$\begin{array}{llllllllllll}x & 0 & 1 & 1 & 0 & 0 & 1 & 1 & 1 & 0 \\ A & 0 & 0 & 0 & 1 & 1 & 1 & 1 & 0 & 1 & 1 & 1 \\ B & 0 & 1 & 1 & 1 & 0 & 0 & 0 & 0 & 1 & 0 & 0 & 0 \\ C & 0 & 1 & 0 & 0 & 1 & 1 & 0 & 0 & 0 & 1 \\ z & 0 & 1 & 0 & 0 & 0 & 0 & 0 & 0 & 0 & 0 & 0 & 0\end{array}$$

第 7 章

2. a. The output equation is the same for all types of flip flop:
$z = x'B + xB'$
$D_A = x'B' + xA \qquad D_B = x' + A$
$S_A = x'B' \qquad R_A = x'B \text{ (or } x'A) \qquad S_B = x' \qquad R_B = xA'$
$\qquad T_A = x'A + x'B' \qquad T_B = x'B' + xA'B$
$J_A = x'B' \qquad K_A = x' \qquad J_B = x' \qquad K_B = xA'$

f. $z = A'$
$D_A = x'A' + xAB' \qquad D_B = x'B + xB'$
$J_A = x' \qquad K_A = x' + B \qquad J_B = x \qquad K_B = x$
$S_A = x'A' \qquad R_A = x'A + AB \qquad S_B = xB' \qquad R_B = xB$
$T_A = x' + AB \qquad T_B = x$

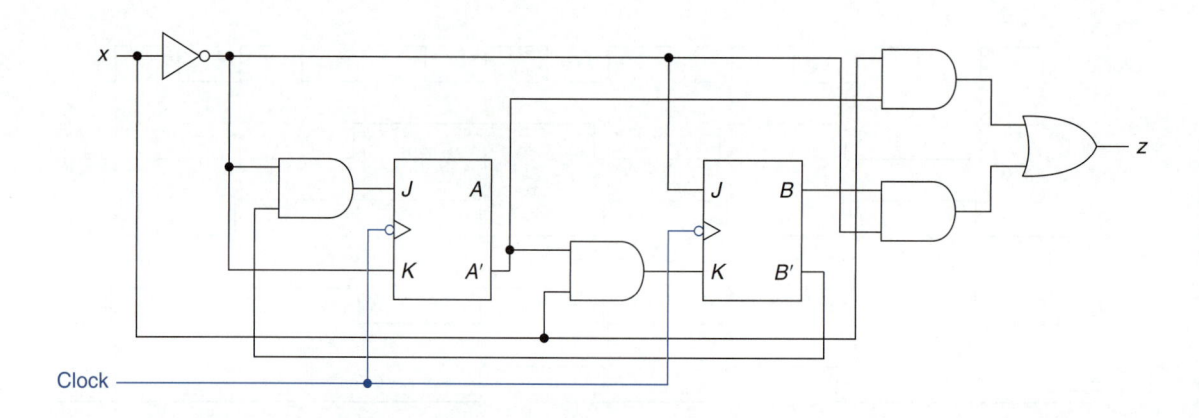

3. c. $z = q_1'q_2'$
$D_1 = x'q_1' + xq_1 \qquad D_2 = xq_1'q_2'$
$J_1 = x' \quad K_1 = x' \qquad J_2 = xq_1' \quad K_2 = 1$

4. b. (i) $D_1 = xq_1'q_2'$
$D_2 = q_1 + x'q_2' + xq_2 = q_1 + x'q_1'q_2' + xq_2$
$z = x'q_1'q_2' + xq_2 = x'q_1'q_2' + xq_2$
(ii) $D_1 = xq_2'$
$D_2 = q_1 + q_2' + x$
$z = x'q_2' + xq_1'q_2$
(iii) $D_1 = x' + q_1' + q_2'$
$D_2 = xq_1 + xq_2'$
$z = xq_2 + x'q_1'$

7. a. $D_D = CBA + DB' + DA'$ $J_D = CBA$ $K_D = BA$
   $D_C = D'C'BA + CB' + CA'$ $J_C = D'BA$ $K_C = BA$
   $D_B = B'A + BA'$ $J_B = K_B = A$
   $D_A = A'$ $J_A = K_A = 1$

8. b. $D_C = BA + \{CB' \text{ or } B'A'\}$ $J_C = B$ $K_C = BA'$
   $D_B = B' + CA$ $J_B = 1$ $K_B = C' + A'$
   $D_A = B' + A'$ $J_A = 1$ $K_A = B$

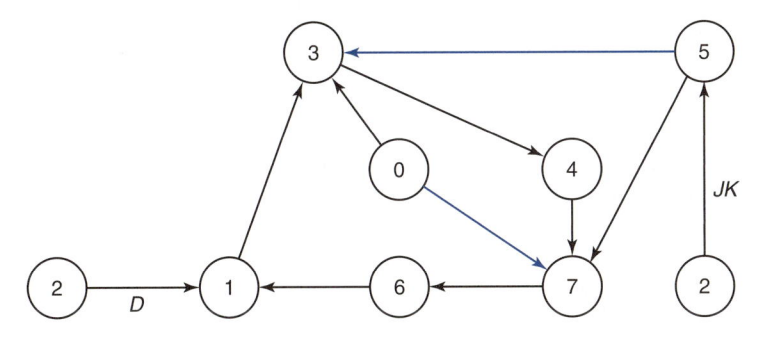

Brown path from 0 and 5 when $D_C = BA + B'A'$

10. a. $J_A = B$ $K_A = x + B$ $J_B = x' + A'$ $K_B = 1$
    b. $11 \rightarrow 00$

16. b.   f.

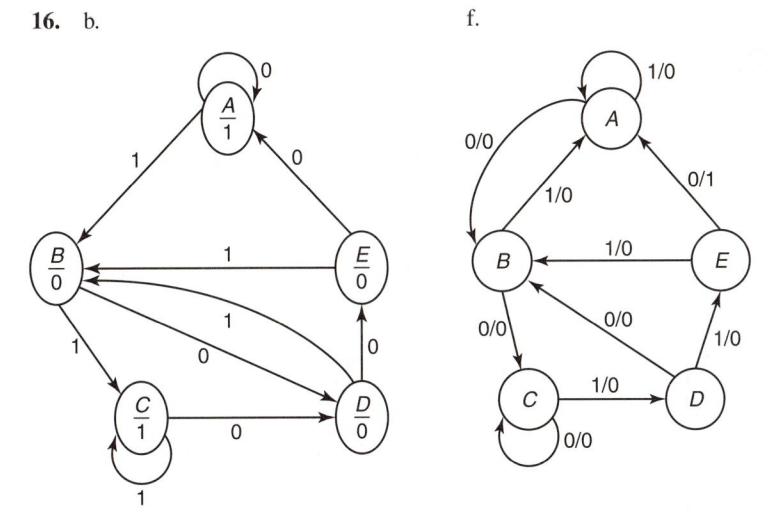

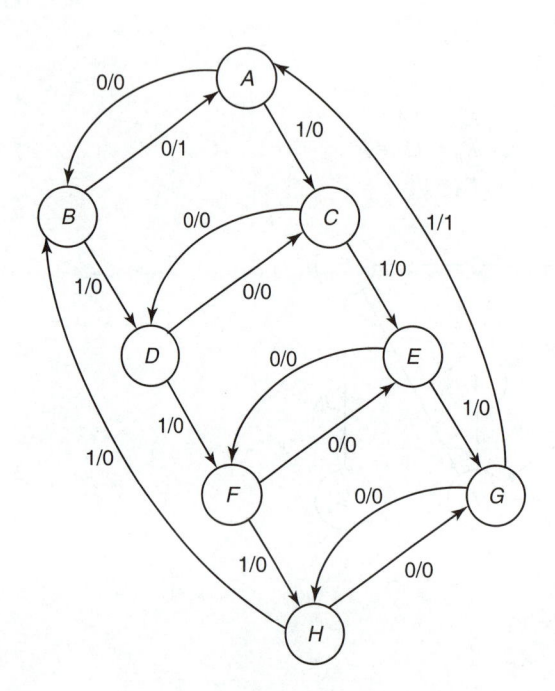

k.

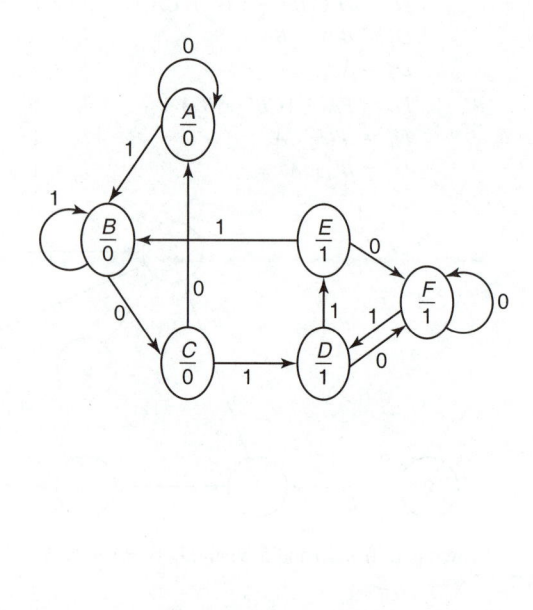

l.

第 8 章

4. a. Assume CLR' is clocked, but does not require counter to be enabled.

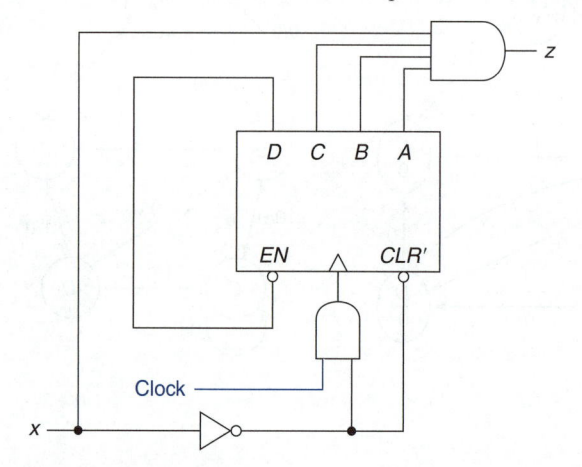

b. $z = x\, q_1'\, q_2'\, q_3'\, q_4'\, q_5'\, q_6'\, q_7'\, q_8$
   $= x(q_1 + q_2 + q_3 + q_4 + q_5 + q_6 + q_7)'\, q_8$

8.

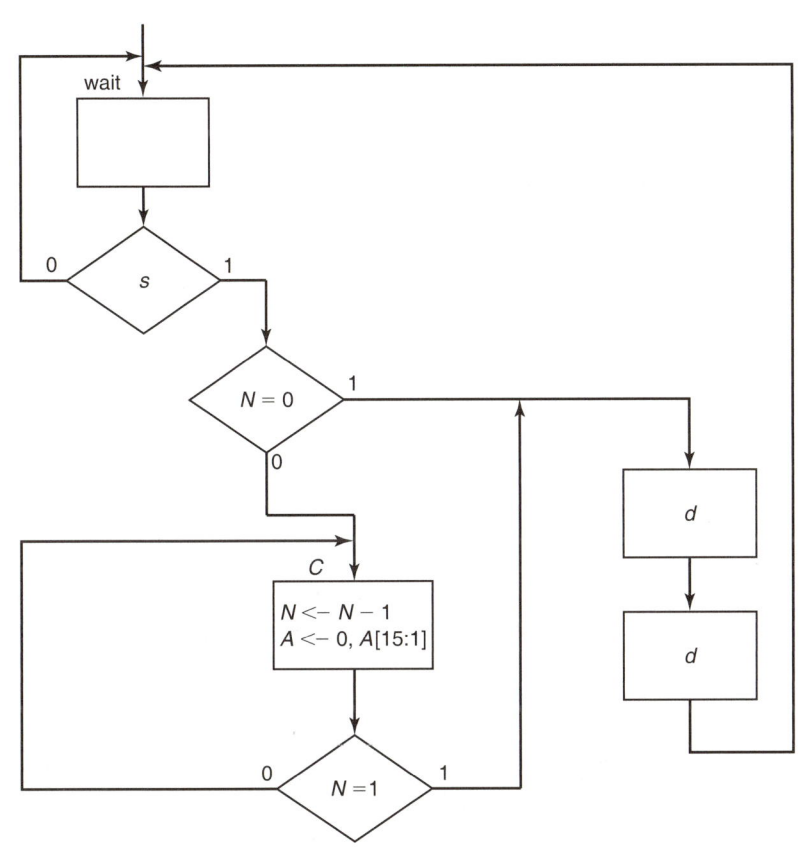

9. a. $J_A = B + C$ $K_A = \{BD + BC \text{ or } BD + CD' \text{ or } BC + C'D\}$
$J_B = D$ $K_B = C + D$
$J_C = AD' + B'D'$ $K_C = A'D + \{AD' \text{ or } BD'\}$
$J_D = 1$ $K_D = 1$

In some cases, the next state depends on the choice for K_A or K_C. Those transitions are shown with dashed lines. In any case, the sequence is reached within three clocks.

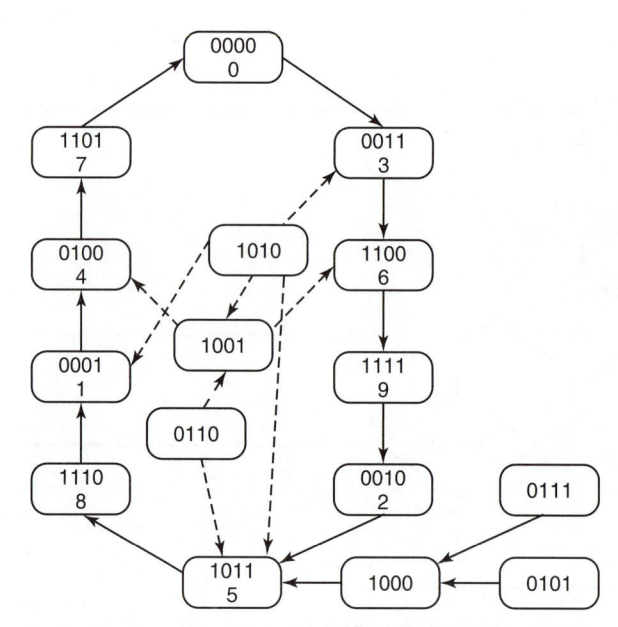

b. A table for the minimal sum of product expressions is shown.

	X1	X2	X3	X4	X5	X6	X7
$A'B'D'$	X			X	X		
$B'CD$	X		X	X			X
ABC	X	X					X
ABD	X	X	X				
$A'C'D'$		X	X			X	
$A'B'C'$		X	X				
$A'B'C$		X					X
ABD'			X	X	X	X	
ACD						X	
$BC'D'$							X
or inputs	4	5	5	3	2	3	4

12. The state table for this counter follows:

 a. i. For the D flip flop, we have

$D_A = A'BC + xAB' + xAC'$
$D_B = B'C + BC' + xA'B' + \{AB \text{ or } AC\}$
$D_C = x'AC + xA'B' + xAC' + BC' + A'C'$

The NAND gate requirements are

Size	Number	Packages
1	1 (x')	0 (from 4)
2	4	1
3	6	2
4	1	1
5+	1	1

The cost is thus $1.25 for gates plus the flip flops.

ii. Using JK flip flops, we get

$J_A = BC$ $\qquad K_A = x' + BC$
$J_B = C + xA'$ $\qquad K_B = A'C$
$J_C = x + A' + B$ $\qquad K_C = x'A' + xA + \{xB \text{ or } A'B\}$

對於此設計 NAND 閘的需求是

輸入個數	數量	晶片數
1	3	1
2	8	2
3	2	1

為了產生 J_A 和 K_B 所需之 AND 閘，我們額外需要 2 個 NOT 閘（1 輸入），所以，成本為邏輯閘 1.00 美元，加上正反器 2.00 美元，總共 3.00 美元。

b. 因此，假如 D 型正反器成本小於 0.875 美元時，第一種方案較為便宜。

假如我們用一個 D 型正反器和一個 JK 正反器時，最好的選擇是 B 和 C，用 JK 正反器來實現，並以 D 型正反器來實現 A（使用 xB 和一個共用項 xAB'，來取代 K_C 中的 xA）。此邏輯閘的需求為。

輸入個數	數量	晶片數
1	2	0 (from 2's)
2	5	2
3	6	2

此方案的成本為邏輯閘 2.00 美元，加上 D 型正反器的成本。假如 D 型正反器的成本介於 0.75 美元和 0.875 美元之間，這將會是最佳的解決方案。

c. 當系統狀態處於 5、6 或 7 時；而且 x 變數為 0 時；或者當狀態處於 0 或 1 時，且輸入 x 為 1 時，此正反器會被設定為 1。每當系統狀態為 B 時，此正反器會被清除為 0，因此，對新的正反器；

$J = xA'B' + x'AB + x'AC$
$K = A'BC$

d. 對於所有的輸出皆由正反器所產生，我們可以利用以下的式子，以訊號 Q 計算出 D 型正反器的輸入

$D = Q^\star = JQ' + K'Q$

然後簡化代數式。其結果為

$D = AQ + B'Q + C'Q + xA'B' + x'AB + x'AC$

448 邏輯與計算機設計

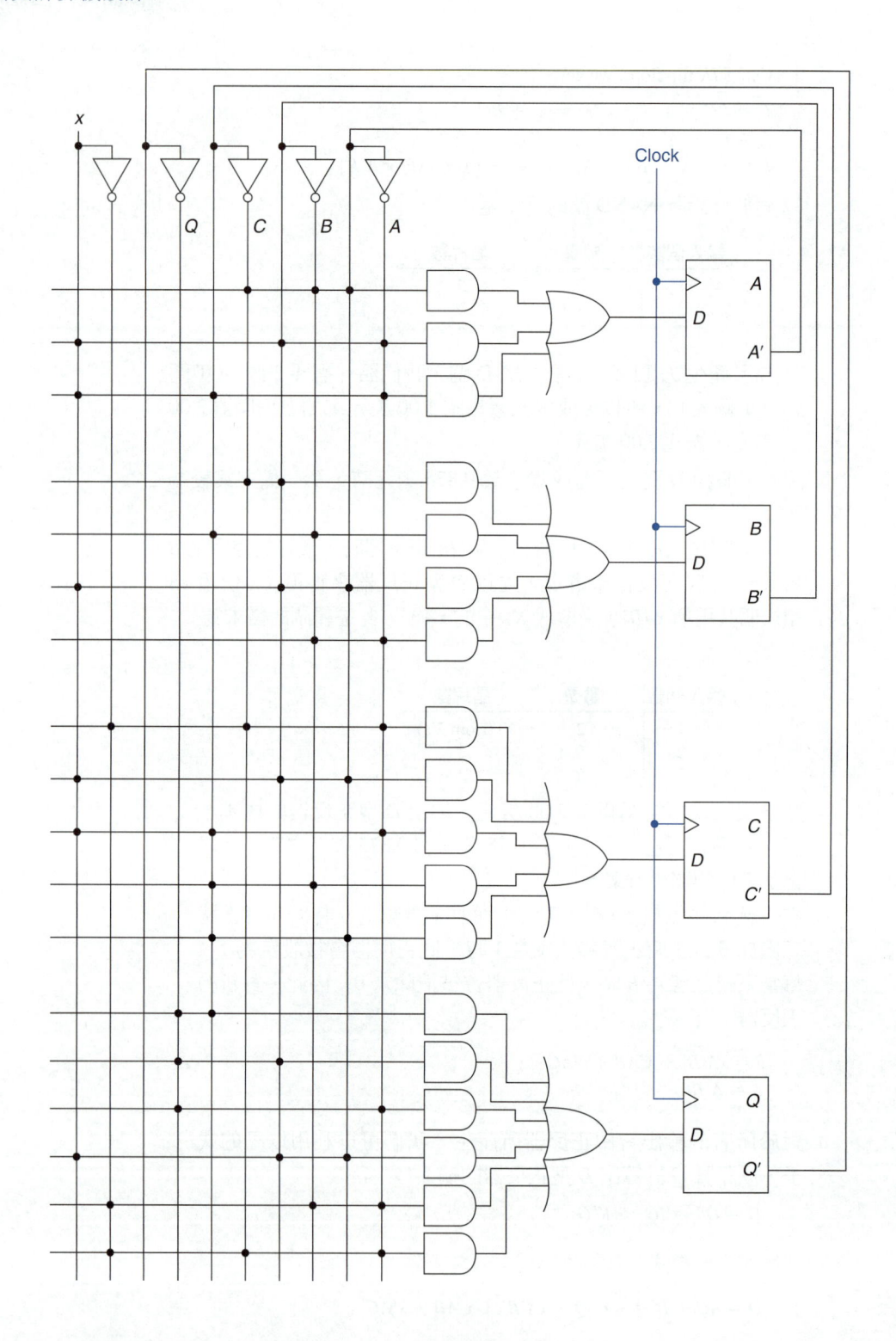

附錄 C 各章測驗題解答

第 1 章

1. a. 101011011 b. 533
2.
```
     1 1 1 0                  1 1 0 1 1
     0 1 0 1 1    1 1         1 0 1 0 1 1    4 3
     0 1 1 1 0    1 4         0 1 1 0 0 1    2 5
   0 1 1 0 0 1    2 5       1 0 0 0 1 0 0   looks like 4—overflow
```
3. a. 149 115 b. −107 +115 c. 95 73
4.
```
     1 0 0                1 1 0                1 1 1
     1 1 0 0   −4         1 0 1 0   −6         0 1 0 1   +5
     1 1 0 1   −3         0 1 1 1   +7         0 0 1 1   +3
  (0) 1 0 0 1  −7    (1)  0 0 0 1   +1    (0)  1 0 0 0   overflow
```
5. a. 13 − 12 = 1   10 − 6 = 4
   b. −3 − (−4) = +1   −6 − (+6) = overflow

第 2 章

1.

A	B	C	D	X	Y	Z
0	0	0	0	0	0	0
0	0	0	1	0	0	1
0	0	1	0	0	1	0
0	0	1	1	0	1	1
0	1	0	0	1	0	1
0	1	0	1	0	0	0
0	1	1	0	0	0	1
0	1	1	1	0	1	0
1	0	0	0	1	1	0
1	0	0	1	1	0	1
1	0	1	0	0	0	0
1	0	1	1	0	0	1
1	1	0	0	1	1	1
1	1	0	1	1	1	0
1	1	1	0	1	0	1
1	1	1	1	0	0	0

2.

a	b	c	f	g
0	0	0	1	1
0	0	1	1	1
0	1	0	1	1
0	1	1	0	0
1	0	0	0	0
1	0	1	0	0
1	1	0	1	1
1	1	1	1	0

NOT equal

3. $a'c + ab'$

4. a.

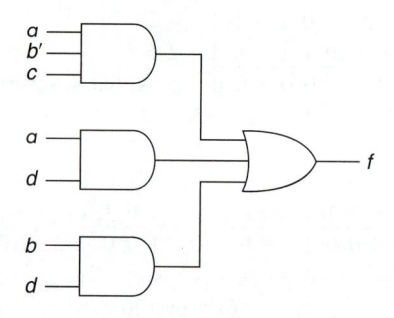

b.

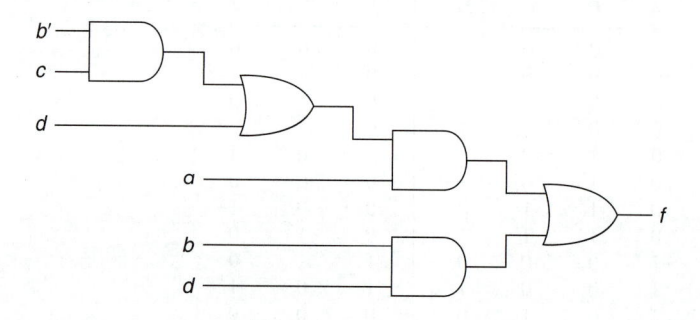

5. a. $f(x, y, z) = \Sigma m(0, 2, 3, 5, 7)$
    b. $f = x'y'z' + x'yz' + x'yz + xy'z + xyz$
    c. $f = x'z' + x'y + xz = x'z' + xz + yz$
    d. $f = (x + y + z')(x' + y + z)(x' + y' + z)$
    e. $f = (x + y + z')(x' + z)$

6. a.

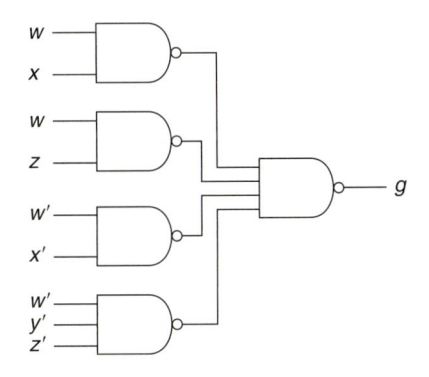

b.

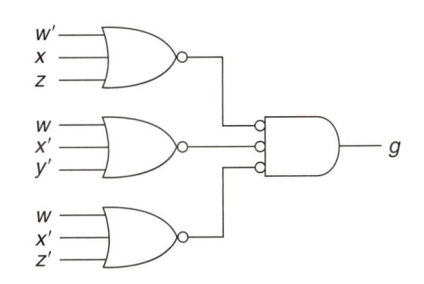

c.

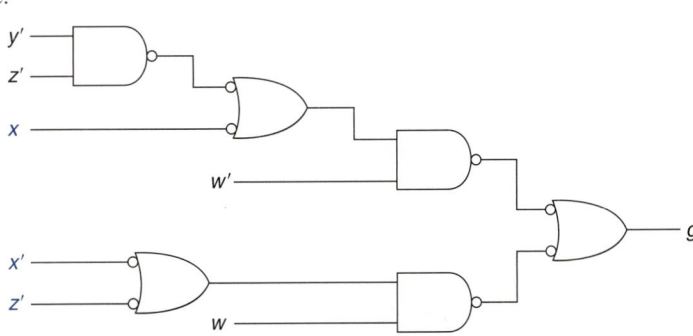

7. a. $f = (b'd' + b'cd') + (bc'd + bcd) + ab'd$
$= b'd' + bd + ab'd$
$= b'd' + d(b + b'a) = b'd' + bd + ad$
$= b'(d' + ad) + bd = b'd' + ab' + bd$

b. $g = (xy'z' + xy'z) + yz + wxy + xz$
$= xy' + yz + wxy + xz = x(y' + yw) + yz + xz$
$= xy' + wx + yz + xz$
$= xy' + wx + yz$ (consensus)

8. a. $a'b'c' + a'b'c + a'bc' + a'bc + ab'c + abc$
b. $w'x'y' + x'y'z' + wyz$

9.

10.

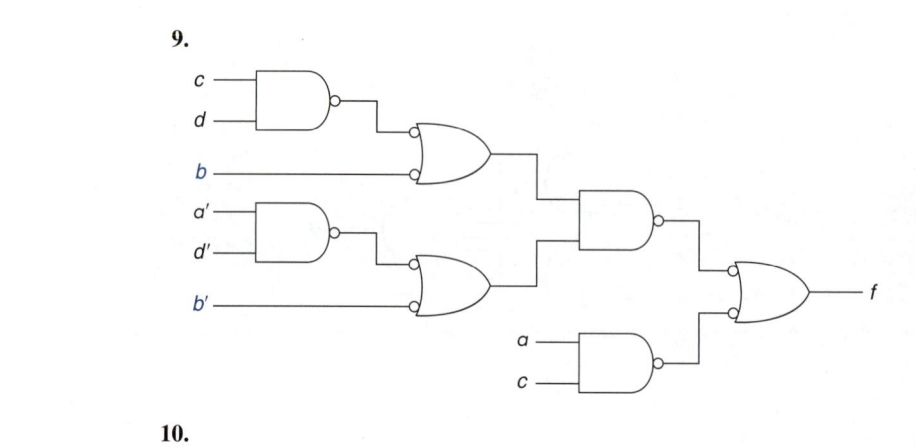

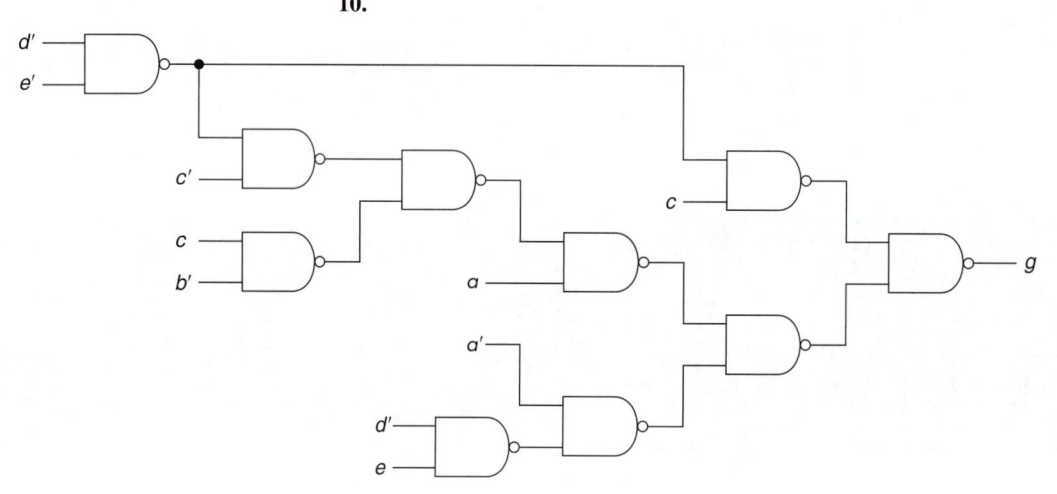

第 3 章

1. a. $f(x, y, z) = \Sigma m\,(1, 2, 7) + \Sigma d(4, 5)$
   b. $g = a'c + ab'c'd + a'bd + abc'$

2. a. $wx'y'z' + wyz + w'x$　　b. $acd + a'c' + a'd' + ab$
3. $b'd + bd' + ac + \{ab \text{ or } ad\} + \{a'b'c' \text{ or } a'c'd'\}$
4. $wz' + \{x'z \text{ or } wx'\} + \{xy'z' \text{ or } w'xy'\}$
5. $f = a'd + \{c'd \text{ or } b'd\}$
   $f = d(a' + b') = d(a' + c')$
6. $f = wx + \{xy'z \text{ or } w'y'z\} + \{wyz \text{ or } x'yz\}$
   $f = (w + z)(x + y)\{(x + z) \text{ or } (y' + z)\}\{(x' + y) \text{ or } (w + y')\}$
7. $A'B'C' + ACE + ABC'D + BCD'E' + \{A'B'D'E \text{ or } B'CD'E\}$
8. $ACE' + CDE + A'C'E' + BC'E + AB'C'$
   $ACE' + CDE + B'C'E' + A'BC + AC'E$
9. a. $f = xy'z' + wx' + wz'$
      $g = w'z + w'xy + x'z$
   b. $f = xy'z' + wz' + wx'z$
      $g = w'z + w'xy + wx'z$
10. a. $f = w'z + w'y + yz + wx'z'$
       $g = w'yz' + xz' + wxy + wy'z'$
       $h = w'z + w'x + xyz + wx'y'z'$
    b. $f = w'z + w'yz' + wx'y'z' + wxyz + x'y$
       $g = w'yz' + xz' + wx'y'z' + wxyz$
       $h = w'z + wx'y'z' + wxyz + w'x$

第 4 章

1. $w'x', x'y'z', w'yz', w'y'z, wy'z', wxyz$
2. $g = a'cd + bd' + ac' + \{a'b \text{ or } bc'\}$
3. terms for both: $x'yz', w'xz, wx'y$
   f: $w'y'z, wyz, xz$
   g: $w'xy', w'yz, x'z', y'z', x'y$
4. $f = a'd' + a'cd$
   $g = b'd' + bd + a'cd$

第 5 章

1.

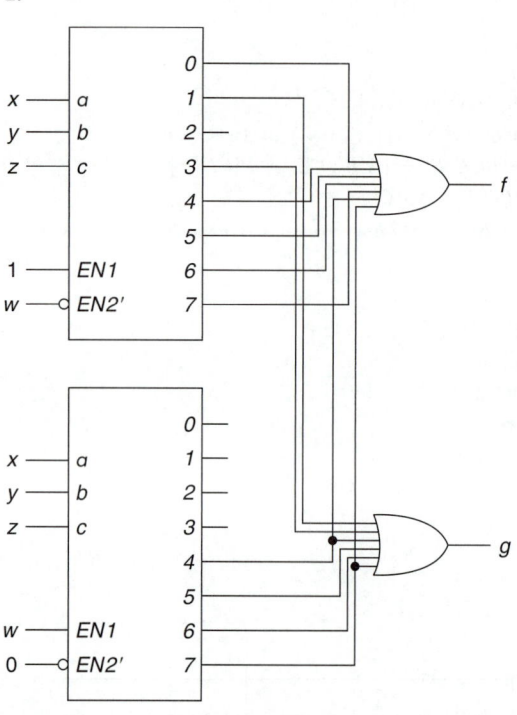

2.

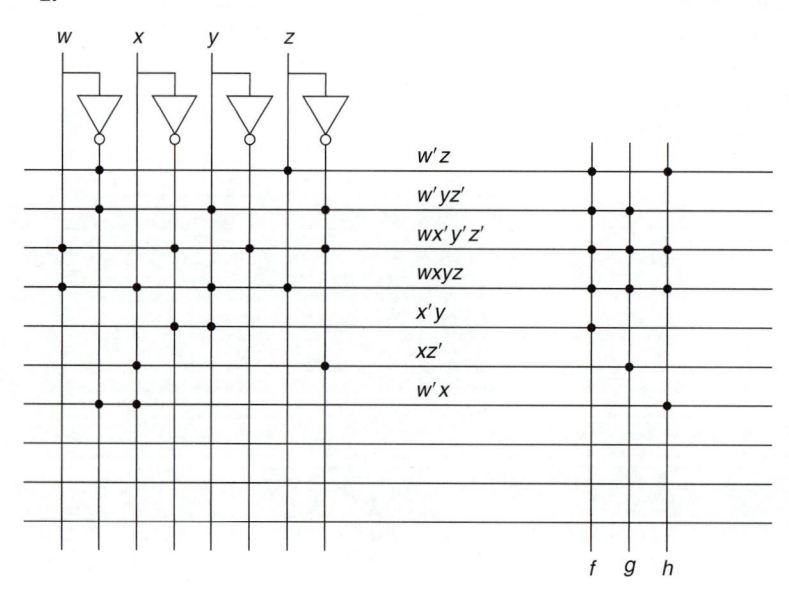

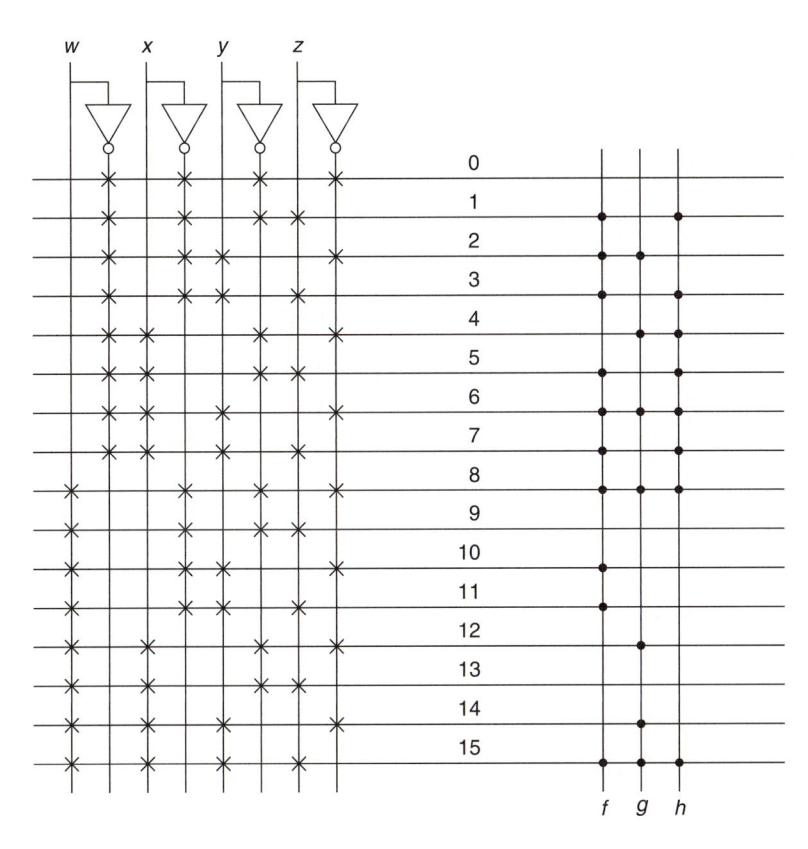

3.

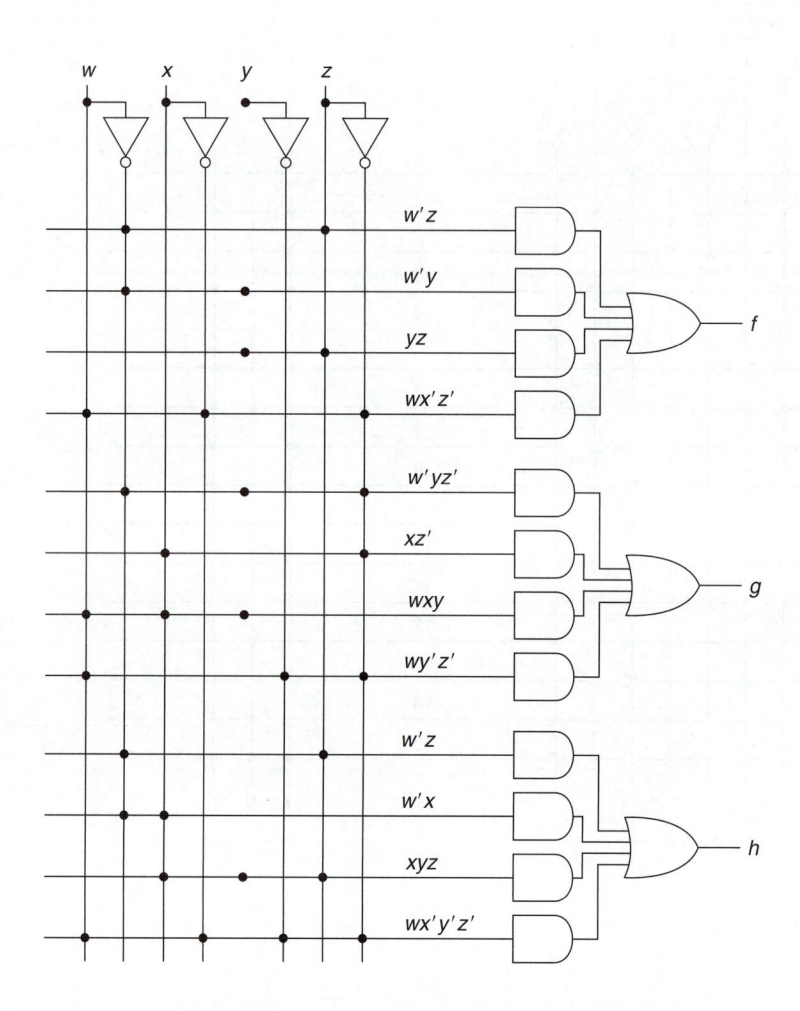

4.

5.

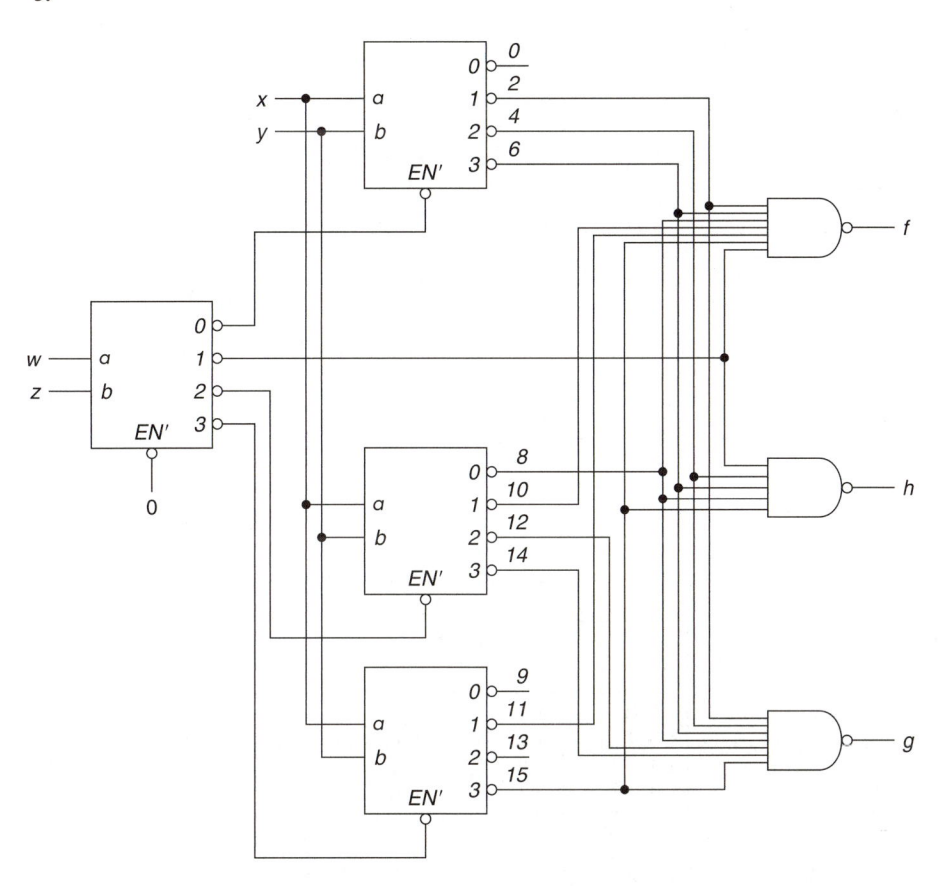

第 6 章

1. x 0 0 1 1 0 0 0 0 1 0 1
    q A C B D B A C B D B D B
    z 0 0 1 0 1 0 0 1 0 1 0 1 0

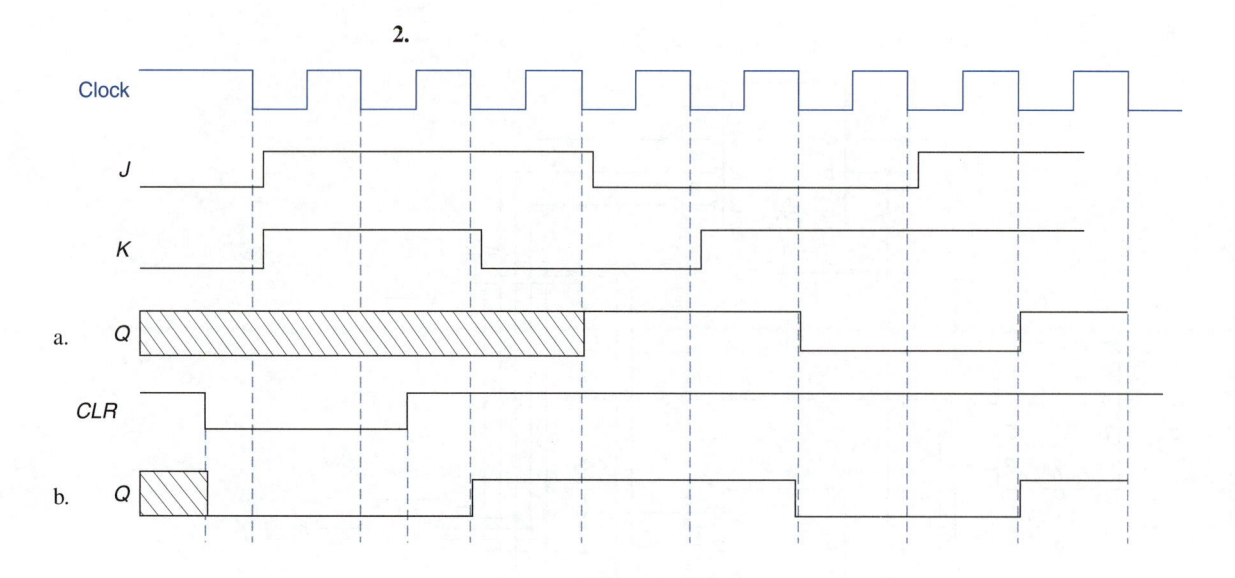

2.

3. $D = xB + x'B'$ $\quad T = A' + x \quad z = A' + B$

AB	$A^{\star}B^{\star}$ $x = 0$	$x = 1$	z $x = 1$
0 0	1 1	0 1	1
0 1	0 0	1 0	1
1 0	1 0	0 1	0
1 1	0 1	1 0	1

4. $D_A = xB' + x'B$ $\quad D_B = x + A' \quad z = AB$

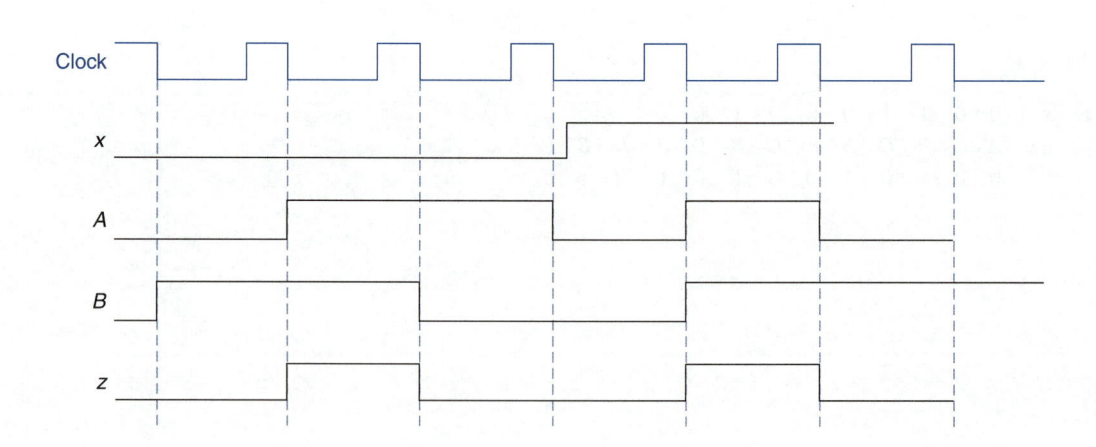

第 7 章

1. $D_A = x'B' + xB$ $J_B = K_B = A' + x$ $z = x'A + xB'$
2. $S_1 = x$ $R_1 = x'q_2$ $J_2 = xq_1$ $K_2 = x'$ $z = q_2'$
3. a. $D_1 = x'q_1' + x'q_2 + q_1'q_2 + xq_1q_2'$
      $D_2 = x + q_1'q_2$ $z = q_1'q_2'$
   b. $D_1 = x + q_1q_2$ $D_2 = q_2'$ $z = q_1'q_2'$
   c.

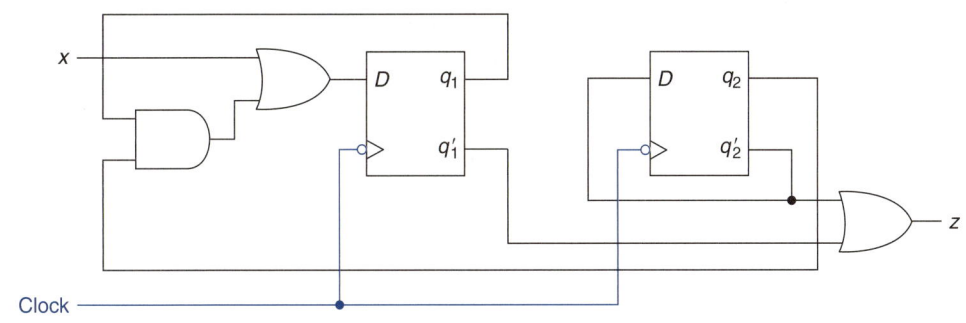

4. $D = A'$ $J = C'$ $K = A'C'$ $T = A' + B'C'$

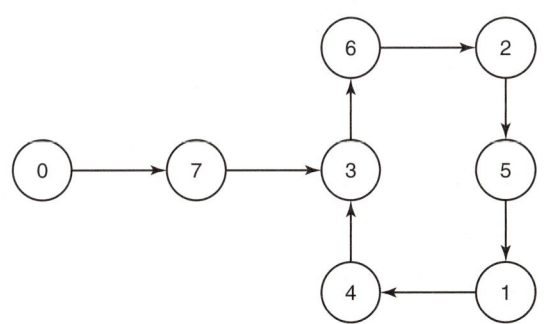

5. a.   b.

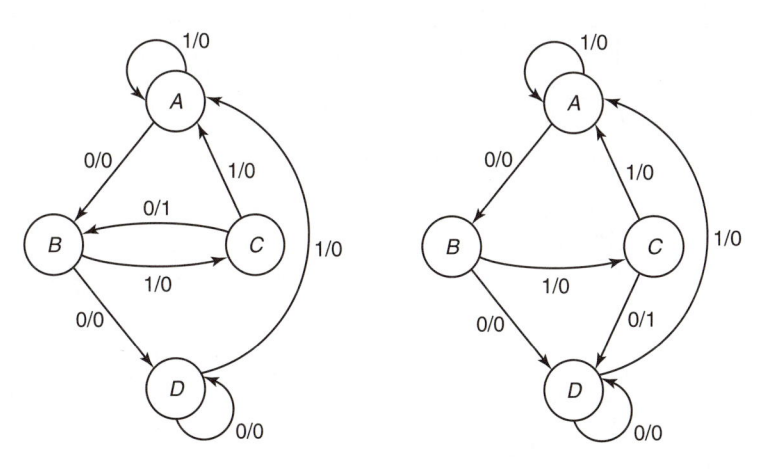

6.

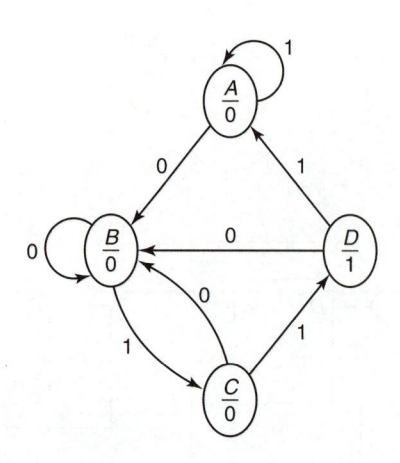

第 8 章

1.

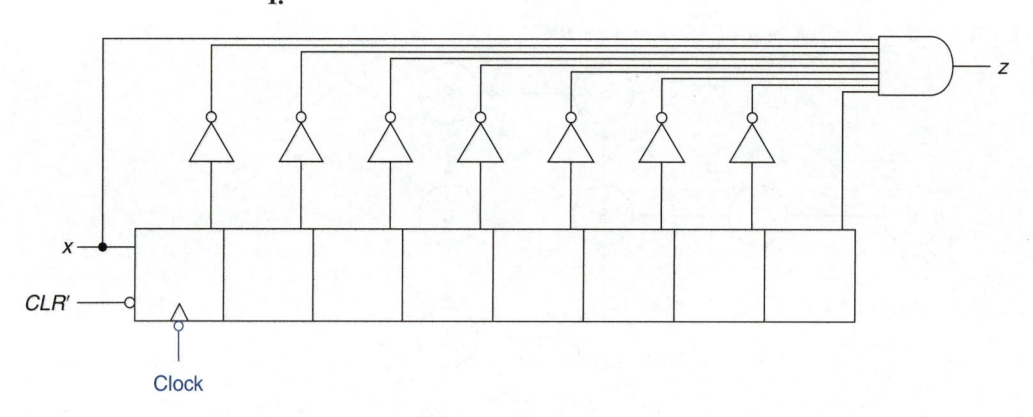

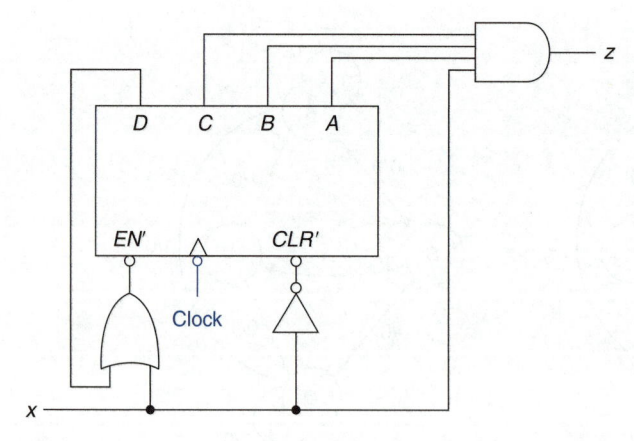

2.

AB \ x	0	1
00	1	
01	1	
11		1
10		1

D_A

$D_A = x'A' + xA$

AB \ x	0	1
00	1	1
01		1
11		1
10	1	1

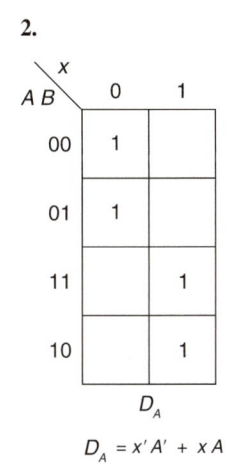

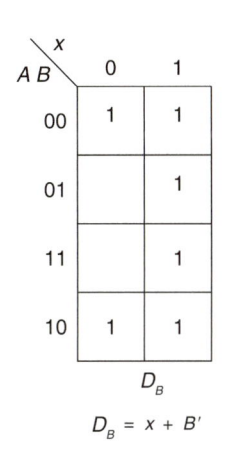

D_B

$D_B = x + B'$

AB \ x	0	1
00	1	
01		
11		1
10	1	1

z

$z = x'B' + xA$

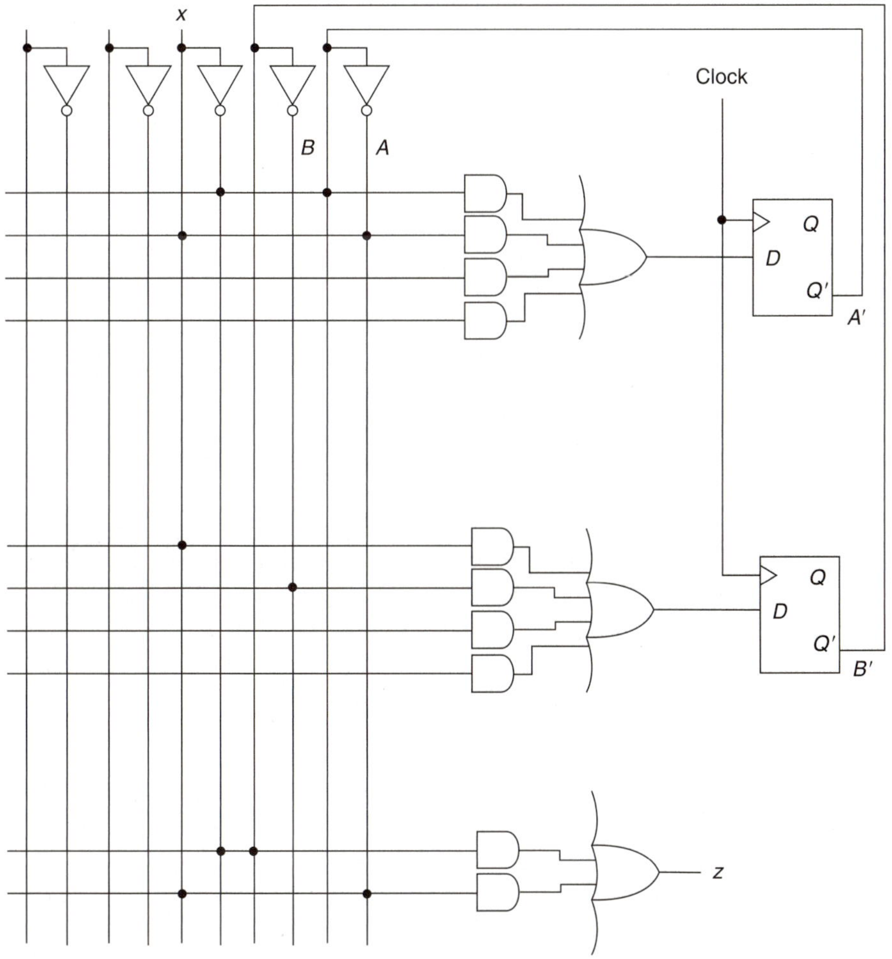

附錄 D

LABORATORY EXPERIMENTS

In the following sections, we will introduce three tools for implementing or simulating the circuits designed in the text. There will then be a variety of experiments, keyed to the material in the body of the text.

First, in D.1, we will describe a setup where integrated circuit packages will be wired and tested.

Second, in D.2, we will introduce a breadboard simulator that allows us to do the hardware experiments without requiring the laboratory equipment. The wiring of Section D.1 is done on a PC screen.

Next, in D.3, we will introduce LogicWorks, so that the behavior of circuits can be simulated, without actually building them. This will be particularly valuable to observe the timing behavior of the circuit, without the use of a logic analyzer.

We will then, in D.4, provide a set of experiments that can be accomplished with each of these systems.

The pin layout of all the integrated circuits referenced in the text is shown in D.5. Note that different manufacturers use different notations. We will follow the notation in the text.

D.1 HARDWARE LOGIC LAB

Logic circuits can be built and tested using a small breadboard that allows the user to plug in integrated circuit chips and wires (without making permanent solder connections). The additional equipment needed to perform most of these experiments are a 5-volt power supply (or battery), some switches, some LEDs (lights to display binary values), and a square wave generator with a 5-volt output (with variable speed capabilities). Some of the later experiments also use a pair of seven-segment displays and a pulser. The IDL-800 Logic Lab* provides a convenient way to build and test small and medium size digital circuits and includes all of the features described above and many others.

Circuits are wired on the breadboard, a small portion of which is shown in Figure D.1. (The breadboard in the next section [Figure D.6] is a computer simulation of this.) The main part of the breadboard has a

---

*Manufactured by K & H Mfg. Co., Ltd.

number of grooves, over which an integrated circuit chip fits, as indicated in Figure D.1. The chip fits in the first of a set of six holes, each of which is connected together internally. Thus, to connect something to a pin, the wire is inserted in one of those holes. (Do not put another chip over the groove next to the first one; the pins of the two chips would be connected. Immediately above and below the main section on many boards, there are two busses. One is usually used for ground. The other is usually used for +5 volts. On some boards, the various sections of the bus are connected internally; on others, they must be wired together. Some boards also have, on the bottom of the board, a set of pins in columns that are internally connected and used mostly for external signals that are to be connected to several places.

Figure D.1 Detail of the breadboard.

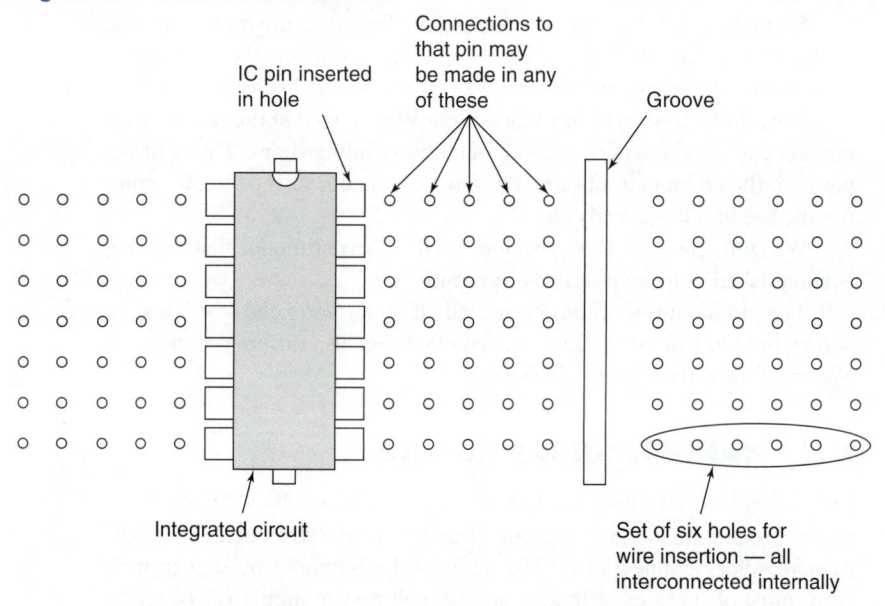

The integrated circuit package illustrated has 14 pins (as do all of them in the experiments in Chapter 2). The orientation of the chip is specified by the semicircle (at the top). Typically, that is just an indentation in the plastic shell of the chip. Pins are numbered from 1 (at the top, left of the semicircle) to 7 down the left side and then from 8 to 14 up the right side. (If there are more pins, the numbering is the same, starting at the upper left and continuing down the left side and up the right side.)

APPENDIX D LABORATORY EXPERIMENTS 465

A closer look at the 7400 (with 4 two-input NAND gates) is shown in Figure D.2 in two formats:

Figure D.2 Layout of the 7400.

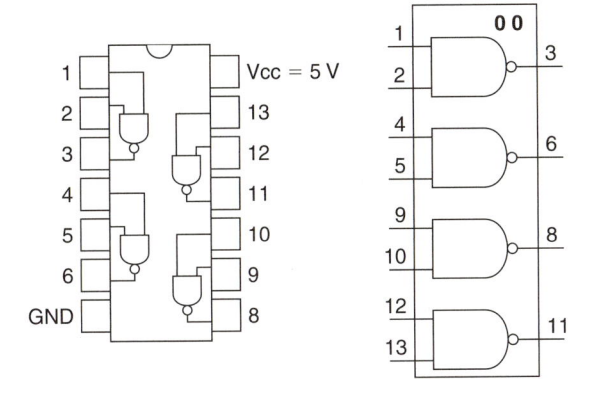

The first highlights the orientation of the pin connections; the second emphasizes the individual gates. From a wiring point of view, we are dealing with the first on the circuit board.

To illustrate the use of the system, consider the implementation of the function

$$f = ab' + bc$$

using NAND gates. The circuit for this is shown in Figure D.3.

Figure D.3 A NAND gate circuit.

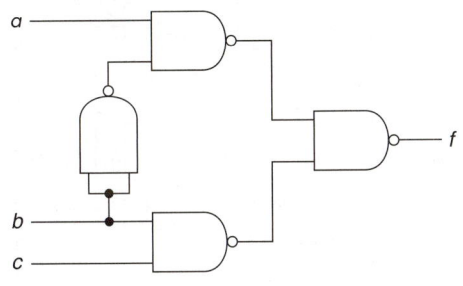

Since complemented inputs are often not available, b' was created using a NAND gate. (We could have done this with a NOT gate, but the 7400 has four NAND gates, and we can use the extra one as a NOT.)

In order to wire this, we need to associate each gate with one on the chip and find the pin numbers. The circuit is redrawn in Figure D.4 with the pin numbers indicated.

Figure D.4 NAND circuit with pins

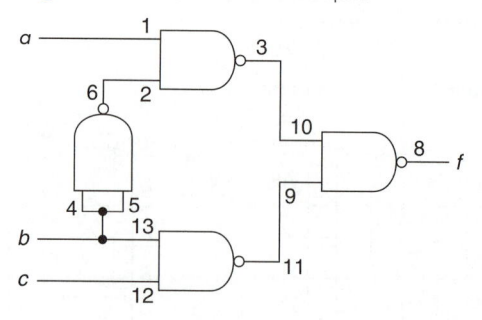

Now the connections can be made on the breadboard. The circuit of Figure D.5 shows the appropriate connections for this system. Note that it does not matter which of the five holes are used to connect something to a chip's pin. However, only one wire can fit in a hole; thus, when the same signal goes to several points, more than one of the holes is used (or one of the set of holes at the bottom of the board is used). Thus, for example, input b goes to pins 4, 5, and 13. In Figure D.5, it is connected directly to pin 4; then a wire is run from pin 4 to pin 5 and from pin 4 to pin 13. (It could have gone from pin 5 to 13.)

Figure D.5 Wiring for 7400 circuit.

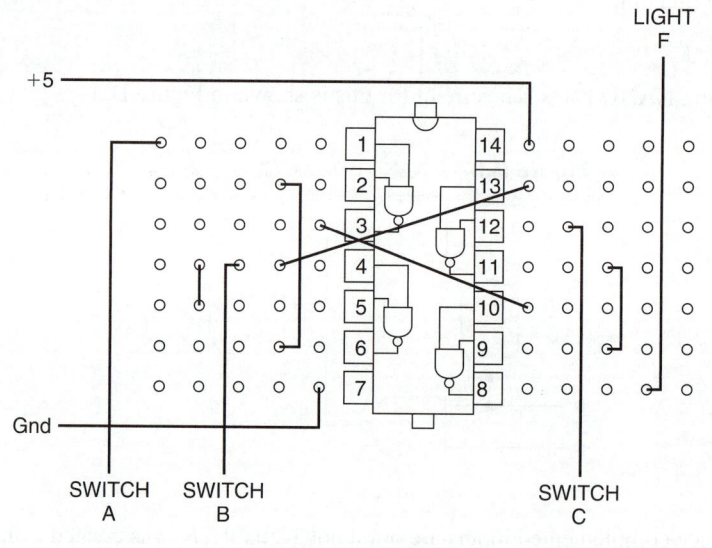

After the breadboard is wired (and before the power is turned on), connect the breadboard to the voltages, input switches, and output lights. The power can then be turned on and the system tested. (Caution: Do not insert or remove wires while the power is on.)

As an introduction to the system, build this circuit and test it. To test it, start with the three switches all in the 0 position and observe the output light. Repeat for each of the eight input combinations. Compare that with the truth table that was constructed based on the algebra.

Seven-segment displays are useful to output decimal results. A digit (in 8421 code) is input to a decoder/driver, the outputs of which provide the signals to light the display. The IDL-800 logic lab has two seven-segment displays. The BCD inputs to the decoder allow the connection of a BCD number (8421 code) to be displayed on either of the displays. Below each display, there is an active low enable input for that display. To use both displays, the inputs must be alternated. (The displays will look like they are lit even if the inputs are there only half of the time, as long as they alternate at a rate of about 60 Hz or higher.) If any code that does not correspond to a decimal digit (1010 and above) is entered, the display will remain blank. (There is also a P input that lights a decimal point on the right of the display.)

D.2 WINBREADBOARD™ AND MACBREADBOARD™*

The MacBreadboard, shown in Figure D.6, (also available for Windows as WinBreadboard) is a computer simulation of the logic laboratory described in Section D.1. A picture of the screen before building a circuit is shown in Figure D.6.

Figure D.6 Breadboard.

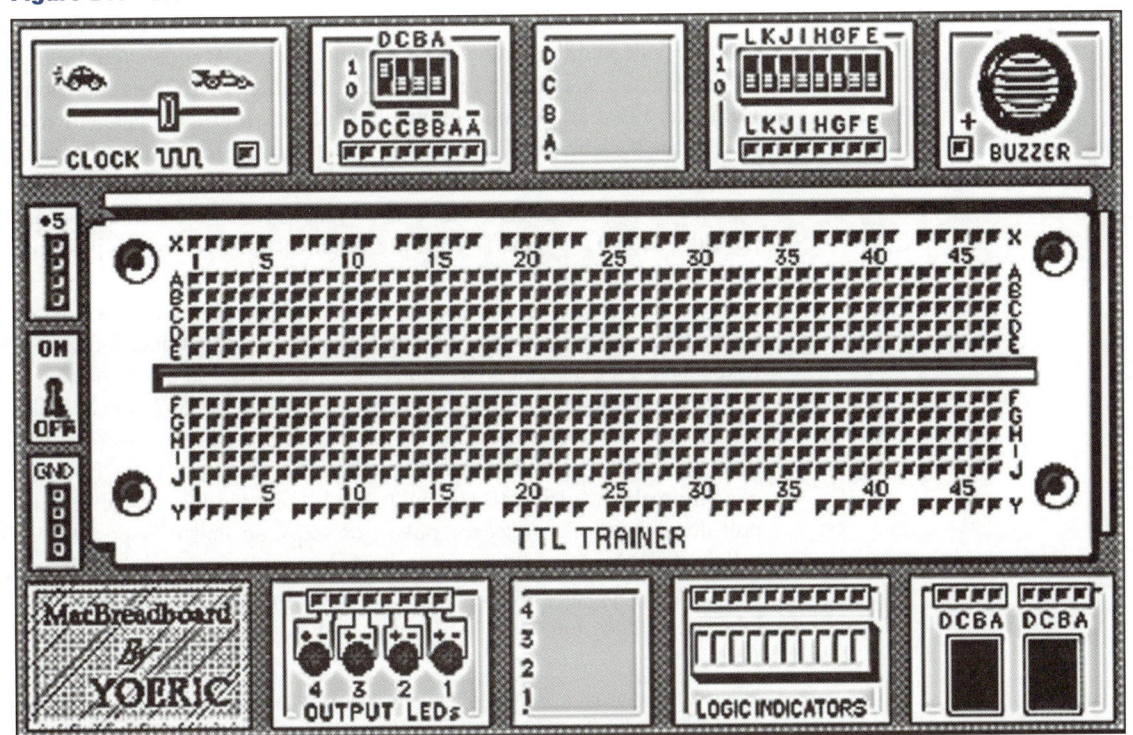

---

*Product of Yoeric Software, Chapel Hill, NC. The software can be purchased at http://www.yoeric.com/breadboard.htm.

This looks very similar to the hardware laboratory and has many of the same features. (Anyone who is not familiar with the hardware laboratory should review Section D.1 before proceeding). The pull-down menu "chips" provides a selection of more than 70 chips from the 7400 series. When a chip is selected, it is automatically placed* on the left end of the board. However, it can be moved to any position by clicking on and dragging it. When the chip is double clicked, the pin layout of that chip is displayed.

The top row of holes (labeled X) are connected together; they are usually connected to +5. Similarly, the bottom row (labeled Y) are connected and are used for ground. A wire connection must be made between one of the holes in these rows and +5 and ground. To connect a wire, click on a hole and drag to the other hole to which it is to be connected. Wires only run horizontally or vertically (not diagonally). If the pointer does not follow a straight line, the wire may zig zag across the board. To prevent this, hold down the shift key; the wire will then follow a straight line. On a color display, the wires can be made one of several colors. Either select the color before drawing the wire or click once on the wire and then select a color from the "color" pull-down list.

There are a set of four input switches (with uncomplemented and complemented outputs), labeled D, C, B, and A. There is also another set of eight switches (L to E) with only uncomplemented outputs. There is a set of four output LEDs (4 to 1). An active high signal can be connected to the + side and the other side to ground or an active low signal to the − side and the + side to 5 volts. There is also a set of 10 logic indicators (which are just active high output lights). The four switches and four LEDs can be labeled; those names will appear in the timing diagram.

A circuit with one NAND gate from a 7400 connected (with the inputs and outputs labeled) and a 7410 place on the board, but not connected is shown in Figure D.7.[†] If the system is turned on in this position, LED4 will be lit.

The breadboard has two seven-segment displays, each with a set of four inputs. It displays hexadecimal. (Of course, if the inputs are limited to the ten digits, the display is limited to 0 to 9, BCD in 8421 code.)

Some of the experiments, particularly in Chapters 6, 7, and 8, make use of the clock and pulser. The clock produces a square wave, the frequency of which can be controlled by the slide. (It has very low frequencies, from about 0.15 to 10 Hz; but that is all one can view.) The "clock" pull-down menu provides for pulses or steps, so that it is possible to follow the behavior of the system one clock pulse at a time. A timing diagram can be displayed (from the clock menu). The clock and all labeled switches and output LEDs will be displayed. The breadboard cir-

---

*The on/off switch must be in the off position to make any connections on the circuit board. Click on the switch to change it.

†As the diagrams get more complex, it is particularly important to draw the wires neatly and to use colors to signify meaning. For example, black is commonly used for ground and red for +5. (Colors are not obvious in this black and white picture.)

附録 D   LABORATORY EXPERIMENTS   469

Figure D.7 7400 circuit.

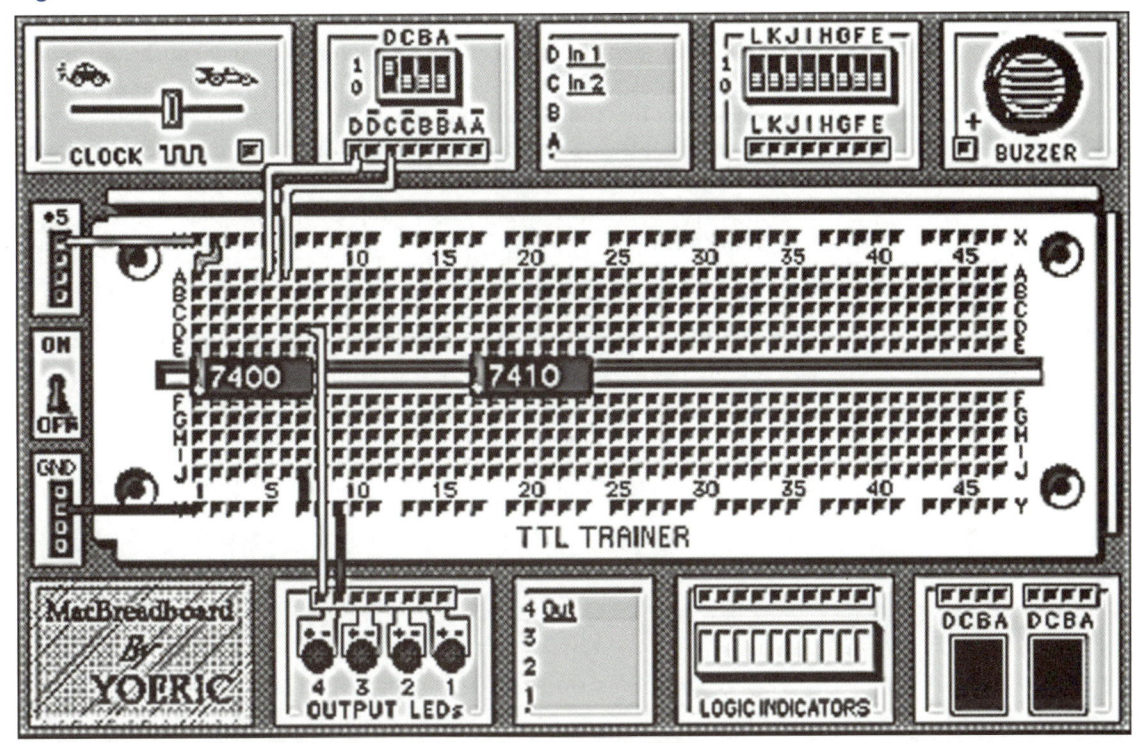

cuits do not have any delay built into the gates or flip flops; thus, all timing displays will correspond to the theoretical undelayed ones in the text.

D.3 INTRODUCTION TO LOGICWORKS

This appendix describes some of the basic features of LogicWorks, enough to begin using it with the experiments in this text. Version 5.0 for Windows also has additional features, including the ability to describe systems with a subset of VHDL.* The basic operation is the same on both the Windows and Macintosh platforms, but some of the detail differs. We will show the Windows variations in brown.

To start LogicWorks, double-click on its icon. That produces on the Macintosh five separate (but related) windows. The main window is the *Circuit Window*, where a block diagram of the circuit will be created. The *Tool Palette* is on the upper left corner of the screen; it allows us to draw and erase connections, add names, and probe the circuit. On the right is the *Parts Palette*; on that we can select from a variety of gates,

---

*LogicWorks is a product of Capilano Computing Systems, Ltd. The latest version (5.0) for Windows is sold exclusively through Prentice Hall Publishing. It is included with a book, giving full details of the software. The latest Macintosh version (4.5) is available at http://www.capilano.com/html/lwm.html.

integrated circuits, inputs, and displays. The bottom of the screen is the *Timing Window*, where a trace of the behavior of the circuit over time is displayed. Finally, in the upper left corner of that, is the *Simulator Palette*, that gives control of various features of the timing trace. In Windows, the Tool Palette and the Simulator Palette are replaced by a single Tool Bar (with basically the same functionality). We will use the word palette in the discussion below for both platforms.

We will first build and test a simple combinational logic circuit to implement

$f = ab' + bc.$

The block diagram of the circuit as we will construct it is shown in Figure D.8.

Figure D.8 LogicWorks example.

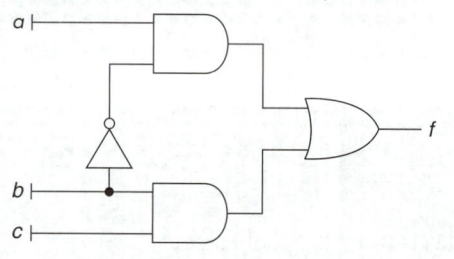

To build a model of this circuit with LogicWorks, first go to the parts palette, then click and drag the mouse on the title to highlight Simulation Gates.clf. A list of the types of gates that are available will appear. (Windows: All parts are merged into a single list; we will refer to Macintosh individual palettes in the text below.) For this problem, double-click on AND-2. When the cursor moves over the circuit window, a picture of the gate will appear. Move it to the center of the window and click. At that point, the gate will be fixed on the screen and another copy will appear. Since a second AND gate is needed, move it to a convenient spot and click again. When that type of gate is no longer needed, hit the space bar (or click on the arrow on the Tool Palette). Return to the Parts Palette, move down to the OR-2, and repeat the process. The final component is a NOT gate, obtained in the same way, except that we want it pointing up. To accomplish that, push the up arrow (↑) key while the gate is selected and then click it into position. Any gate may be highlighted by clicking on it, and then moved by dragging the mouse. (The orientation of a gate may be changed when it is highlighted by pulling down the left box on the Tool Palette and selecting the desired direction. (The side bubble is relevant only in three-state gates; it may be ignored for now.) (This can be accomplished in Windows by selecting the Orientation menu from the Schematic pull-down menu.) The screen should now look something like Figure D.9.

Figure D.9 Parts placed.

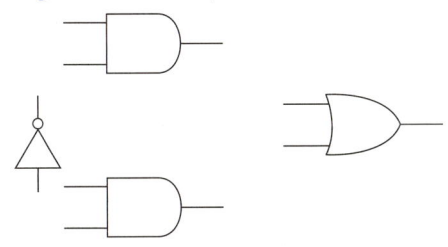

Now that all the gates are on the diagram, they need to be connected. Point to the end of any line and drag it to where it is to be connected. The path may be varied by depressing the ⌘ key and/or the option key (CTRL and/or TAB key). If none of those paths are satisfactory, draw a line and release the mouse; then start again in another direction. Finally, a line can be drawn anywhere by clicking on the + cursor on the tool palette and dragging the mouse where the line is to go. At the end of the line click once to start a new line or double click to terminate line drawing. To remove a line (or a gate), select the Zap (lightning bolt) tool in the Tool Palette and point it to what is to be deleted. An alternative is to highlight the item and use the delete key. To get out of the zap mode, hit the space bar or the arrow on the Tool Palette.

Next, names can be added to the inputs and outputs (or any point in the circuit). To do this, use the Text Tool (the A on the Tool Palette). When that is highlighted, a pencil point is displayed. Move the point to the line that is to be named and click the mouse. An internal name will be displayed; just type over that. Move the name to wherever it is most convenient by clicking at the point to be named and then dragging to where the name is to be written. To exit text mode, use the arrow on the Tool Palette (or select some other tool); the space bar enters a space in the text.

To connect inputs, connect any point to ground or +5 volts, found on the CONNECT.CLF parts menu or the DemoLib.clf parts menu. There is also a binary switch (found on the DemoLib.clf parts menu). Clicking on that switch causes its value to change between 0 and 1. Finally, the probe tool (shown on the Tool Palette with a ?) can be used to test the value at any point. With that pointed and the mouse depressed, type in a 0 or 1 to set the value at that point. The probe will display a Z for an input that is not connected to anything and an X for a point whose value is unknown (for example, the output of a gate, the inputs of which are not specified). The output can be displayed permanently, using the *binary probe* from the DemoLib.clf parts menu.

The circuit, as completed, using switches for inputs and the binary probe for outputs, is shown in Figure D.10, first with all of the switches in the 0 position (producing a 0 output) and then with a in the 1 position and $b = c = 0$ (producing a 1 output).

Figure D.10 Completed circuit with input switches and output display.

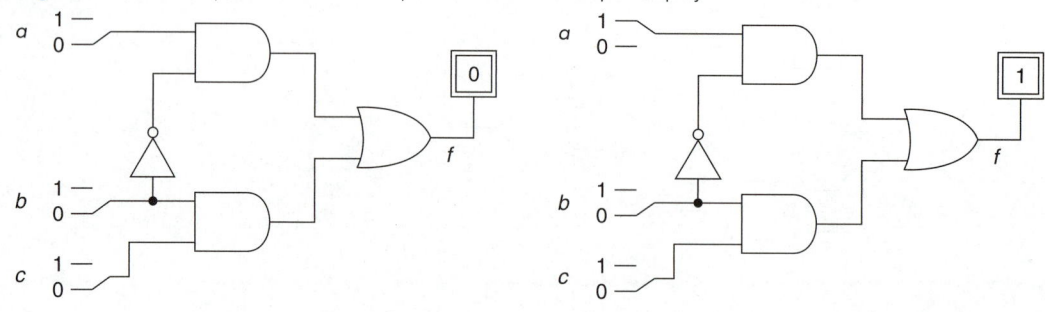

With switches and the probe in place, it is easy to complete the truth table for this function. As an introduction to LogicWorks, create this circuit and test it.

By selecting the 7400DEVS.CLF menu from the Parts Palette, a logic diagram for that chip appears on the Circuit window. (A large variety of 7400 series chips are available; we will reference many of them in the experiments that follow.) It can be clicked in place, just as any of the other components. Connections can then be made as before. The circuit for

$$f = ab' + bc$$

using 4 two-input NAND gates is shown in Figure D.11.

Figure D.11 Circuit using a 7400.

As before, it can be tested by connecting switches to the inputs or by connecting each to ground or 5 volts. Try this and see that it also works.

Finally, we will look at one other method of connection. If two points are given the same name, they are treated as if they are connected (even though no connection line is drawn). Thus, in the circuit of Figure D.12, all of the connections of the above diagram are made, switches are connected to each of the inputs, and a binary probe is connected to the output.

Figure D.12 Named connections.

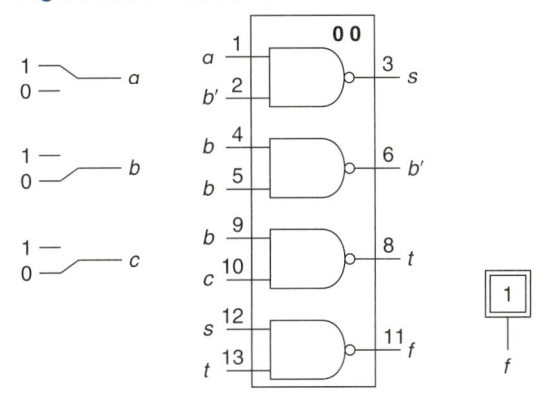

    Parts of a circuit may be highlighted by clicking on them (in point mode). Hold the shift key down to highlight several parts. Also, by dragging the mouse from outside one corner of a circuit to outside the diagonal corner, a box is created such that, when the mouse is released, everything within the box is selected. To select the whole drawing, pull down Select All from the Edit menu. The Copy feature can be used to take this drawing and insert it in another document (perhaps a word processor). A drawing can also be printed directly from LogicWorks from the File menu. (All of these also work to copy or print a timing diagram when the Timing Window is highlighted.)

    To examine some of the other ideas, we first need to look at the clock and the Timing Window. The clock is found on either the DemoLib.clf or Simulation IO.clf menu. It provides a square wave with a period of 20 units, unless modified (as described below). Any signal that is named will be displayed in the Timing Window. The speed of the display is controlled on the Simulator Palette (by buttons on the bottom row of the Tool Bar). By sliding the speed control bar to the left, the display can be slowed. At the left end, it stops. Click Step (symbol of man standing) to move from one event to the next. (An event is any point where a signal might change.) The display can be magnified by clicking on $<>$ or shrunk by clicking on $><$. The clock speed can be controlled by clicking on the clock (to highlight it) and pulling down Simulation Params . . . from the Simulate (Simulation) pull-down menu. Set the time the clock is low and the clock is high; then exit the menu by hitting return.

    Every combinational logic device has a built-in delay of 1 time unit. That can be seen by connecting the clock to a device and observing the input and the output of that device. The delay can be changed using Simulation Params . . . with that device highlighted. To see the behavior, set up the circuit of Figure D.13 and set the clock to 40 units for both low and high. Set the delay to 10 units for each gate.

Figure D.13 Delay example.

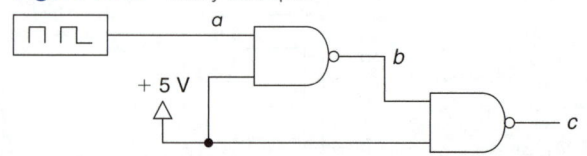

Stop the clock by moving the speed bar to the far left. Click on Restart (↻), which reinitializes the clock. Expand the display by clicking on <>. Then click once or twice on the right arrow of the speed bar to start the simulation. When it is stopped after 120 units, a display like the one of Figure D.14 is seen. Note that c is a duplicate of a delayed by 20 units (after the startup).

Figure D.14 Timing diagram.

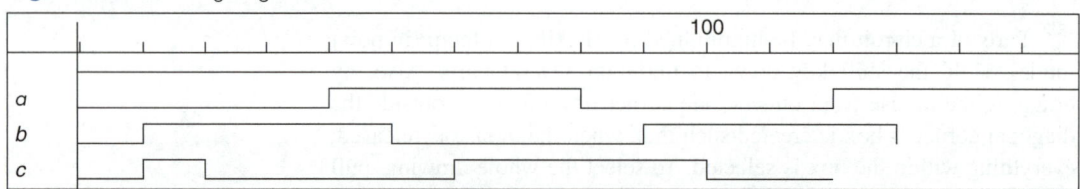

D.4 A SET OF LOGIC DESIGN EXPERIMENTS

Each of the experiments can be implemented on any of the systems with the modifications indicated. The notation below will be used to indicate the special needs.

> **HW:** Hardware Logic Lab
> **BB:** Breadboard Simulator
> **LW:** LogicWorks

D.4.1 Experiments Based on Chapter 2 Material

■ 1. For each of the following sets of functions, build each version using AND, OR, and NOT gates. Test them to show that each function in a set behaves the same as each of the others in that set.

  a. $f = xy'z' + xy'z + xyz$
  $g = xy' + xz$
  $h = x(y' + z)$

  b. $f = a'b'c' + a'b'c + abc' + ab'c'$
  $g = a'b' + ac'$
  $h = (a' + c')(a + b')$

c. $f = x'yz' + xyz' + xy'z$
    $g = yz' + xz'$
    $h = z'(x + y')$

d. $f = a'bc' + ab'c' + a'bc + ab'c$
    $g = (a + b)(a' + b')$
    $h = a'b + ab'$

e. $f = x'y'z' + x'yz' + xyz + xy'z$
    $g = x'z' + xz$
    $h = (x' + z)(x + z')$

f. $f = a'b'c + a'bc + abc$
    $g = a'c + bc$
    $h = c(a' + b)$

HW: Use one 7404 (NOT gates) to construct the complement of the variables. (Use the same 7404 outputs for all three versions.)

HW, BB: In addition, we have available 7411s (three-input AND gates), 7408s (two-input AND gates), and 7432s (two-input OR gates). There are no larger OR gates available and thus we must construct a multi-input OR gate from two-input gates. Each of the outputs should go to a different light, but the inputs come from the same three switches.

LW: Use individual gates (from Simulation Gates.clf).

■ 2. Implement the systems of Experiment 1 using NAND gates for the sum of products expressions and NOR gates for the product of sums expressions.

HW, BB: Use 7400s, 7410s, 7430s, and 7402s (two-input NOR gates).

LW: Use individual gates.

■ 3. Implement each of the following expressions (which are already in minimum sum of products form) using only 7400s (two-input NAND gates). No gate may be used as a NOT (except to form the complement of the inputs). Note that these are the functions of Exercise 25 in Chapter 2, where the number of two-input gates (not including the NOT gates) is shown in parentheses.

a. $f = wy' + wxz' + y'z + w'x'z$ (7 gates)
b. $ab'd' + bde' + bc'd + a'ce$ (10 gates)
c. $H = A'B'E' + A'B'CD' + B'D'E' + BDE'$
    $+ BC'E + ACE'$ (14 gates)
d. $F = A'B'D' + ABC' + B'CD'E + A'B'C$
    $+ BC'D$ (11 gates)
e. $G = B'D'E' + A'BC'D + ACE + AC'E' + B'CE$
            (12 gates, one of which is shared)

   f. $h = b'd'e' + ace + c'e' + bcde$ (9 gates)

   g. $F = ABE + AB'C' + A'D + CE' + B'D'E'$ (10 gates)

   h. $g = a'c' + a'bd + acd' + ab'c + bce$ (8 gates if you share)

■ **4.** *a.* Build a full adder using NAND gates. Test it and save it to use with an experiment from Chapter 5.

    b. Build the full adder using Exclusive-OR gates and NAND gates.

D.4.2 Experiments Based on Chapter 5 Material

■ **5.** Connect the 4-bit adder with one number ($A4 \ldots A1$) to four data switches (with $A4$ on the left switch) and the other number on the other four switches. Connect another switch to the carry input ($C0$). Connect the five outputs ($C4$, $\Sigma 4$, $\Sigma 3$, $\Sigma 2$, and $\Sigma 1$) to the right five indicators. Test the circuit by inputting any two 4-bit numbers plus a carry input and observe the result. Note that bit 4 is the high-order bit and bit 1 the low-order bit.

   HW: Use the 7483 adder chip.

   BB: Use the 74283 adder chip.

   LW: Use the 7483 adder chip and nine data switches. Use binary probes for the outputs. Note that LogicWorks labels the bits 3 to 0 instead of 4 to 1.

■ **6.** In addition to the adder of Experiment 5, connect the 1-bit adder from Experiment 4 as the high-order bit of a 5-bit adder. Thus, connect $C4$ to c_{in} of the adder from Experiment 4. There are now 11 inputs (two 5-bit numbers plus a carry in) and 6 outputs (the c_{out} and s outputs from the 1-bit adder plus the four sum outputs). Test the circuit by inputting various pairs of 5-bit numbers and a carry in of either 0 or 1; observe the result on the indicators.

   HW: There are only 10 switches on the IDL-800 Logic Lab. Connect $C0$ to ground or to 5 volts to input a 0 or 1.

■ **7. HW:** Take the adder from Experiment 5 and connect the four sum outputs to the decoder inputs for the seven-segment displays. Even though the inputs in the IDL-800 are labeled *A B C D* from left to right, the most significant bit is *D*. Thus, connect $\Sigma 4$ to *D*. Enable one of the displays by connecting its enable input to ground. (Note that in the IDL-800 there are switches between the decoder and the displays. They allow specific segments of the display to be disabled. They should all be in the ON position (to the right) for all of the experiments.)

BB: Connect the outputs from the adder of Experiment 5 to one seven-segment display. Try some addition problems such that the sum is 9 or less and observe the answer on the seven-segment display. The seven-segment display actually displays hexadecimal. You can connect both displays and show sums from 00 to 1F. (You need only connect input A to the high-order display.)

LW: Take the adder from Experiment 5 and connect the four sum outputs to a seven-segment display (found on the Simulation IO.clf menu) through a 7449 Display driver.

■ 8. We have a 3-bit binary input number (on three of the switches) and wish to light one of eight output lights. Use a 74138 decoder to implement this. The decoder should always be enabled.

■ 9. Use two 74138 decoders and two or three 7430s (eight-input NANDs) to implement the following functions:

a. $F(A, B, C, D) = \Sigma m(0, 1, 8, 9, 10, 12, 15)$
   $G(A, B, C, D) = \Sigma m(0, 3, 4, 5, 7, 9, 10, 11)$

b. $F(A, B, C, D) + \Sigma m(1, 2, 3, 6, 9, 14, 15)$
   $G(A, B, C, D) + \Sigma m(0, 1, 2, 8, 9, 12, 13, 15)$

c. $f(w, x, y, z) = \Sigma m(0, 1, 4, 5, 8, 15)$
   $g(w, x, y, z) = \Sigma m(1, 2, 3, 7, 8, 10, 11, 14)$
   $h(w, x, y, z) = \Sigma m(0, 1, 6, 7, 9, 10, 14, 15)$

d. $f(a, b, c, d) = \Sigma m(0, 3, 4, 5, 7, 8, 12, 13)$
   $g(a, b, c, d) = \Sigma m(1, 5, 7, 8, 11, 13, 14, 15)$
   $h(a, b, c, d) = \Sigma m(2, 4, 5, 7, 10, 13, 14, 15)$

HW, BB: Use switches for inputs and lights for outputs.

LW: Use switches for inputs and binary probes for outputs.

■ 10. The 74161 counter* steps the three inputs through all combinations. The switch on the CLR input is there because the simulator requires the counter to be cleared; otherwise, the outputs will be indeterminate. The P and T enable inputs are active high, and the parallel load is disabled (+5 volts); thus, the inputs A, B, C, and D need not be connected.

---

*We will discuss counters and the 74161 in more detail in Chapter 8; for now, it is a handy tool to demonstrate some of the properties.

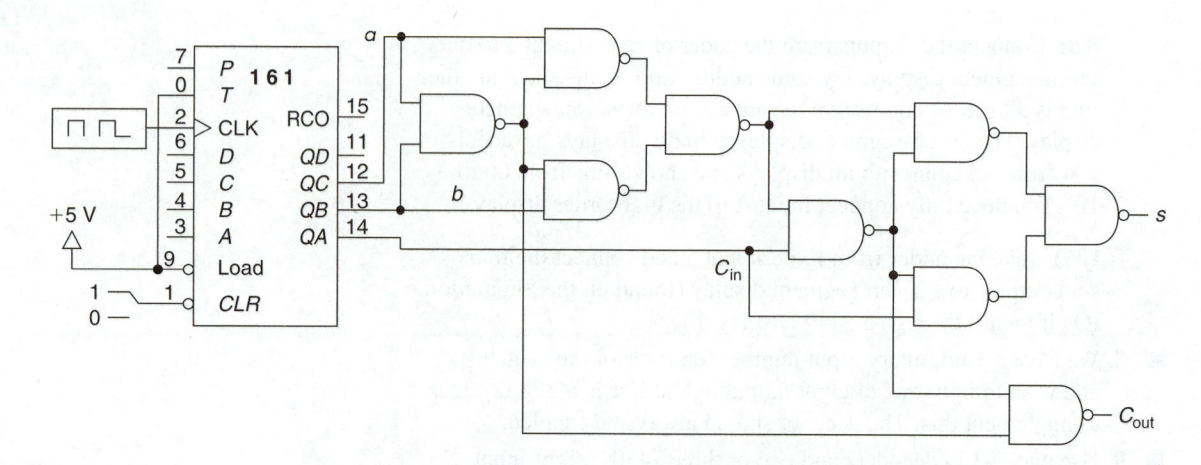

HW, BB: Set the clock frequency very slow.

LW: Try this with no delay and then with enough delay that its effect can be seen.

- **11.** Implement the solutions to parts b and c of Exercise 23 (Chapter 5).
- **12.** Build a 1-digit decimal adder. The inputs are the code for two decimal digits (in 8421 code) plus a carry in. Assume that none of the unused combinations exist. The outputs are the code for a decimal digit plus a carry. (The largest that the answer can be is 19.) See Section 4.8.1.
  a. We will then display the result on five lights.
  b. We will display the results on the two seven-segment displays.

  HW: For the IDL-800, this requires a multiplexer and clock. A 74157 multiplexer is used to select one of the digits for BCD input to the displays. The same signal that selects is also used to select which display is enabled. Use the square wave from the function generator for this purpose. Remember that the displays are active low enabled, and one should be enabled when the wave is high and the other when it is low. (Note: The function generator output is not capable of driving the enable inputs; it must be connected to the enable through two inverters.)

  LW: Two 7449 display drivers are needed.

- **13.** Design a seven-segment display decoder using NAND gates for the second digit of the decimal adder of the previous problem such that segment *a* is lit for 6, segment *f* is lit for 7, and segment *d* is lit for 9 (the alternate display for each of these digits).
- **14.** Use two 74151 multiplexers and a NOT gate to implement
  $$f(a, b, c, d) = \Sigma m(0, 3, 4, 5, 7, 8, 12, 13)$$

D.4.3 Experiments Based on Chapter 6 Material

■ **15.** Connect the following circuit, using one half of a 7474 leading-edge triggered *D* flip flop.

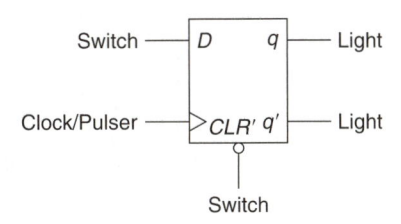

```
Switch ———— D     q ———— Light

Clock/Pulser —▷CLR' q' ——— Light
                  |
                Switch
```

HW, BB: (a) Follow the sequence of steps listed below and record what is displayed on the two lights.

BB: Pull down the clock menu and set it to positive pulse.

1. Switch $D \rightarrow 0$
2. Switch $CLR' \rightarrow 0$
3. Pulse
4. Switch $CLR' \rightarrow 1$
5. Pulse
6. Switch $D \rightarrow 1$
7. Switch $CLR' \rightarrow 0$
8. Pulse
9. Pulse
10. Switch $CLR' \rightarrow 1$
11. Pulse
12. Pulse
13. Switch $D \rightarrow 0$
14. Pulse

HW: (b) In place of the pulser, connect the clock input to the square wave generator output, where it is set to the lowest frequency. Repeat the patterns for the two switches and observe what happens.

BB: (b) Set the clock speed fairly slow and change the clock to Free Run. Reset the timing diagram and try the switches in various positions. Notice when the outputs change relative to when the inputs change and when the clock changes.

LW: Note that the preset input must be connected to logic 1 (+5 volts) or to a switch if it is not used. Set the clock at a very slow speed and observe the behavior of the outputs as the two switches are changed.* Label the clock, CLR', D, Q, and Q' and observe the display as the two switches are manipulated.

■ **16.** *a.* Connect a trailing-edge triggered *JK* flip flop from a 7473, using one switch for *J* and another for *K*. Devise a test sequence comparable to the one in Experiment 14 and observe the outputs.

---

*For the switches to work, the clock must be running or step must be clicked, even if there is nothing labeled and being displayed.

LW: Be sure that clear is connected and that the flip flop is initialized.

b. Connect the outputs of one of the *JK* flip flops (on the 7473) to the inputs of the next as shown below.

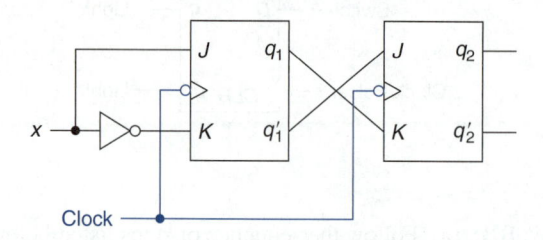

Devise a test sequence and observe the outputs.

■ **17.** Construct the circuit below using a 7473, a 7404, and a 7408.

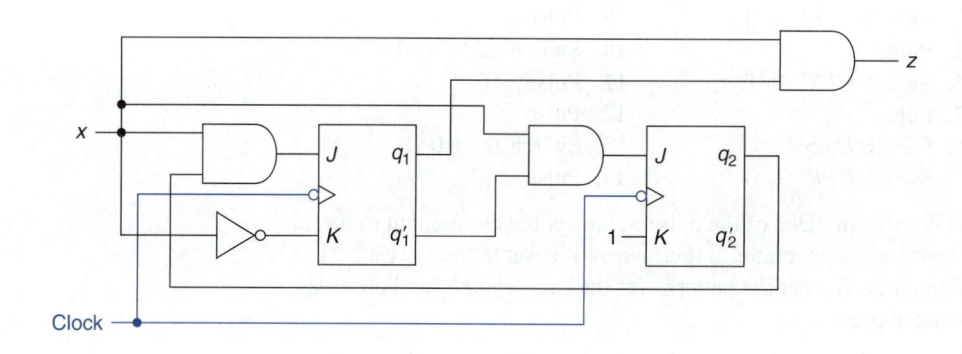

Follow the input pattern below.

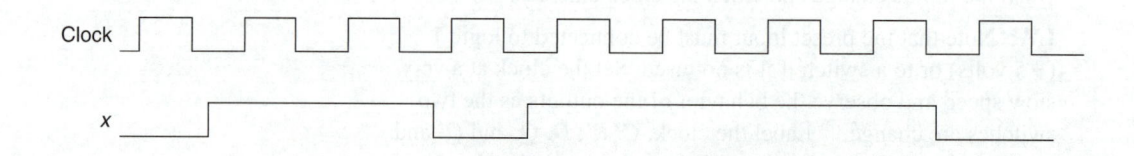

HW: Use the pulse switch for the clock, holding it down for a few seconds. (In that way, what happens on the leading edge is seen as the pulser is pushed and on the trailing edge as it is released. Be careful to hold it solidly down; otherwise, it may go back and forth between 0 and 1.)

BB: Try it both with the clock set on Step and on Free Run at a slow speed.

LW: Connect a switch to x and set the clock to the slowest speed. Label the clock, x, q_1, and q_2 so that the behavior can be displayed. Manipulate the switch so that the input pattern described in the problem is obtained. Stop the display when the end is reached and print out the timing diagram.*

■ 18. *a.* Construct the circuit of Exercise 8a (at the end of Chapter 6) and test it.

    b. Construct the circuit of Exercise 8b (at the end of Chapter 6) and test it.

D.4.4 Experiments Based on Chapter 7 Material

■ 19. For each of the state tables in the following exercises of Chapter 7, design, build, and test a circuit using NAND gates and
    i. D flip flops
    ii. JK flip flops
a. 7.2a
b. 7.2d
c. 7.2f
d. 7.3c
e. 7.3e

■ 20. Construct a synchronous base-12 counter using *JK* flip flops and a NAND gate.

■ 21. Construct a synchronous counter using *D* flip flops and NAND gates that goes through the sequence
    i. 1 3 5 7 6 4 2 0 and repeat.
    ii. 1 3 4 7 2 6 0 and repeat.
    iii. 6 5 4 3 2 1 and repeat.
    iv. 1 3 4 7 6 and repeat.
    v. 1 2 4 5 0 6 and repeat.
    vi. 1 4 0 3 5 2 and repeat.
Set the clock at its lowest speed.
a. Display the results on three lights.
b. Connect the outputs to one of the seven-segment displays. (Of course, the first bit of the display input is 0. Be sure to connect the enable input for that display.)

HW: In the IDL-800, the clock speed cannot be made slow enough. Add a *JK* flip flop that is connected to change state every clock period. The output of that flip flop will be a square wave at half the frequency of the input. Use that to drive the display.

---

*To print, click on the timing display and choose Print Timing from the File menu. It is also possible to Select All and copy the timing to another document.

■ **22.** Build an asynchronous decade counter using *JK* flip flops and NAND gates.

HW, BB, LW: Display the results on a seven-segment display.

LW: Connect a switch to the *CLR'* input to reset the counter; that must be done at the beginning. Set the delay through each of the flip flops at 3. (Do this by highlighting all of them, pulling down Simulation Params from the Simulate menu, and changing the delay from 1 to 3. Watch the timing trace and see that the counter reaches its state well into the clock period. Also, the counter reaches 10 and remains there for a short period.
  Magnify the display (by clicking <> on the Simulator Palette two or three times) and determine when the answer is stable relative to the trailing edge of the clock and how long the system stays in state 10. (Note that by clicking on the timing display, a vertical line will appear at that point. That will help measure the timing more accurately.)

D.4.5 Experiments Based on Chapter 8 Material

■ **23.** Using a 74164 shift register and a minimum number of AND, OR, and NOT gates, design and build a system that produces an output of 1 when the last nine inputs were 0.

HW, BB, LW: Use a pulser for the clock and a switch for the input.

■ **24.** Design a serial adder to add two 4-bit numbers. Each number is stored in a 7495 shift register.

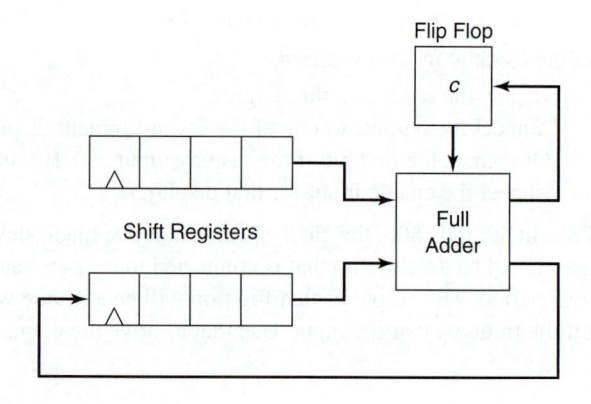

Load them using the parallel load capability. You must clear the carry storage flip flop before starting. Use a pulser for the clock and a switch to control whether it is loading or shifting. Display the contents of the lower shift register and the carry flip flop, which will have the result after four pulses.

■ 25. Design a counter that goes from 0 to 59 and display the count on the two seven-segment displays.

HW: Since the displays need a clock to alternate between the digits much faster than the count clock, there are two alternatives:
  a. Use the pulser to check the counting.
  b. Set the frequency of the clock fast enough to get a good display and then use additional counters to reduce the frequency. (Remember that the OV output on the binary counter gives you an output for every 16 clock inputs.)

■ 26. Build the solution to Exercise 12a in Chapter 8.

D.5 LAYOUT OF CHIPS REFERENCED IN THE TEXT AND EXPERIMENTS

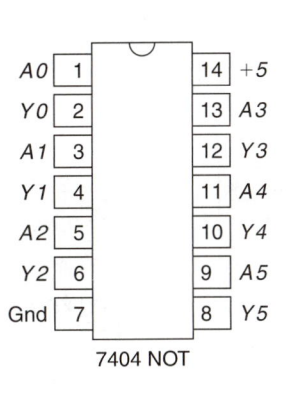

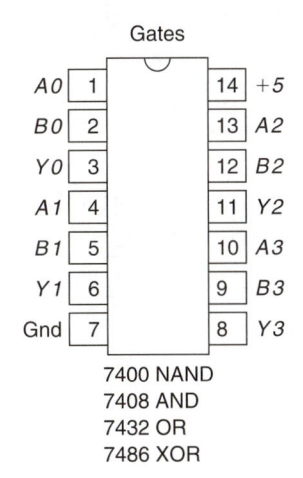

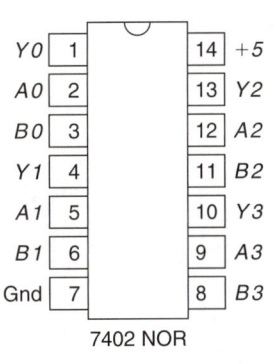

Gates

Pin	7404 NOT		Pin	7400 NAND / 7408 AND / 7432 OR / 7486 XOR		Pin	7402 NOR
1	A0		1	A0		1	Y0
2	Y0		2	B0		2	A0
3	A1		3	Y0		3	B0
4	Y1		4	A1		4	Y1
5	A2		5	B1		5	A1
6	Y2		6	Y1		6	B1
7	Gnd		7	Gnd		7	Gnd
8	Y5		8	Y3		8	B3
9	A5		9	B3		9	A3
10	Y4		10	A3		10	Y3
11	A4		11	Y2		11	B2
12	Y3		12	B2		12	A2
13	A3		13	A2		13	Y2
14	+5		14	+5		14	+5

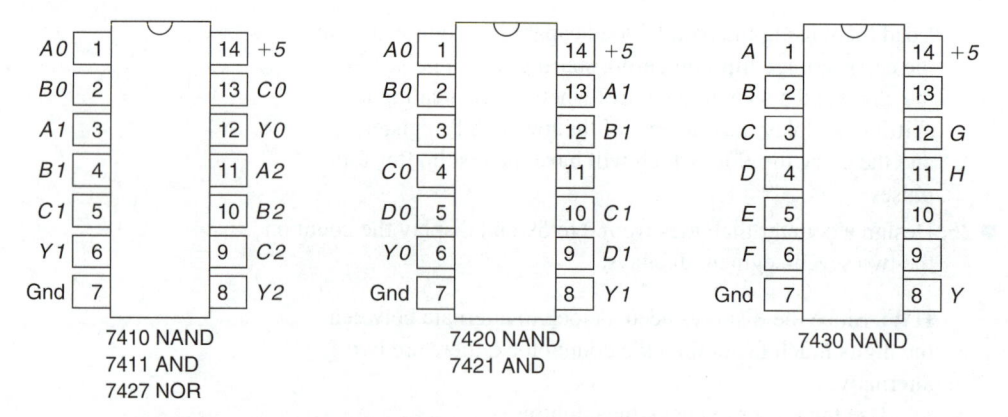

```
    A0  │1    14│ +5           A0  │1    14│ +5            A  │1    14│ +5
    B0  │2    13│ C0           B0  │2    13│ A1            B  │2    13│
    A1  │3    12│ Y0               │3    12│ B1            C  │3    12│ G
    B1  │4    11│ A2           C0  │4    11│               D  │4    11│ H
    C1  │5    10│ B2           D0  │5    10│ C1            E  │5    10│
    Y1  │6     9│ C2           Y0  │6     9│ D1            F  │6     9│
    Gnd │7     8│ Y2           Gnd │7     8│ Y1            Gnd│7     8│ Y
        7410 NAND                  7420 NAND                   7430 NAND
        7411 AND                   7421 AND
        7427 NOR
```

A1 is one input to gate 1, B1 is the second input, ...; Y1 is the output.
Unlabeled pins are not connected.

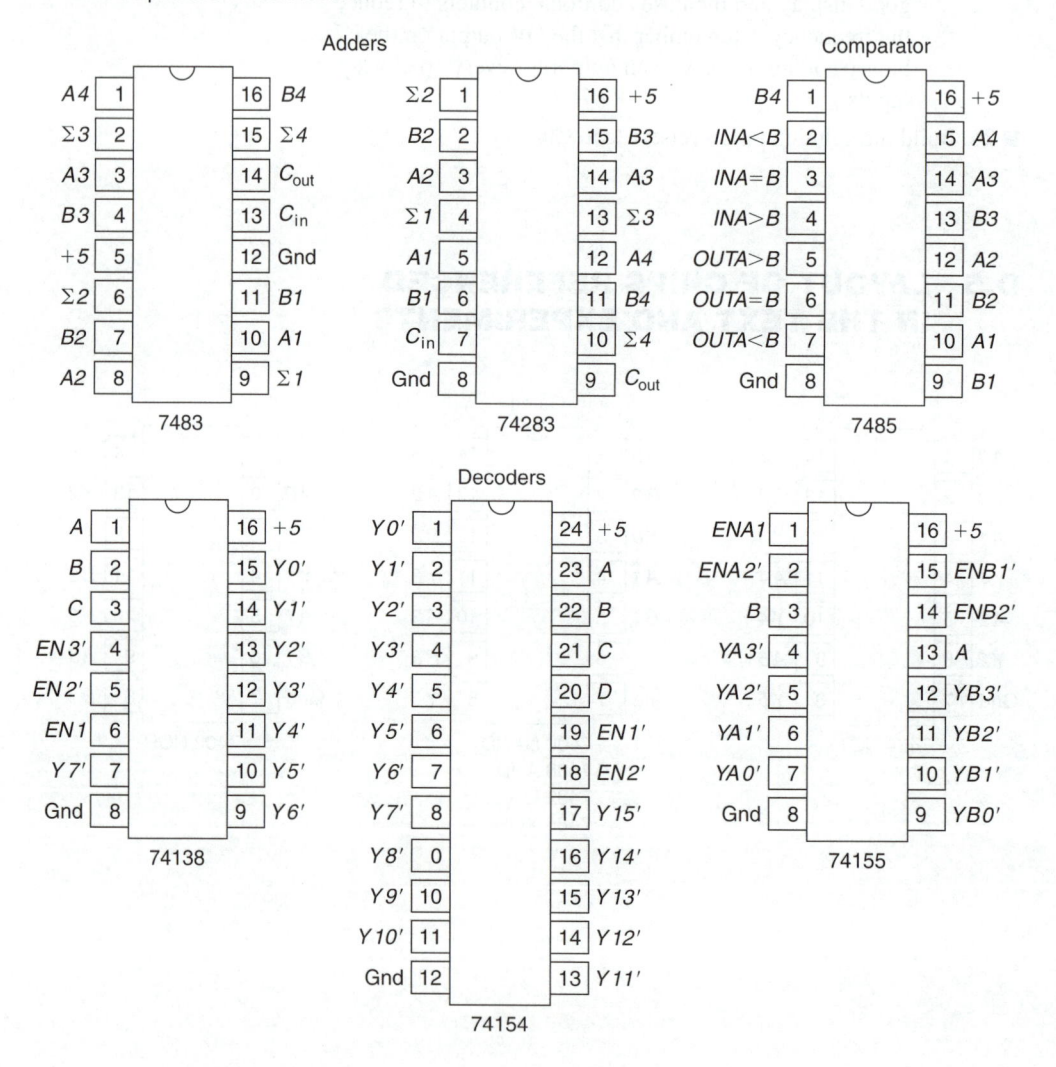

Adders   Comparator

```
    A4  │1    16│ B4           Σ2  │1    16│ +5           B4    │1    16│ +5
    Σ3  │2    15│ Σ4           B2  │2    15│ B3           INA<B │2    15│ A4
    A3  │3    14│ C_out        A2  │3    14│ A3           INA=B │3    14│ A3
    B3  │4    13│ C_in         Σ1  │4    13│ Σ3           INA>B │4    13│ B3
    +5  │5    12│ Gnd          A1  │5    12│ A4           OUTA>B│5    12│ A2
    Σ2  │6    11│ B1           B1  │6    11│ B4           OUTA=B│6    11│ B2
    B2  │7    10│ A1           C_in│7    10│ Σ4           OUTA<B│7    10│ A1
    A2  │8     9│ Σ1           Gnd │8     9│ C_out        Gnd   │8     9│ B1
         7483                       74283                        7485
```

Decoders

```
    A   │1    16│ +5           Y0' │1    24│ +5           ENA1 │1    16│ +5
    B   │2    15│ Y0'          Y1' │2    23│ A            ENA2'│2    15│ ENB1'
    C   │3    14│ Y1'          Y2' │3    22│ B            B    │3    14│ ENB2'
    EN3'│4    13│ Y2'          Y3' │4    21│ C            YA3' │4    13│ A
    EN2'│5    12│ Y3'          Y4' │5    20│ D            YA2' │5    12│ YB3'
    EN1 │6    11│ Y4'          Y5' │6    19│ EN1'         YA1' │6    11│ YB2'
    Y7' │7    10│ Y5'          Y6' │7    18│ EN2'         YA0' │7    10│ YB1'
    Gnd │8     9│ Y6'          Y7' │8    17│ Y15'         Gnd  │8     9│ YB0'
         74138                 Y8' │9    16│ Y14'              74155
                               Y9' │10   15│ Y13'
                               Y10'│11   14│ Y12'
                               Gnd │12   13│ Y11'
                                       74154
```

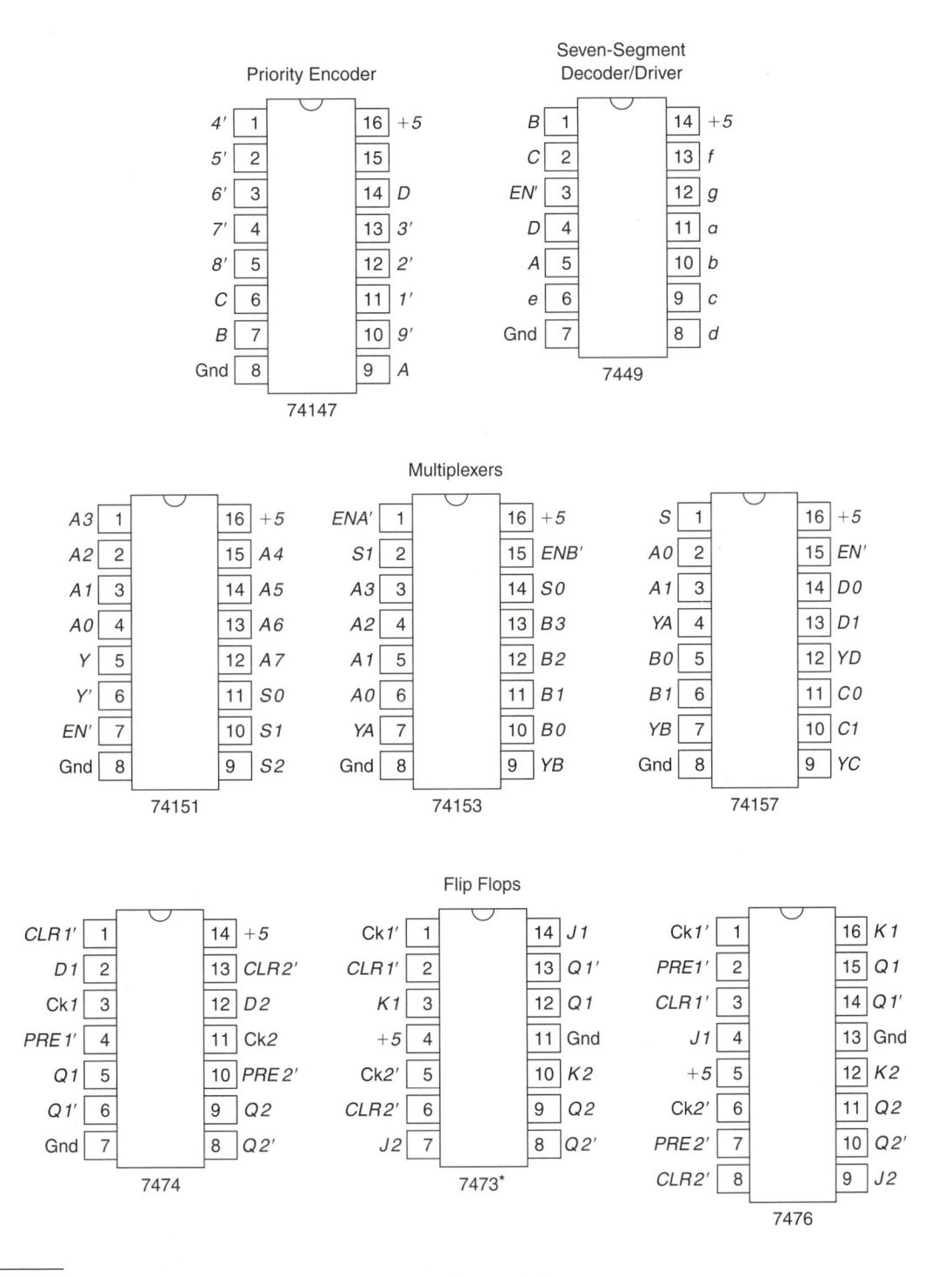

LABORATORY EXPERIMENTS

Priority Encoder

74147

Pin		Pin	
4'	1	16	+5
5'	2	15	
6'	3	14	D
7'	4	13	3'
8'	5	12	2'
C	6	11	1'
B	7	10	9'
Gnd	8	9	A

Seven-Segment Decoder/Driver

7449

Pin		Pin	
B	1	14	+5
C	2	13	f
EN'	3	12	g
D	4	11	a
A	5	10	b
e	6	9	c
Gnd	7	8	d

Multiplexers

74151

Pin		Pin	
A3	1	16	+5
A2	2	15	A4
A1	3	14	A5
A0	4	13	A6
Y	5	12	A7
Y'	6	11	S0
EN'	7	10	S1
Gnd	8	9	S2

74153

Pin		Pin	
ENA'	1	16	+5
S1	2	15	ENB'
A3	3	14	S0
A2	4	13	B3
A1	5	12	B2
A0	6	11	B1
YA	7	10	B0
Gnd	8	9	YB

74157

Pin		Pin	
S	1	16	+5
A0	2	15	EN'
A1	3	14	D0
YA	4	13	D1
B0	5	12	YD
B1	6	11	C0
YB	7	10	C1
Gnd	8	9	YC

Flip Flops

7474

Pin		Pin	
CLR1'	1	14	+5
D1	2	13	CLR2'
Ck1	3	12	D2
PRE1'	4	11	Ck2
Q1	5	10	PRE2'
Q1'	6	9	Q2
Gnd	7	8	Q2'

7473*

Pin		Pin	
Ck1'	1	14	J1
CLR1'	2	13	Q1'
K1	3	12	Q1
+5	4	11	Gnd
Ck2'	5	10	K2
CLR2'	6	9	Q2
J2	7	8	Q2'

7476

Pin		Pin	
Ck1'	1	16	K1
PRE1'	2	15	Q1
CLR1'	3	14	Q1'
J1	4	13	Gnd
+5	5	12	K2
Ck2'	6	11	Q2
PRE2'	7	10	Q2'
CLR2'	8	9	J2

*VinBreadboard includes the 7473A, for which the connections for *J1* and *K1* are interchanged, as are those for *J2* and *K2*.

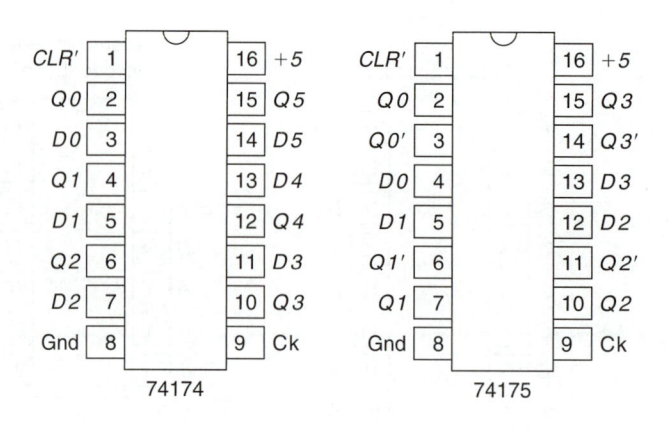

74174

CLR'	1	16	+5
Q0	2	15	Q5
D0	3	14	D5
Q1	4	13	D4
D1	5	12	Q4
Q2	6	11	D3
D2	7	10	Q3
Gnd	8	9	Ck

74175

CLR'	1	16	+5
Q0	2	15	Q3
Q0'	3	14	Q3'
D0	4	13	D3
D1	5	12	D2
Q1'	6	11	Q2'
Q1	7	10	Q2
Gnd	8	9	Ck

Shift Registers

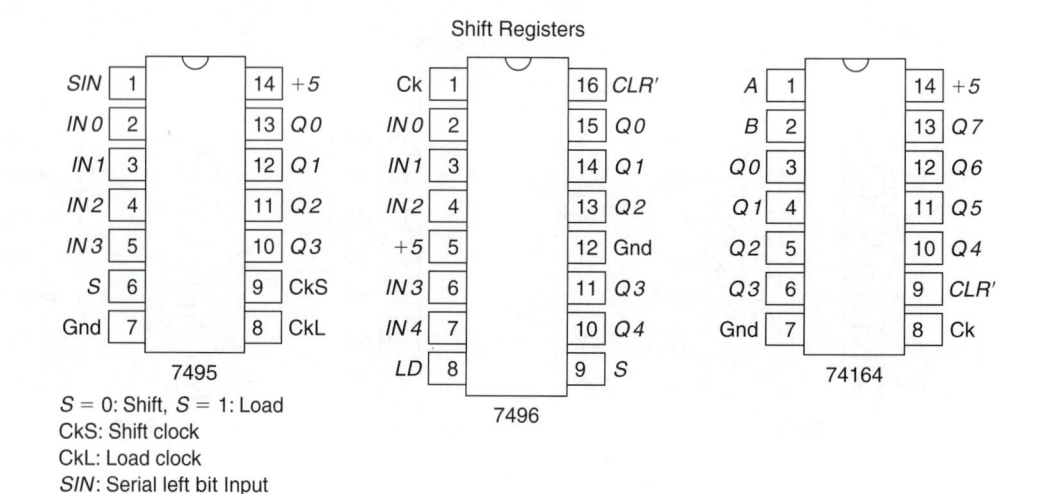

7495

SIN	1	14	+5
IN 0	2	13	Q0
IN 1	3	12	Q1
IN 2	4	11	Q2
IN 3	5	10	Q3
S	6	9	CkS
Gnd	7	8	CkL

$S = 0$: Shift, $S = 1$: Load
CkS: Shift clock
CkL: Load clock
SIN: Serial left bit Input

7496

Ck	1	16	CLR'
IN 0	2	15	Q0
IN 1	3	14	Q1
IN 2	4	13	Q2
+5	5	12	Gnd
IN 3	6	11	Q3
IN 4	7	10	Q4
LD	8	9	S

74164

A	1	14	+5
B	2	13	Q7
Q0	3	12	Q6
Q1	4	11	Q5
Q2	5	10	Q4
Q3	6	9	CLR'
Gnd	7	8	Ck

Shift Registers

74165

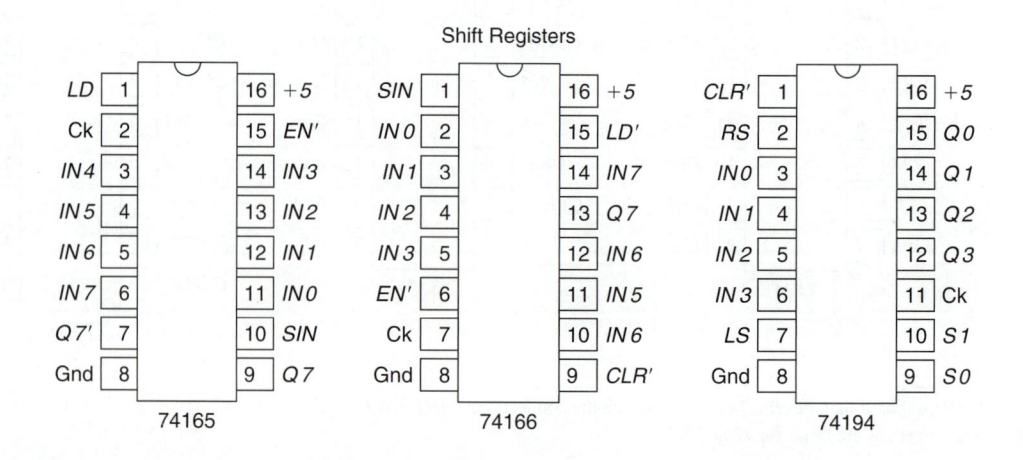

LD	1	16	+5
Ck	2	15	EN'
IN 4	3	14	IN 3
IN 5	4	13	IN 2
IN 6	5	12	IN 1
IN 7	6	11	IN 0
Q7'	7	10	SIN
Gnd	8	9	Q7

74166

SIN	1	16	+5
IN 0	2	15	LD'
IN 1	3	14	IN 7
IN 2	4	13	Q7
IN 3	5	12	IN 6
EN'	6	11	IN 5
Ck	7	10	IN 6
Gnd	8	9	CLR'

74194

CLR'	1	16	+5
RS	2	15	Q0
IN 0	3	14	Q1
IN 1	4	13	Q2
IN 2	5	12	Q3
IN 3	6	11	Ck
LS	7	10	S1
Gnd	8	9	S0

LABORATORY EXPERIMENTS

Synchronous Counters

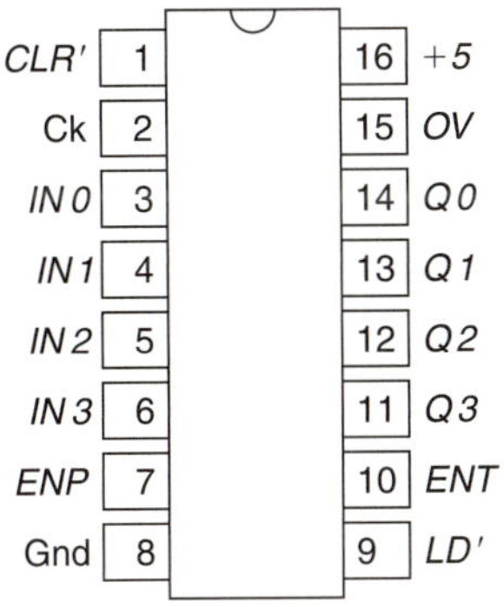

```
       74160 – 74163
CLR'  1        16  +5
Ck    2        15  OV
IN0   3        14  Q0
IN1   4        13  Q1
IN2   5        12  Q2
IN3   6        11  Q3
ENP   7        10  ENT
Gnd   8         9  LD'
```

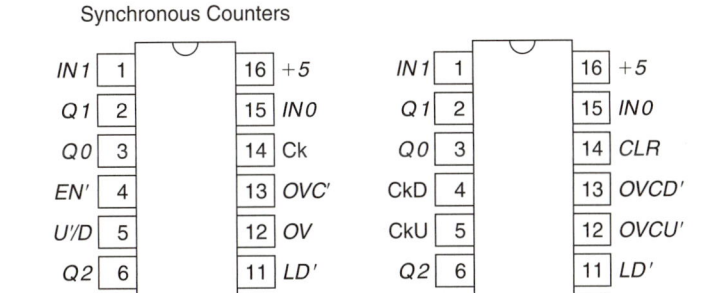

```
       74190, 74191
IN1   1        16  +5
Q1    2        15  IN0
Q0    3        14  Ck
EN'   4        13  OVC'
U'/D  5        12  OV
Q2    6        11  LD'
Q3    7        10  IN2
Gnd   8         9  IN3
```
OVC': Clocked OV

```
       74192, 74193
IN1   1        16  +5
Q1    2        15  IN0
Q0    3        14  CLR
CkD   4        13  OVCD'
CkU   5        12  OVCU'
Q2    6        11  LD'
Q3    7        10  IN2
Gnd   8         9  IN3
```

Asynchronous Counters

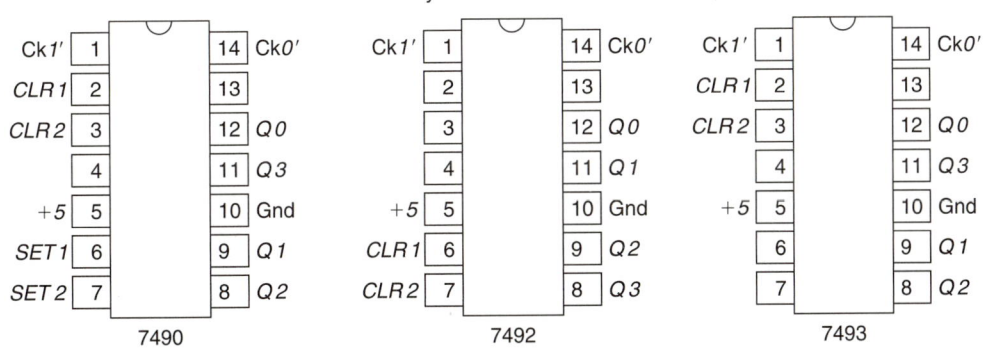

```
         7490
Ck1'  1        14  Ck0'
CLR1  2        13
CLR2  3        12  Q0
      4        11  Q3
+5    5        10  Gnd
SET1  6         9  Q1
SET2  7         8  Q2
```

```
         7492
Ck1'  1        14  Ck0'
      2        13
      3        12  Q0
      4        11  Q1
+5    5        10  Gnd
CLR1  6         9  Q2
CLR2  7         8  Q3
```

```
         7493
Ck1'  1        14  Ck0'
CLR1  2        13
CLR2  3        12  Q0
      4        11  Q3
+5    5        10  Gnd
      6         9  Q1
      7         8  Q2
```

CLR1 and CLR2 must both be 1 to clear. SET1 and SET2 both 1 set to 1000.

英中索引

A

active high　高態致動　199

active low　低態致動　199

add'/subtract　加反/減　197

adder　加法器　405

Address　地址　382

algorithmic state machine, ASM　演算法狀態機　375

associative　結合律　38

B

behavioral representation　行為表示　399

binary decoder　二進位解碼器　198

binary encoder　二進位編碼器　209

bits　位元　5

Boolean algebra　布爾代數　80

bus　匯流排　216

C

canonical product　正則積　46

canonical sum　正則總和　43

carry-look-ahead adder　超前進位加法器　196

carry-ripple adder　漣波進位加法器　192

cascaded　疊合　195

chips　芯片　50

Clear　清除　415

clocked　時序　263

combinational system　組合系統　3

commutative　交換律　38

continuous assignment　連續指定　401

counter　計數器　320

count　計數　332

cover　涵蓋　103

CPLD　複雜可編程邏輯裝置　374

D

demultiplexer, demux　解多工器　214

design truth table　設計真值表　300

digital systems　數位系統　1

display　顯示器　405

distributive　分配律　41

Don't Care Condition　隨意項　31

dual　對偶　39

E

erasable programmable read-only memories, EPROMs　複寫可程式唯讀記憶體　220

essential prime implicant　主要質隱項　105, 122

excess 3　XS3 加三碼　19

F

false output　假輸出　283

fan-in　扇入　195

field programmable　現場可程式　220

fnite state machines　有限狀態機　263

flip flop　正反器　263, 269

flip flop design table　正反器設計表　302

FPGA　場可編程閘邏輯陣列　374

full adder　全加器　12

functionally complete　函數上完整　60

G

gate　閘（邏輯閘）　30, 38, 269

gate array　閘陣列　189

gate-level primitive　閘等級的原始定義　399

generate　生成　196

giga-scale integration, GSI 千兆規模積體電路 51

glitch 突波 191

Gray code 格雷碼 20

H

half adder 半加器 12

Hamming distance 漢明距離 243

hazard 危害 191

hexadecimal 十六進位 9

I

implicant 隱項 103, 122

input 輸入 400

instantiate 具體化 406

Instruction Register 指令暫存器 383

integrated circuits, ICs 集成電路 50

iterated consensus 迭代一致性 159

iterative system 迭代系統 189

K

Karnaugh map, K-map 卡諾圖 95

L

large-scale integration, LSI 大型積體電路 51

latch 閂 268

leading-edge triggered 前緣觸發 269

literal 字符 42

lookup table, LUT 查詢表 374

lower-level 下層 404

M

master 主 269

master/slave 主/從 269

Mealy model 米利模型 267, 271

mediumscale integration, MSI 中型積體電路 50

minimum sum of products 最小乘積和 43

minimum 最小項 46

minterm 小項 43

module 模組 399

Moore model 摩爾模型 265

multiplexer 多工器 210

N

next state 下一個狀態 265, 283

O

operand 運算子 12

Out/In 輸出/入 221

output 輸出 400

overflow 溢位 12, 15

P

parallel 平行 361

parallel-in 平行輸入 362

parentheses 括號 39

parity bit 同位位元 243

Petrick's method Petrick 方法 169

port 埠 400

present 當前 283

prime implicant 質隱項 95, 104, 122

procedural statement 程序陳述 402

product 積 37

product of standard sum terms 標準和之積 46

product term 乘積項 42

programmable array logic, PAL 可程式陣列邏輯 189, 220

programmable logic array, PLA 可程式邏輯陣列 189, 219

programmable logic devices, PLD 可程式邏輯裝置 189

propagate 傳輸 196

Q

quick method 快速法 303

quick 快速 303

R

radix complement　基數補數　14

read only memory, ROM　唯讀記憶體　189, 220

registered　暫存的　372

reset　復位　268

S

sequential system　循序系統　3, 263, 375

serial-in　串入　360

serial-out　串出　360

set　設置　268

signedmagnitude　符號-數量　13

slave　僕　269

small-scale integration, SSI　小型積體電路　50

standard product term　標準的乘積項　43

state　狀態　265

state diagram, state graph　狀態圖　265

state table　狀態表　265

static（asynchronous）clear　靜態清除　273

structural representation　結構表示　399

sum　和　37

sum of product, SOP　積之和　43

sum of standard product terms　標準乘積和　43

synchronous　同步系統　263

T

three-state, tristate　三態　215

timing trace　定時追蹤　265

top-level　上層　404

transistor-transistor logic, TTL　電晶體-電晶體邏輯　51

trailing-edge triggered　後緣觸發　269

truth table　真值表　2

two's complement　2 的補數　13

U

unsigned number　無符號數　13

V

variable　變數　403

very large scale integration, VLSI　超大型積體電路　51

W

weighted code　加權碼　19

words　字集　381

中英索引

2 的補數（two's complement） 13

2 畫

二進位解碼器　binary decoder） 186, 198

二進位編碼器　binary encoder 209

十六進位　hexadecimal　9

3 畫

三態　three-state or tristate　215

上層　top-level　404

下一個狀態　next state　265, 283

下層　lower-level　404

千兆規模積體電路　giga-scale integration, GSI　51

大型積體電路　large-scale integration, LSI　51

小型積體電路　small-scale integration, SSI　50

小項　minterm　43

4 畫

中型積體電路　mediumscale integration, MSI　50

分配律　distributive　41

5 畫

主　master　269

主 / 從　master/slave　269

主要質隱項　essential prime implicant　105, 122

加反 / 減　add′/subtract　197

加法器　adder　405

加權碼　weighted code　19

半加器　half adder　12

卡諾圖　Karnaugh map, K-map　95

可程式陣列邏輯　programmable array logic, PAL　189, 220

可程式邏輯陣列　programmable logic array, PLA　189, 219

可程式邏輯裝置　programmable logic devices, PLD　189

布爾代數　Boolean algebra　80

平行　parallel　361

平行輸入　parallel-in　362

正反器　flip flop　263, 269

正反器設計表　flip flop design table　302

正則積　canonical product　46

生成　generate　196

6 畫

交換律　commutative　38

全加器　full adder　12

危害　hazard　191

同位位元　parity bit　243

同步系統　synchronous　263

地址　Address　382

多工器　multiplexer　210

字符　literal　42

字集　words　381

符號 - 數量　signedmagnitude　13

有限狀態機　finite state machines　263

米利模型　Mealy model　267, 271

行為表示　behavioral representation　399

7 畫

串入　serial-in　360

串出　serial-out　360

位元　bits, binary bits 的縮寫　5

快速　quick　311

快速法　quick method　303

INDEX 索引

8 畫

具體化 instantiate 406

函數上完整 functionally complete 60

和 sum 37

低態致動 active low 199

定時追蹤 timing trace 265

狀態 state 265

狀態表 state table 265

狀態圖 state diagram, state graph 265

芯片 chips 50

9 畫

前緣觸發 leading-edge triggered 269

括號 parentheses 39

指令暫存器 Instruction Register 383

加三碼 excess 3, XS3 19

高態致動 active high 199

查詢表 lookup table, LUT 374

Petrick 方法 Petrick's method 169

後緣觸發 trailing-edge triggered 269

突波 glitch 191

計數 count 332

計數器 counter 320

迭代一致性 iterated consensus 159

迭代系統 iterative system 189

閂 latch 268

10 畫

乘積項 product term 42

正則總和 canonical sum 43

扇入 fan-in 195

時序 clocked 263

同步系統 synchronous 263

格雷碼 Gray code 20

真值表 truth table 2

高態致動 active high 199

11 畫

假輸出 false output 283

唯讀記憶體 read only memory, ROM 189, 220

埠 port 400

基數補數 radix complement 14

涵蓋 cover 103

清除 Clear 415

現場可程式 field programmable 220

組合系統 combinational system 3

設計真值表 design truth table 300

設置 set 268

連續指定 continuous assignment 401

12 畫

場可編程閘邏輯陣列 FPGA 374

復位 reset 268

循序系統 sequential system 3, 263, 375

最小乘積和 minimum sum of products 43

最小項 minimum 43, 46

無符號數 unsigned number 13

程序陳述 procedural statement 402

結合律 associative 38

結構表示 structural representation 399

超大型積體電路 very large scale integration, VLSI 51

超前進位加法器 carry-lookahead adder 196

集成電路 integrated circuits, ICs 50

13 畫

傳輸 propagate 196

匯流排 bus 216

溢位 overflow 12, 15

當前 present 283

解多工器 demultiplexer, demux 214

運算子 operand 12

閘 gate 30, 269

閘等級的原始定義　gateilevel primitive　399

閘陣列　gate array　189

電晶體 - 電晶體邏輯　transistor-transistor logic, TTL　51

14 畫

僕　slave　269

對偶　dual　39

演算法狀態機　algorithmic state machine, ASM　375

漢明距離　Hamming distance　243

漣波進位加法器　carry-ripple adder　192

15 畫

摩爾模型　Moore model　265

暫存的　registered　372

標準和之積　product of standard sum terms　46

標準的乘積項　standard product term　43

標準乘積和　sum of standard product terms　43

模組　module　399

複寫可程式唯讀記憶體　erasable programmable readonly memories, EPROMs　220

複雜可編程邏輯裝置　CPLD　374

質隱項　prime implicant　95, 104, 122

數位系統　digital systems　1

16 畫

積　product　37

積之和　sum of product, SOP　43

輸入　input　400

輸出　output　400

輸出 / 入　Out/In　221

隨意項　Don't Care Condition　31

靜態清除及預設輸入正反器的行為　static asynchronous clear　273

17 畫

隱項　implicant　103, 122

22 畫

疊合　cascaded　195

23 畫

變數　variable　403

邏輯閘　gate　38

顯示器　display　405